북한 체제의 기원

지은이 **김재웅** 金載雄

고려대학교대학원 한국사학과에서 북한의 국가 건설과 계급정책에 관한 연구로 문학박사학위를 받았다. 현재 경희대학교 한국현대사연구원 연구교수로 재직 중이다. 알려지지 않은 일반 대중들의 관점을 통하여 북한사를 재구성하는 작업에 관심을 가지고 있다. 주요 연구 성과로는 「한 공산주의자의 기록을 통해 본 한국전쟁 발발 전후의 북한」(2008), 「'여성'·'어린이'·'섹스'를 통해 본 해방 후 북한의 가족문화」(2014), 「미국의 대북 첩보활동과 소련의 38선 봉쇄 ─ 남북 분단체제 형성을 촉진한 1946년 미소 갈등」(2015), 「북한의 38선 월경 통제와 월남 월북의 양상」(2016) 등이 있다.

북한 체제의 기원─인민 위의 계급, 계급 위의 국가

초판 1쇄 인쇄 2018년 6월 21일
초판 1쇄 발행 2018년 7월 1일

지은이 김재웅
펴낸이 정순구
책임편집 조원식
기획편집 정윤경 조수정
마케팅 황주영

출력 블루엔
용지 한서지엽사
인쇄 한영문화사
제본 대원바인더리

펴낸곳 (주) 역사비평사
등록 제300-2007-139호 (2007.9.20)
주소 10497 : 경기도 고양시 덕양구 화중로 100(비전타워21) 506호
전화 02-741-6123~5
팩스 02-741-6126
홈페이지 www.yukbi.com
이메일 yukbi88@naver.com

ISBN 978-89-7696-139-6 94910
978-89-7696-199-0(set)

역비한국학연구총서

38

김재웅 지음

북한 체제의 기원

— 인민 위의 계급, 계급 위의 국가

역사비평사

일러두기

1. 이 책은 김재웅의 박사학위논문 「북한의 인민국가 건설과 계급구조 재편(1945~1950)」(고려대학교, 2014) 을 저본으로 삼아 수정·보완했다.

2. 단체명 표기와 관련해 처음 언급될 경우에만 정식 명칭을 사용하고, 그 다음부터 일반적으로 통용되는 약칭을 사용했다. (예) 북조선로동당 → 북로당, 북조선민주청년동맹 → 민청

3. 각주의 자료 표기 순서는 저자명, 저서명, 출판사, 출간연도 순이다. 그러나 이 책에서 가장 많이 인용된 『북한관계사료집(北韓關係史料集)』의 경우 저자명, 자료 작성 연월일, 자료명 등의 순서로 배열했다.

4. 북한식 용어 표기법을 따르기보다 가급적 두음법칙을 적용했다. 그러나 단체명이나 매체명 등 고유명사의 경우, 북한이 사용한 공식 명칭을 그대로 인용했다. (예) 북조선로동당, 로동신문, 조쏘문화협회

5. 평정서와 같은 긴 인용문의 경우, 가독성을 고려하여 문맥과 맞춤법을 바로잡았다.

머리말

1. 문제 제기

1948년경 남북협상에 참가한 남한 인사들은 북한의 변화상에 깊은 인상을 받았다. 남북협상 취재의 임무를 띠고 북행길에 오른 기자들 중 두 명이 북한사회를 관찰하며 느낀 인상을 기행문에 서술했다. 똑같이 『북조선기행(北朝鮮紀行)』이란 제목을 지닌 그 두 편의 글은 해방 3주년이 되기도 전에, 남북한이 얼마나 다른 세계가 되었는가를 드러내 보였다.[1] 특히 남한 인사들은 인민회의장에 입장하던 북조선인민회의 대의원들의 면면으로부터 북한사회에 일어난 변화의 깊이를 실감했다. 남한의 국회의원에 해당하는 그들은 양복을 입은 신사들이 아닌, 노동자·농민·기술자·청년·가정주부·노인 등의 평범한 인민들이었다.

남한 인사들에게 목격된 북한 측 인민대표들의 면면은 일제 식민지 사회

---

1) 徐光霽, 『北朝鮮紀行』, 青年社, 1948 ; 溫樂中, 『北朝鮮紀行』, 朝鮮中央日報出版部, 1948.

구조의 혁파를 모색해온 북한의 노력이 상당한 결실을 이끌어냈음을 의미했다. 해방 후 북한은 "민주개혁"으로 일컬어진 일련의 변혁운동을 통한 기존 계급질서의 해체에 주력했다. 다양한 부문에 걸쳐 단행된 "민주개혁"의 궁극 목표는 과거의 역사 속에서 소외되고 억압받아온 이들에게 우월한 지위를 부여하는 한편, 그 반대편에 있었던 이들의 지위를 박탈하는 과제에 집중되었다. 곧 그것은 기존 계급질서의 해체를 통한 사회구조의 근본적 재편을 의미했다.

기존 지배구조의 혁파에 따른 새로운 질서의 성립은 북한사회에 혁명적 변화를 불러왔다. 그 대표적 변화는 인민대중들의 정치 참여였다. 전체 인민이 국가 운영에 참가할 수 있는 정권 형태인 인민국가는 일제시기 항일투쟁의 유산인 민족통일전선운동의 구현체였을 뿐만 아니라, 모든 계층에게 평등한 권리와 균등한 기회의 보장을 약속했다. 사실 인민국가는 좌우 양측 이해관계의 균형을 맞출 수 있는 정권 형태였다. 그러나 그것은 좌익의 관점에서 계급적 과제의 해결보다 민족적 과제의 해결에 주목한 정권 형태로 인식된 반면, 우익의 관점에서 노동자·농민층에게 더 많은 권리와 기회를 부여한 급진적 정권 형태로 인식되었다.

해방 직후 북한의 인민국가 지향성은 정치·경제 정책상의 유연한 측면들을 통해 포착될 수 있다. 식자층 인재 부족난을 해결하고자 유산계급 출신 고학력 인재들을 발탁하고, 온건한 친일파 개념 규정을 통해 일제시기 공직자층을 구제·재등용한 간부 선발정책이 그 대표적 사례였다. 생활필수품 부족사태의 해결을 모색해 민간상공업을 지원한 온건한 경제정책도 이 시기에 시행되었다. 그 결과 기업가·상인층이 자본을 축적할 수 있는 환경이 조성되기도 했다.

그러나 유산층의 이해관계를 배려한 유연한 공간은 오래 지속되지 않았다. 기존 차별구조의 시정을 넘어, 새로운 차별구조를 재생산할 수 있는 질서가 출현했다. 그것은 기존 계급질서를 역으로 재편한 새로운 형태의 계급위계구조였다. 노동자와 빈농을 체제의 중심에 배치한 새로운 계급정책은 사회구조의 변화와 함께, 인민들의 행동양식·가치체계·세계관·인간관계 등에 반영된 새로운 문화의 태동을 불러왔다. 요컨대 북한의 급진적 계급정책은 사회구조의 전환 곧 체제의 질적 전환을 이끌어낸 동력을 제공했다. 새롭게 등장한 사회구조는 마르크스주의가 전망한 평등사회로부터 멀어진 오늘날의 북한사회와 유사한 면이 있다.

해방 이후 남북한은 정치·경제·사회·문화적 측면에서 현저히 다른 방향으로 진화해왔다. 1948년경 남북협상 참가자들이 북한의 변화상을 목격한 이후에도 많은 변화들이 축적되었다. 그 변화의 퇴적물이 오늘날 남북한 사회를 상당히 다른 모습으로 바꾸어놓았다. 그러면 오늘날까지 유지되고 있는 북한 사회구조의 원형은 언제 어떤 계기를 통해 형성되었을까? 이 의문에 직면한 연구자들은 그간 북한체제의 기원에 접근할 수 있는 다양한 해석을 제시해 왔다. 체제 형성·발전의 주요 국면과 계기,[2] 정치·경제제도의 작동을 통한 체제 운영 메커니즘,[3] 체제의 골간을 이룬 핵심 세력[4] 등에 주목한 연구자들은 그들의 연구주제가 현대북한의 초석을 다진 결정적 요인이거나 계기였음을 전제했다.

그와 관련해 여러 연구자들은 유산층의 이해를 배려한 유연한 계급 공간

<hr />

2) 와다 하루키(和田春樹) 지음, 서동만·남기정 옮김, 『북조선 −유격대국가에서 정규군국가로−』, 돌베개, 2002 ; 서동만, 『북조선 사회주의체제 성립사 1945~1961』, 선인, 2005.

3) 김성보, 『남북한 경제구조의 기원과 전개』, 역사비평사, 2000 ; 김연철, 『북한의 산업화와 경제정책』, 역사비평사, 2001 ; 정태헌, 『한국의 식민지적 근대 성찰』, 선인, 2007.

4) 이종석, 『조선로동당연구』, 역사비평사, 1995 ; 김광운, 『북한 정치사 연구』 I, 선인, 2003.

이 위축되는 국면에 주목했고, 그 계기를 한국전쟁에서 찾고자 했다. 남북한 사회의 분화에 지대한 영향을 끼친 한국전쟁의 규정력을 강조해온 학계 일반의 시각이 그러한 인식을 공고화하는 데 일조했다. 따라서 인민국가 건설기의 유연한 계급 공간이 전전 시기 내내 지속되었다는 관점이 그간 북한사학계 내의 통설로서 견고한 지위를 점해 왔다. 전후 사회주의적 개조를 향한 첫 걸음인 협동농장의 확산추세와 민간상공업 위축으로부터 체제 급진화의 징후를 포착한 연구자들에게, 전쟁이란 대국면은 계급적으로 유연한 인민국가가 좌편향성을 띤 경직된 체제로 전환했음을 표상하는 결정적 계기로 인식되었다.

그러나 이 연구는 현재에 이르기까지 북한의 정치·경제·사회·문화적 현상들을 재생산하고 있는 체제 작동 메커니즘과 기본 동력이 이미 한국전쟁 이전에 형성되었다는 가설을 제시한다. 전쟁은 체제 공고화에 기여함과 아울러 사회주의 이행의 속도를 끌어올린 촉진제로 작용했지만, 체제의 성격을 근본적으로 규정한 질적 전환은 이미 그 이전에 이루어졌다. 달리 말해 전쟁은 체제 발전의 질적 전환을 이끌어냈다기보다, 템포의 변화를 일으킨 일종의 촉매역할을 했다.

이 연구는 체제 발전의 질적 전환과 관련해, 현대북한의 정치·경제·사회·문화적 원형이 형성된 시기인 1948년~1949년경의 질서에 주목했다. 특히 이 시기에 이루어진 계급구조의 확립과 그에 따른 민간 사회구조의 재편은 북한체제의 기본틀과 성격을 규정했다는 점에서 중대한 의미를 지닌다. 그러나 정치·경제사 부문에 집중돼온 기존의 북한 연구는 인민들의 구체적 생활상과 그들의 사회적 지위를 규명하려는 시도에 소극성을 보여, 전쟁 이전에 이미 위계적 사회구조가 형성되었음을 포착하지 못했다. 따라서 북한이 전전 시기 내내 유연한 인민국가의 일관성을 유지했다는 인식이 공고화되는 경향을 보였다. 전시 미군이 노획한 북한 자료의 분석을 통해 인민들의 생활상과 사고방식에 접근할 수 있었던 이 연구는 그들의 의식 속에 반영된 심층적 정보들을 면밀히 분석함으로써, 전전 시기에 이루어진 계급질서의 재편이 기층 민간 수준에 이르는 근본적 변화였음을 밝히고자 한다.

1948년 중순경 재해석 과정을 거친 뒤 소련과 동유럽권으로부터 유입된 "인민민주주의론"은 북한 계급정책의 이해에 필요한 핵심 키워드이다. "인민"의 의미에 함축된 각 계급 간 화합과 융화를 강조해온 그 개념은 유고슬라비아의 독자노선 표방 이후, 계급투쟁을 강조하는 의미로 재해석되기 시작했다. 제 계급이 안정적으로 공존할 수 없다는 국제노선을 수용해 계급투쟁을 강화해야 한다고 역설한 북조선로동당의 관점은 계급연합적 인민국가의 성격 전환을 촉진했다.

사실 소련과 동유럽권의 공식노선인 인민민주주의론의 북한 유입은 1948년 말에 완료된 소련군 철수와 밀접히 관련된 문제였다. 곧 인민민주주의론이 강조한 계급투쟁노선은 소련군 철수 이후 북한에서 분출할지 모를 민족주의를 억누를 수 있는 효과적 기제였다. 유고의 민족주의적 독자노선이 사회주의권의 단결을 방해하자, 계급투쟁노선을 부과하여 민족주의의 분출을 억제하려 한 소련의 시도가 그러한 노력의 일환이었다. 따라서 북한 내 민족주의적 정서의 확산을 우려한 소련 측과 북조선로동당은 1948년 중순 이후 계급투쟁노선의 전국적 보급에 주력했다.

사실 스탈린주의의 영향권 안에 있었던 북한이 민족주의에 친화적인 인민국가 건설운동을 자유로이 추구하기란 쉬운 일이 아니었다. 소련의 정치·경제·사회·문화 시스템을 도입하기 위한 북한의 노력은 해방 직후부터 시작되었다. 소련군사령부의 후원을 받으며 그들과 밀착관계를 유지한 북한지도부는 체제 발전방향과 관련해 소련모델 외의 적절한 대안을 가지고 있지 않았다. 대개 항일운동가 출신이었던 그들은 해방 전까지 전혀 국가를 운영해본 경험이 없었을뿐더러, 해방 후에도 소련식 체제모델 외의 다른 모델을 접할 기회가 없었다. 따라서 그들은 소련과 결별한 1960년대 이후에도 스탈린 시기의 통치 방식만을 고수할 수밖에 없었다.

현대북한은 전 세계의 국가들 중 아직까지 스탈린주의의 족쇄에서 벗어나지 못한 유일한 국가이다. 오늘날 북한이 좀처럼 침체의 늪에서 벗어나지 못하고 있는 이유는 화석화된 스탈린 시기의 낡은 유산들에 체제가 결박되어 있다는 점을 떠나 설명하기 어렵다. 유고의 독자노선 표방 이후 사회주의권 국가들에 부과된 급진적 계급투쟁노선도 지금까지 북한에 영향을 끼치고 있는 과거 잔재들 가운데 하나이다. 계급투쟁노선은 북한 지역민들 개개인들에까지 파장을 미쳤다. 계급적 기준에 따른 인간 개개인의 분류와 관리를 요구한 이 급진적 사조는 북한 지역민들의 삶과 자아실현에 커다란 영향력을 행사했다. 계급성분에 좌우된 사회적 지위의 수직 이동과 재화의 접근 기회, 급진적 계급정책이 낳은 새로운 행동양식·가치체계·문화현상 등은 북한 지역민들의 삶을 규정하는 요인들이 되었다.

사실 북한의 혁명이 전전 시기에 사회구조의 근본적 변화를 이끌어냈다는 주장은 이전부터 제기돼 왔다.[5] 이미 1948년 이전에 정치적 사회주의화가 완료되었다거나, 프롤레타리아독재체제가 형성되었다는 연구가 발표되기도 했다.[6] 그러나 1948년 중순~1949년경의 전환 국면에 더 주목한 이 연구는 사

---

5) 박명림, 『한국전쟁의 발발과 기원』 II, 나남출판, 1996 ; Charles K. Armstrong, *The North Korean Revolution, 1945~1950* (Ithaca: Cornell University Press, 2003).

6) 이주철, 『조선로동당 당원조직 연구』, 선인, 2008 ; Erik van Ree, *Socialism in One Zone* (Oxford, Eng.: Berg Publishing, 1989).

회적 계급구조의 재편과 노동자·빈농층 권력구조의 등장을 경향성의 차원에서 이해해야 할 문제라고 본다. 곧 부르주아 출신과 테크노크라트 출신 간부들은 여전히 공직기구에 남아 있었고, 자유로운 이윤 추구 활동이 가능했던 기업가들과 상인들 가운데 막대한 자본을 축적한 대자산가들이 등장하기도 했다. 부르주아 출신 간부들이 잔류한 노동자·빈농층 중심의 권력구조와 기업가·상인층 중심의 유연한 경제계가 공존한 1949년의 공간은 여전히 역동성을 보존하고 있었을 뿐만 아니라 체제에 활력을 불어넣었다.

1949년경 북한에 형성된 계급구조는 마르크스주의적 계급관을 반영한 체계였다. 그러나 소련과 북한의 경험은 공산주의자들이 권력을 장악한 사회주의권 국가들의 계급투쟁이 마르크스주의의 전망과 다른 형태로 전개되었음을 일깨워준다. 그 국가들의 계급투쟁은 생산관계 자체의 발전에 따른 계급 간 이해관계의 대립이 아닌, 국가의 개입으로부터 동력을 얻었다. 곧 계급 간 대립의식이 계급 구성원들의 연대와 자각을 통해 형성되었다기보다, 계급 간 경계를 자의적으로 설정한 국가가 상반된 계급 이해관계를 일상적으로 선전하는 방식을 통해 고조되는 경향을 보였다. 사실상 계급투쟁의 주체는 피착취계급이 아닌 국가였다. 따라서 계급들 간의 상호관계보다 계급과 국가 간의 관계가 계급투쟁을 근본적으로 규정하는 요인이 되었다.

더욱이 국가가 주요 생산수단을 장악함에 따라 생산관계의 의미는 퇴색될 수밖에 없었다. 이제 국가가 상품 할당자의 지위에 선 만성적 결핍경제하에서, 사회적 층위는 생산이 아닌 소비에 기초하여 형성되었다.[7] 요컨대 계급의 지위는 국가가 제공한 재화에 대한 접근기회에 따라 차등화되었다. 생

---

7) Sheila Fitzpatric, *Everyday Stalinism: Ordinary Life in Extraordinary Times: Soviet Russia in the 1930s* (New York: Oxford University Press, 1999), pp. 12~13.

산관계 자체의 발전에 따른 계급 문제의 해결이 아닌, 국가의 적극적 개입을 통한 해법은 계급투쟁의 목표인 "착취계급" 청산을 현저히 앞당길 수 있다. 그러나 계급적 연대의 경험과 계급의식의 자각 과정을 건너뛴 "피착취계급" 성원들이 진정한 해방을 이룰 수 있을지는 미지수였다. 그 간극을 메우려 한 국가는 잡지와 신문 등의 매체를 활용해 자신이 정립한 새로운 계급 정체성을 그들에게 교육했다. "인민의 정권"을 자임한 국가 곧 자신의 통치를 인민들의 의지의 표현으로 간주한 국가는 그러한 노력을 통해 그들의 계급의식이 이미 형성되었다는 논리를 펼칠 수 있었다.

한편 계급적 연대와 계급의식의 자각 기회를 잃은 피착취계급은 파업이나 사보타주 등의 전통적 투쟁수단까지 박탈당했다. 국가가 대규모 생산수단들을 독점한 이상, 그러한 투쟁수단은 자칫 국가를 표적으로 삼을 수 있었다. 자신의 이해관계 관철을 방해한 모든 위해 요소들을 제거해나간 국가의 관점에서 파업이나 사보타주도 위험스럽긴 마찬가지였다. 이제 국가는 마르크스주의의 전망과 달리 지배계급의 착취도구가 아니라, 지배계급 청산의 도구 더 나아가 반드시 수호해야 할 절대자의 지위에 오르게 되었다. 소련으로부터 유입된 이 새로운 국가관은 국가의 가치를 절대시한 반면, 개인의 가치를 경시하는 폐단을 낳았다. 스탈린주의의 핵심에 자리한 국가주의는 오늘날까지 북한의 사회통제를 합리화하고, 개개인들의 잠재력을 억눌러 사회의 발전을 봉쇄하는 기저의 동력으로 작동하고 있다.

이 연구는 북한의 급진적 계급정책과 국가주의 사조가 현실 문제의 해법으로서 등장했다기보다, 이념의 논리에 따른 방향 설정에서 비롯되었다는 논점을 제기한다. 사회주의권 국가들의 국제노선 곧 이념의 논리에 따른 계급정책은 적극적으로 현실 문제에 간여하며 폭넓은 범위에 걸친 사회 변화를 이끌어냈다. 그것은 위계적 계급질서에 기초한 새로운 사회구조의 확립, 인민들의 행동양식·가치관·세계관 변화에 반영된 새로운 문화의 태동, 전통적 가치와 인간관의 해체를 수반한 대중적 심성의 변화 등 매우 광범한 영역에 걸친 변혁이었다. 그러한 북한의 혁명적 변화를 추적한 이 연구는 전전 시기의 급진적 개혁이 어떠한 맥락과 논리에 따라 추진력을 얻고, 그 결과 북한 사회구조의 골격을 어떠한 형태로 짜나갔는가를 밝히고자 한다. 곧 이 연구의 목표는 현대 북한체제의 정치·경제·사회·문화적 기원을 밝히는 데 있다.

2. 연구 자료

신문과 잡지류는 북한의 공식입장을 확인할 수 있는 유용한 자료이다. 이면의 상황을 엿보기 어렵다는 한계를 안고 있지만, 체제가 지향하는 목표와 가치를 그 어떤 자료들보다 선명히 드러낸다. 이 연구에 주로 활용된 신문·잡지류는 조선공산당 북조선분국 기관지 『정로(正路)』, 북조선로동당 기관지 『로동신문』, 북조선로동당 이론잡지 『근로자』, 북조선인민위원회와 조선민주주의인민공화국 기관지 『인민』이다.

그 가운데 북한체제 초기의 역동적 사회상을 생생히 드러내는 자료는 『정로』이다. 1945년 11월 1일부터 1946년 8월까지 발간된 『정로』는 공산당 내 권력질서가 확립되기 전의 혼란스럽고 불투명한 시대상을 보여준다. 북조선로동당 기관지 『로동신문』과 『근로자』는 사회 전반에 걸쳐 지도력을 행사한 노동당의 이념적 지향과 정책들을 파악할 수 있는 유용한 자료이다. 그 두 자료에 비해 상대적으로 당의 영향권으로부터 거리를 두고 있었던 『인민』은 국가의 정책과 사회현상을 논평하는 더 역동적인 기사들을 게재했다.

이 연구의 의존도가 가장 높은 자료는 1982년부터 발행된 『북한관계사료집』 시리즈이다. 『북한관계사료집』은 미국 NARA(National Archives and Records Administration)에 소장되어 있는 전시 미군의 북한 지역 노획문서들을 국사편찬위원회가 체계적으로 수집해 공간한 편집물이다. 이 자료집은 공식 자료로부터 극비 자료에 이르기까지 사료적 가치가 뛰어난 문헌들을 풍부하게 수록하고 있다. 역사적 의의를 지닌 중요 대회의 회의록 전문, 북조선로동당의 각종 기밀문건과 결정집, 행정기구의 법령집, 경찰기구의 문건, 저명인사들의 논설, 다양한 사건에 연루된 범죄자들의 재판 기록, 당국이 수집한 민간사회의 여론 등이 그 구체적 사료들이다.

해방 직후부터 북한 지역의 정보를 수집해온 미첩보기구의 문건, 소련군이 북한지역 일본군을 공격하기 시작하면서 피난행렬에 나선 일본인들의 증언 기록, 북한 지역에 주둔한 소련군이 남긴 문건 등은 상대적으로 부족한 체제 초기의 사료들을 보완하는 데 도움을 준다. 그 가운데 주한미군사령부 (Headquarters of United States Army Forces in Korea) 정보참모부(G – 2)가 1945년 12월 1일부터 격주로 발행한 *Intelligence Summary Northern Korea*는 대표적 대북한 첩보문건이다.[8] G – 2의 북한정보 수집은 대개 미디어 분석, 월남자 인터뷰, 스파이 침투 등을 통해 이루어졌다. 한림대 아시아문화연구소가 대북 첩보문건들을 네 권의 책으로 엮어 발간한 영인 자료집 *HQ, USAFIK Intelligence Summary Northern Korea 1~4*가 이 연구에 이용되었다. 다른 자료들에서 확인하기 힘든 제2차 토지개혁의 실상과 38선 월경밀무역에 대한 남한 측의 관점·대응 등을 다룬 내용은 이 연구의 논의를 확장하는 데 큰 도움을 주었다.

---

8) Institute of Asian Culture Studies Hallym University, *HQ, USAFIK Intelligence Summary Northern Korea 1~4*(1945.12.1~1948.11.26) (Chunchon: Institute of Asian Culture Studies, 1989).

*North Korea: A Case Study in the Techniques of Takeover*는 미국 첩보 자료의 축적물이자, 전시 북한 지역 현장조사의 산물이다.[9] 유엔군이 북한 지역을 점령하고 있었던 1950년 10월 28일에 방북한 미국무성 연구조사단 (State Department Research Mission)은 석 달간 체류하며 북한 관련 정보의 수집과 갖가지 조사 활동에 착수했다. 연구조사단은 노동자·농민 등 여러 직종에 종사한 개개인들로부터 노동당·인민위원회 간부들에 이르기까지, 지위고하를 막론한 모든 계층의 북한 지역민들을 인터뷰하고 때로는 여론조사를 실시하는 식으로, 5년간 북한체제를 경험한 이들의 목소리를 들을 수 있었다. 그러한 정보들을 체계적으로 정리하여 1961년에 발간한 사례연구가 바로 *North Korea: A Case Study in the Techniques of Takeover*이다.

해방 직후 일본인들이 귀국하며 "탈출기" 형식으로 남긴 방대한 증언 기록물도 북한체제 초기의 사료적 공백을 메우는 데 유용하다. 재북 일본인들의 귀국시점이 1946년에 집중됨에 따라, 그들이 남긴 증언 기록도 1946년의 사회상 곧 북한체제가 막 형성되고 있던 초창기의 상황들을 생생히 보여준다. 귀국한 일본인들의 방대한 증언을 체계적으로 정리해 날카로운 해석까지 곁들인 대표적 두 저작물이 이 연구에 활용되었다. 모리타 요시오(森田芳夫)의 『朝鮮終戰の記錄』과 가마타 쇼지(鎌田正二)의 『北鮮の日本人苦難記 ‒ 日窒興南工場の最後‒』가 그것이다.[10] 조선의 해방과 함께 패전국민의 지위로 전락한 일본인들은 피해자의 시각에서 북한의 개혁운동과 사회 변화가 그들에게 어

---

9) U.S. Department of State, *North Korea: A Case Study in the Techniques of Takeover* (Washington, D.C.: U.S. Government Printing Office, 1961).

10) 森田芳夫, 『朝鮮終戰の記錄』, 東京 : 巖南堂書店, 1964 ; 鎌田正二, 『北鮮の日本人苦難記 ‒日窒興南工場の最後‒』, 東京 : 時事通信社, 1970.

떠한 파장을 미쳤는지 생생히 묘사했다.

1946~1947년에 걸친 북한체제 형성 초기의 역동적 사회상을 가장 생동감 있게 드러내는 자료는 38선 이북 지역에 주둔한 소련군이 남긴 문건들이다. 이 문건들은 대개 북한의 정치·경제·사회·문화 정세에 관한 보고, 제 정당·사회단체와 주요 인물들에 대한 평가, 제 개혁조치의 경과 보고, 민간사회의 동향을 다룬 여론보고 등에 집중되어 있다. 국사편찬위원회가 러시아 국방성중앙문서보관소(Центральный Архив Министерства Обороны РоссийскойФедерации : ЦАМОРФ)와 러시아 대외정책문서보관소(Архив Внешней Политики Российской Федерации : АВПРФ)에서 수집해온 문건들이 이 연구에 활용되었다.

러시아 자료의 가장 큰 이점은 북한이 생산한 자료들과 달리, 어떠한 기밀정보라도 내용상의 여과 없이 사실 그대로를 전달한다는 점이다. 따라서 연구자들은 다른 자료들로부터 좀처럼 찾기 힘든 국가정책에 대한 민간의 부정적 여론은 물론, 반체제 세력의 저항운동에 이르기까지 북한이 공개하기를 꺼린 민감한 측면들을 쉽게 포착할 수 있다. 소련군사령부 산하의 민정기구가 1945년 8월부터 1948년 11월까지 3년간의 사업을 평가한 정치부문 사업 총괄 보고서가 그 대표적 자료들 가운데 하나이다.[11] "Доклад о политико-моральном состоянии населения Северной Кореи(북조선 인민의 정치적

---

11) Управление Советской Гражданской Администрации в Северной Корее(북조선 소련민정국), "Доклад об итогах работы Управления Советской Гражданской Администрации в Северной Корее за три года(август 1945 г. - ноябрь 1948 г. Том 1. Поическая часть)(『북조선 소련민정국 3년간 사업 총괄 보고, 1945.8~1948.11. 제1권 정치편』)", 1948.12, ф. 0480, о п. 4, п. 14, д. 47.

정신적 상태에 관한 보고)"와[12] "Экономическое и политическое положение провинций Северной Корей(북조선 각 도의 정치·경제적 상황)"[13] 등의 문건들은 1947년경까지도 반체제 성향의 저항운동이 지속되었음을 보여준다.

비중 있는 경제 부문 러시아 자료들은 『旧ソ連の北朝鮮經濟資料集 1946~1965年』에 집중적으로 수록되어 있다.[14] 이 자료집은 웨더스비(K. Weathersby)가 수집한 러시아 외무성공문서관의 자료들과 기무라 미쓰히코(木村光彦)가 수집한 러시아 국립경제공문서관의 자료들 중 가치 있는 자료를 선별해 일본어로 번역한 편집물이다. 1946년부터 1965년에 이르기까지 북한의 공업·농업·상업·화폐개혁·금융재정·무역 등의 전반적 경제 상황을 파악할 수 있는 풍부한 통계와 정보들이 이 자료집에 수록되었다. 특히 개인상공업에 관련된 민간경제의 위상과 동향을 보여주는 자료들이 이 연구에 큰 도움을 주었다.

이 연구에 활용된 자료들 중 국가 정책에 대한 지방 수준과 민간사회의 대응을 가장 풍부하게 드러내는 자료는 단연 강원도 인제군(麟蹄郡) 관련 문서이다. 전시 미군이 강원도 인제군 지역에서 노획한 이 문건들은 대부분 당 회의록에 편중되어 있다. 가장 주목할 만한 자료인 인제군당상무위원회 회의록이 제1차 회의(1948.2.4)부터 제73차 회의(1949.12.27)까지 『북한관계사료집』 2~3권에 수록되어 있다. 인제군 최고위 간부진 7인으로 구성된 군당상무위원회는 군내 최고 권력기구이자 의결기구였다. 회의록은 하부의 실정을 검열하는 일종의 통치 자료로 활용되었기 때문에 아주 상세히 기록되었다. 북한 공

---

12) Романенко, "Доклад о политико-моральном состоянии населения Северной Корей(북조선 인민의 정치적 정신적 상태에 관한 보고)", 1947, ЦАМОРФ, ф. 172, оп. 614632, д. 23.

13) Игнатьев, "Экономическое и политическое положение провинций Северной Корей(북조선 각 도의 정치·경제적 상황)", 1947, ЦАМОРФ, ф. 172, оп. 614632, д. 14.

14) 木村光彦 編譯, 『旧ソ連の北朝鮮經濟資料集 1946~1965年』, 東京 : 知泉書館, 2011.

식매체의 기사들이 대부분 여과돼 무미건조한 정보를 전달하는 반면, 인제군 자료는 거의 여과 과정을 거치지 않아 현장의 생생한 분위기를 그대로 전달한다. 따라서 그것은 간부들의 개성뿐만 아니라 그들이 주시한 민간사회의 목소리까지 쉽게 포착할 수 있는 기회를 제공한다. 해방 후 북한의 사회구조를 살피고 있는 이 연구는 인제군 자료를 통해 기층 수준에서 형성된 계급구조의 위계적 성격을 파악할 수 있었다.

당대 북한사회의 계급관을 엿볼 수 있는 가장 가치 있는 자료들 가운데 하나인 "평정서"는 당국이 공직기관 간부, 노동당원, 학생·교원 등을 평가한 문건이다. 이 연구는 1949년경에 작성된 평양교원대학 지리과 학생들의 평정서와 평양사범대학 역사과 학생들의 평정서에 기초하여 북한의 계급관과 계급정책을 재구성할 수 있었다.[15] 대학생들의 모든 면을 철저히 해부한 이 평정서들은 그들의 계급성분을 가장 중요한 평가 항목의 하나로 보았다. 많은 평정서들에 비추어볼 때 계급성분은 사회적 지위의 수직 이동을 좌우할 수 있는 요건들 가운데 하나였다.

이미 뛰어난 사료적 가치를 인정받은 증언 기록인 김성칠·김석형·쉬띠꼬프·오영진·온낙중·서광제 등의 증언도 이 연구에 활용되었다. 물론 기억에 의존한 증언 자료들은 사건의 발생 시일이나 복잡한 사실관계 등을 정확하게 반영하기 힘들다는 한계를 안고 있다. 그러나 엄밀히 말해 김성칠·쉬띠꼬프의 일기와 온낙중·서광제의 기행문은 증언 기록의 범주에 해당하지 않는다. 사후 수십 년이 지나 채록된 증언이 아닌 당대의 기록인 만큼, 기억의 오

---

15) 평양교원대학 지리과 학생들의 평정서는 전시 미군의 북한 지역 노획문서 가운데 NARA RG242 SA2007 Item18군과 Item20.2군, 평양사범대학 역사과 학생들의 평정서는 NARA RG242 SA2007 Item19군으로 분류돼 있다.

염에서 안전한 자료들이기 때문이다. 한국전쟁 발발 후 북한 점령통치 하의 남한 사회상을 관찰한 김성칠의 일기는 북한사 재구성에 매우 유용한 자료이다.[16] 그것은 전시 점령정책을 통해 북한이 남한 주민들에게 이식하려 했던 가치체계·세계관·행동양식 등을 선명히 보여준다. 이 연구는 그의 일기를 통해 북한체제하에서 일반인들이 품었을 법한 심리를 포착하고, 더 나아가 그들의 심성구조에까지 접근할 수 있었다.

해방 직후 지방간부에서 출발해 고위직에까지 오른 비전향장기수 김석형은 북한체제에 완전히 동화된 인물이었다. 그는 당대의 사건들과 사회상을 체제의 언어 그대로 재현했다.[17] 북한 역사의 중대한 국면마다 자리를 지키고 있었던 그는 직접적 관찰자·참여자의 시각에서 현장의 분위기를 생동감 있게 증언했다. 증언 기록이 지닌 독특한 가치는 체제가 대외적으로 표방한 공식정책 이면의 실상을 솔직하게 드러낸다는 점이다. 이를테면 38선 월경밀무역에 비판적 입장을 보인 공식 자료들의 논조와 달리, 김석형의 증언은 그것의 현실적 필요성과 당국의 묵인에 관한 내막을 드러내 보였다. 이 연구는 그의 증언에 힘입어 38선 월경밀무역의 실제 위상을 밝힐 수 있었다.

---

16) 김성칠, 『역사 앞에서』, 창작과비평사, 1993.

17) 김석형 구술, 이향규 녹취·정리, 『나는 조선노동당원이오!』, 선인, 2001.

차례

머리말 **5**

1부 인민정치의 실현과 친일파 배제

  1장 인민국가 건설

    1. 인민민주주의 **24**

    2. 인민의 정권, 인민위원회 **42**

    3. 인민들의 모든 역량을 국가 건설에 **54**

  2장 친일파 청산

    1. 국가 건설과 과거 청산 **66**

    2. 친일파란 누구인가? **74**

    3. 친일파 처벌 **88**

    4. 일제시기 공직자 재등용 **95**

2부 민간경제의 위상

  1장 민간산업의 제한적 발전

    1. 사유제의 재조명 **112**

    2. 민족자본가층의 역할 **119**

    3. 사유재산권 보호 **126**

    4. 기업가층의 형성 **139**

    5. 민간경제정책의 전환 **149**

    6. 민간기업 통제 **153**

    7. 민간경제의 재도약 **159**

  2장 민간상업 통제와 상인층의 대응

    1. 간상인가, 상인인가? **165**

2. 소비조합 **173**

3. 상인층 견제 **179**

4. 민간상업과 소비조합상업 간 경쟁 **190**

5. 38선 월경밀무역 **199**

3장 농업구조 개혁과 농민층의 지위 변화

　1. 토지개혁 **214**

　　1) 지주소작제 청산　2) 혁명과 저항　3) 축출　4) 토지개혁 이후의 계급투쟁

　2. 농업현물세제 **252**

　　1) 혁명적 세제의 등장　2) 현물징수의 역설　3) 이기적 농민 길들이기

　　4) 과당징수 메커니즘　5) 불만의 억압

3부 사회 계급질서의 재편

1장 계급적 가치의 격상

　1. 계급투쟁노선 **296**

　2. 북조선로동당 : 대중정당에서 계급정당으로 **306**

　3. 성분 분류 **319**

　4. 노동자·빈농 간부 양산 **327**

2장 계급위계구조의 형성

　1. 애국적 노동계급 출현 **341**

　2. 농민계급의 위계화 **361**

　　1) 마르크스주의적 농민관의 형성　2) 고농, 빈농, 중농, 부농

　3. 중간층 **383**

　　1) 인텔리　2) 사무원　3) 소시민

3장 차별의 제도화

　1. 계급지위의 상속 **406**

　2. 법 위의 국가 **416**

　3. 계급투쟁의 비생산성 **423**

4부 문화의 변혁과 전통사회 해체

1장 노동당문화의 대중화

　1. 노동당 규율 **432**

　2. 사회단체 : 문화 전달의 가교 **442**

　3. 폭로 **448**

　4. 비판과 자아비판 **458**

2장 사회주의문화

　1. 식민지문화 청산 **465**

　2. 과학적 세계관과 프롤레타리아문화 **478**

　3. 소련문화 : 환영과 거부의 불협화음 **485**

　4. 정치교육의 일상화 **495**

3장 국가공동체문화

　1. 단체주의와 조직생활 **503**

　2. 평등사회와 청년간부들 **516**

　3. 새로운 국가관 : 보위해야 할 절대 가치 **525**

　4. 전쟁과 반체제 세력의 노출 **534**

맺음말 **545**

저자 후기 **557**

부록 : **참고문헌 564 찾아보기 576**

1부
인민정치의 실현과 친일파 배제

1장

인민국가 건설

1. 인민민주주의

해방 직후 북한은 인민국가 건설운동에 착수했다. 민족적 가치와 계급적 가치를 동시에 추구한 인민국가 건설운동은 노동자·농민층의 계급적 이해와 함께, 소시민·자본가층의 이해까지 망라한 전 민족적 이해를 대변한다는 방향성을 제시했다. 인민국가의 토대를 제공할 제 계급 간 연대는 1930년대 이후 민족투쟁과 계급투쟁의 연대를 통해 파시즘에 맞선 공산주의운동의 역사적 투쟁 경험 유산이었다. 제2차 세계대전 중 반나치 저항운동이 민족감정에 호소하는 경향이 있었다는 점과 반파쇼국가들의 좌파가 민족적 애국심의 의미를 재발견했다는 점 등은 그러한 흐름이 세계적 차원에서 일고 있었음을 드러낸다.[1]

반파시즘 통일전선에 기초한 민족해방투쟁의 성과는 제2차 세계대전 후

---

1) E. J 홉스봄 지음, 강명세 옮김, 『1780년 이후의 민족과 민족주의』, 창작과비평사, 1994, 187~188쪽.

성숙한 자본주의를 경험하지 못한 동유럽 지역에 걸쳐, 이른바 부르주아독재도 프롤레타리아독재도 아닌 "제3형" 권력구조를 낳았다. 그러한 형태의 권력은 1946~1947년경 프롤레타리아독재를 경유하지 않고 사회주의에 이르는 "특수한 길" 이론으로 정식화되었다.[2] 1947년 7월 26일 불가리아공산당 서기장 디미트로프(Georgi Mikhailovich Dimitrov)는 "불가리아의 정치 발전이 소련의 길을 답습할까, 아니면 다른 길이 가능할까?"라는 한 기자의 질문에, "프롤레타리아독재를 거치지 않고 독자적 길을 따라 사회주의로 이행할 수 있다."라는 입장을 밝혔다.

1946년 11월 29일 자신의 조국 폴란드가 "제3의 길"을 걷고 있다고 진단한 폴란드공산당 서기장 고물카(Wladyslaw Gomulka)는 그러한 발전 국면이 지닌 이중성에 주목했다. "사회주의경제와 자본주의경제의 특성"과 함께 "사회주의적 민주주의 요소와 자유주의적 부르주아민주주의 요소"가 폴란드에 공존한다고 본 그는 "우리와 같은 형태의 민주주의와 사회제도를 '인민민주주의'라 부른다."라고 천명했다. 사회주의와 자본주의 요소를 동시에 갖춘 인민민주주의는 양자 사이의 어딘가에 위치한 발전 국면으로 인식되었다.

1946~1947년경 온건한 형태로 정립된 동유럽권의 인민민주주의론은 조선의 논자들을 통해 국내에 소개되었다. 남한 좌익 진영의 논자 박동철이 그 대표적 인물이었다. 1949년경 북한 지역에 보편화된 용어인 "인민민주주의"가 아닌 "인민=민주주의"라는 표현을 사용한 그는 1948년에 출간된 글을 통해, 소수의 대재벌이 인민을 착취하는 국가가 아닌 "인민이 주인 노릇하는

---

2) 이하 勝部 元, 「인민민주주의 국가론의 발전」, 『반제민족통일전선 연구』, 이성과현실사, 1988, 346~347쪽 참조.

나라"라고 그를 규정했다.[3] 박동철은 "인민이 주인 노릇하는 진짜 민주주의"의 실현은 지주층 척결과 자본가 통제를 통해 가능하다고 보았다. 그러나 그는 전면적 지주 척결정책과 달리 자본가 통제정책은 "모리와 간상으로 폭리를 얻으며 나라야 망하든 말든 제 배만 불리려는" 대자본가층에 국한되어야 한다는 조건을 달았다.

박동철은 인민민주주의론을 소개하는 데 그치지 않고 해방 직후 북한의 현 상황을 그에 적용하는 적극성을 보였다. 중요산업 국유화 과제를 제기한 그는 그 외 생산시설의 개인소유를 허용하며 중소상공업자를 보호하고 있는 북한이 "인민=민주주의" 국가의 한 표본이라고 진단했다. "부지런히 만들어 정직하게 팔아먹는" 중소상공업자들의 이윤추구행위를 법령으로 보호한 북한의 경제정책을 긍정적으로 바라본 그는 그것이 사회주의적 정책이 아님을 강조했다. 그가 보기에 북한이 사회주의국가인 소련과 다른 발전 국면에 있음은 무엇보다 계급정책에서 두드러졌다. 지주층이 척결되었을 뿐 자본가와 소시민층의 경제 활동은 그대로 지속되었기 때문이다. 게다가 그들은 목사·전도사·천도교간부 등과 함께 정권기관에 진출해 국가운영에까지 관여할 수 있었다. 박동철은 노동자·농민뿐만 아니라 "우리나라의 민주건설을 방해하지 않는" 인민이면, 누구나 정권기관에 참가할 수 있다고 강조함으로써 인민의 범주를 더 확대하고자 했다.

"부르주아독재"도 "프롤레타리아독재"도 아닌 새로운 형태의 "제3형" 권력이론을 정립한 동유럽 논자들의 견해를 수용한 그는 특히 북한의 "인민=민주주의"가 사회주의 소련의 "노동자·농민독재"와 다르다는 점에 주목했다.

---

3) 이하 朴東哲, 『農民讀本(土地改革)』, 新興出版社, 1948(『北韓關係史料集(이하 史料集)』11, 414~417쪽) 참조.

그가 보기에 북한은 노동자·농민만이 아니라 소시민층과 진보적 자본가층을 아우른 "인민 전체의 국가" 곧 "반인민분자들만을 제외한 인민독재의 국가"였다. 그는 "인민=민주주의"는 뒤떨어진 국가들에 "아주 적합한 방향"이며, 따라서 북한만이 아닌 전 조선을 통해 그러한 형태의 국가 곧 "인민공화국"을 건설해야 한다고 결론지었다.

인민민주주의론에 주목한 북한 지역의 대표적 논자는 "신민주주의"란 중국식 용어를 사용한 장하일이었다.[4] 1947년 말 진정한 민주주의는 착취계급이 완전히 청산된 사회주의사회에서 실현될 수 있다고 전제한 그는 자본주의로부터 사회주의로의 이행 도중, "선진적 방향으로 추동할 수 있는 조건"을 갖추어 나타난 민주주의가 "신민주주의"라고 보았다. 노동계급이 자본주의적 민주주의의 기만성을 의식했음에도 불구하고, 주객관적 현실 곧 노동계급 자체의 역량 미숙과 진정한 민주주의를 구현할 수 있는 정치·경제·사회·문화적 조건을 결여한 탓에, "새 형태의 민주주의", "특별한 민주주의", "인민적 민주주의" 등으로 일컬어질 수 있는 "신민주주의"가 대두했다는 진단이었다. 북한이 신민주주의 단계에 들어섰다고 본 그는 토지개혁을 통한 봉건잔재의 척결, 중요산업기관의 국유화, 전체 인민의 정권 장악 등을 그 근거로 들었다.

장하일은 박동철과 마찬가지로 새 형태의 민주주의가 "민주주의를 가장한 자본가들의 독재인 부르주아국가 형태"도, "소련과 같은 프롤레타리아독재인 사회주의국가 형태"도 아니라고 보았다. 인민민주주의와 사회주의의 차이점에 주목한 박동철과 달리, 그는 신민주주의와 자본주의의 차이점에 주목했다. 그가 보기에 자본가계급과 노동계급이 공존하고 있는 계급 구성을 양

---

4) 이하 장하일, 「신민주주의와 조선」, 『근로자』 1947년말호(10호), 26~27·34~35쪽 참조.

자가 공유한다 해도, 전체 인민이 정권을 장악한 신민주주의와 자본가계급의 독재인 부르주아국가의 권력구조는 뚜렷한 대비를 이루었다. 장하일은 동유럽 지역 국가들과 북한·중국 등이 구현한 신민주주의가 인민공화국 형태의 정권 수립에 기여했다고 결론지었다.

인민국가 건설운동을 이론적으로 뒷받침한 인민민주주의론은 조선의 좌익 진영 논자들에게 민족적 가치의 중요성을 일깨워주었다. 공산주의운동의 역사적 유산인 인민국가 건설운동은 해방 후 조선의 통일임시정부 수립과 친일파·일제 잔재 척결 과제가 민족통일전선을 통해 실현될 수 있다는 점에서 현실적 의의를 인정받았다. 이러한 현실적 요청에 따라 민족통일전선의 계보를 일제시기 반일투쟁에까지 끌어올리려는 시도들이 적극화되었다. "계급적 입장과 의견의 차이"를 극복하고 민족통일전선을 실현한 조국광복회운동의 집중적 조명이 인민국가 건설의 당위성을 역사적 경험 속에서 찾은 대표적 시도였다. 북조선인민위원회 선전국 부국장 윤세평에 따르면 그 경험을 통해 "계급적 이해관계가 전 민족적 이해관계에 종속"되었을 뿐만 아니라, 해방 후의 민족통일전선도 그러한 "역사적·물질적 토대 위에서 전개"될 수 있었다.[5]

일제시기 항일운동의 전략으로서 민족투쟁의 가치를 계급투쟁의 가치보다 우위에 둔 그의 평가는 해방 직후 흔히 목격된 관점이었다. 다른 인사들의 진술에 비추어 보더라도, 계급투쟁이 인민국가 건설에 걸림돌이 될 만큼 급진적이어선 안 된다는 견해는 윤세평만의 생각이 아니었다. 북조선농민동맹 부위원장 현칠종은 계급적 이익을 무시하지 말아야 한다는 조건을 달면

---

5) 尹世平,「朝鮮民主主義人民共和國의 人民的 性格」,『인민』 1948년 10월호(『史料集』 14, 443쪽).

서도, "독자적 계급 이익을 버리고 전 민족적 이익을 최고 지상명령"으로 삼아야 한다고 강조했다.[6] "민족적 과업 수행"을 방해하는 "봉건적 계급"과 반민주주의 세력에 맞선 대중적 투쟁을 제안한 그는 제 인민의 화합을 깨뜨리지 않을 "형제적·우의적·평화적" 투쟁을 모범적 투쟁 형태로 제시했다.

좌익 진영을 대표하는 정치그룹과 정치인들도 인민국가 건설 논의에 적극성을 보였다. 토지개혁 시기의 계급투쟁을 목격한 김일성은 공산당이 "반파쇼 반봉건 민족통일전선의 방향"으로 투쟁을 이끌어야 하며, 그로부터 벗어난 행위는 과오에 지나지 않다고 선을 그었다.[7] 그가 강조한 "반파쇼 반봉건 투쟁"의 대상은 일본제국주의·친일파·지주층을 의미했다. 척결대상 세력을 제외한 전 인민의 연대가 공고해져야 한다는 점이 그가 밝힌 투쟁관의 핵심이었다. 유연한 투쟁관에 기초한 김일성의 인민국가 건설 구상은 앞서 윤세평의 논의를 통해 살펴보았듯, 조국광복회운동으로 대표되는 그의 일제시기 투쟁 경험과 무관치 않았다. 1945년 10월경에 열린 서북 5도당대회에서 그가 "노동자·농민·부르주아지·인텔리" 등 포괄적 제 계층의 대표자들을 아우른 인민전선 형태의 신국가 건설을 제안한 정치행보도 그러한 경험을 반영하고 있다.[8]

흥미롭게도 김일성은 토지개혁 이전에 더 포용적인 국가 건설론을 제시했다. 일제에 맞서 자본가·지주들이 노동자·농민과 연대한 중국의 경험을 소

---

6) 玄七鍾, 「一九四六年을 맞으며」, 『正路』 1946.1.11.

7) 金日成, 「土地改革事業의 總結과 今後 課業에 對한 報告」, 『正路』 1946.4.20.

8) "Документы характеризующие политические партии и общественные организации Северной Кореи за 1945г(1945년 북조선 내 정당과 사회단체의 특성에 관한 자료)", 1945, ЦАМО, ф. 172, оп. 614630, д. 5, л. 60.

개한 그는 민족통일전선의 기반과 여건이 조선에도 갖춰져 있다고 보았다.[9] 일제시기에 과오를 범한 공산당이 군중들의 절대적 신뢰를 받고 있지 못한 데다 "민족파"가 상당한 대중적 지지기반을 확보하고 있음에 비추어, 현 단계가 그들에 대한 투쟁보다 민족통일전선의 결성을 요한다는 진단이었다. "순수한 민족자본가층"과 연대해야 한다고 제안한 김일성은 그들이 일제시기에 "정절을 지켰"음을 부정하지 않았다. 심지어 토지개혁 이전에 지주층과의 연대까지 염두에 둔 그는 그들의 토지를 몰수하여 농민들에게 분배하자는 구호는 타당하지 않으며, "일제주구"의 토지를 몰수해 분배하자는 구호가 현시점에 적합하다는 입장을 내비쳤다.

김일성의 유연한 관점은 제2차 세계대전을 바라보는 시각에도 반영되었다. 소련이 참전한 2차 대전을 "무산계급 해방전"이라 규정한 이영·최익한 등의 논의에 맞서, 그는 파시즘의 타도와 민족해방을 모색한 그것을 "계급해방전쟁"이 아닌 "민족해방전쟁"이라고 평가했다. 소련이 참전했다는 이유만으로 "계급전쟁"이라 규정할 수 없다는 진단이었다. 이어 2차 대전 승리의 요인으로 소련의 역할만이 아닌 자본주의 연합국 미국·영국의 역할까지 긍정적으로 평가한 김일성은 소련형 체제에 기초한 국가 건설관에도 비판적 입장을 보였다. 현 단계에 "좌경"도 "우경"도 용인할 수 없다고 강조한 그는 소비에트정권 수립을 운운하는 태도가 "과조(過早)"이자 "좌경"에 다름 아니라고 보았다. 노동자·농민뿐만 아니라 자본가·지주를 망라한 전 민족적 통일전선을 통해 건립할 수 있는 인민공화국이야말로 그에게 해방 직후 조선의 현

---

9) 이하 朝鮮共産黨 淸津市委員會, 1946.3.15, 「金日成將軍 述 ; 民族 大同團結에 對하야」, 『史料集』 25, 9~16쪽 참조.

실에 가장 적합한 "진보적 신민주주의" 정권 형태로 인식되었다.[10]

김일성의 유연한 국가 건설관은 기본적으로 1945년 10월 중순에 열린 서북 5도당대회의 결의를 수용한 입장이었다. 그 대회는 북한 지역 조선공산당 조직들이 범한 그간의 "좌우경적" 과오들을 모두 비판했다. 먼저 그들이 "조선 자본민주혁명 계단에 요구된 인민전선"의 결성을 제안하며, "범인민"이란 표현을 사용한 점이 우경적 과오로 지적되었다. 당대 좌익 진영 인사들은 "인민"의 개념이 "계급적 자각성"과 함께 "근로대중적" 의미를 내포한다고 보았다. 따라서 "범인민"이란 표현은 "근로대중"에 기초한 인민 범주의 경계를 허물 소지가 있었다.[11]

서북 5도당대회는 그러한 우경적 과오가 "자유주의적 소부르주아지"의 계급적 본질에서 비롯되었다고 진단한 뒤 좌경적 과오에 대한 비판에 착수했다. 현 혁명 단계를 바로 직시하지 못하고 사회주의혁명 단계로 규정한 점, 조선의 해방이 사회주의국가와 자본주의국가의 "두 힘"에 의해 달성되었음을 간과하고 전자의 역할을 과대평가한 점, 해방 전 일제의 탄압에 굴복한 공산주의자들이 그 과오를 만회하고자 "혁명적 언사"와 "난폭한 망동"을 남발한 점, 민족혁명의 주동력이 프롤레타리아임을 지나치게 강조한 점 등이 그 구체적 과오로 지적되었다. "현재 우리 당의 가장 위험한 경향이 좌경적 오류"라고 강조한 서북 5도당대회는 그의 발생 원인이 농민층에 만연한 "급진적 소부르주아 사상"에 있다고 진단했다. 좌경적 과오의 비판에 역점을 둔

---

10) 동북항일연군 출신 김일성의 유연한 국가건설론을 만주 지역 통일전선운동의 맥락 속에서 설명한 연구는 문미라, 2014, 「≪延邊民報≫를 통해 본 해방 직후 延邊人民民主大同盟의 성립과 활동」, 『한국근현대사연구』 제69집, 150~151쪽.

11) 西北五道黨大會 決定書, 「黨의 進路 明示 政治路線 確立 組織 擴大 强化」, 『正路』 1945.11.1.

이 대회는 "자유주의적·민주주의적 분자라 해도 우리 이익을 위해 끌고 나갈 수 있는 한 끌고나가야 한다."라고 결론지었다.

해방 직후 조선의 좌익 진영 각 계파들은 이상의 유연한 혁명관·계급관을 공유했다. 국내 공산주의운동그룹을 대표한 오기섭은 진보적 민족자본가들과 반일적 진보 세력을 망라한 "인민공화주권"을 수립함으로써 전 인민의 이익을 보장해야 한다고 역설했다.[12] 해방 직후의 조선이 "자본민주계단"의 과업 해결을 요한다고 전제한 그는 "사회주의혁명"이나 "소비에트 주권"을 거론하는 이들은 국제정세에 무지할 뿐만 아니라, 역사적 과업을 무시하고 분열을 조장하는 "좌경적 기회주의자들"에 다름 아니라고 못 박았다. 오기섭도 서북 5도당대회의 결의를 수용했음을 볼 수 있다.

그러나 북한정권에 참여한 좌익 진영 각 계파의 관점이 세부 사항까지 일치했던 것은 아니었다. 이를테면 국내 공산주의운동그룹은 좌경적 과오보다 우경적 과오에 더 큰 우려를 표했다. 박헌영은 조선의 프롤레타리아혁명을 운운하고 조선 부르주아지 전체를 반동으로 규정한 최익한·이영·정백 등이 "추상같은 비판"을 받은 뒤 한민당과 협동전선을 결성했다고 비판했다.[13] 그가 보기에 "괘종의 진자처럼 극좌적 입장에서 극우적 입장으로 달음질"한 그들의 태도는 "민족부르주아지 중에서도 가장 반동적 부분을 대표"한 "친일적 송진우 일파의 노선을 그대로 수용"한 과오에 다름 아니었다.

오기섭은 민족주의 진영을 비판하는 작업에 앞장섰다. 조선민주당과 그

---

12) 朝鮮共産黨 北部朝鮮分局 秘書 吳琪燮, 「十月革命 紀念 鬪爭 總決算 報告」, 『正路』 1945.11.14.

13) 朝鮮共産黨 中央委員會 代表 朴憲永, 「朝鮮 民族統一戰線 結成에 對한 朝鮮共産黨의 主張」, 『正路』 1945.11.14.

당원들이 다수 포진한 평남인민정치위원회가 그의 주요 비판 대상이었다. 그는 공산당과 협동전선을 체결한 조선민주당이 "민주주의적 강령을 방책" 삼아, 반소·반공적 반동분자들에게 "피난처"를 제공하고 있다고 몰아붙였다.[14] 또한 그는 소작료 3·7제를 관철하지 못한 점, 연기(年紀)를 단기(檀紀)로 사용한 점, 인민정치위원회를 인민위원회로 개칭하지 않은 점 등에 근거하여 평남인민정치위원회가 민주주의적 과제의 실천을 등한시했다고 비판했다. 오기섭은 그 원인이 친일파와 민족반역자가 침투한 평남인민정치위원회에 "국수주의자, 수공업적 자본가, 지주의 영향"이 잔존한 탓이라고 진단했다.[15] 더나아가 그는 1946년 1월 7일에 열린 모스크바삼상회의 결정 지지시위가 "혁명적 구호"를 통해 투쟁적 분위기를 조성했다며 찬사를 보냈다. 사실 그는 "공산당 만세!" 표어가 겨우 네 곳에 걸린 1945년 말 10월 혁명 기념시위의 차분한 분위기에 불만을 표출한 바 있다. "너무도 평화스러운 비투쟁적 데모"가 조선공산당의 "투쟁위력"을 과시하지 못했기 때문이다.[16]

연안 독립동맹계의 국가 건설관·혁명관·계급관은 국내 공산주의운동그룹은 물론 서북 5도당대회의 관점보다 유연했다. 조선독립동맹은 일제의 조선인 자본가에 대한 재산관리권 제한과 기업정비령을 통한 중소상공업자들의 영업권 폐지에 반대하는 입장을 보였다. 전시 일제와 조선인 자본가들의 갈등을 이용해 민족통일전선의 외연 확장을 꾀한 이 전략은 독립동맹의 온

---

14) 吳琪燮同志 講演,「三國外相會議 朝鮮問題 決定과 朝鮮共産黨의 態度」,『正路』1946.1.9.

15) 吳琪燮同志 祝辭 要旨,「人民委員會의 나갈 길」,『正路』1946.1.26.

16) 朝鮮共産黨 北部朝鮮分局 秘書 吳琪燮,「十月革命 紀念 鬪爭 總決算 報告」,『正路』
    1945.11.14.

건한 강령에 반영되었다.[17] "정치·경제적으로 민족의 이익을 위해 투쟁"하는 모든 계급·계층과 힘을 모아 "민주공화국 건립"에 매진하겠다는 1946년 1월 15일의 성명은 독립동맹의 유연한 구상이 해방 이후까지 계승되었음을 드러낸다. 그로부터 한 달 뒤 독립동맹의 후신인 조선신민당은 조선혁명의 현단계를 "자산계급성 민주주의"라 규정하며, "민주정권"의 수립에 "민족적 대동단결"이 필요하다고 역설했다. 곧 그것은 친일분자·파쇼분자·반민주분자를 제외한 모든 계급·계층·정당 등을 망라한 민족통일전선의 결성을 의미했다.[18]

민족적 이해의 관철을 강조한 연안계의 입장은 경제정책에까지 연장되었다. 그들은 일제와 친일파가 소유한 대기업의 몰수를 주장했을 뿐, 국가가 개인기업의 발전을 보장해야 한다고 천명했다. 게다가 농업경제 개혁이 자경하는 농민들에게 토지를 분배하는 방향으로 이루어져야 한다고 강조하면서도, 무상몰수가 아닌 "적당한 방법"에 따른 분급을 제안했다. 지주층과의 통일전선을 염두에 둔 수위의 표현이었다. 조선인 지주층에 대한 지세 증가와 각종 전시 부담을 반대한다는 해방 전 화북조선독립동맹의 강령은 그들이 일제와 지주층 사이의 갈등관계를 이용해 통일전선의 외연 확장을 꾀했음을 드러낸다.[19] 지주층까지 통일전선의 대상이 될 수 있다는 김일성과 독립동맹계의 주장은 해방 직전 그들이 직면한 불안한 입지에 비추어 설득력을 지닌 제안이었다. 일제의 전시 수탈로부터 반일정서를 품게 된 지주들이 민족통일전선

---

17) 朝盟 第三次 代表大會, 「朝鮮獨立同盟 綱領 草案」, 『史料集』 26, 60쪽.

18) 朝鮮新民黨 中央執行委員, 1946.2.16, 「朝鮮新民黨 宣言」, 『史料集』 26, 12쪽.

19) 朝盟 第三次 代表大會, 「朝鮮獨立同盟 綱領 草案」, 『史料集』 26, 60쪽.

에 동조할 가능성을 배제할 수 없었기 때문이다.[20]

황해도 재령군 검찰소 간부들이 지적했듯, "태평양전쟁" 기간 중 지주들은 일제의 가혹한 공출에 시달렸다. 일제와 지주층 사이의 갈등이 고조되었음을 목격한 오기섭도 경제적 수탈에 시달린 일부 지주들이 반일감정을 품고 있었음을 인정했다. 그는 해방 직후 양심적 지주들이 "헌금과 토지 헌납" 등을 통해 건국운동에 동참하고 있는 현상을 그 근거로 들었다.[21] 토지개혁에 앞서 자발적으로 농민들에게 토지를 분여한 지주들의 건물과 물자 등을 보호해야 한다고 명시한 토지개혁법 조항은 양심적 지주들을 배려한 규정이었다. 해방 직후 지주들의 토지 기부 활동은 곳곳에서 목격되었다. 토지개혁 이전 빈농들에게 무상으로 토지를 분배한 평안남도 평원군의 "진보적 지주들" 44명이 군농민위원회로부터 표창을 받았다. 21.5정보를 헌납한 지주 김형순(金亨淳)을 비롯해 그들이 기부한 총토지면적은 408.34정보, 일 인당 기부면적은 약 9.28정보에 달했다.[22] 그러나 양심적 지주들의 연이은 미담에도 불구하고, 인민국가의 구성원 자격을 박탈당한 지주층은 토지개혁 이후 전면적 척결정책에 직면했다.

계급 문제의 해결보다 민족적 과제의 해결을 우선시한 당대의 논의가 실현되었음을 보여주는 다양한 근거들 가운데, 인민위원회체계의 확립이 큰 주목을 받았다. 조선인민 각계각층의 대표를 망라한 이 국가기구는 광범한 인민대중의 이해를 대변할 수 있는 주권 형태로 인식되었다. 1946년 11월부터

---

20) 김성보, 『남북한 경제구조의 기원과 전개』, 역사비평사, 2000, 79-81쪽.

21) 吳琪燮, 「三·一運動의 意義와 教訓」, 『正路』 1946.2.12.

22) 이들 가운데 상당수는 일제시기 사회주의운동에 관여하거나 그에 동조한 진보적 인사들이었다. 「平原郡農委 盛大히 表彰式 擧行, 愛國에 불타는 地主 土地를 貧農에 無償分配」, 『正路』 1946.2.6.

1948년 8월에 이르기까지 총 네 차례에 걸쳐 실시된 각급 인민위원회선거와 최고인민회의 대의원선거는 해방 전의 기득권층이 아닌 일반 대중들이 대규모로 공직에 진출했음을 보여준다. 1946년 11월부터 1947년 3월에 걸쳐 실시된 세 차례의 각급 인민위원회선거를 통해 당선된 이들의 직업 구성이 아래의 표에 나와 있다.

[표 I-1-1 : 1946.11~1947.3 도·시·군·면·리 인민위원 당선자 직업 분류] 단위 : 명(%)

	노동자	농민	사무원	인텔리	기업가	상인	성직자	수공업자	이전 지주	계
인민위원 수	4,182 (5.9)	55,356 (78.6)	8,697 (12.3)	829 (1.2)	255 (0.4)	877 (1.2)	211 (0.3)	5 (0.01)	32 (0.05)	70,444 (100)

※참고문헌 : "Об экономическом и политическом положении СевернойКореи(북조선의 정치경제 정세에 대하여)", 1947, ЦАМОРФ, ф. 172, оп. 614631, д. 39, л. 4.

해방 전 공직을 독점한 사무원층과 인텔리층의 인민위원 점유율이 14%에도 미치지 못한 반면, 농민층 인민위원이 78.6%에 이를 만큼 압도적 다수를 점하고 있다. 그 원인은 전체 도·시·군·면·리 인민위원들 가운데 기층 면·리 위원들의 점유율이 압도적인 데다, 그들 대다수가 촌락 농민 출신들이었다는 점에 있다.

위 통계는 전 인구의 약 70%를 점한 농민층의 공직 진출 여건이 잘 보장되었음을 반영한다. 그러면 말단간부들이 아닌 최고위 수준 공직자들의 직업 구성은 어떠했을까? 최고 주권기구이자 입법기구에 해당한 북조선인민회의 (1947년 2월 결성)와 조선최고인민회의(1948년 9월 결성)의 대의원 직업 구성이 아래의 표에 나와 있다.

[표 I-1-2 : 북조선인민회의와 조선최고인민회의 대의원 직업 분류] 단위 : 명(%)

	노동자	농민	사무원	인텔리	기업가	상인	성직자	기타	계
인민회의 대의원	52 (21.9)	62 (26.2)	56 (23.6)	36 (15.2)	7 (3.0)	10 (4.2)	6 (2.5)	8 (3.4)	237 (100)
최고인민회의 대의원	120 (21.0)	194 (33.9)	152 (26.6)	33 (5.8)	29 (5.1)	22 (3.8)	14 (2.4)	8 (1.4)	572 (100)

※참고문헌 : Управление Советской Гражданской Администрации в Северной Kopee(북조선 소련민
정국), "Доклад об итогах работы Управления Советской Гражданской Администрации в Северной
Kopee за три года(август 1945 г. - ноябрь 1948 г. Том 1. Поическая часть)(『북조선 소련민정국 3년간 사
업 총괄 보고, 1945.8~1948.11. 제1권 정치편』)", 1948.12, ф. 0480, оп. 4, п. 14, д. 47, лл. 47~48.

기득권층이자 식자층에 해당한 사무원층과 인텔리층의 비율이 도·시·
군·면·리 인민위원 당선자의 경우보다 훨씬 높은 30~40%에 달하고 있다. 노
동자·농민층을 비롯해 사무원·인텔리층까지 포함될 수 있는 근로자층 대의
원들은 두 기구 모두 약 87%를 점할 만큼 압도적 다수를 이루었다. 주목할
만한 점은 사무원·인텔리층을 제외하고 이른바 소부르주아계급에 해당한 기
업가·상인·성직자층이 10%에 육박하거나 10%를 초과했다는 사실이다. 위
두 기구가 노동자·농민 위주의 무산층뿐만 아니라, 자산층의 이해까지 대변
할 수 있는 여건을 갖추었음을 볼 수 있다. 특히 기업가층의 지분을 늘린 최
고인민회의의 경우 각계각층 인민들의 이해를 적절히 안배해 의원진을 구성
했다. 그 이유는 최고인민회의가 남북한의 통일적 주권기구를 표방했을 뿐만
아니라, 남북한 전체 인민을 대표한다는 상징성의 가치를 중시했기 때문이
다. 이상의 공직자층 직업 구성은 해방 전 기득권층의 지배구조가 허물어지
고, 피지배층이 대거 정권기구에 진출했음을 드러낸다. 이 괄목할 만한 변화
에 기초하여 북한 지도층은 38선 이북 지역에 등장한 정권 형태가 인민정권
임을 자부할 수 있었다.

선거를 통한 각계각층 인사들의 공직 진출과 함께 다양한 상징적 기제가 북한이 지향한 인민국가 건설 이념을 표방하는 데 활용되었다. 이를테면 1946년 9월경 평남 안주군 민주주의민족통일전선 간부들은 북조선 도·시·군 인민위원회선거에 대비한 운동 경기 형태의 선거 예행연습을 기획했다. 이 경기에 참가할 선수들은 각계각층 유권자들인 빈농·부농·노동자·사무원·승려·신부·유림·소시민·병자(불구자)·노인·대학생·배우 등으로 분장할 예정이었다.[23] 그들의 계주 경기를 구경할 군중들은 해방 후 처음으로 치러질 선거의 방식을 터득함과 아울러, 자신을 포함한 모든 인민들이 새로운 국가의 구성원이자 주인임을 깨닫게 될 터였다.

1947년 12월경 화폐교환사업과 함께 발행된 새 화폐의 도안도 인민국가 건설 이념을 반영하고 있었다. 무궁화꽃으로 테두리를 장식해 "우리 민족의 기개"를 드러낸 그 화폐는 "노동자와 농민의 씩씩한 모습"을 담아 근로하는 인민의 이미지를 형상화했다. 화폐의 도안은 광범한 대중들에게 쉽게 각인될 수 있다는 점에서 인민국가의 이념을 표상할 수 있는 효과적 수단이었다. "노동자·농민과 우리 조선의 토지가 새 화폐에 묘사되어 있다. 이것이야말로 민족의 화폐이다. 민족의 화폐를 가졌다는 점은 독립한 조선의 권력이 우리에게 있음을 의미한다."라고 말한 평안북도 용암포 어느 농민의 견해는 화폐 도안자들이 의도한 바가 적중했음을 보여준다.[24]

한편 1948년에 공포된 조선민주주의인민공화국 헌법은 북한 지역에 수립될 정체로부터 연상될 수 있는 '급진적' '사회주의적' '계급주의적' 이미지를

---

23) 民戰 安州郡委員會, 1946.9, 「重要書類級」, 『史料集』 18, 403쪽.

24) 陸軍中將 Kortokov, 「北朝鮮における貨幣交換の準備·實施結果」, 『旧ソ連の北朝鮮經濟資料集 1946~1965年』, 東京 : 知泉書館, 2011, 82쪽.

제거하고자 했다. 1948년 2월 7일에 공개된 북한의 헌법초안을 입수한 미군 첩보기구 G-2는 조선민주주의인민공화국 국장을 묘사한 제99조에 주목했다. 그것은 백두산 위쪽으로부터 빛발을 발산하는 "붉은 별"과 그 속의 "교차된 망치와 낫"을 묘사한 대목이었다.[25] 이를 눈여겨본 G-2의 한 요원은 "소련식 상징"인 붉은 별과 교차된 망치와 낫이 전 조선인들에게 북한 권력의 본질을 일깨워주리라는 냉소적 코멘트를 달았다. 헌법 입안에 관여한 조선임시헌법제정위원회 구성원들도 그러한 상징들에 거부감을 보였다. 그들의 논의를 거쳐 변경된 헌법 수정안의 국장도안 조항은 "교차된 망치와 낫"을 언급조차 하지 않았다. 1948년 4월 28일 헌법 수정안을 심의하고자 소집된 북조선인민회의 특별회의도 그를 제거하자는 조선임시헌법제정위원회의 제의를 그대로 수용했다. 미첩보기구의 진단처럼 노동자·농민국가를 표상한 사회주의적 상징이 대다수 인민들에게 거부감을 일으킬 수 있었기 때문이다.

선전정책에도 인민국가 건설 이념이 반영되었다. 이를테면 해방 직후의 북한 지역 공산당 문건들은 통일전선과 민족주의적 테마를 주로 다룬 반면, 노동계급의 전위적 역할을 지나치게 강조하지 않았다. 북조선공산당 선전부장 김창만은 "좌경적 언사"를 즐겨 쓰는 지방당 조직들의 과오가 통일전선에 방해가 되고 있다는 입장을 피력했다. "무산계급의 조국 소련을 사수하자!", "세계혁명의 영도자 스탈린동무 만세!", "자본가를 때려 부수자!" 따위의 구호를 그 구체적 예로 든 그는 반동 세력이 그러한 구호들을 역이용할 소지가 있을 뿐만 아니라, "세계 인민의 안전과 평화에 힘쓰는 소련"은 결코 세계혁

---

25) 이하 北朝鮮人民會議院, 1948.4.28, 「北朝鮮人民會議 特別會議 會議錄」, 『史料集』 8, 238쪽 ; Institute of Asian Culture Studies Hallym University, HQ, USAFIK Intelligence Summary Northern Korea 3(1948.1.10~1948.7.16) (Chunchon: Institute of Asian Culture Studies, 1989), p. 118 참조.

명을 의도하지 않는다고 강조했다.[26] 혁명가들의 급진적 입장 표명도 비판을 받기 쉬웠다. "민주주의적 첫 혁명계단은 쏘련군 주둔으로 해결되었다. 현재는 사회주의 수립의 길로 나가야 한다."라는 오기섭의 공산당 내 연설은 큰 파장을 일으켰다. 당·인민위원회·사회단체 간부들뿐만 아니라 진보적 교원들도 그를 "빨간 놈!"이라 비판했고, 분노한 "학생들까지 들고 일어나는" 형편이었다.[27]

무엇보다 인민국가 건설의 이념이 철저하게 실천된 조치는 군사기구 내 당 조직의 결성을 금지한 결정이었다. 1946년 10월 21일 북로당 중앙상무위원회는 보안훈련소와 철도경비대 등 군사기구 내에 정당 조직의 설치를 금하라고 지시했다.[28] 이 결정이 지향한 목표는 군대의 통일적 지휘체계 확립과 "당군화(黨軍化)" 방지에 있었다. 곧 북한 지역의 군대는 계급적 이해관계를 대변한 '북조선로동당의 군대'가 아니라 '전 인민의 군대'라는 기치 아래 발족했다.

북한의 인민국가 건설은 외부의 관찰자들에게 깊은 인상을 남겼다. 1948년 4월경 북조선인민회의 특별회의에 참관해 임시헌법 토의 광경을 목격한 남한 『독립신보』의 기자 서광제는 200여 명에 달한 대의원들의 복장과 생김새로부터 북한 지역 국가의 성격을 간파할 수 있었다.[29] "30세도 안 돼 보이는 노동자·기술자 같은 젊은이들", "얌전하게 머리를 쪽지고 비녀를 꽂은 가

---

26) 金昌滿, 1946.4,「北朝鮮共産黨 中央委員會 第二次 各 道 宣傳部長會議 總結報告 要旨」,
   『史料集』1, 87~88쪽.

27) 1948.3.29,「北朝鮮勞動黨 第二次 全黨大會 會議錄」,『史料集』1, 382쪽.

28) 북로당 중앙상무위원회 제9차 회의 결정서, 1946.10.21,「군대 내 당조직에 관하여」,『史料集』30,
   37쪽.

29) 徐光霽,『北朝鮮紀行』, 靑年社, 1948, 140·158쪽.

정부인들", "손의 마디마다 굵은 못이 배기고 손톱이 뭉구러진 농민들", "머리가 하얗게 센 할머니", "돋보기안경을 쓴 노인", "양복의 시곗줄을 늘인 지주타입의 신사", "깡둥한 두루마기를 입은 학자" 등으로 구성된 인민회의 대의원들이 북한 지역 각계각층 인민의 대표자들이었다.

서광제의 인식이 그러했듯 인민의 지위가 새로운 국가의 구성원이었다는 점에 만족한 논자는 없었다. 선거를 통해 공직에 진출한 이들의 면면은 인민이 새로운 국가의 성원이자 국가 운영의 주체였음을 보여주었다. 최창익에 따르면 역사의 진보는 위인들과 영웅들의 개인 역량에 좌우되지 않았다.[30] 그가 보기에 역사의 발전은 일정한 법칙을 따르되, 그것을 추동하는 근원적 힘은 바로 인민으로부터 나왔다.

북한 지역에 건립된 새로운 체제는 다양한 계기를 통해 그러한 인민의 주체성을 환기시켰다. 인민 개개인의 직접적 참여 아래 이루어진 선거·인민재판과 정당·사회단체 활동, 지속적으로 반복된 각종 조직의 회의와 군중집회 등이 그들에게 인민민주주의의 개념을 일깨워주었다.[31] 개개인의 직접적 참여를 전제한 다양한 형태의 정치행위는 결국 국가의 목표 달성 여부가 인민 개개인의 책임에 달려있다는 의미를 부여했다. 따라서 박동철은 "북조선"이야말로 "전체 인민이 주인 노릇할 수 있는 나라" 곧 진정한 "인민=민주주의" 국가라 보았다.[32] 형식적 측면에서 북한 지역에 인민국가가 건설되었다는 점은 명백해 보였다. 그러나 그 내용을 무엇으로 어떻게 채워나갈 것인가 하는

---

30) 崔昌益, 「人民은 歷史의 基本 推進力」, 『근로자』 1947년 9월호(『史料集』 43, 511쪽).

31) U.S. Department of State, *North Korea: A Case Study in the Techniques of Takeover* (Washington, D.C.: U.S. Government Printing Office, 1961), pp. 6-7.

32) 朴東哲, 『農民讀本(土地改革)』, 新興出版社, 1948(『史料集』 11, 416쪽).

점은 아직 해결되지 않은 과제로 남아 있었다.

2. 인민의 정권, 인민위원회

북한의 인민국가 지향성은 인민위원회 건설운동을 통해 구체화되었다. 조선인민 각계각층이 참여한 인민위원회는 "인민대중에 뿌리를 내린 정권 형태"이자 전체 인민의 이해를 대변한 새 형태의 주권기관으로 인식되었다. 말단 면·리 단위에서 빈번히 열린 면민대회·인민대회·연석회의·부락총회·군중집회 등의 회합은 전 지역민들의 참여 아래 지역사회의 주요 현안들을 논의하는 장이 되었다. 상부가 임명한 구장이 지역사회의 주요 현안들을 도맡아 처리한 일제시기의 행정과 달리, 대중들의 참여 아래 운영된 인민위원회는 그들의 이해관계 관철을 최우선의 가치로 내세웠다.

그에 고무된 황해도 해주시의 한 농민은 다음과 같이 말했다. "선거를 통해 더 좋은 사람들을 내어놓으니 정치가 잘 안 될 리가 있나? 이번에는 저 건너편 동리에 사는 공서방을 꼭 뽑아야 해. 그 사람이 고생살이를 많이 해봐서 남의 사정도 잘 알아줄 거야."[33] 인민의 정치 참여를 독려한 강원도 인제군 당국도 해방 후 갓 문맹을 깨우친 서화면 지역민 여덟 명이 촌락간부로 발탁된 점에 만족감을 표했다.[34] 이제 일제시기와 달리 많은 군중들이 인민위원회를 찾아 그들의 애로 사항을 호소했다. 1946년 말경 120명 이상의 지

---

33) 북로당 황해도당부 선전선동부장 서필석, 1949.6.21, 「최근에 수집된 군중여론 보고」, 『史料集』 9, 678쪽.

34) 1949, 「북로당 강원도 인제군 서화면당 열성자대회 회의록」, 『史料集』 4, 660쪽.

역민들이 황해도 재령군인민위원회를 방문한 날도 있었다.[35] 그들 가운데 한 농민은 면소재지의 전기 가설을 요청했고, 다른 농민은 촌락 내 독서실 개설을 건의했으며, 한 여성은 아들의 중학교 기숙사 입소를 의뢰했다.

전체 인민의 이해를 대변한 인민위원회는 노동자·농민뿐만 아니라, 다른 계층 인민들의 이해까지 배려했다. 타정당원들의 인민위원회 진출을 반대하는 노동당원들의 태도가 "오늘날 계단에서 가장 위험한 경향"이라고 비판한 김일성은 "모든 정당인과 사회단체인들이 인민위원회에 들어와 지도해야 하며, 노동당이 인민위원회를 독점해선 안 된다."라고 역설했다.[36] 통일전선적 인민위원회의 운영을 방해할 수 있는 노동당원들의 독선적 태도를 경계한 그는 북로당 창립대회를 통해 기존 입장을 다음과 같이 재강조했다. "노동당 외에 다른 당이 없는 것처럼 인민위원회를 독판하자는 관념도 옳지 못하며, 노동당 만능이라는 교만한 입장에서 불법적 행사를 감행하는 지방 당단체들의 태도도 위험한 현상이다. 오늘 통일전선을 파괴하는 자가 있다면, 그는 적을 이롭게 하는 자이며 우리의 민주건설을 파괴하는 자이다."[37]

김일성은 노동당원들의 독단적 인민위원회 운영을 보여주는 구체적 근거로 그들의 행정기관 업무 대행 현상을 들었다. "행정기관과 당기관을 혼동하지 말아야 한다."라고 전제한 그는 "군·면당위원장이 군·면인민위원장의 역할을 대신하는 행위는 원조와 협력에 국한되어야 할 노동당의 본분을 망각한 행위"라고 질타했다. 사실 노동당의 독단성과 우월감을 경계하며 인민위

35) Романенко, "Доклад о политико-моральном состоянии населения Северной Кореи(북조선 인민의 정치적 정신적 상태에 관한 보고)", 1947, ЦАМОРФ, ф. 172, оп. 614632, д. 23, лл. 2~3.

36) 金日成, 「質問과 討論에 對한 結論」, 『근로자』 1946년 10월 창간호(『史料集』 42, 34쪽).

37) 金日成, 「北朝鮮勞動黨 創立大會 總結에 關한 報告」, 『근로자』 1946년 10월 창간호(『史料集』 42, 56·60쪽).

원회의 통일전선적 운영을 강조한 김일성의 입장은 좌익 진영 내에서 상식으로 통한 견해였다. 이를테면 인민위원회에 참여한 "민족파 내부의 진보적 분자들"과 통합하지 못했다고 반성한 조선공산당 평안남도위원회는 지방 수준의 하부 당 조직들도 "민족파" 인사들의 인민위원회 참가를 불허하거나 극소수로 제한했다고 비판했다.[38]

한편 유산층과 민족주의 진영 등 각계각층의 이해를 배려한 인민위원회 건설운동의 유연성은 여러 유형의 과오자들과 부적격자들의 정권기관 진출을 가능케 한 부작용을 낳았다. 경성치과의전을 졸업한 최도명은 "일본놈들 대신에 목사·자본가와 과거에 돈푼 꽤나 있던 놈들이 정권기관에 기어들어", 마치 "수라장"처럼 된 고향 신의주시의 인민위원회 조직 상황을 목격했다.[39] 일제시기 관료 출신을 비롯한 친일 전력자들과 지주들의 인민위원회 진출도 흔히 목격할 수 있는 현상이었다. 물론 인민위원회 진출 자격은 북로당 입당 자격에 비해 엄격하지 않았다. 강원도 인제군인민위원회 서기로 복무하던 한 청년은 북로당 입당 청원서를 제출했으나, 일제시기 특별연성소 지도원을 지낸 전력 탓에 심사를 통과할 수 없었다.[40]

1949년 11~12월경에 실시될 면·리 인민위원회선거를 앞둔 한 노동자는 과거의 인민위원회선거 경험에 비추어 다음과 같이 각오를 밝혔다. "이번 선거는 정말 잘해야 해. 저번에는 경험이 없어서 아무개나 막 내어 놓았더니

38) 朝鮮共産黨 平安南道委員會, 1945.12.26, 「朝鮮共産黨 平南道 第一次 代表大會 報告 演説」, 『朝鮮共産黨文件資料集』, 65쪽.

39) 1948.10.21, 「평양의학대학 교수 최도명 자서전」.

40) 1948.7.6, 「북로당 강원도 인제군당상무위원회 회의록 제16호」, 『史料集』 2, 339쪽.

그중에는 도망하는 놈, 횡령하는 놈, 별 놈들이 다 있었어."[41] 그의 견해는 수만 명에 달한 대중들의 정치 참여가 실현됨에 따라, 소양을 갖추지 못한 많은 부적격자들이 인민위원회에 등용되었음을 드러낸다.

특히 일제시기 관공리 출신 유력자들의 인민위원회 진출이 두드러졌다. 1945년 9월 말 청진시에서 결성된 함경북도인민위원회 초대위원장에 나진 지역 실업가 이창인(李昌仁)이 선출되었다. 1946년 12월 현재 북로당원으로서 수산조합연맹위원장을 맡고 있었던 그는 부정행위에 연루된 데다, 도평의원을 역임하고 대의당에 관여한 일제시기의 전력이 드러나자 파면과 함께 출당처분을 받았다.[42] 해방 직후 평안북도 후창군인민위원장에 발탁된 이도 일제시기의 요직인 관선 평안북도 평의원을 지낸 친일 전력자였다. 같은 군 인민위원회의 부위원장직은 일제시기에 악명을 떨친 한 면장 출신자에게 돌아갔다. 해방 전 식민지행정에 복무한 말단공직자 출신들의 면·리 인민위원회 진출은 훨씬 두드러졌다. 평안북도의 경우 1946년 중순 현재 친일 전력자들 대부분이 상급 인민위원회로부터 축출된 반면, 면장·구장 출신들은 여전히 하급 인민위원회의 지방행정에 관여하고 있었다.[43]

조선공산당 북조선분국과 그를 계승한 북조선로동당이 중요 국면마다 인민위원회 정리사업을 강조했을 만큼, 부적격자들과 소양을 갖추지 못한 이들의 혼입은 인민위원회 운영에 부담을 안겼다. 1946년 2월 10일, 지방인민위원

---

41) 북로당 황해도당부 선전선동부장 서필석, 1949.6.21, 「최근에 수집된 군중여론 보고」, 『史料集』 9, 678쪽.

42) 1908년 지주가정에서 태어나 동경 법정대학을 졸업한 그는 1946년 7월 12일 조선신민당 청진시당에 입당했다. 북로당 중앙상무위원회 제17차 회의 결정서, 1946.12.17, 「평양시 일부 기관들의 사업내용 인원배치 경리상태 건물 등에 관하여」, 『史料集』 30, 80쪽.

43) 1946.7, 「第二回 各道 保安部長 會議錄」, 『史料集』 9, 242쪽.

회에서 친일파와 "반민주주의적 분자들"을 숙청하는 일이 북조선임시인민위원회의 가장 시급한 과제라고 밝힌 김일성은 1946년 5월 15일까지 각급 인민위원회 정리사업을 완료하라고 지시했다. 그러나 그 과제는 쉽게 완결되지 않았다. 1947년 3월경에도 인민위원회의 간부들 중 "일제시기의 악질 관료배", "건달꾼", "사기꾼", "암해분자", "무능한 자" 등을 숙청하라는 지시가 꾸준히 하달되고 있었다.[44]

통일전선적 성격을 띤 각지 인민위원회들이 직면한 다른 문제는 좌우의 갈등이었다. 인민위원회 운영의 주도권을 둘러싼 공산당과 민주당 간의 경쟁은 인민위원회 내 고위직을 차지하고 다수 위원을 확보하기 위한 직위 다툼으로 발전하는 경향을 보였다. 이를테면 조선민주당 황해도 재령군위원회는 공산당 측에 군인민위원장직을 비롯한 지도적 지위를 두 명의 민주당원들에게 양보하지 않으면, 모든 당원들이 군인민위원직을 사임하겠다고 최후통첩을 보냈다.[45]

인민위원회의 내부 갈등은 빈곤층과 소시민층의 이해를 각각 대변한 좌우의 대립된 경제정책에서 절정에 달했다. 특히 평안남도의 경우 소시민층의 이해를 대변한 조선민주당이 평남인민정치위원회에 강력한 영향력을 행사함에 따라 공산당 측과 첨예한 마찰을 빚었다. 공산당은 평남인민정치위원회가 1945년 10월 23일에 발표한 [소작에 관한 규정 세칙]이 "종래 지주들의 착취방법을 기술적으로 합리화한 반동적 규정"이라고 몰아붙였다. 3·7제 소작료를

---

44) 金日成, 「目前 朝鮮政治形勢와 北朝鮮人民委員會의 組織問題에 關한 報告」, 『正路』 1946.2.10 ; 金日成, 「土地改革法令 實施 決算」, 『正路』 1946.4.19.

45) Романенко, "Доклад о политико-моральном состоянии населения Северной Кореи(북조선 인민의 정치적 정신적 상태에 관한 보고)", 1947, ЦАМОРФ, ф. 172, оп. 614632, д. 23, л. 29.

금납제가 아닌 물납제로 정하고 종곡을 지주가 아닌 소작인이 부담해야 한다고 규정한 데다, 금비대와 수리세를 공동부담이 아닌 소작인에게 전가했기 때문이다. 오기섭은 그 규정에 대해 "조만식 일파"가 기존 합의를 무시한 채, "자기들 몇몇 개인이 독단으로" 발표한 "지주본위의 소작조령"에 지나지 않았다고 비판했다.[46]

경제정책을 둘러싼 좌우익 간의 첨예한 대립은 평안남도에 국한되지 않고, 지주층과 기독교 세력이 건재한 평안북도에까지 연장되었다. 지주층의 이해를 옹호한 평안북도 지역 인민위원회의 우익계 인사들은 공산당 측이 제기한 소작료 3·7제와 성출정책에 반대하는 입장을 보였다.[47] 평안남북도처럼 지주층의 입지가 견고한 데다 강력한 기독교기반을 보유한 곡창지대인 황해도의 상황도 마찬가지였다. 백범 김구의 출생지이기도 한 황해도는 그와 조선민주당 당수 조만식을 추종한 다수의 민족주의계 인사들을 배출했다. 1945년 9월 30일에 결성된 신천군인민위원회 위원장 "이모 씨"도 조만식을 지지한 대지주 출신이었다. 그는 양곡 성출사업을 성공적으로 완수하지 못했을 뿐만 아니라, "반민주주의적 행동"을 일삼는 자를 인민위원회 직원으로 발탁했다고 비판받았다. 북로당 황해도당은 그의 과오가 황해도인민위원회의 하부조직 장악력 부족에서 비롯되었다고 진단했다.[48]

북한 지역 지방인민위원회들이 직면한 더 큰 문제는 그들을 지휘할 통합적 구심력이 사라졌다는 점에 있었다. 38선 획정 후 북한 지역 각 도의 인민

---

46) 「封建的 形態 維持 農民을 欺瞞 搾取」, 『正路』 1945.11.1 ; 吳琪燮同志 講演, 「三國外相會議 朝鮮問題決定과 朝鮮共産黨의 態度」, 『正路』 1946.1.9.

47) 朝共 北朝鮮分局 責任秘書 金日成, 1946.4.10, 「土地改革事業의 總結과 今後 課業」, 『史料集』 1, 57쪽.

48) 1946, 「情勢報告(黃海道管內 裁判所·檢察所)」, 『史料集』 9, 167쪽.

위원회들과 서울 중앙인민위원회 간 연락관계가 단절된 탓이었다. 따라서 전 문분야별 행정체계를 통일해 상하의 일사불란한 지휘체계를 확립하려는 시 도들이 본격화되었다. 북조선 5도 인민위원회 연합회의(1945.10.8)를 통한 5도 행정국 설치(1945.10.28)와 행정 10국 창설(1945.11.19)이 그 첫 결실이었다. 산업· 교통·농림·상업·체신·행정·교육·보건·사법·보안 부문 등 10개 전문분야의 통일적 지휘체계를 구축한 행정 10국은 좌우연합에 기초한 민족통일전선의 지향을 반영했다. 10명의 행정 10국 국장들 가운데 산업국장 정준택, 보건국 장 윤기녕, 교통국장 한희진, 상업국장 한동찬, 체신국장 조영열 등 일제시기 공직 경력을 지닌 전문가들 5명이 참여했다.[49]

행정 10국이 전문분야별 통일적 지휘체계 확립을 꾀한 과도적 중앙행정 기구였다면, 1946년 2월 8일에 창설된 북조선임시인민위원회는 지방 인민위 원회들의 분산성 극복을 모색한 북한 최초의 중앙정부였다. 각계 인사 137명 의 참여 아래 제 정당·사회단체 대표자회의를 통하여 발족한 북조선임시인 민위원회도 민족적 과제의 해결을 중시한 계급연합적 기구였다. 임시인민위 원회의 결성을 통해 "민족통일전선이 완성"되었다고 자평한 김일성은 소련 의 지시에 따라 공산당이 그를 창설했다는 풍설을 단호히 배격했다.[50] 해방 전 경성전기주식회사 근무 경력을 지닌 지주 집안 출신의 전기전문가 이문 환과 함흥철도국장을 역임한 한희진이 각각 북조선임시인민위원회 산업국장 과 교통국장에 발탁된 점은 민족통일전선이란 대전제 앞에, 자산층 출신 배 경과 일제시기 공직 전력이 인민위원 등용의 중요변수가 되지 못했음을 드

---

49) 기광서, 2011, 「해방 후 북한 중앙정권기관의 형성과 변화(1945~1948년)」, 『평화연구』 제10권 2호, 339~341쪽.

50) 金日成, 「北朝鮮臨時人民委員會 各 委員의 抱負」, 『正路』 1946.2.14.

러낸다.

통일전선적 중앙정부인 북조선임시인민위원회는 모스크바삼상회의 결정을 북한 지역만이라도 조속히 실천해 통일임시정부 수립을 촉진하자는 기치를 내세웠다. 곧 임시인민위원회가 "조선의 자주독립과 민주주의적 발전"의 길을 열어줄 모스크바삼상회의 결정을 미리 실천함으로써, 장래에 수립될 통일임시정부의 초석을 닦을 수 있다는 착상이었다.[51] 민주기지론을 반영한 그러한 중앙정부 수립관은 임시인민위원회가 "철저한 민주주의를 실천해", "전국적 정권건설의 모범"이 되어야 한다는 무정의 견해에 압축되어 있다.[52] 현창형은 더 직접적으로 "북조선 전 인민의 민주주의적 총의에 기초하여 수립된 정당한 인민정권"인 임시인민위원회가 "조선민주주의임시정부의 선진이자 모범이 되어야 하며", "조선민주주의임시정부는 북조선임시인민위원회의 조직 방식과 동일한 방식으로" 수립되어야 한다는 입장을 밝혔다.[53] "임시"라는 자구를 아예 떼버린 허정숙은 "우리 민족의 위대한 과업인 토지개혁을 단행한 것은 북조선인민위원회이다. 토지개혁과 결부해 대대적으로 북조선인민위원회를 옹호하는 운동을 일으키자"고 제안했다. 그녀는 "민주개혁"과 그의 실행주체인 임시인민위원회의 결합을 통해 민주기지론을 한층 공고화할 수 있는 단초를 마련했다.[54]

북조선임시인민위원회로부터 권력을 승계한 북조선인민위원회는 1947년

51) 學民, 「民主主義民族統一戰線과 勞動黨」, 『근로자』 1947년 1·2월호(『史料集』 42, 246쪽) ; 朝共北朝鮮分局 中央 第四次 擴大執行委員會 決定, 「目前 黨內 情勢와 當面課業)에 關한 決定書」, 『史料集』 1, 30쪽.

52) 武亭, 「民主主義를 實施, 北朝鮮 人民의 生活 積極 向上」, 『正路』 1946.2.20.

53) 현창형, 「北朝鮮勞動總同盟의 聲明書」, 『正路』 1946.4.26.

54) 許貞淑, 1946.3.13, 「北朝鮮 土地改革에 對한 解釋」, 『史料集』 7, 352쪽.

2월 21일에 창설되었다. 이 기구는 선거를 통해 결성된 북한 지역 최초 입법 기구인 북조선인민회의의 제의에 따라 발족한 공식 중앙정부였다. 노동당원 16명, 민주당원 2명, 청우당원 2명, 무소속 2명 등으로 구성된 북조선인민위원회는 북로당의 인민위원 독점을 통해 좌파 헤게모니를 관철했다.[55] 따라서 임시인민위원회와 달리 북조선인민위원회를 통일전선적 기구로 바라보는 논의가 위축되었을 뿐만 아니라, 인민위원회체계의 고착을 공산주의화의 관점에서 비판하는 이들이 나타나기도 했다.[56]

전 조선을 대표하는 남북 통일정부를 표방한 조선민주주의인민공화국은 다시 통일전선의 기치와 인민국가 지향성을 강조하며, 남북한에 걸친 대중적 지지기반의 확보를 모색했다. 1948년 9월 9일에 수립된 조선민주주의인민공화국의 성격을 인민민주주의론에 근거해 해석하려는 시도들도 활기를 띠었다. 채규형은 조선민주주의인민공화국의 국가 형태가 제2차 세계대전 후의 역사적 조건 아래 태동한 "새로운 인민적 민주주의국가"라 규정했다.[57] 그는 사회주의국가에 비해 열등한 반면 부르주아민주주의국가들보다 역사적 우월성을 지닌 새 국가가 "근로인민의 정치적 지배를 가능케 했다."라고 역설했다.

조선민주주의인민공화국이 연립내각으로 구성된 정부임에 주목한 허가이는 그 국가 형태가 민족통일전선의 구현체임을 다음과 같이 밝혔다. "우리 정부는 한 계급의 이해나 한 당의 이해를 대표해 구성된 것이 아니라, 전 조

---

55) 기광서, 2011 가을, 「해방 후 북한 중앙정권기관의 형성과 변화(1945~1948년)」, 『평화연구』 제10권 2호, 348~351쪽.

56) 金日成, 「8·15解放 2週年 記念 報告」, 『근로자』 1947년 8월호(『史料集』 43, 363쪽).

57) 蔡奎亨, 「朝鮮民主主義人民共和國憲法 實施와 朝鮮最高人民會議 代議員選擧에 對하여」, 『근로자』 1948년 8월호(18호), 41쪽.

선인민 각계각층과 각 당 각 파들의 대표들로 구성되었습니다. 그렇기 때문에 우리 당은 연립내각으로 구성된 우리 중앙정부의 특성에 기초해 전 조선인민 각계각층의 이익을 옹호하는 방향으로 정부의 사업을 협조하며, 정부 내에서 연립내각의 원칙에 위반되는 오직 자당의 독자적 이해만을 고수하는 사업방법들을 없애고 공정한 입장에서 사업을 전개해야 하겠습니다."[58] 조선민주주의인민공화국의 성격과 관련해 북로당의 계급적 이해보다 전 조선인민의 이해를 우선시해야 한다는 관점이 그의 견해에 잘 드러나 있다.

통일전선을 통한 민족적 이해의 관철이 새 국가 건설의 중요 과제로 부상함에 따라 소련 측도 그에 협조하는 태도를 보였다. 쉬띄꼬프는 소련인들이 최고인민회의 선거사업에 간섭하지도 선거구에 모습을 드러내지도 말아야 하며, 선거 당일 가급적 외출을 자제하라고 당부했다. 그러나 조선민주주의인민공화국이 전 조선민족을 대표한 통일국가라는 정치지도부의 관점이 민간사회에 그대로 수용된 것은 아니었다. 최고인민회의선거를 통한 북한의 국가 건설운동도 결국 남한 단독선거에 대한 맞대응이자, "38선을 영구화"할 조치에 다름 아니라는 비판적 여론이 조성되기도 했다.[59]

조선민주주의인민공화국이 계급연합정권을 표방했음에도 불구하고, 전국인민위원들의 계급 구성은 노동자·농민 위주의 무산계급 편중성을 띠었다. 시간이 지날수록 노동자·농민층의 입지가 공고해진 반면 사무원·인텔리·기업가·상인 등 소시민층의 입지가 위축돼갔음은 1946년과 1949년의 인민위원

58) 許가이, 「北朝鮮勞動黨中央委員會 第三次 會議에서 陳述한 朝鮮民主主義人民共和國 最高人民會議選擧 總和와 黨團體들의 當面課業에 對한 報告」, 『근로자』 1948년 10월호(20호), 32쪽.

59) 전현수 편저, 『쉬띄꼬프일기(1946~1948)』, 국사편찬위원회, 2004, 162쪽.

계급 구성 통계를 통해 확인할 수 있다. 아래의 표는 1946년 11월 3일에 실시된 도·시·군 인민위원회선거와 1949년 6월 30일에 실시된 도·시·군·구역 인민위원회선거 당선자들의 직업 구성을 보여준다.

[표 I-1-3 : 1946.11.3 도·시·군 인민위원회선거와
1949.6.30 도·시·군·구역 인민위원회선거의 당선자 직업 분류] 단위 : 명(%)

	노동자	농민	사무원	인텔리	기업가	상인	성직자	지주	기타	계
1946.11 인민위원	510 (14.7)	1,256 (36.3)	1,056 (30.5)	311 (9.0)	73 (2.1)	145 (4.2)	94 (2.7)	14 (0.4)	0 (0)	3,459 (100)
1949.6 인민위원	1,549 (26.5)	2,259 (38.6)	943 (16.1)	624 (10.7)	130 (2.2)	190 (3.2)	148 (2.5)	0 (0)	10 (0.2)	5,853 (100)

※참고문헌 : 金枓奉,「北朝鮮 道·市·郡 人民委員會 委員選擧 總結에 對한 報告」,『로동신문』
1946.11.16 ; 1949,「解放 後 四年間의 國內外 重要日誌」,『史料集』7, 821쪽.

동일 수준 행정단위의 인민위원을 선발하고자 실시된 위 두 선거는 불과 2~3년 사이 인민위원 계급 구성에 의미 있는 변화가 일어났음을 보여준다. 두 경우 모두 노동자·농민·사무원·인텔리층이 90% 이상의 압도적 비중을 점했으나, 그들의 총점유율이 두 차례의 선거에서 비슷한 수준을 유지할 수 있었던 까닭은 노동자층의 점유율 급증과 사무원층의 점유율 급감에 따른 상쇄효과 때문이었다. 노동자층의 점유율이 11.8% 증가한 반면 사무원층의 점유율은 14.4% 감소했다. 이른바 전위계급으로 일컬어진 노동자층의 점유율 급증과 소시민계급에 해당한 사무원층의 점유율 급감은 북한의 의도적 계급정책에서 비롯되었다. 26.5%에 달한 1949년 6월 현재 노동자층의 인민위원 점유율은 같은 시기의 노동 인구 비중을 약 7% 상회하는 규모였다. 상인층·성직자층·지주들의 점유율이 감소세를 보였다는 점도 동일한 흐름을 반영하고 있다. 2~3년간에 걸친 도·시·군 인민위원들의 계급 구성 변화는 하층 수준인 면·리 인민위원들의 계급 구성에도 반영되었다. 아래의 표는 1947년 2~3월경에 실시된 면·리(동) 인민위원회선거와 1949년 11~12월경에 실시된 면·리 인민위원회선거 당선자들의 직업 구성을 드러낸다.

**[표 I-1-4 : 1947년 면·리(동) 인민위원회선거와
1949년 면·리 인민위원회선거의 당선자 직업 분류] 단위 : 명(%)**

	노동자	농민	사무원	인텔리	기업가	상인	성직자	기타	계
1947년 인민위원	3,672 (5.5)	54,100 (80.8)	7,641 (11.4)	518 (0.8)	187 (0.3)	732 (1.1)	117 (0.2)	18 (0.03)	66,985 (100)
1949년 인민위원	3,100 (5.3)	53,143 (90.8)	1,746 (3.0)	48 (0.1)	90 (0.15)	183 (0.3)	44 (0.1)	155 (0.3)	58,509 (100)

※참고문헌 : "Об экономическом и политическом положении Северной Кореи(북조선의 정치경제 정세에 대하여)", 1947, ЦАМОРФ, ф. 172, оп. 614631, д. 39, л. 4 ; 1950.8.13, 「당 열성자들에게 주는 주간보」, 『史料集』12, 473쪽.

[표 I-1-3]의 도·시·군 인민위원 계급 구성 변화 추이가 도시 지역 상황을 보여준다면, [표 I-1-4]의 면·리 인민위원 계급 구성 변화 추이는 농촌 지역 상황을 보여주고 있다. 1949년 현재 농민층이 전체 면·리 인민위원의 90.8%를 점했음이 눈길을 끈다. 1947년보다 9.8% 상승해 1949년경 무려 96.1%에 달한 노동자·농민층 인민위원 점유율은 도시 지역과 마찬가지로 농촌 지역도 계급적 급진화의 영향을 받았음을 드러낸다. 사무원·인텔리·기업가·상인·성직자 등 소시민층의 점유율이 감소한 점도 동일한 흐름을 반영하고 있다.

[표 I-1-3]의 급감한 사무원층 점유율이 노동자층 점유율의 급증으로 이어진 반면, [표 I-1-4]의 급감한 사무원층 점유율은 농민층 점유율의 급증으로 이어졌다. 위의 두 표는 사무원층 도·시·군 인민위원과 면·리 인민위

원 감소분이 각각 도시 지역 공장노동자들과 농촌 지역 농민들로 충원되었음을 의미한다. 전국 인민위원 계급 구성 변화 추이가 보여주듯, 인민국가 건설운동이 지향한 계급연합적 정권 형태는 노동자·농민층 중심의 정권 형태로 변모해 갔다. 상층 도·시·군 인민위원회가 인민국가의 형식적 계급연합성을 유지한 반면, 기층 면·리 인민위원회는 노동자·농민층이 독점한 무산계급 중심의 기구가 되어 갔다.

3. 인민들의 모든 역량을 국가 건설에

인민국가 건설을 지향한 북한은 인민들의 모든 역량을 건국운동에 동원하고자 했다. 인민 개개인이 지닌 재산·재능·노동력 등을 바쳐 새 국가 건설에 이바지하자는 풍조가 확산되었다. 아울러 건국에 대비한 인민들의 사상적·정신적 차원의 준비가 강조되었다. 1946년 11월 3일 도·시·군 인민위원회 선거가 마무리된 직후, 북한은 전체 인민을 대상으로 한 의식개혁운동에 착수했다. 광범한 인민들의 정치 참여와 사회경제개혁 등의 혁신적 성과를 이룩한 새 국가가 인민들의 낙후한 의식 수준으로부터 부정적 영향을 받을 수 있다는 진단이 제기되었기 때문이다.

1946년 11월 25일부터 26일까지 개최된 북조선임시인민위원회 제3차 확대위원회는 전체 인민의 사상의식 개혁과제를 제기했다. 그 제안의 기초 자료인 「북조선 민주선거의 총결과 인민위원회의 당면과업」에서 김일성은 "전인민적 차원의 건국정신 총동원과 사상의식을 개조하기 위한 투쟁"이 요구된다고 역설했다.[60] 바로 이 진술을 통해 "건국사상총동원운동"이 처음이자

---

60) 金日成, 1946.11.25, 「北朝鮮 民主選擧의 總結과 人民委員會의 當面課業」, 『祖國의 統一獨

공식적으로 제기되었다.

그로부터 사흘이 지난 11월 28일, 북로당 제3차 중앙확대위원회가 열렸다. 이 회의의 보고자로 나선 김두봉은 북로당의 당면과제를 지적하며, "전국민적 건국정신의 총발동과 낡은 사상의식을 변경하기 위한 사상교양운동의 전개"가 필요하다고 강조했다.[61] 그 후 1946년 12월 2일에 개최된 북로당 제14차 중앙상무위원회는 건국사상총동원운동의 기본방향을 설정함과 아울러 "건국사상동원운동"이란 공식명칭을 확정했다.[62] 그 회의는 전체간부와 전 인민을 대상으로 한 건국사상동원운동의 전개를 결의한 뒤, 각 도당위원회에 지시하여 전국적 확산을 모색했다.

건국사상총동원운동은 1946년 12월 6일부터 공식적으로 시작되었다. 건국사상총동원운동 특집호의 성격을 띤 당일 『로동신문』은 북로당 제14차 중앙상무위원회의 결정서를 게재함과 아울러 당 고위간부들의 논설에 지면의 대부분을 할애했다. 간부들이 논설에 지적한 건국사상총동원운동 시행안은 김일성이 최초로 제안했을 때의 모호한 윤곽에서 발전해, 구체적이고 체계화된 형태를 갖추고 있었다. 이 운동은 건국에 앞서 북한사회가 직면한 제반 문제의 해결을 위한 포괄적 대응책으로 점차 범주를 확장해 갔으나, 최초의 목표는 "전체 인민의 사상의식 개혁"을 겨냥했다.

立과 民主化를 爲하여』 1, 192쪽.

61) 金枓奉, 1946.11.28, 「北朝鮮 民主選擧의 總結과 勞動黨의 當面課業」, 『근로자』 1946년 11월호, 56쪽.

62) 이후에 정식화된 명칭인 "건국사상'총'동원운동"은 북조선임시인민위원회 기관지 『인민』 1947년 신년호에 처음으로 등장했다. 북로당 제14차 중앙상무위원회 결정, 1946.12.3, 「思想意識改革을 爲한 鬪爭展開에 關하여」, 『로동신문』 1946.12.6과 건국사상총동원운동 특집호의 성격을 띤 『인민』 1947년 신년호 참조.

인민들의 사상의식적 결함과 관련해 구사회로부터 물려받은 낙후한 사상 잔재가 국가 건설에 걸림돌이 되리라 전망되었다. 관료주의·이기주의·형식주의·기회주의·추수주의·태만·공공자산낭비·아첨·무책임 등이 그 구체적 예로 지목되었다.[63] 아울러 정치적 측면의 "개인영웅주의·관료주의·분파주의", 경제적 측면의 "개인향락주의·사치·낭비·사기횡령", 문화적 측면의 "학습태만"과 "작품의 창조성 결여" 등이 심각한 수준에 달했다는 진단이 따랐다.[64] 구사회의 이데올로기를 청산하지 못해 그러한 폐단이 횡행한다고 본 최창익은 일제의 식민통치에 모든 책임을 전가했다.

인민들의 사상의식적 결함이 일제의 식민통치에서 비롯되었다고 인식됨에 따라, 건국사상총동원운동의 초점은 일제 잔재 청산에 맞추어졌다. 최창익은 일제시기 인민들의 태만과 일탈행위가 반일사상의 한 표현으로 소극적 저항의 역할을 수행했으나, 해방 후까지 이어져 건국사업을 방해하고 있다는 입장을 내비쳤다.[65] 또한 그는 "관료주의적 사업 작풍", "인민기관 내에 잠입하여 파괴공작을 시도하는 이색분자들", "일반 대중 사이의 무능한 건달꾼들", "의식적 태공분자들"이 잔존하는 원인을 일제 잔재에서 찾았으며, 그 모두를 척결하고자 건국사상총동원운동이 필요하다는 논리를 펼쳤다.

건국사상총동원운동의 필요성에 대한 최창익의 인식은 "일본제국주의가 남겨놓고 간 일체 타락적·말세기적·퇴폐적 유습과 생활 태도를 청산하고 새로운 민족적 기풍을 창조해야" 한다는 김일성의 주장을 계승했다.[66] 김일성

---

(63) 「建國思想動員에 際하여」, 『로동신문』 1946.12.6.

(64) 崔昌益, 「建國思想運動을 再吟味하면서」, 『근로자』 1947년 1·2월호, 44~46쪽.

(65) 이하 崔昌益, 「人民檢閱局의 創設과 그 事業」, 『인민』 1947년 5월호, 84쪽.

(66) 金日成, 1946.11.25, 「北朝鮮 民主選擧의 總結과 人民委員會의 當面課業」, 『祖國의 統一獨

에 따르면 건국사상총동원운동은 "새 조선을 건설하기 위한 정신상 대개혁"이자 "새 민주조선의 국민다운 정신과 도덕적 전투력을 창조하기 위한 사상혁명", 곧 사상 영역의 과거청산과 대변혁을 모색한 의식개혁운동이었다. 그를 비롯한 여러 논자들은 일제가 남긴 사상적 잔재의 청산을 통한 새로운 인민의식 창출 과제에 관심을 보였다.

전 인민적 의식개혁운동의 당위성을 뒷받침하고자 다양한 이론적 논의들이 개진되었다. 먼저 해방 직후에 부각된 인민대중들의 사상적 결함이 국제정세에 편승하여 더욱 악화되었다는 주장이 제기되었다. 그러한 주장은 인민대중들이 연합국과 소련군의 지원 아래 해방과 "민주개혁"을 실현할 수 있었던 국제정세의 유리한 측면들을 제대로 인식하지 못해, 국가 건설상의 난관에 철저히 대비하지 못하고 있다는 진단에 근거하고 있었다. 그로부터 국제정세를 위시한 객관적 조건이 국내의 주관적 조건을 앞서 왔으며, 인민대중들의 주관적 사상관념이 객관적 현실정세의 인식에 뒤처졌다는 논리가 도출되었다.[67] 따라서 논자들은 국내의 주관적 조건 곧 인민대중들의 주관적 사상관념을 개혁하고자 건국사상총동원운동이 필연적으로 요구된다는 결론을 이끌어낼 수 있었다.

인민대중들의 사상적 결함이 건국에 끼칠 수 있는 부정적 영향에 대한 논의도 이루어졌다. '토대 – 상부구조론'의 관점에서 상부구조의 한 요소인 사상의식의 문제가 하부구조인 경제적 토대에 어떤 영향을 끼칠 수 있는지, 아울러 상부 – 하부구조 간 상호작용에서 사상의식의 문제가 어떠한 매개역할을 수행할 수 있는지 등을 규명하려는 시도가 그것이었다. 이 논의는 북한의

立과 民主化를 爲하여』 1, 195쪽.

67) 崔昌益, 「建國思想動員과 自主獨立의 爭取」, 『로동신문』 1946.12.6.

"민주개혁"과 인민위원회선거의 완수 결과 경제적 토대의 확립을 위한 정치적 여건이 조성돼감에도 불구하고, 오히려 인민들의 낙후한 사상의식이 건전한 상부구조의 형성에 걸림돌이 되고 있다는 비판에서 출발했다.[68]

낙후한 사상의식의 영향을 받은 상부구조가 경제적 토대의 확립을 방해하고, 그에 따라 불안정해진 하부구조도 상부구조의 발전에 부정적 영향을 끼칠 수 있다는 점은 양자 간 상호작용이 악순환으로 귀결되리라는 전망을 낳았다. 이러한 논의는 하부구조가 상부구조를 좌우하는 결정적 요인이지만, 동시에 하부구조에 대한 상부구조의 반작용도 인정해야 한다는 인식에 근거하고 있었다.[69] 요컨대 상부구조와 하부구조가 동시에 발전하려면, 상부구조에 부정적 영향을 끼치고 있는 낙후한 사상 잔재의 척결이 먼저 이루어져야 했다.[70] 상부구조의 변혁이 경제적 하부구조의 변화속도보다 훨씬 더디다는 인식도 사상개혁운동의 조속한 추진에 당위성을 부여했다.

마오쩌둥이 이론적으로 보완한 '토대 – 상부구조론' 원용 사례가 그러했듯, 사상개혁운동의 당위성을 역설하고 그의 확산을 모색한 북한 지도층의 시도에 중국혁명 경험이 반영되었다. 건국사상총동원운동을 최초로 제기한 김일성의 보고연설 「북조선 민주선거의 총결과 인민위원회의 당면과업」은 "군중노선의 관철을 위한 사업 작풍", "관료주의·형식주의·명령주의의 해악성" 등 중국공산당 특유의 뉘앙스를 지닌 용어를 차용했으며, 대중노선을 골간으로 한 마오쩌둥의 사상과 저술로부터 영감을 얻고 있다. 중국혁명 경험의 도입과 관련해 연안계 인사들의 역할은 특히 중요한 위치를 점한다. 김두

---

(68) 「建國思想動員에 際하여」, 『로동신문』 1946.12.6.

(69) 마오쩌둥, 1937.8, 「모순론」, 『중국혁명과 모택동사상』 I, 석탑, 1986, 166~167쪽.

(70) 「建國思想動員에 際하여」, 『로동신문』 1946.12.6.

봉·최창익·김창만 등 연안계 인사들의 논문은 공통적으로 관료주의·형식주의·명령주의의 척결을 강조하는 경향을 보였다. 특히 그들은 당내 작풍 쇄신과 대중노선의 관철 경험을 제시함으로써, 건국사상총동원운동의 방향 설정과 성격규정에 중요한 역할을 수행했다.

대중노선 관철에 요구된 관료주의의 척결은 중국공산당 작풍 쇄신의 핵심과제였다. 마오쩌둥은 일찍이 "현장에서 과업에 대한 구체적 지도를 적용하지 않는 경향"이라고 관료주의를 정의했다.[71] 같은 맥락에서 최창익은 그것을 간부의 직위를 이용해 "명령식으로 하급일꾼과 군중을 위협"하는 사업 작풍이라 비판했으며, 김창만은 사상개혁운동의 일환으로 먼저 관료주의를 척결해 간부들의 의식구조를 개혁해야 한다고 강조했다.[72] 더 나아가 김창만은 "사무실에서 호령질하지 말고 공장으로 농촌으로 도시로 나가자! 보따리를 가지고 군중 속에 들어가야 한다!"고 역설하며 군중노선의 방향성을 제시했다. 그가 노동당 사업에 필요한 정확한 영도방법이라고 강조한 "군중노선" 곧 "군중 속에서 나와 다시 군중 속으로 들어가는" 사업 작풍은 중국공산당 혁명 경험의 핵심 요소였다.[73]

김일성이 제시한 건국사상총동원운동과 중국혁명 경험 간의 유사성에서 영감을 얻은 연안계 인사들은 그의 이론적 근거 제시와 범주의 설정에 기여할 수 있었다. 연안계가 사상운동의 이론적 기초를 토대 – 상부구조론에서 찾은 점, 북한사회의 군중노선 관철을 모색한 시도가 북로당 선전선동부장을

---

71) 존 루이스, 「大衆路線의 槪念」, 『대중노선』, 사계절, 1989, 66쪽.

72) 崔昌益, 「建國思想動員과 自主獨立의 爭取」, 『로동신문』 1946.12.6 ; 金昌滿, 「먼저 思想改變으로부터」, 『로동신문』 1946.12.6.

73) 1946.8.29, 「北朝鮮勞動黨 創立大會 會議錄」, 『史料集』 1, 134쪽.

역임한 연안계 인사 김창만에 의해 주도된 점 등은 사상운동 부문에서 중국 공산당 혁명 경험의 수용을 보여주는 구체적 근거들이었다.

한편 사상적 결함의 척결과 애국심·희생정신·집단정신 등의 함양을 모색한 사상개혁운동은 건국사상총동원운동을 통해 처음으로 시작되었다기보다, 혁명의 전위 세력인 공산당원들이 견지해온 당내 사상운동의 연장선에 있었다. 곧 당의 경험을 대중화한 전국적 사상개혁운동은 인민들이 국가 건설의 난관을 쉽게 극복할 수 있도록, 그들의 혁명 역량을 강화하는 데 목표를 두었다. 그것은 "사상교양"과 "사상투쟁"을 병행하는 식으로 전개되었다. 사상교양은 학습과 선전을 통해 군중들을 계몽하고 그들의 의식을 개혁하는 과제에 중점을 두었으며, 사상투쟁은 사업상 발생할 수 있는 사업자의 오류나 그의 사상적 결점을 바로잡고자 비판과 자아비판의 방식을 활용했다.

사상개혁운동은 문맹퇴치운동과 연계해 추진되었다. 일제시기에 교육을 받지 못한 많은 빈민과 여성들이 문맹 상태에 있었고, 일본어로 교육받은 학생들도 한글 사용에 어려움을 겪었다. 해방 직후 약 230만여 명에 달한 북한의 문맹자 규모는 전 인민적 사상의식개혁에 심각한 걸림돌이 되었다.[74] 군중들에 대한 정치교육이 주로 문자매체에 의존했기 때문이다. 대중을 국가건설운동에 동원하는 사업도 문자매체를 통한 선전에 의존했으므로 문맹퇴치의 중요성은 갈수록 강조되었다.

1946년 11월 25일에 개최된 북조선임시인민위원회 제3차 확대위원회는 "문맹퇴치운동의 광범한 전개"를 제안했다. 그 제의에 기초하여 [동기(冬期)

---

74) 1946년 말 통계에 따르면 북한 전체 인구 9,257,317명 가운데 문맹자 조사 대상 연령인 12세 이상 50세 이하 인구는 5,412,716명에 달했다(한림대 아시아문화연구소, 『北韓經濟統計資料集』, 1994, 30쪽). 문맹자가 230만 명에 육박했다는 통계에 비추어, 북한 인구의 약 42.5%가 그에 해당했음을 알 수 있다.

농촌 문맹퇴치운동에 관한 건이 임시인민위원회 결정 제113호로 포고되었다.[75] 이 결정에 명시된 문맹퇴치운동의 목적은 "무수히 출판되는 선전문건들이 인민들에게 영향을 주지 못하는" 실태를 극복함에 있었다. 그 구체적 실시방법은 "1946년 11월 1일부터 1947년 3월 31일까지 만 12세 이상 50세 미만의 남녀 문맹자들을 의무적으로 취학시켜 매일 두 시간 이상 교육할 것"을 골자로 했다.

문맹퇴치운동은 임시인민위원회 결정 제113호에 규정된 동절기 4개월의 일회성 사업에 그치지 않고 완전 퇴치를 목표로 1949년 3월까지 지속되었다. 교육 방식은 정치학습과 밀접한 연계성을 보였다. 1946년 "민주개혁"의 성과와 애국적 내용을 다룬 교재 속 문구는 인민들의 문자 해득과 의식개혁이란 두 가지 목표를 동시에 겨냥했다. 북조선인민위원회 교육국장 한설야에 따르면, "사회교육의 제일 핵심적 문제인 문맹퇴치"는 "단순한 인도주의적 계몽운동이 아니라, 성인들의 지식욕을 채워주고 문학 해득력을 높여 그들의 민주건설 참여를 이끌어내기 위한 정치적 과제"였다.[76]

전 인민적 사상의식 개혁을 꾀한 건국사상총동원운동은 전개 과정에서 유동적 발전양상을 보였다. 출발시점을 지나 정식명칭이 등장하고 내용이 풍부해졌으며 범주와 윤곽이 구체화되어 갔다. 무엇보다 인민경제계획이 실시된 1947년경, 건국사상총동원운동의 성격이 착수 단계의 사상운동에서 실천운동으로 전환했다는 점이 그를 명확히 보여준다. 인민경제계획이 1947년 최우선 정책의 위상을 점함에 따라, 건국사상총동원운동의 역할은 그의 완수를

---

75) 이하 北朝鮮臨時人民委員會 決定 第百十三號, 1946.11.25, 「冬期 農村 文盲退治運動에 關한 件」, 『史料集』 5, 859~860쪽 참조.

76) 韓雪野, 「1947年度 人民敎育 文化發展計劃 實踐에 關하여」, 『인민』 1947년 5월호, 49쪽.

실천적으로 지원하는 과제에 집중되었다. 양자의 연계를 제안한 논의들은 건국사상총동원운동이 인민경제계획 완수에 이바지할 협조정책으로 전환될 필요가 있음을 강조했다. 이를테면 한 논자는 "건국사상총동원운동의 생활화"를 통한 인민경제계획 완수를 제안했다.[77] "1947년도 인민경제 발전에 관한 예정숫자의 완성을 애국적 건국사상총동원운동과 결부시켜 전개"할 것을 결정한 북조선인민위원회의 선전방침은 그러한 움직임이 본격화되었음을 보여준다.[78]

북로당의 이론가들은 관념과 실천의 관계, 사상운동과 실천운동의 관련성을 이론적으로 고찰한 논문을 통해, 건국사상총동원운동의 실천운동화를 꾀했다. 관념의 차원이 아닌 실천의 차원에서 건국사상총동원운동에 접근해야 한다고 지적한 이는 연안계의 최창익이었다. 그는 이 운동이 사상분야에 국한되기보다, 건국의 난관 극복에 필요한 실천운동으로 발전해야 한다고 강조했다.[79] 김일성도 "이제까지의 건국사상총동원운동이 구호에만 그치는 경향"이 있으며, "말로가 아니라 실천운동으로 행동화하기에 주력해야" 한다고 역설했다.[80]

실천운동으로 도약하지 못했다는 그의 비판은 "건국사상운동이 아직 문제의 인식 계단을 넘어서지 못하고 있다."라는 최창익의 진단을 통해 반복

77) 김환, 「建國思想運動의 生活化로 人民經濟計劃을 完遂하자」, 『로동신문』 1947.4.3.

78) 北朝鮮人民委員會 宣傳部, 「1947年度 人民經濟 發展에 關한 豫定數字의 完成을 爲한 宣傳提綱」, 『강원로동신문』 1947.4.17.

79) 崔昌益, 「建國思想動員과 自主獨立의 爭取」, 『로동신문』 1946.12.6.

80) 金日成, 1947.1.1, 「新年을 맞이하여 全 國民에게 告함」, 『祖國의 統一獨立과 民主化를 爲하여』 1, 211쪽.

되었다.[81] 최창익은 그러한 정체상황을 타개하려면 "인식 문제와 실천 문제를 통일"할 필요가 있다는 입장을 밝혔다. 곧 인식으로부터 실천으로의 전화가 아닌, 실천의 우선성이 확보돼야 한다는 착상이었다. 인간의 인식이 "생산투쟁·계급투쟁" 등의 실천 경험을 총괄한 성과에 다름 아니란 관점에 비추어 볼 때, "실천이야말로 인식의 기초이며 인식이 올바른가의 여부도 실천을 통해 검증"될 수 있기 때문이다. 생산 활동과 인식의 불가분성을 강조한 마오쩌둥의 「실천론」에 따르면, 대중들의 실천 경험은 사회주의 건설의 출발점이자 그들에게 올바른 정책을 제시할 수 있는 영감의 원천이었다.[82]

실천이 인식과 이론의 기초로 규정됨에 따라, 그것은 사상의식 영역에 영향을 끼칠 수 있는 요인으로 주목받았다. 실천적 증산운동을 통해 사상의식의 개혁이 가능하다는 노동당의 공식 입장에 그러한 관점이 반영돼 있다.[83] 아울러 현정세와 관련해 북한의 경제 발전이 정치 발전에 뒤처져 있다는 진단들은 정치(상부구조)에 대한 경제(하부구조)의 규정성을 강조하는 논의들을 이끌어냈다. 경제적 토대에 대한 상부구조의 반작용을 강조하던 사상개혁운동기의 토대 – 상부구조 논의와 뚜렷이 대비되는 귀결이었다.

먼저 주영하는 "산업경제를 성공적으로 건설하지 못하면 토대가 약한 상층건물"을 축조할 수밖에 없다고 강조했다.[84] 『근로자』도 인민들의 건전한 사상과 정치가 확립될 수 있는 기초 지반을 경제 발전에서 찾고자 했다. 그에

---

81) 崔昌益, 「建國思想運動을 再吟味하면서」, 『근로자』 1947년 1·2월호, 45쪽.

82) 林叶之, 「大衆路線의 活動方法」, 『대중노선』, 사계절, 1989, 211~212쪽.

83) 「政治思想 水準의 提高와 黨 事業」, 『근로자』 1947년 1·2월호, 5쪽.

84) 朱寧河, 「北朝鮮 面 및 里(洞) 人民委員會 委員選擧 總結에 對하여」, 『인민』 1947년 4월호, 38쪽.

관한 이론적 논의는 1947년 인민경제계획 완수 이후의 시점까지 지속되었다. 1948년 2월경 김일성은 아직 "자주독립의 토대가 정치적으로 완수되지 않았으며, 경제적 토대를 완전히 구축하는 일이 정치적 자주독립의 선행조건"임을 강조했다.[85] 이상의 논의들은 건국사상총동원운동의 무게중심이 "사상개혁"에서 "물적 토대의 구축" 과제로 옮겨졌음을 보여준다. 따라서 전체 인민이 실천운동을 통해 건국에 이바지해야 할 과제가 건국사상총동원운동의 궁극목표로 설정되기에 이르렀다.

각종 매체에 실린 실천운동 관련 기사는 건국사상총동원운동과 결부되었고, 생산현장의 노동자·농민들은 그들이 직접 발기한 애국적 사업을 이 운동의 기치 아래 착수했다. 실천운동과 결부된 건국사상총동원운동은 급속히 확산돼 전국적 반향을 불러일으켰다. 김철은 "이 운동을 통하여 전북조선을 망라한 애국미(愛國米) 운동이 질풍같이 일어났고 기업소·탄광·철도운수 등에서 생산돌격운동이 봉화처럼 피어나고 있으며, 1947년 인민경제 발전에 관한 계획 실행에 전북조선 인민들이 한결같이 궐기해 맹진하고 있다."라고 밝혔다.[86] 김일성도 건국사상총동원운동의 실천운동화에 다음과 같이 만족감을 표했다. "과연 전북조선 인민들은 이 애국운동에 열성적으로 호응하여 참가했습니다. 이 운동은 말로뿐만 아니라 실천으로 로동자들은 생산품을 증산하며, 농민들은 애국미를 나라에 바침으로써 건국사업에 동원되고 있습니다."[87]

전국 각지의 선전원들도 국가의 각종 사업을 건국사상총동원운동과 결부

---

85) 金日成, 1948.2.6, 『北朝鮮人民會議 第四次 會議 會議錄』, 北朝鮮人民會議院, 107쪽.

86) 金哲, 「北朝鮮人民會議는 朝鮮 實情에 가장 適切한 進步的 民主主義 最高人民政權 形態」, 『근로자』 1947년 6월호, 39~40쪽.

87) 金日成, 1947.2.8, 「朝鮮政治 形勢에 對한 報告」, 『祖國의 統一獨立과 民主化를 爲하여』 1, 232쪽.

해 선전함으로써, 이 운동은 정치·경제·교육·문화·예술·보건 등 사회적 이
슈의 전 분야를 망라해 갔다. 따라서 그것은 참여계층에서 노동자·농민·지
식인·학생·기업가·상인·문학예술인 등 전체 인민을, 실행방식에서 증산경
쟁운동·애국미헌납운동·현물세완납운동 등 모든 형태의 실천운동을 포괄했
다. 그러한 흐름에 따라 건국사상총동원운동은 사상적 차원보다 실천적 차원
에 더 비중이 두어졌으며, 시간이 지날수록 실천운동으로 인식되기에 이르렀
다. 전체 인민의 사상의식개혁을 모색한 건국사상총동원운동은 그들을 실천
적 국가 건설운동에 동원하는 성과를 이끌어냈다.

2장
친일파 청산

1. 국가 건설과 과거 청산

인민국가 건설을 지향한 해방 직후의 북한은 특정 계급의 이해관계보다 전 민족적 이해관계의 관철을 중시했다. 그러나 조선민족 내 모든 계층이 인민국가의 구성원 자격을 부여받은 것은 아니었다. 1946년 초, 북조선공산당 함경북도 청진시위원회는 조선의 독립과 통일을 방해하는 두 적대 세력으로 "일본제국주의"와 "봉건 세력"을 지목했다.[88] 아직 완전히 청산되지 않은 일제 잔재 세력과 "고율의 소작료·고리대금으로 빈농민들을 착취"하고 있는 "봉건지주들"을 척결하는 일이 조선혁명의 당면과제로 인식되었다.

반제반봉건혁명이라는 압축적 용어로 정식화된 그 두 과제는 일제시기 민족해방투쟁에 연원을 두고 있었다. 조선의 마르크스주의자들은 일본 자본의 침투에 따라 조선경제가 몰락하고 대중들의 생활수준이 낮아지면서, 그들

---

88) 朝鮮共産黨 淸津市委員會, 1946.4.10,「黨의 生活」,『史料集』1, 67쪽.

사이에 민족의식과 계급의식이 동시에 싹텄다고 보았다. 민족의식이 반일감정을 통해 형성되었다면, 계급의식은 지주·자본가층에 대한 적대감 속에서 형성될 수 있었다. 그러나 "자산계급성 민주주의"를 지향한 해방 후의 북한이 유연한 자본가정책을 실시함에 따라, 계급적 적의는 주로 지주층에 집중되는 경향을 보였다. 따라서 반제반봉건투쟁의 일차적 목표는 친일파와 지주층 척결에 맞추어졌다.

두 적대 세력을 겨냥한 투쟁은 사법기구와 보안기구 등 국가기구의 주도 아래 추진되었다. 1946년 9월경 "형사수속에 관한 예형(例型)"을 마련한 북조선임시인민위원회 사법국은 "일본제국주의와 봉건적 권력"의 복구를 모의한 범죄의 경우, 가중처벌의 대상이 될 수 있다고 규정했다.[89] 몇몇 논자들은 양자의 공고한 유착관계에 주목하여 그들을 동일 범주화하기도 했다. 이를테면 허정숙은 조선의 민족반역자들인 친일파를 "봉건잔재의 변신"이자 "봉건적 사회경제에 기생"해 활동하는 세력으로 보았다.[90] 반제반봉건혁명 이념은 민간사회에까지 쉽게 침투했다. 매년 3월 5일의 토지개혁 기념일에 보고자로 나서는 촌락간부들은 농민들의 기억 속에서 불과 몇 년 전의 일이었던 "일제의 가혹한 탄압"과 "봉건지주들의 억압"을 끄집어냈다.[91]

해방 후의 위 두 핵심과제들 중 반제 문제의 해결이 우선순위에 두어졌다는 점은 일제의 패망을 감안할 때 다소 의외의 결과였다. 김일성은 지방정권기관 내 친일파 척결을 북조선임시인민위원회의 최우선 과제로 꼽았고, 봉건지주층 척결을 겨냥한 토지개혁을 그 다음 과제로 거론했다. 북한 지역 중

89) 北朝鮮臨時人民委員會 司法局, 1946.10, 「保安例規」, 『史料集』 9, 55쪽.

90) 許貞淑, 1946.3.13, 「北朝鮮 土地改革에 對한 解釋」, 『史料集』 7, 358쪽.

91) 1949.3.1, 「북로당 강원도 인제군 농민동맹당조 제40차 회의록」, 『史料集』 4, 382쪽.

앙행정기구의 조직체계와 당면과제를 명시한 [북조선임시인민위원회 구성에 관한 규정] 제2조도 토지개혁의 실시를 제2항에 밀어둔 반면, 친일파 척결을 제1항에 내세웠다.[92]

일제 잔재·친일파 척결은 해방 후 제기된 반제 문제 해결의 핵심과제였다. 좌익계 인사들은 한 결 같이 일제 잔재와 친일파가 해방 후의 조선사회에 부정적 영향을 끼칠 수 있다고 경고했다. "친일파·민족반역자 등의 파시스트들이 그 모체가 타도되었음에도 불구하고, 마치 분열·증식하는 아메바처럼 생동하며 구친일병(舊親日病)을 전염"시키고 있다고 본 오기섭의 우려가 그 대표적 예에 속했다.[93] 조선신민당 중앙집행위원회의 입장에 따르면 일제 유제와 친일파의 잔존은 타력에 의한 해방의 산물이었다. 곧 8·15해방이 조선의 "주체적 조건의 성숙"이 아닌 "외부 민주주의 연합국의 힘"으로 실현됨에 따라, 일제 잔재가 철저히 척결되지 못했다는 진단이었다.[94]

그러한 진단들은 해방의 감격에 젖어 있는 좌익 진영 인사들에게 회의감을 불러일으켰다. 박헌영은 연합군의 승리에 힘입어 조선이 해방되었지만, 일제유제와 친일파가 잔존하는 현실에 비추어 조선의 완전독립은 미완의 상태라고 보았다.[95] 그를 비롯한 여러 논자들이 조선 완전독립의 전제인 일제 잔재·친일파 청산의 정당성과 그것이 필연적으로 요구되는 이유를 규명하고

---

92) 金日成,「目前 朝鮮 政治情勢와 北朝鮮人民委員會의 組織問題에 關한 報告」,『正路』 1946.2.10 ;「北朝鮮臨時人民委員會 構成에 關한 規定」,『史料集』5, 149쪽.

93) 吳琪燮, 1946.1,「三國外相會議 朝鮮問題 決定과 朝鮮共産黨의 態度」,『史料集』31, 110~111쪽.

94) 朝鮮新民黨 中央執行委員會,「朝鮮新民黨의 聲明書」,『正路』1946.4.26.

95) 朝共 中央委員會 代表 朴憲永,「朝鮮民族統一戰線 結成에 對한 朝鮮共産黨의 主張」,『正路』1945.11.14.

자 했다. 박헌영의 입장을 보다 구체화한 조선공산당은 일본의 군국주의와 독점금융자본을 척결하지 않고 일제시기 조선에 확립된 식민통치기구들을 민주주의적으로 개혁하지 않는 한, 조선은 재침략의 위협으로부터 안전하지 않다고 역설했다.[96]

물론 그러한 재침략 시도는 친일파를 통해 이루어질 가능성이 높다고 진단되었다. 따라서 오기섭은 그들로부터 전 재산을 몰수하고 공민권을 박탈하는 한편, 대중과 그들을 시급히 격리할 필요가 있다고 주장했다.[97] 오기섭에 따르면 그와 같은 처벌 방식은 전혀 보복의 차원이 아니었다. 과거의 모욕에 대해 보복하는 식의 대응이 아닌 전후의 평화와 안전을 보호해야 할 과제, 곧 친일파의 통치권 장악 가능성을 봉쇄함으로서 "재침략의 발생"을 미연에 방지한다는 목표를 향해 일제 잔재·친일파 척결 문제를 풀어나갈 필요가 있었다.

1946년 5월경 그 문제에 주목한 평양사회과학연구소의 진단은 점점 격화되고 있던 미소 간 갈등을 반영하고 있었다. 이 연구소는 일제의 무장력과 통치기구가 이미 전복되었다 해도 "그들이 장구한 기간에 걸쳐 부식한 세력 요소가 광범한 분야에 잔존"하고 있는 이상, 그 잔여 세력이 명맥을 유지하고자 새로운 제국주의 곧 미국과 "야합할 위험성"이 있다고 내다보았다.[98] 평양사회과학연구소의 관점에서도 철저한 일제 잔재 청산이 조선 완전독립의 전제였음을 볼 수 있다. "우리 강토가 다시 파시스트에 침범될" 가능성을 제기한 최용달도 일제 잔재와 친일파가 여전히 문제를 일으키고 있는 현실을

96) 朝鮮共産黨 서울市 委員會, 1945.12.8,「戰爭과 팟쇼를 反對하자」,『史料集』25, 2~3쪽.

97) 吳琪燮, 1946.1,「모스크바會談 決定 支持示威의 意義와 敎訓」,『史料集』12, 256쪽.

98) 平壤社會科學硏究所,「二十個 政綱 支持聲明」,『正路』1946.5.7.

그 근거로 들었다.[99] 이어 그는 우익 반탁 세력을 겨냥한 공세의 수단으로 이 논의를 활용했다. 곧 조선이 재침략당할 우려가 있으므로 철저한 친일파 소탕을 위해 미소 양군의 주둔이 불가피하다는 진단이었다.

사실 해방 후 일제 잔여 세력과 친일파의 재침략을 경계한 좌익 진영 인사들의 태도는 전혀 근거 없는 기우가 아니었다. 1945년 12월 8일 조선의용군 압록강지대는 통화성 내 민가를 약탈하던 일본군 패잔병을 공격해 30여 명을 사살하고 270명을 사로잡았다.[100] 일본군 잔여 세력의 군사 활동은 해방 후의 조선에서도 목격되었다. 함경남도 삼수군·갑산군 지역의 경우 친일파와 결탁한 그들이 "지방 인민자치정권의 방위대인 치안서를 습격"하기까지 했다.[101] 평안남도 건국준비위원회위원장 조만식의 측근으로 활동했던 극작가 오영진은 일본군의 야간습격이 임박했다는 풍설이 나돌아 평양일대가 크게 술렁였던 사건을 생생히 기억하고 있었다.[102]

조선이 재침략당할 수 있다는 우려가 불식되지 못함에 따라, 일제 잔재와 친일파 척결은 국가 건설에 앞서 반드시 해결돼야 할 핵심과제로 부상했다. 또한 이 과제는 좌익 진영의 반일정서에 부합했을 뿐만 아니라 반일의 기치에 공감한 대중들의 지지를 끌어 모을 수 있는 정치 본연의 목표에도 잘 들어맞았다. 반공주의적이며 반일적 성향을 지닌 일부 우익 세력은 좌익 진영이 일제 잔재·친일파 척결 이슈를 선점함으로써, 광범한 대중적 지지기반 확보에 성공하고 있음을 우려의 눈길로 바라보았다. 북한체제에 반대해 월남

---

99) 崔容達, 「朝鮮問題에 對한 決定書는 우리에게 무엇을 가르치나」, 『史料集』 31, 144쪽.

100) 「鴨綠江沿邊에서 日敗殘兵을 擊碎」, 『正路』 1945.12.14.

101) 吳琪燮, 1945.11, 「十月革命記念 鬪爭 總決算 報告」, 『史料集』 31, 29쪽.

102) 吳泳鎭, 『하나의 証言』, 國民思想指導院, 1952, 44~48쪽.

한 평북 선천군민들이 1947년 9월경 미 대통령 특사 웨드마이어 앞으로 보낸 건의편지에 그러한 우려가 잘 드러나 있다. 그들은 해방 후 친일파의 득세가 공산당에게 "훌륭한 선전재료"로 이용되고 있을 뿐만 아니라, "민중을 낚아" 그들 편으로 끌어들일 수 있는 효과적 수단이 되었다고 개탄했다.[103]

반일적 성향의 우익 진영이 일제 잔재·친일파 척결 이슈와 함께 대중적 지지기반마저 상실했다고 탄식했지만, 그 모든 반사이익이 좌익계에 돌아간 것은 아니었다. 친일파 청산의 대의에 합의하더라도 청산의 방법을 둘러싼 갈등이 발생할 수 있었다. 좌익계 내부의 논쟁은 일제 잔재·친일파 청산이 반드시 해결되어야 할 과제인 반면, 신중하게 접근하지 않으면 되레 낭패를 볼 수 있는 미묘한 문제임을 일깨워주었다. 일제와 타협하길 거부한 공산주의자 박헌영이 그러한 문제에 직면한 대표적 인물이었다. 박헌영과 대립한 이른바 "대회파" 세력이 집요하게 비판한 조선공산당중앙위원회의 과오들 중 하나가 바로 "원칙론에 사로잡힌" 일제 잔재·친일파 척결정책이었다.

그와 관련해 조선공산당 전라북도위원회는 일제 말 조선민족의 동향을 전면적 전쟁협력행위로 규정해 "민족적 자기비판"을 요구한 당 중앙의 입장을 비판하고 나섰다. 1945년 9월경 『자유신문』에 실린 박헌영의 인터뷰를 비판한 좌익 진영의 한 논자도 그가 조선 전 민족을 전쟁협력자로 고발했다며 격분해마지 않았다. 그는 박헌영의 그러한 "독단론"이 전쟁 기간 중 발생한 반전 사보타주, 생산시설 파괴, 징용··징병의 기피와 탈주 등 소극적이지만 본원적인 조선인들의 반제투쟁을 안중에 두지 않은 무지에서 비롯되었다고 보았다. "민족부르주아지·대지주층·정치브로커" 등에 국한된 전쟁협력행

---

103) 平安北道 宣川郡民會, 1947.9, 「大아메리칸 트루만大統領特使 웨더마이어 將軍에게 드림」, 『史料集』 10, 180쪽.

위를 확대해석하여, 전 민족에 친일혐의를 씌우고 민족적 자기비판을 요구한 박헌영의 태도는 좌익 진영 반대파 인사들의 공분을 불러왔다. 한 논자는 "우리는 민족의 반동화한 부분과 용서 없는 투쟁을 전개"할 뿐, 그들의 친일행위에 공동책임까지 질 "참회적 양심" 따윈 가질 수 없다고 일갈했다.[104]

"대회파" 측 운동가 정희영은 박헌영에게 보내는 서한 형식의 비판문을 통해, 당중앙위원회가 민족반역자·친일파를 조선 인구의 1~2%로 추산한 통계가 무엇에 근거하고 있는지 의문을 제기했다. 그는 민족반역자·친일파로 규정할 만한 자들은 그리 많지 않다고 보았다. 그에 해당하는 자들의 구체적 혐의를 지적한 명부를 만들어 공개하는 한편, 연합군 측과 논의해 처벌방법을 강구해야 한다는 입장이 정희영이 제시한 합리적 친일파 척결관이었다. 그러나 구체성을 결여한 채 "원칙론을 되풀이하고 있는" 박헌영의 완고한 태도는 결코 공산당 측에 이로워 보이지 않았다. 조선공산당이 "많은 적을 사고 있는" 현 상황이 그의 그러한 태도와 무관치 않다고 진단되었다.[105]

무엇보다 심각한 문제는 공산당에 동조하던 진보적 중간층마저 등을 돌리기 시작했다는 점에 있었다. "대회파" 측은 친일파·민족반역자의 개념을 명확히 규정해 그들을 구체적으로 적발하기보다, 배제의 원칙만을 강조한 당중앙의 접근 방식에 그 책임을 전가했다.[106] 정희영은 조선공산당중앙위원회의 막연한 원칙론이 일제시기 하층관공리·회사원·고용인들에게까지 "쓸데없는 공포심"을 자극하고 있다고 보았다. 그에 따라 조선공산당에 동조해온

---

104) 朝鮮共産黨 全羅北道委員會, 1946.2.10, 「北鮮分局 동무들의 멧세지와 우리의 主張」, 『史料集』 10, 159~160쪽 ; 「理論的 諸 過誤에 對하여」, 『朝鮮共産黨文件資料集』, 한림대 아시아문화연구소, 208쪽.

105) 이하 鄭禧泳, 1946.1.25, 「朴憲永 同志에게 書簡」, 『朝鮮共産黨文件資料集』, 93쪽 참조.

106) 1945, 「黨中央部의 宗派主義에 對한 批判」, 『朝鮮共産黨文件資料集』, 33쪽.

진보적 소시민층이 공포를 느껴, 우익 진영으로 이탈하고 있다는 관측이 제기되었다. 원칙론에 치우친 친일파·민족반역자 척결관이 오히려 동조자들의 이탈과 "우익 세력의 대동단결"에 이바지하고 있다는 좌익 진영 내부의 비판이 거세짐에 따라, 박헌영도 조심스런 태도를 취하지 않을 수 없었다. 1946년 3월 9일 민전 의장단의 일원으로 내외신 기자회견을 가진 그는 "누가 친일파·민족반역자인가?"라는 한 기자의 질문에, 그들이 한민당을 비롯한 우익정당·단체의 활동에 관여하고 있으나 "아직 나 개인이 발표하고 싶지 않다."라고 선을 그었다.[107]

박헌영과 마찬가지로 비타협적 반일주의자였던 김일성이 친일파 척결 문제에 보인 접근 방식은 한층 정략적 성격을 띠었다. "유효적절한 방법"에 따른 "일제주구" 척결을 제안한 그는 공산당이 직접 나서는 식의 대응이 아닌 대중동원을 통한 척결을 강조했다.[108] 만일 공산당이 직접 그를 단행한다면 "대중들이 공포를 느껴 공산당을 신뢰하지 않을 것"이라 우려되었기 때문이다. 김일성은 대중동원을 통한 그들의 자발적 친일파 척결이 그 목적 자체의 완수뿐만 아니라, 정치의 본질적 목표인 대중적 지지기반 확보에 유리하다고 보았다.

일제 잔재·친일파 척결을 둘러싼 논의와 갈등은 결코 개인이나 제 정치세력에 국한된 문제가 아니었다. 과거 청산의 과제는 대립적 성격을 띤 남북의 두 체제가 치열한 경쟁에 돌입한 뒤, 정통성의 우위 선점을 모색한 북한의 핵심과제로 부상했다. 일제 잔재 청산에 필요한 제반 여건이 남한보다 북

---

107) 임경석, 『이정 박헌영 일대기』, 역사비평사, 2004, 242·296쪽.

108) 朝鮮共産黨 淸津市委員會, 1946.3.15, 「金日成將軍 述 ; 民族 大同團結에 對하야」, 『史料集』 25, 14~15쪽.

한에 효과적으로 조성된 까닭은 그것이 소련의 이해관계에도 맞아떨어졌기 때문이다. 러일전쟁이 낳은 반일감정의 트라우마를 떨쳐낼 수 없었던 소련은 일본의 지배 아래 놓인 조선이 자국영토를 위협하는 극동 지역 전초기지에 다름 아니라고 보았다.[109] 따라서 소련군사령부도 일제 잔재·친일파 척결에 북한 못지않은 적극성을 보였다.

2. 친일파란 누구인가?

해방 후 반일감정에 휩싸인 조선인들의 비난 대상은 일본인들만이 아니었다. 더 큰 분노와 적의가 이른바 친일파·민족반역자라 불린 이들에게 겨누어졌다. 민족을 배반하고 일제의 조선 강점과 식민통치에 협력한 친일파는 척결되어야 할 대표적 일제 잔재로 지목되었다. 일제 잔재 척결 과제에 적극성을 보인 좌익 진영 논자들은 친일파의 형성과 재생산 메커니즘에 주목했다. 그들의 진단에 따르면 친일파의 주공급원은 3·1운동 당시 "혁명적 역할을 수행"한 민족부르주아지였다.

민족부르주아지의 친일화 계기를 보다 구체적이고 논리적인 맥락 속에서 찾으려 한 오기섭은 조선 자산계급이 이중적 소속성을 보였다는 점에 주목했다. 그에 따르면 조선 자산계급은 대개 기업가이자 지주로 활동했다.[110] 본래 기업가인 그들이 지주를 겸한 까닭은 조선인 기업가들의 활동에 많은 제

---

109) 전현수, 2002.11, 「해방 직후 북한의 과거청산(1945~1948)」, 『대구사학』 제69집, 35쪽 ; 鎌田正二,
      『北鮮の日本人苦難記 - 日窒興南工場의 最後-』, 東京 : 時事通信社, 1970, 355쪽.

110) 吳琪燮, 1946.6.5, 「北朝鮮 土地改革法令의 正當性」, 『史料集』 7, 368쪽.

약이 따른 데다, 농민들로부터 거둬들일 수 있는 소작료 수입이 막대한 규모에 달했기 때문이다. 오기섭은 대개 국유지를 불하받아 일정 규모의 경작지를 확보한 자본가들이 고리대를 통해 농민들의 토지를 겸병하는 식으로 신흥지주가 되었기 때문에, 일제 당국과 결탁하지 않을 수 없었다고 보았다. 게다가 식민지 해방운동이 노동계급의 등장과 함께 계급투쟁의 성격을 띠어감에 따라, 그들 조선 자산계급은 자본가로서가 아닌 지주로서 일제와 유착하는 식의 대응을 꾀했다. "봉건적 방식"으로 지주층을 보호한 "영주국가" 일본 제국주의가 노동자들의 저항에 직면한 자산계급이 찾을 수 있는 유일한 도피처였기 때문이다.[111]

좌익 진영 논자들은 마르크스주의의 도움을 얻어 친일파의 형성 메커니즘을 이론적으로 규명할 수 있었으나, 곧 "친일파란 누구인가?"라는 본질적 의문에 직면했다. 친일파의 구체적 개념과 범주가 정립되지 않는 한, 그 척결은 요원한 과제일 수밖에 없었다. "과연 어느 선까지 협력행위에 가담한 자들을 친일파로 규정해야 할까?", "과연 어느 직위에 있었던 자들을 친일파로 보아야 할까?" 이 쉽지 않은 의문들은 해방 직후부터 북한에 심각한 고민을 안겼다. 특정 직위 이상의 관료들을 체포·처벌하는 식으로 이루어진 일본인 전직자(前職者) 처벌과 달리, 친일파 처벌은 당사자의 직위와 함께 객관적·구체적 범행혐의도 고려되어야 했다. 북한은 이 껄끄러운 문제를 해결하기까지 해방 직후부터 꼬박 1년여의 시간을 소요했다. 친일파란 어떤 직위에 있었고 어떤 혐의를 지닌 이들인가에 관한 객관적·구체적 기준이 이 기간에 걸쳐 마련되었다.

해방 직후 일제 잔재 척결 과제에 주목한 제 정치 세력과 유력 정치인들

---

111) 1946.2, 「三·一運動의 歷史와 意義」, 『史料集』 25, 239-240쪽.

은 친일파의 개념과 관련해 나름의 소신을 밝혔다. 1945년 11월 17일 중화민국 언론사 중앙사 특파원과 회견한 박헌영은 민족반역자의 범주를 묻는 질문에, "개량주의마저 버리고 민족운동을 핍박한 자", "황민화운동에 헌신한 자", "고관의 지위에 있던 자", "악질 경찰관리", "전쟁협력자" 등을 지목했다.[112] 개념적 타당성을 떠나 어느 개인의 친일행위 여부를 판가름할 척도라 하기에 매우 모호한 규정이었다. 1946년 4월 중순경 『조선인민보』와 『해방일보』에 「친일파 옹호자는 누구냐」라는 글을 기고한 그는 다시 한 번 친일파의 개념 규정을 시도했다. "일본의 통치를 정치적·경제적·정신적으로 도와준 자"라는 폭넓은 의미의 개념을 먼저 제시한 그의 이번 시도는 이전에 비해 훨씬 구체적이었다. 그는 "일한합병조약을 찬성하고 실행한 자", "왕·귀족·중추원의원·조선총독부 고급관리", "고등경찰·헌병대 군사스파이", "정치방면의 황민화운동 지도자" 등을 거론했다. 그러나 이 규정도 모호하긴 마찬가지였다. 이를테면 조선총독부 고급관리는 어느 직위를 하한선으로 보아야 할까라는 의문이 제기될 수 있기 때문이다.

친일파 범주 설정은 남한 좌익 진영뿐만 아니라 북한 좌익 진영에게도 몹시 까다로운 문제였다. 1945년 10월 중순경 일본제국주의자들과 민족반역자들의 재산을 몰수해야 한다고 규정한 서북 5도당대회의 결정은 원론적 선언에 그쳤다. 김일성의 보고를 통해 "조선합병 시기 적극적으로 일제를 도왔던 이들", "합병 이후 일제에 협력한 이들 중 강요에 의해서가 아닌 자발적으로 일제에 협력한 이들" 등이 지목되었다.[113] 아울러 그 대회를 통해 토지소유

---

112) 임경석, 『이정 박헌영 일대기』, 역사비평사, 2004, 242·296·316쪽.

113) "Документы характеризующие политические партии и общественные организации Северной Кореи за 1945г(1945년 북조선 내 정당과 사회단체의 특성에 관한 자료)", 1945,

권을 몰수해야 할 친일적 "반역지주"의 개념이 규정되었으나, 친일행위의 구체적 범주 설정은 이루어지지 못했다. "한일합병에 공헌한 매국노와 그 후계자", "일본제국주의의 강도적 시설에 물질적으로 협력한 자", "일본침략자의 전쟁에 직간접적으로 협력한 자" 등이 거론된 반면, 강요에 따라 관공리가 되었음을 입증할 수 있는 이들은 그 범주에서 제외되었다.[114]

1946년에 들어서도 별 진전 없는 상황이 되풀이되었다. 1월 31일에 열린 전국농민조합총연맹 북조선연맹 결성대회는 민족반역자 규정 문제를 1945년 12월 12일의 "오도대회" 결정에 따른다고 결의하는 한편, 사법국이 조만간 구체적 법안을 마련해 소련군사령부의 비준을 받길 요구했다. 그 직후 3·1절 기념사업 준비의 일환으로 다시 친일파의 개념규정을 둘러싼 논의가 진행되었으나 기존의 선언적 틀을 넘어서지 못했다. "일한합병 시 일본인들에게 협력한 자", "3·1운동 전후 일제의 충실한 앞잡이로서 조선 해방을 반대하고 억압한 자", "8·15 이후 인민의 이익을 반대하며 일정(日政)과 같은 정권을 세워 자기들의 생명과 재산을 유지하려는 자" 등이 친일파로 규정되었다.[115] 여전히 원론적 수준의 논의에 그쳤음을 볼 수 있다.

1946년 3·1절 직후 3월 5일부터 착수된 토지개혁은 친일파의 구체적 개념이 조속히 정립될 필요가 있음을 일깨워준 중요 계기였다. 민족반역자 소유 토지의 몰수가 법령에 규정되었기 때문이다. 그러나 토지개혁법령은 "조선민중의 이익에 손상을 입히고 일본제국주의의 정치기관에 협력한 자"와 "조선이 일본의 압박에서 해방될 때 자기 지방에서 도주한 자들"만을 친일파로 규

ЦАМО, ф. 172, оп. 614630, д. 5, лл. 65-66.

114) 「土地問題 決定書」, 『正路』 1945.11.1.

115) 1946.2, 「三·一運動의 歷史와 意義」, 『史料集』 25, 241~242쪽.

정했다.[116] 여전히 모호한 규정이었을 뿐만 아니라, 도주자 규정의 경우 친일파 판별기준을 혐의자 본인의 자각과 양심에까지 미루고 있음을 엿볼 수 있다.

구체적이고 명확한 규정이 없었기 때문에 각 지방의 토지개혁 실행 주체들은 자의적으로 친일파를 판별해 그들의 토지를 몰수했다. 반일감정이 고조된 해방 직후의 사회분위기는 친일파 적발을 주도한 지방간부들이 급진적이고 엄격한 잣대를 들이대기 쉬운 여건을 조성했다. 토지개혁 기간 중 평안남도 당국은 1946년 3월 20일까지 산하 각 군들로부터 총 365건에 달하는 민족반역자 조사서를 전달받았다. 각 군별로 조직된 4개 분과위원회의 심사와 위원들의 현지 파견조사가 이루어졌다. 그에 기초한 판정에 따라 민족반역자가 71명, 도망자가 82명, 무혐의자가 212명으로 확정되었다. 황해도 신천군의 경우 5정보 이상의 경작지를 소유한 지주 639명 가운데 22명이 민족반역자로 규정되었다. 그러나 그들 모두가 누구라도 인정할 만한 친일파에 해당하는가는 분명하지 않았다. 신천군 당국은 그들을 친일파로 결정한 면민대회(面民大會)의 회의록과 결정서를 재검토할 필요가 있다고 결론지었다.[117]

토지개혁법령의 집행만이 문제가 아니었다. 민족반역죄에 관한 법령을 신속히 마련해달라는 지방 당국들의 요청이 끊이지 않았다. 황해도 재령군 간부들은 군민들이 처벌을 호소할 만큼 일제시기에 갖은 악행을 저지른 형사와 면장을 체포했다. 그러나 마땅한 처벌법령을 구비하지 못한 그들은 수

---

116) 1947.7.20, 「北朝鮮 土地改革의 歷史的 意義와 그 첫 成果」, 『史料集』 7, 397쪽.

117) 「平南 土地改革事業 完了, 農民은 增産에 注力! 功勞者와 反逆者도 決定」, 『正路』 1946.4.14.

수방관하며 그의 조속한 제정을 중앙에 청원했다.[118] 1946년 4월 현재 290명의 민족반역혐의자들을 검거한 강원도의 상황도 마찬가지였다. 강원도 당국은 관련 법령의 신속한 제정을 중앙에 요청할 뿐, 그들의 처벌을 미루어 둘 수밖에 없었다. 1946년경 강원도 철원 지역 교화소 수감자 통계에 따르면, 127명의 민족반역자들이 미결수로 남아 있었다. 전체 미결수 639명의 약 20%에 달하는 비중이었다.[119]

구체적 개념 정립과 관련 법안 마련에 앞서 단행된 친일파 체포와 재산몰수 조치는 적잖은 혼란을 조장했다. 1946년 한 해에 걸쳐 검찰기구가 체포한 친일파와 반동분자 총 810명 가운데 유죄선고를 받은 이들은 131명에 지나지 않았다.[120] 친일파 검거가 객관적 기준에 근거하지 않음에 따라, 혐의가 경미한 이들이 다수 체포된 탓이었다.

한편 1946년 1월 말 결성대회를 개최한 전국농민조합총연맹 북조선연맹은 아직 친일파 처벌법이 마련되지 않은 현실을 감안해, "지방인민들의 의사를 종합"한 군중재판의 형식으로 친일파를 판정하는 방법이 바람직하다는 입장을 밝혔다.[121] 그러나 군중재판은 공정한 판결을 이끌어내기보다, 피해자들의 개인감정에 따른 보복행위와 결합할 소지가 있었다. 법적 근거를 결여한 친일파 판정의 문제점은 이미 해방 직후부터 제기되었다. 이를테면 김일

---

118) 黃海道 管內 裁判所·檢察所, 1946.4, 「情勢報告」, 『史料集』 9, 169·175·180쪽.

119) 江原道檢察所, 1946.4.22, 「北朝鮮 第二次 司法責任者會議 江原道 事業報告書」, 『史料集』 9, 24·26쪽.

120) Управление Советской Гражданской Администрации в Северной Kopee(북조선 소련민정국), Указ. соч. С. 267.

121) 全國農民組合總聯盟 北朝鮮聯盟 結成大會, 1946.1.31, 「各 地方 提案의 討議決定事項」, 『史料集』 31, 203쪽.

성은 평안북도 어느 지역의 한 구장이 배급품을 횡령한 일제시기의 과오 탓에 민족반역자로 규정된 사례와 해방 전 구장이나 이사장을 맡아본 이들이 뚜렷한 이유 없이 민족반역자혐의를 받은 사례가 있었다고 비판했다.[122]

더 나아가 해방 직후 친일파 처벌법의 결여는 경미한 혐의를 지닌 이들에 대한 재산권 침해를 조장했다. 이를테면 평양 지역 개업의 이병훈은 일본인 여성과 결혼한 탓에 친일파로 몰려 병원을 차압당하기까지 했다.[123] 1946년 11월 25일에 포고된 [북조선 산업 및 상업발전에 관한 법령]은 과거 사유재산 침해사건의 시정을 모색한 조항들을 담고 있었다. 이 법령의 제8조와 제9조는 문제의 소지가 있는 지방행정기관·사회단체의 재산몰수행위를 조사하여, 친일파가 아니라고 판정된 이들의 재산을 반환하라고 지시했다.[124]

[북조선 산업 및 상업발전에 관한 법령]을 통해 과거에 일어난 친일파 재산몰수 조치의 과오를 바로잡으려 했다는 점은 이 법령이 포고된 1946년 11월 25일 이전에 친일파의 구체적 범주를 확정한 법안이 마련되었음을 직시한다. 그 직접적 계기는 1946년 11월 3일에 실시된 북조선 도·시·군 인민위원회선거였다. 친일파의 선거권 박탈이 선거법에 규정됨에 따라, 먼저 그들의 법적 개념을 정립할 필요가 있었다. 친일파 소유의 토지 몰수를 규정하고도 그 개념 정립과 범주 설정에 소홀했던 토지개혁의 경우와 달리, 이번 시도는 꽤 성공적이었다. 해방 후 북한의 사법체계 확립에 지대한 공로를 세운 최용달이 이 문제의 해결에 결정적 역할을 수행했다.

---

122) 朝共北朝鮮分局 責任秘書 金日成, 「土地改革事業의 總結과 今後 課業에 對한 報告」, 『正路』 1946.4.20.

123) 김광운, 『북한 정치사 연구』 I, 선인, 2003, 316~317쪽.

124) 1947.2, 「北朝鮮 道·市·郡 人民委員會大會 會議錄」, 『史料集』 8, 63쪽.

최용달은 먼저 친일파 판정에 도움이 될 몇 가지 기준을 제안했다. 그에 따르면 친일파는 대략 일제의 조선 침략정책에 "두뇌"역할을 수행한 자들, 일제 식민지 통치기구의 중요 책임자들, 조선 독립운동의 기도와 심지어 그 구상까지도 탄압하고 밀고한 "주구배들", 일제의 침략전쟁을 "동양민족 해방의 성전"이라 치켜세우며 자발적으로 물질적·정신적 지원을 아끼지 않은 자들 등 네 범주로 분류될 수 있었다.[125] 이 4대 범주에 근거하여 구체화된 친일파의 법적 개념이 1946년 9월 5일에 포고된 [북조선 면·군·시 및 도인민위원회 위원선거에 관한 규정]을 통해 공개되었다. 친일파의 선거권 박탈을 명시한 이 규정의 제1조에 그들의 구체적 범주가 ①항으로부터 ⑥항에 이르기까지 열거되었다. "①조선총독부의 중추원 참의·고문 전부 ②조선인 도회의원·부회의원 전부 ③일제시대의 조선총독부 및 도의 책임자로 근무한 조선인 전부 ④일제시대의 경찰·검사국·재판소의 책임자로 근무한 조선인 전부 ⑤자발적 의사로서 일본을 도울 목적으로 군수품을 생산하거나 그 밖의 경제자원을 제공한 자 ⑥친일단체의 지도자로서 열성적으로 일본제국주의에 협력한 자" 등이 바로 그들이었다.

앞서 제안된 개념들보다 훨씬 구체적이지만 위 6항에 걸친 범주도 몇몇 모호한 지점이 있었다. 그러한 문제점을 간파한 최용달이 구체적 해설에 착수했다. 그의 해설은 선거를 한 달 앞둔 1946년 10월 3일자 『로동신문』을 통해 발표되었다. 최용달은 먼저 선거규정 제1조의 ①②③④항에 거론된 자들이 어째서 친일파인가를 논증하는 작업에 착수했다. 그가 보기에 그들은 친

---

125) 이하 北朝鮮臨時人民委員會 決定 第七二號, 1946.9.5, 「面·郡·市·道 人民委員選擧에 對한 北朝鮮臨時人民委員會 第二次 擴大委員會의 決定書」, 『史料集』 5, 26쪽 ; 司法局長 崔容達, 「選擧規定은 어떻게 親日分子를 規定하는가」, 『로동신문』 1946.10.3 참조.

일파가 아니었다면 "도저히 오를 수 없을" 정도의 높은 관직에 있던 자들이었다. 구체적으로 중추원 참의와 고문, 관선 도회의원, 관선 부회의원, 총독부 국장·부장·과장급, 도청의 지사와 부장급, 경시급 경찰관, 고등법원과 복심법원의 판검사급, 지방법원의 재판장·부장판사·주임검사 등이 그에 속했다. 그들이 그러한 고위직에 복무했다는 사실이 확인된다면, 굳이 재직 중의 소행을 검토할 필요조차 없이 친일파로 판정될 수 있었다.

이어 최용달은 그 바로 밑에 있는 관직인 민선 도회의원, 민선 부회의원, 총독부 계장급, 도청의 과장급, 군수급, 경부·경부보·부장급 경찰관, 순사, 지방법원 판검사급 등으로 화제를 돌렸다. 그가 보기에 이 관직들은 친일파로 규정하기 어려운 이들도 오를 수 있는 직책이었다. 따라서 그는 그들을 예외 없이 친일파로 규정하기보다, "큰 죄를 짓지 않고 민간의 반감을 사지 않은" 이들이 있다면 그로부터 제외해야 한다고 보았다. 직위 고하를 떠나 관직의 성격과 개인의 행적도 친일파 판별의 중요 기준이 되었다. 이를테면 업무 성격상 항일운동가 탄압에 연루된 고등경찰 종사자들은 모조리 친일파로 규정되어야 했다. 그러나 최용달은 그들이 "민족을 위하여 특별한 활동을 했다."라는 증거가 있으면, 예외에 해당할 수 있다는 조건을 달았다. 이어 그는 하급관직에 복무했다 해도 자신의 지위를 이용해 "악독한 행위"를 일삼은 자들은 구체적 증거의 확인을 통해, 친일파 판정을 받을 수 있다는 견해를 덧붙였다.

최용달은 조선인들의 각종 단체 가입과 친일행위의 상관관계를 규명하는 작업에도 관심을 보였다. 그는 먼저 총력연맹이나 애국부인회처럼 조선인이라면 누구나 의무적으로 가입해야 했던 단체들을 논의의 대상에서 제외했다. 대화동맹(大和同盟)·대의당(大義黨)·일진회(一進會)·녹기연맹(綠旗聯盟)·청담회(淸談會) 등 자발적으로 가입해야 한 단체들이 그의 논의의 주 대상이었다. 그러나 이 경우에도 일제 말 가입 강요와 강제적 간부 임명 사례가 있었음을 간파한 그는 친일단체의 지도자라는 이유만으로 친일파라 단정하는 태도는 옳지 않다고 주장했다. 친일단체의 지도자들 중 열성적으로 일제에 협력한 이들만이 그 범주에 해당한다는 입장이었다.

최용달의 신중한 입장은 글의 결론을 통해 다시 한 번 반복되었다. 일제시기의 지위와 행적에 비추어 선거규정 제1조에 해당하는 자라 해도, 그가 해방 후 "개과자신(改過自新)"해 조선민족을 위하여 건국사업에 헌신했다면, 전 인민이 관용하고 포섭하는 도량을 가져야 한다는 제안이었다. 그러한 최용달의 결론은 그만의 생각이 아니었고, 해방 직후부터 꾸준히 제기돼온 각계의 제안을 수용한 포용의 정신에 기초하고 있었다. 이를테면 1946년 1월 31일 전국농민조합총연맹 북조선연맹은 좌익 진영에 완전히 흡수되어 "인민주권 수립"에 협력할 수 있다고 인정되는 이들에게까지, 일제시기의 관리였다는 점을 문제 삼아 민족반역자로 규정해 배척하는 태도를 경계해야 한다고 강조했다.[126] 뒤에서 자세히 살펴보겠지만 북한의 유연한 친일파 규정은 식자층 인재의 부족과 관련된 현실 문제를 반영하고 있었다. 곧 건국사업에 필요한 식자층 인재의 다수가 친일 전력을 지니고 있었기 때문에, 그들의 구제는 피할 수 없는 귀결이었다. 따라서 북한의 친일파 개념은 매우 온건한 형태로 정립되었다.

친일파의 개념과 범주가 선거법에 규정된 뒤, 전국에 걸친 유권자명부 작성사업을 통해 대략적이나마 북한 지역 내 친일파 규모가 산정될 수 있었다. 1946년 11월 3일의 도·시·군 인민위원회선거 실시 직전 정신병자 3,614명, 재

---

126)　全國農民組合總聯盟 北朝鮮聯盟 結成大會, 1946.1.31, 「各 地方 提案의 討議決定事項」, 『史料集』 31, 203쪽.

판소의 유죄판결을 받은 범법자 198명과 함께 친일파로 확정된 575명이 선거권을 박탈당했다. 당시 북한 인구를 약 1,000만 명으로 가정할 때 575명은 0.00575%, 곧 인구 10만 명당 5~6명에 해당하는 극히 적은 수였다. 친일파의 개념과 범주가 유연한 형태로 정립된 탓이었다. 이듬해 2~3월경 두 차례에 걸쳐 실시된 면·리(동) 인민위원회선거를 통해 선거권을 박탈당한 친일파 수는 전보다 줄어든 총 420명으로 확정되었다.[127]

선거권을 박탈당한 이들이 북한 지역에 잔류한 친일파의 전부는 아니었다. 친일 전력을 숨긴 많은 이들이 새로운 체제에 적응하며 공직에까지 진출했다. 1935년에 조선총독부 중추원 참의를 지낸 전기석은 선거법 제1조 1항에 따라 친일파로 규정돼 1947년 5월경 기소되었다. 북한의 친일파 검거와 처벌이 관련 법안의 마련 이전인 해방 직후부터 시작해 법안 발포 이후에도 지속되었음을 볼 수 있다. 일제에 적극 협력한 죄목으로 법적 처벌을 받은 친일파의 수가 1947년과 1948년에 각각 279명과 182명에 달했다는 통계도 그를 뒷받침한다.[128]

친일파의 의미가 개념적 폭을 좁히며 점점 구체적이고 정교해져간 반면, "민족반역자"의 의미는 개념적 폭을 넓히며 점점 모호해져가는 진화 과정을 겪었다. 양자 간 개념 변화 과정의 비교는 친일파 개념 정립 작업의 유연성을 다시 한 번 확인할 수 있는 선명한 대비효과를 제공한다. 해방 직후 민족반역자와 친일파는 거의 동의어로 사용되었다. 민족반역행위 자체가 곧 친

127) "Об экономическом и политическом положении Северной Кореи(북조선의 정치경제 정세에 대하여)", 1947, ЦАМОРФ, ф. 172, оп. 614631, д. 39, л. 4.

128) Управление Советской Гражданской Администрации в Северной Корее(북조선 소련민정국), Указ. соч. С. 274.

일행위를 의미했기 때문이다. 다만 친일파가 친일행위에 연루된 조선인들만을 지칭하는 표현이었던 반면, 민족반역자는 조선인은 물론 더러 "악질 일본인 전직자"까지 아우르는 의미로 사용되었다. 그러나 시간이 지날수록 민족반역의 의미는 친일행위에 더하여, 체제가 지향하는 가치에 반하는 행위들에도 적용되기 시작했다. 이를테면 1946년 초 오기섭은 "아직도 봉건적 기생착취"에 미련을 버리지 못한 대지주들과 "특권적 독점이윤"에 집착하는 자본가들을 민족반역자로 규정해야 한다고 강조했다.[129]

민족반역죄가 용서받을 수 없는 죄임을 전제한 김두봉은 비교적 경미한 범죄를 저지른 이들에게까지 민족반역자 혐의를 씌우고 있는 현 실태를 우려했다. 그는 "반민주적 행동으로 민족단결을 방해하는 자들", "왜곡된 선전으로 민중을 선동하며 반동 세력·친일죄범을 결속하는 자들", "불량자를 매수해 테러를 사주하는 자들" 등이 민족반역자 범주에 포함될 수 있으나, 사소한 죄를 지은 이들에게까지 민족반역혐의를 씌우는 태도는 옳지 않다고 선을 그었다.[130] 민족반역죄가 신중히 결정되어야 함을 역설하고 있는 그의 논의는 동시에 그 개념적 폭이 상당히 확장되었음을 보여준다.

친일파와 동의어였던 민족반역자의 개념이 본래의 의미에서 멀어졌음은 해외로 망명해 투쟁한 '반일 성향'의 민족부르주아지마저 그 범주에 포괄되었다는 점을 통해 확인할 수 있다. 모스크바삼상회의 결정에 반대한 우익계의 반탁운동이 민족반역자 범주의 확장을 불러온 결정적 계기였다.[131] 오기

---

129) 吳琪燮, 1946.1, 「三國外相會議 朝鮮問題 決定과 朝鮮共產黨의 態度」, 『史料集』 31, 114쪽.

130) 金枓奉, 「朝鮮獨立同盟의 回顧와 展望」, 『正路』 1946.2.14.

131) 김선호, 2017.9, 「1945~1946년 북한의 부르주아민주주의혁명과 혁명동력의 설정·배제」, 『한국민족운동사연구』 92, 232~241쪽.

섭은 국내·국제정세에 어두운 "의식 없는 일반 대중"이 반탁운동에 휩쓸리고 있는 시류가 민족부르주아지의 활동과 무관치 않다고 보았다.[132] 곧 3·1운동 시기의 명사들인 민족부르주아지가 자신들의 "대중적 인기"를 이용해, "미자각 대중"의 "맹동적·충동적 애국심"을 조장하고 있다는 비판이었다. 더 나아가 그는 모스크바삼상회의의 국제적 결정을 반대한 해외 민족부르주아지를 "민족파시스트"라 부르며, 그들의 반탁운동을 "파시스트적 애국운동"이라 비판하기까지 했다. 북한이 김구와 대한민국임시정부 요인들을 비롯한 반일적 민족부르주아지에게 씌운 민족반역자 혐의는 그들이 1948년 남북협상에 참여한 뒤에야 벗겨질 수 있었다.

북한 좌익 진영이 반일 성향을 지닌 우익계에 들이댄 이상의 잣대는 민족반역자 개념이 체제논리에 따라 신축성을 발휘할 수 있음을 드러낸다. 고당 조만식을 향한 최후통첩은 북한의 민족반역자 규정이 자의성을 띠고 있음을 보여준 전형적 사례였다. 공산당 측과 제휴해오던 그는 반탁운동에 동조한 뒤, 민족반역자로 규정되었다. 공산당 측은 그에 대한 설득이 불가능함을 깨닫자, 일제 말 학도지원병 모집 당시 『매일신보』에 격려문을 기고한 그의 전력을 공개하며 "특등 민족반역자" 혐의를 씌웠다.[133] 조만식의 사례는 북한이 민족반역자 개념의 자의적 적용을 통해 정치적 반대 세력을 제거하고자 했음을 보여준다.

민족반역자 범주의 확장은 민족부르주아지를 포괄하는 선에서 멈추지 않았다. 1948년 8월에 실시된 최고인민회의선거 선거규정 제2장 2조는 선거권

---

132) 이하 吳琪燮,「三·一運動 紀念鬪爭의 準備工作을 展開하자」,『正路』1946.1.30 ; 吳琪燮, 「反託運動의 賣國的 本質」,『正路』1946.1.31 참조.

133) 「曺晩植은 戰爭犯罪者, 人民裁判을 받음이 當然」,『正路』1946.4.10.

을 박탈해야 할 민족반역자를 "남조선 단독선거를 실시해 국회를 창설하고 단독정부 수립에 적극적 역할을 수행한 자와 기타 조선민족의 이익에 반역한 자"라고 규정했다.[134] 이 규정은 분단정부 수립을 전후하여 민족반역자 개념의 무게중심이 남한정부 관리들을 향해 이동하고 있음을 보여준다. "조선민족의 이익에 반역한 자"라는 기타 조항은 그 개념을 모호하게 규정하고 있을 뿐만 아니라, 체제논리에 따라 얼마든 그 범주의 확장을 이끌어낼 수 있음을 암시한다.

조선민주주의인민공화국 형법에 따르면 민족반역죄는 "일본과 그 외 외국 제국주의 밑에서 민족의 이익을 배반하고 그 제국주의의 기요적 지위에 참여하여 조선의 민족해방과 민주주의운동을 적극적으로 방해·탄압한" 행위를 가리켰다. 이 규정은 친일파뿐만 아니라 친미파까지 민족반역자 범주에 포함되었음을 의미했다. 해방 직후 친일파와 동의어였던 민족반역자의 개념이 체제논리에 따라 반체제 성향을 지녔다고 간주된 모든 이들을 망라해갔음을 볼 수 있다.

요컨대 북한의 민족반역자 척결정책은 과거의 친일행위뿐만 아니라, 현재의 반체제 저항운동 더 나아가 소련과 북한의 정책을 반대하는 모든 행위를 단죄하는 명분으로 이용되었다.[135] 반체제 세력, 민족부르주아지, 남한정부의 관료집단, 친미파 등까지 망라했을 만큼 확장되고 모호해진 민족반역자 개념은 점점 의미의 폭을 줄이며 정교해져간 친일파 개념과 대조적 진화과정을 겪었다. 친일파 개념 정립 작업이 인민국가에 포섭되어야 할 친일 전력을 지닌 식자층의 구제를 염두에 두고 있었던 반면, 민족반역자 개념 정립

---

134) 이신철, 『북한 민족주의운동 연구』, 역사비평사, 2008, 97~98쪽.

135) 전현수, 2002.11, 「해방 직후 북한의 과거청산(1945~1948)」, 『대구사학』 제69집, 47~48쪽.

작업은 체제에 반대하는 모든 세력의 배제를 정당화할 논리체계의 구축을
염두에 두고 있었다.

3. 친일파 처벌

현칠종은 "형식적·잠재적·사상적 친일파" 등 모든 부류의 친일파와 "무
자비한 투쟁"을 전개하여 그들의 행적과 사상을 대중 앞에 폭로하되, 폭력적
방법을 동원한 투쟁을 경계해야 한다고 강조했다.[136] 그러나 그의 제안은 해
방과 함께 분출한 군중들의 분노 속에 묻히고 말았다. 황해도 사리원시의 경
우 흥분한 군중들이 "왜정시대의 경관·악덕구장과 관청의 악덕사무가" 등을
습격하는 일이 잦았고, 황해도 재령군의 경우 군내 각지의 친일파 타도소동
이 "험악한 비상사태"로 발전했다.[137]

해방 전 황해도 금천군 구이면 "우차(牛車) 총대"를 지낸 한 친일파는 1945
년 11월경 지역 우차몰이꾼들로부터 공격을 받았다. 과거에 그가 배급미를
제대로 분배하지 않는 등 가혹한 억압을 일삼은 데다, 그의 두 아들이 각각
금천군 징용 업무와 구이면 보국대 업무를 지도한 전력이 있었다. 총대의 집
에 들이닥친 군중들은 그와 가족들을 구타하며, 유기 한 가마니와 쌀 세 달
구지를 몰수했다. 그는 구타당한 지 3일 만에 사망했다.[138]

해방 후 얼마간 기능을 유지한 조선총독부에도 조선인들이 일본인 전직
자들과 친일파를 습격했다는 보고가 계속해서 접수되었다. 1945년 8월 16

---

136) 玄七鍾, 「一九四六年을 맞으며」, 『正路』 1946.1.11.

137) 黃海道 管內 裁判所·檢察所, 1946.4, 「情勢報告」, 『史料集』 9, 179·195쪽.

138) 1949, 「김종성 자서전」, NARA RG242 SA2012 Box4 Item32.

일부터 25일까지 10일간 집계된 친일파 살상사건 통계에 따르면 살해된 자가 21명, 부상을 당한 자가 67명, 구타를 당한 자가 118명에 달했다.[139] 이들 총 206명 가운데 압도적 비중을 점한 이들은 54.4%에 달한 112명의 경찰관과 33.5%에 달한 69명의 면사무소 직원들이었다. 이 통계는 특히 경찰관과 면사무소 직원들의 "악질적 민족반역행위"가 조선인들의 공분을 샀음을 드러낸다.

친일파에 대한 일반 민중들의 보복행위와 함께, 해방 직후 족출한 전국 각지 자치기구와 좌익단체의 친일파 체포 활동도 본격화되었다. 평안북도 임시인민위원회는 1945년 9월 2일에 이미 "일제주구" 체포 활동을 마무리했다.[140] 해방 직후 함경남도 함흥시 좌익조직은 친일파가 습격하리란 낌새를 포착하자 선제 기습작전을 감행하기로 결정했다. 조선 민족해방운동에 투신한 일본인 이소가야 스에지(磯谷季次)의 기억에 따르면, 50명 정도의 동료들이 몇 개 조의 무장행동대를 편성해 밤 10시부터 체포 활동에 나섰다. 그들이 체포해온 이들의 다수가 40~50세의 남성들이었으며, 더러 20세가량의 젊은이들도 끼어 있었다.[141]

공공기관 내 친일파 척결도 활기를 띠었다. 일제시기의 면사무소 직원들과 구장들이 참여한 지방 인민위원회의 경우, 1946년경부터 친일파 척결을 단행했다. 1947년 3월 15일에 열린 북로당중앙위원회 제6차 회의도 인민위원회 내 "일제시기 악질관료배" 사무원들의 숙청을 제기하고 나섰다. 이 사업이 가장 강도 높게 추진된 부문은 보안기관이었다. 평안북도의 경우 1946년

---

139) 森田芳夫, 『朝鮮終戰の記錄』, 東京 : 巖南堂書店, 1964, 94~95쪽.

140) 1949, 「解放 後 四年間의 國內外 重要日誌」, 『史料集』 7, 574쪽.

141) 磯谷季次, 『朝鮮終戰記』, 東京 : 未來社, 1980, 124~128쪽.

1월부터 6월 초에 이르기까지 4차에 걸친 전직 경찰 숙청사업을 단행했다.[142] 주로 보안기구의 자체 심사를 통해 추진된 이 사업은 각 지방에 "검사공작원"을 파견한 소련군사령부의 주도 아래 이루어지기도 했다. 북로당·인민위원회·보안기구를 제외한 조선민주당·천도교청우당과 제 사회단체 내 친일파 척결사업은 북조선민주주의민족통일전선을 경유하여 실시되었다. 1947년 6월 28일에 시달된 "북민전 평안남도 제154호" [친일파 민족반역자 및 요이주자 등 당단체 잠입분자 내사에 관한 건]은 북민전 서기장들에게 산하 각 정당·사회단체에 가입한 친일파·민족반역자 등을 내사하여 보고하라고 지시했다.[143]

한편 체포된 친일혐의자들은 보복성 처벌을 받기 쉬웠다. 친일파 처벌법이 마련되기 전 처벌 양형이 군중재판을 통해 결정됨에 따라, 피해자들의 개인감정이 판결을 좌우할 수 있었기 때문이다. 1945년 9월 중순경 민족반역자로 지목된 11명의 전직자와 친일파 모두에게 사형언도를 내린 강원도 고성군의 군중재판이 그 전형적 사례였다.[144] 해방 직후 경찰서를 접수한 뒤 "악질형사들과 그 앞잡이들"을 체포해 군중재판을 실시한 평안북도 박천군의 한 간부도 "무법 상태" 하의 군중재판에 피해자들의 개인감정이 개입될 수밖에 없다고 강조했다.[145] 그의 기억에 따르면 일제 전직자와 친일파의 범죄행위를 기록한 기소장 낭독에 이어, 군중들을 향해 처벌방법을 묻는 질의절차

---

142) 1946.7, 「第二回 各道 保安部長 會議錄」, 『史料集』 9, 243쪽.

143) 北民戰 平南 第一五四號, 1947.6.28, 「친일파 민족반역자 및 요이주자 등 당 단체 잠입분자 내사에 관한 건」, 『史料集』 9, 333쪽.

144) 江原道檢察所, 1946.4.22, 「北朝鮮 第二次 司法責任者會議 江原道 事業報告書」, 『史料集』 9, 10~11쪽.

145) 김석형 구술, 이항규 녹취·정리, 『나는 조선노동당원이오!』, 선인, 2001, 135쪽.

가 따랐다. 그들 가운데 "죽여라! 죽여라!"라고 외치는 피해자들의 의사가 채택되기 마련이었고, 가마니를 뒤집어씌운 채 "두드려 패 죽이는" 사형의식이 집행되었다.

검찰소·재판소 등 사법기구의 조직과 함께 군중들이 자의적으로 처리해 온 친일파 처벌은 점차 공적 영역의 업무로 전환돼 갔다. 곧 구속 ⇨ 입소 ⇨ 기소 ⇨ 재판 ⇨ 형 집행 등의 사법절차가 일반 범죄자들처럼 그들에게도 적용되었다. 친일파 처벌은 재판과 형 집행에 그치지 않았다. 일찍부터 그들의 정치·경제·사회적 권리를 박탈해야 한다는 여론이 조성되었고, 법령 제정을 통해 그러한 사회적 요청이 제도화되어 갔다.

1945년 11월경 조선공산당의 입장을 대변한 박헌영은 세 가지의 친일파 처벌 방식을 제안했다. 그들이 소유한 토지·공장·회사 등을 몰수해 경제적 기반을 해체할 것, 그들의 선거권·피선거권을 박탈해 정치 참여를 봉쇄할 것, 전범재판을 통해 처벌된 자들을 제외한 친일파를 인민재판에 회부할 것 등이었다.[146] 조선공산당이 제안한 친일파 처벌 방식은 1947년 7월경 북조선 민주주의민족통일전선이 제출한 미소공동위원회 공동결의 제5·6호에 대한 답신서를 통해 다시 주목받았다. 향후 수립될 통일임시정부에 친일파 처벌과제를 위임하고 있는 그 구상안은 친일파의 인민재판 회부와 엄격한 처벌, 재산몰수를 통한 경제권 박탈, 공민권 박탈을 통한 정치 활동 봉쇄 등을 거론했다.[147]

친일파의 정치·경제·사회적 권리 가운데 가장 먼저 제재 대상이 된 것은

---

146) 임경석, 『이정 박헌영 일대기』, 역사비평사, 2004, 242·296쪽.

147) 北勞黨 中央委員會, 1947.7.3, 「쏘美共同委員會 共同決意 第5·6號에 對한 解答書」, 『史料集』 1, 234쪽.

경제권이었다. 그들에 대한 대중들의 적대행위와 군중재판은 재산몰수를 수반했다. 그러나 친일파 처벌법의 제정에 앞선 재산몰수는 큰 혼란을 부채질했다. 해방 직후 "면장·면서기·순사·밀정" 등이 집중적으로 공격을 받은 황해도 송화군 풍해면의 경우, 주로 "건달꾼"들이 그들의 재산을 빼앗아 사복을 채웠다. 대중들의 지탄을 받은 그들은 대부분 월남하거나 당국에 체포되었다.[148]

이후 친일파 재산의 몰수와 관리는 법령에 따라 처리되었다. 이를테면 소련군사령부의 지시에 따라 1945년 12월경에 포고된 임시조치 시정요강 제10조는 이미 몰수된 친일파의 공사유토지·임야·하천·소택·목장·어장·수리시설 등의 관리를 인민위원회와 농민단체에 위임했다. 이어 1946년 3월에 실시된 토지개혁은 친일파가 소유한 토지의 몰수를 법령화했다. 그들로부터 몰수한 총토지면적 21,683정보는 토지개혁을 통해 몰수된 전체 경작지 105만 38정보의 2.1%에 이르는 규모였다.[149]

토지와 함께 친일파가 소유한 다른 자산의 몰수를 규정한 법령들도 속속 발포되었다. 1946년 8월에 포고된 중요산업국유화법령은 일본국가와 일본인뿐만 아니라 친일파가 소유한 기업소·광산·운수·은행·상업기관·문화기관 등의 무상몰수를 규정했다. 이어 1946년 11월 25일에 포고된 [북조선 산업 및 상업발전에 관한 법령]은 북조선임시인민위원회와 각 도인민위원회에 친일파 판정권을 부여하는 한편, 그들의 재산권 박탈을 후속 조치로 다루었다. 그에 따르면 몰수해야 할 친일파 재산의 범주는 부동산뿐만 아니라 동산까지

---

148) 1949.5.12, 「황해도 송림 공업전문학교 교원 韓喆 — 자서전」.

149) 북로당 중앙본부 농민부 부부장 김정일, 「북조선에서의 토지개혁 후 농촌경리 발전과 금후의 전망」, 『근로자』 1949년 6월호(제11호), 20쪽.

망라했다.[150]

경제적 권리와 함께 친일파의 정치적 권리도 제약되었다. 그들의 정치 활동을 봉쇄한 대표적 조치는 선거권과 피선거권의 박탈이었다. 1946년 9월 14일에 포고된 [북조선 면·군·시 및 도인민위원회 위원 선거에 관한 규정] 제10조는 도인민위원회의 결정을 통해 선거권을 박탈당한 친일파들은 선거자명부에 등록될 수 없다고 규정했다.[151] 이 규정은 친일파로 판정된 당사자에게만 적용되었을 뿐, 그의 가족들에게까지 확대 적용된 것은 아니었다.

친일파는 사법기구 진출에도 제약을 받았다. 1946년 3월 6일에 포고된 [북조선임시인민위원회 사법국 재판소·검찰소의 구성과 직무에 관한 기본원칙] 제8조에 따르면, 친일파는 재판소·검찰소·교화소와 그 외 사법기관의 직원에 발탁될 수 없었다.[152] 이 조항의 의미는 일제시기 판사나 검사직에 복무한 자들은 사법국과 도 사법부 과장 이상의 직위 또는 판사에 발탁될 수 없다는 추가 규정을 통해 더 구체화되었다. 모든 인민이 참심원에 선임될 수 있다는 권리를 명시한 동법령 제18조는 친일파에 한해 예외라는 조건을 달았다. 친일파의 법적 개념 정립에 이어 1947년 2월 7일에 포고된 [변호사에 관한 규정] 제3조는 "친일분자·민족반역자로 규정돼 선거권이 없는 자"들은 변호사가 될 자격도 소유하지 못한다고 규정했다.[153]

---

150) 北朝鮮臨時人民委員會 決定 第一一二號, 1946.11.25, 「北朝鮮 産業 및 商業 發展에 關한 法令」, 『史料集』 5, 184쪽.

151) 北朝鮮臨時人民委員會 決定 第七二號, 1946.9.5, 「面·郡·市·道 人民委員選擧에 對한 北朝鮮臨時人民委員會 第二次 擴大委員會의 決定書」, 『史料集』 5, 27쪽.

152) 北朝鮮臨時人民委員會 決定 第三號의 二, 1946.3.6, 「北朝鮮臨時人民委員會 司法局 裁判所·檢察所의 構成과 職務에 關한 基本原則」, 『史料集』 5, 749~750쪽.

153) 北朝鮮臨時人民委員會 決定 第一七九號, 1947.2.7, 「辯護士에 關한 規程」, 『史料集』 5, 803

정치·경제적 권리와 함께 회사 설립과 자격증 취득 등에 관한 각종 사회적 권리도 그들에게 부여되지 않았다. 이를테면 [상사·회사 설립 인가방침에 관한 건]은 친일파로 판정된 회사의 발기인이나 대표자에게 설립허가를 내주지 않았으며, [공업기술자 사정 및 검정규정에 관한 건]은 기술자격의 사정이나 검정 대상에서 제외해야 할 부류로 친일파·민족반역자를 지목했다.[154]

일제 잔재 청산이 엄격히 추진됨에 따라 위태로운 상황에 놓인 북한 지역 친일파들은 어떻게 대응했을까? 친일파와 일본인들에 대한 북한의 압박이 본격화되었을 때, 남한 지역 일본인들은 향후 미소관계의 전망에 비추어 38선 이북 지역 동포들의 조속한 월남을 촉구했다. 1946년 초 함경남도 함흥 지역 일본인들에게 전달될 예정이었으나 북한 보안기구가 가로챈 경성 일본인 세화회 한 간부의 편지는 "미소전(美蘇戰)은 반드시 일어날 것입니다. 일본 본토가 미군에 점령된 이상, 일본이 미군 측에 서리라는 점은 당연한 사실입니다. 북한 지역에 남아 있는 일본인은 전부 희생될 것입니다. 따라서 한 사람도 남김없이 탈출하도록 해야 합니다."라는 내용을 담고 있었다.[155] 굳이 그러한 관점에 기대지 않더라도 체제 이탈 곧 월남은 사유재산을 몰수당한 뒤 생존과 귀국을 동시에 모색해야 했던 북한 지역 일본인들에게 불가피한 선택지였다.

정치·경제·사회적 권리를 박탈당한 친일파에게도 체제 이탈은 그들의 안

쪽.

154) 北朝鮮臨時人民委員會 商業局指令 第四四號, 1946.7.4, 「商社·會社設立 認可方針에 關한 件 內示」, 『史料集』 5, 165쪽 ; 北朝鮮臨時人民委員會 決定 第八九號, 1946.10.2, 「工業技術者 査定 及 檢定規定에 關한 件」, 『史料集』 5, 181쪽.

155) 江原道檢察所, 1946.4.22, 「北朝鮮 第二次 司法責任者會議 江原道 事業報告書」, 『史料集』 9, 12쪽.

전과 재기를 기약할 수 있는 유일한 선택지였다. 해방 직후 소련군이 강원도 원산에 상륙했다는 소식을 듣자, 평안남도의 유력자들과 친일파들은 서둘러 월남에 나섰다.[156] 소련군의 반일정책과 미군의 현상유지 정책에 비추어 비교적 거물급에 속한 이들의 월남은 충분히 예측할 수 있는 대응이었다. 북한의 주장에 따르면 남조선과도입법의원 구성원들 가운데 38선 이북 지역에서 도피성 월남을 감행한 이들이 총 36명에 달했다.[157] 전체 입법의원 수 90명의 40%에 이르는 규모였다. 해방과 함께 대중적 보복의 대상으로 전락한 경찰관 대다수도 월남을 택했다. 1946년 말 역사가 이청원은 남한 경관의 약 50%가 북한에서 도피해간 자들이라고 지적했다.[158]

4. 일제시기 공직자 재등용

일제시기 식민지 조선에서 주요 경영직과 기술직을 독점한 이들은 일본인들이었다. 1940년의 한 센서스에 따르면 조선의 공업·광업·건설업·운수업·통신업 분야에 종사하고 있는 전체 전문직·경영직·기술직 간부의 3/4 이상을 일본인들이 점했다.[159] 1944년 현재 조선 내 공업기술자 총 8,476명 가

---

156) 森田芳夫,『朝鮮終戰の記錄』, 東京 : 嚴南堂書店, 1964, 183쪽.

157) 北勞黨 江原道黨 宣傳煽動部 講演科, 1947,「南朝鮮 反動派들의 正體와 그들의 政策」,『史料集』11, 513쪽.

158) 李淸源,「파시즘이 亂舞하는 南朝鮮」,『史料集』12, 119쪽.

159) U.S. Department of State, *North Korea: A Case Study in the Techniques of Takeover* (Washington, D.C.: U.S. Government Printing Office, 1961), p. 61.

운데 조선인의 비중은 19.3%(1,632명)에 지나지 않았다.[160] 중요한 금속공업·화학공업의 경우 조선인 기술자의 점유율은 각각 11%(133명)와 11.1%(222명)까지 떨어졌다. 해방 직전 주요 공업단지의 조선인 기술자 부족은 더 심각한 상황이었다. 함경남도 흥남화학공장단지의 기술자와 기사 약 1,500명 가운데 조선인은 13명, 평안북도 신의주제지공장의 기술자 42명 가운데 조선인은 1명에 지나지 않았다.[161]

해방과 함께 일본인 기술자들의 귀국이 시작되자, 북한의 기술자 부족난은 더 심각한 상황으로 빠져들었다. 1946년 9월 현재 김일성은 북한의 기술자 수가 총 1,500명 정도라고 밝혔다.[162] 산업국장 이문환에 따르면 그중 조선인이 547명, 일본인이 950명을 점했다. 일본인 기술자들 대다수가 귀국한 1948년 말 현재 전국에 걸쳐 총 2,450명의 기술자들이 필요한 상황이었으나, 현업에 종사하고 있는 기술자 수는 총 1,338명에 지나지 않았다.[163]

1946년경 일본인 기술자 유출에 따른 기술인력 부족난은 수백 명의 잔류 기술자들을 중용하고 우대하는 포용적 정책을 불러왔다. 무엇보다 눈에 띄는 조치는 매월 3,500~5,000원에 달한 고액의 임금 지불이었다. 그것은 북조선임시인민위원회 위원장 김일성의 월 급여 4,000원을 초과하거나 근접한 액수였다.[164] 물론 그들만큼은 아니더라도 기술자 우대정책의 적용범위는 조선인들

160) 森田芳夫, 『朝鮮終戰の記錄』, 東京 : 巖南堂書店, 1964, 330쪽.

161) Управление Советской Гражданской Администрации в Северной Корее(북조선 소련민정국), Указ. соч. С. 292.

162) 金日成, 「民主建設의 現階段과 文化人의 任務」, 『로동신문』 1946.10.1.

163) 「北朝鮮産業の資料」, 『旧ソ連の北朝鮮經濟資料集 1946~1965年』, 東京 : 知泉書館, 2011, 125쪽.

164) 森田芳夫, 『朝鮮終戰の記錄』, 東京 : 巖南堂書店, 1964, 794쪽.

에게까지 미쳤다. 해방 직후 조선인 기술자들이 지닌 친일 전력과 출신성분의 약점이 관대하게 처분된 까닭은 그러한 이유에서였다. 따라서 구전문가그룹 대다수 인사들은 해방 후 산업·경제기관 간부직에 그대로 유임될 수 있었다. 기술자 부족난을 타개하기 위한 다른 방편으로 남한 기술자 초빙도 활발히 이루어졌다. 흥남비료공장 생산계획과장 노태석은 1946년 12월 17일부터 5개월간에 걸쳐, 남조선로동당과 남조선과학기술연맹의 협력 아래 24명의 기술자들과 그들의 가족 70명을 무사히 북한 지역으로 안내했다.[165]

그러나 사안의 본질은 북한이 직면한 인재 부족난이 기술자집단에 국한된 문제만은 아니라는 점에 있었다. 사실 식자층이라 할 만한 이들 대부분은 친일 전력과 계급성분의 약점에서 자유롭지 못했다. 부유한 가정에서 태어나 고등교육을 받을 수 있었던 그들이 해방 전 조선인들에게 할당된 공직의 대부분을 독점했기 때문이다. 상급학교의 입학지원서에 납세증명서를 첨부해야 했던 일제시기의 입시제도하에서, 빈곤한 가정의 자제들이 고등교육기관에 진학할 기회를 잡기란 쉬운 일이 아니었다. 따라서 일제시기 공직자층의 일괄적 배제는 새 국가 건설에 필요한 식자층 인재의 부족사태를 불러올 수 있었다. 보다 현실적 해결책은 친일혐의가 경미한 이들을 구제하는 방향이었다.

결국 해방 후 북한의 간부 선발정책은 현실론을 향해 기울기 시작했다. 그 어느 부문보다 전문적 소양이 요구된 공직에 일제시기의 공직자층이 쉽게 재등용되었다. 1947년 초에 창설된 북조선최고재판소의 성원 7명 가운데 소장·부소장 등을 제외한 4명의 재판원들이 일본의 대학을 졸업한 뒤 고등

---

165) 흥남비료공장 생산계획과장 로태석, 1948.11.29, 「흥남공업대학교 교원 자서전」, NARA RG242 SA2007 Item18.

문관시험에 합격하거나 변호사시보를 수료한 이들이었다.[166] 심지어 해방 전의 "악질적 면장" 전력이 드러나 평양시 검찰소장직에서 해임된 이경운은 얼마 뒤 북조선검찰소 예심부 검사에 재발탁되었다.[167] 위의 사례들은 일본인 관료층 축출이 전문적 소양을 갖춘 사법 부문 간부의 부족을 불러옴에 따라, 일제시기 조선인 공직자들이 쉽게 그 공백을 메웠음을 보여준다.

새 국가의 건설에 친일혐의가 경미한 관료 출신들을 끌어들여야 한다는 논의는 해방 직후부터 시작되었다. 유력 정치인들 대부분이 이 논의에 가세했다. 1946년 1월 26일자 『정로』에 인민위원회가 나가야 할 방향을 제시한 오기섭은 친일파 숙청이 "복수"가 아닌 "건국사업"에 의거하여 이루어질 필요가 있다고 주장했다.[168] 그의 논의의 골자는 반일적이며 청렴한 인물이라는 이유로 무조건 등용하는 태도는 일제시기의 관리였다는 점을 문제 삼아 무조건 배척하는 태도만큼이나 옳지 못하다는 주장에 압축되어 있었다. "사업 역량"이 "숙청" 여부를 결정하는 척도가 되어야 한다는 그의 결론은 일제시기 공직자층의 구제를 염두에 둔 제안이었다.

1946년 2월경 『정로』 지면을 통해 친일파 숙청관을 밝힌 김두봉은 "민중에게 큰 해를 끼쳐 용서받을 수 없다고 공인된 자들 외에, 적의 고압에 못 이겨 소극적으로 복종한 이들이나 생계를 위해 하급의 봉급생활을 한 이들에게는 관용을 베풀어야 한다."라고 강조했다.[169] 아울러 그는 정견의 차이로

---

166) 北朝鮮人民會議 常任議員會, 1947.2.22, 『北朝鮮人民會議 第一次 會議 會議錄』, 民主朝鮮出版社, 52~53쪽.

167) 1948.3, 「北朝鮮勞動黨 第二次 全黨大會 會議錄」, 『史料集』 1, 386쪽.

168) 吳琪燮, 「人民委員會의 나갈 길」, 『正路』 1946.1.26.

169) 金枓奉, 「朝鮮獨立同盟의 回顧와 展望」, 『正路』 1946.2.14.

"자가(自家)"의 주장에 동조하지 않는 이들과 경미한 죄를 범한 이들에게까지 민족반역자 혐의를 씌우는 태도는 옳지 않다는 입장을 덧붙였다. 친일파 척결 과정에서 인텔리층·소시민층이 사로잡힐 수 있는 공포감의 확산과 그들의 범좌익 진영 이탈 방지를 모색한 그의 논의는 결과적으로 일제시기 공직 전력을 지닌 식자층의 구제에 기여할 수 있었다.

1946년 3월경에 발표된 김일성의 제안은 그들의 주장보다 훨씬 구체적이고 직접적이었다. 그는 먼저 "일제 주구"의 개념 문제를 끄집어냈다. 그가 보기에 "덮어놓고 일제기관에 복무했다는 이유로 왜놈의 앞잡이"라 단정하는 태도는 문제가 있었다.[170] "먹고살기 위해 부득이 일제기관에 들어간 자도 얼마든 있었"기 때문이다. 그렇다고 매국행위를 한 자, 적극적·의식적 협력자, "사무원의 지위를 이용해 민족을 해치고 자신의 사복을 채운 자"마저 그 범주에 포함될 수 있다는 의미는 아니었다. 그들이야말로 구제해서는 안 될 명백한 일제의 주구들이었기 때문이다. 그러나 김일성은 그들을 제외한 나머지 공직자층을 "36년이나 되는 기간 동안 왜놈들의 기관에 들어가지 않고선 먹고살 수 없었던" 사무원들이라 규정했다. "일제 앞에 소극적 역할을 한 단순한 사무원쯤"은 주구로 규정하기 어려우므로, 그들 곧 "관청에서 사무쯤이나 본 따위들에게 개과자신(改過自新)의 길을 열어주어야" 한다는 입장이 그의 논의의 핵심이었다.

북조선 도·시·군 인민위원회선거 직전에 열린 1946년 9월 25일의 북로당 중앙위원회 제2차 회의는 친일파·민족반역자들에 대한 조사를 10월 7일까지 완료하라고 지시함과 아울러 혐의가 가벼운 일제시기 공직자층의 구제를 공

---

170) 朝鮮共産黨 淸津市委員會, 1946.3.15, 「金日成將軍 述 ; 民族 大同團結에 對하야」, 『史料集』 25, 14~15쪽.

식화했다. 전체 노동당원들에게 전달된 그 결정의 골자는 친일파·민족반역자의 규정에 "기계적·공식적 해석"을 피하고, 해방 후 개과자신하여 건국사업에 협력하고 있는 이들을 관대하게 처리하라는 내용이었다. 1946년 10월 3일자 『로동신문』을 통해 친일파 개념을 해설한 최용달도 관용의 정신을 잊지 말라고 당부했다.[171]

그러나 김일성과 최용달의 입장은 미묘한 차이가 있었다. 혐의가 가벼운 공직자층만의 구제를 강조한 김일성과 달리, 최용달은 "그 과거의 지위를 보거나 그 과거의 행적을 보아 당연히 선거규정 제1조에 해당하는 자라 해도, 만일 그가 8·15해방 이후 진실로 조선민족을 위하여 국가를 위하여 건국사업에 열성적으로 협력하고 희생적으로 헌신한 진정한 의미의 개과자신한 자라고 인정된다면, 우리는 특별한 결정으로서 그에 대하여 관용하고 포섭하는 도량을 가져야 한다."라고 밝혔다. 해방 후 건국사업에 적극 협력한 자라는 조건을 달긴 했으나, 최용달은 명백히 친일파의 구제까지 염두에 두고 있었다. 뒤에서 살펴보겠지만 그러한 관점 차이가 사법간부 발탁을 둘러싼 그와 당 지도부 간의 첨예한 갈등으로 발전했다.

한편 혐의가 가벼운 일제시기 공직자층에게 관용을 베푼 중앙의 정책은 즉각 지방 수준에서도 관철되었다. 강원도 인제군당 간부들은 해방 전 6년간이나 구장을 맡아본 이의 등용에 대해 조금도 주저하지 않았다. 그를 향한 민간의 악평이 없었고 무엇보다 그 자신이 "옳은 사상"과 열심히 일하려는 자세를 지녔기 때문이었다. 이웃한 인제면당의 한 간부는 일제시기 해군에 복무한 관할 지역 청년의 입당 청원 문제를 면당위원장과 의논한 일이 있었

---

171) 「勞動黨 第二次 中央擴大委員會에 있어서 金日成同志의 [人民委員會 委員選擧 實施에 對한 報告]에 對한 決定書」, 『로동신문』 1946.9.27.

다. 그 간부는 강제징집이 아닌 그의 자발적 지원이 마음에 걸렸으나, 뜻밖에
도 "당사자의 열의와 성분을 고려하여" 당에 받아들일 수 있다는 답변을 들
었다.[172]

　친일파의 범주에서 제외된 일제시기 공직자층과 산업·경제 부문 간부들
이 해방 후에도 기존의 직위를 유지하거나 동일계열의 직종에 채용되었다는
점은 이상의 맥락에 비추어 일반적 현상임을 알 수 있다. 강원도의 한 시학
은 "일제 전직자"인 평강 축산전문학교 교장 주범이 그 직위에 적합하지 않
다고 지적했지만, 곧 태도를 바꿔 기술학교인 만큼 전문가인 그의 유임이 불
가피하다는 결정을 내렸다.[173] 친일파 척결을 주도해야 할 위치에 있던 황해
도 사리원시의 검찰소와 사법기구들조차 "왜정시대 직원들"을 그대로 채용
했다.[174]

　식자층 인재의 부족은 공직 전력을 지닌 관리 출신들과 전문가들이 새로
운 체제의 고위직에 진출할 수 있는 기회를 제공하기도 했다. 일제시기 전문
가집단의 재등용과 관련해 단연 돋보이는 조치는 북조선인민위원회 산업국
장에 이문환이 발탁된 점이었다. 지주 집안에서 태어나 해방 직전까지 경성
전기주식회사에 몸담은 그는 출신성분의 약점과 공직 전력의 약점을 동시에
극복한 인물이었다. 해방 전 30,000평의 토지를 소유한 그의 집안은 토지개혁
을 통해 20,000평을 몰수당했다. 그러나 북한 최초의 전기공학사 학위를 받
은 기사로서 전기 생산원가 사정의 권위자였던 그는 해방 후 전기요금의 결

---

172)　1947.1.14, 「북로당 강원도 인제군 인제면당 열성자대회 회의록」, 『史料集』 4, 685쪽.

173)　1949.10.30, 「강원도 평강 축산전문학교 교장 주범 평정서」, NARA RG242 SA2011 Box7 Item23.

174)　黃海道 管內 裁判所·檢察所, 1946.4, 「情勢報告」, 『史料集』 9, 195쪽.

정과 전기 부문 제반 통계의 완성에 결정적 역할을 수행했다.[175] 『정로』는 이를 가리켜 "외국 전문가들도 경탄"해 마지않는 "천재적 업적"이었다고 찬사를 보냈다. 일제시기 테크노크라트 출신 이문환의 발탁은 해방 직후의 북한이 식자층 인재 부족이란 난관에 맞서, 현실적이고 유연한 정책을 구사했음을 상징적으로 보여주었다.[176]

친일파 범주에서 제외된 일제시기 공직자층은 이른바 "사무원성분"으로 분류돼 새로운 체제의 공직에 진출할 수 있었다. 그러나 용어 자체에 친일 전력의 의미를 함축한 사무원은 사회적 환대를 받지 못했다. 북로당 강원도 인제군당은 사무원 출신 당원 점유율이 1% 증가하자 입당정책에 결함이 있었다고 지적했다.[177] 자아비판이든 상호비판이든 비판 대상자가 사무원 출신이라면, 그가 저지른 과오와 함께 그의 일제시기 공직 전력까지 비판의 내용에 포함되어야 했다. 사무원 출신들은 법적 처벌을 면제받았을 뿐, 사회의 비판적 시선에서 벗어난 것은 아니었다.

심지어 사무원 출신 노동당원들에게 상대적으로 과중한 책벌이 부과되었다는 점은 그들이 인식적 차원 이상의 차별을 감수해야 했음을 보여준다. 곧 일제시기의 공직 전력은 과오를 범한 당원들을 가중 처벌할 수 있는 근거가 되었다. 이를테면 사무비와 땔감비용을 비롯한 각종 "부담금"을 민간으로부터 징수해온 강원도 인제군 한 촌락의 인민위원장은 과거의 공직 전력 탓

---

175) 1947.2.17~18,「北朝鮮臨時人民委員會 委員 略歷」,『史料集』 31, 275~276쪽 ; 1948.10,「평양 공업대학교 교원 리문환 평정서」, NARA RG242 SA2007 Item18.1.

176) Управление Советской Гражданской Администрации в Северной Корее(북조선 소련민정국), Указ. соч. C. 309.

177) 1948.10.2,「북로당 강원도 인제군당상무위원회 회의록 제24호」,『史料集』 2, 611쪽.

에 관행보다 과중한 책벌을 받았다.[178] 해방 전 강원도 철원군 군청서기에 복무한 그는 인민위원장직 파면과 함께 당적마저 박탈당했다. 소련군 초대연에 참석해 술주정을 부린 적이 있는 인제군 내무서 시설계장은 다시 술에 취해 중요 문건이 든 가방을 기차에 두고 내리는 과오를 범했다.[179] 북로당 강원도 인제군당은 해방 전 청년특별연성소 지도원과 감시초장 등 "적 기관의 열성적 충복으로 근무"한 그의 전력을 나열한 뒤 출당처분을 내렸다.

위의 사례들은 친일혐의가 가벼운 과거 공직자층 곧 사무원 출신들에 대한 관용정책에도 불구하고 그들의 입지가 안정적이지 않았음을 보여준다. 게다가 시간이 지날수록 그들에 대한 포용적 관점은 점점 배타적 관점을 향해 기울어갔다. 사법기구의 간부 발탁을 둘러싼 온건한 입장과 급진적 입장 사이의 갈등이 그러한 관점의 전환을 예고했다. 온건한 입장을 대표한 인물이 바로 북조선임시인민위원회 사법국장 최용달이었다. 그는 취임 이후 사법 부문에 막강한 영향력을 행사해오고 있었다. 1946년 3월 6일, [북조선임시인민위원회 사법국 재판소·검찰소의 구성과 직무에 관한 기본원칙]이 그의 제안을 거쳐 수정 없이 통과되었다.[180] 이 법령은 재판소·검찰소·교화소 등의 사법기관 간부직에 친일파의 등용을 금하는 한편, "단 특별한 경우 북조선임시인민위원회의 결정에 의한다."라는 제8조의 예외조항을 두었다. 반일정서가 팽배한 해방 직후의 상황에서 일제 공직자층의 재등용을 직접 거론하기란 쉬운 일이 아니었다.

178) 1949.6.22~23, 「북로당 강원도 인제군당 열성자대회 회의록」, 『史料集』 4, 520쪽.

179) 1949.1.11, 「북로당 강원도 인제군당상무위원회 회의록 제34호」, 『史料集』 3, 80~81쪽.

180) 北朝鮮臨時人民委員會 決定 第三號의 二, 1946.3.6, 「北朝鮮臨時人民委員會 司法局 裁判所·檢察所의 構成과 職務에 關한 基本原則」, 『史料集』 5, 749쪽.

그러나 그는 1946년 10월 3일자 『로동신문』을 통해 매우 의미심장한 견해를 내비쳤다. 과거의 지위나 행적에 비추어 선거규정의 친일파에 해당하는 자라 해도 해방 후 개신하여 건국사업에 이바지했다면, 특별한 결정을 통해 그를 구제해야 한다는 입장이었다.[181] 더 놀랍게도 그의 구상은 관용의 차원에 그치지 않았다. 1947년 11월 8일에 발포된 [북조선의 재판소 및 검찰소에 관한 규정]은 그들의 구제는 물론 재등용마저 공식화했다. 그 규정은 "일제통치하에서 판사나 검사로 근무한 자는 재판소 또는 검찰기관에서 사업할 수 없다. 그러나 만일 그들이 해방 후 북조선 민주건설에 열성적으로 참가·활약한다면 재판·검찰기관에 등용될 수 있다."라는 내용을 담고 있었다.[182]

그에 앞서 1947년 2월 21일에 열린 북조선인민회의 제1차 회의는 최용달에게 사법간부 발탁을 둘러싼 그의 소신과 구상을 밝힐 수 있는 기회를 제공했다. 그는 처음부터 과감히 해방 후 건국사업에 적극 참가한 일제시기 판검사들에게 등용의 길을 열어주어야 한다고 운을 뗐다.[183] 이어 그는 해방 전 그들이 중요한 사건들을 취급하지 못했다고 지적했다. 주로 경미한 민사사건과 절도·사기 등에 국한된 사소한 형사사건만이 조선인 판검사들의 취급 대상이었다는 그의 암시적 변론은 그들이 항일운동가 탄압에 연루되지 않았음을 의미했다. 무엇보다 전문적 기술을 요하는 재판 부문에 조선인 "법률기술자"가 부족하다는 점이 그의 논의의 골자였다. 법률전문가 부족난을 타개하기 위해 일제시기 판검사의 재등용을 제안한 최용달의 입장은 북조선인민회

---

181) 司法局長 崔容達, 「選擧規定은 어떻게 親日分子를 規定하는가」, 『로동신문』 1946.10.3.

182) 1947.11.8, 「北朝鮮의 裁判所 및 檢察所에 關한 規定」, 『史料集』 5, 808쪽.

183) 北朝鮮人民會議 常任議員會, 1947.2.21, 『北朝鮮人民會議 第一次 會議 會議錄』, 民主朝鮮出版社, 43쪽.

의 제1차 회의에서 어떠한 반론에도 직면하지 않았다.

오히려 그는 그러한 논리에 근거하여 대의원들의 반대 없이 북조선최고재판소 간부진을 자신의 의중에 따라 꾸릴 수 있었다. 보성전문 법과를 졸업한 뒤 청년운동과 노동운동에 투신한 소장 최윤옥, 소련 레닌그라드 법률대학에서 법률학을 전공한 뒤 만주 지역 유격 활동에 투신한 부소장 이동건, 경성제국대학 법문학부를 졸업한 뒤 원산노동조합사건으로 함흥감옥에 투옥된 재판원 정진태, 동경제대 법학부를 졸업한 뒤 일본 고등문관시험 사법과에 합격한 재판원 이재산, 경성 법학전문학교를 졸업하고 강계재판소 고원을 거쳐 변호사시보를 수료한 재판원 송국황, 일본대학 전문부 법과를 졸업하고 일본 고등문관시험 사법과에 합격한 뒤 변호사시보를 수료한 재판원 이성희, 일본 중앙대학 학부를 졸업한 재판원 김신배 등 총 7명이 창립 당시 북조선최고재판소의 주요 간부진을 구성했다.[184]

일제시기 항일운동에 가담한 소장 최윤옥, 부소장 이동건, 판사 정진태를 제외한 나머지 재판원들이 일제의 재판기구에 복무했음을 볼 수 있다. 사실 최고재판소의 상황이 그러했다면 하급재판소들의 간부진 구성이 어떠했으리라는 점은 미루어 짐작할 만하다. 해방 후 사법 부문 내 친일파 척결사업이 전국 각지 재판기구의 조직과 함께 착수된 까닭은 그러한 이유에서였다. 1947년 1~2월에 걸친 재판원 선거사업을 통해 적잖은 수의 기존 판사들이 해임되고, 그 자리에 노동자·농민 출신 판사들이 충원되었다. 그러나 북조선최고재판소 간부진 구성이 보여주듯 여전히 과거 공직 전력을 지닌 이들의 비중이 높았기 때문에, 심사를 통한 일제시기 법률가 척결은 이후에도 중단되지 않았다.

---

184) 崔容達, 1947.2.22, 『北朝鮮人民會議 第一次 會議 會議錄』, 民主朝鮮出版社, 52~53쪽.

1947년경 감사에 착수한 함경남도 검찰기구는 "일제주구"로 판명된 7명의 판사와 16명의 검사를 현직에서 파면했다. 1948년 9월 현재 전국 현직 검사의 18.2%에 달한 121명이 일제시기의 검사였다는 점은 조선민주주의인민공화국 수립 시점까지도 친일법률가 척결이 완료되지 않았음을 의미한다.[185] 해방 직후 일제에 협력하지 않은 법률가를 찾기가 쉬운 일이 아니었다는 한 연구의 지적은 결코 과장이 아니었다.[186]

그러한 상황에서 전문적 소양을 갖춘 법률가의 발탁을 중시한 최용달의 구상에 제동을 건 중대 사건이 발생했다. 1947년 11월 19일 북조선인민회의 제3차 회의의 간부 비준 과정에서 일어난 의견 충돌이 그것이었다. 문제는 북조선최고재판소의 판사 충원 결정에 따라 추천된 한 재판관 후보의 일제시기 전력에서 불거졌다. 문제의 인물 김상옥(金尙沃)은 1942년경 일본 동경 메이지대학 전문부 법과를 졸업한 뒤, 1945년 2월부터 6개월 동안 만주 봉천 시협화회에 근무한 전력을 지닌 여성이었다.[187] 물론 그녀를 추천한 인물도 최용달이었다. 약 열흘 전에 포고된 [북조선의 재판소 및 검찰소에 관한 규정]이 건국운동에 기여한 일제시기 법률가들의 재등용을 공식화했다는 점은 김상옥을 발탁하려 한 그의 구상에 유리한 여건을 조성했다. 최용달의 관점에서 볼 때 그녀는 비록 일제기관에 복무한 전력을 지녔으나, 해방 후 사법국 법제부 서기를 맡아보다 평양특별시 재판소장에 발탁되어 건국사업에 기

---

185) Управление Советской Гражданской Администрации в Северной Коpee(북조선 소련민정국), Указ. соч. C. 265~266.

186) Charles K. Armstrong, *The North Korean Revolution, 1945~1950* (Ithaca: Cornell University Press, 2003), pp. 197~198.

187) 北朝鮮人民會議院, 1947.11.19, 『北朝鮮人民會議 第三次 會議 會議錄』, 朝鮮人民出版社, 1948, 169~171쪽.

여해오고 있는 "개과자신"한 법조인의 전형이었다.

그러나 북조선인민회의 대의원들은 그녀의 만주협화회 근무 전력이 묵과할 수 있는 수준의 경미한 친일협의가 아니라고 보았다. 천도교청우당 소속 대의원 박윤길이 바로 그 점에 이의를 제기했다. 결국 최고재판소 판사에 김상옥을 발탁하려 한 최용달의 구상은 대의원 절대다수의 반대에 부딪혀 인민회의의 비준을 얻지 못했다. 문제는 거기에 그치지 않았다. 북한체제의 급진화를 예고한 북로당 제2차 전당대회가 최용달을 비판 대상자 가운데 한 명으로 지목했다. 이 대회를 주도한 김일성은 다짜고짜 그가 전혀 계급적 각성이 없고 당을 존중하지 않았다고 쏘아붙였다.[188] 그리고 뒤이은 비판을 통해 "또한 친일파들과 가까운 표현을 많이 했습니다. 친일파들을 내쫓는 것을 싫어했고 만주협화회에 다니던 놈을 최고재판소 판사로 선거해달라고 인민회의에 내놓는 뻔뻔한 동무입니다."라고 김상옥을 중용하려 했던 전사를 직접 거론했다.

북로당 제2차 전당대회의 공세가 최용달에 겨누어졌을 때 김일성에 앞서 비판의 포문을 연 이는 허가이였다. 허가이는 전문적 소양을 갖춘 법률가들의 등용을 중시한 최용달과 그를 달가워하지 않은 북로당 지도부 간의 갈등이 어제오늘의 일이 아니었다고 털어놓았다.[189] 그 갈등의 발단은 법조인 양성기관인 법률학원 학생 선발을 둘러싼 입장 차이였다. 법률학원이 "일제시대에 법률을 배운 학생들을 재교육하는" 일에만 몰두했다고 쏘아붙인 허가이는 "북로당이 그러한 경향을 없애려 최동무와 여러 번 투쟁"한 전력을 소개했다. 곧 당 지도부는 1947년 초 법률학원생들 가운데 노동자와 농민 성분

188) 金日成, 1948.3, 「北朝鮮勞動黨 第二次 全黨大會 會議錄」, 『史料集』 1, 418쪽.
189) 이하 허가이, 1948.3, 「北朝鮮勞動黨 第二次 全黨大會 會議錄」, 『史料集』 1, 398쪽 참조.

의 비율이 각각 12%와 11%에 지나지 않은 반면, 나머지 대부분의 학생들이 일제시기에 법학을 공부한 소시민 출신들이었다는 점에 불만을 품고 이의를 제기해왔다.[190] 최용달이 계급적 각성을 결여하고 있다는 앞선 김일성의 비판은 바로 그 점을 겨냥한 것이었다.

한편 허가이의 비판은 법률학원생 선발 문제에 국한되지 않았다. 그는 최용달이 사법간부의 독점적 발탁을 통해 자신의 권위를 세우려 했다는 점도 간과하지 않았다. 그가 보기에 최용달의 구상이 관철될 경우 "사법 부문의 민주화"는커녕, 일제시기의 사법기관이 부활할 소지가 있었다. 소련계 허가이와 같은 입장을 보인 소련군사령부는 "일제사상의 보균자들"인 다수의 사법간부들이 사법기구의 개혁을 바라지 않을 뿐만 아니라 민주주의적 입법활동을 방해하고 있다고 비판했다.[191] 물론 그 비판도 최용달을 겨냥한 것이었다. 허가이는 사법 부문 내 그의 과오들이 "아직도 시정되지 않았다."라는 진단과 함께 전체당원들의 경계를 촉구하며 토론을 마쳤다. 그러나 전 당원들의 경계를 강조한 허가이의 비판은 지나친 면이 있었다. 1948년 3월 말 북로당 제2차 전당대회가 열리고 있을 무렵, 사법간부의 발탁은 이미 당 지도부의 구상에 좌우되고 있었기 때문이다. 이를테면 1947년 말 전체 법률학원생들 중 노동자·농민 출신의 점유율은 각각 51%와 34%에 달했다.

북로당 제2차 전당대회가 막을 내린 뒤 약 한 달이 지난 1948년 4월 28일부터 이틀 간 열린 북조선인민회의 특별회의는 일제시기 법률전문가들의 발탁을 지지한 최용달 측의 구상이 마지막으로 등장한 공식 회합이었다. 이 회

---

190) 崔容達, 1948.3, 「北朝鮮勞動黨 第二次 全黨大會 會議錄」, 『史料集』 1, 394쪽.

191) Управление Советской Гражданской Администрации в Северной Корее(북조선 소련민정국), Указ. соч. С. 278.

합의 목적은 조선민주주의인민공화국 헌법 확정에 앞서 각 조항의 수정 여부를 심의하는 데 있었다. 문제의 조항은 바로 일제시기 판검사의 등용을 전면 금지한 제83조였다. 조선임시헌법제정위원회를 대표해 발표자로 나선 김두봉은 일제시기 판검사직에 복무한 자는 판사 또는 검사가 될 수 없다는 규정을 삭제해야 한다는 제의가 있었다고 보고했다.[192] 그러나 헌법제정위원회의 의견을 수용한 그는 "일본인들이 조선인민을 학대하고 탄압하는 일에 협력한" 그들을 "새 민주주의적 사법기관"에 등용할 수 없을뿐더러, 조선인민도 이를 바라지 않는다고 선을 그었다. 최용달로 대표된 온건파의 제의가 거부됨에 따라, "일본 통치시대에 판사나 검사로 복무한 자는 판사 또는 검사가 될 수 없다."라는 규정이 헌법 제85조에 명문화되었다.[193]

한편 최고인민회의 선거규정 제2장 2조 8항은 "만주국정부의 책임적 지위에 있던 조선인 관리들"을 친일파 범주에 망라했다.[194] 김상옥 임명안에 반대한 북조선인민회의 대의원들의 견해가 반영된 규정이었다. 이 일련의 사건들이 일제시기 공직 전력을 지닌 유산층 법률전문가들보다 계급성분이 우수한 아마추어 법률가들의 등용을 선호하는 풍조를 낳았다.

1949년경 강원도 통천군 인민재판소 소장 겸 판사에 발탁된 이근태도 그러한 이들 가운데 한 명이었다.[195] 빈농가에서 태어나 소학교와 야간 간이공업학교를 나온 그는 해방 후 잠시 철도 부문에 종사했으나, 1948년 5월경 강

---

192) 金枓奉, 1948.4.28, 「北朝鮮人民會議 特別會議 會議錄」, 『史料集』 8, 237~238쪽.

193) 조선민주주의인민공화국 최고인민회의 상임위원회, 『조선민주주의인민공화국 법령 및 최고인민회의 상임위원회 정령집』 1, 국립종합인쇄소, 1954, 36쪽.

194) 이신철, 『북한 민족주의운동 연구』, 역사비평사, 2008, 97~98쪽.

195) 「인민들의 신망 높은 민주사법 일꾼들」, 『로동신문』 1949.7.24.

원도인민위원회 간부학교의 단기교육을 이수한 뒤 판사직에 발탁되었다. 평양시 제1재판소 여성판사 문양옥도 가난한 소작 농가에서 태어났다. 일찍 출가해 세 아이를 낳고 남편과 사별한 그녀는 해방을 맞아 여성동맹 활동에 투신했다. 뚜렷한 교육적 배경이 없었던 그녀도 노동자·농민 출신의 다른 간부들처럼 법률학원에서 속성교육을 이수한 뒤 판사직에 발탁되었다.[196]

일제시기 법률가 출신이 아니면서 우수한 계급성분을 지닌 법률가들이 요구됨에 따라, 시간이 지날수록 판사들의 학력 수준도 점점 낮아지는 경향을 보였다. 1947년 1월 현재 재직 중인 전국 판사들의 학력 수준이 고등교육 중퇴 이상인 자가 66.1% 초등교육 이수자가 3.9%였던 반면, 1948년 말 현재 재직 중인 판사들의 학력 수준은 고등교육 중퇴 이상인 자가 11.4% 초등교육 이수자가 58%에 달했다.[197] 교육적 배경이 빈약한 노동자·농민 출신들의 사법간부 독점현상이 심화돼 갔음을 볼 수 있다.

---

196) 「남녀평등권법령 실시 후 3년간」, 『조선녀성』 1949년 7월호, 43쪽.

197) Управление Советской Гражданской Администрации в Северной Kopee(북조선 소련민정국), Указ. соч. С. 278~279.

2부
민간경제의 위상

1장
민간산업의 제한적 발전

1. 사유제의 재조명

이른바 "사유재산의 불가침 원칙"이 사유권을 상징하는 통상적 개념으로 사용돼 왔다. 보다 엄밀히 말해 사유권은 모든 개개인의 재산권에 대한 등가성을 의미하며, 등가교환을 통해서만 소유관계가 변동될 수 있음을 전제하고 있다.[1] 사유권이 교환경제에 기초한 상품경제체제하에서 뿌리내린 점에 비추어, 사유재산제의 확립과 자본주의 발전사가 불가분의 관계에 있음을 알 수 있다. 칼 마르크스(K. Marx), 폴 라파르그(P. Lafargue), 칼 카우츠키(K. Kautsky) 등의 사상가들도 자본주의시대에 이르러 사유재산제가 공고해지고 부르주아 혁명을 통해 토지사유제가 확립되었다고 보았다.

그러나 부르주아지가 봉건 세력과 투쟁해 획득한 권리인 사유재산제는

---

1) 이하 친후이(秦暉)·쑤원(蘇文) 지음, 유용태 옮김, 『전원시와 광시곡』, 이산, 2000, 36·149~150쪽 참조.

머지않아 그들의 생산수단 독점에 봉사하는 병폐를 드러냈다고 진단되었다. 부르주아지의 생산수단 독점이 자본주의의 대표적 폐해로 지목된 "계급적 착취"를 조장함에 따라, 사유제를 바라보는 당대 사상가들의 시각도 부정적일 수밖에 없었다. 칼 마르크스와 프리드리히 엥겔스(F. Engels)는 그들의 궁극 지향인 공산주의사회가 "계급적 착취"를 불러온 사유제의 폐지를 통해 도래할 수 있다고 보았다. 또한 마르크스의 『정치경제학 비판요강』은 사유제를 스스로의 노력에 기대지 않고 사회를 희생하여 성취하려는 욕망의 물적 토대이자, 무언가를 소유한 인간의 독점욕을 자극해 그의 일방적 행동을 부추기는 반사회적 기제라 비판했다.[2]

사유제를 바라보는 비판적 시각과 자본주의·자본가에 대한 부정적 관점이 마르크스주의의 실현을 지향한 국가들에 계승되었다. 1948년 말 『인민』에 소개된 한 소련학자의 논문은 사유재산이 "소시민적 탐욕"을 조장하고 개인 이익과 사회 이익 간 대립을 촉발한다고 비판했다.[3] 일제시기 공산주의운동에 투신한 조선 좌익 진영 인사들의 사유관도 그와 다르지 않았다. 해방 직후 식량난이 심각한 사회문제로 떠오르자, 조선공산당 북조선분국 기관지 『정로(正路)』는 양곡수매사업에 비협조적인 군중들의 태도가 "사유권을 절대시"하는 풍조에서 비롯되었다고 비판했다.[4] 그러한 입장은 국가와 사회의 이익을 위해 사유권이 제한될 수 있다는 논리로 이용되었다.

한편 천도교사상가 이돈화도 마르크스주의적 사유관을 옹호해 주목을 받

---

2) 엘마 알트파터 지음, 염정용 옮김, 『자본주의의 종말』, 동녘, 2007, 266~267쪽.

3) 엠. 엠. 로젠딸리, 「쏘련에 있어서의 社會主義 勝利와 새로운 쏘베트的 人間의 形成」, 『인민』 1948년 11월호(『史料集』 37, 284쪽).

4) 「참된 自由를 認識하고 國民的 義務를 다하자」, 『正路』 1945.12.14.

았다. "인간 본위"에 기초한 정치·경제·문화의 건설을 지향한 그가 자본주의를 부정적으로 바라본 까닭은 그것이 인간 본위가 아닌 "금전 본위"에 기초하고 있다는 인식 때문이었다.[5] 그가 보기에 공동생산·공동분배야말로 인간 본위에 기초한 경제제도였고, 해방 직후 혼란에 빠진 조선이 그러한 이상적 상태에 도달할 수 있는 길도 얼마든 열려 있었다. 이돈화의 처방은 간단했다. 그것은 자본주의의 금전 본위성을 낳은 근원적 요소를 찾아 제거하는 방식이었다.

그의 진단에 따르면 인간의 소유욕을 자극해 부의 독점과 빈부의 차별을 낳은 "만악의 원천"은 "소유제도"였다. 그는 소유제를 법률로 공인하는 한 무수한 간접적 병폐들이 잇따라 발생할 것이라고 우려했다. 소유제의 폐지 곧 토지와 공장·기업의 국유화야말로 그의 논의의 핵심 결론이었고, 천도교청우당의 정강에도 명시되었다.[6] 일제가 패망해 "대변동의 시기"를 맞은 해방 공간은 그러한 개혁을 단행할 수 있는 적기로 보였다. 그러나 청우당의 입장을 대변한 이돈화의 주장은 이른바 자산계급성 민주주의 단계의 과제를 건너뛰었다는 점에서, 당대 조선의 마르크스주의자들조차 받아들이기 힘든 급진적 구상이었다. 사유제를 허용하되 어느 선까지 허용할 것인지가 해방 직후 좌익 진영의 주요 관심사였기 때문이다.

해방 후 마르크스주의적 사유관이 보급됨에 따라, 기업가와 상인층에 대한 부정적 시각이 확산되었다. 그들 자산층에 겨누어진 비판은 "계급적 착취"에 집중되었다. 1947년 2월에 개혁된 북한의 세금제도는 소득세의 세율을

---

5) 이하 野雷 李敦化, 「天道敎靑友黨 黨志」, 「史料集」 8, 432·442~445쪽 참조.

6) Управление Советской Гражданской Администрации в Северной Корее(북조선 소련민정국), Указ. соч. С. л. 102.

상공업 종사자들의 "착취 정도"에 따라 차등적으로 책정했다. 노동자·사무원들에게 부과된 근로소득세는 기업가·상인층에 부과된 사업소득세보다 세율이 훨씬 낮았을 뿐만 아니라 단순누진세율의 적용을 받았다.[7] 반면 기업가와 상인층의 사업소득세에 초과누진세율이 적용된 까닭은 그들의 소득이 "착취 관계에 기초한 불로소득"으로 간주되었기 때문이다. 요컨대 사업소득세는 자산층의 "과도한 자본축적을 제한"할 수 있는 세제였다. 한편 수공업자들에게 부과된 자유소득세의 세율은 사업소득세와 근로소득세의 사이에 위치했다. 업주인 그들은 타인의 노동력을 "착취"하는 기업가와 달리, 자신과 가족들의 노동 곧 "자기 착취"를 통해 생계를 영위한다는 점에서 고용관계상 독특한 위치에 있었다.

자산층에 대한 가장 강도 높은 비판은 북로당으로부터 제기되었다. 1947년 초 북로당 조직전문가 허가이는 "근로인민의 노력을 착취"하고 있는 기업가와 상인들이 전체당원의 1.2%를 점한다고 지적했다.[8] 그는 1948년 3월 말에 열린 북로당 제2차 전당대회에서 지주·친일파·친미파와 함께 "대자본가·간상배"를 적대 세력으로 규정하는 한편, 이전의 특권을 상실한 그들 "부르주아사상의 매개자들"이 새 체제에 적의를 품고 있다고 비판했다.[9] 자산층을 부정적으로 바라본 북한 당국은 그들을 비판하는 데 만족하지 않았다. 북조선인민위원회 내무국장 박일우는 내무원들에게 기업주와 간상배의 부정행위

---

7) "Об экономическом и политическом положении Северной Кореи(북조선의 정치경제 정세에 대하여)", 1947, ЦАМОРФ, ф. 172, оп. 614631, д. 39, лл. 46~47.

8) 허가이, 「黨 長成과 黨組織 及 黨 政治事業에 對한 諸 課業」, 『근로자』 1947년 1·2월호(『史料集』 42, 264쪽).

9) 1948.3.30, 「북조선로동당 제2차 전당대회 회의록」, 『史料集』 1, 463쪽.

를 적극 단속하라고 지시했다.[10]

자산층을 겨냥한 비판과 공세가 부정적 사유관과 긴밀히 얽힌 문제였음을 살펴보았다. 물론 해방 후 마르크스주의자들의 북한 지역 헤게모니 장악과 함께 부정적 사유관이 확산되었지만, 그 대척점에 위치한 '긍정적 사유관'의 토대마저 무너뜨린 것은 아니었다. 대표적으로 현 사회혁명 단계에 비추어 사유제의 의의를 규명하려는 논의들이 토지 문제 해결과제를 둘러싸고 전개되었다. 토지개혁이 사회주의혁명의 일환이라는 비판이 제기되자, 허정숙은 "자산계급성 민주주의 단계"에 들어선 조선이 토지자산에 기반을 두고 있는 봉건 세력을 척결하는 한편, "자본주의"와 "민주주의"의 발전을 동시에 모색할 필요가 있다고 강조했다.[11] 그녀는 토지의 사유화를 실현할 토지개혁이 농민들의 사유재산권을 공고화함으로써, 농민 개인경제와 국가경제 발전에 이바지할 수 있다고 보았다. 토지개혁을 통한 토지사유화가 생산력 증대를 이끌어 경제 발전에 기여하리란 전망은 당대 대다수 논자들의 공통된 인식이었다.[12]

그러면 토지개혁을 통한 토지사유화가 어떤 경로를 통해 경제 발전을 이끌 수 있을까? 먼저 평남산업경제협의회는 토지개혁이 "투자의 봉건적 체제를 거세하고 민주주의적 자본의 건전한 발전을 촉진"하는 계기가 되었다고 평가했다. 곧 토지개혁은 민간기업가들이 지주로의 전환을 모색해 그들의 이

---

10) 朴一禹, 1947.11.25, 「分駐所·派出所 事業檢閱總結 槪評」, 『史料集』 9, 376·379쪽.

11) 許貞淑, 1946.3.13, 「北朝鮮 土地改革에 對한 解釋」, 『史料集』 7, 353~354·357쪽.

12) 김성보는 토지개혁을 통한 사유권의 양여가 소토지 소유자들인 농민들의 증산욕을 고취하려는 구상과 관련이 있다고 밝혔다. 김성보, 『남북한 경제구조의 기원과 전개』, 역사비평사, 2000, 150쪽.

윤을 토지에 투자해오던 폐단을 봉쇄할 수 있었다.[13] 따라서 그간 토지에 투자되던 민간자본이 보다 생산적인 상공업 부문에 투자될 여건이 조성되었다. 그러한 여건의 조성과 함께 토지의 사유화 자체도 주목받았다. 한 논자는 그 이점을 직관에 의존해 다음과 같이 읊조렸다. "바로 제 땅인지라 일에도 자연 성수가 날 것이며 열도 날 것은 말할 것도 없을 것입니다. 제 땅인 이상 무엇이 못 미더워 가꾸고 아끼지 않을 것이며 무엇이 아까워 힘을 사양하겠습니까? 자자손손이 물려가질 제 땅이 아닙니까? 그러니까 생산량이 자연 늘 수밖에 없는 것입니다."[14]

토지개혁 이후 농민들이 경작지 개간과 관개수리공사에 거액의 자본을 투자하고 있음을 목격한 현칠종은 그러한 노력이 분여받은 토지가 영원히 "자기의 소유"라는 그들의 자각에서 비롯되었다고 보았다.[15] 사실 농민들은 소작인으로서 과거에도 동일한 토지를 경작했지만, 토지 개량과 토질 개선에 주목하지 않았다. 당시 그 토지는 지주의 소유 아래 있었기 때문이다. 그러나 토지개혁 이후 농민들은 지질이 약화된 "자신의 토지"에 관심을 보이기 시작했고 즉각 토지개량사업에 착수했다. 1947년 봄 2,534정보의 전작지를 답작지로 전환하는 사업에 7,500호 이상의 농가가 동참했다.[16]

한편 오기섭은 '농지 개량' '농구 개선' '과학적 농법 도입' 등을 통한 생산성 향상이 지주소작제 하의 궁핍한 환경 속에서 이루어지기 힘든 과제였

---

13) 平南産業經濟協議會 決議, 「土地改革法令의 實施 運營에 全力」, 『正路』 1946.3.21.

14) 朴東哲, 1947.1.15, 「農民讀本(土地改革)」, 『史料集』 9, 359·404쪽.

15) 玄七鐘, 1947.6, 「쏘·米共同委員會에 關한 諸般資料」, 『史料集』 7, 133쪽.

16) "Об экономическом и политическом положении Северной Кореи(북조선의 정치경제 정세에 대하여)", 1947, ЦАМОРФ, ф. 172, оп. 614631, д. 39, л. 25.

다고 보았다.[17] 그것들은 토지를 분여받아 생활에 여유가 생긴 농민들이 시도할 수 있는 일들이었기 때문이다. 더 나아가 그는 농업 생산기술에 대한 투자가 증산을 촉진하고 증산이 농촌경제 발전을 이끌어, 농민들의 소비력·구매력 신장에 기여하리라 전망했다. 농민들의 구매력 신장이 조선 경제 발전의 전제란 점은 의심의 여지가 없었다. 조선 인구의 70% 이상을 점한 농민들의 생활에 여유가 없다면, 공장 생산품의 소비는 한계에 다다를 것이기 때문이다.

그에 동의한 허정숙은 토지개혁에 따른 농민들의 구매력 신장이 도시와 농촌의 활발한 상품교류를 촉진하리라 전망했다.[18] 그녀는 도시노동자들에게 농촌의 식량과 공업원료를 공급하고 농민들에게 도시 공장의 농기구와 비료를 공급하는 지속적 상호작용이 도시와 농촌 산업의 동시발전을 이끄는 한편, 도농 간 "봉건적 격절"과 경제적 불균형의 타파에 기여하리라 보았다. 토지사유화가 농업·공업 부문의 증산에 추진력을 제공해, 산업경제의 균형적 발전을 이끌 수 있다는 논리는 그러한 인식에 토대를 두고 있었다.

지주소작제의 혁파가 절실히 요구된 당대 현실에서 당위성을 지닌 과제인 토지개혁은 생산력 발전에 이바지할 토지사유화의 긍정적 기능과 함께 설명되는 경향을 보였다. 해방 후 사유제의 긍정적 기능을 둘러싼 다른 논의도 대개 생산력 발전 문제를 중심으로 전개되었다. 사유제의 확립이 민간 기업 활동을 촉진해 생산력을 높이는 "보충적 자극물"이 될 수 있다는 견해가 그 대표적 사례였다. 사유제의 폐지를 주장한 이돈화도 그것이 소유욕의 감소로, 소유욕의 감소가 "인민들의 기업심 및 사업력"의 위축으로 이어져,

---

17) 吳琪燮, 1946.6.5, 「北朝鮮 土地改革法令의 正當性」, 『史料集』 7, 375·381쪽.

18) 許貞淑, 1946.3.13, 「北朝鮮 土地改革에 對한 解釋」, 『史料集』 7, 360쪽.

결국 생산력 발전을 가로막을 수 있다고 우려한 학자들이 있었음을 인정했다.[19]

2. 민족자본가층의 역할

해방에 따른 갑작스런 일제 통치의 종식은 조선 경제 질서에 큰 혼란을 일으켰다. 그간 일제에 의존해온 경제운영체계가 와해되자 대다수의 공장들이 폐업이나 휴업 상태에 돌입했다. 완제품이 아닌 간단한 설비와 예비부품 따위의 부분품만을 생산한 조선의 공장들은 그의 최종적 가공을 일본 내 공장들에 의존해 왔다. 그러나 일제의 패망과 함께 대일 경제관계가 단절됨에 따라 완결된 생산공정은 중단될 수밖에 없었다.

원료·자재·부품을 일본이나 다른 국가들로부터 수입해 왔다는 점도 해방 직후 북한 지역 공장들의 가동을 제약한 요인이었다. 그간 무명원료의 2/3와 면화원료의 90%를 수입에 의존해온 섬유공장들의 1946년 전체 가동력은 기존의 1/3 수준으로 떨어졌다. 석탄·예비부품·감마제(減磨劑)의 부족은 철도교통의 원활한 운영을 방해했고, 화학제품의 수출을 통해 공급받던 일본 기계의 수입 중단은 화학공장의 정상적 조업을 가로막았다. 따라서 1946년 북한의 광공업 총생산고는 일제시기 최고 생산고를 기록한 1944년 수준의 약 25.6%로 급감했다. 각 공업 부문을 구체적으로 살펴보면 광업이 20.6%, 기계제작업이 37.8%, 화학공업이 34%, 석탄업이 21.5%, 경공업이 37%, 전력산업

---

19) 野雷 李敦化, 「天道敎靑友黨 黨志」, 『史料集』 8, 444쪽.

이 43.7%, 건축재료업이 14.5%에 지나지 않았다.[20]

각 지방의 공장 가동상황도 해방 직후 위축된 공업 부문의 실태를 잘 드러낸다. 원료 구입난에 봉착한 황해도 송림군 지역 민영공장들의 작업일 수는 한 달 중 보름 정도에 지나지 않았다.[21] 강원도 인제군 지역 대다수 공장들도 휴업 상태에 돌입했다. 식량부족에 따른 배급중단이 그 원인이었다.[22] 공장의 운영 중단과 조업 단축에 따른 생산 급감은 물가의 폭등을 불러왔다. 공장 조업 활동을 가로막아 물가폭등을 일으킨 주요인들 가운데, 식량 부족 사태는 북한이 직면한 경제난의 중심에 있었다. 물론 북한의 식량난은 곡창지대가 집중된 남한으로부터 미곡 유입이 중단된데 따른 재난이었다. 주민들이 신고한 수요량을 조사한 결과, 1946년 10월경까지 북한 지역 식량 부족량의 규모가 약 454,800톤에 이를 것으로 예측되었다.[23]

해방 직후 물가등귀와 식량 부족사태에서 비롯된 북한 지역 경제난은 사유권에 대한 국가의 적극적 개입을 불러왔다. 물론 그 개입의 방식은 사유재산권을 제한하는 방향으로 이루어졌다. 이를테면 양곡수매사업에 관여한 노동당원들은 농민들의 자발성에 맡기지 않고 수매를 거부한 이들의 가옥을 샅샅이 뒤져 물의를 빚었다. 게다가 지방 당국의 열악한 재정 문제를 해결하

---

20) 「北朝鮮の破壊の程度と經濟再建の經過」, 『旧ソ連の北朝鮮經濟資料集 1946~1965年』, 東京 : 知泉書館, 2011, 25쪽 ; Игнатьев, "О социальности, экономическом и политическом положении Северной Кореи(북조선의 사회·경제·정치적 정세에 관하여)", 1947, ЦАМО, ф. 172, оп. 614632, д. 8, л. 14.

21) 1946, 「松林郡 人民裁判所 及 人民檢察所 管內 狀況 報告」, 『史料集』 9, 187~189쪽.

22) 1946.7, 「북로당 강원도 인제군당부 로동부 지령서철」, 『史料集』 15, 35~36쪽.

23) 「1946年の食糧狀況」, 『旧ソ連の北朝鮮經濟資料集 1946~1965年』, 東京 : 知泉書館, 2011, 11쪽.

고자 농민들에게 불법적 의무금을 부과한 간부들도 있었다. 그러한 행위들은 공산당의 대중정책에 비추어 엄중한 과오에 해당했으나, 식량부족이 심각한 사회문제로 부상함에 따라 어느 정도 합리화된 측면이 있었다. 조선공산당 북조선분국은 "양곡매상을 방해하는 무리를 민족반역자로 규정할" 것이라고 경고함과 아울러, 얼마간의 강요가 따를 수 있는 적극적 매상 활동을 옹호하기까지 했다. 공산당은 "사유권을 절대시"하는 풍조를 비판하며, 인간의 자유와 권리는 의무를 이행하는 자에게만 부여돼야 한다는 견해를 덧붙였다.[24]

해방 직후의 사유권 제한조치는 식량 부족과 물가폭등이 일으킬 수 있는 사회 혼란의 방지를 모색했다. 기존 지배구조의 혁파를 겨냥한 토지개혁·중요산업국유화·일본인재산 몰수 등은 개혁차원에서 단행된 국가 주도의 사유재산권 박탈조치였다. 토지개혁의 경우 대다수 농민들의 토지 사유권을 공고화한 반면, 지주·일본인·친일파들에게 사유권 박탈조치로 인식되었다. 토지개혁에 위축되어 기업을 설립하려던 구상을 단념한 황해도 안악군 어느 지주의 대응은 사유권을 침해했다는 관점을 낳은 토지개혁이 자산가들의 민간 출자를 가로막을 수 있었음을 보여준다.[25] 제 개혁조치를 통해 사유권을 박탈당한 이들은 지주·일본인·친일파 등 기득권층에 집중되었다. 그러나 해방 후 사유권 제한 여부를 둘러싼 논의는 일방향적으로 전개되지 않았다. 사유권을 제한해야 할 필요성이 있었던 반면 보호해야 할 근거도 충분했다. 사유권을 보호받아야 할 대상으로서 주목을 받은 이들이 바로 "민족자본가들"이었다.

---

24) 「참된 自由를 認識하고 國民的 義務를 다하자」, 『正路』 1945. 12. 14.

25) 黃海道 安岳郡 人民裁判所長·檢察所長, 1946. 4. 7, 「地方事情 聽取事項 報告의 件」, 『史料集』 9, 160쪽.

일제시기 조선에서 육성된 공업은 반제품·부분품 공업에 집중되었을 뿐, 생필품 제조분야의 경공업은 빈약한 수준에 머물러 있었다. 조선의 산업구조가 지닌 더 큰 문제점은 공업의 지역 간 불균등 발전이었다. 곧 전기공업·화학공업의 북한 지역 편중 발전과 방직공업·식료품공업의 남한 지역 편중 발전이 뚜렷한 대비를 이루었다.[26] 부진을 면치 못한 조선의 생필품 제조업이 그마저도 남한 지역 편중성을 띠었음을 볼 수 있다. 따라서 해방 직후 대일 경제관계와 대남 경제관계가 단절되자, 북한 지역의 생필품 부족은 심각한 사회문제로 부상했다. 생필품 부족은 물가의 폭등으로 이어졌다. 황해도 송림군 지역 민영공장들의 운영 실태로 보건대, 그들 생필품 공장들이 직면한 주요 난관은 판매출로 개척이 아닌 원료 공급난과 그에 따른 생산량 감축에 있었다.[27] 공장가동을 활성화해 생필품 생산량을 끌어올릴 과제가 급선무였으나, 그를 떠맡은 쪽은 국가 부문이 아닌 민간 부문이었다.

북한 지역 전리품 반출에 관심을 보인 소련군은 주둔하자마자, "북조선 중공업 기업소의 우선적 가동"을 지시했다.[28] 소련으로부터 중요 산업시설들을 인수한 북조선임시인민위원회도 중공업·대기업 운영에 주력하며, 생필품 제조분야의 경공업을 민간에 위임했다. 1946년 8월 중요산업국유화조치에 따라 국유화된 총 297개소의 경공업공장들 가운데 85% 이상이 민간에 방매되어, 1947년 현재 국가가 운영한 경공업공장은 총 39개소에 지나지 않았다. 당

---

26) U.S. Department of State, *North Korea: A Case Study in the Techniques of Takeover* (Washington, D.C.: U.S. Government Printing Office, 1961), p. 80.

27) 1946, 「松林郡 人民裁判所 及 人民檢察所 管內 狀況 報告」, 『史料集』 9, 187~189쪽.

28) 제25군 사령관 치스쨔코프, 1945.11.27, 「북조선에 있어서의 重工業企業所의 우선적인 가동에 關한 북조선 주둔 소련군사령관의 命令」, 『蘇聯과 北韓과의 關係 – 1945~1980 – (Отношения Советского Союза с Народной Кореей)』, 43쪽.

시 국영기업 총 201개소의 20%에도 미치지 못하는 수준이었다.[29] 1949년에 들어서도 전체 국영공업 부문에 책정된 예산 중 겨우 10.2%인 3억 557만 원이 국영 경공업 부문에 배정되었을 정도로, 중공업 위주의 공업정책은 중단되지 않았다.[30] 따라서 중공업·대기업에 편중된 국영기업과 달리, 부차적 지위를 부여받은 경공업 위주의 중소기업 운영은 현실적으로 민간자본에 의존하지 않을 수 없었다. 한 소련인 전문가의 관측에 따르면 1946년 말 현재 중대한 산업적 가치를 지닌 민간기업은 소수의 고무신기업들뿐이었다.[31]

생필품 제조를 담당할 기업의 운영이 민간에 위임된 다른 이유는 민간기업가들의 경영 역량이 높게 평가되었기 때문이다. 그들이 지닌 풍부한 경험은 국가의 기술자·지배인 양성사업이 결실을 맺기까지, 전 산업 부문에 걸친 기술·경영 역량의 공백을 메울 수 있었던 유용한 자산이었다. 대다수 일본인 기술자들의 귀국 이후 관리 미숙 상태에 놓인 국유기업들이 제 기능을 발휘하지 못하자, 그들의 역량 활용을 모색한 국유기업 방매와 임대형식의 민간자본 유치가 급진전되었다. 국영산업 부문이 직면한 기술자와 경영자의 부족은 국유기업 방매를 통한 민간자본 활용 외에 민간기업가들의 발탁을 통해 해결되기도 했다. 그러한 배경 아래 민간기업가들의 자본과 경영력을 활용하여 생필품 부족사태를 해결해야 한다는 견해가 당위성을 확보해갔다.

1945년 10월 중순에 열린 서북 5도당대회도 공업의 신속한 발전 특히 생

---

29) 한림대 아시아문화연구소, 『1946·1947·1948年度 北韓經濟統計資料集』, 한림대출판부, 1994, 142·381쪽.

30) 최창익, 1949.4, 「朝鮮民主主義人民共和國 國家 綜合豫算에 關한 資料」, 『史料集』 8, 584쪽.

31) **Игнатьев**, "О социальности, экономическом и политическом положении Северной **Кореи**(북조선의 사회·경제·정치적 정세에 관하여)", 1947, ЦАМО, ф. 172, оп. 614632, д. 8, л. 15.

필품 제조업의 급성장을 꾀하려면, 개인소유 기업들을 허용해야 한다고 결의했다.[32] 북조선임시인민위원회 농림국장 이순근은 토지개혁 도중 민간기업 육성과제에 지주층의 협조를 요청하기까지 했다. "지주 여러분이여! 주저하지 말고 하루 빨리 산업방면으로 진출하야 민족적 대의에서 건국투사로서 영예를 가지도록 하라. 당신네들의 기생적 생활은 민족적으로 인간 낭비이며 물질적 천대이다. 이것은 오늘의 민족적 양심이 허용하지 않으며 또 허용할 수 없다."라는 그의 호소는 민간기업 육성이 절박한 과제였음을 잘 드러낸다.[33]

새 국가 건설에 이바지할 자본가들의 막중한 역할을 간파한 경제학자 김광진(金洸鎭)도 "신선한 무대"가 그들을 향해 "막을 열어놓고 있다."라고 격려했다.[34] 그러나 그가 보기에 그들은 "국가 건설이라는 즐거운 무대"에 적극 나서지 않고, "구태여 햄릿의 분장을 한" 채 주저하고 있었다. 그 이유가 조선 자본가층이 지닌 "지주적 성격" 때문이라고 진단한 김광진은 그들에게 경영력을 발휘하여, 그들 자신의 번영은 물론 조선경제의 발전에 이바지하라고 호소했다. 과거 식민지 조선의 경제구조가 유기적으로 발전하지 못했음을 관측한 그는 무엇보다 생활필수품과 정제품(精製品) 제조분야에 자본가들이 "진출할 수 있는 무대가 널리 열려 있다."라고 보았다. 그리고 그러한 제품들의 생산은 먼저 민간 중소공업 부문에서 착수되어야 한다는 입장을 밝혔다. 북한 지역의 풍부한 전력과 우수한 노동력은 그의 발전에 도움이 되리라 전망

32) "Документы характеризующие политические партии и общественные организации Северной Кореи за 1945г(1945년 북조선의 정당과 사회단체에 대한 평가 자료)", 1945, ЦАМО, ф. 172, оп. 614630, д. 5, л. 64.

33) 李舜根, 「地主여! 榮譽로운 建國에 勇往邁進하라!」, 『正路』 1946.3.9.

34) 이하 金洸鎭, 「朝鮮經濟의 建設을 爲하야」, 『正路』 1946.1.3 참조.

되었다.

　더 나아가 김광진은 민간 중소공업의 발전이 생필품 부족난 해결을 넘어, 궁극적으로 조선경제 발전에 이바지할 수 있다는 논의를 개진했다. 그는 대중들의 생활 개선과 소비력 향상으로부터 추진력을 얻을 중소공업의 발전이 대공업 발전을 자극하리라 보았다. 또한 대공업의 발전은 그 자체에 그치지 않고 광산업의 발전을 이끌 수 있었다. 대공업 가운데 특히 중공업의 발전이 그 원료가 되는 지하자원의 발굴을 자극할 것이기 때문이었다. 김광진은 그와 같은 산업의 유기적 발전은 주기적 경제공황을 맞아 파국에 직면하는 자본주의경제의 발전경로와 다르다고 보았다. 조선의 경제에 상당한 식견을 지니고 있었던 그는 산업국장 이문환과 함께 1947년 인민경제계획 입안에 참여했다.[35]

　민간산업 육성정책의 당위성이 명확해지자 먼저 사유재산권을 보호해야 한다는 인식에 공감대가 형성되기 시작했다. 이미 해방 직후 김일성은 기업가들의 활동을 보장해 "민생의 길을 열 조건"은 개인재산의 인정과 보호에 달려 있다고 강조했다. 1947년 2월에 열린 북조선 도·시·군 인민위원회대회에서도 그를 지지하는 인사들의 입장 표명이 잇따랐다. 개인소유권 보호가 단지 개인 문제가 아닌 민족경제 전반에 직결된 문제임을 강조한 오기섭에 이어, 최용달은 생필품 생산에 기여할 민간산업의 발전을 위해 "옳지 못한" 개인소유권 경시풍조를 법령으로 시정해야 한다는 입장을 밝혔다.[36] 물가등귀와 식량부족에 따른 사회경제적 혼란을 막고자 시행된 사유권 제한조치와 생활필수품 생산에 기여할 사유권 보호조치가 동시에 요구되었다는 점은 사

---

35) ISNK, no.2(1947.4.1~1948.1.9), p. 277.

36) 1947.2, 「北朝鮮 道·市·郡 人民委員會 會議錄」, 『史料集』 8, 66-67·115쪽.

유권의 허용수위를 둘러싼 갈등이 수면 위로 부상할 소지가 있었음을 보여준다.

3. 사유재산권 보호

1948년 초 북한은 2년 남짓의 경제운영 경험에 기초하여, 현 경제체제의 성격과 그것이 궁극적으로 지향하는 바를 명확히 규정했다. 조선민주주의인민공화국 헌법 제5조는 "국가소유", "협동단체소유", "개인소유" 등 세 가지의 생산수단 소유 형태가 공존함을 명시했다. 국가소유는 광산·지하자원·삼림·하천·은행·철도·수운·항공·체신기관·수도·자연력과 과거 일제기관·일본인·친일파의 소유물 등 주로 국유화된 생산수단을 망라했다.[37] 소련법학사 출신 김택영은 북한경제의 "가장 중요한 생산 부문"이자 "지배적 역할"을 담당하고 있는 국가소유를 "전 인민의 소유"에 다름 아니라고 보았다. 협동단체소유는 구성원들의 공동출자를 통해 조성된 협동단체의 기업소·생산품·건물·도구 등을 포함했다. 소비조합이 운영한 상점·이용시설·기업소와 수공업자들의 공동출자·공동경영·공동노동을 통해 운영된 생산합작사가 그 구체적 유형에 속했다. 김택영은 협동단체의 운영 전반에 국가가 개입할 수 있는 근거는 그의 소유자 자격이 아닌 전 인민의 대표 자격에 있다고 해명했다.

국가소유·협동단체소유와 함께 개인자연인·개인법인의 생산수단 소유를 허용한 "개인소유" 조항도 1948년 헌법에 규정되었다. 헌법 제5조 2항에 따

---

37) 이하 金澤泳, 「朝鮮民主主義人民共和國 憲法 解說(二) 根本原則」, 『인민』 1948년 11월호, 169·174~175쪽 참조.

르면 개인소유에서 제외된 대상은 국유화된 생산수단뿐이었다. 한 논자는 착취관계의 발생을 막고자 개인소유를 금한 사회주의국가 소련과 달리, 북한은 "사회적 소유"가 아닌 "개인적 소유"에 기초해 경제를 운영하고 있음을 강조했다.[38] 1946년 5월경 평양사회과학연구소는 개인자본을 동원해 대중의 이익을 농단할 수 있는 대기업을 국유화해야 한다고 주장하는 한편, 사유재산제를 원칙적으로 승인한 북조선임시인민위원회의 경제정책이 조선의 현 위치를 역사적·과학적으로 이해한 "혁명계단의 정확한" 조치라고 평가했다.[39]

한편 허정숙은 북한과 동유럽권 국가들을 비롯해 성숙한 자본주의를 경험하지 못하고 후진 농업사회에 머물러 있는 저개발국들의 발전노선이 "구식의 독점자본주의 방향"도 "소련식의 사회주의 방향"도 아니라고 보았다.[40] "인민민주주의"로 정립되기에 이른 이 발전 단계는 봉건제 척결과 자본주의·민주주의의 동시 발전을 모색했다. 그러나 정치적으로 부르주아헤게모니가 아닌 프롤레타리아헤게모니를 설정한 점, 경제적으로 독점대자본을 제외한 민간의 중소자본재 소유를 허용한 점 등은 좌익계 인사들에게 이 단계가 서구의 자본주의보다 더 진보한 발전 단계라는 인상을 심어주었다.

생산력 발전에 기여할 수 있는 반면 제한해야 할 대상으로 인식된 자본주의적 사유제의 불안한 입지는 북한의 경제정책에도 반영되었다. 그에 대한 거부감이 잔존함에 따라 국가소유·협동단체소유·개인소유로 구성된 생산수단의 세 소유 형태 중, 국가소유와 협동단체소유에 북한경제의 중추적 위상이 부여되었다. 1948년 초에 집계된 통계는 국영 부문 위주의 산업이 순조로

---

38) 朴東哲, 1947.1.15, 「農民讀本(土地改革)」, 『史料集』 9, 414쪽.

39) 平壤社會科學研究所, 「二十個政綱 支持聲明」, 『正路』 1946.5.7.

40) 許貞淑, 1946.3.13, 「北朝鮮 土地改革에 對한 解釋」, 『史料集』 7, 357쪽.

운 발전 국면에 있었음을 직시했다. 1947년 공업 부문 총생산액 중 국영 부문이 83.2% 민영 부문이 16.8%, 광업 부문 총생산액 중 국영 부문이 100%, 임업 부문 총생산액 중 국영 부문이 71.6% 민영 부문이 28.4%를 점했다.[41] 이 통계가 "국가소유의 절대적 우세"를 입증한다고 지적한 김일성은 그러한 조건하에서 경제의 계획적 운영이 가능할 뿐만 아니라, 민간산업을 국가의 통제 아래 육성할 수 있다고 역설했다.

인민의 국가가 수립되었다는 점에 근거해 국가소유를 전 인민의 소유라 해석한 법률전문가 김택영은 본질적으로 사회주의 부문에 속한 국가소유의 발전이 인민들의 생활수준 향상에 직결된다는 논의를 개진했다.[42] 국가소유에 이어 협동단체소유의 중요성이 강조된 까닭도 인민들의 공동출자를 통해 설립된 소비조합·생산합작사 등의 협동단체가 소유 형태 면에서 사회주의적 성격을 지닌다는 점에 근거하고 있었다. 따라서 협동단체는 당국이 제공한 각종 혜택 면에서 국가소유 업소에 버금가는 대우를 받았다. 대표적으로 국영기업과 동등한 조건에 금융기관의 대부를 받을 수 있었다. 반면 개인소유 부문은 경제난 극복에 필요한 독자적 역할과 지위를 부여받았음에도 불구하고, 자본의 무절제한 팽창에 따른 여러 문제들을 유발할 수 있다는 점에서 경계의 대상으로 인식되었다. 개인소유 부문의 그러한 양면성은 그것을 허용하되 어느 선까지 허용할 것인가에 관한 고민을 낳았다.

조선민주주의인민공화국 헌법은 개인소유의 대상을 구체화함으로써 하나의 해결책을 제시했다. 헌법 제8조에 따라 토지·축력·농구와 그 외의 생산

---

41) 김일성, 1948.3.28, 「북조선로동당 제2차 전당대회 회의록」, 『史料集』 1, 328쪽.

42) 金澤泳, 「朝鮮民主主義人民共和國 憲法草案의 根本原則」, 『근로자』 1948년 6월호(제6호), 42쪽.

수단, 중소 산업·기업·상업기관, 원료제조품, 주택과 그 부속시설, 가정용품, 수입·저금 등이 그 대상에 포함된 반면, 헌법 제5조에 따라 국유화된 생산수단은 제외되었다. 개인소유가 허용된 토지의 경우 소유규모의 상한이 지역에 따라 5정보 또는 20정보로 설정된 반면, 농사시험장·모범농장·목축장 등에 이용될 국가와 협동단체의 토지는 소유규모에 제약을 받지 않았다.

한편 헌법 제5조와 제8조는 국가소유와 개인소유를 가르는 계선을 중요산업·대산업과 중소산업 사이에 설정했다. 중요산업·대산업 국유화의 당위성을 강조한 국가의 논리에 따르면, 개인의 주요 생산수단 소유는 독점자본의 발생을 촉진해 "자본주의적 착취관계"를 복원할 뿐만 아니라, 일제시기에 "기형화된" 산업을 국가 주도의 계획경제하에 편제하는 데 걸림돌이 될 수 있었다.[43] 중요산업·대산업의 개인소유 반대논리 못지않게, 중소산업의 국유화 반대논리도 북한의 중대한 관심사였다. 사실 중소기업·중소자본이 독점적 대기업·대자본으로 발전할 여지를 없애려면, 애초부터 중소산업까지 국유화해야 한다는 입장을 밝힌 급진적 인사들이 있었다.[44] 그들을 설득하고자 두 가지 반대논리가 동원되었다. 첫째 경제 부문을 장악한 인민주권 국가의 철저한 지도와 감독이 시행됨에 따라 중소자본의 독점자본화는 얼마든 통제될 수 있다는 논리였다. 두 번째 반대논리는 중소산업마저 국유화할 경우, 중요산업국유화조치를 사유제의 폐지와 동일시한 남한 극우 세력의 선전 전략에 말려들 수 있다는 점이었다. 곧 대자본가에 이은 중소상공업자의 척결은 남한 극우 세력이 산업국유화조치를 그렇게 여기듯, 사유제 자체를 부정하는 공산주의 단계의 조치와 다를 바 없다는 비판이었다.

---

43) 1947.8, 「重要産業國有化 實施 一週年에 際하여」, 『史料集』 11, 82쪽.

44) 이하 1948.2.10, 「중요산업국유화 독본」, 『史料集』 7, 425·436쪽 참조.

헌법에 명시된 개인소유 제한조치는 법률가들과 테크노크라트들의 지지 입장을 통해 정당성과 공식성을 획득했다. 북조선인민위원회 사법국장 최용달은 개인소유가 공익을 위해 제한될 수 있으며, 국가의 감독 아래 합리적으로 조절되어야 한다는 견해를 내비쳤다.[45] 민간상공업의 "자본주의적 발전"이 가능해짐에 따라 소수 개인들의 부유화는 어쩔 수 없다 해도, 공익을 보호하려면 "잉여가치의 취득"과 사유의 규모가 적절히 제한돼야 한다는 입장이 그들 사이에 주류를 이룬 관점이었다. 한 논자는 해방 후 북한이 자본주의 초보 단계로부터 출발하지 않았기 때문에, "자유주의적·개인주의적 경제질서"의 확립은 시대에 역행할 뿐만 아니라 현실에 적합하지 않다고 선을 그었다.[46] 개인소유 통제관은 민간산업 통제관으로 연장되었다. 해방 직후 민간상공업의 역할을 긍정한 서북 5도당대회는 그 발전이 당국의 통제아래 이루어져야 한다는 입장을 밝혔다.[47]

그러면 민간 중소산업의 규모를 어느 선까지 허용해야 독점자본의 출현을 막을 수 있다고 진단되었을까? 헌법 제19조는 공민이 중소산업을 자유로이 경영할 수 있다고 규정했으나 그 정확한 규모를 명시하지 않았다. 그러나 1946년경 잇따라 제정된 몇몇 법령은 그와 관련해 의미 있는 시사점을 제공한다. [북조선산업 및 상업발전에 관한 법령]과 [개인소유권 보호법령]은 일본인들로부터 몰수해 인민위원회가 관리 중인 국유기업을 민간에 방매 또는

---

45) 최용달,「朝鮮人民은 이러한 憲法을 要求한다」,『근로자』1948년 1월호(제1호), 37쪽.

46) 梁台元,「民主主義와 人民裁判」,『인민』1947년 1월호(『史料集』13, 210쪽).

47) "Документы характеризующие политические партии и общественные организации Северной Кореи за 1945г(1945년 북조선의 정당과 사회단체에 대한 평가 자료)", 1945, ЦАМО, ф. 172, оп. 614630, д. 5, л. 64.

임대할 수 있으나, 노동자 50명 이하를 고용한 기업에 한한다고 규정했다.[48] 당시 북한이 기업의 생산액이나 소유자산이 아닌 노동자 수를 기준으로 중소산업의 규모를 판별하려 했음을 보여주는 또 다른 근거가 있다. 1946년 7월에 포고된 [공업허가령]에 따르면 노동자 수 50인 이하의 민영공장은 도인민위원회의 허가 아래 운영될 수 있었다. 그러나 51인 이상을 고용한 민영공장의 운영은 중앙에 위치한 소관 국(局)·부(部)의 인가를 얻어야 가능했다.[49] 위의 법령들은 당국이 상한으로 설정한 중소산업의 최대 규모가 노동자 수 50인 정도를 고용한 업체였음을 보여준다.

사유제와 민간상공업의 위상이 정립됨과 함께, 사유재산권의 보호를 규정한 법령들이 발포·시행되었다. 1946년 10월 4일에 포고된 [개인소유권을 보호하며 산업 및 상업 활동에 있어서 개인의 창발성을 발휘시키기 위한 대책에 관한 결정서]와 같은 해 11월 25일에 포고된 [북조선 산업 및 상업발전에 관한 법령]이 그 대표적 법령들이었다. 그보다 이른 1946년 9월 26일, 쉬띠꼬프가 개인상공업의 허용을 규정한 문건을 북한 측에 전달했다는 점은 위 두 법안들이 소련 측의 동의 아래 입안되었음을 드러낸다.[50] 헌법 공포 이후에도 여전히 효력을 유지한 위 두 법령은 입안 당시의 시대상을 반영하듯 해방 직후의 혼란 수습 과제에 주목했다. 이른바 민족반역자 재산몰수 당시의 과오가 두 법령에 거듭 지적된 점으로 보아, 해방 직후 부당한 사유권 침탈이 사회문제화 되었음을 엿볼 수 있다.

---

48) 北朝鮮人民委員會決定 第九一號, 1946.10.4, 「個人所有權을 保護하며 産業 및 商業活動에 있어서의 個人의 創發性을 發揮시키기 爲한 對策에 關한 決定書」, 『史料集』 5, 182~183쪽.

49) 北朝鮮臨時人民委員會決定 第五二號, 1946.7.24, 「工業許可令」, 『史料集』 5, 169~173.

50) 전현수 편저, 『쉬띠꼬프일기(1946~1948)』, 국사편찬위원회, 2004, 18쪽.

1947년 2월에 열린 북조선 도·시·군 인민위원회대회에서 위 법령들의 필
요성을 지적한 최용달은 "8월 15일 이후 일시 혼란한 시기에 법적 근거 없
이" 사유재산을 몰수한 불법행위들을 반드시 시정해야 한다고 강조했다.[51]
두 법령은 지방행정기관인 인민위원회와 보안서가 개인소유의 동산·부동산·
기업소 등을 불법적으로 몰수한 사건들을 조사하여 원소유자들에게 반환하
도록 지시했다. 또한 일본인과 공동 투자한 조선인이 "민족반역자"가 아님에
도 불구하고, 배당을 받지 못했거나 주주의 권리를 상실했다면 조사를 통한
시정이 가능하다는 내용도 추가되었다.

　　제 법령에 규정된 개인소유권 보호조치는 과거에 발생한 각종 과오의 시
정을 모색했을 뿐만 아니라, 향후에 일어날 수 있는 사유재산권 침해사건에
도 주목했다. 인민재판의 결정이나 북조선인민위원회의 특별한 결정이 아니
라면, 지방행정기관이 민간소유의 동산·부동산을 몰수하는 행위는 엄격히
금지되었다. 은행은 민간인들의 저축 정보에 관한 비밀을 준수할 의무가 있
었으며, 금융 업무를 검열하거나 간섭하려는 행정기관으로부터 보호받을 권
리를 부여받았다. 상인들도 법령에 따라 권한을 위임받은 기관의 검열을 제
외하고, 그들의 점포·창고·주택을 조사하려는 시도로부터 보호받았으며 그
러한 취지의 조사에 응할 의무도 없었다.[52]

　　토지 부문에서도 사유재산권의 보호를 규정한 법안들이 마련되었다. 사
유재산의 상속권을 규정한 1948년 헌법의 정신에 부응하여, 토지도 소유자
가 사망하면 "동거가족 중 경작능력을 지닌 적당한 자"에게 상속될 수 있었

---

51)　崔容達, 1947.2, 「北朝鮮 道·市·郡 人民委員會大會 會議錄」, 『史料集』 8, 66쪽.

52)　1947.2, 「北朝鮮 道·市·郡 人民委員會大會 會議錄」, 『史料集』 8, 62쪽.

다.[53] 한편 헌법 제6조 2항은 개인이 지역에 따라 최대 5정보나 20정보에 달하는 경작지를 소유할 수 있다고 명시했다.[54] 이 조항은 토지개혁 이후 토지소유구조의 분화에 따라 부농의 지위에 오른 5정보 이상 7정보 미만 소유농 10,247호와 7정보 이상 소유농 1,180호에 대한 처리를 확정하고자 입안한 규정이었다. 북조선인민회의 특별회의는 만일 그 규정이 없다면 5정보 이상 소유농 총 11,427호의 토지를 몰수해야 하며, 그러한 조치는 "정치적으로 옳지 못한" 행위라는 해설을 덧붙였다. 조선민주주의인민공화국 수립에 착수한 북한이 부농화한 농민들의 사유권을 인정하고 보호하고자 했음을 볼 수 있다.

사유재산권은 법의 보호 아래 놓였을 뿐만 아니라 유력 정치인들의 옹호를 통해 안정적 입지를 확보해 갔다. 최용달은 1947년 2월에 개최된 북조선도·시·군 인민위원회대회에서 개인소유권을 경시하는 항간의 풍조를 바로잡아야 한다고 역설했다.[55] 그로부터 한 달 뒤 북로당 부위원장 주영하는 양곡 수매에 반대한 농가를 수색한 노동당원들에 대해 강도 높은 비판을 퍼부었다.[56] 그는 당원들의 그러한 월권행위를 "당의 위신을 추락시킨 폭압과 만행"으로 규정하는 한편, 농민들로부터 현물이나 현금 따위의 의무금을 징수하는 행위를 중단하라고 지시했다. 그러한 사례들보다 북한의 사유재산권 보호 의지를 더 상징적으로 보여준 사건이 있었다. 1948년 4월경 북조선인민회의 특

---

53) 이하 조선민주주의인민공화국 내각지시 제2호, 1950.1.9, 「토지행정에 관한 시행요강」, 『史料集』 7, 483~484쪽 참조.

54) 이하 北朝鮮人民會議院, 1948.4.28, 「北朝鮮人民會議 特別會議 會議錄」, 『史料集』 8, 235~236쪽 참조.

55) 1947.2, 「北朝鮮 道·市·郡 人民委員會大會 會議錄」, 『史料集』 8, 66~67쪽.

56) 주영하, 1947.3.15, 「당사업 중에서 부분적 당단체들이 범한 엄중한 오류와 결점을 퇴치함에 관하여」, 『史料集』 17, 93·94·97쪽.

별회의에서 중소상공업을 국유화하자는 한 대의원의 제의가 접수되었으나, 개인소유제의 보호와 민간상공업 발전을 지향하고 있는 헌법의 취지에 어긋난다는 이유로 거부되었다.[57]

한 증언에 따르면 개인의 토지 소유한도와 중소상공업 허용 여부를 둘러싼 갈등은 이미 1947년 말 임시헌법 입안 과정에서 촉발되었다. 소련헌법에 정통한 김택영과 부르주아국가들의 법령을 공부한 국내 운동가 최용달 간의 상이한 입장이 갈등의 중심축을 형성했다. 소련 출신 전문가들이 중소상공업 활동을 불허하고 토지 소유한도를 더 제한해 부르주아지와 부농의 출현을 봉쇄하려 한 반면, 진보적 민주주의국가 건설을 지향한 국내계 전문가들은 봉건제도의 청산과 민주주의의 정착이 시급하다는 논리를 내세워 그에 맞섰다. 사회주의 단계에 들어선 소련과 달리, 조선의 경우 융통성 있고 현실에 적합하며 "공산주의 냄새를 덜 풍기는" 헌법이 필요하다는 점이 국내계 전문가들의 일치된 견해였다. 결국 그들의 구상이 관철돼 중소상공업을 허용하고 토지 소유한도를 5정보 또는 20정보로 설정한 유연한 내용의 법안들이 마련되었다.[58]

한편 북조선인민위원회 산업국 고문으로 잔류한 일본인기술자 今井賴次浪은 국영기업의 운영에 자본주의적 경영 방식을 도입해야 한다고 역설했다. 국영기업의 수지는 변상될 필요가 없다는 산업국 간부들의 생각에 반대한 그는 그 결손이 결국 인민들에게 부담을 안길 뿐만 아니라, 소련도 국영

---

57) 北朝鮮人民會議院, 1948.4.28, 「北朝鮮人民會議 特別會議 會議錄」, 『史料集』 8, 235쪽.

58) 이하 중앙일보 특별취재반, 『秘錄 조선민주주의인민공화국(하)』, 중앙일보사, 1993, 299~304쪽 참조.

기업 수지를 무시하지 않는다는 논리를 내세워 그들을 설득할 수 있었다.[59] 그의 제안이 받아들여지자 국영기업의 생산고와 함께 수지타산도 산업국에 보고해야 할 필수 항목이 되었다. 국영기업 수지 결산제는 자본주의적 사유제의 역할이 긍정된 사회분위기에 힘입어 순조로이 정착되었다.

사유재산권이 안정적 입지를 확보해감에 따라 소자산층 범주에 포함될 수 있는 기업가·상인·수공업자들의 권익 신장도 유리한 국면을 맞았다. 그들은 비록 계급관념을 중시한 북로당의 환대를 받지 못했지만, 자산층 인민의 권익 대변자로서 정당 활동에 참여하거나 입법기구·행정기구에 진출했다. 특히 소자산계급 중심 정당인 조선민주당 내 기업가와 상인들의 활동이 두드러졌다. 1947년 2월경 북조선인민회의에 진출한 조선민주당 소속 대의원 총 30명 가운데 기업가와 상인층이 1/3인 10명에 달했다. 1948년 9월경 발족한 조선민주주의인민공화국 최고인민회의는 기업가층(29명, 5.07%)·상인층(22명, 3.85%)·수공업자층(7명, 1.22%)에게 전체 대의원의 10.14%(58/572)에 달하는 의석을 할당했다.[60]

사유재산권 보호를 모색한 제반 법령과 후속 조치들이 단순한 선전용 정책이 아니었음을 보여주는 두 재판 사례가 있다. 첫 사례는 어느 기혼남성의 국가재산 횡령을 다룬 재판이었다. 공동노력을 통해 축적한 부부의 공동재산 전부가 그 보상 대상이라 전제한 재판관은 범죄 당사자가 아닌 쪽의 고유재산은 공동노력의 산물에 속하지 않으므로 보상 대상에 포함될 수 없다는 판결을 내렸다. 다음 판례는 국유선박을 임차한 어느 어부가 국가뿐만 아니라 사인(私人)과도 채무관계를 맺은 뒤, 사인에게만 채무를 변제한 채 사망한 사

---

59) 森田芳夫, 『朝鮮終戰の記錄』, 東京 : 巖南堂書店, 1964, 798쪽.

60) 1949, 「解放 後 四年間의 國內外 重要日誌」, 『史料集』 7, 773쪽.

건이었다. 홀로 손실을 떠안은 국가기관이 원고자격으로 사인에게 소송을 걸었으나, 재판관은 "동일 채무관계에서 개인이 먼저 채권을 변제받았다는 이유로 국가기관이 자신의 채권을 침해당했다고 주장하는 태도는 부당하다."라고 판결했다. 이 두 재판 사례는 국유재산과 사유재산의 이해관계가 충돌할 경우에도 사유재산권이 법령을 통해 보호받았다는 점에서 주목할 만하다.[61]

한편 농업 부문에서도 사유재산권 보호와 관련해 의미 있는 움직임이 일었다. 토지개혁 이래 북한 당국은 "개인소유제 원칙"에 입각한 농촌경제 운영을 공식화했다. 그러나 그에 역행해 농민들의 사유권을 존중하지 않는 간부들의 사업 태도가 농촌사회 곳곳에서 물의를 빚었다. "구제미"라는 명목 아래 농민들의 의사를 무시하고 양곡을 징수한 촌락간부들의 행위, 유축농들에게 소의 무상대여를 강요한 빈농민들의 강압행위 등이 그 구체적 사례에 속했다. 북로당 중앙상무위원회는 그러한 행위들을 국가가 표방한 개인소유제 원칙을 무시하고 농촌경제의 집단화를 꾀한 급진적 과오에 다름 아니라고 비판했다.[62]

1946~1947년경 농촌 각지에 일고 있었던 급진적 운동의 대표적 형태는 5~7농호를 한 단위로 묶어 운영한 "생산반운동"이었다. 1946년 6월 15일 현재 농민 1,444,100명이 참가한 77,611개의 생산반이 조직되었다.[63] 지방 당 조직이 주도한 급진적 농민운동은 농업경제의 사유제 원칙을 배려하지 않았을 뿐만 아니라, 농민들의 의사에 관계없이 추진되었다는 점에서 과오로 규정

---

61) 이하 김익선, 1949, 「조선민주주의인민공화국 최고재판소 판정례집 제1호」, 『史料集』 11, 313~314·318~319쪽 참조.

62) 북로당 중앙상무위원회 제35차 회의 결정서, 1947.5.20, 「평안북도 춘기파종 진행에 있어서 당단체의 협조정형에 대하여」, 『史料集』 30, 206~207쪽.

63) 鐵牛, 「北朝鮮의 土地改革과 南朝鮮 土地改革의 反動性」, 『로동신문』 1946.9.13.

되었다. 북조선인민회의 제4차 회의에서 농민들의 공동노동을 권장한 한 대의원의 토론에 반대해, 국가의 공식입장을 재천명한 김일성의 결론도 그러한 현 경제노선에 초점을 맞추고 있었다. 그는 농업경제의 개인소유제 원칙에 비추어 공동노동은 아직 시기상조이므로, 그보다 전통적 품앗이를 장려해야 한다고 역설했다.[64]

1948년경까지 개인소유제 원칙의 준수가 농업경제노선으로서 강조되었다면, 1949년 이후의 개인소유제 원칙은 실용적 차원에서 강조되는 경향을 보였다. 농업 부문을 계획경제에 편제하여 지도한 농업통제정책이 이 문제를 이해할 수 있는 실마리를 제공한다. 국가는 중앙으로부터 말단촌락에 이르는 당·인민위원회·사회단체 조직망을 통하여, 파종면적·파종기한·경작곡종·비료살포량·생산목표·수확기한·경작일정 등에 관한 세부계획을 농민들에게 부과하는 식으로 농업 부문에 영향력을 행사했다. 때때로 농촌간부들의 강압에 의존할 필요가 있었던 농업통제정책은 개인소유제에 기초한 농민들의 경작 방식과 충돌하기 일쑤였다.

특히 농업 부문에 책정된 계획목표를 기한 내에 완수하고자 농민들에게 공동노동을 강요한 일부 당 간부들의 사업 방식이 물의를 빚었다. 허가이는 계획의 조기 완수에 집착한 당 간부들이 농민들을 타농가의 작업에 무상으로 동원하는 경향이 있다고 비판했다.[65] 그는 농민들이 자발적으로 품앗이나 소겨리 등 전통적 공동노동을 통해 협력하는 태도는 바람직하나, 다른 형태

---

64)   北朝鮮人民會議院, 1948.2.6, 『北朝鮮人民會議 第四次 會議 會議錄』, 朝鮮人民出版社, 1948, 107쪽.

65)   허가이, 「북조선로동당 하급 당단체들의 九개월간 사업총결에 관한 총화와 당 지도사업 강화에 대하여」, 『근로자』 1949년 3월호(제5호), 8쪽.

의 무상 노력동원은 문제가 있다고 보았다. 농민들 사이에 의존 심리를 조장할 수 있는 그러한 동원 방식이 책임감을 결여한 "농촌건달꾼"들을 낳아 되레 농업생산력 발전을 저해할 수 있기 때문이었다.

한편 농업전문가 김정일은 강원도 안변군과 함경북도 온성군 일대의 간부들이 축우 소유자들의 이해관계를 배려하지 않고 소겨리를 운영함에 따라 축력이 무상으로 동원되었다고 비판했다.[66] 산간지대의 축력이 평야지대의 추경에 동원된 황해도 봉산군의 경우, 정작 축우 소유자들의 경지가 그대로 방치되기까지 했다. 김정일은 그러한 폐해가 축우 소유자들의 불평을 조장해 목축업 기피현상을 낳고 있을 뿐만 아니라 무축농 "건달꾼"의 발생을 촉진했다고 보았다. 따라서 허가이와 김정일은 농촌경제가 시급히 개인소유제를 회복해야 한다고 결론지었다. 그러한 중앙간부들의 입장이 하급 간부들에게 전달되어, 지방 수준의 시정조치가 논의되기까지 채 한 달도 걸리지 않았다. 강원도 인제군 간부들은 각 농가들의 경지면적을 고려하지 않고 소겨리와 품앗이를 실시해 상대적으로 손실을 입은 농가들이 있었음을 인정했다. 그들은 개인소유제 원칙에 어긋나는 공동노동을 금하는 한편, 노동량에 근거한 보수 지불정책을 관철해 나갔다.[67]

농촌사회의 부정적 여론을 촉발한 지방간부들의 과오들 가운데 세외 부담금 징수와 농민들의 이해타산을 고려하지 않은 무상 노력동원은 특히 민감한 문제였다. 강원도 인제군 당국은 농민동맹이 용지대금, 간부들의 출장비, 리농맹위원장 보수금 따위의 명목으로 촌락민들에게 불법적 세외 부담금

---

66) 김정일, 「춘기파종기간에 있어서 우리 당원들의 과업」, 『근로자』 1949년 2월호(4호), 35쪽.

67) 1949.4.3, 「북로당 강원도 인제군당상무위원회 회의록 제41호」, 『史料集』 3, 248~249쪽 ; 1949.5.10, 「북로당 강원도 인제군당상무위원회 회의록 제45호」, 『史料集』 3, 321쪽.

을 징수한 사실과 화전민들을 현물세 운반사업에 무상으로 동원한 일이 있었음을 확인했다. 개인소유제 원칙을 무시한 간부들의 과오는 농촌사회에 부정적 여론을 조성하고, 더 나아가 국가와 농민 사이에 분열을 일으킬 수 있다고 진단되었다.[68] 인제군 당국은 북로당중앙위원회의 지시에 따라 지방간부들의 세외 부담금 징수를 엄금하는 한편, 농민들의 이해관계를 고려하지 않고 추진된 기존의 무상 노력동원을 유상동원 형태로 시정해 갔다. 요컨대 사유재산권 보호에 필요한 제반 법령이 마련되고 여러 보완조치가 시행되는 과정에서, 농촌사회가 신속히 그러한 흐름에 동참할 수 있었던 까닭은 개인소유제 원칙의 준수가 농업생산력 발전에 이바지할 뿐만 아니라 농민층의 부정적 여론을 가라앉히는 데 도움이 되었기 때문이다.

4. 기업가층의 형성

해방 후 생활필수품 부족사태에 직면한 북한은 민간기업 육성을 통한 해결을 모색했다. 사익추구에 부정적 관점을 지닌 평남 지역 조선공산당원들도 일본인들에게서 몰수한 중소기업의 경영권을 민간자본가들에게 위탁하는 한편, 자본·원료·기술의 지원을 적극 주선하기로 결의했다.[69] 1945년 말 조선공산당 평양시당의 후원 아래 개최된 중소상공업자대회와 금속공업 민영업자회의도 민간기업 육성과제를 거듭 강조했다. 그러나 평안남도당이 시인했듯,

---

(68) 1949.11.27, 「북로당 강원도 인제군당상무위원회 회의록 제70호」, 『史料集』 3, 887쪽.

(69) 1945.12.26, 「朝鮮共産黨 平南道 第一次 代表大會」, 『朝鮮共産黨文件資料集』, 한림대출판부, 1993, 63·67쪽.

그러한 노력은 기업들에 실질적인 도움이 되지 못했다.

1946년 초 중앙에 보고된 황해도 각 군의 경제 상황 관련 정보에 따르면, 지방 당국의 관심은 무엇보다 민간기업들의 생산력 향상 과제에 집중되었다. 심지어 농기구 부족을 우려한 황해도 안악군 당국은 "진보적 지주들"이 신속히 철공소 설립에 투자하길 기대하고 있었다.[70] 지주들이 "무능한 기생적 생활"에 안주하지 않고 공업방면 진출을 꾀한다면, 당국은 그들의 "건국투사" 다운 활동을 얼마든 지원할 용의가 있다는 입장을 밝혔다.[71] 민간기업을 적극적으로 육성해 소비품산업을 일으켜야 한다는 방침은 해방 직후의 경제적 상황에 비추어 너무도 자명한 과제였다. 그러나 민간기업은 자신의 출로 개척을 "창발성" 곧 스스로의 경험·자본·노력·아이디어에 의존해야 했을 뿐, 이제 막 수립된 중앙정부의 지원을 기대하기 힘든 실정이었다.

게다가 일제기관·일본인·친일파로부터 몰수한 기업들도 제대로 관리되지 못하는 형편에 있었다. 1945년 12월 현재 그러한 상황에 놓인 평양시 국유기업 수가 총 157개소에 달했다.[72] 몰수를 통해 국유화된 기업들의 관리가 시급한 과제로 부상하자, 당국은 민간기업가들을 활용해 난관을 극복하고자 했다. 그들이 지닌 경험과 기술력은 경영자·기술자 부족에 직면한 국유기업의 운영에 효과적으로 활용될 수 있었다.[73]

민간기업가들의 국유기업 인수·경영은 대개 방매나 임대를 통해 이루

---

70) 黃海道 安岳郡 人民裁判所長·檢察所長, 1946.4.7, 「地方事情 聽取事項 報告의 件」, 『史料集』 9, 160쪽.

71) 李舜根, 「地主여! 榮譽로운 建國에 勇往邁進하라!」, 『正路』 1946.3.9.

72) 1945.12, 「平壤市黨 第一次 代表大會」, 『朝鮮共産黨文件資料集』, 한림대출판부, 1993, 43쪽.

73) U.S. Department of State, North Korea: A Case Study in the Techniques of Takeover (Washington, D.C.: U.S. Government Printing Office, 1961), p. 79.

어졌다. 국유기업의 민간 위양 문제가 구체적으로 논의되기 시작한 시점은 1946년 4월경이었다. 평안남도 산업경제협의회는 기업인들과 관계 당국 책임자들을 아우르는 "확대위원회"를 소집해, "북조선의 산업경제정책"을 협의하자는 공문을 발송했다.[74] 그 공문은 논의의 중심 사안이 될 국유기업의 민간 위양 문제를 해결하고자, 기업가들에게 "이론 문제를 피하고 구체적 현상을 지적"하는 한편 행정 당국에 무엇을 요망하는지 "허심탄회한 건설적 의견"을 제의하라고 당부했다.

위 제안의 경과는 더 이상 확인되지 않는다. 그러나 그에 못지않게 산업경제협의회라는 명칭의 조직이 눈길을 끈다. 1946년 7월 8일에 포고된 "북조선 산업경제협의회령"에 따르면, 이 기구는 북조선임시인민위원회의 지도 아래 민간자본 총동원을 통한 산업경제 건설과 "민간자본의 정상적 발전"을 꾀한다는 목표를 지향했다.[75] 아울러 행정기관의 산업경제정책 기획에 협력과 자문을 제공하고 "민간자본 동원"에 관한 업무를 담당한 점으로 보아, 산업경제협의회는 구체적 기업정책과 관련 법제가 정비되기 전 국가가 직면한 기업소 통제·관리의 문제점을 해결하고자 조직된 과도적 정부 협력기구였을 것으로 추정된다.

산업경제협의회가 주목한 국유기업의 민간 위양방법은 개인소유권 보호조치의 일환으로 1946년 말경에 포고된 여러 법령들을 통해 구체화되었다. 먼저 1946년 10월에 포고된 북조선임시인민위원회 결정 제91호는 민간 소비

---

74) 平安南道 産業經濟協議會, 1946.4.15, 「현하 북조선산업정책에 대한 의견 설문」, 『史料集』 25, 54~55쪽.

75) 北朝鮮臨時人民委員會決定 第三十九號, 1946.7.13, 「北朝鮮産業經濟協議會令」, 『史料集』 5, 167~169쪽.

품의 증산을 꾀하고자, 50명 이하의 노동자가 고용된 국가소유의 공장·제조소·탄광·임산·어산 및 일본인들로부터 몰수해 인민위원회가 관리하고 있는 주택·창고·상점건물 등을 민간기업가와 상업가에게 방매 또는 임대할 수 있다고 규정했다. 그와 관련된 민간업자들의 입찰 절차가 [북조선 산업 및 상업 발전에 관한 법령]에 명시되었다. 특정 기업의 양수나 임대차를 희망하는 이는 향후 1년간의 사업계획서와 양수 희망가의 최고액 또는 임대차 보증금·대차료의 최고 희망가 등을 신청서에 기입하여 제출해야 했다.[76] 동등한 요건을 지닌 신청자가 여럿일 경우 낙찰 우선권은 "개인기업가"에게 부여되었다.

한편 1946년 8월 중요산업국유화조치를 통해 총자산규모 44억 3천 백만 원에 달하는 1,034개소의 기업이 국유화되었다.[77] 전체 공업비중의 90% 이상을 점하는 규모였다. 국유화된 기업들이 [북조선 산업 및 상업 발전에 관한 법령]에 근거하여 민간업자들에게 방매되기 전인 1947년 2월 현재, 민간공업의 비중은 전체공업의 4% 정도에 지나지 않았다.[78] 그러나 국유기업의 방매가 본격화됨에 따라 민간공업은 괄목할 만한 성장추세를 보였다. 민간에 방매된 국유기업 수의 정확한 파악은 한계가 있다. 다만 1946년 8월 중요산업 국유화법령을 통해 국유화된 부문별 기업 수와 1947년 현재 국영기업으로 분류된 기업체 수의 비교가 가능할 뿐이다. 다음 표는 그러한 비교를 통해 국유기업의 민간 방매율을 가늠할 수 있는 단서를 제공한다.

---

76) 1947.2, 「北朝鮮 道·市·郡 人民委員會大會 會議錄」, 『史料集』 8, 63~65쪽.

77) 기업들의 총자산규모는 1945년 8월 15일 현재 가격으로 환산한 금액이다. 1946.10.30, 「日本國家所有였던 공장, 기업소, 수력발전소, 은행 및 기타 對象들을 北朝鮮臨時人民委員會에 이양하기로 한 북조선 주둔 소련군사령부 代表者들의 決定書」, 『蘇聯과 北韓과의 關係 ―1945~1980 ― (Отношения Советского Союза с Народной Кореей)』, 56쪽.

78) 崔容達, 1947.2, 「北朝鮮 道·市·郡 人民委員會大會 會議錄」, 『史料集』 8, 66쪽.

[표 II-1-1 : 공업 부문별 국영기업 수의 변화 추이] 단위 : 개소

	전기	연료	유색	흑색	화학	건재	경공업	계
1946년 국유화된 기업 수	47	66	207	83	88	62	297	850
1947년 국영기업 수	10	42	62	23	12	13	39	201

※참고문헌 : 한림대 아시아문화연구소, 『1946·1947·1948年度 北韓經濟統計資料集』, 한림대출판부, 1994, 142·381쪽.

국유화된 기업소의 통합·폐쇄와 새 국영기업 설립 등의 변수는 방매된 기업체 수의 정확한 산출을 가로막는 요인들이다. 그러나 그러한 변수들을 무시한 단순계산에 따르면 위의 기업들에 한하여 방매된 국유기업 수가 649개소, 방매율이 76.35%(649/850)에 달했음을 볼 수 있다. 1946년 8월에 국유화된 기업들 중 중소업체 대부분이 민간에 방매되었을 것으로 추정된다. 그 외에도 중요산업의 범주에 속하지 않은 전 일제기관·일본인·친일파 소유의 건물들이 민간에 방매 또는 임대되었다. 국유기업의 대규모 방매와 임대는 민간공업의 급성장을 촉진했다. 총 16억 2,190만 원 상당의 생활필수품 생산목표를 확정한 1947년 인민경제계획이 84.7%(13억 7,361만 원)에 달하는 생산 비중을 민간 부문에 할당했을 정도로, 당국은 민간기업의 성장 잠재력에 큰 기대를 걸고 있었다.[79] 총 350만 켤레와 1,200만 벌의 생산목표가 설정된 고무신과 견직물 피복의 경우, 민간공업에 할당된 생산 비중이 각각 전체 생산액의 90%와 75%를 점했다.

한편 이병제(李秉濟)는 이미 몰수돼 국유화된 기업을 제외하고 현존하는

---

79) 1947.2, 「北朝鮮 道·市·郡 人民委員會大會 會議錄」, 『史料集』 8, 93~95쪽.

민간기업을 ①해방 전부터 경영 중인 기업 ②일제의 패망과 함께 휴업 상태에 있는 기업 ③해방 직후 소관 행정기관의 양해 아래 운영을 시작한 기업 ④해방 직후 무허가로 개업한 기업 ⑤해방 직후의 혼란을 이용해 일본인·민족반역자로부터 인계받아 경영 중인 기업 등 다섯 가지 유형으로 분류했다.[80] 그는 그 가운데 적극 지원해야 할 기업으로 ①②유형을 꼽는 한편, "간상적(奸商的) 요소"를 지닐 가능성이 있는 ③유형 기업의 경우 선별적으로 지원할 필요가 있다고 보았다. 반면 ④유형 기업을 운영하고 있는 비양심적 "간상배들"과 국유화되었어야 마땅한 기업을 불법적으로 인수해 경영하고 있는 ⑤유형 업주들은 엄중히 처벌받아야 한다고 비판했다. 민간기업 육성정책에 따라 창업이 쉽게 허용된 점은 불법적 기업들이 난립할 수 있는 여건을 조성했다. "공장·제조소·병원·요리점·여관·상점·수공업소 등의 사유업소"를 개업하려는 이들은 각 도의 군경무 사령부를 찾아 등록절차를 거치기만 하면 영업을 시작할 수 있었다.

당국에 등록된 기업가·상업가·수공업자·서비스업자 등의 민간업자 통계는 해방 후 북한의 민간상공업이 매우 빠른 속도로 성장했음을 보여준다. 1946년 2월 현재 당국이 기업가들과 상인들에게 발행한 인가증은 총 44,868건에 달했다.[81] 그로부터 약 2년이 지난 1947년 12월 화폐개혁 기간 중 다시 한 번 민간업자 수가 집계되었다. 10명 이상의 노동자·사무원을 고용한 민간기업·상사 등의 대표 6,028명과 10명 미만의 노동자·사무원을 고용한 62,862명의 기업가·수공업자·소상인 등이 화폐 교환사업에 참여한 것으로 밝혀졌

---

80) 李秉濟, 「産業 發展에 對한 諸 課業」, 『人民』 1947年 4月號(『史料集』 13, 329~330쪽).

81) 「1946年2月21日現在の金融狀況」, 『旧ソ連の北朝鮮經濟資料集 1946~1965年』, 東京 : 知泉書館, 2011, 3쪽.

다.[82] 민간업소의 증가추세는 그 후로도 멈추지 않아 1949년 6월 말 현재, 허가된 개인 또는 개인법인의 업소 수가 무려 111,338개소에 달했다.[83] 국영업소 수의 48배를 초과한 이 시점의 민간업소 수는 약 3년 전인 1946년 2월에 비해 2.5배 가까이 성장한 규모였다.

그 가운데 북한의 민간공업은 소상인이 압도적 비중을 점한 민간상업 부문과 달리, 상당한 자본과 조직력을 갖춘 기업들을 아우르고 있었다. 1948년 6월 1일 현재 당국에 등록된 제조업주식회사가 164사, 그들이 보유한 자본금 총액은 약 9억 원에 달했다.[84] 1948년 1월에 집계된 인구센서스에 따르면 대표와 중역을 포함한 기업가 수는 총 7,055명이었다.[85] 재북 소련대사관은 1948년 현재 수공업자층을 제외하고, 종업원을 고용한 민간기업이 총 5,326개소에 달한다는 보고서를 작성했다.[86] 그 가운데 30~50명을 고용한 기업이 178개소, 10~30명을 고용한 기업이 542개소, 5~10명을 고용한 기업이 3,525개소, 1~5명을 고용한 기업이 1,081개소였다. 같은 보고서는 그와 함께 민간기업 노동자 수를 1947년 68,733명, 1948년 71,549명, 1949년 73,850명으로 집계했다. 위 통계에 비추어볼 때 1948년경 민간기업 평균 노동자 수가 약 13.4명

---

82) 陸軍大佐 Ignat'ev, 「北朝鮮における貨幣交換の過程」, 『旧ソ連の北朝鮮經濟資料集 1946~1965年』, 東京 : 知泉書館, 2011, 76쪽.

83) 윤형식, 1949.10.20, 「공화국 북반부에 있어서의 세입 원천에 대하여」, 『재정금융』 제2호, 12쪽.

84) 「北朝鮮産業の資料」, 『旧ソ連の北朝鮮經濟資料集 1946~1965年』, 東京 : 知泉書館, 2011, 143~144쪽.

85) 그들의 가족까지 포함한 인원 총 30,323명은 전 인구의 0.33%에 달하는 규모였다. Управление Советской Гражданской Администрации в Северной Корее(북조선 소련민정국), Указ. соч. С. 59.

86) G. Tunkin, 1950.4.1, 「北朝鮮の鐵道と鑛工業」, 『旧ソ連の北朝鮮經濟資料集 1946~1965年』, 東京 : 知泉書館, 2011, 181쪽.

(71,549/5,326)에 달했음을 추산할 수 있다.

한편 민간기업 노동자 수를 68,822명으로 집계한 1948년 1월의 인구센서스는 전체 노동 인구 가운데 그들의 점유율이 약 21.47%(68,822/320,588)에 달했음을 보이고 있다.[87] 1947년 4월 현재 약 30%에 달한 민간기업 노동자 점유율이 1948년 1월 현재 약 21.47%로 급락한 까닭은 소비조합기업들이 창설된 데다, 국영기업의 성장속도가 민간기업을 앞섰기 때문이다.[88] 민간기업과 국영기업의 생산규모를 파악할 수 있는 가장 일반적 지표로 이용된 데이터는 연간 생산액이었다. 아래의 표는 1947~1948년에 걸친 민간공업과 국영공업의 연간 총생산액을 보여주고 있다.

[표 II-1-2 : 1947~1948년 민간공업과 국영공업의 연간 총생산액] 단위 : 천 원

	민간공업 총생산액(점유율)	국영공업 총생산액(점유율)
1947년	1,676,299(11.9%)	11,112,680(79.3%)
1948년	2,391,906(12.1%)	15,674,937(79.5%)

※참고문헌 : 한림대 아시아문화연구소, 『1946·1947·1948年度 北韓經濟統計資料集』, 한림대출판부, 1994, 382쪽 ; 「北朝鮮産業の資料」, 『旧ソ連の北朝鮮經濟資料集 1946~1965年』, 東京 : 知泉書館, 2011, 107쪽.

1948년 현재 국영기업 수의 약 25배에 달한 민간기업이 총생산액 면에서 현저히 뒤처졌다는 점은 수적 열세에 있었던 국영기업들이 규모의 우위를 통해 공업경제를 주도했음을 의미한다. 사실 대기업 위주의 국영기업들과 달리 중소업체가 다수를 점한 민간기업들은 생산액 규모 면에서 국영기업

---

87) Управление Советской Гражданской Администрации в Северной Корее(북조선 소련민정국), Указ. соч. С. 59.

88) 李允金, 「人民經濟 復興과 發展에 對한 豫定數字와 勞動行政」, 『인민』 1947년 4월호(『史料集』 13, 340쪽).

의 경쟁상대가 되지 못했다. 위 표는 1948년 현재 민간기업 수의 1/25에 지나지 않은 국영기업들이 전자보다 6.55배나 많은 제품을 생산했음을 보여준다. 1948년 민간공업과 국영공업 부문의 기업 당 평균생산액을 보여주는 다음 표는 평균규모의 민간기업에 대해 더욱 유용한 정보를 제공한다.

[표 II-1-3 : 1948년 국영공업과 민간공업의 기업 당 평균 생산액] 단위 : 천 원

	총생산액	기업 수(개소)	기업 당 평균 생산액
국영공업	15,674,937	212	73,938.4
민간공업	2,391,906	5,326	449.1

※참고문헌 : 한림대 아시아문화연구소, 『1946·1947·1948年度 北韓經濟統計資料集』, 한림대출판부, 1994, 381~382쪽 ; G. Tunkin, 1950.4.1,「北朝鮮の鐵道と鑛工業」, 『旧ソ連の北朝鮮經濟資料集 1946~1965年』, 東京 : 知泉書館, 2011, 181쪽.

위 표는 평균규모의 민간기업과 국영기업이 1948년 한 해 동안 각각 44만 9천 백 원과 7,393만 8천 4백 원에 달하는 액수의 제품을 생산했음을 보여준다. 평균규모의 국영기업이 1948년에 생산한 제품의 액수가 평균규모 민간기업 생산액의 약 164.6배에 달했음을 알 수 있다. 국영기업에 훨씬 뒤처졌음에도 불구하고, 당시의 물가 수준은 평균규모 민간기업의 생산액이 결코 적은 액수가 아니었음을 드러낸다. 1949년경 1~8급까지 분류된 노동자의 월 임금이 500~1,500원에 달한 점에 비추어, 민간기업 노동자 월평균 임금을 1,000원으로 가정하면, 평균규모 민간기업의 1948년 생산액 44만 9천 백 원은 노동자약 37.4명(449,100/1,000/12)의 1년 임금에 해당한 금액이었다. 요컨대 1948년 현재 노동자 13.4명을 고용한 북한의 평균규모 민간기업은 노동자 37.4명의 연임금에 해당하는 생산고를 올리고 있었다.

민간공업의 발전은 기업가들에게 자본축적의 기회를 제공했다. 국가에

거액의 기금을 헌납한 기업가들이 속속 등장했다는 점은 소득 수준이 매우 높은 자본가층이 형성되고 있었음을 뒷받침한다. 이를테면 1949년 2월경 "평양시 기업가 열성자대회"에 참석해 학교 건설사업 지원을 호소한 이영권과 세창고무공업사 대표 조능준은 각각 500만 원과 200만 원을 기부했다.[89] 이영권이 기부한 500만 원은 앞의 [표 Ⅱ-1-3]에 비추어볼 때, 평균규모 민간기업이 1948년에 생산한 제품 가치의 약 11배에 달하는 막대한 금액이었다. 1949년경 각지에서 빈번히 열린 민간기업가와 상인층의 "애국헌납운동"을 통해, 단 한 차례의 회합만으로도 보통 1천만 원 이상에 달하는 거금이 모금되었다.

그러나 위의 사례들보다 훨씬 경이로운 기부 사례는 1949년 8월경 해방투쟁기념관 건립사업에 무려 3천 5백만 원을 헌납한 여성기업가 김선(52세)의 족적이었다. 그녀의 기부액은 1948년 평균규모 민간기업 생산고의 약 78배, 국영기업 생산고의 절반에 조금 못 미치는 액수였다. 몇 달 뒤에도 1,001만 원에 달한 거액의 조국보위후원금을 기부한 그녀는 다시 한 번 각종 매체들의 주목을 받았다. 선일흥업사 사장이란 직함을 가지고 있었던 김선은 해방 후 무역업에 종사하며 막대한 자산을 축적할 수 있었다. 각 도에 지점들을 소유한 선일흥업사는 주로 수산물과 그 가공품을 취급했다.[90]

---

89) 허민, 「전반적 초등의무교육 실시의 국가적 의의와 一九四九년도의 준비사업에 대하여」, 『인민』 1949년 3월호(『史料集』 37, 729쪽).

90) 김옥인, 「녀성 기업가 김선녀사」, 『조선녀성』 1949년 9월호, 92-93쪽.

5. 민간경제정책의 전환

1947년 11월 현재 당국의 민간기업 통제는 거의 방임 상태에 놓여 있었다. 평양시 민간공장들을 단속한 결과 전체의 30%가 무허가공장인 것으로 밝혀졌다.[91] 게다가 무허가공장들이 생산하고 있었던 품목은 생활필수품이 아닌 화장품과 고급과자 따위의 사치품에 집중되었다. 무허가공장 업주들이 일으킨 가장 일반적 형태의 불법행위는 탈세였다. 당국은 민간공장들의 불법행위와 무허가업체에 대한 단속을 강화하는 한편, "화장품·장식품·넥타이·장갑" 등의 사치품 생산을 억제하기 위한 조치에 착수했다.

국가가 기업주들의 각종 불법행위보다 더 민감하게 받아들인 문제는 노동력 확보를 둘러싼 국영기업과 민간기업 간의 경쟁이었다. 민간기업들의 급속한 성장세가 노동력 부족난에 시달리고 있는 국영기업 노동자의 유출을 조장했기 때문이다. 민간 자동차수리소가 각지에 문을 연 황해도의 경우 국영공장 기술자들의 이직과 함께 자동차부품 절도사건이 빈발했다.[92] 내무기구의 한 간부에 따르면 그와 유사한 사건들이 전국 각지에 횡행하고 있었다. 국영기업 기술자·노동자들의 이직이 민간기업의 더 나은 대우에서 비롯됨에 따라, 국가는 민간기업의 임금에 상한을 설정하거나 초과수당 지불을 금지하는 식으로 국영기업 노동자들의 유출을 막으려 했다.[93]

민간기업들의 각종 불법행위와 노동력 확보를 둘러싼 민간기업과 국영기

---

91) 북로당 중앙상무위원회 제48차 회의 결정서, 1947.11.10, 「생활필수품 증산에 대하여」, 『史料集』 30, 301쪽.

92) 金宗龍, 1947.5.23, 「設問調書 發送에 關한 件」, 『史料集』 9, 398쪽.

93) U.S. Department of State, North Korea: A Case Study in the Techniques of Takeover (Washington, D.C.: U.S. Government Printing Office, 1961), p. 78.

업 간 경쟁에 더하여, 민간상공업의 급속한 성장추세가 국영상공업의 발전을 저해하는 요인으로 작용했다. 이를테면 1947년 2월경 북로당이 직영한 "군중서점"의 한 점원은 "동문당(東文堂)"이란 민간서점이 풍부한 자금력을 동원해 평양시 서적 보급량의 약 80%를 점유하고 있다고 보고했다.[94] 그는 군중서점의 영업 부진 원인을 자금력 부족에서 찾는 한편, 동문당서점이 "보따리 장사배에게 서적을 염가로 판매하여" 판로를 장악했다고 비판했다. 민간상공업의 약진은 평양시의 서적 유통 사례처럼 특정한 부문에 국한된 현상이 아니었다. 상업·지방산업·수산업 부문의 판매고와 생산고도 민간 부문이 국영 부문을 압도했다.

마침내 민간상공업 부문을 겨냥한 비판과 공세가 1948년 3월 말에 열린 북로당 제2차 전당대회에서 본격적으로 개시되었다. 김일성은 공업·광업·임업에서 국영 부문이 이룩한 성과를 높게 평가한 반면, 1947년 상업 총판매고 중 민간상업이 84.5% 지방산업과 수산업 총생산고 중 민간 부문이 각각 87%와 85%를 점했다고 비판했다.[95] 그는 국가시설을 수월히 관리하려 민간업자들과 결탁한 간부들의 편의주의에 그 원인이 있다고 보았다. 곧 그의 비판은 국영시설의 과도한 민간 위양에 초점이 맞추어져 있었다. 김일성은 결국 "모리간상배들"이 우수한 상품을 손에 넣고 국가가 아닌 민간업자들이 양질의 어장과 어선을 이용한 결과, 국영 부문 생산고·판매고가 위축될 수밖에 없었다고 진단했다. 김일성의 요구에 따라 관련 부문 책임자들인 북조선인민위원회 농림국장 이순근과 상업국장 장시우가 자아비판을 했다. 1947년 4월경 국

---

94) 군중서점 총본점 점원 김무용, 1947.2.17, 「群衆書店 工作에 對한 몇 가지 提意」, 『史料集』 17, 31쪽.

95) 이하 김일성, 1948.3.28, 「북조선로동당 제2차 전당대회 회의록」, 『史料集』 1, 329~330쪽 참조.

가시설을 민간에 임대하여 그들의 사익 추구를 조장했다고 반성한 이순근은 1948년 국영 부문 실적을 1947년의 3배 이상 끌어올리겠다는 포부를 밝혔다. 장시우의 자아비판은 국영상업의 이해를 돌보지 않고 무역상품을 민영상사에 넘겼다는 점에 집중되었다.[96]

민간산업의 성장은 북로당 제2차 전당대회의 공세 이후 의도적으로 제약되었다. 1949~1950년 2개년 인민경제계획안에 따르면 지방산업 부문의 국영기업 총생산액 목표는 각각 23억 원과 36억 원으로 설정돼, 1948년 대비 성장률이 285.3%와 437.7%에 달할 것으로 예측되었다. 반면 민간기업의 총생산액 목표는 1948년 실적 23억 9천만 원을 약간 초과한 24억 원과 25억 원에 지나지 않았다.[97] 민간기업에 할당된 생필품 생산액 목표의 비중도 1947년부터 1950년에 걸쳐 각각 84.7%·37%·37%·28%의 급락 추세를 보였다. 무엇보다 국영수산업 부문의 획기적 성장을 목표로 민간에 임대한 어선들을 회수한 조치는 북로당 제2차 전당대회에서 이순근이 밝힌 구상이 실행에 옮겨졌음을 보여준다.[98]

수산업 부문은 민간 부문을 겨냥한 국가의 공세가 어떤 식으로 전개되었는지 중요한 시사점을 제공한다는 점에서 주목할 가치가 있다. 1947년 4월경 북조선인민위원회 농림국은 국가의 민간산업 육성정책에 호응하여, 전체 국가소유 선박의 80%를 민간에 대여한 바 있다.[99] 그 결과 1947년 민간 부문 총

---

96) 장시우, 1948.3, 「북조선로동당 제2차 전당대회 회의록」, 『史料集』 1, 362쪽.

97) 「조선민주주의인민공화국 북반부의 인민경제 부흥발전을 위한 1948년 계획 실행 총결과 1949년 ~1950년 2개년 계획에 관한 법령」, 『근로자』 1949년 2월호(제3호), 26쪽.

98) 李秀台, 「一九四八年度 人民經濟 復興發展 實行에 있어서의 새 經驗과 새 課業」, 『인민』 1948년 9월호(『史料集』 14, 349쪽).

99) 북로당 중앙상무위원회 제37차 회의 결정서, 1947.6.11, 「함남도 어업 생산계획 실행에 있어서 당

수산고의 비중이 87.8%에 달했을 만큼, 민간 수산고가 국영 수산고를 압도했다. 그러나 앞서 살펴보았듯 북로당 제2차 전당대회가 국영수산업의 지나친 위축을 비판하자, 농림국은 민간에 대여한 어선을 회수하고 가공공장·어체(漁滯)시설 등을 확장하여 국영 부문의 급성장을 모색하는 식으로 대응했다.

그에 더하여 1948년 봄부터 수산업 부문 협동단체인 수산합작사 조직사업도 병행되었다. 수산합작사는 선박을 국가에 반환한 영세어민들의 노력을 협동화하여 이익 증진을 꾀하는 한편, 민간수산고의 점유율 감소에도 기여하리라 전망되었다. 당국은 어민들의 자발적 참여를 꾀하고자 면세와 융자 등의 각종 특혜를 수산합작사에 제공했다. 1948년 현재 노동자·사무원·전문가 총 7,638명이 참여한 12개소의 국영수산기업과 90개소의 수산합작사가 운영 중에 있었다.[100] 농림국의 적극적 지원에 힘입어 1948년 국영수산업·수산합작사의 수산고 점유율이 각각 41.2%·19.7%로 급등한 반면, 민간수산업의 수산고 점유율은 지난해의 87.8%에서 39.1%로 급락했다.[101]

그러나 민간수산업의 성장에 제동을 거는 식으로 이루어진 국영수산업·수산합작사의 수산고 점유율 상승이 총수산고의 증가로 이어져, 어민들의 생활 향상에 이바지했을까 하는 점은 곰곰이 따져볼 필요가 있다. 사실 1947년 9월경부터 시작된 합작사운동은 재정적 측면에서 많은 문제점을 드러냈다. 국가는 적극적 대부정책을 통해 합작사를 지원했으나, 부채의 누적이 되레 합작사의 운영에 부담을 안기는 결과를 낳았다.

단체들의 협조정형에 대하여」, 『史料集』 30, 218쪽.

100) 「北朝鮮産業の資料」, 『旧ソ連の北朝鮮經濟資料集 1946~1965年』, 東京 : 知泉書館, 2011, 135쪽.

101) 정준택, 「조선민주주의인민공화국 북반부의 인민경제 부흥발전을 위한 1948년 계획 실행총결과 1949년~1950년 2개년 계획」, 『인민』 1949년 2월호(『史料集』 37, 594쪽).

총 76만 원이 출자된 함경남도 차호(遮湖) 수산물합작사의 경우, 대부액이 무려 출자금의 21배를 초과한 1,598만 원에 달했다.[102] 그에 따라 합작사의 수입은 사원들에게 분배되기보다, 먼저 부채 탕감에 전용되는 경향을 보였다. 대부금 상환에 따른 사원들의 소득 감소와 생계 곤란은 도로 그들의 작업 활동에 부정적 영향을 끼쳐, 합작사의 부실운영으로 이어지는 악순환을 낳았다. 1947년 12월 말 178개사에 달한 합작사 수가 1948년 2월 말 현재 89개사로 급감한 이면에는 그러한 사정이 가로놓여 있었다. 재정 문제에 더하여 원료 부족, 각종 인프라의 미비, 사유제에 집착한 인민들의 심성 등 북한의 합작사운동을 통해 드러난 여러 한계들은 이 운동이 현실의 물적 토대와 객관적 여건을 고려하지 않은 상태에서 착수되었음을 보여준다.

6. 민간기업 통제

민간기업의 증가와 성장은 기업인들이 연루된 각종 불법행위들을 낳았다. 불법적 기업권 획득, 부정한 경로를 통한 원료와 자재의 입수, 생산품 처분 방식의 부정, 생산품 매석을 통한 시장물가 교란 등이 그 구체적 유형에 속했다. 그 가운데 가장 큰 비중을 점한 유형은 8시간노동제·사회보험제·단체계약 등의 노동관계법을 위반하거나 세금을 탈루하는 식으로 부당 이득을 챙긴 업주들의 부정행위였다. 국가기관으로부터 원료를 공급받은 민간업자들은 계약에 따라 제품을 국가에 넘기는 대신 시장판매를 통해 더 큰 이익을

---

102) 金元燦, 「生産合作社運動 一週年의 成果와 當面課業」, 『소비조합』 1948년 10월호(『史料集』 32, 264~265쪽).

얻었다.

　민간공업의 성장에 따른 각종 일탈의 횡행은 철저한 기업 통제정책을 필요로 했다. 게다가 체계적이고 건전한 경제 발전은 국가 주도의 계획경제하에서만 가능하다는 신념이 민간기업 통제정책에 당위성을 부여했다. 북조선인민위원회 상업국장 장시우가 지적했듯, 민간공장이 생필품을 국가 판매루트가 아닌 상인들에게 넘겨 더 많은 이윤을 남기고 있는 행위는 영리를 추구하는 그들의 본성에 비추어 자연스런 대응이었다.[103] 따라서 국가는 민간기업들을 계획경제하에 편제하여 기업가들의 "자유주의적" 경제 활동을 통제하려 했다.

　민간기업들을 계획경제하에 편제하려 한 북한 당국은 대부정책과 배급정책 등의 특혜를 활용했다. 주로 국영기업에 혜택이 집중된 금융기관 대부의 경우, 생산품을 국가에 납품하는 민간기업에 한해서도 허용되었다. 아울러 1947년 초부터 민간기업 노동자들에게도 조건부 배급이 실시되었다. 1947년 1월 6일에 포고된 "식량배급조례"에 따르면, 배급 수혜 자격을 지닌 민간기업 노동자들은 1947년 인민경제계획하에 편제돼 생산품을 100% 국가기관에 납품하는 민간 업체의 노동자들에 한정되었다.[104] 그로부터 약 반 년 뒤에 포고된 "민영기업소 노동자 및 사무원에 대한 양곡 배급가격에 관한 결정서"는 국정가격으로 양곡을 배급받을 수 있는 민영기업의 자격을 더 구체화했다. 계획경제하에 편제돼 생산품을 국가 지시에 따라 처분하는 민영기업, 국정 요금을 받고 국가가 위임한 현물세 양곡을 도정하는 민간정미소와 국가

---

103)　장시우, 1948.3, 「북조선로동당 제2차 전당대회 회의록」, 『史料集』 1, 362쪽.

104)　糧政部布告 第五號, 1947.1.6, 「食糧配給條例」, 『史料集』 5, 365~366쪽.

가 지정한 중요 물자를 운반하는 민간운수업자 등이 그 대상이었다.[105] 산업 부문을 비롯해 국가로부터 유리한 조건을 지원받은 민간 부문은 대개 계획경제하에 편제된 업소와 시설에 집중되었다.

그러나 계획경제하의 국영기업 중심 발전전략이 채택됨에 따라, 민간기업이 국영기업의 발전을 위협할 수 있는 경쟁적 지위에 오르는 상황은 용납되지 않았다. 국영기업과 경쟁할 수 있는 민간기업 30여 개소의 설립을 허가한 평양시인민위원회는 노동당 중앙의 신랄한 비판을 받았다.[106] 민간기업에 대한 각종 차별정책은 그러한 경쟁 국면 돌입의 사전 차단을 모색한 조치였다. 특히 노동력 확보를 둘러싼 국영기업과 민간기업 간 경쟁이 격화됨에 따라, 국가는 민간기업의 임금 책정에 적극 간여하기 시작했다. 민간기업의 고임금 지불이 국영기업 노동자들의 이직을 조장할 수 있었기 때문이다.[107]

국영상공업의 우위 선점을 모색한 국가의 노력은 민간상공업에 대한 각종 차별을 낳았다. 그러한 차별은 소극적 지원과 적극적 통제를 병행하는 식으로 이루어졌다. 소극적 지원의 대표적 형태는 금융기관의 대부정책이었다. 1948년 한 해 동안 생산업소에 융자된 대부금 중 국영기업·소비조합기업·생산합작사 대부가 97.5%를 점한 반면 민간기업 대부는 2.5%에 지나지 않았다.[108] 그것은 민간상공업을 겨냥한 본격적 공세, 곧 1948년 3월 북로당 제2

---

105) 北朝鮮人民委員會決定 第五五號, 1947.7.12, 「民營企業所 勞動者 및 事務員에 對한 糧穀 配給價格에 關한 決定書」, 『史料集』 5, 388쪽.

106) 북로당 중앙상무위원회 제17차 회의 결정서, 1946.12.17, 「평양특별시 인민위원회 내 당단체의 사업정형에 대하여」, 『史料集』 30, 75쪽.

107) U.S. Department of State, *North Korea: A Case Study in the Techniques of Takeover* (Washington, D.C.: U.S. Government Printing Office, 1961), p. 78.

108) 金燦, 1949.1.21, 「北朝鮮中央銀行 一九四八年度 事業 總結 報告」, 『史料集』 8, 550쪽.

차 전당대회가 개막되기 전의 민간 대부율에 비해 현저히 줄어든 수준이었다. 예를 들어 1947년 4월 1일 현재 북조선중앙은행 제 지점들은 국영업체와 협동단체에 융자한 2억 8천 백만 원(55.8%)에 조금 못 미치는 2억 2천 3백만 원(44.2%)을 민간기업에 융자하고 있었다.[109]

사실 북한의 민간기업 통제 방식들은 소련과 동유럽권 국가들의 경험에 연원을 두고 있었다. 원료와 연료의 공급을 통제해 민간기업의 존폐를 좌우할 수 있었던 1920년대 소련의 경험과 제2차 세계대전 이후 '원료·연료 공급의 통제' '가격통제' '세금정책' 등을 통해 민간산업의 자본주의적 발전을 억제한 동유럽권 국가들의 경험이 북한에 지속적으로 도입되었다.[110] 한국전쟁 발발 후 북한 지역에 파견된 미국무성 연구조사단도 원료와 연료의 공급을 국가에 의존하고 있는 민간기업들의 불안한 입지에 주목했다.[111] 민간기업 가동에 필요한 금속·방사·지류·화학제품 등의 원료와 반제품은 국영기업이 독점적으로 공급한 품목들이었다. 미국무성 연구조사단의 진단에 따르면 국가가 제공한 원료와 연료는 먼저 국영공장에 배분되었고, 여분이 존재할 경우에야 민간기업의 몫이 보장되었다. 따라서 민간기업의 원료·연료 확보는 안정적으로 이루어지지 않았다.

한편 계획경제에 편제된 민간기업 노동자들이 받은 배급량은 국영기업 노동자들의 수준에 미치지 못했다. 금속공장·섬유공장·농기구제작소 등 중

---

109) "Об экономическом и политическом положении Северной Кореи(북조선의 정치경제 정세에 대하여)", 1947, ЦАМОРФ, ф. 172, оп. 614631, д. 39, л. 43.

110) Alec Nove, *An Economic History of the U.S.S.R.* (Harmondsworth: Penguin Books, 1972), p. 105, p. 137.

111) U.S. Department of State, *North Korea: A Case Study in the Techniques of Takeover* (Washington, D.C.: U.S. Government Printing Office, 1961), pp. 78~79.

요 민영기업 노동자들에게 적용된 배급등급은 같은 직종의 국영기업보다 낮은 2급에 지나지 않았다.[112] 물론 그러한 차별도 노동력 모집을 둘러싼 국영기업과 민영기업 간 경쟁을 염두에 둔 조치였다. 배급제는 민간기업 노동자뿐만 아니라 기업주에게도 불리한 정책이었다. 시가보다 훨씬 낮은 국정배급가에 따라 책정된 배급품 가격의 인하분이 일정 정도 민간업주에게 전가되었기 때문이다. 평균적으로 배급가격은 시장가의 1/3에 미치지 못할 만큼 대상자들에게 큰 혜택을 제공했다. 백미의 경우 1950년 초 배급가격이 시가의 1/9에 지나지 않았다.[113] 사회보험료도 민간기업에 적잖은 부담을 안겼다. 국영기업과 협동단체기업이 지불 임금의 5~8%를 보험료로 납부한 반면, 민간업주들에게 부과된 보험료는 지불 임금의 10~12%에 달했다.[114]

민간업주들이 떠안아야 했던 가장 큰 경제적 부담은 조세였다. 근로·사업·자유·문예 소득세로 구성된 총 네 종류의 소득세 가운데 사업소득세가 민간기업가와 상인층에게 부과되었다. 납세자 연간 소득액의 12~63%에 달하는 세율을 적용한 사업소득세의 초과누진세율은 기업가와 상인층의 자본 축적을 제한하고자 고안된 원리였다. 곧 그것은 연간 6천 원 이하의 소득을 올린 업자들에게 12%의 세율을 적용한 반면, 그 이상의 소득부터 누진율을 적용해 연간 24만 원 이상의 소득을 올린 업자들에게 50% 이상에 달하는 고율의 세금을 부과했다.[115] 한편 미국무성 연구조사단은 농업현물세제와 유사한

---

112) 糧政部布告 第五號, 1947.1.6, 「食糧配給條例」, 『史料集』 5, 365~366쪽.

113) U.S. Department of State, *North Korea: A Case Study in the Techniques of Takeover* (Washington, D.C.: U.S. Government Printing Office, 1961), p. 73.

114) 1947.2, 「北朝鮮 道·市·郡 人民委員會大會 會議錄」, 『史料集』 8, 55쪽.

115) 北朝鮮人民委員會法令 第二號, 1947.2.27, 「北朝鮮 稅金制度 改革에 關한 決定書」, 『史料集』 5, 440쪽.

소득세 산정체계가 납세자들의 부담을 실제 세율에 비해 더 높인 요인이었다고 진단했다. 곧 예산안에 기초하여 각 도에 분담된 세액이 다시 하급 군 단위에 부과되면서 할당량의 증가를 수반함에 따라, 민간기업가들의 세금이 규정된 세율보다 높게 산정되었다는 결론이었다.[116] 계획경제하의 세금이 기업의 총매출액이나 이윤이 아닌 '총생산액 목표'에 근거하여 책정되었기 때문에 발생한 현상이었다.

한편 민간기업 통제는 노동당과 직업동맹의 검열을 통해 이루어지기도 했다. 비교적 규모가 커 다수의 노동자·사무원들을 고용한 민간기업들은 기업 내에 설치된 직업동맹이나 당 조직의 견제를 받았다. 직업동맹에서 민간업주 측의 영향력을 배제하고자 공장지배인과 고급사무원의 가입을 금지한 조치가 1946년경부터 시행되었다.[117] 민간기업주와 단체계약을 체결한 직업동맹은 기업 내 노동법령의 이행을 검열할 수 있었다. 직업동맹뿐만 아니라 노동당 세포도 민간기업 내에 조직되었다. 자신이 일하는 공장의 생산량과 원료 소모량 등을 간파하고 있었던 당원 노동자들의 활동은 탈세를 비롯한 기업주들의 각종 불법행위를 억제하는 데 도움이 되었다. 국가의 개입을 통한 여러 형태의 통제정책은 민간공업 부문의 성장속도를 제약했다. 1946~1949년에 걸친 국영공업·민간공업의 생산액 증가추이를 보여주는 아래의 표는 양자의 대조적 발전양상을 선명히 보여준다.

---

116) U.S. Department of State, *North Korea: A Case Study in the Techniques of Takeover* (Washington, D.C.: U.S. Government Printing Office, 1961), pp. 78~79.

117) 麟蹄郡黨部, 1946.6.2, 「勞動運動 指導에 關한 件」, 『史料集』 15, 16쪽.

[표 II-1-4 : 1946~1949년 국영·민간공업의 생산액과 성장률] 단위 : 억 원

	국영공업 생산액		민간공업 생산액		B/(A+B)
	액수(A)	1946년 대비 성장률	액수(B)	1946년 대비 성장률	
1946년	49.26	100.00%	15.78	100.00%	24.26%
1947년	111.13	225.60%	16.76	106.21%	13.11%
1948년	156.75	318.21%	23.92	151.58%	13.24%
1949년	192.23	390.24%	24.19	153.30%	11.18%

※참고문헌 : 한림대 아시아문화연구소, 『1946·1947·1948年度 北韓經濟統計資料集』, 한림대출판부, 1994, 382쪽 ; 「조선민주주의인민공화국 북반부의 인민경제 부흥발전을 위한 1948년 계획 실행 총결과 1949년~1950년 2개년 계획에 관한 법령」, 『근로자』 1949년 2월호(제3호), 26쪽.
※1949년 통계는 1949~1950년 2개년 인민경제계획에 설정된 목표치이다.
※국영·민영공업 모두 여느 시기보다 1948년에 가장 높은 성장률을 기록했다. 위의 표는 1947년 12월의 화폐 교환사업 이후 신화폐 가치가 2배 가까이 상승한 점을 반영하지 못하고 있다.

7. 민간경제의 재도약

　북로당 제2차 전당대회를 계기로 강화된 북한의 민간상공업 통제정책은 1949년 1월부터 5월에 걸쳐 절정에 달했다. 그 기간 동안 기업가와 상인층은 은행의 융자를 받지 못했고 철도교통을 통해 화물을 운반할 수 없었다. 북한에 체류한 한 소련인 고문은 "경제면에서 민간상인과 기업가를 배제"하기 위해 그러한 조치가 실행되었다고 고백했다.[118]

　이 시기 기업가층의 불안한 입지를 간파하고 있었던 미국무성 연구조사

---

118)　商業專門官 Neumeikov, 「1949年上半期北朝鮮の小賣取引と地方産業の結果」, 『旧ソ連の 北朝鮮經濟資料集 1946~1965年』, 東京 : 知泉書館, 2011, 171쪽.

단은 원료와 연료 부족에 직면한 민간기업들의 설비 실가동률이 전체 공장 가동력의 25% 정도에 지나지 않았다고 분석했다.[119] 그러나 그러한 분석은 기업가층이 지닌 역량을 과소평가함과 함께, 비공식 경제루트를 활용한 그들의 출구 모색을 고려하지 않은 진단이었다. 사실 당국의 민간상공업 통제정책이 절정에 달했을 때에도 기업가들은 나름의 자구책을 강구하며 경쟁력을 유지할 수 있었다. 곧 그들은 국가가 아닌 비공식루트를 통해 생산품을 판매하여 여전히 이익을 남겼고, 국가의 원료·연료 공급이 원활하지 못할 경우 상인들로부터 월경밀무역을 통해 유입된 물자를 조달받았다.

국가의 민간기업 통제와 관련해 국가계획위원장 정준택은 원료와 자재 구입난에 직면한 기업가들이 국가에 대해 터무니없는 불만을 품고 있다고 비판했다. 그는 원료와 자재의 배정이 실시될 때 민간기업이 무조건 후순위로 밀린 것은 아니었다고 단언했다. 인민경제계획에 중요한 역할을 담당하고 있는 민간기업이라면, 국영기업 배정량의 감축을 통해서라도 그것들을 공급받았기 때문이다. 게다가 민간 대외무역이 허용됨에 따라 기업가들은 수입된 원료와 자재를 확보할 수 있었다. 정준택은 그러한 근거들을 제시하며, 국가가 수입물자 전부를 배정한다는 기업가들의 불만은 근거 없는 낭설에 지나지 않다고 일축했다.[120]

사실관계에 비추어볼 때 기업들의 불평에 대한 그의 반박은 재고의 여지가 있다. 그러나 그보다 더 중요한 사실은 그의 견해가 민간상공업정책의

---

119) U.S. Department of State, *North Korea: A Case Study in the Techniques of Takeover* (Washington, D.C.: U.S. Government Printing Office, 1961), pp. 78~79.

120) 정준택, 「개인기업과 상업에 대한 공화국정부의 배려와 그 발전의 전망」, 『인민』 1949년 11월호 (『史料集』 39, 193~194·199~200쪽).

재전환이 이루어진 뒤에 표명된 입장이라는 점이었다. 국가가 민간상공업을 압박한 적이 없다는 뉘앙스를 풍기는 그의 주장은 기업가와 상인층에 대한 비판 자체에 목적이 있었다기보다, 그들과의 화해를 염두에 둔 국가 측의 입장을 대변하고 있었다. 1949년 1월부터 5월까지 절정에 달한 국가의 민간상공업 통제정책은 어떤 이유에서인지 6월경부터 돌연 급선회하기 시작했다.

1949년 6월 28일자 『로동신문』 기사들은 다시 파격적 수준의 민간상공업 지원정책이 실시될 것임을 예고했다. 담보가 있는 한 인민경제계획에 참여하지 않은 기업가들과 상인들에게도 자금을 제한 없이 대부하고, 매달 화물 수송계획서를 제출한 기업가와 상인들에게 철도교통 이용을 허가하며, 위탁과 분광을 통한 민간의 광업 경영을 허용한다는 내용의 기사들이 지면을 메웠다.[121] 1949년 7월 18일에 포고된 "내각결정 제88호"는 수입한 물자의 품종·수량·규격·처분 전말을 보고하면, 개인법인 또는 개인자연인도 상업상의 허가 아래 대외무역에 참여할 수 있음을 공식화했다.[122] 1949년 중순경 주류 전매제 도입 계획이 폐기된 까닭도 그것이 기업가층의 이해를 침해할 소지가 있었기 때문이다.

그러면 민간상공업정책의 재전환이 다름 아닌 1949년 6월경에 이루어진 까닭은 무엇일까? 상업성의 한 소련인 고문은 그와 관련해 두 가지 근거를 제시했다. 기업가와 상인층에 대한 부적절한 기존 관행의 시정 필요성과 "국

---

121) 「중소상공업 발전 위하여 자금은 무제한으로 대부」, 『로동신문』 1949.6.28 ; 「국가의 적극적 시책으로 중소상공업 발전을 촉진」, 『로동신문』 1949.6.28 ; 「개인도 광업을 경영할 수 있게 된다」, 『로동신문』 1949.6.28.

122) 내각결정 제88호, 1949.7.18, 「'개인 대외무역 허가에 관한 규정' 승인에 관한 결정서」, 『史料集』 22, 10쪽.

내의 정치상황"이 그것이었다.[123] "국내의 정치상황"이란 다름 아닌 1949년 6
월 27일에 결성된 조국통일민주주의전선(이하 조국전선)의 발족을 가리키고 있
었다. 전체 인민의 연대를 강조한 조국전선은 자산층 인민인 기업가와 상인
들의 지지·협력을 이끌어낼 필요가 있었다. 기업가와 상인층에 대한 부적절
한 기존 관행의 시정이 요구된 까닭은 바로 그러한 이유에서였다.

　더구나 그 구성 대상에 남한 지역 인민까지 염두에 두고 있었던 조국전
선은 남한 자산층 지지기반의 확보에도 주목했다. 법령을 통해 포고하는 형
식이든, 각종 매체를 통해 선전하는 방식이든, 민간상공업 지원정책의 재천
명은 그들을 향한 호소의 성격을 띠었다. 북한의 우호적 민간상공업정책을
남한 자산층에 대한 선전의 관점에서 바라본 미국무성 연구조사단의 평가는
바로 그에 기초한 진단이었다.[124] 이미 1948년 9월에 창설된 최고인민회의가
남북한 전체 자산층의 이해를 대변한 기업가·상인·수공업자 출신 대의원을
58명(10.14%)이나 발탁한 전례도 통일전선의 강화를 염두에 둔 조치였다.

　1949년 7월 23일 평양 모란봉극장에서 열린 평양시상공업자 궐기대회는
조국전선의 그러한 의도에 호응한 기업가·상인·수공업자 900여 명의 참여를
이끌어냈다. 그러나 남한 지역 자산층은 어떠한 반응도 보이지 않았다. 평양
시상공업자 궐기대회를 주도한 세창고무공업사 대표 조능준은 조국전선의
선언서에 입장을 표명하지 않고 있는 남한 자산층의 태도가 애국적 조선 상
공인들의 도리가 아님을 역설하는 한편, 그들에게 조국전선 가입을 호소하는

---

123)　商業專門官 Neumeikov, 「1949年上半期北朝鮮の小賣取引と地方産業の結果」, 『旧ソ連の
　　　北朝鮮經濟資料集 1946~1965年』, 東京 : 知泉書館, 2011, 172·176·180쪽.

124)　U.S. Department of State, *North Korea: A Case Study in the Techniques of Takeover* (Washington,
　　　D.C.: U.S. Government Printing Office, 1961), p. 200.

공개서한을 보내자고 제의했다.[125]

비록 정치적 의도를 지닌 정책의 전환이었지만, 민간상공업 활동을 옥죄고 있던 각종 규제가 풀리자 그것은 다시 중흥기를 맞았다. 한 소련인 상업 고문은 민간화물의 철도수송 재개, 북조선중앙은행의 민간 대출 재개, 상업성의 민간 대외무역 인가 등이 불러온 민간경제의 급속한 성장에 깊은 인상을 받았다. 위탁과 분광을 통한 민간의 광산 경영이 허용되자 많은 기업가들이 참여를 신청했고, 민간 대외무역이 공식화된 지 몇 달 만인 1950년 초 대소무역을 제외한 민간무역의 비중이 전체 무역액의 23%를 점할 만큼 급성장했다.[126] 민간공업의 약진도 두드러졌다. 63,520명에 달한 1948년 7월 현재의 민간기업 노동자·사무원 수가 1949년 7월 현재 87,451명으로 증가했다.[127] 1949년 7월 현재 해외시장을 공략하며 성장을 지속한 민간공업 부문의 기업 수가 아래의 표에 나와 있다.

[표 II-1-5 : 1949년 7월 현재 부문별 민간기업 쉬] 단위 : 개소

	섬유 기업	고무 기업	식기 기업	가구 기업	금속가공 기업	화학 기업	식료품 기업	기타	계
기업 수	392	66	305	140	1,050	54	515	3,472	5,994

※참고문헌 : 商業專門官 Neumeikov, 「1949年上半期北朝鮮の小賣取引と地方産業の結果」, 『旧ソ連の北朝鮮經濟資料集 1946~1965年』, 東京 : 知泉書館, 2011, 177쪽.

---

125) 「조국전선에 가입하지 않은 남반부 기업가 상인 수공업자들에 보내는 공개서한」, 『로동신문』 1949.7.27.

126) 駐朝鮮ソ連大使館 2等 書記官 Nikitin, 1950.5.4, 「1950年第1四半期DPRKの貿易」, 『旧ソ連の北朝鮮經濟資料集 1946~1965年』, 東京 : 知泉書館, 2011, 190쪽.

127) 商業專門官 Neumeikov, 「1949年上半期北朝鮮の小賣取引と地方産業の結果」, 『旧ソ連の北朝鮮經濟資料集 1946~1965年』, 東京 : 知泉書館, 2011, 176~180쪽.

민간경제의 급성장에 기여한 1949년 중순경의 각종 규제 완화는 전시까지 이어졌다. 그러한 유연한 정책은 민간상공업의 성장이 국영·소비조합 부문에 아직 위협이 될 정도는 아니라는 판단하에 지속될 수 있었다. 그러나 민간상공업정책 전환 여부에 관계없이 국영 경제 부문의 우선성은 굳건히 유지되었다. 1949년 중순경 국가가 민간상공업정책의 재전환을 선언했을 때조차, 산업성의 한 간부는 민간기업이 국영기업보다 더 많은 임금을 노동자들에게 지불하는 행위는 위법이라고 선을 그었다.[128]

---

128) 「중소상공업가들과 로동법령」, 『로동신문』 1949.6.28.

민간상업 통제와 상인층의 대응

1. 간상인가, 상인인가?

"간상(奸商)"은 상인들의 부정적 속성을 함축한 전통적 용어이다. 한 논자는 과거 중국의 "봉건적 자연경제"하에서 간상현상·천상관념·억상정책이 악순환될 수밖에 없었던 논리적 근거를 제시했다.[129] 그에 따르면 상인이 간악해질수록 백성은 상인을 혐오하고 천시했으며, 백성이 상인을 멸시할수록 통치자는 억상정책을 강화할 수 있었고, 억상정책에 맞서고자 상인은 더 간악해지는 경향을 보였다. 전근대 시기의 부정적 상인관은 해방 이후까지 명맥을 유지했다. 이를테면 문학인 안함광은 "장사치"의 부정행위나 거짓말이 일반인들에게 당연시되고 있다고 보았다.[130] 1949년 초 인민들이 소비조합상점보다 "일반 간상배 상점"을 더 많이 이용하고 있다는 강원도 인제군 한 간부

---

129) 친후이(秦暉)·쑤원(蘇文) 지음, 유용태 옮김, 『전원시와 광시곡』, 이산, 2000, 205쪽.

130) 安含光, 「商業과 文化」, 『소비조합』 1948년 5월호, 18쪽.

의 지적도 전통적 상인관에 변화가 없었음을 보여준다.[131] 사실 해방 후 북한 지역의 경우 "모리간상배"라는 표현이 상인층을 가리키는 일상용어로 사용되었다.

상업망이 뒤처진 지역을 재빨리 파고드는 상인들의 기민성은 그들의 탐욕적 속성을 떠나 설명되기 어려웠다. 곧 그들의 기민한 활동은 소비자들의 복리에 기여하기보다, 자신들의 사익 추구만을 염두에 둔 행위라고 인식되는 경향이 있었다. 비생산업에 종사하며 유통과 판매행위만으로 고소득을 올릴 수 있다는 점이 상인층에 대한 마르크스주의자들의 대표적 불만 사항이었다. 한편 상인층에 대한 마르크스주의자들의 불신과 경계심이 전혀 근거 없는 편견의 산물만은 아니라는 점도 분명했다. 상인들의 각종 일탈행위가 해방 직후 경제적 혼란을 부채질했기 때문이다. 이를테면 38선 월경밀무역에 가담한 상인들은 가치가 폭락한 남한의 조선은행권과 위조지폐를 들여와 북한 지역의 물가상승을 조장했다.

당국은 상인들이 연루된 일탈행위가 1947년 12월경에 단행된 화폐교환 사업에서 절정에 달했다고 보았다. 통화량 감축을 모색한 화폐 교환액의 제한과 예금의 차등 지불 방침이 결정됨에 따라, 상인들은 보유 화폐를 상품으로 전환하는 일에 주력했다. 그들 가운데 일부는 은밀히 청우당·민주당이나 사회단체에 화폐교환을 의뢰하여 거액의 신화폐를 거머쥐었다.[132] 거액의 구화폐 보유가 곧 손실을 의미했기 때문에, 화폐교환사업 기간 동안 민간상점들이 문을 닫았고 평양·함흥·신의주시 등의 시장들에서 곡물 판매가 자취를

---

131) 1949.1.28, 「북로당 강원도 인제군당상무위원회 회의록 제35호」, 『史料集』 3, 118쪽.

132) 陸軍大佐 Ignat'ev, 「貨幣交換の經過報告」, 『旧ソ連の北朝鮮經濟資料集 1946~1965年』, 東京 : 知泉書館, 2011, 73쪽.

감췄다. 평양 일대의 시장들에서 물물교환이 이루어지고 있다는 사례들도 보고되었다. 상인들의 판매 활동 중단과 시장 내 상품의 고갈은 자연스레 물가 폭등을 촉발했다.[133]

신화폐의 효력을 의심하는 상인들의 풍설 유포도 화폐개혁의 성공을 위협한 요인이었다. 신화폐의 폐지를 예상한 그들의 풍설은 그것이 국제사회의 공인을 받은 통일정부의 화폐가 아니란 점에 초점이 맞추어져 있었다. 이를테면 "화폐개혁은 2개월 이상 지속되지 못한다. 그것은 북조선의 일시적 현상일 뿐이다.", "유엔이 곧 신화폐의 폐지를 명령할 것이다.", "우리는 신화폐의 효력을 믿지 않는다. 왜냐하면 그것은 통일정부의 화폐가 아니기 때문이다." 따위의 풍설이 나돌았다.[134]

화폐개혁의 추진에 걸림돌이 된 그러한 풍문들은 상인층에 대한 당국의 효과적 비판소재임과 아울러, 국가에 대한 상인층의 불만이 고조되었음을 나타내는 징후이기도 했다. 북한 지역의 상품 종류와 수량이 너무 적다거나 영업허가증 취득에 많은 비용이 소요된다는 등 숱한 불평불만이 상인들로부터 제기되었다.[135] 국가를 향한 그들의 가장 큰 불만은 갑작스런 화폐개혁의 실시였다. 원산시의 어느 상인은 그것을 "불시 기관총 사격"에 비유하기까지 했다. 황해도 송화군의 한 상인이 내비친 불만은 상인층이 처한 입지를 절묘

---

133) 陸軍大佐 Ignat'ev, 「北朝鮮における貨幣交換の過程」, 『旧ソ連の北朝鮮經濟資料集 1946~1965年』, 東京 : 知泉書館, 2011, 75쪽.

134) 陸軍中將 Kortokov, 「北朝鮮における貨幣交換の準備・實施結果」, 『旧ソ連の北朝鮮經濟 資料集 1946~1965年』, 東京 : 知泉書館, 2011, 83쪽.

135) Игнатьев, "О социальности, экономическом и политическом положении Северной Кореи(북조선의 사회·경제·정치적 정세에 관하여)", 1947, ЦАМО, ф. 172, оп. 614632, д. 8, л. 28.

하게 묘사하고 있었다. "노동자는 노동법을 얻고, 농민은 토지를 얻었다. 그러나 우리 상인이 얻은 것은 무엇인가?" 화폐개혁은 그의 앞날에 너무도 암울한 전망을 예고하는 듯했다. "화폐개혁이 우리의 목을 조일 것이다. 이제 상업은 소비조합과 국영상점만의 업무일 뿐이다. 우리는 끝났다!"[136]

한편 상인층에 대한 당국의 불신을 높인 요인들 가운데 가장 우려된 문제는 물자 매점에 따른 물가상승이었다. 해방 직후 물가폭등이 민간사회의 심각한 생활고를 유발함에 따라, 그의 억제에 도움이 될 수 있는 매점행위의 단속이 강화되었다. 물가등귀는 소련군의 막대한 군표 발행, 일제 말 침략전쟁의 장기화에 따른 조선 내 물자의 소진, 해방 후 공장가동 중단에 따른 생활필수품 부족사태 등이 뒤얽혀 발생한 현상이었다.[137] 게다가 그간 남한 지역에 의존해오던 식량 조달이 38선 획정으로 중단됨에 따라 곡가마저 폭등하는 경향을 보였다. 1947년 11월 현재 평안남도 중화군의 백미 한 말 시장가격이 겨우 5일 사이에 600원에서 750원으로 폭등했을 정도였다. 1년 전 황해도 신천군 내 각 공장의 노동자 하루 평균임금이 20~30원 정도였음을 감안하면, 미가 등귀가 얼마나 심각한 상황에 달했는지 가늠할 수 있다.[138] 1946년 12월 현재 평양시 평균 소매물가의 경우 해방 당시에 비해 10.4배 가까이 치솟았다.[139]

해방 후 물가안정 과제는 북한 지역 경제 문제 해결의 중심에 있었다. 통

---

136)   陸軍中將 Kortokov, 「北朝鮮における貨幣交換の準備·實施結果」, 『旧ソ連の北朝鮮經濟 資料集 1946~1965年』, 東京 : 知泉書館, 2011, 83쪽.

137)   전현수, 1996.3, 「1947년 12월 북한의 화폐개혁」, 『역사와 현실』 제19호, 190쪽.

138)   保安處, 1947.11.23, 「一九四八年 事業關係書類」, 『史料集』 9, 399~400·403쪽.

139)   한림대 아시아문화연구소, 『1946·1947·1948年度 北韓經濟統計資料集』, 한림대출판부, 1994, 106~107쪽.

화량 감축을 통해 시장 상품량의 상대적 과잉을 꾀하는 방식이 가장 적극적으로 활용된 인플레이션 방지책이었다. 이를테면 은행의 대부를 제한한 금융정책이 그 대표적 조치에 속했다. 정식 점포를 소유한 상인들에게 대부가 허용되었으나, 1948년 상업 부문에 융자된 대부금 중 민간 수혜율은 0.5%에 지나지 않았다.[140] 통화량을 감축하는 식의 인플레이션 방지책은 해방 직후 북한 지역에 잔류한 일본인들의 사유재산에도 적용되었다. 만주로부터 유입된 피난민들의 소지금이 통화팽창을 유발한 데다, 일본인들이 평양 일대의 은행에서 인출한 예금액이 약 2억 원이란 막대한 규모에 달했기 때문이다. 따라서 평안남북도 각지 인민위원회는 일본인들이 소유한 현금의 은행 예치를 지시하는 한편, 매 달 일정 한도의 소액을 생활비로 지불하는 방식을 통해 통화량의 조절을 꾀하고자 했다.[141]

상인들의 물가 교란행위에 대비해 경제경찰이 동원되었다는 점도 해방 직후 북한이 직면한 경제 문제의 심각성을 잘 드러낸다. 내무기구의 수사는 상인들의 법령위반 여부를 밝히는 데 그치지 않고, 그들이 저지른 범법행위가 어떠한 의도를 가지고 실행되었는가에 더 주목하는 경향을 보였다. 내무기구의 관점에서 상인들의 범법행위는 생계유지나 생활난의 타개를 모색한 대응이라기보다, 사익을 위해 국가경제의 교란도 마다하지 않는 간악한 이기심의 발로일 뿐이라고 간주되었다. 따라서 여러 요인이 맞물려 발생할 수 있는 시장물가와 양곡가격의 폭등현상도 "악질 간상배의 책동" 탓으로 진단되기 일쑤였다. 내무기구의 분석에 따르면 곡가 상승을 노린 상인들의 전략은 매점행위와 풍설 유포에 집중되었다.

---

140) 金燦, 1949.1.21, 「北朝鮮中央銀行 一九四八年度 事業 總結 報告」, 『史料集』 8, 551쪽.

141) 森田芳夫, 『朝鮮終戰の記錄』, 東京 : 嚴南堂書店, 1964, 253~254·956~957쪽.

1947년경에 저술된 내무기구의 한 수사교재는 상인들의 매점과 풍설 유포를 통한 시장물가의 상승원리를 다루고 있다.[142] 흥남인민공장의 대표적 생산품 중 하나인 비누로부터 이야기를 풀어나가는 그 교재는 비누원료가 부족하다는 정보를 입수한 상인들이 공장 생산량의 감소를 예측해 그것을 대량으로 매점한 사례를 소개한다. 이어 교재는 비누를 창고에 쌓아둔 채 곧 가격이 개당 100원까지 오르리란 풍설을 퍼뜨리며, 그것을 본격적으로 소비하는 해빙기를 맞을 때까지 판매를 중단하고 있는 상인들의 수법에 주의를 당부한다. 그러한 수법을 쓴 이들 가운데 평양시의 한 상인이 매입한 비누가격은 개당 7원 50전에 지나지 않았다. 해빙기를 맞아 값이 폭등하는 비누처럼 계절에 따라 수요와 시가의 등락이 큰 품목으로 수사교재는 카바이트에 주목했다. 등불 원료인 카바이트의 경우 여름철에 소비량이 떨어지는 반면, 가마니·새끼 따위의 고공품 제조와 문맹퇴치학습이 일상화되는 겨울철 야간에 수요가 급증하는 경향을 보였다. 따라서 교재는 여름철에 가격이 폭락한 카바이트가 상인들에게 매점될 수 있다는 우려를 덧붙였다.

　　물가등귀를 꾀한 상인들의 교묘한 전략에 맞서, 내무기구도 치밀한 대처 요령을 갖추어 갔다. 정치범 못지않게 "모리간상배"를 경계해야 한다고 강조한 북조선인민위원회 내무국은 그들의 정체와 해악성의 간파에 도움이 될 실무교육의 실시를 지시했다. 교육의 주요 내용 중 하나는 "간상배"를 식별하는 방법이었다. "영리를 목적으로 매점을 감행하는" 상인이라 규정된 간상배는 관내 창고나 시장 조사를 통해 적발할 수 있다고 훈시되었다.[143] 물품의

---

142)　이하 北朝鮮人民委員會 內務局 保安處 監察部, 「搜査敎材 第一號~第四號」, 『史料集』 9, 826~827쪽 참조.

143)　保安處, 1947.11, 「一九四八年 事業關係書類」, 『史料集』 9, 403~404쪽.

매매경로를 내사하는 방법도 권장되었다. 그러나 보다 비중 있게 취급된 매점행위 적발 요령은 풍설 유포자들을 추적하는 방식이었다. 물가등귀의 한 요인인 풍설 유포가 틀림없이 상인들의 어떠한 목적의식과 결부돼 있을 것으로 추정되었기 때문이다.

수사교재에 따르면 원료 부족에 직면한 흥남공장의 비누 생산이 차질을 빚게 되었다는 소문은 단순한 풍문이라기보다 의도성을 지닌 반체제성 "요언"에 가까웠다.[144] 왜냐하면 그러한 소문이 상인들의 매점행위를 부추겨, 비누가격의 폭등은 물론 국가경제의 혼란을 조장할 수 있기 때문이었다. 따라서 수사교재는 풍설은 반드시 근거와 목적성을 지니므로, 그것을 유포한 범인을 끝까지 추적해 체포해야 한다고 강조했다. 풍설풍문이 지닌 함의를 포착할 수 있는 예리한 통찰력은 영악한 상인들을 대적해야 할 내무원들에게 요구된 기본소양이었다. 그들이 정치·경제면의 동향을 예리하게 통찰할 수 있다면, "모리간상배"의 교묘한 전략을 미리 간파해 조속한 대처가 가능하다고 진단되었다.

수사교재는 별 연관성이 없어 보이는 마셜–몰로토프 간 서신 교환과 쌀값 폭락현상의 관계에 주목했다.[145] 1947년 초 갑작스런 미가 폭락현상이 발생한 원인은 어디에 있을까? 그것은 제2차 미소공동위원회의 성사에 물꼬를 튼 마셜–몰로토프 간 서신 교환이 38선 철폐의 기대 심리를 높였기 때문이다. 곧 38선 철폐와 함께 남한 지역 미곡의 대량 유입을 예측한 "간상배"들이

---

144) 北朝鮮人民委員會 內務局 保安處 監察部, 「搜查敎材 第一號~第四號」, 『史料集』 9, 804~805쪽.

145) 이하 北朝鮮人民委員會 內務局 保安處 監察部, 「搜查敎材 第一號~第四號」, 『史料集』 9, 826~827쪽 참조.

매점해 두었던 쌀을 갑자기 방매한 탓에 쌀값이 폭락했다는 진단이었다. 이 어 수사교재는 예방접종과 쌀값 폭등현상 간의 연관성을 제시했다. 예방접종 은 전염병 확산이 임박했다는 예고이며, 전염병 확산은 제 지역 간 교통 차 단을 수반하기 마련이다. 예방접종으로부터 교통 두절을 추론해낸 간상들의 쌀 매점행위가 쌀값 폭등의 원인이라는 진단이었다.

상인들의 간상적 속성을 강조한 내무 당국의 관점뿐만 아니라, 그들 자신 의 목소리에도 주목할 필요가 있다. 과연 그들은 국가경제를 교란하면서까 지 치부를 일삼은 간악한 자들이었을까? 사실 북한 지역 상인들은 빈궁한 생 활난을 타개하려 매매 활동에 종사한 소상인들이 대부분이었다. 1947년 11 월경 황해도 안악군 내무서 간부들은 내무국장 앞으로 보낸 문건을 통해, 아 직까지 자신들의 관할지에서 "간상배"를 적발한 적이 한 번도 없다고 보고했 다.[146] 또한 그들은 쌀 한 말 값이 일주일 사이에 680원에서 700원으로 뛰었 지만, 그것은 간상들의 소행이라기보다 중앙 시세의 반영일 뿐이라는 견해를 덧붙였다.

조보배란 이름을 지닌 37세의 여인은 위험을 무릅쓰고 38선 월경밀무역 에 뛰어들 수밖에 없었던 사연을 진솔하게 고백했다.[147] 월북 도중 체포돼 남 한에서 구입한 물품을 모조리 압수당한 이 여인은 그것을 돌려받고자 내무 국장 앞으로 "애원서"를 보냈다. 자신의 표현에 따르면 그녀는 "팔자가 기박 한" 여인이었다. 만주에서 생활하다 일찍이 남편을 여읜 그녀는 해방 후 고 향인 함경남도 원산으로 돌아왔지만, 친부모마저 잃고 열한 살 된 아들과 단 둘이 생계를 연명해야 할 처지에 놓였다. 장사를 시작했지만 "사람이 못생

---

146) 保安處, 1947.11, 「一九四八年 事業關係書類」, 『史料集』 9, 403쪽.

147) 이하 보안처장 박용삼, 1948.3, 「압수물품 반환에 관한 건」, 『史料集』 9, 444~446쪽 참조.

겨" 그런지 잘되지 않아 밑천이 줄기만 했고, 그마저도 "쓰리를 맞아" 날려야 했다. 외투를 잡혀 천 원을 마련한 그녀가 마지막으로 선택한 벌이수단이 바로 38선 월경밀무역이었다. 명태를 가지고 시작한 최초의 "월경 장사"를 통해 그녀는 2,500원 정도의 순익을 남겼다. 작은 소 한 마리나 쌀 서너 말을 구입할 수 있는 거금이었다. 2,200원어치의 낙지를 9,000원에 넘겨 필통 3백 개와 지우개를 구입해 돌아오던 그녀는 두 번째 시도 만에 38선 부근에서 체포되었다. 물품을 빼앗긴 뒤 풀려나 세 끼를 굶으며 돌아오던 그녀는 생애 가장 큰 설움을 맛보았다. 그녀는 탄원서에 "38선을 넘은 죄"를 시인했지만, 그것은 어디까지나 생계유지의 방편일 뿐이라고 하소연했다. 그리고 새로운 "민주국가"의 인민답게 "하루 빨리 우리 삼천리강산이 통일돼 행복하고 자유로운 독립국이 건설"되길 바란다는 소망과 함께 글을 맺었다. 내무 당국도 이 여인의 딱한 사연을 외면할 수 없었다. 그녀의 일탈행위를 "생활 곤란에 따른 상행위"로 평가한 담당 간부는 압수품을 돌려주라고 지시했다.

2. 소비조합

상인들의 간상행위를 억제하고 기존 유통구조를 개혁해, 물가 안정을 실현할 수 있는 방안으로 소비조합운동이 주목받았다. 유통구조의 개혁을 꾀한 새로운 상업체제의 확립은 상업관의 재정립을 요구했다. 새로운 상업관의 정립 시도는 과거 상업의 부정적 측면에 대한 비판에서 출발했다. 먼저 제2차 세계대전 이전의 상업은 제국주의 침략정책의 수단에 다름 아니었다고 진단되었다. 한 논자는 생산과 소비의 중개역할을 담당한 상업이 "기형적"으로 성장해, 자본주의의 제국주의화가 가속화되었다고 보았다.[148] 그의 논리에 따르면 이 시기의 상업은 "생산과 소비를 지배"했을 뿐만 아니라, 해외상품 판매시장의 개척을 겨냥해 "침략성"을 드러내기까지 했다.

제국주의의 "침략적" 상업과 달리 이윤 추구의 본성에 충실했다는 이유로 자본주의 상업이 옹호된 것은 아니었다. 안함광은 상인층이 탐욕스런 존재로 전락할 수밖에 없는 원인을 자본주의제도 자체에서 찾았다.[149] 따라서 그는 "사리탐욕배"로 전락한 상인층이 아닌, 그들의 타락을 조장한 자본주의제도 자체에 비판의 초점을 맞추었다. 자본주의의 상업윤리 결여는 상업이 "생산과 동맹"하고 "생산에 복무"한 데 따른 자연스런 결과로 진단되었다.[150] 그러나 새로운 형태의 상업은 생산이 아닌 소비에, 곧 자본가들의 이윤이 아닌 "소비자들의 복리"에 이바지해야 할 필요가 있었다.

소비자들의 복리에 기여할 새 형태의 상업을 육성하고자, 해방 직후 북한은 소비조합운동에 주력했다.[151] 조합원들의 출자를 통해 운영된 소비조합은 "국가소유", "개인소유"와 더불어 헌법에 명시된 세 가지 소유 형태 중 하나인 "협동단체소유"로 분류되었다. 소비조합은 상품유통을 활성화하여 도시와 농촌의 조합원 출자자들에게 식료품·공산품·농산품 등을 저렴한 가격에 공급한다는 목표를 내세웠다. 그러한 목표는 공급구조의 개선에 국한된 간단한

---

148) 김낙수, 「民主商業의 倫理小考」, 『文明商業과 消費組合』 1947年 第1卷 第2號(『史料集』 31, 450쪽).

149) 安含光, 「商業과 文化」, 『소비조합』 1948년 5월호, 18쪽.

150) 김낙수, 「民主商業의 倫理小考」, 『文明商業과 消費組合』 1947年 第1卷 第2號(『史料集』 31, 451~452쪽).

151) 소비조합운동에 관한 최근 연구는 이주호, 2015.6, 「1945~1948년 북한 소비조합 정책의 전개」, 『역사와 현실』 제96호.

문제가 아니었다. 소비조합운동의 활성화를 통해 국가 상업구조 전반을 재편하기 위한 거시적 전망과 맞물린 문제였기 때문이다. 소비조합 상업체제의 확립은 민간상업 부문과의 경쟁을 통해 상인들의 기존 활동 영역을 쟁취함으로써 이루어질 수 있었다. 그에 따라 국가상업·소비조합상업이 지배적 위상을 확립한다면, 물가도 민간상인들이 아닌 국가의 통제에 좌우될 수 있다고 전망되었다.

민간상업에 맞서 소비조합상업이 경쟁력을 확보할 수 있는 가장 확실한 방법은 물품의 염가 판매였다. 창립 초 물품 판매가의 인하를 모색한 소비조합은 최대 이윤율을 민간상업 부문보다 훨씬 낮은 15%로 제한했다.[152] 소비조합 물품거래세는 거래액의 10%가 부과된 민간상업 부문 세율의 절반에 지나지 않아, 상품가격을 낮추는 데 도움이 되었다. 소비조합의 염가 판매는 그간 상인들의 "중간착취"에 시달려온 노동자·사무원들에게 큰 혜택을 제공하리라 기대되었다. 고정임금 생활자들인 그들의 소비조합 이용은 실질임금 상승효과를 가져다줄 수 있었다. 노동자·사무원 한 가구 당 소비품 지출액을 연평균 5천 원으로 가정한 장시우는 소비조합 판매가가 시가보다 15% 정도 낮다는 점에 비추어, 조합상점을 이용할 경우 매 가정이 1년에 약 750원을 절약할 수 있다고 보았다.[153]

결국 민간상인들의 "중간착취"를 척결한 국영상업·소비조합상업이 유통 부문을 장악해 물품의 염가 판매를 실현할 수 있다면, 시장물가도 자연스

---

152) "С материалами здравоохранения и потребительской Кооперции за 1946г(1946년 보건과 소비조합 자료)", 1946, ЦАМОРФ, ф. 172, оп. 614631, д. 35, л. 16.

153) "Об экономическом и политическом положении Северной Кореи(북조선의 정치경제 정세에 대하여)", 1947, ЦАМОРФ, ф. 172, оп. 614631, д. 39, л. 48 ; 張時雨, 「北朝鮮 消費組合의 現狀과 將來의 展望」, 『로동신문』 1946.9.25.

레 안정될 수 있다는 전망이 북한 상업구조 개혁의 궁극 지향이었다. 그러나 1948년 중순경 북조선인민위원회 상업국장 장시우는 유통 부문 점유율을 만족할 만한 수준까지 끌어올리지 못한 국가상업·소비조합상업이 아직 시장물가의 조절에 영향력을 발휘하지 못하고 있다고 진단했다.[154] 도회지에 편중된 소비조합 상점망으로부터 벗어난 지역의 물자유통을 상인들이 독식함에 따라, 시장물가의 변동도 그들의 활동에 좌우되고 있다는 분석이었다.

그러나 장시우의 견해와 달리 한 공식매체는 "1947년경까지 모리간상배들의 영향하에 있던 물가시세"를 1948년경부터 국가가 통제할 수 있게 되었다는 입장을 밝혔다.[155] 물론 그 원인은 국가상업망·소비조합상업망의 발전에 있다고 진단되었다. 시장물가의 인하폭을 보여주는 구체적 통계도 제시되었다. 양곡의 경우 1948년 중순 현재 1년 전 가격의 1/3에 지나지 않았을 만큼 감소폭이 컸다.[156] 1948년 중순 현재 북한의 시장물가 평균지수는 1947년 12월에 단행된 화폐교환사업 직전 시점과 비교해 약 50% 가까이 낮아졌다고 관측되었다. 북한 지역의 물가가 현저히 감소했다는 각종 매체들의 지적은 전혀 과장이 아니었다. 미군 첩보기구 G-2가 북한 지역에서 온 민간 우편물과 월남자 인터뷰를 통해 수집한 경제 관련 정보도 같은 시기의 물가가 거의 절반 가까이 떨어졌음을 보여주었다.[157]

---

154) 張時雨,「人民經濟 復興發展의 勝利로서의 物價低下에 依한 人民生活의 向上」,『人民』 1948年 7月號(『史料集』 14, 47쪽).

155) 「建設과 勝利의 해 一九四八年」,『旬刊通信』 1948年 12月 下旬號(『史料集』 28, 220쪽).

156) 조홍희,「北朝鮮消費組合 誕生 二週年에 際하여」,『소비조합』 1948년 5월호(『史料集』 32, 129쪽).

157) Institute of Asian Culture Studies Hallym University, HQ, USAFIK Intelligence Summary Northern Korea 2(1947.4.1~1948.1.9) (Chunchon: Institute of Asian Culture Studies, 1989), p. 584 ; ISNK,

그러나 장시우가 솔직하게 시인했듯 시장물가의 현저한 저하는 국가상업·소비조합상업의 발전에 따른 성과가 아니었다. 그 원인은 화폐교환사업에 결부된 두 차례의 통화 동결조치에 있었다. 각 기관과 단체들이 필요 이상으로 보유한 거액의 현금을 회수해 동결한 조치, 각 개인과 단체의 은행 예금액을 5등급으로 나누어 지불한도를 제한한 조치 등이 물가 안정을 목표로 단행되었다. 그 결과 1 대 1의 신구화폐 교환을 통해 약 34억 원의 신화폐가 방출된 반면, 기존 통화량의 57%에 달한 46억 원 정도의 구화폐가 동결되었다.[158] 1948년 9월 8일 현재 북한 전역에 걸쳐 유통된 총통화량은 약 35억 5천 5백만 원에 달했다.[159] 신화폐의 원단위 가치 상승은 그러한 통화량 감소에 힘입은 결과였다. 바꾸어 말해 시장물가의 인하가 유통물자의 증대를 통해 이루어지지 않았다는 점은 소비조합운동의 성과가 그에 직접적으로 기여한 요인이 아니었음을 의미한다.

한편 소비조합상업과 경쟁한 민간상업은 당대의 현실에 비추어 충분한 존립 근거를 가지고 있었다. 국영산업이 등한시한 생활필수품 제조를 민간산업이 떠맡아야 했듯, 민간상업도 국가상업·소비조합상업의 영향권에서 벗어난 지역의 유통을 담당해야 했다. 곧 국가상업망·소비조합상업망이 조직되지 못해 그 혜택이 미칠 수 없는 지역은 민간상업에 의존하지 않을 수 없었다. 그러한 현실적 필요성과 보완의 역할 외에 민간상업의 긍정적 기능은 거의 제시되지 않았다. 국가는 민간상업의 자유로운 발전을 방임하기보다, 각

---

no.3(1948.1.10~1948.7.16), p. 13.

158) 전현수, 1996.3, 「1947년 12월 북한의 화폐개혁」, 『역사와 현실』 제19호, 207쪽.

159) 「3年間の北朝鮮財政, 金融, 貨幣」, 『旧ソ連の北朝鮮經濟資料集 1946~1965年』, 東京 : 知泉書館, 2011, 97쪽.

종 규제조치를 마련해 그것이 경제에 끼칠 수 있는 부정적 영향을 최소화하고자 했다.

민간중소상업은 민간중소산업과 마찬가지로 1948년에 포고된 헌법 제19조를 통해 자유로운 경영을 보장받았다. 매매나 양수 또는 임차를 통해 상점 시설을 확보한 상인들은 법의 보호 아래 자유로이 상품을 매매하고 운반할 수 있었다.[160] 법령에 근거한 단속 외에 상인들의 점포와 창고를 조사하는 행위는 일체 금지되었다. 그러나 상인들의 자유로운 영업 활동은 그들에게 부과된 각종 규제조치를 준수하는 선에서 허용되었다. 상행위의 무분별한 난립을 우려해 상인들의 활동 공간을 제한한 규정이 그 대표적 조치였다. 곧 점포시설과 공설시장 등의 지정된 장소를 벗어나 이루어지는 상품 매매는 법적으로 금지되었다. 따라서 노점과 행상은 시장 안에서만 허용되었고, 물건을 거리에 늘어놓고 팔거나 들고 다니며 파는 "가두행상"은 불법행위로 규정되었다.[161] 행상의 기동성을 무력화한 이 규정은 소비조합의 이해관계를 우선적으로 배려한 결정이었다.

당국은 법령에 따라 민간상업을 규제하는 한편 단속을 통한 부정업자 적발에 주력했다. 부정업자에 속할 수 있는 여러 유형의 상인이 제시되었다. 매매금지 상품과 장물을 거래하는 상인, 점포도 상품도 없이 전표만 가지고 "중간착취를 일삼는 모리배", 도매행위를 통해 매점을 꾀하는 상인, 고액 거래를 성사한 상인, 폭리를 꾀하는 상인 등이 그 구체적 유형이었다.[162] 불법

---

160) 1947.2,「北朝鮮 道·市·郡 人民委員會大會 會議錄」,『史料集』8, 62~65쪽.

161) 商業局 布告 第五號, 1947.2.3,「商店許可制 實施에 關한 布告」,『史料集』5, 192~193쪽.

162) 張時雨,「一九四八年度 人民經濟計劃 實行에 있어서의 새 經驗과 새 課業」,『人民』1948년 8월호(『史料集』14, 259~260쪽) ; 北朝鮮臨時人民委員會決定 第九三號, 1946.10.4,「穀物의 自由賣買에 關한 決定」,『史料集』5, 349쪽.

행위가 적발된 상인들은 다음과 같은 처벌을 받았다. 먼저 지정된 장소를 벗어나 상품을 거래한 상인과 가격표시규정을 준수하지 않은 상인은 공시가격의 40%를 제한 값으로 소비조합상점이나 인가된 상점에 상품을 넘겨야 했다. 동법령 제6조는 더 무거운 죄를 범한 상인들에게 가혹한 처벌을 규정하고 있다. 곧 10만 원 이상의 고액 거래를 성사한 상인들은 거래액의 10배에 달하는 벌금을 물어야 했고, 물가등귀를 예측해 물품을 매점하거나 상식적 판단에 비추어 부당하게 폭리를 남긴 상인들은 3년 이하의 징역 또는 10만 원 이하의 벌금형을 감수해야 했다.[163]

3. 상인층 견제

1947년경 김일성·김책·장시우를 비롯한 북조선인민위원회 최고위급 간부들이 함경북도 청진시를 방문해 국가상업·소비조합상업의 발전현황을 시찰했다. 그러나 그들을 수행한 청진시인민위원회 상업과장의 영접 방식과 관련해 불미스러운 일이 있었다. 점심식사 시간에 그가 귀빈들을 안내한 곳은 국영식당이 아닌 개인식당이었다. 상업국장 장시우는 당시의 난처한 분위기를 회고하며, 국영식당 건설을 소홀히 했기 때문에 그런 일이 발생했다고 비판했다. 청진시의 민간상업 발전에 대비되는 국가상업·소비조합상업의 부진은 음식점에 국한되지 않았다. 김책에 따르면 "없는 물건이 없을 정도로" 번창한 시장과 달리, 청진시 소비조합상점은 부족한 물품이 너무도 많았다.[164]

---

163) 1947.2, 「北朝鮮 道·市·郡 人民委員會大會 會議錄」, 『史料集』 8, 62쪽.

164) 張時雨, 「第二次 商業部長會議」, 『文明商業과 消費組合』 1947年 第一卷 第二號(『史料集』

해방 직후 북한 지역 전체 시장의 소매상품 유통고는 적잖은 규모에 달했다. 1946년 말 현재 개설 중인 시장이 386개소, 1946년 한 해에 걸친 시장 내 소매상품 유통 총액이 약 83억 7천 6백만 원으로 집계되었다.[165] 같은 기간 전국 소매상품 유통 총액의 35.85%, 민간상업 부문 소매상품 유통 총액의 37.15%에 이르는 규모였다. 1948년경 여전히 증가추세에 있었던 시장 수는 정기시장 364개소와 상설시장 113개소를 합해 총 477개소에 달했다.[166] 사실 시장의 번성은 농민들이 지닌 전통적 생활습성에 힘입은 바 컸다. 그들에게 장날 시장은 수많은 볼거리를 제공할 뿐만 아니라 농촌사회의 "정기적 사교장"으로 이용되었다. 물품 매매 이상의 기능을 수행해온 시장의 그러한 이점은 가격경쟁력을 지닌 소비조합상점과의 경쟁에서 유리한 위치를 점할 수 있는 요인이었다.

시장과 함께 점포·매점·노점 등 민간상점의 성장추세도 인상적이었다. 시장 판매상과 노점을 제외한 민간상점 수의 경우, 1948년 말과 1949년 6월 말 현재 각각 1947년 말의 125%와 184.5%로 증가했다. 1948년의 민간상점 유통액이 1947년의 151.8%에 달했다는 점은 상점 당 판매고도 증가추세에 있었음을 드러낸다.[167] 1948년 4월경 북한을 방문한 『독립신보』의 기자 서광제는 모란봉을 향해 뻗은 평양 거리를 산책하며 "서울의 종로통과 충무로"에서나 느낄 법한 인상을 받았다. "금은방, 시계상, 라디오점, 전기상회, 잡화상, 어물

31, 468쪽).

165) 한림대 아시아문화연구소, 『1946·1947·1948年度 北韓經濟統計資料集』, 한림대출판부, 1994, 90쪽.

166) 장시우, 「해방 후 3년간의 상업국 사업 총화」, 『문명상업과 지방산업』, 1948년 5호, 26쪽.

167) 정준택, 「개인기업과 상업에 대한 공화국 정부의 배려와 그 발전의 전망」, 『인민』 1949년 11월호 (『史料集』 39, 194쪽).

점, 양복점, 양화점, 과자점, 서점, 운동구점, 약방, 우육점, 중국요리점, 카페, 빠, 다방, 일반요리점" 등 즐비하게 늘어선 민간상점들을 목격한 그는 전부터 머릿속에 그려온 것과 너무도 다른 평양의 실상을 확인할 수 있었다.[168] 시장·민간상점의 번성과 더불어 비교적 대자본의 범주에 속할 수 있는 상사회사(商事會社)의 활동도 두드러졌다. 아래의 표는 1946년 말~1947년 말에 걸친 민간 상사회사 수와 소유자본 규모를 보여준다.

[표 II-2-1 : 민간 상사회사 수와 소유자본의 증가 추세]

	1946년 말	1947년 초	1947년 5월	1947년 말
상사회사 수	17개소	24개소	30개소	38개소
총자본금	2억 2,000만 원	3억 4,850만 원	5억 원	7억 원
상사회사 당 자본금	1,290만 원	1,450만 원	1,670만 원	1,840만 원

※참고문헌 : 한림대 아시아문화연구소, 『1946·1947·1948年度 北韓經濟統計資料集』, 한림대출판부, 1994, 90쪽 ; 張時雨, 「商業組合令 取消에 對하여」, 『文明商業과 消費組合』 1947年 第一卷 第二號(『史料集』 31, 478쪽) ; Игнатьев, "О социальности, экономическом и политическом положении Северной Кореи(북조선의 정치·경제·사회적 정세에 관하여)", 1947, ЦАМО, ф. 172, оп. 614632, д. 8, лл. 19~20.

상사회사는 수적으로 뿐만 아니라 소유자본 규모에서도 괄목할 만한 성장세를 보였다. 시장·민간상점·상사회사 등의 번창은 민간상공업을 장려한 이른바 인민민주주의 경제정책에 힘입은 바 컸다. 해방 전 조선에 투하된 상업자본의 80%가 일제기관·일본인들의 소유였으나, 해방 후 그들이 물러난 공백을 조선인 상인들이 메워나갔다. 조선인 민족자본가들은 생산 회복이 용이하지 않은 공업 부문에 투자하기보다, 이윤이 높고 자본 회수가 빠른 상업

---

168) 徐光霽, 『北朝鮮紀行』, 靑年社, 1948, 48쪽.

부문에 집중적으로 투자하는 경향을 보였다. 중요산업국유화조치 이후 국영 공업 부문이 지배적 위상을 점하게 되자, 자본가들이 생산 부문보다 투자위험이 적고 경영이 용이한 유통 부문에 관심을 보인 점도 민간상업 발전의 주요인이었다. 1948년 인구센서스에 따르면 1월 1일 현재 북한 지역 상인 수는 총 71,033명에 달했다. 그들의 가족까지 포함한 상인층 인구는 전 인구의 2.91%를 점한 268,914명이었다.[169]

민간상업이 이룩한 괄목할 만한 성과에 비해, 국영상업·소비조합상업의 소매상품 유통실적은 1947년경까지 매우 저조한 수준에 머물러 있었다. 사실 일제시기 협동조합운동의 허약한 토대에서 출발한 국가상업·소비조합상업의 성장여건은 양호하지 않았다. 소비품 생산을 담당한 조선 경공업의 위축이 상업자본의 형성을 방해한 데다, 산업 부문에 비해 일본 대자본의 비중이 낮았던 상업 부문의 경우 중요산업국유화의 대상에 포함된 시설이 매우 적었기 때문이다.[170]

그러나 국가의 적극적 개입과 함께 상황은 급변하기 시작했다. 18세 이상 성인층의 의무가입 정책에 힘입어, 소비조합은 급성장의 발판을 마련할 수 있었다. 조합원 수의 성장속도를 보면 1946년 말 222만 명, 1947년 말 488만 명, 1948년 6월 말 517만 명, 1949년 3월 말 565만 명 등의 급증추세를 보였다.[171] 1949년 3월 말 현재의 조합원 수 565만 명은 북한 지역 18세 이상 성

---

169) Управление Советской Гражданской Администрации в Северной Корее(북조선 소련민정국), Указ. соч. С. 59.

170) 조룡식, 「우리나라 상업의 발전」, 『우리나라의 인민경제 발전 1948~1958』, 국립출판사, 1958, 238쪽.

171) 朝鮮中央通信社, 『朝鮮中央年鑑 1949』, 1949, 115쪽 ; 文化部, 「唯一組合員證 交付事業에 對하여」, 『소비조합』 1949년 5월호(『史料集』 32, 437쪽).

인 인구의 절대다수를 아우르는 규모였다. 그들의 출자금 총액은 약 6억 4천만 원에 달했다. 조합원 1인당 평균 출자액이 113.3원(64,000/565)이며, 매 조합원이 주 당 100원에 달하는 주식을 1주 남짓 구입했음을 볼 수 있다. 조합원과 출자액의 급증추세에 힘입어 소비조합상점망도 급속히 성장했다. 아래의 표는 1946년 말부터 1949년 말에 이르기까지 국영상점·소비조합상점·민간상점의 증가추세를 보여주고 있다.

[표 II-2-2 : 국영·소비조합·민간 상점망의 성장추세] 단위 : 개소

	1946년 말	1947년 말	1948년 6월	1949년 말
A:국영상점	1	104	275	1,095
B:소비조합상점	950	1,259	1,409	1,708
A+B	951	1,363	1,684	2,803
민간상점	22,414	33,000	34,471	53,361

※참고문헌 : 朝鮮中央通信社, 『朝鮮中央年鑑 1949』, 1949, 115쪽 ; 邊瓊, 「職場商店網 强化運動을 더욱 活潑히 展開하자」, 『소비조합』 1949년 1월호(『史料集』 32, 373쪽) ; 1947.11, 「發展하는 北朝鮮商業」, 『史料集』 27, 216~217쪽 ; 商業專門官 Neumeikov, 「1949年上半期北朝鮮의 小賣取引과 地方産業의 結果」, 『旧 ソ連의 北朝鮮經濟資料集 1946~1965年』, 東京 : 知泉書館, 2011, 177쪽.

뚜렷한 증가추세에도 불구하고 1949년 말 현재 1,708개소에 달한 소비조합상점망은 전체 인민의 소비품 수요를 담당하기에 턱없이 부족했다. 한국전쟁 전 북한 지역 면 행정단위가 800여 개이고 리 행정단위가 10,000개에 조금 못 미쳤음을 감안하면, 한 면 당 설치된 조합상점이 겨우 2개소 남짓이며 전국의 80% 이상에 달하는 리 행정단위에 조합상점이 들어서지 못했음을 알 수 있다. 소비조합상점이 주로 농민들에게 생활필수품을 판매한 반면, 국영상점·백화점은 도시 소시민들에게 고급상품을 판매했다.[172] 따라서 국가가

---

172) 북로당 중앙상무위원회 제26차 회의 결정서, 1947.3.3, 「소비조합상점 사업에 대하여」, 『史料集』

후원한 두 상업 부문 간 경쟁은 최소화될 수 있었다.

한편 괄목할 만한 성장추세에도 불구하고 국영상점·소비조합상점 수는 민간상점 수의 비교 대상이 되지 못했다. 그러나 국영·소비조합상업은 산업 부문과 마찬가지로 업체규모의 우위를 통하여 민간상업에 필적할 만한 경쟁력을 확보해갔다. 1946~1949년에 걸친 각 상업 부문 소매상품 유통고를 보여주는 아래의 표는 국영·소비조합·민간상업의 유통 부문 점유율을 비교할 수 있는 보다 객관적 지표를 제공한다.

[표 II-2-3 : 국영·소비조합·민간상업의 소매상품 유통액과 점유율] 단위 : 억 원(%)

	1946년	1947년	1948년	1949년
A:국영상업	0.185(0.1)	17.780(3.6)	40.033(14.2)	89.818(28.0)
B:소비조합상업	7.992(3.4)	58.050(11.9)	78.370(27.8)	91.139(28.5)
A+B	8.177(3.5)	75.830(15.5)	118.403(42.0)	180.957(56.5)
민간상업	225.451(96.5)	413.396(84.5)	163.509(58.0)	139.321(43.5)
계	233.628(100)	489.226(100)	281.912(100)	320.278(100)

※참고문헌 : 한림대 아시아문화연구소, 『1946·1947·1948年度 北韓經濟統計資料集』, 한림대출판부, 1994, 88쪽 ; 趙弘熙, 「北朝鮮消費組合 創立 三週年에 際하여」, 『소비조합』 1949년 5월호, 5쪽 ; 張時雨, 1948.4.28, 「北朝鮮人民會議 特別會議 會議錄」, 『史料集』 8, 290쪽 ; 조룡식, 「우리나라 상업의 발전」, 『우리나라의 인민경제 발전 1948~1958』, 국립출판사, 1958, 241쪽.
※1948년 유통 총액의 급감은 화폐개혁에 따른 신화폐 가치의 상승에서 비롯된 결과였다. 화폐교환사업 이후 신화폐의 가치가 구화폐의 2배 이상 상승했다.

위 표는 1948년~1949년에 걸친 어느 시점에 국영상업·소비조합상업의 소매상품 유통고가 민간상업 부문을 추월했음을 보여준다. 민간상업 소매상품 유통고가 1947년경 최고점에 이른 뒤 감소세로 접어든 반면, 국영상업·소

30, 140~141쪽.

비조합상업 유통고는 1946년부터 내내 급성장세를 보였다. 1949년은 국영상업·소비조합상업 유통고가 민간상업 부문을 추월한 첫해였다. 그 점유율은 56.5%로 집계되었다.

다음 해 전쟁의 발발에 이은 유엔군의 반격을 틈타 북한 지역에 진입한 미국무성 연구조사단은 1950년 현재 국영상업·소비조합상업 유통고 점유율이 75%에 달하는 수준까지 성장했다고 분석했다.[173] 그러나 전쟁의 지속은 국영상업·소비조합상업에 큰 타격을 입혔다. 전시 상업망이 혼란에 빠진 틈을 타 상인들의 기민한 활동이 재개되었다. 그들은 밀수를 통해 부족한 상품을 중국에서 들여왔을 뿐만 아니라, 철도교통을 이용해 대부분의 기차역 상거래를 장악해 갔다.[174] 1953년 7월 현재 민간상업 유통고 점유율이 37.5%로 집계되었으나, 그것은 과세 자료에 근거하여 산출된 통계일 뿐이었다. 당국은 유력 상인들의 실수입 은폐와 대다수 소상인들의 탈세가 만연한 상황이라고 진단했다.

한편 국가상업·소비조합상업의 유통 부문 점유율 급증은 공정한 경쟁의 성과라 하기에는 거리가 있었다. 그것은 다양한 방식으로 상품 유통경로를 통제한 국가의 적극적 개입의 결과였다. 국가의 상품 유통경로 장악 시도는 상인들의 상품 구입원을 통제하려는 목표를 겨냥했다. 이 정책의 실행이 어렵지 않게 보인 까닭은 국유화된 주요 산업체의 생산품 처분권을 국가가 장악한 데다, 농업현물세제와 양곡수매사업을 통해 거둬들인 농산물 처분권마

---

173) U.S. Department of State, *North Korea: A Case Study in the Techniques of Takeover* (Washington, D.C.: U.S. Government Printing Office, 1961), p. 79.

174) DPRKソ連大使館員 Ju. Komarov, 1953.9.25,「DPRK國內商業の狀況」,『旧ソ連の北朝鮮經濟資料集 1946~1965年』, 東京 : 知泉書館, 2011, 311~312쪽.

저 국가에 귀속되었기 때문이다. 사실 상인들을 겨냥한 상품 유통경로 통제
는 사회주의권 국가들이 공유한 대표적 상업정책이었다. 소련의 경우 상인들
에 대한 국영기업 생산품 공급을 중단함으로써 민간상업에 타격을 입힐 수
있었다.[175] 그러한 정책은 "재화 기근"에 직면한 상인들로부터 상품가격 상승
을 이끌어내, 그들의 경쟁력 상실을 가속화하는 결과를 낳았다.

국영상업·소비조합상업의 우선 발전을 지향한 북한도 상인들의 물자구
입원을 통제하는 조치에 주목했다. 그것은 시장으로 흘러드는 상품의 유통경
로를 차단해 실현할 수 있다고 전망되었으나, 쉽지 않은 과제임이 점차 분명
해졌다. 개인무역을 통해 수입한 물자가 민간회사에 넘겨지기도 했고, 국가
로부터 원료를 공급받은 국영업체 간부들이 민간상사에 제품을 매각하는 일
도 있었다. 물론 그러한 대응은 국가 수매가가 시장가보다 훨씬 낮게 책정되
었기 때문에 발생한 현상이었다.

그와 관련해 1947년 3월 11일 "상업조합령 취소에 관한 결정서"가 포고되
었다.[176] 1946년 7월에 발포된 "상업조합령"에 근거하여 업종과 지역에 따라
조직된 상업조합은 조합원들에 대한 영업자금 대여와 채무 보증 등의 업무
를 취급했다. 그러나 조합령이 포고된 지 채 1년도 안 된 시점에서 상업조합
의 폐단이 불거지기 시작했다. 그 폐단이 바로 상업조합을 통한 국영기업 생
산품의 시장 유출이었다.[177] 강원도인민위원회 상업부가 국영기업 제품인 세

---

175) Alec Nove, *An Economic History of the U.S.S.R.* (Harmondsworth: Penguin Books, 1972), p. 137, p. 142.

176) 北朝鮮人民委員會決定 第四號, 1947.3.11, 「商業組合令 取消에 關한 決定書」, 『史料集』 5, 198쪽.

177) 張時雨, 「一九四七年度 商業計劃 完遂를 爲한 課業」, 『人民』 1947年 4月號(『史料集』 13, 351~352쪽).

탁비누·알루미늄식기 등을 상업조합에 납품하자, 그곳을 경유한 상품이 국영상점·소비조합상점이 아닌 시장으로 유출되었고, 그에 맞서 당국은 상업조합의 폐지를 결정했다.

상품의 시장 유출 통제는 전반적으로 당국의 기대에 미치지 못했다. 국영공장마저 공산품을 국가 상업기관에 넘기지 않고 직접 시장에 판매해 큰 이익을 남겼다. 1948년 12월 16일에 포고된 "비상업기관 상품판매 금지에 관한 결정서"도 상품의 시장 유출 방지를 모색했다. "정권기관·국영생산공장·기업소"가 상품을 직접 시장에 매각하는 행위를 금지한 이 결정은 불가피하게 상품을 판매처분해야 할 경우, 상업성 상업관리국이나 도상업관리소에 납품하라는 지시를 내렸다.[178]

상품의 시장 유출 방지와 민간상인 물자구입원의 통제를 모색한 대표적 정책은 수매사업이었다. 수매사업은 시장물가의 변동에 영향을 끼칠 수 있는 상인들의 물자 매점에 대비해, 소비조합이 먼저 민간의 생산품·소유품을 사들인다는 발상에 착안하고 있었다. 곧 그것은 상인들이 물자를 구입하기에 앞서, 소비조합이 모두 사들인다는 아주 명쾌한 구상에 근거한 전략이었다. 수매 대상 물자는 제한이 없었다. 공장·기업과 시장은 물론 수공업자·농촌부업자·농민 등으로부터 구입할 수 있는 식료품·공산품·농산물·수공업품 등이 모두 망라되었다. 소비조합이 그것들을 모조리 사들인다면, 상인들이 파고들 틈이 쉽게 봉쇄되리라 전망되었다.[179]

---

178) 朝鮮民主主義人民共和國 內閣決定 第84號, 1948.12.16, 「非商業機關 商品販賣 禁止에 關한 決定書」, 『史料集』 21, 110쪽.

179) "С материалами здравоохранения и потребительской Кооперции за 1946г(1946년 보건과 소비조합 자료)", 1946, ЦАМОРФ, ф. 172, оп. 614631, д. 35, л. 16.

가내 수공업자들이 생산한 수공업품은 국가의 중요 수매물자였다. 수공업품 수매가 중시된 까닭은 수공업자층과 상인층의 기존 관계가 자본주의의 발전을 조장하는 기반으로 인식되었기 때문이다. 곧 수공업자들에게 원료·자재를 공급해온 상인층과 그들에게 생산품을 공급해온 수공업자층의 공생 관계가 기존의 체제를 공고화하며, 상업자본의 축적에 유리한 여건을 조성하고 있다고 진단되었다.[180] 따라서 당국은 1947년경부터 상인층과 수공업자층 사이의 오랜 유착관계를 단절하기 위한 조치에 착수했다. 수공업자층 중심의 공동노동·공동경영체인 생산합작사의 조직이 그것이었다. 이제 생산합작사가 만든 제품들은 상인층이 아닌 소비조합에 넘겨져야 했다.

　북한의 민간상업정책은 상인들의 구매 활동을 억제하는 조치에 국한되지 않았다. 그들의 판매 활동마저 압박해 국가상업·소비조합상업의 우위를 확보하려는 전략이 구사되었다. 그 대표적 시도 가운데 하나가 소비조합의 이동판매사업이었다. 1949년 말 현재 전국에 설치된 각 면 당 2개소 남짓의 조합상점은 면 행정단위의 규모에 비추어 턱없이 부족한 수였다. 조합상점으로부터 10~20리 떨어진 원거리 주민들과 교통형편이 열악한 곳에 거주한 주민들은 그의 이용에 한계가 있었다. 그러한 틈새를 파고든 민간상점들과 행상들에 맞서 소비조합은 이동판매사업으로 대응했다. 그것은 표면적으로 조합상점을 이용하기 힘든 산간벽지 주민들에게 복리 혜택을 제공해야 한다는 기치 아래 착수되었으나, 본질적으로 그들에 대한 판매와 수매를 적극화하여 상인들의 기존 활동 영역을 공략하려는 목표를 겨냥했다.[181]

---

180)　김영희, 『개인상공업의 사회주의적 개조 경험』, 평양 : 사회과학출판사, 1987, 6쪽.

181)　韓寅善, 「勞事用 生活必需物資의 配給機構와 流通 系路에 對하여」, 『소비조합』 1949년 5월호(『史料集』 32, 448~449쪽).

상인들과의 경쟁을 염두에 둔 이동판매사업의 활동 영역은 산간 오지에 국한되지 않고 인파가 몰리는 번잡지대에까지 확장되었다. 이를테면 농민들과 상인들이 운집한 시장도 소비조합 이동상점이 개척해야 할 거점 가운데 하나로 주목되었다. 한 소비조합 간부는 조합상점이 시장에서 멀리 떨어진 데다, 시장처럼 다양한 종류의 상품을 갖추지 못해 장꾼들로부터 외면당하고 있음을 우려했다. 그는 이동상점이 시장으로 진출해 "조합기를 띄우고" 상인들과 경쟁하며, 조합상점 물품이 싸다는 점을 직접 보여줘야 군중들의 관심을 끌 수 있다고 강조했다. 이동판매사업은 교통 인프라가 갖추어지지 못한 현 상황에 요구된 미봉책이며, 조합상점망이 산간 오지에까지 확충될 때 중단될 수 있다고 전망되었다.[182]

판매경쟁에서 상인들을 제압할 수 있는 다른 방법은 시의적절한 상품의 확보였다. 이를테면 봄에 채소종자 가을에 창호지 겨울에 카바이트의 수요가 급증하는 추세에 비추어, 소비조합이 상인들보다 먼저 그것들을 구비해야 한다는 점이 강조되었다. 농민들에게 필요한 물품이 무엇인지 재빨리 간파하는 일은 매우 중요했다. 그들의 소비욕구에 관한 정보를 미리 수집해 대처할 만큼 "대중들과 백지 한 장의 차이 없이" 밀착한다면, "간상들은 손 쓸 틈조차 없을" 것이라고 예측되었다. 그러나 상인들의 물자 구입원을 통제하고 판매망을 공략해, 국영상업·소비조합상업의 우위를 확보하려는 목표는 쉽게 달성되지 않았다. 당국의 상업정책이 지닌 결함과 틈새를 파고들며 출구를 모색한 상인층의 대응도 만만치 않았다.

---

182) 徐泰鳳, 「奸商輩와의 鬪爭問題(二)」, 『文明商業과 消費組合』 1947年 第一卷 第六號(『史料集』 31, 518~519쪽).

4. 민간상업과 소비조합상업 간 경쟁

민간상업 통제정책에 병행된 국가의 일방적 소비조합 지원은 상인층뿐만 아니라 일반 대중들에게도 지지를 얻지 못했다. 국가가 18세 이상 성인의 소비조합 가입을 의무화함에 따라, 조합원들이 납부해야 할 일인 당 10원의 가입비와 구 당 100원에 이르는 출자비 등이 매 가계에 적잖은 부담을 안겼다. 게다가 창설 이래 만 6년이 지난 1952년 말까지 단 한 차례의 이익금 배당도 이루어지지 않았다는 점이 소비조합에 대한 조합원들의 불신을 높였다.[183] 소비조합을 복리단체라기보다 "통제경제체제의 배급기관"이나 "사회주의적 경제기관"으로 여긴 이들이 있었다는 점도 그러한 불만 여론을 반영한다.[184]

사실 소비조합이 설립 초부터 민간사회의 거센 비판에 직면한 까닭은 양곡 수매사업의 강압적 추진 때문이었다. 수매사업의 취지가 그러했듯 양곡 수매사업도 곡물의 시장 유출을 억제해, 상인들의 매점과 그에 따른 곡가의 폭등 방지를 모색한 조치였다. 그러나 이 사업의 더 중요한 목표는 식량난에 직면한 북한이 농업현물세만으로 부족한 배급용 식량을 확보하고자, 수매를 통하여 헐값에 농민들이 수확한 양곡의 매입을 시도했다는 점에 있었다. 배급가와 소비조합 판매가가 시장가격보다 훨씬 낮아야 했기 때문에, 수매가도 시가보다 낮게 책정될 수밖에 없었다. 물론 농민들은 그들이 수확한 양곡을 국가나 소비조합에 넘기기보다 더 비싼 값으로 상인들에게 매각하길 원했다.

---

183) 조선로동당 중앙정치위원회 제140차 회의 결정서, 1952.12.20, 「소비조합사업을 강화할 데 대하여」, 『史料集』 29, 233쪽.

184) 張時雨, 「第二次 商業部長會議」, 『文明商業과 消費組合』 1947年 第一卷 第二號(『史料集』 31, 465쪽).

양곡 수매사업이 농민들에게 더 큰 반감을 산 까닭은 그 거래 방식이 현금 거래가 아닌 농산물과 공산품 간 물물교환에 따라 이루어졌기 때문이다. 양곡을 넘긴 대가로 농민들이 소비조합으로부터 받은 물품은 비료·소금·카바이트·고무신·면직물·견직물·비누 따위의 생필품이었다. 그러나 공장 생산량이 그마저도 감당하지 못하는 수준이었기 때문에, 당국은 1946년 말 양곡 수매에 응한 농민들에게 우선적으로 "예매권"을 교부했다. 그것은 1947년 8월 말까지 교환 물품을 지급하겠다는 일종의 보증서였다.[185] 농민들은 상품을 보장하지 못하는 "종이쪼가리"인 예매권과 곡물을 교환할 수 없다고 반발하며 집단적 저항시위를 벌였다.[186] 농민들이 수매사업에 응하지 않자 당국은 그들의 애국심에 호소하는 한편, 강압적 수단에 의존한 해결책을 모색했다.

사실 소비조합의 강압적 수매 방식은 각 도 당국에 일정량의 양곡 수매량을 할당한 북조선임시인민위원회의 지시에 따른 불가피한 대응이었다. 일정량의 수매 책임을 지시받은 각지 소비조합들이 농민들의 호응을 이끌어내지 못하자, 그들도 매 농가에 의무적 수매량을 할당하는 식으로 대처했다.[187] 강압적 수매 방식은 농민들의 집단적 반발을 불러왔다. "농민들로부터 곡식을 강탈하는 소비조합을 박멸하자!"라는 내용의 삐라가 평안남도 대동군 각지에

---

185) 북로당 중앙상무위원회 제16차 회의 결정서, 1946.12.6,「소비조합의 양곡 수매사업에 대하여」,『史料集』30, 68쪽.

186) Романенко, "Доклад о политико-моральном состоянии населения Северной Кореи(북조선 인민의 정치적 정신적 상태에 관한 보고)", 1947, ЦАМОРФ, ф. 172, оп. 614632, д. 23, лл. 17~19.

187) 北朝鮮臨時人民委員會決定 第一四〇號, 1946.12.26,「糧穀 收買事業에 關한 件」,『史料集』5, 363쪽.

나붙었다.[188] 북조선임시인민위원회는 자신이 각 도에 할당한 수매량은 개괄적 수치일 뿐이라고 해명하며, "명령주의와 관료주의를 범한" 소비조합에 모든 책임을 떠넘겼다.

농민들이 양곡 수매에 응했음에도 불구하고 당국이 예매권을 발부하며 공산품 지급을 늦추자, 그들은 집단적 시위와 저항을 통해 불만을 표출했다. 1947년 1월 7일 양곡 반환을 요구하며 모여든 평안북도 박천군 농민 14명은 거절 통보를 받자, 관할 지역 북로당 면당위원장과 분주소장을 폭행했다.[189] 1947년 1월 2일 양곡 반환시위를 벌이던 평안북도 다른 군 지역 농민 100여 명도 면당위원장과 보안원을 구타하며 그들의 분노를 드러냈다. 그 시위는 3일 뒤 강인후(Кан Ин-ху)라는 교사가 이끈 농민 200여 명의 양곡 반환시위로 확대되었다. 1947년 1월 3일, 중지된 양곡 수매를 재개한다는 방침을 세운 강원도 어느 군의 당·인민위원회 간부들도 분노한 농민들의 폭행을 피하지 못했다. 연락을 받고 도착한 이웃 지역 농민 200여 명도 그 폭력사태에 가담했다.

소비조합은 민간사회에 부정적 인상을 남겼을 뿐만 아니라, 실제 사업 면에서도 많은 문제점을 드러냈다. 파종·제초·추수 등에 여념이 없는 농민들이나 "돌격주간"을 맞아 고된 노동을 지속하고 있는 노동자들이 필요한 물품을 구하고자 일부러 짬을 내 먼 거리의 조합상점을 찾기란 쉬운 일이 아니었다.

---

188) Романенко, "Доклад о политико-моральном состоянии населения Северной Кореи(북조선 인민의 정치적 정신적 상태에 관한 보고)", 1947, ЦАМОРФ, ф. 172, оп. 614632, д. 23, лл. 20~21.

189) Романенко, "Доклад о политико-моральном состоянии населения Северной Кореи(북조선 인민의 정치적 정신적 상태에 관한 보고)", 1947, ЦАМОРФ, ф. 172, оп. 614632, д. 23, лл. 22~25.

그들은 값을 조금 더 치르더라도 손수 물건을 지고 찾아오는 행상들에게 구입하는 편을 선호했다. 오랜 경험을 통하여 그러한 거래에 익숙해진 행상들은 계절과 지역에 따라 농민들이 어떤 물품을 필요로 하는지 훤히 꿰뚫고 있었다.[190]

행상뿐만 아니라 자금력을 이용해 트럭을 장만한 상인들도 당국에 심각한 우려를 안겼다. 한 소비조합 간부는 트럭에 물품을 싣고 분주히 각 지방을 순회하는 "간상"들의 기동성을 우려하면서도, 조합상점이 그러한 영업 방식을 배울 필요가 있다고 토로했다.[191] 그의 고민이 내비치듯 영업기술 면에서 조합상점 점원들은 상인들의 경쟁상대가 되지 못했다. 소비조합은 물자의 유통경로를 장악해 상인들의 판매와 구매행위를 통제하기는커녕, 그들과의 경쟁에서 뒤처지기 일쑤였고 심지어 그들에게 이용당하기까지 했다.

상인들이 의존한 거래 대상이 농민·민간기업·수공업자·시장 등이었음은 앞서 살펴본 바 있다. 그러나 소비조합도 그 대상에서 예외는 아니었다. 소비조합이 상인들의 물자 구입원을 통제하기는커녕, 그들에게 물자를 공급하는 역설적 현상이 어떻게 가능했을까? 그 이유는 아주 단순했다. 자금력을 소유한 상인들에게 재고를 도매 처분하는 방식이야말로, 소비조합이 실적을 올려 이윤을 남길 수 있는 손쉬운 해결책이었기 때문이다.[192] 게다가 늘 상부로부터 재고 누적과 판매율 하락을 비판받은 조합 상점원들은 되도록 빠른

190) 한복성, 「奧地 住民과 移動販賣隊」, 『소비조합』 1948년 12월호(『史料集』 32, 330~331쪽).

191) 徐泰鳳, 「奸商輩와의 鬪爭問題(二)」, 『文明商業과 消費組合』 1947年 第一卷 第六號(『史料集』 31, 517쪽).

192) 1947.6.6, 『제27차 북로당 강원도 인제군 북면당위원회 회의록』.

시일 안에 상품 판매를 완료하고자 상인들과 거래하지 않을 수 없었다.[193] 소비조합 판매가가 시장가보다 낮았다는 점, 지역 간 물가 격차가 적지 않았다는 점 등이 그러한 역설적 현상이 발생할 수 있는 여건을 조성했다. 당국은 소비조합상점의 도매행위를 방지하고 투기 목적하에 조합 상품을 구매한 조합원들을 제명하는 조치에 주력했지만, 그에 맞서 상인들은 전 가족을 동원해 조합상점 물품을 사 모으는 식으로 대응했다.[194]

상인과 조합상점 간의 거래는 그것으로 끝이 아니었다. 상인들은 조합상점에서 물품을 구입했을 뿐만 아니라 그곳에 판매할 수도 있었다. 곧 상인들의 물자 구입원을 통제하려 실시된 수매사업이 되레 상인들의 물자를 사들이는 식으로 전개되었다. 이 역설적 현상이 가능했던 까닭은 조합상점에 할당된 수매 목표를 달성해야 했던 점원들이 발품을 팔아 생산자들을 찾아 나서기보다, 손수 상품을 지고 찾아오는 상인들로부터 구입하는 쪽을 선호했기 때문이다.[195] 달리 말해 그러한 방식은 조합상점원들이 아무런 노력 없이 수매실적을 올릴 수 있는 손쉬운 해결책이었다. 황해도 소비조합의 경우 1952년 2/4반기 수매실적의 49%에 달한 734만 원가량의 물자를 상인들에게 사들였을 정도였다.[196]

이상의 사실들은 소비조합이 상인들의 물자 구매와 판매를 통제하기는커

---

193) 1949.11.27, 「북로당 강원도 인제군당상무위원회 회의록 제70호」, 『史料集』 3, 860쪽.

194) 韓寅善, 「勞事用 生活必需物資의 配給機構와 流通 系路에 對하여」, 『소비조합』 1949년 5월호(『史料集』 32, 448쪽).

195) 徐泰鳳, 「奸商輩와의 鬪爭問題(二)」, 『文明商業과 消費組合』 1947年 第一卷 第六號(『史料集』 31, 516쪽).

196) 조선로동당 중앙정치위원회 제140차 회의 결정서, 1952.12.20, 「소비조합 사업을 강화할 데 대하여」, 『史料集』 29, 232쪽.

녕, 오히려 그들의 매매행위에 활력을 불어넣었음을 보여준다. 그러나 소비조합이 양질의 서비스를 통해 판매경쟁에서 우위를 점한다면, 국가가 구상한 상업정책이 소기의 성과를 거둘 수도 있었다. 그와 관련하여 전시에 노획된 북로당 강원도 인제군당 문건들은 기층사회의 소비조합업소와 민간업소 간 경쟁양상을 생생히 드러낸다.

소비조합업소의 운영 실태를 지속적으로 검열한 인제군 당국이 특히 관심을 보인 부문은 조합상점의 서비스 문제였다.[197] 먼저 종업원들의 불친절한 태도가 수시로 지적되었다. 그들은 고객이 들어와도 "본체만체"했고 심지어 물건을 "이것저것 고른다고" 눈치를 주기까지 했다. 물품도 부족하기 일쑤였다. 북면 용대리 상점의 경우 담배 몇 갑만 구비하고 있을 뿐, 잉크나 성냥 같은 기본적 생필품마저 갖추지 못한 상태였다. 물품 위에 먼지가 수북이 쌓였을 정도로 청소 상태가 엉망인 서화면 조합상점의 관리 실태는 그곳만의 문제가 아니었다. 깔끔한 상품 진열 방식과 세련된 인테리어를 통해 손님들을 끌어들이려는 시도는 찾아보기 어려웠다. 반면 민간상점은 주민들에게 필요한 갖가지 일용잡화를 갖추고 있었을 뿐만 아니라 깨끗하고 친절하기까지 했다.

소비조합 식당의 운영 실태도 상점의 상황과 다를 바 없었다.[198] 위생이 불결한 데다 음식 맛도 좋지 않았다. 서화면 조합식당이 하루 평균 국수 60그릇을 판매한 반면, 경쟁관계에 있는 민간식당은 그 두 배인 120그릇을 판

---

197) 이하 1949.1.28, 「북로당 강원도 인제군당상무위원회 회의록 제35호」, 『史料集』 3, 118~119쪽 ; 1949.9.18, 『제31차 북로당 강원도 인제군 북면당위원회 회의록』 ; 1948.5.10, 「북로당 강원도 인제군당상무위원회 회의록 제10호」, 『史料集』 2, 239·242쪽 참조.

198) 이하 1948.8.17, 「제7차 북로당 강원도 인제군소비조합당조 회의록」, 『史料集』 4, 463~464쪽 ; 1948.5.10, 「북로당 강원도 인제군당상무위원회 회의록 제10호」, 『史料集』 2, 239·242쪽 참조.

매하고 있었다. 인제군 간부들도 인정했듯 민간식당에 훨씬 많은 손님들이 몰린 까닭은 친절하고 청결한 데다 좋은 음식 맛을 갖추었기 때문이었다. 소비조합이 운영하는 여관의 서비스 수준도 보잘것없었다. 손님들을 친절하게 접대하지 않았을 뿐만 아니라, 변소에서 악취가 풍겨올 만큼 위생 상태가 불량했다.

문제는 서비스의 결함에 그치지 않았다. 조합상점의 최대 강점인 가격 경쟁력마저 시장과 민간상점에 우위를 내주는 일도 있었다. 이를테면 무 한 가마니와 고추 한 두가 시장에서 각각 100원과 80원에 판매되고 있었을 때, 인제군 어느 조합상점은 그것들을 240원과 180원에 판매하고 있었다.[199] 1947년 3월경 북로당 중앙상무위원회는 소비조합 판매가격의 지역 간 편차 원인이 상업 부문 간부들에 대해 시도된 조합상점 책임자들의 로비에 있다고 보았다. 물품이 각 지역 조합상점에 고르게 배분되지 않고 조합상점 책임자와 상업부장 간 친분관계에 따라 배정되었기 때문이라는 진단이었다. 대부분의 섬유제품이 평양 지역에 배정된 반면, 함경남도와 황해도에 거의 배정되지 않은 원인도 그와 무관치 않았다. 물자 부족에 따른 지역 간 분배 편차가 물가 격차를 유발했음을 볼 수 있다.[200]

결국 조합업소의 형편없는 서비스 수준에 냉담한 반응을 보인 강원도 인제군민들은 민간업소의 이용을 선호했다. 소비조합업소들의 영업 부진 원인을 진단한 인제군 당국은 주인의식을 결여한 종업원들의 태도를 집중적으로 비판했다. 상점물품을 "자기 물품처럼" 다루지 않을 뿐만 아니라, "수동적으

---

199) 1949.11.27, 「북로당 강원도 인제군당상무위원회 회의록 제70호」, 『史料集』 3, 860쪽.

200) 북로당 중앙상무위원회 제26차 회의 결정서, 1947.3.3, 「소비조합상점 사업에 대하여」, 『史料集』 30, 140쪽.

로 남의 상점 점원 노릇"이나 하고 있다는 진단이 그들에게 겨누어진 비판의 골자였다.[201] 인제군 당국이 바로 짚었듯 조합업소 종업원들의 철저하지 못한 서비스관념은 사유의식의 결여에서 비롯되었다. 곧 종업원들에게 업소자산은 그들 자신의 소유물이 아니었다. 상품 보관의 부주의에 따른 부패·파손 등의 결손 사례가 민간상점보다 조합상점에서 빈번히 발생한 원인도 거기에 있었다. 1948년경 인제군소비조합은 64만 원에 달하는 거액을 들여 막대한 양의 고등어를 구입했으나, 보관 부주의에 따른 부패를 막지 못해 10만 6천 원 어치의 손실을 입었다.[202]

종업원들의 서비스 관념 결여와 주인의식 부족은 강원도 인제군 소비조합업소들에 국한된 문제가 아니었다. 조합상점을 시찰하던 중앙의 한 간부는 지방 어느 상점의 내부를 들여다보고 충격을 받았다. 그는 무더위가 극에 달한 7월경 그곳을 찾았지만 겨울철 내의가 걸려 있을 뿐, 여름용 셔츠와 견직물은 "장안에 고이 쌓여" 있었다. 그가 먼지와 파리똥으로 범벅이 된 내의를 가리키며 왜 그렇게 걸어두었냐고 묻자, 점원은 "좀이 슬 것 같아 그러한 건 조방법을 쓰고" 있다고 대답했다.[203] 그토록 불결한 광경이 손님들에게 줄 수 있는 인상 따윈 그 점원의 안중에 없었다.

소비조합업소가 보인 많은 문제점들은 대중들의 외면과 불신을 키웠다. 따라서 소비조합은 이윤을 축적하기는커녕 적자의 누적에 따른 재정난에 봉착했다. 인제군소비조합의 경우 1948년 9월 현재 군민들로부터 거둬들인 출

201)   1949.8.13, 「북로당 강원도 인제군당상무위원회 회의록 제57호」, 『史料集』 3, 472쪽.

202)   1949.8.13, 「북로당 강원도 인제군당상무위원회 회의록 제57호」, 『史料集』 3, 471쪽.

203)   변경, 「商店 指導事業 더욱 强力히 推進시키자」, 『소비조합』 1948년 9월호(『史料集』 32, 204쪽).

자금 불입 총액이 153만 원에 달했으나, 그의 4~5배에 이르는 700만 원 상당의 상품을 강원도소비조합으로부터 넘겨받아 판매하고 있었다.[204] 물론 출자금만으로 턱없이 부족한 상품 구입비는 은행 대부금을 비롯한 각종 부채에 의존해야 했다. 게다가 이윤마저 축적하지 못함에 따라 인제군소비조합의 적자폭은 시간이 흐를수록 커져갔다. 1949년 11월 현재 농민은행에서 융자받은 300만 원 외에, 강원도소비조합으로부터 589만 원의 부채를 지고 있었다.[205]

소비조합의 적자 운영은 상품유통에도 악영향을 끼쳤다. 소비조합이 생산공장과 계약을 체결해 직접 상품을 공급받는 유통구조하에서, 재정난에 직면한 소비조합의 지불능력 결여는 공장생산품의 적체현상을 낳았다. 인제군소비조합은 '출자자 모집' '출자금 징수' '판매량 증대' 등을 통한 해결을 모색했지만, 심각한 재정난으로부터 출구를 찾을 수 없었다. 소비조합상점의 적자 운영은 강원도 인제군에 국한된 문제가 아니었다. 1947년 초 한 달간의 손실액이 12만 원에 달한 대공장 밀집지대의 함경남도 흥남시소비조합과 수개월 동안 37만 원의 손실을 입은 산간 오지의 삼수군소비조합도 적자 운영에 직면했다.[206] 그러한 손실을 더욱 키운 요인은 절도·횡령·낭비를 비롯한 조합 내의 각종 부정행위와 사고였다. 1952년 상반기 전국에 걸쳐 발생한 부정행위와 사고 2,600여 건을 통해, 무려 6,280만 원에 달하는 조합자산이 소실되었다.[207] 창설 이래 이익금 배당이 단 한 차례도 이루어지지 않았을 만큼,

204) 1948.9.10, 「북로당 강원도 인제군당상무위원회 회의록 제22호」, 『史料集』 2, 551~552쪽.

205) 1949.11.13, 「북로당 강원도 인제군당상무위원회 회의록 제69호」, 『史料集』 3, 856쪽.

206) 북로당 중앙상무위원회 제26차 회의 결정서, 1947.3.3, 「소비조합 상점사업에 대하여」, 『史料集』 30, 141쪽.

207) 조선로동당 중앙정치위원회 제140차 회의 결정서, 1952.12.20, 「소비조합사업을 강화할 데 대하여」, 『史料集』 29, 233쪽.

소비조합은 전반적으로 운영난에 시달렸다. 소비조합이 조합원들의 복리에 기여하지 못하자, 출자금의 환불을 요구하는 사태도 종종 발생했다.

　중요산업국유화조치와 민간기업 통제정책을 실시해 공산품 처분권을 장악한 국가는 농업현물세 징수와 양곡 수매사업을 통해 농산물 처분권마저 손에 넣을 수 있었다. 물론 국가가 확보한 물자들의 유통은 민간상업이 아닌 국가상업·소비조합상업을 경유해 이루어졌다. 공산품과 농산물의 유통구조를 장악하는 식으로 급성장한 국가상업·소비조합상업은 해방 직후부터 압도적 우위를 보인 민간상업 판매고를 추월했다. 그러나 그러한 방식을 통해 궁극적으로 이루려 했던 목표인 물품 가격 인하와 양질의 서비스 제공 등 소비자들의 복리 증진 과제는 뚜렷한 결실을 맺지 못했다. 요컨대 북한의 사례는 제 기능을 다하지 못한 국가상업·소비조합상업이 민간상업을 통해 보완되지 않는 한, 소비자들의 복리 증진도 실현되기 힘든 과제임을 보여주고 있다.

5. 38선 월경밀무역

　물자의 시장 유출 억제와 수매사업을 통해 상인들의 물자 구입원을 통제하려 한 국가의 구상은 쉽게 관철되지 않았다. 당국이 전혀 예측하지 못했거나 예측했더라도 방관할 수밖에 없는 갖가지 변수들을 통해 막대한 물자가 시장과 상인들에게 흘러들었다. 이를테면 절도와 밀거래를 비롯한 각종 불법행위들이 그에 일조했다. 국가자산 절도사건을 재판한 어느 판사는 절도행위 자체가 위험한 범죄는 아니라고 선을 그었다. 그러나 그가 "조금도 참작할 여지가 없다."라고 강조하며 절도범에게 징역형을 선고한 까닭은 그의 범죄가 절도에 그치지 않고, 훔친 물자를 "모리배에게 팔아 간상행위를 연장"했기 때문이었다.[208] 막대한 장물이 절도를 통해 시장으로 흘러드는 현상은 상인들의 손쉬운 물자 구입에 일조한 반면, 국가상점·소비조합상점의 판매고를 잠식할 수 있다는 점에서 우려되었다.

시기적으로 가장 심각하게 받아들여진 절도유형은 농촌사회의 축우 절도였다. 해방 직후 소 한 마리 값이 약 1만 원까지 폭등해 절도사건이 횡행하자, 북조선임시인민위원회는 축우 절도자에 대한 엄중한 처벌규정을 마련했다.[209] 축우 절도 못지않게 우려된 범죄는 밀도살이었다. 축우 밀도살사건을 재판한 해주시 인민재판소 판사가 밝혔듯, 피의자들이 "농촌경제 발전의 원동력인 소"를 도살하는 행위는 결코 "용서할 수 없는" 중범죄였다.[210] 우적부(牛籍簿) 체계에 따른 축우 관리제의 실시는 춘경·추경을 통하여 양곡 증산에 이바지할 수 있는 소가 매우 귀중한 자산으로 취급되었음을 드러낸다. 그러나 쇠고기 품귀현상이 극에 달하자 축우 관리제는 밀도살의 예방에 도움이 되지 못했다. 1948년경 소 두 마리를 도살하여 시장과 상인들에게 팔아넘긴 한 도살업자가 작은 소 한 마리 값인 4,000원의 이익을 남겼을 만큼 밀도살은 수지맞는 사업이었다. 축우 밀도살사건이 1949년 북한 지역 전체 범죄의 8.7%를 점했다는 점은 우적부 관리와 단속이 그의 방지에 별 도움을 주지 못했음을 의미한다.[211]

불법행위를 통한 물자의 시장 유출은 민간 부문에 국한되지 않았다. 국가

---

208) 해주시 인민재판소, 1948.8, 「판결등본집」, 『史料集』 9, 553쪽.

209) 北朝鮮臨時人民委員會決定 第五號, 1946.3.25, 「畜牛竊盜犯 處罰에 關한 件」, 『史料集』 5, 755쪽.

210) 해주시 인민재판소, 1948.12, 「판결등본집」, 『史料集』 9, 620쪽.

211) 조선민주주의인민공화국 최고재판소, 『판정례집』 제1호, 사법성 사법출판부, 1950, 17쪽.

기관에 복무한 간부들과 국영공장 관리자들도 불법적 물자 유출에 연루되기 일쑤였다. 이를테면 1948년 초 황해도 해주시의 서선장유공장 지배인은 국가로부터 원료를 공급받아 제조한 식초를 국가에 납품하지 않고, 민간상사에 처분하여 20만 원 이상의 막대한 이익을 챙겼다.[212] 물론 그의 일탈은 제품의 국정가격이 시장가보다 훨씬 낮게 책정된데 따른 대응이었다. 그러한 가격의 이중구조가 국가기관 간부들의 불법적 물자 유출을 조장했다. 1949년 평양 제1병원과 청진 철도병원의 직원들은 국가로부터 배당받은 고가 약품의 50%와 80%를 시장에 방매했다. 같은 해에 적발된 유사 사건들이 무려 5천여 건에 달했다.[213] 창립 초기 재정난에 직면한 북조선로동당도 흥남인민공장으로부터 국정가격에 인수한 비료를 시가로 민간에 방매하는 식의 해결책을 모색했다.[214]

이상의 각종 편법행위들은 물자의 시장 유출 억제와 수매사업을 통해 상품 유통경로를 통제하려 한 국가의 구상을 방해했다. 게다가 봇짐장수나 박물장수로 일컬어진 떠돌이상인 곧 행상들도 국가의 상업정책에 역행하는 태도를 보였다. 물론 행상 활동이 법적으로 금지된 것은 아니었다. 그러나 상업국장 장시우가 강조했듯, 행상 활동은 시장 안에서만 허용되었고 "가두행상"은 금지되었다.[215] 그의 지시는 모든 상행위가 점포시설과 공설시장 등 지정된 장소에서만 가능하다는 "북조선 산업 및 상업 발전에 관한 법령" 제5조

---

212) 해주시 인민재판소, 1948.8, 「판결등본집」, 『史料集』 9, 545쪽.

213) 조선로동당 중앙조직위원회 제11차 회의 결정서, 1949.11.28, 「보건부문 내 당단체들의 보건사업 보장을 위한 협조정형에 대하여」, 『史料集』 29, 390-391쪽.

214) ISNK, no.2(1947.4.1~1948.1.9), p. 197.

215) 張時雨, 「人民商業의 建設」, 『人民』 1946年 11月號(『史料集』 13, 44쪽).

에 근거하고 있었다.

그러나 행상들의 활동 반경은 시장에 국한되지 않았다. 그들은 상업망이 뒤처진 지역을 누비며 어렵지 않게 국가의 상업정책을 뒤흔들 수 있었다. 수많은 행상들의 통제가 사실상 불가능해지자, 행상 활동이 지정된 장소에서만 가능하다는 법령은 사문화될 수밖에 없었다. 그들이 국가상업·소비조합상업에 맞서 경쟁력을 확보할 수 있었던 까닭은 뛰어난 기동성을 발휘해 상업망이 뒤떨어진 지역을 쉽게 파고들 수 있었기 때문이다. 그들은 농촌 지역을 돌며 계절 필수품을 판매한 뒤, 현금을 소유하지 못한 농민들로부터 곡물을 받아갔다. 이를테면 농민들에게 무씨나 배추씨를 외상으로 넘긴 박물장사들은 수확기에 다시 그들을 찾아 시가보다 싸게 평한 곡물을 이자까지 더해 챙겼다. 한 당국자는 박물장사들이 순박한 농민들의 약점을 이용해 물건을 비싸게 팔 뿐만 아니라, 이자까지 거두어 "2중 3중으로 착취"해 왔다고 비판했다. 그의 결론에 따르면 행상들은 농민들의 생계를 위협하는 "농촌사회의 기생충"에 지나지 않았다.[216]

행상들이 소비조합에 끼친 손실은 적지 않았다. 그들은 수매사업에 앞서 농민들이 생산한 곡물과 목화를 거두어갔을 뿐만 아니라, 계절 필수품과 일용품을 판매해 소비조합의 판매실적을 떨어뜨렸다. 소비조합은 이동판매사업을 통해 행상들을 견제하려 했으나, 산간벽지 구석구석까지 누비는 그들의 기동성을 당해낼 수 없었다.

행상들의 활동을 경계한 강원도 인제군 당국은 그들의 관내 출입을 봉쇄

---

216) 이하 한북성, 「奧地 住民과 移動販賣隊」, 『소비조합』 1948년 12월호(『史料集』 32, 330~331쪽) 참조.

하라는 지시를 내렸다.[217] 인제군 당국이 행상들의 출현에 민감한 반응을 보인 데는 그럴만한 이유가 있었다. 38선 접경 지역에 위치한 그곳의 지리적 특성으로 보아, 그들은 38선을 넘나들며 밀무역에 종사한 이른바 "월경상인"일 가능성이 높았다. 해방 직후부터 성행한 "38선 월경밀무역"은 여러 면에서 북한에 유해한 영향을 끼칠 수 있는 불법행위였다. 우선 이제까지 살펴본 북한의 거시적 상업정책에 비추어볼 때, 그것은 남한 지역 물자의 무분별한 유입을 조장함으로써 국가가 장악하려 한 상품 유통구조의 혼란을 부채질할 수 있었다.

게다가 38선 월경밀무역은 북한 경제정책의 핵심과제인 물가 안정을 위협할 수 있는 요인이었다. 북한 지역 물자의 유출과 남한 지역 화폐의 유입이 그를 통해 심화되었기 때문이다. 그러나 북한 지역 통화팽창을 유발한 그러한 현상은 월경무역을 통해 이익을 최대화하려는 상인들의 행동패턴에 비추어 논리적이지 않다. 왜냐하면 월경상인들이 최대의 수익을 올릴 수 있는 무역 방식은 남북 어느 한 쪽에서 구입한 물품을 다른 쪽에 팔아넘긴 뒤, 그곳의 물품을 구입해 출발지로 돌아와 판매하는 방식이기 때문이다. 곧 월경무역을 통한 물자의 유입과 유출은 병행되기 마련이며, 따라서 북한이 우려한 물자 유출은 결과적으로 남한 물자의 유입을 통해 상쇄될 가능성이 높다. 그러나 실상은 달랐다. 북한이 우려한 대로 물자의 남한 집중과 화폐의 북한 집중은 뚜렷한 경향성을 보였다.

화폐개혁 이전 물자의 남한 유입 편중과 통화의 북한 유입 편중이 상대적으로 두드러질 수밖에 없었던 38선 월경무역구조의 불균형은 어디에서 비롯되었을까? 결론적으로 이 문제에 두 가지 요인이 중첩돼 있었다. 해방 전

---

217) 1949.10.29, 「북로당 강원도 인제군당상무위원회 회의록 제68호」, 『史料集』 3, 740쪽.

부터 발행된 조선은행권이 남북 공용화폐로 사용되었다는 점과 남한의 인플레이션이 북한보다 심각한 수준이었다는 점이 그것이었다.[218] 남북한 두 지역 간 물가 격차가 발생해 같은 화폐로 더 많은 북한 지역 물자의 구입이 가능해짐에 따라, 물자 유출의 부담도 북한 쪽에 집중되는 경향을 보였다. 북한의 한 경제전문가는 1946~1947년에 이르기까지 남한에서 약 20억 원의 통화가 유입된 반면, 그에 상응하는 가치의 물자가 유출되었다고 추정하기까지 했다.[219] 곧 북한 지역은 남한의 인플레이션 부담을 분담하는 완충지의 기능을 수행했다. 기형적 월경무역구조의 개선을 위한 북한의 화폐개혁은 1947년 12월경에 단행되었다. 이 조치를 통해 구화폐가 폐지됨에 따라, 가치가 폭락한 남한 조선은행권의 유입이 차단될 수 있었다.[220]

한편 38선 월경무역의 독특한 지위는 북한 무역정책에 대한 검토를 통해 규명될 수 있다. 1946년 9월에 포고된 북조선임시인민위원회 결정 제81호에 따르면, 무역위원회의 전담 아래 실시될 대외무역은 국가 독점무역만이 허용되었을 뿐 어떠한 단체나 개인에게도 허용되지 않았다.[221] 그러나 1947년 1월 9일 무역위원회가 해체되고 무역 업무가 북조선임시인민위원회 상업국으로 이관됨에 따라, 대외무역의 국가 독점적 성격에 변화가 일어났다.[222] 그 변화

---

218) 朝鮮銀行調査部, 『朝鮮經濟年報 1948』, 1948, Ⅲ-119~142쪽과 한림대, 『1946·1947·1948年度 北韓經濟統計資料集』, 한림대출판부, 1994, 105~111쪽 참조.

219) 「3年間の北朝鮮財政, 金融, 貨幣」, 『旧ソ連の北朝鮮經濟資料集 1946~1965年』, 東京: 知泉書館, 2011, 96쪽.

220) 朝鮮中央通信社, 『朝鮮中央年鑑 1949』, 1949, 113쪽.

221) 北朝鮮臨時人民委員會決定 第八一號, 1946.9.20, 「北朝鮮臨時人民委員會 貿易委員會 組織에 關한 決定書」, 『史料集』 5, 35쪽.

222) 北朝鮮臨時人民委員會決定 第一五二號, 1947.1.9, 「北朝鮮臨時人民委員會 貿易委員會 廢止에 關한 決定書」, 『史料集』 5, 95쪽.

란 다름 아닌 개인무역의 실시였다. 1949년 7월 18일에 포고된 내각결정 제 88호 "개인 대외무역 허가에 관한 결정서"가 민간 대외무역의 허용을 공식화 했으나, 정준택이 지적했듯 그것은 이미 그 이전부터 시행돼 오고 있었다. 상 업국장 장시우는 1948년 3월 현재 민간무역량이 국가무역량보다 우위에 있 다고 지적했다.[223]

한편 해방 후 최초의 남북 간 교역 논의는 1946년 1월에 열린 미소공동위 원회 예비회담을 통해 이루어졌다.[224] 그러나 예비회담의 논의는 물물교환에 기초한 교역 방식, 미소 양군의 물자 맞교환, 교역물품 목록 작성 등에 대한 합의를 이끌어냈을 뿐 더 이상 진전되지 못했다. 따라서 38선 월경무역은 미 소 양군의 직접적 개입을 벗어나 조선인들의 주도 아래 추진되기 시작했다. 내각결정 제88호가 발포되기 전 개인 대외무역이 반(半)공식성을 획득하자, 38선 월경무역은 국가뿐만 아니라 민간이 운영한 상사를 통해서도 이루어졌 다. 이를테면 상업국의 허가 아래 남한과 교역한 북조선원산무역회사(North Korean Wonsan Trading Office)는 인민위원회와 민간이 각각 60%와 40%의 주 식 지분을 소유한 상사였다.[225] 그 회사의 직원들은 당국의 허가를 얻어 자유 로이 남북을 오가며 무역 업무를 수행할 수 있었다.

북한의 1946년 대남 무역규모는 수출·수입액 모두 2,360만 원에 달했다. 전체 수출액의 3.29%와 수입액의 2.74%를 점하는 규모였다.[226] 소련·중국과

---

223) 1948.3, 「北朝鮮勞動黨 第二次 全黨大會 會議錄」, 『史料集』 1, 362쪽.

224) Institute of Asian Culture Studies Hallym University, HQ, USAFIK Intelligence Summary Northern Korea 1(1945.12.1~1947.3.31) (Chunchon: Institute of Asian Culture Studies, 1989), p. 47.

225) ISNK, no.3(1948.1.10~1948.7.16), p. 32.

226) 한림대 아시아문화연구소, 『1946·1947·1948年度 北韓經濟統計資料集』, 한림대출판부, 1994, 91쪽.

의 교역량에 훨씬 미치지 못했어도, 그 두 국가의 바로 뒤를 잇는 규모에 해당했다. 남한 측 자료에 비추어볼 때 1946년 이후 남북 간 무역규모는 가파른 증가세를 보였다. 대한민국정부 상공부의 조사에 따르면 해방 직후부터 1948년 중순에 이르기까지 남한의 대북 수출액이 총 890,233천 원, 수입액이 총 980,765천 원에 달했다.[227] 당시 남북한 화폐 환율이 약 3:1에 달했음을 감안하더라도, 1946년 이후 남북 간 교역규모가 급성장했음을 알 수 있다. 대소 무역에 관여하지 않은 조선상사주식회사의 대외무역 실적 보고에 따르면, 1948년 대남 수출·수입액의 비중은 총수출·수입액의 22.4%와 21.1%를 점했다.[228] 홍콩과 중국의 바로 뒤를 잇는 교역량이었다.

한편 통계화하기 어려운 상인 개개인들의 38선 월경밀무역은 당국의 통제에도 불구하고, 남북 간의 반(半)공식적 월경무역보다 큰 규모로 이루어졌다. 월경행위가 원칙적으로 금지됨에 따라 상인들의 월경도 당국의 제재 아래 놓였다. 북한이 월경행위를 부정적으로 바라본 까닭은 스파이나 테러리스트 등의 반체제 세력이 38선을 넘어 침투할 수 있었기 때문이다. 따라서 38선을 "반혁명의 유입통로"로 바라본 소련과 북한은 철저한 봉쇄정책을 실시했다. 북한 주민들의 월남행위도 체제를 배반하고 도주한 반체제행위로 규정됨에 따라, 월남자들은 "38선 이남 도주자"로 지칭되었다. 잠재적 반체제행위인 월경을 일탈행위로 규정한 당국은 38선 통제에 주력하며 월경자들을 체포했다.

월경상인들에 대한 시선도 월경자관과 다르지 않았다. 당국이 보기에 그

---

227) ISNK, no.4(1948.7.17~1948.11.26), pp. 363~364.

228) 李元賢, 1950.2.13, 「朝鮮商事株式會社 一九四九年度 事業總結報告」, 『史料集』8, 719·721 쪽.

들은 북한의 물자를 유출할 뿐만 아니라, 가치가 폭락한 조선은행권과 위조지폐를 들여와 국가의 물가정책을 교란하는 모리배에 다름 아니었다. 게다가 그들의 스파이 활동도 우려되었다. 밀무역상들의 월경행위를 통제한 38선 접경 지역 한 간부의 증언에 따르면, 그들은 사실상 이중간첩의 역할을 수행했다.[229] 북한 지역의 동향을 미첩보기구에 고했을 뿐만 아니라, 그에 상응하는 정보를 북한 측에도 제공했기 때문이다.

북한 당국이 38선 월경밀무역을 "반혁명의 유입" 관점에서 바라보았다는 점은 상인들뿐만 아니라 그들이 운반한 밀수품에도 해당할 수 있었다. 이를 테면 1946년 4월경 토지개혁 검열 임무를 띠고 현장에 파견된 소련군 2명과 조선인 행정 간부 7명이 강원도 화천군 방면에서 유입된 공업용 알콜주를 마시고 사망한 사건이 있었다. 나머지 음주자들인 조선인 6명과 소련군 4명의 생명도 위독한 상태였다.[230] 이러한 유형의 사건들이 남한에서 밀반입된 물품들에 대한 단속을 강화하는 결과를 낳았다. 따라서 월경을 시도하고 있는 상인들은 발견 즉시 체포되었고 그들이 소지한 물품은 당국에 압수되었다.

이상의 논의는 북한에 어떠한 혜택도 제공하지 못한 38선 월경밀무역이 철저한 통제에 직면한 배경을 잘 드러낸다. 1949년경에 포고된 조선민주주의인민공화국 형법은 주권기관의 허가를 받지 않거나 세관을 속여 물품을 유입·유출한 자에게 3년 이하의 징역형을 부과하고 그 물품을 몰수한다는 "밀수죄"를 규정했다.[231] 그러나 북한 당국이 고수한 38선 월경밀무역정책의 기본 방향은 금지가 아닌 통제 하 묵인에 가까웠다. 황해도 해주 부근에서 월

---

229) 김석형 구술, 이향규 녹취·정리, 『나는 조선노동당원이오』, 선인, 2001, 242쪽.

230) 1946.4.22, 「北朝鮮 第二次 司法責任者會議 江原道 事業報告書」, 『史料集』 9, 10쪽.

231) 1949, 「朝鮮民主主義人民共和國 刑法」, 『史料集』 20, 211쪽.

경자들을 단속한 한 간부가 밀무역을 통제하면서도 "원활히 보장해 주었다."라고 고백한 증언은 바로 그러한 상황을 염두에 둔 것이었다.[232] 미국이 간파했듯 숱한 불리한 여건들 속에서도 북한이 그러한 정책을 실시한 까닭은 월경밀무역이 부족한 물자의 조달에 기여했기 때문이었다.[233] 북로당 강원도당의 한 간부도 북한이 자동차오일·면직물·고무 등을 자급할 수 없는 한, 남북교역이 불가피하다는 입장을 내비쳤다.[234] 사실 북한에 부족한 사진필름·문방구 등의 밀수품은 소시민층에게 상당한 인기를 끌었다. 남한에서 어떠한 물품이 들어왔다는 소문이 퍼지기라도 하면, 중간층이 "기계적으로 달라붙었"을 정도였다.[235]

38선 월경무역이 불가피하다는 관점은 남한에서도 통용되었다. 대한민국 정부 상공부의 협력을 얻어 38선 월경무역 규모를 통계화한 『아시아 경제뉴스(Asia Economic News)』(1948.9.8, 서울)의 편집자들에 따르면, 남한은 경제적으로 미국뿐만 아니라 북한에도 의존했다.[236] 더 나아가 그들은 38선이 폐지되지 않는 한, 남한의 자율적 경제체제 확립은 불가능하다고 결론지었다.

삼엄한 경비에도 아랑곳없이 수많은 상인들이 뛰어든 38선 월경밀무역은 엄청난 호황을 누렸다. 1945년 12월경 미군첩보기구 G-2는 남북 간 철도교통이 단절된 직후부터 매일 수백 명에 이르는 상인들이 생필품을 장만해 월

---

232) 김석형 구술, 이향규 녹취·정리, 『나는 조선노동당원이오!』, 선인, 2001, 241쪽.

233) U.S. Department of State, *North Korea: A Case Study in the Techniques of Takeover* (Washington, D.C.: U.S. Government Printing Office, 1961), p. 79.

234) ISNK, no.3(1948.1.10~1948.7.16), p. 32.

235) 김석형 구술, 이향규 녹취·정리, 『나는 조선노동당원이오!』, 선인, 2001, 223·227~228쪽.

236) ISNK, no.4(1948.7.17~1948.11.26), pp. 363~364.

북하고 있다는 정보를 입수했다.[237] 38선을 통제한 북한 측의 한 간부도 월남자들 가운데 "장사꾼들"이 가장 큰 비중을 점했다고 평가했다.[238] 1948년 초 경기도 연천군을 거쳐 월북하다 붙잡힌 어느 상인은 자신이 구금된 수용소의 한 공간에만 월경 중 체포된 40~50명이 들어차 "앉지도 서지도 못했"을 정도였다고 털어놓았다.[239] 그러나 그들은 전체 월경상인의 극소수에 지나지 않았다.

　내무성 산하의 38경비대와 38보안대, 민간방위조직 자위대, 소련군 등이 월경행위와 밀무역을 단속했음에도 불구하고 월경자 체포율은 매우 낮았다. 1948~1949년에 걸쳐 월남을 시도한 강원도 인제군 지역 북로당원 288명 가운데 체포된 당원 수가 겨우 4명에 지나지 않았다.[240] 월남 성공률이 무려 98.6%에 달했음을 알 수 있다. 설령 체포되더라도 뇌물을 바치면 풀려날 가능성이 높았다. 월남 성공률이 그토록 높을 수밖에 없었던 이유는 월경자들이 당국의 주요 경비구역을 훤히 파악하고 있었기 때문이다. 더 정확히 말해 막대한 수의 월남민 유출과 월경밀무역의 호황이 불러온 38선 접경 지역의 '분단특수'를 맞아, 월경루트 안내와 짐 운반 등을 통해 생계를 꾸려나가려는 이들이 나타나기 시작했다. 그들을 중심으로 형성된 38선 접경 지역 일대의 음성적 시장이 급속한 성장세를 보였다.

　그러한 음성적 시장의 급성장은 월경 안내업이 고수익을 올릴 수 있는 벌이수단이었기에 가능했다. 황해도 해주로부터 38선 이남 청단에 이르는 월경

237)　ISNK, no.1(1945.12.1~1947.3.31), p. 36.

238)　김석형 구술, 이항규 녹취·정리, 『나는 조선노동당원이오!』, 선인, 2001, 241쪽.

239)　보안처장 박용삼, 1948.3, 「압수물품 반환에 관한 건」, 『史料集』 9, 444~446쪽.

240)　김재웅, 2007.8, 「북한의 38선 접경지역 정책과 접경사회의 형성」, 『한국사학보』 제28호, 128쪽.

루트를 이용한 업자들은 월남자 한 명 당 300~600원에 달하는 안내비를 챙길 수 있었다.[241] 쌀 한두 말 값이나 노동자 월급의 1/3~1/2에 맞먹는 꽤 큰 금액이었다. 월경 안내업자들이 쉽게 거금을 벌어들일 수 있었던 까닭은 그들 자신이 월경밀무역을 겸한 데다, 대부분의 월남행위가 개별적이 아닌 집단적으로 이루어졌기 때문이다. 월경 안내업의 그러한 고수익성은 38선 접경 지역의 지리와 군부대·자위대의 경비초소 위치를 훤히 꿰뚫고 있었던 지역민들을 끌어들였다. 월경밀무역의 호황을 가능케 한 제반 여건은 바로 그러한 상황을 통해 조성되었다.

38선 월경밀무역은 상인들에게 커다란 이익을 안겨주었다. 월경 중 체포된 밀무역상들을 재판한 기록은 그들이 밀수를 통해 어느 정도의 수익을 올리고 있었는지 드러낸다. 화폐개혁 이전 황해도 해주시장에서 물품을 구입해 38선 이남 청단에 판매한 어느 상인은 세 차례에 걸쳐 사과 120개 명태 30쾌 세숫비누 120개를 각각 1,000원·1,800원·2,700원에 구입하여, 1,500원·2,500원·3,500원에 팔아넘긴 바 있다.[242] 세 번의 밀수를 통해 그는 500원·700원·800원을 벌어들여 총 2,000원의 수익을 올렸다. 당시 2,000원은 쌀 세 말 가격으로 노동자 월급의 두 배에 달하는 금액이었다. 화폐교환사업 이후 강원도 평강군의 한 상인은 750원에 구입한 명태 10쾌를 38선 이남에 넘긴 뒤, 남한 지역 물품을 구입해 돌아와 판매하여 2,500원의 순이익을 남겼다.[243]

해방 직후 남북 간 교통이 단절되자마자 매일 수백 명의 남한 상인들이

---

241) 해주시 인민재판소, 1948.7, 「판결등본집」, 『史料集』 9, 471쪽 ; 해주시 인민재판소, 1948.8, 「판결등본집」, 『史料集』 9, 541쪽.

242) 해주시 인민재판소, 1948.7, 「판결등본집」, 『史料集』 9, 471쪽.

243) 보안처장 박용삼, 1948.3, 「압수물품 반환에 관한 건」, 『史料集』 9, 445쪽.

신발·가죽제품·잡화 따위의 생필품을 장만해 월북한 까닭도 월경밀무역의
고수익성에 매료되었기 때문이다. 물론 거래량에 비례하여 이익이 증가함에
따라 선박 소유주 같은 이들은 막대한 수익을 올릴 수 있었다. 서해안 일대
의 목선 소유주들이 주로 이용한 뱃길 월경 상로는 옹진반도에서 동북쪽으
로 해주에 이르는 루트와 연백에서 서북쪽으로 해주에 이르는 루트였다. 38
선 이남의 새우젓·바지락젓·감자 등을 해주시장에 넘긴 그들은 그곳에서 구
입한 참깨를 남한 지역에 팔아 조선은행권 2~3만 원에 달하는 이익을 남겼
다.[244] 북한의 신화폐 7천 원~만 원에 맞먹는 거금이었다. 따라서 막대한 수
익을 올릴 수 있는 해상 밀수가 기승을 부렸다. 서해수상보안대가 1947년 11
월 말까지 나포한 밀항선 수가 79척에 달했을 정도였다.[245]

그러면 '분단특수'를 누린 월경밀무역을 통해 어떠한 물품들이 교역되었
으며, 그에 따른 고수익 창출 원인은 어디에 있었을까? 38선 접경 지역 황해
도 해주의 경비대가 상인들로부터 압수한 물품목록은 당시의 교역품 종류를
상세히 드러낸다. 그 목록은 구체적으로 "고무신·운동화·연초·오버·미녕(무
명)·동절기복·미군샤쓰·스커트·치마·물감·소캐(솜)·양복·양복쓰봉·마분지·
의복·자동차부속품·천·화장품·면도칼·비누" 따위를 거론하고 있다.[246] 물품
의 이동방향이 명시되지 않았으나, 비누를 제외하면 거의 대부분이 월북 도
중 압수된 물품임에 틀림없다.

교역품들의 이동방향 분류 작업은 38선 월경밀무역의 호황 원인 규명에

---

244) 해주시 인민재판소, 1948.12, 「판결등본집」, 『史料集』 9, 644쪽 ; 해주시 인민재판소, 1948.12, 「판
   결등본집」, 『史料集』 9, 646쪽.

245) 西海水上保安大隊, 1947.11, 「保安處 會議 關係 書類」, 『史料集』 9, 292쪽.

246) 1947.11, 「押收品 決定書 報告의 件」, 『史料集』 9, 421~422쪽.

중대한 단서를 제공한다. 먼저 남한 지역으로 운반된 물품은 비누·비료·카바이트 등의 화학제품과 명태·편포 등의 수산물에 집중되는 경향을 보였다. 반면 훨씬 다종다양한 생활필수품과 경공업제품이 북한 지역으로 유입되었다. 면직물·고무제품·의복·신발·가죽제품·문방구·사진필름·화장품·염색약·물감·자동차부품·자전거부품 등이 그것이었다. 요컨대 교역품들의 뚜렷한 이동방향성을 규정한 요인은 남북 간 자원 분포의 차이와 공업구조의 불균형적 발전에 있었다. 1940년 현재 약 15억 원에 달한 조선 총공업생산액의 절반 이상이 함경남도(22.4%)·경기도(20.4%)·함경북도(10.6%)에 편중된 데다, 균형적 발전을 보인 경기도를 제외하면 중남조선의 경공업 발전과 북조선의 중공업 발전이 뚜렷한 대비를 이루었다.[247]

해방 직전 북한 지역이 조선 전역에서 점한 각 공업 부문별 생산 비중을 살펴보면 전기공업 80%(남한 20%), 화학공업 86%(남한 14%), 기계공업 29%(남한 71%), 방직공업 16.8%(남한 83.2%), 식료품공업 38%(남한 62%), 기타 공업 23.9%(남한 76.1%) 등의 분포를 보였을 만큼 남북 간 공업의 불균형적 발전이 두드러졌다.[248] 북한 지역의 경우 전기·화학공업이 공급 과잉 상태에 있었던 반면, 면직물을 비롯한 생필품 제조업은 내수의 충족마저 곤란한 상황에 있었다. 대일·대남 경제관계가 단절된 해방 직후 북한이 직면한 주요 경제 문제 가운데 하나인 생활필수품 부족사태는 바로 그러한 원인에서 비롯되었다.

일제시기 이래 지역에 따라 불균형적으로 발전한 조선의 기형적 공업구

---

247) 李元坤, 「北朝鮮의 輕工業」, 『文明商業과 消費組合』 1947年 第一卷 第二號(『史料集』 31, 435~436쪽).

248) U.S. Department of State, *North Korea: A Case Study in the Techniques of Takeover* (Washington, D.C.: U.S. Government Printing Office, 1961), p. 80.

조와 남북 간 자원 분포의 차이가 38선 획정에 따른 경제관계의 단절 이후, 제 지역의 특정 물자 부족현상을 유발해 38선 월경밀무역을 촉진했음을 살펴보았다. 대한민국정부 상공부가 실시한 조사에 따르면 1948년 중순경까지 이루어진 남북교역의 전체 수입품 가운데 화학제품이 36.57% 수산물이 26.13% 광물이 16.02% 비료가 10.74% 종이가 8.05%의 비중을 점했다.[249] 수출 품목의 점유율은 면직물 71.12% 고무제품 15.46% 못 7.20% 전구 1.97% 해초 0.73% 가죽제품 0.46% 원면 0.16% 등의 분포를 보였다. 실제 교역통계도 일제시기에 기원을 두고 있는 남북 간 공업 발전의 불균형성이 38선 월경밀무역의 활성화에 기여했음을 보여주고 있다.

---

249) ISNK, no.4(1948.7.17~1948.11.26), pp. 363~364.

3장
농업구조 개혁과 농민층의 지위 변화

1. 토지개혁

1) 지주소작제 청산

1941~1942년경에 집계된 한 통계에 따르면, 북한 지역의 총경지면적과 농가 수는 각각 2,181,765정보와 1,004,586호에 달했다. 그 가운데 총경지면적의 절반이 총농호의 6.8%에 불과한 5정보 이상 소유농 69,400호에 귀속돼 있었다. 5정보 이상 소유농은 자경보다 임대에 의존해 생계를 유지하는 경향이 있는 부유층이었다.[250] 반면 총농호의 56.7%에 달한 1정보 미만 소유농 56만 호가 점한 토지면적은 전 경작지의 5.4%인 116,400정보에 지나지 않았다. 그와 비슷한 수준인 111,600정보의 경작지가 100정보 이상을 소유한 284호의

---

250) "Об экономическом и политическом положении Северной Кореи(북조선의 정치경제 정세에 대하여)", 1947, ЦАМОРФ, ф. 172, оп. 614631, д. 39, лл. 17~18.

대지주들에 집중되었다는 점도 해방 전 북한 지역 토지소유구조의 편중성
을 잘 드러낸다. 총농호의 0.03%를 점한 100정보 이상 소유농 가운데 1,000정
보 이상을 소유한 가호가 20호, 500~1,000정보를 소유한 가호가 21호에 달했
다.[251]

　토지소유구조의 집중현상은 시간이 지날수록 심화되는 경향을 보였다.
그로부터 약 2년이 지난 1943년 말 통계에 따르면, 총농호의 4.6%에 달한 5정
보 이상 소유농 46,134호가 총경지면적의 58.3%인 1,154,838정보를 소유하고
있었다. 지주 가호 수가 감소하고 있는 반면, 그들의 경지면적 점유율이 증가
하고 있음을 볼 수 있다.[252] 1946년 3월 토지개혁이 단행되었을 때, 5정보 이
상을 소유한 지주 가호 수는 북한 지역 전체 농가의 3.4%인 33,217호로 확인
되었다.[253]

　소수 지주층이 북한 지역 전 경작지의 절반 이상을 점함에 따라, 그들을
제외한 대다수 농민층에게 남겨진 경작지는 약 80~90만 정보에 지나지 않
았다. 곧 지주층을 제외한 전체 농가들은 평균 1정보에도 미치지 못하는 토
지를 소유하고 있었다. 농업 전문가 표도엽(表道燁)은 조선의 실정에 비추어,
5~6명 정도의 한 가족이 수입과 지출의 균형을 유지하며 안정된 생활을 영위
하려면 2정보 이상의 토지 경작이 요구된다고 보았다.[254] 해방 전후 북한 지
역 전체 경작지가 약 200만 정보, 총농호가 약 100만 호에 달했다는 점은 1농

---

251)　1947.7.20,「北朝鮮 土地改革의 歷史的 意義와 그 첫 成果」,『史料集』7, 386쪽.

252)　최용달,「조선민주주의인민공화국헌법은 토지개혁을 보장한다」,『인민』1949년 3월호(『史料集』
37, 754~755쪽).

253)　「北朝鮮産業の資料」,『旧ソ連の北朝鮮經濟資料集 1946~1965年』, 東京 : 知泉書館, 2011,
125쪽.

254)　表道燁,「北朝鮮의 農業關係와 土地改革」,『근로자』1947년 6월호(『史料集』43, 85~86쪽).

호 당 평균 2정보의 경작지 소유가 토지의 균등분배를 통해 실현될 수 있음을 의미한다.

토지개혁 직전 전체 농가 가운데 자작농이 20%, 자소작농이 30%, 순소작농이 50%에 달했다는 한 통계는 어떤 식으로든 소작에 관여한 농가가 전체의 80%에 달했음을 보여준다.[255] 문제는 수확고의 50% 이상에 달한 고율의 소작료를 부담해야 했던 소작농들의 안정된 생계유지가 쉽지 않았다는 점에 있었다. 1940년경 조선총독부 공보는 다음 수확기가 돌아오기 전에 양곡이 떨어진 절량농가가 전체농가의 77%에 달한다는 통계를 적시했다. 물론 부채에 의존할 수밖에 없었던 그들 중 상당수가 지불 능력을 결여한 지주의 채무자로 전락했다. 한 농가의 월 평균소득이 8원, 한 농가의 평균부채가 155원에 달했기 때문에 부채의 청산은커녕 농민들의 빈궁은 갈수록 악화되는 경향을 보였다.[256]

부채에 더하여 소작권을 유지하고자 지주의 비위를 맞추어야 했던 작인들의 굴종행위도 지주소작제의 공고화에 일조했다. 더욱이 농촌사회의 예속관계는 지주와 소작인 간의 관계에만 국한되지 않았다. 지주들이 관개시설을 독점함에 따라 소토지를 소유한 자작농들도 지주들의 영향권에서 벗어날 수 없었다. 지주로부터 축력과 농기구를 임대해야 했던 농민들도 사정은 마찬가지였다. 소작농뿐만 아니라 농민 대부분이 지주들에게 예속돼 있었다 해도 과언이 아니었다.

---

255) 북로당 중앙본부 농민부 부부장 김정일, 「북조선에서의 토지개혁 후 농촌경리 발전과 금후의 전망」, 『근로자』 1949년 6월호(제11호), 20쪽.

256) "Об экономическом и политическом положении Северной Кореи(북조선의 정치경제 정세에 대하여)", 1947, ЦАМОРФ, ф. 172, оп. 614631, д. 39, лл. 17~18.

대다수 농민들이 궁핍한 생활을 극복하기 힘들었던 해방 직후의 농촌 현실에 비추어, 토지소유구조의 개혁은 좌우를 망라해 누구도 거부하기 힘든 시대적 요청이었다. 지주소작제 철폐가 해방 후 좌익 진영이 내건 슬로건들 가운데 맨 앞자리를 차지한 까닭도 조선 인구의 70% 이상을 점한 농민층 대다수에 관련된 사안이었기 때문이다. 『농민독본(토지개혁)』이란 글을 발표한 좌익 진영 논자 박동철은 토지개혁을 통한 지주소작제 철폐의 당위성을 호소했다. 본격적 논의를 전개하기에 앞서 그는 농민들에게 덧씌워진 몇 가지 편견을 바로잡고자 했다.[257]

그것은 농민들이 게으르고 무식하고 "사람이 못나서 못 산다."라는 통념이었다. 그는 먼저 농민들은 "1년 365일 뼈가 빠지도록" 일하는데도 "입에 풀칠조차 못하는" 반면, 하는 일이라곤 "산소나 돌보고 술이나 마시며 축첩질이나 할" 따름인 지주들은 잘만 산다고 지적하며, 농민들이 게으르다는 통념을 반박했다. 이어 그는 농민들이 "무식해서 못 산다."라는 두 번째 편견은 인과관계가 뒤바뀐 해석이라고 보았다. 곧 "무식하기 때문에 못 사는 것이 아니라, 못 살다보니 무식해질 수밖에 없다."라는 진단이었다. "사람이 못나서 못 산다."라는 마지막 통념은 그가 보기에 "출신과 가문에 관련된 봉건어(封建語)"에 지나지 않았다. 달리 말해 농민이 못 사는 까닭은 "사람이 못나서가 아니라 지줏댁 같은 잘 사는 집에서 태어나지 못했"기 때문이었다. 박동철은 농민이 빈곤에 빠진 책임을 지주가 아닌 농민 자신에게 전가하고자 이 모든 통념이 고안되었다고 보았다.

그의 글이 지닌 중요한 의의는 "반제반봉건 민주주의혁명 단계"로 설정

---

257) 이하 朴東哲, 『農民讀本(土地改革)』, 新興出版社, 1948(『史料集』 11, 348~350·354~355쪽) 참조.

된 현 혁명 단계의 주요 과제들 중 하나인 반봉건투쟁이 무엇을 의미하며, 그것이 어째서 지주층과 분리될 수 없는 문제인가를 구체적으로 밝혔다는 점에 있었다. 농민들에게 덧씌워진 편견을 반박하자마자 그는 지주층을 향해 비판의 날을 세웠다. 먼저 그는 세상의 문명화와 함께 봉건제도도 허물어져 간다고 보았다. 상투·도포·망건이 사라지고 종이 풀려나오며 반상의 구별이 희미해진 현상들이 그 구체적 사례였다. 그런데도 그는 농민들이 "기를 펴고" 살지 못하는 현실에 의아해했다. 그의 진단에 따르면 그 이유는 "썩어 빠진 봉건잔재의 가장 못된 속뿌리"가 아직도 농촌에 완강히 남아 있는 탓이었다. 물론 그것은 "토지에 뿌리를 박고" 있는 지주소작제를 의미했다. 박동철은 농촌이 도시에 비해 "개명하지 못하며" 몹시 뒤떨어진 현상, 농민들이 지주들에게 경제적으로 뿐만 아니라 정신적으로도 예속된 현상을 그것에서 찾고자 했다. 그런 의미에서 지주소작제는 "봉건잔재의 창고"에 다름 아니었다.

　대표적 봉건잔재로 지목된 농민들의 "정신적 종살이"는 농민과 지주 사이에 형성된 인신예속 관계의 핵심이었다. 박동철은 바로 그 관계 때문에 농민들의 처지가 노동자들보다 불리하다고 보았다. 노동자들의 경우 노동한 시간만큼 삯전을 받고 돌아오면 그만일 뿐, 공장주에게 "쩔쩔매며 굽신거릴" 필요가 없었다. 공장주와 노동자 간 귀천의 구별이 없기에, "나리", "마님" 따위의 호칭도 사용될 리 없었다. 그러나 농민들은 고용주와 노동자 간의 관계 곧 생산수단의 독점을 기초로 형성된 계급적 착취 관계에 더하여, 지주들에게 정신적으로도 속박된 인신예속의 굴레까지 뒤집어써야 했다. 소작권을 박탈당하기 쉬운 작인들의 불안한 지위에 그 원인이 있었다. 소작권을 유지하려는 농민들이 지주의 비위를 거스르기란 쉬운 일이 아니었기 때문이다. 따라서 농민들은 고율의 소작료 외에 비료 운반, 지주가족의 장혼례 시 경제적·노역적 부담, 각종 부역 따위를 감당해야 했다. 심지어 지주나 그 앞잡이 사음(舍音)들에게 소작인의 부녀자가 능욕을 당해도 어찌할 도리가 없었다. 박동철은 지주에게 예속된 소작인들의 비참한 처지를 다음과 같이 표현했다.

"지줏댁이라면 초하루 보름이 멀다시피 문안을 드립니다. 가면 거저 갑니까? 하다못해 들깨기름 한 병씩이라도 들고 가야 합니다. 시키지도 않는데 마당도 씁니다. 뒷간도 칩니다. 서면 똑바로 설 수나 있습니까? 앉으면 편안히 앉을 수나 있습니까? 이게 종이 아니고 무업니까? 어째서 곡식을 뺏기는 것만도 통분할 노릇인데 이래야 합니까? 의례 그러는 법이니 할 수 있느냐고요? 조상 때부터 그래 왔는데 어떻게 하느냐고요? 아닙니다. 이게 바로 우리 농민들의 골수에 박힌 봉건잔재입니다."[258]

토지개혁을 통한 지주소작제의 철폐만이 농민들에게 경제적 회생의 길을 터줄 뿐만 아니라, 그들이 감내해온 "정신적 종살이" 곧 봉건적 인신예속 관계를 청산할 수 있다는 주장이 그의 논의의 핵심이었다. 한편 지주층을 겨냥한 토지개혁법령의 공세 수위는 개혁 이전의 구상과 논의에 비추어 급진화한 면이 있었다. 사실 북한 지역 공산주의자들은 조선인 지주들에 대한 공세를 일본인들과 민족반역자들에 적용한 수준보다 낮게 설정한 바 있다. 이를테면 1945년 9월 25일에 개최된 조선공산당 평안남도 제4차 확대위원회는 조선인 대지주들의 토지를 몰수해야 한다고 결정한 기존의 토지 문제 해결방안을 "좌경적" 과오로 규정했다.[259] 이어 1945년 10월 13일에 열린 서북 5도당

---

258) 朴東哲, 『農民讀本(土地改革)』, 新興出版社, 1948(『史料集』 11, 348-350·354-355쪽).

259) 朝鮮共産黨 平安南道委員會, 1945.12.26, 「朝鮮共産黨 平南道 第一次 代表大會 報告 演

대회는 일본인들과 민족반역자들이 소유한 토지와 시설을 모두 몰수해야 한다고 결정한 반면, 조선인 지주들이 소유한 관개시설 이용료는 여전히 지불돼야 한다는 입장을 밝혔다.[260] 그러나 토지개혁의 실시와 함께 지주의 토지는 물론 관개시설까지 모두 몰수되었다. 오기섭은 조선 전체 경작지의 10%에 불과한 일본인 토지의 몰수와 분배만으로 농민들의 토지 부족 문제가 해결될 수 없다고 강조하며, 조선인 토착지주들이 토지개혁의 일차적 표적이된 원인을 해명했다.[261]

지주소작제 철폐를 지향한 토지개혁은 해방 후 단행된 북한의 여느 개혁 조치보다 반제반봉건 혁명 단계의 과제 해결에 충실성을 보였다. 반제투쟁과 반봉건투쟁을 통해 친일파와 지주층의 물적 기반을 허물어버릴 수 있었기 때문이다. 그러나 토지개혁에 수반된 반제투쟁과 반봉건투쟁의 대상 설정은 간단한 문제가 아니었다. 반제투쟁의 대상인 친일파의 범주를 명확히 규정하는 문제가 난관에 봉착했듯, 반봉건투쟁의 대상인 지주층 범주의 설정도 쉽지 않은 문제임이 분명했다. 사실 자작중농·자작부농과 지주의 경계를 가르는 명확한 계선 따윈 존재하지 않았다. 소유지 면적이 증가할수록 자경율이 낮아지기 마련이지만, 어느 면적 구간대 토지 소유자들의 경우 자경과 임대를 병행하는 경향을 보였다.

그 구간대에 속한 이들 가운데 5정보 이상 소유농이 지주층으로 규정되

說」,『朝鮮共産黨文件資料集』, 65쪽.

260) "Документы характеризующие политические партии и общественные организации Северной Кореи за 1945г(1945년 북조선 내 정당과 사회단체의 특성에 관한 자료)", 1945, ЦАМО, ф. 172, оп. 614630, д. 5, л. 65.

261) 吳琪燮, 「모스크바 三相會議 朝鮮에 關한 決定과 反動派들의 反對 鬪爭」,『史料集』12, 244쪽.

었다는 점은 잘 알려진 사실이다. 이 5정보 계선 설정의 근거가 된 자료는 1941~1942년경에 실시된 토지센서스였다.[262] 북한 지역 토지소유구조를 비교적 상세히 보여주는 가장 최근의 자료라 할 만한 것이 바로 일제시기에 이루어진 이 센서스였다. 그에 따르면 전체농가의 55%에 달한 1정보 이하 토지소유농 559,000호가 점한 경지면적은 총 116,000정보에 지나지 않았다. 곧 한 가구가 평균 약 0.2정보(600평)의 경지를 소유하고 있었다. 토지개혁 추진 주체들은 조선의 실정에 비추어, 5~6명으로 이루어진 한 가족이 안정된 생활을 영위하려면 2정보 이상의 토지를 소유해야 한다는 점을 염두에 두고 있었다.

토지개혁의 구상 단계에서 10정보 이상 소유농의 토지를 몰수해야 한다는 안과 5정보 이상 소유농의 토지를 몰수해야 한다는 안이 제기되었다.[263] 만일 10정보 이상의 토지 소유농 18,780호로부터 그들의 소유지 총 574,400정보를 몰수해 1정보 이하의 토지 소유농 559,000호에 분배한다면, 평균 약 1정보의 토지 분여 혜택을 입을 농민들의 안정된 생계유지는 여전히 어려울 것으로 전망되었다. 반면 5정보 이상의 토지 소유농 약 70,000호로부터 그들의 경작지 총 110만 정보를 몰수해 1정보 이하의 토지 소유농들에 분배한다면, 평균 약 2정보의 토지가 각 농가에 할당될 수 있었다. 곧 5정보 이상 소유농 토지의 몰수 안은 토지개혁이 대다수 농민들에게 안정된 생활기반을 제공할 수 있는 최저한도의 요구조건이었던 셈이다.

토지 소유 면적 5정보가 지주 여부를 판가름하는 기준으로 설정됨에 따

---

262) 이하 Мерецков·Штыков, "Докладываю предложения о земельной реформе в Северной корее(북조선 토지개혁에 대한 제안 보고)", 1946.3.23, ЦАМОРФ, ф. 25а, оп. 166654, д. 1, лл. 1-3 참조.

263) 김성보, 『남북한 경제구조의 기원과 전개』, 역사비평사, 2000, 138~140쪽.

라, 5정보 이상의 경작지를 소유한 자작농의 지위가 명확히 규정되어야 했다. 토지개혁법령 세칙에 따르면 5정보 이상 소유농의 경작지 가운데 자경하고 있는 토지는 몰수 대상에서 제외되었다.[264] 심지어 농업노동자 고용이 법적으로 허용됨에 따라, 그들을 이용해 경작해온 5정보 이상 토지의 소유권도 인정되었다. 5정보 기준은 지주계급 여부를 판가름한 계선일 뿐, 토지 몰수 여부를 규정한 계선이 아니었다.[265]

몰수 대상 토지의 범주는 소유면적에 관계없이 모든 소작지를 망라했다. 5정보 이상을 소유한 자작농의 경작지가 몰수 대상에서 제외됨에 따라, 그 부족분을 5정보 이하 소유농의 소작 임대지로부터 보충할 필요도 있었다. 다만 5정보 기준은 자작농을 제외한 지주층의 자산 몰수나 기존 거주지로부터 그들의 축출 여부를 결정하는 근거가 되었다. 따라서 5정보 이하의 토지를 소유한 소지주층이 토지 외의 자산 몰수와 축출을 면할 수 있었던 반면, 자작농을 제외한 5정보 이상 소유 지주들은 토지·가옥·농기구·건물·가축 등의 재산을 몰수당한 뒤 거주지에서 축출되어야 했다. 곧 전체 소작지의 몰수를 통한 지주소작제의 청산, 지주층의 물적 기반 박탈과 축출을 통한 전통적 농촌 권력구조의 해체가 토지개혁의 핵심과제였다.

5정보 이하의 토지를 소유한 소지주들이 토지 외의 재산을 건사한 채 그대로 기존 거주지에 머무를 수 있었다는 점을 제외하면, 과거 지주소작제의 잔재는 완전히 사라지리라 전망되었다. 게다가 경작지 5정보 이상 소유자가 지주라는 인식이 통념화됨에 따라, 토지개혁 이후에도 5정보 이상 소유농에

---

264) 北朝鮮臨時人民委員會委員長 金日成 批准, 1946.3.8, 「土地改革法令에 關한 細則」, 『史料集』 5, 235쪽.

265) 김성보, 『남북한 경제구조의 기원과 전개』, 역사비평사, 2000, 152쪽.

대한 부정적 관점은 쉽게 사라지지 않았다. 그들의 지위는 언제든 계급투쟁의 대상으로 전락할 수 있을 만큼 불안한 상태에 있었다.

2) 혁명과 저항

북한의 토지개혁은 대외적으로 통일임시정부 수립에 대비한 포석의 성격을 띠었다. [토지개혁법령 실시 결산에 대한 결정서]에 따르면, 토지개혁은 조선 문제에 관한 모스크바삼상회의 결정이 실현될 수 있도록 박차를 가하는 데 의의를 두었다.[266] 토지개혁이 북한뿐만 아니라 전 조선 민주주의 건설의 기초가 되어야 한다고 지적한 김일성은 그를 철저히 완수한 북조선임시인민위원회야말로 통일임시정부의 핵심이 되어야 한다고 강조했다.[267]

민주기지론에 근거한 김일성의 토지개혁관은 그것이 남한사회에 일으킬 반향에 큰 의미를 부여했다. 그는 "남조선 민주 역량의 촉진제"가 되고 있는 토지개혁이 북한 농민뿐만 아니라 "전국의 농민들을 흥분시키고" 있다고 보았으며, 전 인민이 들고 일어나 "반동적 지주층"을 척결한 뒤 조선에 통일 민주주의정권을 수립하자고 독려했다.[268] 토지개혁을 "북풍(北風)"에 빗댄 김일성의 다음 진술은 이른바 "혁명의 수출"을 통해 38선 문제를 해결할 수 있다

---

266) 北朝鮮臨時人民委員會 第一回 擴大委員會,「土地改革法令 實施 決算에 對한 決定書」, 『正路』1946.4.19.

267) 朝共北朝鮮分局 責任秘書 金日成(分局 第六次 擴大執行委員會),「土地改革事業의 總結과 今後 課業에 對한 報告」,『正路』1946.4.20.

268) 北朝鮮臨時人民委員會 第一回 擴大委員會에서 金日成委員長의 發言要旨,「土地改革法令 實施 決算」,『正路』1946.4.19.

는 자신감을 잘 드러낸다. "그들은 과거에 38도선의 책임을 공산당에게 지워 그것을 없애자고 선전하더니, 지금은 남풍을 보내기보다 북풍이 무서워 말하지 않고 있다. 38도선을 없애는 문제는 우리가 토지개혁을 원만히 해결하는 데 달려 있다."[269] 곧 김일성은 남한 우익 세력이 "북풍"을 우려해 38선의 고착화를 꾀했다고 보았다.

남한 우익 진영이 "북풍"을 우려한 반면, 북한 지역 농민들은 "남풍"을 우려했다. 제1차 미소공동위원회가 개최되자 그들은 통일임시정부 수립 이후 토지개혁이 무효화될지 모른다는 불안감에 사로잡혔다. 황해도 재령군의 한 농민은 "민주주의적 정부의 수립은 바람직한 일이다. 그러나 남조선에서 토지개혁이 실시되지 않으면, 북조선 지주들이 우리의 토지를 몰수할지 모른다."라는 우려를 표명했다.[270]

그러나 "남풍"은 "북풍"에 비해 위력을 발휘하지 못했다. 남한 좌익 진영은 "피 한 방울 흘리지 않고 훌륭히 성공한" 북한의 경험에 비추어, 남한도 성공할 수 있다는 자신감에 고무되었다. 1947년 2월 20일 전국대회를 개최한 남조선 전농은 남한도 즉각 "북조선 같은 토지개혁"을 실시하라고 미군정청에 요구했다. 북한 토지개혁이 일으킨 반향은 남한 지주들의 토지 방매행위에서 절정에 달했다. 「토지혁명 앞두고 매매에 급급한 대지주의 토지」라는 제목을 달고 있었던 『동아일보』의 기사는 1943년 6월 말 현재 1,630명에 달한 500석 이상의 남한 지역 대지주들이 1946년 말 현재 1,048명으로 감소했다는

269) 1946.4, 「土地改革 討論에 對한 金日成同志의 結論」, 『史料集』 1, 60쪽.

270) Игнатьев, "Экономическое и политическое положение провинций Северной Корей(북조선 지방의 정치경제적 상황)", 1947, ЦАМОРФ, ф. 172, оп. 614632, д. 14, лл. 28~29.

식산은행 감정부의 조사결과를 발표했다.[271]

토지개혁에 적극 대처할 수 있었던 남한 지역 지주들과 달리, 북한 지역 지주들의 사전 대응에는 한계가 있었다. 토지분배를 통한 농민들의 생계안정과 함께 지주층 척결이 토지개혁의 주요 목표로 설정됨에 따라, 그들의 토지 매각에 대비한 조치가 일찍부터 강구되었다. 평안남도인민위원회는 1945년 12월 22일에 이미 "부재지주"의 토지 매매행위를 금한다는 지침을 시달했다.[272] 1946년 3월 5일 토지개혁의 착수와 함께 포고된 "토지개혁 실시에 대한 임시조치법"은 지주들의 사전 대응을 봉쇄하고자 마련된 조치였다. 이 법령에 따라 축력(牛馬)과 농기구를 매각·훼손·은닉하거나 주택과 창고 등의 건물을 매각·훼손한 지주들은 물론, 매입자들에게도 징역형과 벌금형이 부과되었다.[273] 그러나 토지개혁법 포고와 함께 토지를 처분한 평안남도 어느 당원의 대응, 농민대회 직후 아들과 5촌에게 토지를 나눠준 평북 자성군 농촌위원회 간부의 대응 등에 비추어 볼 때, 그러한 예방조치를 거스른 사례가 적지 않았을 것으로 보인다.[274]

토지개혁의 불철저성과 관련해 당국이 그보다 더 우려한 문제는 지주들에 대한 농민들의 전통적 예속성이었다. 반혁명의 분위기가 조성될 때 다시 지주들의 권위에 복종하는 경향이 있는 혁명공동체 성원들의 타협적 대응을 추적한 라나지트 구하(Ranajit Guha)는 그러한 현상이 중국뿐만 아니라 인도

---

271) 「土地革命 앞두고 買賣에 汲汲한 大地主의 土地」, 『東亞日報』 1947.6.3.

272) 「解放 後 四年間의 國內外 重要日誌」, 『史料集』 7, 584쪽.

273) 北朝鮮臨時人民委員會, 1946.3.5, 「土地改革 實施에 對한 臨時措置法」, 『史料集』 5, 231~232쪽.

274) 金日成, 「土地改革事業의 總結과 今後 課業에 對한 報告」, 『正路』 1946.4.20.

의 농민봉기에서도 나타났음을 확인했다.[275] 이 보편적 현상은 북한의 토지개혁 과정에서도 관측되었다. 성출운동이 시작되자 지주의 양곡을 숨겨준 소작인과 지주 소유지의 소작 사실을 은폐하려 그 토지를 자경해왔다고 허위 증언한 소작인이 각각 평안북도와 황해도에서 목격되었다.[276] 농민들의 그러한 속성을 "우경"이라 비판한 김일성은 토지 분여 이전 강한 소유욕에 사로잡힐 수 있는 농민들의 좌경적 성향이 토지 분여 이후 지주를 동정하는 심성으로 기울 수 있다고 우려했다.

농민들의 그러한 타협적 대응이 토지개혁 이전부터 예상됨에 따라, 북조선임시인민위원회는 계급 간 갈등의 조장을 통한 계급투쟁의 진전을 모색했다. 그 구체적 방법은 그간 "지주들의 온갖 비행과 혹독한 착취", "소작인들의 참혹한 생활" 등을 집중적으로 들추어내 선전하는 방식이었다. 토지개혁 지지시위는 농민들의 계급의식을 고양할 수 있는 절호의 기회를 제공했다. 1946년 3월 17일 함경남도 함흥시의 시위에 참여한 9만여 명의 농민들은 삽·쇠스랑·갈퀴를 들고, "이제 토지는 우리의 것이 되었다!", "지주로부터 몰수한 토지를 누구에게도 넘겨주지 말자!", "해방된 노동자와 농민 만세!", "반동분자들에게 죽음을!" 등의 구호를 외치며 서로 간에 계급의식을 일깨워주었다.[277]

지주층에 대한 농민들의 적대감이 확산되자 계급투쟁의 수위도 높아져 갔다. 몇몇 지방의 사례는 계급적으로 각성한 농민들의 투쟁을 생생히 드러

---

275) 라나지트 구하 지음, 김택현 옮김, 『서발턴과 봉기』, 박종철출판사, 2008, 248쪽.

276) 金日成, 「土地改革事業의 總結과 今後 課業에 對한 報告」, 『正路』 1946.4.20.

277) Чистяков, "Докладываю о ходе земельной реформы в Северной корее(북조선 토지개혁의 경과에 대한 보고)", 1946.3.19, ЦАМОРФ, ф. 25а, оп. 166654, д. 1, л. 19.

낸다. 평안남도 강동군의 지주 장주인은 토지개혁에 반대한다는 의사를 밝힌 뒤, 자신의 집으로 몰려든 농민들과 맞닥뜨렸다.[278] 그는 농민들이 쥐어준 "장주인을 숙청하라!", "토지개혁법령 만세!"라고 적힌 팻말을 들고, 시위대열의 선두에 서서 행진하는 수모를 겪었다. 마찬가지로 토지개혁을 반대한 평안남도 안주군의 지주 이주건은 소작농들에게 가혹한 행위를 일삼았을 뿐만 아니라, 소작료를 물지 못한 어느 농민의 "아내를 빼앗은" 전력을 지니고 있었다. 그에 격분한 이들의 대다수가 다름 아닌 농촌 아낙들이었다. 여성들은 그를 집 밖으로 내몰아 토지 분여를 승인할 때까지 논둑을 배회하도록 강요했다.

지주층을 겨냥한 이상의 대응이 국가가 지향한 계급투쟁의 모범 사례로 제시되었다. 그러나 토지개혁법령을 위반하면서까지 투쟁이 격화된 사례도 적지 않았다. 김일성이 이른바 "좌경적 과오"라고 비판한 그 사례들의 대부분은 5정보 이하의 토지를 소유한 소지주층과 부농층에 대한 공세에 집중되었다.[279] 경지면적 5정보 이하 소지주의 가옥을 몰수한 사례, 고농을 들여 경작한 5정보 이하 부농의 토지를 몰수한 사례, 5정보 이하 자작농의 토지를 몰수하려 한 사례 등이 있었다. 토지개혁 시기 계급투쟁의 수위가 가장 높았던 지역들 가운데 하나인 평안북도 선천군 심천면은 일제시기부터 지주층과 소작인들 간의 대립이 매우 첨예했던 곳이었다. 토지개혁이 실시되자 "극도로 흥분한" 그 지역 농민들은 지주들에게 강한 적개심을 표출했다. 그들은 "인민정권기관"을 신뢰할 수 없다고 주장하며, 자신들이 마련한 법과 재판을 통

278) 이하 1947.7.20, 「北朝鮮 土地改革의 歷史的 意義와 그 첫 成果」, 『史料集』 7, 404쪽 참조.

279) 金日成, 「土地改革事業의 總結과 今後 課業에 對한 報告」, 『正路』 1946.4.20.

해 지주들을 소탕했을 만큼 급진적 면모를 보였다.[280]

한편 국가가 후원한 농민들의 계급투쟁을 억누르려는 시도도 있었다. 먼저 학생층의 반발이 전국 각지에서 모습을 드러냈다. 토지개혁을 비롯한 북조선임시인민위원회의 정책에 반대한 황해도 해주, 평안북도 신의주 학생들의 잦은 집회와 함경남도 함흥 학생들의 대규모 시위가 그 구체적 사례들이었다. 황해도 해주시 동흥중학교의 지주층 자제들은 회의를 열어 토지개혁법령에 반대한다는 결정을 채택한 뒤, 인민위원회와 공산당에 협력하지 않겠다는 입장을 표명했다.[281] 1946년 3월 11일부터 13일까지 이어진 함흥 지역 학생시위는 자신의 청춘을 조선 민족해방운동에 바친 일본인 이소가야 스에지(磯谷季次)에게도 목격되었다.[282] 13일 흥남 여행에 나선 그는 시위에 합류하려 함흥으로 몰려가던 200명 정도의 학생들과 마주쳤다. 토지개혁에 반대한 이 시위는 수 명의 민간인 사망자와 십 수 명의 보안대원 부상자를 낳았다.

지주층도 직접적 저항에 나섰다. 1945년 말 3·7제 시행 이후 작인들에게 소작권을 박탈하겠다고 위협하며 암암리에 5·5제를 유지해온 일부 지주들의 대응에 비추어볼 때, 토지개혁에 대한 그들의 저항적 태도는 쉽게 예측될 수 있었다. 평안남도 강서군의 지주 노성남은 인근 지주들을 불러 모아 토지개혁 대책회의를 열었다. 토지개혁법령 반대와 토지 양여 거부가 그 회의에서 결의된 뒤, 지주 이순식이 사주한 무리가 토지개혁 실행주체인 농촌위원회를 습격했다. 평안남도 개천군 지주들의 대응 가운데 주목할 만한 저항 형태는

---

280) 保安處, 1947.4.15, 「一九四七年 事業關係書類」, 『史料集』 9, 356~357쪽.

281) Чистяков, "Докладываю о ходе земельной реформы в Северной корее(북조선 토지개혁의 경과에 대한 보고)", 1946.3.19, ЦАМОРФ, ф. 25а, оп. 166654, д. 1, л. 19.

282) 森田芳夫, 『朝鮮終戰の記錄』, 東京 : 嚴南堂書店, 1964, 584쪽 ; 磯谷季次, 『朝鮮終戰記』, 東京 : 未來社, 1980, 173~174쪽.

방화행위였다. 1946년 3월 19일 토지개혁에 반대하여 군부(軍部) 창고를 방화한 지주 이돈수와 인민학교 방화를 시도한 지주 탁완지의 대응이 그 전형적 사례에 속했다.[283]

황해도 신막군의 무장한 지주층 자제들 8명은 농촌위원회를 습격해 농민들을 구타한 뒤 남한 지역으로 달아났다. 그 밖에 토지개혁 지원사업에 투입된 보안간부를 구금한 평남 강동군 지주들의 대응, 농민위원회 위원을 구타한 황해도 안악군 어느 지주의 대응, 토지개혁 후에도 소작인들을 억압한 황해도 금천군 사음들의 대응 등이 당국에 보고되었다.[284] 저항의 유형이 대개 토지개혁을 이끈 지역 간부들에 대한 폭력행위와 방화에 집중되었음을 볼 수 있다. 1946년 말~1947년 초 양곡수매사업에 반발한 농민들의 저항 방식이 그러했듯, 인민위원회와 공산당 간부로 발탁된 지역 청년들에 대한 유산층 연장자들의 폭력행사는 전국 각지에서 목격될 수 있는 현상이었다. 평안북도 박천군 덕안면에서 토지개혁을 주도한 33세의 면당위원장 김석형은 토지 몰수에 격분한 지역 지주들이 들이닥치자 황급히 피신할 수밖에 없었다.[285]

반혁명을 꿈꾸었을 지주층의 적극적 저항은 토지를 몰수당한 그들 전체 규모에 비하면 극히 미미한 수준이었다. 그보다 훨씬 빈번하게 구사된 지주층의 대응 방식은 소극적 저항이었다. 인민위원회 업무를 중단한 채 고향으로 돌아간 평북 지역 지주 출신 간부들의 대응, 비밀회의를 열어 전 재산과 토지를 매각한 뒤 월남하기로 약속한 황해도 해주시의 지주 10인의 대응 등

283) 이하 1947.7.20, 「北朝鮮 土地改革의 歷史的 意義와 그 첫 成果」, 『史料集』 7, 404~405쪽 참조.

284) 김성보, 『남북한 경제구조의 기원과 전개』, 역사비평사, 2000, 157~158쪽.

285) 김석형 구술, 이향규 녹취·정리, 『나는 조선노동당원이오!』, 선인, 2001, 142쪽.

이 그 전형적 사례에 속했다.[286] 감산운동도 지주층이 모의할 수 있는 소극적 저항의 한 형태였다. 토지개혁 이후의 농업생산고가 과거 지주소작제 하의 생산고보다 감소할 경우 토지 반환의 구실을 제공할 수 있었기 때문이다.

지주층의 소극적 저항 방식 가운데 가장 큰 비중을 점한 것은 풍설풍문 유포와 삐라의 살포였다. 토지개혁 주도 세력을 비난하는 내용의 풍설은 대개 토지를 몰수당한 지주층의 즉흥적 심리 상태를 드러냈다. 이를테면 "신성한 토지를 몰수하다니, 이런 강도놈들이 있나!"라는 풍문이 평북 신의주시에 나돌았다.[287] 북조선임시인민위원회 위원장 김일성도 비난의 표적이 되었다. 1946년 3월 중순경 황해도 장연군의 한 건물에 걸린 김일성 초상화 밑에서 다음과 같은 내용이 적힌 삐라가 발견되었다. "이 자는 우리의 적이다! 우리는 굶주리며 죽음을 맞게 될 것이다! 우리는 새 법령에 반대해 끝까지 싸워야 한다!"[288]

구하(Ranajit Guha)가 지적하듯 풍설풍문의 유포행위에는 다른 이들의 사고방식과 행동에 영향을 끼치려는 유포자의 욕망이 결부돼 있다.[289] 북한 당국이 전국 각지에 떠도는 풍설풍문의 수집을 게을리 하지 않은 까닭도 그것들에 지주층의 욕구와 의도가 함축돼 있었기 때문이다. 그러한 풍설들은 대개 반혁명에 대한 기대 심리를 반영하고 있었다. 이를테면 평안북도 삭주에

---

286) Чистяков, "Докладываю о ходе земельной реформы в Северной корее(북조선 토지개혁의 경과에 대한 보고)", 1946.3.19, ЦАМОРФ, ф. 25а, оп. 166654, д. 1, л. 19.

287) 이하 1947.7.20, 「北朝鮮 土地改革의 歷史的 意義와 그 첫 成果」, 『史料集』 7, 404~405쪽 참조.

288) Чистяков, "Докладываю о ходе земельной реформы в Северной корее(북조선 토지개혁의 경과에 대한 보고)", 1946.3.19, ЦАМОРФ, ф. 25а, оп. 166654, д. 1, л. 19.

289) 라나지트 구하 지음, 김택현 옮김, 『서발턴과 봉기』, 박종철출판사, 2008, 307~308쪽.

서 떠돌다 곧 전국에 퍼진 "그놈들이 아무리 토지를 몰수하더라도, 미군이 북부에 오고 김구·이승만이 대통령이 되면 다시 토지를 찾아줄 것이다! 가을이 되면 두고 보자!"라는 풍설이 그 전형적 사례에 속했다. 지주층의 욕망을 그보다 더 간결하고 함축적으로 표현해 전국적 유명세를 탄 풍설은 "토지를 빼앗긴다고 슬퍼말고 토지를 받는다고 기뻐 말라!"였다. 읊조리기도 쉬웠던 이 구절은 토지개혁을 풍자한 풍설의 대명사가 되었다.

　이상의 풍설들은 지주층의 불편한 심기를 드러낸다는 점에서 소극적 비판유형에 해당할 수 있다. 그러나 다른 형태의 풍설들은 타계층에게 토지개혁이 이롭지 못한 이유를 설명하는 지주층의 적극적 설득논리를 담고 있었다. "토지를 분여받는다 해도 성출부담이 대폭 증가"하리란 풍설은 토지개혁이 주요 수혜층인 빈농·소작농들에게조차 이롭지 않다는 점을 일깨우려 했다. 지주층이 유포한 풍설의 성격은 농민들에 대한 설득의 차원을 넘어 종종 위협 수준으로까지 발전했다. "머지않아 소련군이 떠나면 농민들로부터 다시 토지를 몰수"하리란 풍문과 "새 정권이 수립되면 토지개혁법령이 폐지되고 농민들은 엄중한 처벌을 받게 된다!"는 풍문은 토지개혁에 협조하지 말라고 농민들을 위협하는 경고의 성격을 띠었다.[290] 이러한 유형의 풍문들은 제2차 미소공위의 개막을 전후하여 농민들 사이에 적잖은 불안을 조성했다. 북한 지역 일부 농민들은 미소공위의 성공에 따라 수립될 통일임시정부에 남한의 법제가 적용되면 토지개혁이 무효화될 수 있다고 우려했다.[291]

290) Чистяков, "Докладываю о ходе земельной реформы в Северной корее(북조선 토지개혁의 경과에 대한 보고)", 1946.3.19, ЦАМОРФ, ф. 25a, оп. 166654, д. 1, л. 19.

291) Игнатьев, "Экономическое и политическое положение провинций Северной Корей(북조선 지방의 정치경제적 상황)", 1947, ЦАМОРФ, ф. 172, оп. 614632, д. 14, лл. 28~29.

풍설풍문은 문자매체로 된 언설보다 더 신속하고 더 감정적이며 더 역동적으로 반응하는 경향이 있다.[292] 바로 그러한 특성인 즉각성이 풍설풍문 특유의 추동력을 끌어올릴 뿐만 아니라, 사회적 긴장의 시기에 첨예한 문제들에 주목하는 대규모 청중들을 양산해 낸다. 토지개혁이란 대변혁을 맞아 풍설풍문이 매우 신속히 광범한 대중들에게 유포될 수 있었던 까닭은 그러한 이유에서였다. 사실 지주층이 설득하려 한 대상은 토지개혁의 직접적 이해당사자들인 농민들에 국한되지 않았다. "수 세기 동안 지주 밑에서 일해 온 농민들은 자립적으로 농촌경제를 운영할 수 없다!"거나, "조선의 현실에서 토지개혁의 실시가 농촌경제의 위축을 불러"오리란 풍설 등은 설득의 대상이 국가경제의 불안을 우려하는 전체 인민을 망라했음을 드러낸다.

한편 풍설풍문에 의존한 지주층의 소극적 저항은 설득 차원에 그치지 않았다. 어떤 풍설들은 실천적 저항의 확산을 모색했다. "자신이 덮는 이불솜에 머리카락이 붙어 있으면, 떡을 만들어 자기 나이만큼의 개수를 먹어야 살수 있다!"는 풍설이 그 대표적 유형이었다.[293] 미신에 현혹되기 쉬운 당대인들의 전근대적 세계관이 풍설의 표적으로 설정되었음을 엿볼 수 있다. 떡 짓기를 금지한 법령이 발포된 시점에 퍼진 이 풍설은 오히려 전국적 식량난을 조장해, 토지개혁이 이롭지 못한 정책임을 입증하려는 반체제적 목표를 겨냥하고 있었다. 풍설풍문의 유포를 통해 돌파구를 찾으려는 지주층의 절박한 심정을 엿볼 수 있지만, 그것이 기대한 만큼의 성과를 거두었다는 증거는 발견되지 않는다.

---

292) 라나지트 구하 지음, 김택현 옮김, 『서발턴과 봉기』, 박종철출판사, 2008, 307~308쪽.

293) 吳琪燮, 1946.6.5, 「北朝鮮 土地改革法令의 正當性」, 『史料集』 7, 379쪽.

3) 축출

경작지 5정보 이상을 소유한 지주층은 친일파와 함께 인민국가 구성원 자격을 박탈당했다. 반봉건투쟁의 대상이었던 그들은 토지개혁 이후 계급적 지위가 가장 불안한 층으로 전락했다. 그들은 토지와 가옥 등 대부분의 물적 기반을 박탈당한 데 이어 다른 지역으로 축출되었다. 지주층 축출 필요성이 제기된 까닭은 그들의 물적 기반을 박탈하는 조치만으로 봉건잔재의 척결이 어렵다고 진단되었기 때문이다. 토지개혁을 통해 지주소작제가 폐지되더라도 지주들이 기존 거주지에 남아 있는 한, 그들과 소작인들 간의 "뿌리 깊은 인간관계"는 쉽게 청산될 리 없었다.[294] 곧 지주들의 위신과 정신적 위압에 따른 해묵은 주종관계의 영향이 농민들의 갱생을 방해할 수 있었다.

박동철은 지주 소유 토지의 무상몰수와 그들의 이주조치가 분리될 수 없는 문제라는 입장을 밝혔다. 그에 따르면 "근로정신이라곤 찾아볼 수 없고 재주라곤 가만히 앉아 남의 것을 착취해 먹는 일이 골수에 박힌" 지주들에게 토지 값을 지불해 봤자, 그들은 "십중팔구 다시 농촌에 기어들" 가능성이 농후했다. 과거의 위신과 면목관계에 기초하여 다시 농민들을 접촉할 그들이 할 수 있는 일이라곤 고립대금업밖에 없었기 때문이다. 박동철은 그런 일이 일어날 경우, "고리대금업자로 탈을 바꾸어 쓴 새로운 지주님을 다시 모셔야" 하는 농민들은 그들의 위신과 경제적 압박으로부터 영원히 해방될 수 없다고 보았다.

토지개혁의 반봉건 과제와 관련해 매우 중요한 문제임에도 불구하고, 많

---

294) 이하 朴東哲, 『農民讀本(土地改革)』, 新興出版社, 1948(『史料集』 11, 379·381·396~398쪽) 참조.

은 사례들은 지주층의 타 지역 이주 곧 축출이 순조롭게 추진되지 못했음을 보여준다. 지주 이주가 지체된 황해도의 사례, 축출 요건을 갖춘 지주층 전부가 아닌 "악질지주" 14호만이 축출된 평북 용천군 양광면의 사례 등이 그에 속했다.[295] 그러면 지주 이주가 지체된 까닭은 어디에 있을까? "요이주자(要移住者)" 곧 이주의 대상이 된 지주들은 토지 외에 가옥까지 몰수되어야 할 경작지 5정보 이상을 소유한 "불로지주(不勞地主)"들이었다. 지주의 이주 문제가 규정된 [북조선 토지개혁에 관한 법령] 제6조 ㉢항에 따르면, "자기 노력으로 자경하려는 지주들은 본 토지개혁법령에 의하여 농민들과 같은 권리로 다만 타군에서 토지를 가질 수" 있었다.[296]

그러나 토지개혁 기간 중에 실시된 평안남도 당국의 조사에 따르면, 도내의 전체 요이주 대상 지주 566명 중 타군으로 이주해 자경하겠다는 의사를 밝힌 이들은 극소수였다. 아직 이주지를 결정하지 못한 이들과 당국에 처분을 일임한다는 의사를 밝힌 이들 외에, 140명의 지주들이 이주 희망지를 결정했으나 영농의 뜻을 품은 이들은 매우 적었다. 월남자들을 제외하면 타지로 이동해 전업하거나 타지의 가족·친척들과 합가한 이들이 부지기수였다. 보다 많은 지주들은 당국에 진정서를 제출하여 이주의 부당성을 호소했다. 진정서 심사와 "이주 실행원" 파견을 통한 현지조사에 적잖은 시간이 소요됨에 따라, 지주 이주사업은 토지개혁 기간 내에 완료될 수 없었다.[297]

한편 토지개혁법령은 지주의 이주와 관련해 향후 일반적으로 쓰이게 될

---

295) 주영하, 1947.7.25, 「강원·황해·평남도 당단체들의 사업검열 총결에 대하여」, 『史料集』 17, 106쪽.

296) 北朝鮮臨時人民委員會, 1946.3.5, 「北朝鮮 土地改革에 關한 法令」, 『史料集』 5, 230쪽.

297) 「平南 土地改革事業 完了, 農民은 增産에 注力! 功勞者와 反逆者도 決定」, 『正路』 1946.4.14.

"축출"이라는 용어를 사용하지 않았다. 당국이 배포한 문건들에서 '축출'이 '이주'를 대체한 시점은 1946년 말이었다. 강제력의 의미를 함축한 '축출' 용어의 등장은 토지개혁 이후에 계급투쟁이 더 격화되었음을 시사한다. 달리 말해 토지개혁기의 지주 이주사업은 계급투쟁과 확고히 결합하지 못했고, 따라서 그것은 지주 이주가 불철저하게 수행된 한 원인이 되었다. 결국 1946년 3월 토지개혁 직후 실제 타지방으로 이주해 토지를 분여받은 지주 가호 수는 토지를 몰수당한 5정보 이상 소유 지주 가호 33,217호의 11.8%인 3,911호에 지나지 않았다. 그들은 총 9,622정보의 토지를 타지에서 분여받았다.[298]

한 농업전문가에 따르면 토지개혁을 통해 이주되어야 할 지주 가호 수는 총 6,933호에 달했다.[299] 토지를 몰수당한 5정보 이상 소유농 33,217호의 20.9%에 달하는 비율이었다. 곧 경작지 5정보 이상을 소유한 불로지주들 가운데 79.1%를 점한 대다수는 축출에서 제외되었다. 그 이유를 간접적으로 드러내는 한 문건에 따르면 북한 지역 전체농가의 3.4%를 점한 지주 가호 33,217호 가운데 6,933호가 농촌에 거주하며 농업경영에 관여한 반면, 나머지는 도시에 거주하며 주로 상업에 종사하고 있었다.[300]

토지개혁의 주요 의문점들을 해설한 『정로』의 한 기사는 농촌지주와 도시지주가 농민들에게 끼칠 수 있는 영향을 다음과 같이 차별적으로 바라보았다. "문 : 토지 전부를 몰수당한 부재지주의 주택이 타처에 있을 때 그 주택도 몰수하는가? 답 : 농민들과 일상 상대할 만한 거리에 있지 않거나 지주

298) Управление Советской Гражданской Администрации в Северной Корее(북조선 소련민정국), Указ. соч. C. 59.

299) 表道燁, 「北朝鮮의 農業關係와 土地改革」, 『근로자』 1947년 6월호(『史料集』 43, 89~90쪽).

300) 「北朝鮮産業의 資料」, 『旧ソ連の北朝鮮經濟資料集 1946~1965年』, 東京 : 知泉書館, 2011, 125쪽.

가 동시에 제조업자 상업자 기타 직업자인 경우에는 몰수하지 아니하고 근거리에 있는 단순한 지주로서 농민들에게 위협을 가할 염려가 있을 때에는 몰수한다."[301] 결론적으로 농촌 권력구조의 해체가 지주와 농민들의 분리를 통해 이루어질 수 있다는 발상은 도시 지역에까지 확대 적용되지 않았다. 지역민들이 지주들에게 예속된 권력관계가 창출되지 않은 도시의 경우, 지주 축출은 큰 의미를 지니지 못했기 때문이다.

결국 토지개혁을 통해 이주당한 가호는 농촌에 거주한 전체 불로지주 가호 6,933호의 56.4%인 3,911호에 달했다. 1947년 2월경 천도교청우당 소속 인민회의 대의원 김윤걸(金允杰)은 바로 그 점을 지적하며, 토지개혁법령이 정당하게 실시되지 못했다고 주장했다. 그는 "요이주자"에 해당한 이를 방치하는 경우가 있었고 그에 해당하지 않는 이를 축출했는가 하면, 토지개혁 착수 이래 1년이 지난 현재까지 축출이 지속되고 있다고 밝혔다.[302] 토지개혁에 대한 폄하로 간주돼 강도 높은 비판에 직면한 그의 발언은 지주 축출이 철저하게 추진되지 못했음을 드러낸다.

한편 축출된 지주들은 체제에 강한 반감을 품었다. 7정보의 토지를 몰수당한 한 지주 집안에서, 토지개혁을 둘러싼 가족들 간 입장차이가 심각한 가정불화를 낳았다. 노동당원이자 김일성종합대학 교수인 지주의 아들 김윤제는 자서전에 다음과 같은 기록을 남겼다. "부모는 토지개혁법령에 의하여 요이주 지주로 낙인을 받아 토지와 가옥을 몰수당한 뒤, 하는 수 없이 평양으로 올라와 나의 사택에서 동거하게 되었다. 그러나 나와 부모의 사상은 물

---

301) 「土地 沒收에 對한 質問과 解答」, 『正路』 1946.3.13.

302) 北朝鮮人民會議 常任議員會, 1947.2.21, 『北朝鮮人民會議 第一次 會議 會議錄』, 勞動新聞社, 1947, 21쪽.

과 불의 사이였으며, 해방 직후부터 시작된 사상적 충돌은 드디어 별거에까지 이르게 했다. 이때부터 부모와는 경제적으로는 물론 완전히 분가한 셈이 되었다. 부친은 그때 이래 당분간 무직이었으나 최근 가방을 파는 상인이 되었다."[303] 이 사례는 토지개혁이 지주층과 국가 간의 반목을 낳았을 뿐만 아니라, 체제에 동화된 이들과 그렇지 않은 가족 성원들 간의 반목을 낳았음을 보여준다.

세브란스의전을 나온 평양의대 교수 김린수에게도 토지개혁은 좋지 못한 기억으로 남아 있었다. 10정보의 토지를 몰수당한 그의 부친은 1947년 3월경에 축출되었다. 그는 자서전에 다음과 같은 기록을 남겼다. "농민운동이 봉기되자 성분 문제가 큰 두통거리가 되었다. 1946년 3월 토지개혁 이후 가정에서는 크게 낙심했고 나 자신도 큰 타격을 받았다. 그 당시에는 남들도 다 그런데 하고 가족을 위로하며 다시 갱생하겠다고 다짐했다. 나 자신은 조선의 사정이 이래야만 되겠는가 하고 의심도 했다."[304] 그는 토지개혁을 주도한 공산당과 경쟁관계에 있는 인텔리의 정당 신민당에 입당했다. 그러나 양당 합당 이후 "세상일에 눈뜨기 시작"한 그는 토지개혁의 역사적 필연성을 깨닫고 과거의 자신이 "너무 낙후했음을" 깊이 반성했다.

토지·재산몰수와 축출을 통한 지주층 척결은 북한 지역 토지소유구조의 변화를 불러왔다. 아래의 표는 토지개혁 직후의 토지 소유 면적별 농가 분포를 드러낸다.

---

303) 1948, 「평양공업대학교 교원 김윤제 자서전」, NARA RG242 SA2007 Item18.3.

304) 1948.10.21, 「평양의학대학교 교수 김린수 자서전」.

[표 II-3-1 : 토지개혁 후 1946년 토지 소유 면적별 농가 분포] 단위 : 호

1호 당 토지면적	1정보 미만	1~1.5 정보	1.5~2.5 정보	2.5~5 정보	5정보 이상	계
가호 수(%)	349,593 (31.2)	257,669 (23.0)	235,248 (21.0)	268,003 (23.9)	10,782 (1.0)	1,121,295 (100)

※참고문헌 : 한림대 아시아문화연구소, 『1946·1947·1948年度 北韓經濟統計資料集』, 한림대출판부, 1994, 34쪽.

　　위 표는 농민들이 토지개혁을 통해 안정된 생활기반을 확보할 수 있는 전반적 2정보 이상 소유 과제가 실현되지 못했음을 보여준다. 토지개혁 이후에도 농민층 대부분이 빈농으로 분류된 까닭은 그러한 이유에서였다. 토지 소유 규모 2정보를 중농의 하한으로 규정하면, 위 표는 전체 농가의 약 64.6%에 달한 724,886호가 빈농 수준에 머물렀음을 드러낸다.[305] 1947년 12월경 강원도 인제군 당국의 식량 절량(絕糧) 상황 조사에 따르면, 이듬해 5월 말까지 전체 군민 33,902명 중 20,023명(59.1%)의 양곡이 바닥날 것으로 전망되었다.[306]

　　토지개혁이 지향한 전반적 2정보 이상 소유농 창출 과제가 쉽지 않았던 여러 요인이 있었다. 1941~1942년경 실시된 토지센서스에 근거하여 5정보 이상의 토지 소유농으로부터 몰수한 총 110만 정보를 1정보 이하의 토지 소유농 559,000호에 분배하려 한 본래 구상과 달리, 토지개혁을 통해 총몰수면적 1,008,178정보의 94.8%에 달한 955,731정보가 788,249호에 분여되었다.[307] 해방

---

305)　1.5~2.5정보 소유농 235,248호의 절반에 해당하는 117,624호를 2정보 이하 소유농으로 산정했다.

306)　1948.2.17, 「북로당 강원도 인제군당상무위원회 회의록 제2호」, 『史料集』 2, 19~20쪽.

307)　Мерецков·Штыков, "Докладываю предложения о земельной реформе в Северной корее(북조선 토지개혁에 대한 제안 보고)", 1946.3.23, ЦАМОРФ, ф. 25а, оп. 166654, д. 1, лл. 1~3.

후 확인된 북한 지역 전체농가와 경작지가 각각 112만 호와 182만 정보에 달했다는 점, 인민위원회·사회단체·학교 등에 적잖은 토지가 공유지로 분여되었다는 점 등은 농가당 평균 2정보 경작지 보유 과제가 구조적으로 불가능한 일이었음을 드러낸다.

한편 토지개혁 직후 관할 지역의 여론을 중앙 당국에 보고한 각 지방 간부들은 그것이 매우 순조롭게 완수되었다는 점에 의구심을 내비쳤다. 도내 여론에 만족감을 표한 강원도 한 간부의 보고에 따르면, 전 재산을 몰수당한 대지주들과 "반동분자"들의 반발 움직임이 있었으나 그러한 사례는 극소수에 지나지 않았다. 큰 충격에 사로잡힌 그들은 토지를 단념한 채 남한으로 떠났다.[308]

황해도 수안군 검찰소장은 내심 토지개혁을 반대하면서도 좀처럼 의사를 드러내지 않고 있는 소시민층의 동향에 주목했다. 그러나 그는 군내 기반이 약한 소시민층이 토지개혁에 걸림돌이 될 소지는 없다고 보았다. 황해도 재령군 검찰간부들도 지주층과 소시민층의 대응을 주시했다.[309] 그들의 보고에 따르면 문제시되는 세력은 재령군 인구의 약 10%를 점한 "대중지주(大中地主)", "의사", "기회주의자", "간상배", "맹목적으로 김구를 추종하는 중소상인층" 등이었다. 그러나 그들의 반발도 크게 우려할 만한 수준은 아니었다. 지주층의 경우 "극소수 여자와 노파"의 반항을 제외하면, 그저 "무언 무반항"으로 일관했다. 게다가 대지주들은 물론 대상업가들과 친일파들 중에도 월남을 준비하고 있는 이들이 많았다. 1946년 4월 현재 50명 정도가 월남한 상태였다.

---

308) 江原道檢察所長, 1946.4.22, 「北朝鮮 第二次 司法責任者會議 江原道 事業報告書」, 『史料集』 9, 20쪽.

309) 이하 黃海道 管內 裁判所·檢察所, 1946.4, 「情勢報告」, 『史料集』 9, 181~184쪽 참조.

재령군 검찰간부들은 토지를 분여받은 농민들을 제외하고 "진보적 민주주의노선에 쌍수(雙手)를 드는 숫자가 약 3할", "중간자가 약 2할", "기회주의자가 약 1할", "반동파가 약 4할"을 점한다고 보았다. 1946년 12월 현재 황해도 재령군의 총가호 수가 약 21,000호이고[310] 그중 약 2/3에 달한 14,000호 정도의 농가가 토지를 분여받았음에 비추어, 재령군 전체가호 중 토지개혁 수혜자들을 포함한 지지층이 약 76.67%, 중립층이 약 6.67%, 기회주의적 동요층이 약 3.33%, 반대층이 약 13.33%에 달했음을 추정할 수 있다. 동요층을 포함해 토지개혁을 반대한 가호가 약 16.66%에 달했던 셈이다.

재령군 검찰간부들은 그러한 분석에 그치지 않고 토지개혁을 반대한 지주층의 저항이 소극적이었던 원인을 규명하고자 했다. 그들의 진단에 따르면 일제시기의 무리한 공출과 해방 후 3·7제 실시에 더하여 소작료를 현물로 납부하지 않은 농민들의 대응 등이 지주층에게 타격을 안겼다. 게다가 지주들은 해방 후에도 일제시기의 공출 부담을 웃도는 막대한 성출에 시달렸다. 무리한 성출량을 감당하지 못하거나 양곡을 고의로 숨겨 "유치장 맛을 본" 지주들에게 토지에 대한 회의감은 극에 달해 있었다. 재령군 검찰간부들은 이 모든 요인들이 "면폐작용(免廢作用)을 주어" 지주층의 저항의지를 꺾는 데 일조했다고 보았다. 물론 지주층이 눈에 띄게 위축된 까닭은 토지개혁 시기의 계급투쟁이 국가권력의 후원 아래 전개되었기 때문이다. 토지개혁 실행기관인 각지 인민위원회와 농촌위원회의 사업도 경찰력의 협조를 얻어 순조롭게 완수되었다. 지주층이 저항하여 토지개혁이 중단된 평안북도 박천군 덕안면의 경우, 72연발 기관총으로 무장한 소련군 30명이 급파되자 소동은 쉽게 가

---

310) 한림대 아시아문화연구소, 『1946·1947·1948年度 北韓經濟統計資料集』, 한림대출판부, 1994, 24쪽.

라앉았다.[311]

토지개혁 이후 신문기자들과 라디오방송국 기자들이 토지를 분여받은 농민들에게 인터뷰를 요청하자, 그들은 한 결 같이 지주층을 향한 적개심을 드러냈다. 자신과 아들과 손자 3대 모두 지주 밑에서 일했다는 한 늙은 농민은 밤낮을 가리지 않고 일했지만 단 한 번도 "배불러 본 적이 없었"던 반면, 지주는 점점 살이 찌고 부유해졌다고 털어놓았다.[312] 황해도 신천군의 농민 강축손에게 지난날의 삶은 악몽과 다를 바 없었다. 한평생 고용농민으로 살아온 그는 지주의 소를 끌고 가다, 어느 날 수풀 속에 쓰러져 아사할지 모른다는 걱정을 한 번도 떨쳐낸 적이 없었다. 그러나 토지개혁이 그를 "무서운 꿈"에서 깨어나도록 도와주었다.

한 농민은 토지개혁이 가져다준 경제적 해방보다 인권의 해방에 더 감격했다. 그는 "큰 집" 또는 "샌님"으로 불린 지주들이 자신과 동년배이거나 어리다 해도, 한자리에서 담배를 피울 수 없었다고 회상했다.[313] 그러나 토지개혁법령 발포 이후 "큰 집"에 들렀을 때, 그는 뜻밖의 대접을 받고 어리둥절했다. "샌님이 담배를 내놓고 먹으라고 합디다. 인권이 해방되니 땅 500평이 다 무엇이오?" 그에게 정작 소중했던 것은 분배받은 땅 500평이 아니라, "정신적 종살이"로부터의 해방이었다.

평북 용천군 북중면의 한 농민은 먼저 "지주 놈들"의 압박 없이 살게 되었다며, 북조선임시인민위원회에 감사의 뜻을 전했다. 그러나 영농자금 이야기를 꺼내는 순간 그의 표정이 어두워졌다. "전에는 지주에게서 빚을 내 일

---

311) 김석형 구술, 이향규 녹취·정리, 『나는 조선노동당원이오』, 선인, 2001, 142쪽.

312) 1947.7.20, 「北朝鮮 土地改革의 歷史的 意義와 그 첫 成果」, 『史料集』 7, 415쪽.

313) 吳琪燮, 1946.6.5, 「北朝鮮 土地改革法令의 正當性」, 『史料集』 7, 370~371쪽.

2부 민간경제의 위상 | 241

부는 지주 교제비로 쓰고 나머지는 농자금으로 썼는데, 이젠 지주가 빚을 안 주겠다 하오." 지주들을 향한 농민들의 분노는 아직 가라앉지 않은 상태였다. 게다가 공산당은 끊임없이 계급 간 갈등을 조장해 농민들의 계급의식을 일깨우려 했다. 몰락한 지주들의 수난이 토지개혁의 완수와 함께 막을 내린 것은 아니었다. 지주층을 겨냥한 진정한 계급투쟁, 그들의 자손들마저 감내해야 할 모진 수난은 이제부터 시작이었다.

4) 토지개혁 이후의 계급투쟁

토지개혁을 통해 지주층 척결 과제가 완수될 수 있었다. 그러나 지주소작제가 남긴 여러 잔재들은 토지개혁 이후에도 사라지지 않았다. 소작행위가 그 대표적 유형이었다. 물론 토지개혁 이후의 소작행위는 그 규모나 성격에 비추어 소규모 경작지의 임대에 지나지 않았다. 불법행위에 속한 그것은 은밀한 방식으로 지속되는 경향을 보였다. 일반적인 소작 형태는 경작지를 소유한 비농업종사자들의 임대행위였다. 1,500평의 경작지를 임대해 총수확고의 1/3을 소작료로 받은 강원도 인제군 한 간부의 사례와 7,000평의 경작지를 작인에게 임대해오다 발각된 어느 상인의 사례가 보고되었다.[314]

소작행위의 잔존뿐만 아니라 5정보 이상의 경작지 소유도 문제시되었다. 물론 5정보 이상의 경작지를 자작하거나 고농을 들여 경작하는 행위는 불법행위에 속하지 않았다. 그러나 지주층을 5정보 이상의 경작지 소유자로 규정

---

314)　1949.9.13, 「북로당 강원도 인제군당상무위원회 회의록 제61호」, 『史料集』 3, 604쪽 ; 해주시 인민재판소, 1948.12.21, 「판결등본집」, 『史料集』 9, 615쪽.

한 토지개혁의 경험이 그들 합법적 자작 부농들에 대한 불신과 선입견을 조장했다. 매입과 농업노동자 고용을 통해 합법적으로 5정보 이상의 토지를 취득한 강원도 인제군의 한 노동당원은 "5정보 이상의 지주"로 규정돼 출당처분을 받았다.[315]

사실 토지개혁 이후 지주 출신들은 더 이상 위협적인 존재가 아니었고 세력을 결집할 만한 역량을 소유하지도 못했다. 그러나 당국은 여전히 그들에 대한 경계를 늦추지 않았다. 당 기구나 행정기구에 진출한 지주 출신들의 입지는 이미 해방 직후부터 불안정한 상태에 있었다. 1946년 말에 시작된 북로당의 유일당증 수여사업은 지주 출신 당원들의 척결을 모색한 조치였다. 그들 중 일부가 심사를 통과해 당적을 유지할 수 있었으나, 지주 출신이란 약점까지 떼어낼 수 있었던 것은 아니었다. 1949년경 강원도 인제군당의 지주 출신 당원들인 "김갑용·조취월·김택선" 등은 당내의 반지주노선이 그들을 압박해오자 도피성 월남을 감행했다.[316]

행정기구인 인민위원회에 등용된 지주 출신들의 입지도 불안하긴 마찬가지였다. 그들의 공직 진출은 천도교청우당과 조선민주당이 자신들에게 할당된 지분을 지주 출신 발탁에 활용함으로써 이루어질 수 있었다. 1947년 9월경 북로당 중앙상무위원회의 비판에 따르면, 토지 5만평 이상을 몰수당한 지주가 타당의 추천을 받아 강원도 안변군인민위원회 부위원장에 발탁되었다.[317] 북로당 부위원장 주영하는 당의 반지주노선에 입각해, 1947년 면·리

---

315) 1948.6.14, 「북로당 강원도 인제군 남면당위원회 회의록 제10호」, 『史料集』 18, 104쪽.

316) 1949.11.16, 『북로당 강원도 인제군 남면당위원회 회의록 제35호』.

317) 북로당 중앙상무위원회 제43차 회의 결정서, 1947.9.16, 「강원도당부 간부정책과 간부양성 정형에 대하여」, 『史料集』 30, 269쪽.

(동) 인민위원회선거에 지주 출신들을 추천하지 말자고 청우당·민주당에 호소했으나 그들의 당선을 막지 못했다.

그러나 인민위원회 내 지주 출신 간부들의 입지는 등용 직후부터 불안한 상황에 놓여 있었다. 강원도 인제군 지역 지주 출신 인민위원들 대부분은 당선 직후에 파면되었다. 1947년 4월 3일 북로당 강원도 인제군 북면위원회는 지주 출신 4명, 소시민 출신 1명, 빈농 출신 8명, 노동자 출신 3명 등 총 16명으로 구성된 북면인민위원회의 지주 출신 위원들을 모두 파면하라고 지시했다.[318] 인민위원회의 위신 저하와 타직원들에게 미칠 수 있는 부정적 영향 등이 파면의 명분으로 제시되었다. 게다가 북면인민위원회의 사업 부진 책임까지 그들에게 전가되었다. 파면된 간부들 가운데 두 명은 월남을 감행했다. 지주 출신은 당·정기구 뿐만 아니라 사회단체인 농민동맹에서도 축출되었다. 1946년 12월 중순경 북로당 중앙상무위원회는 농민동맹에 가입한 지주 출신들을 조사해 즉각 제명하라고 지시했다.[319] 북로당은 그들을 "농민의 가면을 쓰고 조직 내에 잠입한 분자들"이라고 규정했다.

토지개혁 이후 지주층 축출이 가장 큰 규모로 단행된 곳은 농촌사회였다. 앞서 지주층 축출이 법령에 따라 철저하게 추진되지 못했음을 살펴보았다. 그러나 계급투쟁의 격화와 함께 재개된 축출은 매우 엄격하게 단행되었다. 토지개혁기의 축출자 규모를 훨씬 넘어섰을 만큼 광범위하게 이루어진 재축출은 경작지 5정보 이상을 소유한 불로지주층에 국한되지 않았다. 소유 면적이 5정보에 미치지 못해도 지주 혐의를 받은 이들은 축출을 면하기 어려웠

---

318) 1947.4.3, 「제23차 북로당 강원도 인제군 북면당위원회 회의록」.

319) 북로당 중앙상무위원회 제17차 회의 결정서, 1946.12.17, 「평북 룡천군당부의 농민동맹 사업 협조에 대하여」, 『史料集』 30, 81·83쪽.

다. 이를테면 8,000평의 소유 토지 중 소작분여지 4,800평(1.6정보)을 몰수당한 평양교원대학 화학과 학생 강창숙의 부모는 토지개혁 이후 더 격화된 계급투쟁의 외중에 축출되었다.[320] 작인을 매수해 경작지 2정보 남짓을 임대해오던 한 상인도 발각과 함께 "백리 밖"으로 축출되었다.[321]

이제 축출된 지주들이 귀환하더라도 재축출만이 그들을 기다리고 있을 뿐이었다. 1947년 4월경 북로당 강원도 인제군 북면위원회는 귀환한 지주들을 다시 축출하라고 경찰기구에 지시했다. 인제군 내 불로지주 축출운동이 정점에 달한 시기는 1948년경이었다. 인제군 북면 월학리의 한 간부는 자신의 관할지에 남아 있던 불로지주들이 1948년경에 모두 축출되었다고 보고했다.[322] 인제군당의 한 문건도 "1948년 각처에서 불로지주들이 축출"되었다고 기록하고 있다.[323]

불로지주 축출운동이 고조되고 있다는 1948년경의 정황은 인제군만이 아닌 전국 각지에서 일고 있었던 일반적 현상이었다. 이른바 "제2차 토지개혁"으로 불린 1948년경 농촌사회의 과열된 계급투쟁은 북한 각지로부터 월남한 이들의 증언을 통해 미군첩보기구 G-2에까지 알려졌다. 평안남도 성천군의 한 지주 가호에 전달된 축출통지서는 다음과 같은 내용을 담고 있었다. "귀 가호의 사례는 토지개혁법령 제3조 ㉠항에 속하므로, 동법령 제2조에 따라 1947년에 이미 타군으로 이주를 완료해야 했다. 그러나 귀 가호는 법령을 위반한 채 이주를 실행에 옮기지 않고 있다. 귀 가호는 1948년 3월 30일 오

---

320) 1949.5.8, 「평양교원대학교 화학과 학생 강창숙 평정서」, NARA RG242 SA2007 Item20.7.

321) 해주시 인민재판소, 1948.12.21, 「판결등본집」, 『史料集』 9, 615쪽.

322) 1949.6.22~23, 「북로당 강원도 인제군당 열성자대회 회의록」, 『史料集』 4, 532쪽.

323) 1949.4.3, 「북로당 강원도 인제군당상무위원회 회의록 제41호」, 『史料集』 3, 224쪽.

전 9시까지 이전 통지서에 언급된 곳이나 다른 곳으로 떠나야 한다. 1948년 3월 29일. 성천군인민위원장."[324] 월남한 지주가 G‒2에 건네준 이 통지서는 1947년경 축출 대상 가호로 지정되었으나, 그를 실행에 옮기지 않은 가호들을 정리하기 위한 마지막 수순이 1948년 3월 말에 집행되었음을 보여준다.

G‒2가 입수한 첩보들 가운데 축출운동의 상을 가장 생생히 드러내는 지역 사례는 평안북도 강계군 사례이다. 2차 토지개혁이 전개되고 있다는 강계군 지역 정보에 따르면, 보안대원들의 지원에 힘입어 지주층뿐만 아니라 반체제 세력까지 망라한 대규모 축출이 단행되었다. 축출자들이 소지할 수 있었던 물품은 쌀 한 가마니, 장작 0.5평, 개인소지품 등에 국한되었고 그 밖의 가재도구와 농기구는 인민위원회에 귀속되었다.[325] 각 군으로부터 축출된 가호가 대략 수백 호에 이른다는 관측이 지배적이었다. 재심사를 요청하는 평북 지역 축출자들의 소송이 잇따랐다. 그들 중 일부가 가옥을 되찾았다는 점은 제2차 토지개혁이 정도 이상으로 과열된 계급투쟁의 산물이었음을 드러낸다.[326]

지주의 아들인 평양공업대학 운수공학부 교수 이근수는 제2차 토지개혁에 따른 부모의 축출을 담담하게 받아들였다. 노동당원이었던 그의 축출관이 자서전에 다음과 같이 기록되어 있다. "1948년 4월에 나의 부모가 이주를 당했다. 본적지인 평안남도 평원군 노지면 용정리에서 평양으로 나왔다. 전부터 소유 토지 중 일부를 자작했고 또 해방 후 토지개혁 전에 소유 토지 중

---

324) 토지개혁법령 제3조는 5정보 이상을 소유한 조선인 지주의 경작지를 무상몰수·무상분여의 대상으로 규정했다. ISNK, no.3(1948.1.10~1948.7.16), p. 421.

325) ISNK, no.3(1948.1.10~1948.7.16), p. 470.

326) Institute of Asian Culture Studies Hallym University, HQ, USAFIK Intelligence Summary Northern Korea 4(1948.7.17~1948.11.26) (Chunchon: Institute of Asian Culture Studies, 1989), p. 405.

은행에 저당 잡히지 않은 토지를 국가에 바쳤기 때문에, 처음 토지개혁 때는 이주를 당하지 않았다. 이 이주는 당연히 있어야 하며 이에 대하여 나는 조금도 의심하지 않는다. 또 부모에게도 항상 그렇게 말하고 있다."[327] 그의 자서전은 토지 일부를 자경한 데다 토지개혁 이전 국가에 토지를 헌납한 집안으로 법령에 따라 축출을 면할 수 있었던 "양심적 지주들"마저 1948년경의 2차 토지개혁을 통해 축출되었음을 보여준다.

사실 축출은 지주 출신들이 겪어야 했던 수난의 일부에 지나지 않았다. 그들이 타 지역으로 이주했다한들 계급의식으로 무장한 농민들의 공세를 피하기란 쉬운 일이 아니었다. 특히 5·1절이나 토지개혁 기념일의 집회는 지주 출신들에 대한 공세의 장이 되기 일쑤였다. 농촌사회의 빈번한 군중집회도 그들을 겨냥한 비판을 묵과하지 않았다. 오래 전 함경남도 여흥군에서 축출돼 강원도 인제군 남면 가로리로 이주해온 한 지주 출신 노인은 해방 후 북한 통치기에 겪었던 경험들을 생생히 기억하고 있었다. 격앙된 분위기에서 열리곤 했던 집회와 공포스런 군중비판 그리고 자신의 모든 허물을 들춰내야 했던 자아비판의 기억은 그에게 떠올리기조차 힘든 고역이었다.[328]

각종 차별정책도 지주 출신들의 입지를 약화한 요인이었다. 그들은 법적 차별까지 받았다. 국가가 지주 출신들에게 들이댄 법의 잣대는 다른 계급 공민들에게 적용한 잣대보다 가혹했다. 설령 지주들이 유리한 판결을 받는다 해도 법의 집행이 판결에 따라 이루어질지 미지수였다. 축출된 지주들은 법령에 따라 몰수 대상 외의 자산을 돌려받을 수 있었으나, 몇몇 사례는 그마저도 묵살되었음을 보여준다. 강원도 인제군에서 축출된 한 지주는 자신의

---

327) 1948, 「평양공업대학교 운수공학부 교원 리근수 자서전」, NARA RG242 SA2007 Item18.2.

328) 강원도 인제군 남면 가로리 손봉회 노인 인터뷰, 2004.8.11.

소유물을 되찾으려 검찰소가 발행한 증명서를 가지고 돌아왔지만, 관할 지역 당 조직과 인민위원회의 거절 통보를 받았다.[329]

그보다 운이 좋았던 다른 지주는 리인민위원장에 재임 중인 옛 친구를 찾아, 검찰소가 발급한 물품 반환 통지서를 제시한 뒤 자신의 소유물을 돌려받을 수 있었다. 그러나 친구를 도운 그 간부는 당 조직의 혹독한 비판과 함께 출당처분을 받았다.[330] 당 조직이 그를 제명한 까닭은 그가 "지주를 옹호"했기 때문이었다. 이 사례는 지주 출신들이 공민으로서 누릴 수 있는 법적 보호를 받지 못했을 뿐만 아니라, 다른 어느 누구의 도움도 기대하기 힘들었음을 보여준다.

북로당은 지주들을 돕거나 그들의 입장을 대변한 이들에게 각종 불이익을 주는 식으로 대응했다. 노동당원인 강원도 평강중학교 교무주임 최인환은 동료교사의 결혼식에 참석해 축사를 했다는 이유로, 북로당 강원도당상무위원회에 소환돼 엄중 경고 책벌을 받았다. 상대 여성인 신부가 다름 아닌 지주의 손녀였기 때문이다.[331] 지주 출신들에게 베풀어진 선처의 대표적 유형인 토지 재분배에 연루된 지방간부들도 당 조직의 징계를 피할 수 없었다. 1946년 12월 중순경 북로당 중앙상무위원회는 축출되지 않고 토지를 재분배받아 자경하고 있는 일부 지주들의 토지를 몰수하라고 지시했다. 그 지시를 무시하고 지주들에게 토지를 재분배한 인제군의 한 간부는 당 조직으로부터 출당통고를 받았다.[332]

---

329) 1949.7.15, 「북로당 강원도 인제군 남면당 열성자대회 회의록」, 『史料集』 4, 562쪽.

330) 1948.11.25, 「북로당 강원도 인제군 남면당 제19차 위원회의」, 『史料集』 18, 156~157쪽.

331) 1949, 「강원도 평강고급중학교 교무주임 최인환 자서전」, NARA RG242 SA2011 Box7 Item23.

332) 북로당 중앙상무위원회 제17차 회의 결정서, 1946.12.17, 「평북 룡천군당부의 농민동맹사업 협조

지주를 배려하는 행위는 비당원들에게도 불리한 전력이 될 수 있었다. 이를테면 북로당 입당신청서를 제출한 어느 교사는 "지주계급을 옹호한" 전력이 드러나 심사에 탈락했다.[333] 지주들의 이해를 대변하는 행위가 징계사유에 해당했다는 점은 그들이 사회적으로 고립될 수밖에 없었음을 의미한다. 게다가 그들은 "요시찰 대상자"로 분류돼 내무기구의 일상적 감시를 받았다. 몰수품을 되찾으러 돌아온 지주들은 대개 귀환시점을 낮이 아닌 밤으로 택하는 경향을 보였다. 소란 없이 목적을 이루려면 타인들의 이목을 끌지 않는 편이 유리했기 때문이다.

지주들에게 주어진 선택의 폭은 넓지 않았다. 현실을 받아들이고 묵묵히 체제의 차별정책을 감내하는 삶이 그중 하나일 수 있었다. 열악한 처지의 개선을 원한 그들은 종종 뇌물을 바치기도 했다. 그러나 그러한 시도는 현 상황을 인정한다는 전제 아래 이루어진 한시적 해결책에 지나지 않았다. 부친의 축출을 막아달라며 촌락간부에게 뇌물을 바친 한 지주 아들의 행위가 그 전형적 사례에 속했다.[334] 대담하게도 체제의 정책에 적극 반발한 지주들도 있었다. 1947년 초 면·리(洞) 인민위원회선거 실시 전 "부농회의"를 소집해 선거 방해를 모의한 함경남도의 한 지주와 현물세제에 반대하여 집단시위를 모의한 황해도 남천군 지주 인경묵(Ин Кен-мук)의 대응이 소련군 정보기구에 포착되었다.[335] 그러나 지주 출신들의 적극적 반발 사례는 극히 적은 편이

에 대하여」, 『史料集』 30, 81·83쪽.

333) 1949.3.2, 「북로당 강원도 인제군당상무위원회 회의록 제38호」, 『史料集』 3, 174쪽.

334) 1949.7.29~30, 「북로당 강원도 인제군당상무위원회 회의록 제55호」, 『史料集』 3, 430쪽.

335) Романенко, "Доклад о политико-моральном состоянии населения Северной Кореи(북조선 인민의 정치적 정신적 상태에 관한 보고)", 1947, ЦАМОРФ, ф. 172, оп. 614632, д. 23, л. 22.

었다.

한편 체제의 억압에 순응하는 삶을 원하지 않았던 지주층 대부분은 월남을 통한 출구 마련을 모색했다. 사실 토지개혁 직후부터 전시에 이르기까지 지주 출신들의 월남은 끊이지 않았다. 전쟁 직전 한시적으로 집계된 평안남도 안주군 지역 월남자 총 121명 가운데 토지를 몰수당한 지주들이 28명 (23.1%)에 달했다.[336] 월남한 지주들은 적극적으로 반북의식을 드러냈다. 1948년 중순경 불로지주로 규정돼 축출된 한 농민은 월남 후 서북청년단에 가담했다.[337] 체제를 반대해 월남한 이들 중 반북기구의 상징이라 할 수 있는 경찰·국방군·서북청년단에 가담한 이들이 적지 않았다. 따라서 북한 당국은 지주 출신을 비롯해 계급성분이 좋지 않은 이들의 월남을 허용하지 않았다.[338] 그들의 월남이 곧 반체제 세력의 결집을 의미했기 때문이다.

한편 북한의 지주층 차별정책은 지주 본인에게서 끝나지 않았다. 시간이 지날수록 지주층 자제들은 사회적 지위의 상승에 제약을 받았다. 그 제약의 대표적 유형이 교육적 차별이었다. 그들은 매우 엄격한 입학 자격요건을 요구받았을 뿐만 아니라, 합격하더라도 장학생에 선발되기 어려웠다. 특히 민청이 고등교육기관의 입학자들을 심사·추천하는 학생 선발제도가 정착됨에 따라, 지주 출신들은 쉽게 드러나고 걸러질 수 있었다.[339] 일반적으로 고등교육기관일수록 학생 선발절차가 엄격하기 마련이었다.

---

336) 안주군 정치보위부, 1950.6, 「심사관계서류」, 『史料集』 9, 796~799쪽.

337) 1949.9.10, 「북로당 강원도 인제군당상무위원회 회의록 제60호」, 『史料集』 3, 581쪽.

338) 김석형 구술, 이향규 녹취·정리, 『나는 조선노동당원이오!』, 선인, 2001, 242쪽.

339) U.S. Department of State, North Korea: A Case Study in the Techniques of Takeover (Washington, D.C.: U.S. Government Printing Office, 1961), p. 64.

공직기구의 고위직에 있었던 지주층 자제들의 입지도 불안하긴 마찬가지였다. 평안남도 양덕군 검찰소장은 단지 지주의 아들이라는 이유로 1년 동안 여섯 차례에 걸쳐 검열을 받았다.[340] 지주의 가정에서 양육된 이들도 "착취계급"의 근성에 물들지 않을 수 없으며, 따라서 그들 부모와 본질적으로 다를 바 없다는 인식에 근거한 대응이었다. 지주의 자제들뿐만 아니라 친척들도 각종 차별을 받았다. 물론 지주와 혈연관계가 가까운 친척일수록 그들이 감수해야 할 불이익의 정도도 더 컸다.

지주 집안과 혼사를 맺는 일도 불이익을 감수해야 할 요인이었다. 평안북도 박천군 지역 한 노동당원은 대지주의 딸과 연애를 시작한 뒤 줄곧 당 조직의 간섭과 비판에 시달렸다. 급기야 그가 박천군당의 반대를 무릅쓰고 결혼을 감행했을 때, 그는 더 이상 그곳에 머무르기 어렵다는 사실을 깨달았다. 그는 아내와 함께 평양으로 거처를 옮겼지만 상황은 크게 나아지지 않았다. 그가 새로이 소속된 세포도 그의 과오를 비판할 때마다 지주 출신 배우자 문제를 집요하게 끄집어냈다.[341]

지주 집안에 출가했다 이혼하고 돌아온 인제군 지역 한 여성의 삶은 그보다 훨씬 불행했다. 그녀는 자신이 죄인과 다를 바 없다고 생각했고, 결국 자신도 언젠가 축출될지 모른다는 불안감에 사로잡혀 있었다. 그때 촌락 자위대의 한 간부가 그녀의 약점을 노리고 접근했다. 그는 지주 집안에 출가한 전력을 지닌 딸을 둔 그 가족도 축출로부터 안전하지 않다고 암시했다. 그리고 내무서와 접촉해 해결해주겠다고 허세를 부리며 술과 고등어 따위의 뇌

---

340) 조선로동당 중앙조직위원회 제9차 회의 결정서, 1949.10.31, 「평남도 당단체의 간부사업 정형에 대하여」, 『史料集』 29, 375~377쪽.

341) 1949.7.7, 「제37차 평양여자고급중학교 세포총회 회의록」, 『史料集』 26, 414쪽.

물성 향응을 제공받았다. 그의 파렴치한 행위는 거기서 그치지 않았다. 분주소 명의의 "가짜 호출장"을 보내는 수법으로 그녀를 꾀어내 수차례의 강간을 일삼았다. 그녀는 지주 출신이 아니었지만 단지 지주 집안과 혼사를 맺은 적이 있다는 이유로 자신의 불편한 전력을 우려했고, 따라서 그러한 약점을 노린 범죄에 쉽게 희생되었다.[342]

2. 농업현물세제

1) 혁명적 세제의 등장

1946년은 북한의 역사에서 의미 있는 한 해였다. 토지개혁(3.5), 노동법령 발포(6.24), 남녀평등권법령 발포(7.30), 중요산업국유화(8.10) 등 이른바 "민주개혁"으로 일컬어진 일련의 변혁운동이 기존 사회체제의 혁파를 목표로 추진되었다. 토지개혁에 이어 북한 전체 인구의 약 70%를 점한 농민층의 삶에 지대한 영향을 끼친 조치가 바로 농업현물세제의 실시였다. 농업현물세제는 혁신적 세제의 조속한 정착을 원한 국가의 관점에서 결과를 예측하기 힘든 실험이었다.

농업현물세법령은 이른바 "민주개혁"이 절정에 이른 1946년 6월 27일에 포고되었다.[343] 그간 농민들에게 큰 부담을 안긴 일제시기의 공출제와 토지

---

342) 1949.6.22~23, 「북로당 강원도 인제군당 열성자대회 회의록」, 『史料集』 4, 517~518쪽.

343) 이하 1946.6.27, 北朝鮮臨時人民委員會 決定書 第二八號, 「農業現物稅에 關한 決定書」, 『史料集』 5, 318쪽 참조.

에 결부된 세금인 지세·수익세 등을 폐지한다는 방침은 새로운 세제의 개혁적 취지에 부합했다. 국가재정 확충과 농민 부담의 경감을 모두 고려해 책정된 세율은 농작물 수확고의 25%였다. 그러나 실시 첫해의 시행착오를 겪은 뒤, 1947년 5월과 7월 두 차례에 걸쳐 세율의 섬세한 조정이 이루어졌다. 개정된 농업현물세법은 농작물 수확고의 일률적 25% 과세를 폐지하고 벼(水稻)에 27%, 밭작물에 23%, 화전작물에 10%, 특용작물에 23%, 과일류에 25% 등의 세율을 책정했다. 현물세 납부 의무를 이행한 농민들에 한하여 잉여농산물 시장거래가 허용되었기 때문에, 납세 증명서 없이 매매되는 농산물은 몰수 대상이었다.

현물세 관련 법령이 농업전문가들의 논의를 통해 준비되고 보완되었다면, 현물세 판정 방식과 징수절차에 관한 기술적 문제들은 여러 해의 현장경험과 시행착오를 거쳐 개선되었다. 현물세제 시행의 중요 관건은 추수 후의 창고가 아닌 추수 전의 전답에서 이루어진 판정, 곧 수확고의 25%를 정확히 산정하는 일이었다. 병용된 두 가지 방식인 평당 곡물의 낱알 수를 세는 입수(粒數)계산과 평예(坪刈) 가운데 후자가 공식적 판정 방식의 지위를 점했다.[344] 이른바 "평뜨기"로 불린 평예는 수확 직전 작황의 중간지점을 포착해, 한 평의 작물을 거두어 평당 수확고를 산정하는 방식이었다. 평당 수확고에 경작면적을 곱하여 총수확고를 계산하는 이 판정 방식의 관건은 작황의 표준지점을 정확히 포착하는 기술에 있었다.

입수계산과 평뜨기를 통한 수확고 판정은 일회성 사업에 그치지 않고, 예상수확고·실수확고·검열수확고 판정 등 서너 차례에 걸쳐 실시되었다. 전

---

344) 이하 李周淵, 「現物稅徵收事業의 指導經驗」, 『인민』 1948年 9月號(『史料集』 14, 325~326쪽) 참조.

국 총수확고를 대략 가늠할 수 있는 예상수확고 판정은 실수확고 판정에 앞서 시행된 일종의 약식 절차였다. 리 행정단위의 곡종별 반당수확고[345] 산정을 모색한 이 사업을 통해 몇 개의 샘플로 선택된 필지들에서 반당수확고 평균값을 얻음과 함께, 총경작면적을 곱해 곡종별 리내 총수확고에까지 접근할 수 있었다. 각 리별 총수확고를 더해 면·군·도별 수확고는 물론, 전국 수확고까지 추산할 수 있는 간편한 방식이었다. 예상수확고 판정사업을 통해 산정된 세액은 총량 부과 방식으로 각 도·시·군·면·리에 할당되었다. 농작물 수확고 판정위원회가 가가호호 곡종별 매 필지의 실수확고를 판정해, 이를 모두 합한 리내 총실수확고가 예상수확고 판정을 거쳐 부과된 총량과 대조될 수 있었다. 그러한 대조와 조정을 거쳐 각 가호별 현물세량이 결정되었다.

가호별 현물세 부과절차에 이어 "납부사업"이라 불린 징수사업이 뒤따랐다.[346] 납부사업은 수확 ⇨ 탈곡 ⇨ 건조 ⇨ 정선 ⇨ 예비검사 ⇨ 칭량(秤量) ⇨ 포장 ⇨ 운송 ⇨ 검사 ⇨ 입고 등의 순서로 진행되었다.[347] 수확과 현물세 운반에 소요된 노동력, 가마니·새끼 등을 비롯한 포장 재료는 농민 각자가 부담해야 할 몫이었다. 농민들의 납세의무는 면소재지의 수납장에까지 운반된 현물세곡이 검사를 통과해야 완료될 수 있었다. 검사 대상은 곡물의 중량과 품질, 곡물의 건조 정도, 이품종·쭉정이·돌·모래 등의 혼입 여부, 가마니

---

345) 반당수확고·정당수확고는 1반·1정 당 작물의 중량을 뜻한다. 1반은 300평, 1정은 3,000평 규모에 해당한다.

346) 의미상 국가의 강제성을 함축하고 있는 용어인 "징수사업"보다, 농민들의 자발성을 함축하고 있는 용어인 "납부사업"이 각종 문건에서 선호되었다.

347) 이하 李周淵, 「現物稅徵收事業의 指導經驗」, 『인민』 1948年 9月 號(『史料集』 14, 326~327쪽) 참조.

상태와 결박한 새끼의 굵기를 비롯한 포장 재료의 규격 등에 집중되었다.[348]

한편 농업현물세는 대부분의 세금을 고정세액 형태로 매 농가에 부과한 일제시기의 세제에 비해 유리한 점이 많았다. 농민들의 주 소득원인 농업 생산량에 근거하지 않은 일제시기의 세제는 수확고의 증감에 관계없이 고정세액을 징수함에 따라, 농업의 확대재생산 가능성을 박탈해왔다고 진단되었다.[349] 반면 납세자의 소득 자체를 과세 대상으로 설정한 직접세 형태의 현물세제는 일제시기의 세제보다 공정하다는 평판을 얻었다. 농지와 농가에 결부된 일제시기의 잡다한 세금이 농업생산고에 근거해 단일화된 점도 현물세제가 지닌 이점들 가운데 하나였다.

한편 농업전문가들과 유력 정치인들은 현물세제가 지닌 의의를 당대의 시대적·사회적 조건에 비추어 다각도로 규명하고자 했다. 그들은 먼저 현금세제에 비해 현물세제가 지닌 이점에 주목했다. 현금세제가 시행될 경우 납세에 대비해 현금을 마련하려는 농민들의 양곡 매각과 국가의 매입 과정에서 여러 문제가 발생할 것으로 예측되었다.[350] 곧 현금세제의 시행은 농산물 시장가격의 변동에 따른 부담을 대중들과 국가에 전가할 가능성이 높았다. 식량난이 혹심해진 상황을 틈타 상인들이 곡식을 매점한다면, 도시민·노동자층과 국가가 떠안아야 할 농산물 물가 상승분은 큰 부담일 수밖에 없었다.

---

348) 「農業現物稅 糧穀 接收 및 保管에 對한 追加 指示」, 『로동신문』 1946.11.29 ; 北朝鮮臨時人委決定 第一一〇號, 1946.11.18, 「農業現物稅 納入에 關한 決定 違反에 對한 對策 決定書」, 『史料集』 5, 356쪽.

349) 송봉욱, 「국가재정과 농업발전에 있어서의 농업현물세의 의의」, 『인민』 1949.11(『史料集』 39, 179쪽).

350) 이하 北朝鮮臨時人委 宣傳部, 「現物稅完納 熱誠運動에 對한 宣傳要綱」, 『로동신문』 1946.11.23 참조.

반면 국가가 농민들로부터 직접 거둬들인 곡물을 노동자·사무원·학생층에게 시장가격보다 훨씬 낮은 가격으로 배급할 수 있는 현물세제는 중간상인들의 개입을 막아 시장물가의 안정에 기여할 수 있다고 전망되었다.

그러나 현물세제의 모든 면이 긍정적으로 받아들여진 것은 아니었다. 이를테면 비옥도에서 차이가 있는 모든 토지에 일률적 세율을 적용한 법령이 비옥하지 않은 토지를 소유한 농민들 사이에 불만을 조장했다.[351] 특히 1947년 중순 현재 약 4만 6천 가구, 24만 3천여 명에 달한 화전민들의 불만이 극심했다. 그들에게 적용된 총수확고의 10% 과세가 상대적으로 낮은 세율이었음에도 불구하고, 해방 전 일제 당국은 그들에게 세금을 부과하지 않았기 때문이다.

화전에 현물세를 부과하지 말아야 한다는 여론에 맞서 두 가지 반박논리가 제시되었다. 첫 번째 논리는 납세의 의무를 애국의 실천이란 관점에서 바라보고 있었다.[352] 일제시기의 비과세가 화전민들이 인간으로 취급되지 않았음을 입증한다고 주장한 이주연의 논리에 따르면, 그들은 해방된 국가의 관심과 보살핌에 현물세로 보답할 의무가 있었다. 두 번째 반박논리는 무분별한 화전 개간이 산림의 황폐화를 촉진하고 있음에 비추어, 그에 제동을 걸 현물세 부과가 산림 보호에 이바지할 수 있다는 착상에서 비롯되었다.

당대에 이상적 세제로 인식된 이 새로운 세제의 실시에 도움이 될 만한 전범은 존재하지 않았다. 전시공산주의 시기 직후인 1920년대 초, 수년간 현물세제를 실시한 소련이 역사적 선례를 남겼으나 그 경험이 북한에 도움이

---

351) 전현수 편저, 『쉬띄꼬프일기(1946~1948)』, 국사편찬위원회, 2004, 30쪽.

352) 北朝鮮人民會議院, 1947.5.15, 『北朝鮮人民會議 第二次 會議 會議錄』, 民主朝鮮出版社, 1947, 11·19~20쪽.

되었다는 증거는 없다. 따라서 시행착오로부터 교훈을 이끌어내야 했던 북한은 현물세제 실시 첫해인 1946년부터 적잖은 곤경에 직면했다.

1946년의 경험은 농산물 수확고 판정 방식에 대한 성찰의 기회를 제공했다. 공식적 판정 방식의 지위를 점한 평뜨기가 1947년경에야 매체에 등장한 점은 그것이 현물세제 실시 이전부터 신중히 준비된 방식이 아니었음을 의미한다. 시행 첫해의 지질별 또는 토지등급별 판정이란 과도기적 형태를 거쳐, 1947년경 평뜨기가 등장했음은 현물세 판정 방식이 시행착오의 산물임을 입증하고 있다. 바로 이 점이야말로 북한의 현물세제가 외부 경험의 이식 산물이 아니었음을 드러낸다.

사실 새로운 세제의 첫 시험기인 1946년경에 현물세 판정의 교본이라 할 만한 지침은 존재하지 않았다.[353] 강원도인민위원회는 징세사업을 촌락간부들에게 떠넘겼으며, 북조선임시인민위원회는 "현물세완납 열성대운동"을 통한 각 농가별 수확고 파악에 주력했다. 곡종별 반당수확고가 현장조사가 아닌 "간부들의 책상 위에서" 산정된 탓에 공평한 징세가 이루어지기 힘들었다. 1946년 6월 27일에 포고된 현물세법령에 따르면, 현물세 예산안은 각종 곡물의 "지역별·지질별 정당수확고"에 근거하여 책정되어야 했다.[354] 이 규정은 토지 비옥도에 따른 농업생산고의 차이를 가리키는 의미로 해석되었다. 따라서 작황의 평균지점인 "표준전"에 의거하여 지질등급을 정한 황해도인민위원회의 1947년 현물세 부과 방식은 중앙으로부터 창의성을 인정받을 수

---

353) 「밀·보리·감자 等 早期收穫物 現物稅 徵收에 關한 北朝鮮臨時人民委員會 第二次 擴大委員會 決定書」, 『로동신문』 1946.9.14.

354) 北朝鮮臨時人委 決定 第二十八號, 1946.6.27, 「農業現物稅에 關한 決定書」, 『史料集』 5, 318쪽.

있었다.[355] 그러나 실상을 들여다보면 토지의 등급에 따라 징세하는 방식도 공정하게 이루어지지 못했다. 현물세 부과기준이 지역·지질별이란 점을 "기계적으로" 해석해 토지 임대가에 근거하여 토지등급을 결정한 지역이 있었고, 평야지대와 산간지대의 토질 차이를 무시한 채 천편일률적으로 현물세를 부과한 지역도 있었다.[356]

1947년 6월에 개정된 현물세법도 여전히 지질기준에 따른 부과 방식을 고수하는 한편, 매 농가 수확고의 정확한 판정을 리인민위원장들에게 위임했다.[357] 그러나 얼마 지나지 않아 "현물세판정위원회"가 그들의 임무를 이어받기 시작했다. 등장 시점이 1947년 중순경으로 보이는 이 조직이 처음부터 판정사업에 평뜨기를 적용했을 가능성은 높지 않다. 1947년 9월경 각지의 현물세판정위원회는 현장조사가 아닌 상부의 예산안에 의거하여 현물세를 할당하거나 토지등급별 판정 방식을 적용해 비판을 받았다.[358] 그러한 사실들은 현물세판정위원회와 평뜨기의 조합인 공식적 판정 형태가 1948년경에 정착되기 전, 여전히 판정 방식을 둘러싼 실험이 지속되었음을 의미한다.

매 리 단위에 조직된 현물세판정위원회는 당 지역의 경지면적 규모에 따라 7~11명의 위원들로 구성되었다. 타지인 활용이 판정사업의 공정성 보장

---

355) 북로당 중앙상무위원회 제39차 회의 결정서, 1947.7.11, 「조기농업현물세 징수사업에 있어서 황해도 당단체의 협조정형에 대하여」, 『史料集』 30, 236~237쪽.

356) 이하 北朝鮮人民委員會 決定書 第四號, 1947.7.12, 「早期作物現物稅 徵收事業 進行에 對한 報告에 對한 決定書」, 『史料集』 5, 305쪽 참조.

357) 農林局 規則 第八號, 1947.6.1, 「農業現物稅 改正에 關한 決定書에 對한 細則」, 『史料集』 5, 382쪽.

358) 현물세판정위원회의 활동이 포착되는 비교적 초기의 자료는 북로당 중앙상무위원회 제34차 회의 결정서, 1947.9.16, 「1947년도 조기작물현물세 징수 총결과 만기작물현물세 징수 준비사업에 있어서 당단체의 실지적 협조방침에 대하여」, 『史料集』 30, 257~258쪽이 있다.

에 유리한 측면이 있었으나, 촌락 내 경작지 분포와 경작상황에 정통하지 못한 그들은 사업의 신속성과 효율성 면에서 약점을 보일 수밖에 없었다. 따라서 당국은 당 지역민들을 판정위원으로 발탁하는 한편, 그들이 갖추어야 할 엄격한 자격조건의 부과를 통해 공정한 사업 수행의 여건을 조성하고자 했다.[359] 25~40세의 빈농계급 출신으로 인민들의 신임이 두텁고 책임감 있는 농민들이 바로 그 조건에 해당했다. 인민위원장·세포위원장·농맹위원장·열성당원 등 리내 유력 간부들이 선발되는 경우가 많았고, 일제시기의 구장 전력을 지닌 자들과 계급성분이 좋지 못한 이들은 배제되었다.

2) 현물징수의 역설

국가재정 총수입 중 국유화된 기업·공장으로부터 조달된 거래세·이익공제금의 비중이 1948년과 1949년에 각각 46.6%와 53.1%에 달한 반면, 농업현물세를 포함한 직접세는 같은 시기에 각각 25.3%와 21.5%를 점했다.[360] 이 통계는 1948년부터 농업현물세를 비롯한 직접세 수입이 세입원천으로서 부차적 의미를 지니며, 국가재정의 국영공업 의존도가 높아지고 있음을 나타낸다. 그러나 1947년까지 직접세 수입은 거래세·이익공제금 수입을 상회했다. 국영공업의 급성장이 본격화되기 전인 1946~1947년경, 일제 말에 파괴된 시

---

359) 인제군인민위원회 상무위원회 결정 제5호, 1949.5.10, 「1949년 농작물수확고 판정위원회 조직 강화에 대한 결정서」, 『史料集』 18, 203쪽.

360) 1949.4.23, 「1948년도 국가 종합예산 총결과 1949년도 국가 종합예산에 대한 토론(요지)」, 『史料集』 8, 613~615쪽.

설을 재건하고 공장을 신축하는 데 소요될 자금의 상당부분은 직접세 수입에 의존하지 않을 수 없었다. 아래의 표는 1947년부터 1949년까지 3년간에 걸친 현물세 수입의 규모와 그것이 세입 총액에서 점한 비중을 보여준다.

[표 II-3-2 : 1947~1949년 현물세 수입의 규모와 비중] 단위 : 만 원

	현물세 징수량	현물세 수입(A)	세입 총액(B)	A/B
1947년	542,808톤	155,116	679,239	22.8%
1948년	620,571톤	128,500	1,030,324	12.5%
1949년	—	158,200	1,976,263	8.0%

※참고문헌 : 「北朝鮮産業の資料」, 『旧ソ連の北朝鮮經濟資料集 1946~1965年』, 東京 : 知泉書館, 2011, 142쪽 ; 北朝鮮人民會議院, 1947.5.16, 『北朝鮮人民會議 第二次 會議 會議錄』, 民主朝鮮出版社, 1947, 41쪽 ; 「3年間の北朝鮮財政, 金融, 貨幣」, 『旧ソ連の北朝鮮經濟資料集 1946~1965年』, 東京 : 知泉書館, 2011, 91쪽.

1948년과 1949년에 각각 12.5%와 8%에 지나지 않은 현물세 수입의 비중이 그 이전 해인 1947년경 20%를 초과했다는 점은 국가 건설 초기에 현물세 수입이 재정 확충의 주요 수단 중 하나였음을 의미한다. 현물세제의 재정적 중요성은 "조기 완납"이나 "초과 완납"을 모색한 대중적 캠페인의 필요성을 제기했다. 1947년경 현물세의 조기 완납 과제가 강조된 까닭은 공업에 필요한 농산물 원료의 공급과 국가 운영자금의 원활한 회전 외에도, 식량배급이 현물세를 통해 해결되어야 했기 때문이다.[361] 특히 노동자·사무원들에 대한 배급 차질이 원활한 공장 운영을 방해할 소지가 있었다. 이미 1946년 10월경 북로당 중앙상무위원회가 법정 기한보다 한 달 이상 앞당겨 현물세를 징

---

361) 北朝鮮臨時人委 宣傳部, 「現物稅 完納 熱誠運動에 對한 宣傳要綱」, 『로동신문』 1946.11.23.

수하라고 황해도당에 독촉한 까닭은 그러한 이유에서였다.[362]

1947년에 접어들자 현물세의 기한 전 완납을 위한 캠페인이 북로당의 지도 아래 본격화되었다. 먼저 1947년 조기현물세 납부사업 도중 농민대회를 개최한 황해도 안악군 농민들이 현물세를 기한 전에 완납하자고 전국 농민들에게 호소했다. 전국 89개의 군 단위 중 안악군이 1위로 현물세를 납부하자, 2위를 차지한 강원도 평강군 농민들이 만기현물세 납부사업에 즈음하여 안악군에 "경쟁"을 제의했다.[363] 안악군과 평강군 사이에 체결된 경쟁운동은 군 단위뿐만 아니라 면·리 단위, 심지어 농민 개개인에 이르기까지 확산되었다.

열띤 경쟁양상을 보도한 각종 매체는 우수한 성적을 달성한 개인과 지역의 사례들을 집중 선전함으로써 농민들의 경쟁심을 조장했다.[364] 곡종별 전국 1위 납부자, 도 1위 납부자, 전국 1위 납부 군·면·리 등이 완납 시일과 함께 소개되었다. 마치 전국이 기록 경신과 순위에 열광하는 경기장처럼 보였다. 촌락의 민주선전실에 설치된 게시판도 매일 각 리별·개인별 납부성적을 공시해 낙오자들의 분발을 촉구했다. 유례없는 경쟁열기와 중앙 당국의 독촉이 지방간부들에게 적잖은 부담을 안겼다. 강원도 인제군 간부들의 경우 낡은 인습을 척결해 일찍 추수하는 풍조를 농민운동으로 전개할 것, 현물세 납부용 곡물을 먼저 추수할 것, 경쟁운동의 승리를 위해 야간작업을 실시할 것

---

362) 북로당 중앙상무위원회 제7차 회의 결정서, 1946.10.8, 「농업현물세 징수사업에 있어서 황해도 당단체의 협조정형에 대하여」, 『史料集』 30, 22쪽.

363) 홍재순, 「晚期現物稅에 對한 北朝鮮農民들의 熱誠」, 『旬刊北朝鮮通信』 1947.10 下旬號 (『史料集』 27, 195쪽).

364) 이하 「早期作物現物稅와 農民들의 熱誠」, 『旬刊北朝鮮通信』 1947.8 上旬號(『史料集』 27, 61쪽) 참조.

등의 과제를 결의하기까지 했다.[365] 대중적 경쟁운동과 결합된 현물세 징수 사업은 추진속도 면에서 뚜렷한 성과를 이끌어냈다. 1947년 조기작물 현물세 납부사업이 전년보다 1개월 앞선 8월 31일에 완수되었다.[366]

그러나 납부기한 단축을 둘러싼 경쟁의 과열은 심각한 부작용을 낳았다. 돌격식 경쟁운동을 남발하고 적기 수확을 등한시한 탓에, 설익은 감자와 여물지 않은 곡식을 거둬들여 되레 수확고가 감소한 지역이 있었다. 1947년 10월 말 현재 여물지 않은 곡물을 징수한 황해도의 경우 변질을 우려하여 다시 적재한 세곡이 247,346가마니, 재건조를 요하는 세곡이 7,629가마니, 이미 손실된 세곡이 355가마니에 달했다.[367] 1948년경 지방 당국을 겨냥한 중앙의 비판은 바로 그러한 문제점에 초점을 맞추었다. 선납경쟁의 승리에 집착한 지방간부들이 야간이나 강우 도중에 검사를 강행하여, 여물지 않거나 젖거나 변질한 세곡을 받아들였다는 점이 비판의 골자였다.[368]

중앙의 비판은 현물세완납경쟁운동 자체를 겨냥했다기보다, 철저한 검사를 통해 우량 세곡을 징수하지 못한 지방간부들의 사업 방식을 겨냥하고 있었다. 비록 공식적 발표는 없었지만 국가가 이 운동이 성공적이지 못했음을 자인한 징후들이 여러 차례 나타났다. 전국적 현물세완납경쟁운동이 1947년을 끝으로 중단된 점, 현물세 징세서 발부가 한 달 정도 늦춰진 점 등이 그

365) 1947.9.18, 「북로당 강원도 인제군 농민동맹당조 제7차 회의록」, 『史料集』 4, 293쪽.

366) 「一九四七年度 農業現物稅 完納」, 『旬刊北朝鮮通信』 1948.1 上旬號(『史料集』 27, 326~327 쪽).

367) 북로당 중앙상무위원회 제49차 회의 결정서, 1947.11.21, 「황해도 당단체의 만기현물세 징수 및 보관사업 협조정형에 대하여」, 『史料集』 30, 317쪽.

368) 李周淵, 「現物稅徵收事業의 指導經驗」, 『인민』 1948年 9月號(『史料集』 14, 325~328쪽).

대표적 사례였다.[369] 그러나 국가는 실패한 정책을 단호히 폐기하기보다, 적기 수확과 조기 완납을 동시에 강조하는 모호한 입장을 고수했다. 그러한 중앙의 입장이 지방간부들의 사업 수행에 혼동을 조장했다.

1947년에 이미 실패한 정책으로 판명된 현물세완납경쟁운동이 그 이듬해에 다시 지방 차원에서 독자적으로 추진되었다. 그 대표적 지역이 강원도 인제군이었다. 1948년경 인제군은 전년 현물세완납경쟁운동 기간에 황해도 안악군과 수위를 다툰 강원도 평강군에 경쟁을 제의한 뒤, 군내 각 면별 리별로 경쟁을 체결했다. 군 간부들은 수확을 서두르지 않는 농민들의 태도가 과거 인습의 연장에 다름 아니라고 몰아붙였다. 그들은 자신들의 수확 독촉에 불평하는 농민들이 "퇴폐적 사상"을 지녔다고 비판하며, 수납장마다 촌락별 납부성적을 게시해 농민들의 경쟁심을 자극했다.[370]

수확 기간 단축방법을 논의하던 인제군당의 회의 도중 한 간부가 1948년 9월 10일 현재 아직 벼가 여물지 않았다고 보고했으나, 9월 15일까지 수확을 완료해야 한다는 결정이 채택되었다. 심지어 경쟁운동의 승리에 집착한 간부들은 대납행위를 지시하기까지 했다. 즉 성숙이 이른 작물을 거두어 모아 촌락 전체의 현물세를 납부한 뒤 개개 농민들이 추수해 갚는 방법, 성숙한 작물이 촌락 전체 현물세량에 미치지 못할 경우 농맹에서 대여해 납부하는 방법 등이었다.[371] 간부들의 지나친 경쟁심이 여물지 않은 작물의 수확을 재촉했음은 물론이었다.

369) 조선민주주의인민공화국 내각결정 제92호, 1949.7.20, 「농업현물세 일부 개정에 관한 결정서」, 『史料集』 22, 8-9쪽.

370) 1948.8.30, 「북로당 강원도 인제군당상무위원회 회의록 제21호」, 『史料集』 2, 530-531쪽.

371) 1948.8.30, 「북로당 강원도 인제군 농민동맹당조 제28차 회의록」, 『史料集』 4, 346쪽 ; 1948.9.10, 「북로당 강원도 인제군당상무위원회 회의록 제22호」, 『史料集』 2, 556쪽.

농가에 부담을 안긴 조기 수확과 대납을 통해 인제군은 1948년 만기작물 현물세 납부 전국 2위 강원도 1위, 1949년 조기작물현물세 납부 강원도 1위를 차지했다.[372] 그러나 인제군의 우수한 성과는 어느 매체에도 소개되지 않았다. 사실 적기 수확에 비해 작물의 양과 질을 떨어뜨릴 수 있는 조기 수확은 국가에 정량의 현물세를 납부한 농민들에게 대부분의 손실을 떠안겼다. 분명 인제군 간부들도 그러한 문제점을 간파하고 있었다. 그러나 그들은 중앙의 선례를 따라 과오를 솔직히 인정하지 않고, 1949년 만기작물현물세 징수사업의 목표 기한을 지난해보다 한 달 정도 늦추는 식으로 경쟁운동의 폐해를 간접 시인했다.[373] 현물세완납경쟁운동은 국가의 목표에만 집착해 농업 부문의 현실여건을 고려하지 않고 추진된 돌격식 경쟁운동이 어떠한 문제를 일으킬 수 있는지 보여준 상징적 사건이었다.

"이상적 세제"라 인식된 현물세제의 문제점은 그뿐이 아니었다. 물론 대부분의 문제들은 현금에 비해 막대한 부피와 무게를 지닌 현물 납부 방식에서 비롯되었다. 다량의 세곡이 국고에 유입됨에 따라 운반·검사·보관·방비 등의 전반적 관리체계에 막대한 비용이 소요되었다. 전국 각 군인민위원회 산하에 현물세의 징수로부터 관리에 이르는 전 과정을 감독할 기구로, 14명의 정원을 둔 양정과가 설치되었을 만큼 이 세제의 운영에 방대한 업무가 요구되었다. 보관 문제의 해결도 시급했다. 현물세 보관용 창고의 신설과 수리가 세제 시행 전부터 강조되었으나, 1947년 말경에도 창고의 수용력은 턱없이 낮았다. 이를테면 같은 해 평북 정주군의 현물세 수용력은 50%에 지나지 않았다. 그와 비슷한 형편에 있었던 황해도의 경우 전 세곡의 43%가 야

---

372) 1949.8.25, 「북로당 강원도 인제군당상무위원회 회의록 제58호」, 『史料集』 3, 502쪽.

373) 1949.11.27, 「북로당 강원도 인제군당상무위원회 회의록 제70호」, 『史料集』 3, 830·835쪽.

적되었다. 덮개를 준비하지 못해 야적된 세곡이 비에 젖어 부패한 곳도 있었다.[374]

보관과 방비체계의 결함은 현물세 도난의 원인이 되었다. 1946년부터 1947년 중순에 이르기까지 절도와 화재에 따른 황해도의 세곡 손실량이 1,620가마니에 달했다.[375] 무방비 상태에 놓인 세곡은 반체제 세력의 방화표적이 되기 쉬웠다. 철도보안대를 탈영해 월남하다 체포된 어느 장교의 진술에 따르면, 1946년 12월경 평북 정주군의 한 창고에서 화재가 발생해 보관 중인 미곡 3천 가마니 가운데 약 2천 가마니가 소실되었다.[376] 북조선임시인민위원회는 "건국을 방해할 의도"로 세곡을 방화한 자들에게 최고 사형까지 구형할 수 있는 법령을 마련했지만 세곡창고 방화는 근절되지 않았다. 한국전쟁이 발발한 뒤 현물세 보관사업은 훨씬 더 취약성을 드러냈다. 현물세창고가 미공군의 공습 표적이 되었기 때문이다. 전쟁이 시작된 지 채 두 달도 안된 1950년 8월 20일까지 10,469톤의 양곡이 공습으로 손실되었다.[377]

3) 이기적 농민 길들이기

농민들은 납세 방식과 관련해 현금세제와 현물세제하에서 상이한 전략을

---

374) 북로당 중앙상무위원회 제49차 회의 결정서, 1947.11.21, 「황해도 당단체의 만기현물세 징수 및 보관사업 협조정형에 대하여」, 『史料集』 30, 318쪽.

375) 「一九四七年 事業關係書類(保安處)」, 『史料集』 9, 392쪽.

376) ISNK, no.1(1945.12.1~1947.3.31), p. 449.

377) 조선민주주의인민공화국 내각지시 제153호, 1950.9.1, 「1950년도 조기작물현물세 징수정형과 만기작물현물세 징수준비에 관한 결정서」, 『史料集』 23, 452~455쪽.

구사할 수 있다. 현금 납세자들이 납부와 불납 두 행위 가운데 하나를 선택할 수 있는 반면, 현물 납세자들은 세곡의 양과 질을 달리해 납부하거나 징수사업의 복잡한 절차를 자신들의 이해관계에 유리한 쪽으로 이용할 수 있다. 따라서 가능한 적게 가능한 질이 낮은 세곡을 납부하려는 농민들과 가능한 많은 양질의 세곡을 징수하려는 국가 사이에 갈등이 고조되기 마련이다. 이해타산에 민감해지기 쉬운 농민들이 양심적으로 협력해야만 현물세제가 원활히 운영될 수 있다는 한 중앙간부의 지적은 농민들의 이기적 대응에 대한 경계심을 잘 드러낸다.[378]

현금세제하에서도 나타날 수 있는 납세 태만행위를 제외하면, 현물 납부를 둘러싼 농민들의 이기적 대응은 크게 두 유형으로 구분될 수 있다. 그것은 바로 세곡의 양이나 질을 낮추어 납부하는 방식이었다. 질이 낮은 불량세곡을 납부하는 행위는 검사를 통해 발각될 수 있었으나, 농민들이 쉽게 포기하기 힘든 일탈이었다. 세곡에 돌이나 모래 같은 이물질을 섞어 납부하는 이들이 있었는가 하면, 대납을 부탁해 농민들이 맡긴 양질의 세곡을 질이 낮은 자신의 것과 바꿔치기한 촌락간부들도 있었다. 1951년경 평북 의주군 내 일부 면이 검사한 현물세 중 불합격품이 30~50%에 달했다는 통계는 불량세곡 납부가 예외적 현상이 아니었음을 보여준다.[379]

한편 농민들은 작물 종류에 따라 수확고의 23~27%로 규정된 현물세량을 정량보다 적게 납부할 수 있는 갖가지 편법들을 간파해 갔다. 대표적 유형은 파종면적을 적게 신고해 줄어든 면적만큼 현물세 납부를 회피하는 방법이었

---

378) 李周淵, 「現物稅徵收事業의 指導經驗」, 『인민』 1948年 9月號(『史料集』 14, 323~324쪽).

379) 조선민주주의인민공화국 내각지시 제766호, 1951.8.17, 「1951년 농업현물세 징수사업 강화 대책에 관하여」, 『史料集』 24, 292쪽.

다. 파종면적 축소 신고가 어렵지 않았던 까닭은 한 필지에 여러 작물을 섞어 심는 간작·혼작 등의 재래농법이 지속되었기 때문이다. 북로당 중앙상무위원회의 지적에 따르면 1947년 현재 황해도 신계군 고면 태을리의 농가 27호가 20정보의 파종면적, 벽성군 서석면 농민들이 19정보의 파종면적을 축소해 신고했다.[380]

한편 판정을 공정히 해야 할 위치에 있던 현물세판정위원들마저 그들이 속한 지역사회의 이해를 대변하는 태도를 보였다. 그들이 보인 이기적 대응은 자신과 친족과 지인들의 경작지가 위치한 관할 지역 수확고를 낮게 판정하는 지역이기주의 형태로 발현되었다. 그와 관련해 다른 지역 농민들이 들어와 부친 경작지를 의미하는 이른바 입경지(入耕地)에 대한 판정위원들의 차별행위를 눈여겨 볼 필요가 있다. 예상수확고 판정을 통해 각 리가 부담해야 할 현물세 총량이 결정되면 그 한도 내에서 각 가호의 부담량이 조정되었기 때문에, 판정위원들은 지역민들의 부담을 줄이는 대신 입경지의 수확고를 높게 산정하는 식으로 대응하는 경향을 보였다.[381]

사실 현물세징수를 둘러싼 이해관계의 표출은 농민층에 국한된 현상이 아니었다. 징수자의 위치에 있던 국가의 대리인들 곧 당과 인민위원회 간부들마저 그들의 경제적 이해관계에 유리한 쪽으로 대응하는 경향을 보였다. 중간에서 농민들의 세곡을 가로채기, 현물세를 초과 징수해 사욕을 채우기, 농민들의 질 좋은 세곡과 자신의 불량한 세곡을 바꿔 납부하기, 현물세 부과량의 하향조정에 따라 농민들에게 돌려줘야 할 초과 징수분을 횡령하기 등

---

380) 북로당 중앙상무위원회 제39차 회의 결정서, 1947.7.11, 「조기농업현물세 징수사업에 있어서 황해도 당단체의 협조정형에 대하여」, 『史料集』 30, 237쪽.

381) 李周淵, 「現物稅徵收事業의 指導經驗」, 『인민』 1948年 9月 號(『史料集』 14, 325~326쪽).

이 촌락간부들이 연루된 일탈행위의 대표적 유형들이었다.[382] 현물세를 둘러싼 다층적 수준의 이해관계 표출은 국가 건설에 소요될 재정의 확충에 걸림돌이 될 수 있었다. 따라서 농민들의 이기적 대응에 직면한 당국은 그들의 일탈적 납세 방식을 억제하기에 주력했다.

만일 국가가 농민들을 신뢰했다면, 판정사업은 수확 전이 아닌 수확 후에 실시되었을 것이다. 그러나 국가는 농민들의 편법적 대응을 충분히 예상했을 만큼, 그들을 이기적 본성의 소유자로 상정하고 있었다. 당국의 진단에 따르면 농민들의 납세태만, 파종면적 허위신고, 예상수확고 축소신고, 세곡에 이물질을 섞는 경향, 재해를 과장해 보고하는 경향 등은 그들의 심성 속에 보수성과 이기주의가 잔존한 탓이었다.[383] 따라서 농민들의 일탈은 관대하게 처분되지 않았다. 국가는 법률에 따라 일탈행위자들을 엄격히 처벌하는 한편, 그들의 편법행위가 발현될 여지를 봉쇄하고자 했다. 이를테면 세곡 가마니에 납부자의 이름과 주소를 적은 꼬리표의 부착을 의무화함으로써 농민들이 세곡에 이물질을 섞는 행위를 억제할 수 있었다. 파종면적을 속인 농민들은 촌락 군중대회에 불려나가 공개적 수모와 대중적 비판을 받았다.[384]

당국이 현물세 징수사업 중에 발생한 각종 부정행위를 근절하고자 활용한 대표적 조치는 법적 처벌이었다. 고의적 현물세 체납행위, 파종면적과 수확량을 속이는 행위, 현물세를 납부하기 전 곡식을 방매하는 행위 등에 연루된 농민들과 불공정한 판정·검사를 실시한 판정위원·검사원 및 세곡창고를

---

382) 1949.7.15, 「북로당 강원도 인제군 남면당열성자대회 회의록」, 『史料集』 4, 555쪽.

383) 北朝鮮臨時人民委員會 宣傳部, 「現物稅 完納 熱誠運動에 對한 宣傳要綱」, 『로동신문』 1946.11.23.

384) 糧政部 規則 第二號, 1947.6.1, 「農業現物稅 徵收規則」, 『史料集』 5, 384쪽.

방화한 반체제 세력 등에게 몰수형·벌금형·유기징역·무기징역·사형 등이 선고되었다.[385] 몇몇 사례는 법적 처벌이 매우 엄격하게 집행되었음을 보여준다. 자신의 경작지를 판정 대상에서 제외한 판정위원에게 2년 징역형이, 공문서를 위조해 탈세한 과실 현물세 판정위원에게 징역 1년 6개월 형과 과일 총수확고의 50%에 해당한 현금 몰수형이 언도되었다.[386] 1949년경 현물세를 납부하지 못한 농민들이 토지개혁기에 분여받은 경작지를 몰수당한 사례도 있었다.[387]

농민들의 이기적 대응에 맞서 국가가 구사한 전략은 법적 처벌에 국한되지 않았다. 보다 온건한 전략으로 농민들의 의식개혁을 겨냥한 선전과 교육이 폭넓게 활용되었다. 농업현물세 선전요강에 따르면 현물세를 테마로 다룬 연극 상연, 노래 유포, 시·소설 창작 등의 과제가 문예인들에게 부과되었다.[388] 학교에서 현물세제의 취지를 교육받은 학생들은 작문과 포스터 제작 또는 토론회와 웅변회 참여를 통해 이 세제의 의의를 되새겼으며, 귀가 후에는 그 내용을 가족들에게 선전했다. 한 어린이가 쓴 아래의 시는 현물세 운반사업을 축제로 묘사해, 풍요·활력·기쁨 등의 이미지를 담아내고 있다. "따따라 다따 쿵다 쿵다 / 무슨 음악소릴까 / 나팔소리 북소리 / 참말 굉장하구나 // 한 채 두 채 세 채 네 채 / 아유 많기두 하다 / 현물세 가득 싣고 / 음악

---

385) 北朝鮮臨時人委 決定 第四十六號, 1946.7.22, 「農業現物稅에 關한 決定書 違反者 處罰規則」, 『史料集』 5, 325~326쪽.

386) 1949.12.13, 「북로당 강원도 인제군당상무위원회 회의록 제72호」, 『史料集』 3, 918쪽.

387) 商業專門官 Neumeikov, 「1949年上半期北朝鮮の小賣取引と地方産業の結果」, 『旧ソ連の北朝鮮經濟資料集 1946~1965年』, 東京 : 知泉書館, 2011, 171쪽.

388) 이하 北朝鮮臨時人民委員會 宣傳部, 「現物稅完納 熱誠運動에 對한 宣傳要綱」, 『로동신문』 1946.11.23 참조.

뒤따라 오누나 // 볏섬 위에 공화국긴 / 너풀 너풀 춤을 추고 / 황소들도 좀 보란듯 / 기운내서 끌고 오네 // 오고 가던 사람들은 / 히죽 벌죽 모두 웃고 / 우리들은 따라가며 / 만세 만세 불렀다네."[389]

신문·잡지 등의 모든 출판물은 "권태를 일으킬 수 있는 추상적 언어"가 아닌 "생생한 농민의 말"로 표현된 현물세 관련 기사를 게재해야 했다. 매체에 실린 수많은 선전기사들은 농민들의 양심에 호소하는 교화전략을 구사했다. 이를테면 오기된 세금고지서의 숫자를 바로잡아 정직하게 현물세를 납부한 농민, 실제 수확고가 판정사업을 통해 산정된 수확고를 초과하자 기꺼이 초과분을 납부한 농민들의 양심적 행위 등이 조명되었다. 현물세가 과중하게 부과되더라도 국가가 직면한 어려움을 해설해 농민들의 순응을 이끌어내야 한다는 간부들의 입장은 국가의 이해관계 관철에 농민들의 애국심을 일깨우는 방식이 활용되었음을 보여준다.[390]

농민들의 애국심을 일깨우는 식의 전략은 각종 미담(美談)의 유포에서 절정에 달했다. 실화에 기초한 교훈적이고 감동적인 일화인 미담은 농민들이 체득해야 할 가치관·세계관의 전범을 국가가 다양한 사례의 발굴을 통해 소개한 일종의 교본이었다. 이를테면 50일간이나 지속된 긴 장마에 굴하지 않고 현물세 납부를 기한 내에 완수하고자, 탈곡한 곡물을 "손으로 비벼" 방안에서 말린 황해도 안악군 은홍면 농민들의 모범행위가 매체를 통해 널리 소개되었다.[391] 선전재료로서 그러한 사례들이 지닌 유용성을 간파한 중앙 당국은 각지의 미담을 수집해 보고하라고 지방간부들을 독촉했다. 그 결과 전

---

389) 최석숭, 「현물세」, 『소년단』 1949년 11월호, 10쪽.

390) 1947.8.7, 『제31차 강원도 인제군 북면당위원회 회의록』.

391) 1948.1, 「一九四七年度 農業現物稅 完納」, 『史料集』 27, 328~329쪽.

국 각지의 수많은 미담이 수집되었고, 모범을 보인 당사자들에게 국가기관의 표창이 수여되었다.

물론 미담의 유포를 통해 전국적 유명인사로 떠오른 인물들도 있었다. 현물세 납부에 모범을 보여 이른바 "모범농민" 또는 "농민영웅"의 영예를 얻은 대표적 두 인물은 이보부(李寶富)와 김제원(金濟元)이었다. 평남 개천군에 거주한 여성농민 이보부는 1947년 10월 면내 1위로 현물세를 납부하고, 손수 짠 가마니 30여 매를 지역사회에 기증한 데 이어 백미 2가마니를 김일성종합대학 건축비로 헌납했다. 11세의 어린 나이에 한 소작농의 민며느리로 들어간 그녀는 중풍으로 불구자가 된 남편과 70세를 넘긴 시부모 등 7명의 가족을 부양하며 그러한 성과를 이루어내, 1948년 2월 8일 북조선인민위원회의 표창을 받았다.[392]

그녀보다 훨씬 유명해진 인물 김제원은 이른바 "애국미헌납운동"의 창시자로 잘 알려져 있다. 황해도 재령군 출신으로 일제시기 동양척식회사의 소작살이를 한 그는 해방 후 토지개혁을 통해 3,300평의 농지를 분여받아 경작했다. 1946년 12월 10일에 열린 재령군 농업현물세 완납 경축대회를 맞아, 그는 국가에 대한 보답의 의미로 현물세 외에 쌀 30가마니를 헌납했다.[393] 그의 모범행위는 재령군 농민들로부터 미곡 830가마니의 헌납을 이끌어냈을 뿐만 아니라, 애국미헌납운동이란 수년간에 걸친 전국적 대중운동을 촉발한 도화선이 되었다.

김제원과 이보부로 대표되는 모범농민들의 애국행위가 자발적이었음은

---

392) 조희순, 「향상된 농촌녀성들의 생활, 모범농민 리보부동무」, 『조선녀성』 1949년 3월호, 42~45쪽.

393) 북로당 중앙상무위원회 결정서, 「황해도 재령군 농민대회의 애국미와 양곡수매사업운동을 위한 호소에 대하여」, 『로동신문』 1946.12.15.

부정할 수 없다. 그러나 그들을 농민영웅의 반열에 끌어올려 유사행위의 확대 재생산을 이끌어낸 결정적 동력은 국가로부터 제공되었다. 김제원의 애국행위에 고무된 북로당 중앙상무위원회는 "로동당원으로서 가장 모범적인" 그의 업적을 격려함과 함께, 농민들의 애국미 헌납을 대중운동화하라고 지시했다. 대중적 호기심을 자극할 만한 용어 "애국미(愛國米)"라는 표현을 사용하고 있는 그 지시는 당 조직 체계를 통해 전국 말단촌락에까지 전달되었다. 신문·잡지를 비롯한 당대의 모든 매체는 물론 당·인민위원회·사회단체 문서에까지 "김제원"이란 이름이 오르내리자, 그는 촌부에서 일약 국가영웅으로 떠오를 수 있었다.

　김제원은 일반 대중들이 애국을 실천할 수 있는 방법을 몸소 보여준 모범 농민의 상징이었다. 국가는 그러한 헌신적 농민들에게 보답하는 한편, 그 보답행위마저 다른 농민들의 애국심을 동원하기 위한 선전소재로 활용했다. 국가의 보답형식을 띤 정치적 이벤트는 주로 편지를 통해 이루어진 농민영웅과 국가 지도자 간 접촉에서 절정에 달했다. 김일성이 김제원에게 쓴 "감사편지"가 각종 매체를 통해 유포되자 커다란 사회적 반향이 일었다.[394] "민주개혁"이라 불린 변혁운동을 주도하며 상당한 지지도와 인기를 구가하고 있었던 국가 지도자가 일개 촌부에게 존대어로 감사의 편지를 썼다는 사실이 당대인들에게 어떻게 받아들여졌을까? 전근대사회를 막 경험한 주권의식이 희박했을 농민들은 감개무량하여 지도자에 대한 깊은 존경심과 감사의 마음을 품었고, 더 나아가 국가에 보답하려는 그들의 애국심도 한층 고양되었을 것이다.

　1947년 7월 14일, 그에 고마움을 표하기라도 하듯 황해도 안악군 은홍면

---

394)　1948.1,「一九四七年度 農業現物稅 完納」,『史料集』27, 329쪽.

원회리 농민들이 김일성위원장에게 "감사문"과 밀 두 가마니를 보냈다. 그들은 다른 농민들의 광범한 동참을 이끌어낼 의도로 작성한 그 감사문에, "토지를 나누어주셔서 우리들이 이와 같이 잘 살게 되었으니, 김장군이 곡식을 맛보시기 전에는 먹을 수가 없습니다."라고 썼다.[395] 이처럼 농민들의 의식세계 속에서 토지의 획득은 투쟁의 결실이라기보다, 지도자가 분여한 하사물로 인식되기도 했다. 바로 그러한 농민들의 전근대적 의식구조가 국가지도자와 일반농민 간의 소통을 통해 이루어진 정치적 이벤트의 효과를 극대화하는 데 일조했다. 국가가 개혁하려 한 농민들의 과거사상 잔재가 역설적으로 국가의 이해관계 관철에 유용한 기제로 이용되었음을 볼 수 있다.

한편 농민들의 애국미 헌납은 그들의 개인 이익에 반하는 행위였다. 김일성은 김제원에게 쓴 감사편지에 자신의 생각을 다음과 같이 밝혔다. "나는 전 인민의 이름으로 감사의 뜻을 올리나이다. 오늘 모든 것이 부족한 가운데 특별히 양식이 곤란한 가운데 진행되고 있는 우리의 건국사업은 김제원선생과 같은 농민 여러분들의 참다운 애국심과 열성적인 도움으로서만 가능한 것입니다."[396] 김제원은 자신의 경제적 이해를 희생해 애국을 실천함으로써 농민영웅의 반열에 오를 수 있었다. 김일성은 건국기의 국가가 처한 식량 위기의 상황에서 모든 농민들이 김제원처럼 사익을 포기하고 희생을 감내해야 한다는 메시지를 위와 같이 완곡하게 전달했다. 바로 이 메시지가 현물세 납부 도중 이기적 대응을 보인 농민들을 향한 국가의 대응 방식이자 국가가 미담 유포에 주목한 배경이었다.

---

395) 1947.8,「早期作物現物稅와 農民들의 熱誠」,『史料集』27, 62쪽.

396) 北勞黨中央常務委員會 決定書,「黃海道 載寧郡 農民大會의 愛國米와 糧穀收買事業運動을 爲한 呼訴에 對하여」,『로동신문』1946.12.15.

4) 과당징수 메커니즘

이제 현물세제가 적잖은 문제점을 지닌 세제임이 분명해졌다. 게다가 기존연구들조차 전혀 제기하지 않은 이 세제의 중대한 문제점이 있다. 그것은 바로 평뜨기나 입수계산으로 대표되는 현물세 판정의 신뢰도에 관한 문제이다. 만일 평뜨기와 입수계산의 정확성이 신뢰되었다면, 당국은 굳이 농민들에게 예상수확고 신고서 제출을 독촉할 필요가 있었을까? 판정의 정확도가 낮다면 이해관계에 타격을 입을 쪽은 국가일까, 농민들일까? 1948년경 강원도 인제군에서 실시된 현물세 판정사업은 판정의 정확도가 의문시될 수 있음을 시사하는 몇몇 사례들을 보여준다. 판정위원들의 실수확고 판정과 상부에서 파견된 간부들의 검열판정 결과를 대비해주는 다음 표는 현물세 판정을 둘러싸고 농민과 국가 간의 이해관계가 첨예하게 대립할 수 있음을 드러낸다.

[표 II-3-3 : 1948년 강원도 인제군 4개 리의 실수확고 판정과
검열판정 결과 대비] 단위 : kg/정(町)

	조			옥수수			대두		
	리판정	검열	증가율	리판정	검열	증가율	리판정	검열	증가율
인제면 가아리	210	590	281%	300	630	210%	220	480	218%
남면 신월리	400	600	150%	600	610	102%	400	482	121%
북면 한계리	450	590	131%	500	630	126%	370	480	130%
서화면 심적리	360	550	153%	340	610	179%	340	480	141%

※참고문헌 : 1948.9.20, 「북로당 강원도 인제군당상무위원회 회의록 제23호」, 『史料集』 2, 573~574쪽.

인제면 가아리의 경우 검열판정치가 조·옥수수·대두 모두 실수확고 판정치의 2배를 상회하고 있다. 판정위원들이 지역민들의 이해를 배려해 수확고

를 낮게 산정했을 가능성이 있으나, 만일 그들의 판정이 정확했다면 검열판정의 현물세율은 조 64.6%(590×0.23/210), 옥수수 48.3%, 대두 50.2%에 육박하게 된다. 인제면 가아리의 극단적 판정 사례를 제외하더라도, 다른 지역들의 두 판정치 비교 또한 오차범위 이내의 차이가 아닌 상당한 편차를 보이고 있다. 그러한 현상은 시행 주체의 운용 방식에 따라 큰 편차를 유발할 수 있는 평뜨기가 정확성을 보장할 수 있는 판정 방식이 아니었음을 시사한다.

게다가 위 표에 제시된 사례는 예외적 현상이 아니었다. 실수확고 판정과 검열판정 결과의 큰 편차는 강원도 인제군뿐만 아니라 다른 지역들에서도 종종 목격되고 있다. 황해도 황주군 어느 농가의 사례를 거론한 김책은 검열판정을 통해 수수와 조의 수확고 판정치가 각각 244%와 198%로 증가했다고 비판했다.[397] 1949년 10월경 수확고 판정을 네 차례에 걸쳐 실시했지만, 아직 모순이 시정되지 않았다는 강원도 인제군 간부들의 지적도 판정결과가 판정 주체에 따라 크게 달라질 수 있음을 보여준다.[398]

어떻게 그토록 큰 판정오차가 발생했을까? 과일과 감자·고구마 수확고 판정이 지닌 어려움은 쉽게 예측될 수 있다. 평안북도 선천군 판정위원들이 낙과율을 30%로 상정하고 서리를 감안해 울타리 부근의 과일을 판정 대상에서 제외했듯, 과일 수확고의 판정은 곡류에 비해 더 큰 불확실성을 지닐 수밖에 없다. 땅속에 묻혀 있는 감자의 경우 시각 판정이 불가능하기 때문에, 실수확고 판정과 검열 판정 간의 차이가 곡류보다 더 커지는 경향을 보였다. 검열판정치가 실수확고 판정치의 두 배를 넘어서는 일이 허다했고, 심지어

397) 金策,「晩期現物稅 徵收事業과 一九四九年 農産物 增産準備에 對한 黨團體의 課業」, 『근로자』 1948년 10월호, 56~57쪽.

398) 1949.10.27, 『제34차 강원도 인제군 북면당위원회 회의록』.

10배까지 치솟은 극단적 사례도 있었다.[399]

그러면 과일과 감자에 비해 판정의 불확실성이 적은 벼·보리·조·밀 등의 곡류마저 판정의 정확도가 떨어진 원인은 어디에 있을까? 판정오차를 유발한 원인들 가운데 하나로 파종면적 파악의 어려움을 들 수 있다. 파종면적은 토지대장의 필지면적과 달라지기 마련이므로, 반드시 현장조사를 통해 매 필지별 곡종별 실파면적이 확인되어야 했다. 그러한 번거로움을 피하고자 파종면적 계산을 토지대장과 파종 이전에 수립된 생산계획 면적에 의존할 경우, 파종지가 누락되거나 공지·휴한지가 파종면적에 포함될 수 있었다.

재래농법인 간작과 혼작도 파종면적 계산에 혼란을 조장했다. 한 필지에 여러 작물을 섞어 심을 경우 파종면적 계산에 어려움이 따를 뿐만 아니라, 자칫 한 작물의 면적 계산에 착오가 발생하면 나머지 작물의 면적 산정도 실제와 달라질 수밖에 없었다. 간작·혼작을 실시한 농민들은 파종면적 계산이 까다롭다는 점을 노려, 고가의 작물 면적을 축소해 신고하는 식으로 대응하는 경향을 보였다.[400]

판정오차를 유발한 그 밖의 다양한 원인들이 있었다. 규격에 맞지 않는 자와 저울 등 부정확한 도량형을 쓴 탓에 오차가 발생하기도 했고, 어느 판정위원의 고백처럼 한자 해석과 숫자 계산의 미숙이 오차를 낳기도 했다.[401] 평뜨기 판정의 표준지점을 제대로 포착하지 못해 오차가 커졌다는 진단도 빈번히 제기되었다. 물론 그러한 오차들이 보정될 수 있다면, 평뜨기는 이론

399) 인제군인민위원회 상무위원회 결정 제24호, 1949.7.27, 「1949년 조기작물 현물세 부과에 대한 결정서」, 『史料集』 18, 220쪽.

400) 북로당중앙위원회 제3차 회의 결정서, 1948.9.25, 「만기작물현물세 징수와 1949년도 농작물 증산에 있어서 당단체의 과업에 대하여」, 『史料集』 29, 70쪽.

401) 1949.8.10, 「북로당 강원도 인제군 서화면당열성자대회 회의록」, 『史料集』 4, 650-651쪽.

적으로 정확하게 수확고를 산정할 수 있는 판정 방식이다. 그러나 과연 10명 안팎의 판정위원들이 한 리 당 보통 100호 이상에 달하는 농가들의 전경작지를 꼼꼼히 판정할 수 있었을까?

논밭에 경지면적·작부상황·경작자성명 등을 적은 패목을 꽂아 사업의 편의를 도모했다는 점은 판정사업에 복잡성이 따랐음을 의미한다. 따라서 많은 판정위원들은 판정에 소요될 노고와 번거로움을 피하고자 평뜨기를 회피하는 경향을 보였다. 이른바 "무더기 판정"이나 "달관식 판정" 등은 판정위원들이 대충 눈대중으로 판정하는 경향을 비판하고자 상급간부들이 즐겨 쓴 용어였다. 그러한 판정실태가 상당한 판정오차를 유발했다. 1951년 평북 의주군 당국은 평뜨기가 아닌 "달관식 판정"에 의존한 판정위원들이 평당 712g에 달한 어느 농가의 보리 수확고를 294g으로 판정했다고 비판했다.[402]

평뜨기의 복잡성과 번거로움은 토지비옥도에 등급을 매겨 현물세를 부과한 방식인 토지등급별 판정의 존속을 조장한 원인이었다. 1950년 조기작물 현물세 대부분이 토지등급에 따라 부과된 함경남도 단천군과 홍원군의 사례가 보여주듯, 이 폐단은 전후에 이르기까지 지속되었다.[403] 더 나아가 토지등급별 판정은 국가가 책정한 예산안에 맞춰 현물세를 농민들에게 할당식으로 부과하는 폐단과 접합되었다.

사실 많은 사료들을 종합해볼 때 현물세는 실수확고 판정에 기초하여 부과되었다기보다, 당국이 책정한 "생산고 예산안"에 따라 "기계적으로 할당"

---

402) 조선민주주의인민공화국 내각지시 제766호, 1951.8.17, 「1951년 농업현물세 징수사업 강화대책에 관하여」, 『史料集』 24, 291쪽.

403) 조선민주주의인민공화국 내각지시 제153호, 1950.9.1, 「1950년도 조기작물현물세 징수정형과 만기작물현물세 징수준비에 관한 결정서」, 『史料集』 23, 451쪽.

된 듯하다. G – 2가 인터뷰한 대다수 월남자들도 현물세가 수확고에 관계없이 징수되었다고 증언했다.[404] 예상수확고에 기초한 현물세 징수량이 이미 파종기에 정해졌다는 점은 북한 지역 농민들의 일반적 불만 사항이었다.[405] 생산고나 매출액에 관계없이 책정된 다른 종류의 세금들이 그러했듯, 현물세도 수확고가 아닌 '생산계획목표'에 근거하여 책정되는 경향을 보였다.

정확한 판정 없이 농가에 부과된 현물세량은 법적 규정량을 상회하거나 밑도는 일이 비일비재했다. 더 정확히 말해 상회하는 경우가 일반적이었다. 그러한 현상은 현물세 징수량이 생산계획목표에 근거해 책정되었다는 점과 생산계획목표가 실제 생산고보다 높게 설정되는 경향이 있다는 점 등에 따른 필연적 귀결이었다. 사실 농산물 예상수확고를 비롯한 국가의 생산계획목표가 일선의 농업 현실과 동떨어져 있었다는 점은 촌락 판정위원들에게도 잘 알려진 사실이었다. 따라서 강원도 인제군 북면 지역 판정위원들은 1949년 감자 수확고를 예상수확고보다 일률적으로 30% 낮게 산정했다.[406] 그러나 예상수확고에 근거한 현물세량 책정은 대부분의 지역에서 그대로 관철되는 경향을 보였다. 물론 그 이유는 상부의 압력 때문이었다. 이를테면 강원도인민위원회는 1947년 8월 도내 각 시·군에 발송한 지시문건에서 수확고의 정확한 판정을 강조하는 한편, 그 결과치가 "도 예산량을 초과"해야 한다는 조건을 달았다. 따라서 예상수확고에 기초하여 산정된 1947년 인제군의 현물세량은 도가 할당한 1,277,814kg을 초과한 1,309,472kg으로 책정되었다.[407]

---

404) ISNK, no.2(1947.4.1~1948.1.9), p. 564.

405) ISNK, no.4(1948.7.17~1948.11.26), p. 540.

406) 1949.10.27, 『제34차 강원도 인제군 북면당위원회 회의록』.

407) 인제군, 1947, 「도 예산에 대한 군 판정량과의 대비표」.

상급기구가 책정한 현물세 예산이 하급기구로 전달되면서 점점 증가하는 현상은 지방간부들의 역할을 떠나 설명되기 어렵다. 현물세 징수사업을 담당한 지방간부들이 농민들의 이해보다 국가의 이해에 헌신한 까닭은 국가기구의 조직체계가 확립됨에 따라 상명하복의 위계질서가 구축되고, 국가의 이해를 등한시한 간부들에게 엄중한 징계가 부과되었기 때문이다. 1946년 11월 북조선임시인민위원회는 현물세 징수량을 임의로 감면한 함경남도 농산부장 주문정을 파면한 데 이어, 징수사업에 열의를 보이지 않은 함경남도인민위원장 문태화와 강원도인민위원장 최봉수에게 문책을 내렸다.[408] 사업 수행 도중 과오를 범한 그 밖의 지방간부들에게도 징계와 처벌이 따를 예정이었다. 따라서 지방간부들이 농민들의 입장을 배려하기란 쉽지 않았다. 1948년경 인제군의 한 간부는 판정위원들이 군내 식량사정이 악화된 데다 재해가 발생했다는 이유로 수확고를 낮게 산정하려 하자 즉각 제동을 걸었다.[409]

국가의 이해를 대변한 지방간부들의 대응은 비판에 그치지 않고 현물세 징수량을 끌어올리려는 시도로까지 발전했다. 그러한 목적에 검열판정이 이용되었다. 그러면 검열판정을 실시한 지방간부들은 어떤 방법을 통해 수확고 판정량을 끌어올릴 수 있었을까? 월남자들의 증언을 인용하고 있는 한 연구는 상대적으로 작황이 우수한 필지가 평뜨기 판정의 표준지로 선택되었다는 점을 지적했다.[410] 그 지적이 시사하듯 농민들의 의견은 지방간부들로부터 배척되기 일쑤였다. 농민들과 판정위원들은 자신과 이웃의 경작지에서 해

408) 北朝鮮臨時人委 決定 第一二〇號, 1946.11.26, 「秋期收穫物 徵收에 關한 北朝鮮臨時人委 第三次 擴大委員會 決定書」, 『史料集』 5, 426~427쪽.

409) 1948.6.20, 「북로당 강원도 인제군당상무위원회 회의록 제14호」, 『史料集』 2, 326쪽.

410) 기무라 미쓰히코(木村光彦) 지음, 김현숙 옮김, 『북한의 경제』, 혜안, 2001, 80쪽.

마다 산출되는 수확고를 꿰뚫고 있었고 그에 근거해 현물세를 상향 조정하려는 검열원들에 맞섰으나, 토질별 수확고에 관한 그들의 경험적 지식은 철저히 무시되었다. 지방간부들은 논밭에 나가 "덮어놓고 얼마 난다."라고 단언하는 판정위원들의 주장에 "과학적 근거"가 없다고 비판을 퍼부었다.[411]

　지역사회의 제 경작지 간 비옥도 차이를 간파하고 있었던 농민들에 맞서, 중앙과 지방의 간부들은 인접 지역의 수확고가 거의 동일하다는 논리를 내세웠다. 바로 그러한 논리가 검열판정을 통해 실수확고를 상향 조정할 수 있는 근거로 활용되었다. 지리적으로 인접한 황해도 황주군과 평남 중화군의 조 수확고 판정치가 1정보 당 332kg의 차이를 보였다는 김책의 날선 비판도 그러한 논리에 기초하고 있었다.[412] 1948년 강원도 인제군의 맥류 실수확고 판정과 검열판정 결과를 대비해주는 다음 표는 검열판정을 통해 수확고의 지역 간 편차가 줄어드는 방향으로 조정되고 있음을 보여준다.

[표 II-3-4 : 1948년 인제군 각 면의 맥류 실수확고 판정과 검열판정 결과 대비] 단위 : kg/반

| | 곡종별 | | | | | | 계 (kg /3반) | |
| | 대맥 | | 소맥 | | 흑맥 | | | |
	면판정	군검열	면판정	군검열	면판정	군검열	면판정	군검열
인제면	50	38	45	36	36	36	131	110
남면	47	47	39	39	29	39	115	125
북면	18	32	20	34	14	38	52	104
서화면	32	30	23	26	19	32	74	88
평균	36.75	36.75	31.75	33.75	24.5	36.25	93	106.75

※참고문헌 : 1948.7.6, 「북로당 강원도 인제군당상무위원회 회의록 제16호」, 『史料集』 2, 383쪽.

---

411)　1949.8.10, 「북로당 강원도 인제군 서화면당열성자대회 회의록」, 『史料集』 4, 650쪽.

412)　金策, 「晩期現物稅 徵收事業과 一九四九年 農産物 增産準備에 對한 黨團體의 課業」, 『근로자』 1948년 10월호, 56~57쪽.

실수확고가 가장 높게 판정된 인제면 지역 작물의 검열판정 결과가 하향 조정된 반면, 실수확고가 가장 낮게 판정된 북면 지역 작물의 검열판정 결과는 상향 조정을 통해 평균치에 가까워졌다. 무엇보다 주목해야 할 점은 북면처럼 상대적으로 낮게 판정된 지역의 수확고가 검열판정을 거쳐 대폭 상향 조정돼, 인제군이 떠맡아야 할 현물세 총량의 증대에 일조하고 있다는 점이다. 전시 북한 농민들을 인터뷰한 미국무성 연구조사단의 진단에 따르면, 어느 지역의 수확고가 국가 계획목표보다 낮게 판정될 경우 상부에서 파견된 간부들이 검열판정을 실시해 판정치를 국가계획 수준까지 끌어올렸다.[413] 검열판정의 결과 북면의 현물세 부담이 두 배로 증가했음을 보여주는 위 표도 판정결과가 시행주체에 따라 크게 달라질 수 있음을 보여준다. 요컨대 동일 작물의 인접 지역 수확고가 거의 비슷하다는 전제 아래 실시된 검열판정의 표적은 대개 실수확고가 다른 지역들보다 낮게 판정된 지역의 작물들에 집중되었다. 그러한 작물들에 부과된 현물세의 상향 조정이 지역 총징수량의 증대를 꾀할 수 있는 방편으로 이용되었다.

북한의 공식문헌들은 1948년에 이르러 38선 이북 지역 곡물 총수확고가 일제시기 최고 생산고를 기록한 1939년의 성과를 넘어섰다고 주장했다. 1948년 곡물 총수확고 2,808,552톤은 1939년 수확고의 110.4%에 달하는 규모라고 발표되었다.[414] 사실 지방간부들의 검열판정을 통해 실제보다 고평가된 판정치들을 모두 합해 전국 총수확고를 산출한다면, 그것은 당연히 실제 값을 상

413) U.S. Department of State, *North Korea: A Case Study in the Techniques of Takeover* (Washington, D.C.: U.S. Government Printing Office, 1961), p. 58.

414) 大使館1等書記官 V. Petukhov, 1951.10.18, 「外交部情報會議報告」, 『旧ソ連の北朝鮮經濟資料集 1946~1965年』, 東京 : 知泉書館, 2011, 278쪽.

회할 수밖에 없다.

그러면 과연 총수확고가 어느 정도 고평가되었을까? 달리 말해 농민들로부터 거둬들인 현물세가 법적 징수량을 기준으로 얼마를 초과했을까? 사실 수확 후 개개 농가의 생산고를 모두 합산하는 방법 외에 총수확고의 정확한 산정은 불가능하다. 판정결과는 어디까지나 정당수확고의 근사치를 나타내기 때문이다. 농업생산고를 끌어올릴 수 있는 방법들 가운데 개간을 통한 경지면적 확장이 한계에 다다르면, 정당수확고 곧 경지면적 당 수확고를 늘리는 방법에 의존해야 한다. 종자 개량, 수리시설 개선, 비료·퇴비 살포량 증가 등의 농법 개선이 정당수확고를 높일 수 있는 방법들이다.

만일 농법 개선에 따라 달라질 수 있는 정당수확고가 정확하게 산정되지 못하면, 그 값을 통해 얻은 총수확고도 실제 값과 차이를 보일 수밖에 없다. 현물세 초과징수율의 정도를 가늠할 수 있는 방법으로 필자가 제안하는 해법은 당국이 최종적으로 확정한 정당수확고와 실제 정당수확고의 근사치를 비교하는 방법이다. 다행히 강원도 인제군 관련 노획문서로부터 군내 총답 면적과 미곡 현물세 징수량에 관한 주요 통계들이 확인되고 있다. 당국이 최종 확정한 인제군의 미곡 총수확고와 정당수확고가 그 두 통계를 통해 다음과 같이 산출된다.

[표 II-3-5 : 1946~1949년 강원도 인제군의 미곡 정당수확고]

	1946년	1947년	1948년	1949년
A : 답 면적	1,590정보	1,590정보	1,870정보	1,870정보
B : 현물세징수량	692톤	945톤	1,293톤	1,256톤
C : 총수확고	2,768톤	3,500톤	4,789톤	4,652톤
D : 정당수확고	1.74톤/정	2.2톤/정	2.56톤/정	2.49톤/정

[표 II-3-6 : 1946~1949년 강원도 인제군 북면의 미곡 정당수확고]

	1946년	1947년	1948년	1949년
A : 답 면적	392정보	392정보	413정보	413정보
B : 현물세징수량	178톤	211.67톤	314.75톤	332.85톤
C : 총수확고	712톤	784톤	1165.74톤	1232.78톤
D : 정당수확고	1.82톤/정	2.0 톤/정	2.82톤/정	2.98톤/정

※ C = B / 0.25(1946년), C = B / 0.27(1947~1949년), D = C / A
※ 참고문헌 : 1949.11.29, 『제36차 강원도 인제군 북면당위원회 회의록』; 1948.1.27, 「북로당 강원도 인제군 북면당부 제2차 대표자회의록」, 『史料集』 15, 524쪽 ; 1948.9.20, 「북로당 강원도 인제군당상무위원회 회의록 제23호」, 『史料集』 2, 576쪽 ; 1948.10.31, 「북로당 강원도 인제군당상무위원회 회의록 제26호」, 『史料集』 2, 654~655 ; 1949.11.27, 「북로당 강원도 인제군당상무위원회 회의록 제70호」, 『史料集』 3, 834쪽.

강원도 인제군과 인제군 북면의 통계 자료들로부터 작성된 위 두 표는 정당수확고의 급증추세가 1948년경 한계에 직면했음을 보여준다. 물론 그러한 해석은 정당수확고를 최종 확정한 인제군 당국의 관점에 근거하고 있다. 그러나 인제군 각지 판정위원들은 정당수확고가 1946년부터 1948년까지 급증했다는 당국의 견해에 동의하지 않았다. 인제군 북면 한계리의 한 판정위원은 1947년 리내 미곡 정당수확고가 1.95톤/정이었다는 점에 근거하여, 1948년 정당수확고를 무려 2.85톤/정까지 올려 잡으려는 상급 검열원의 의도에 완강히 맞섰다. 그와 그의 동료들은 지난해보다 약간 오른 2.17톤/정으로 판정했지만, 결과는 검열판정에 따라 2.85톤/정으로 확정되었다. 북면 한계리를 제외한 인제군 내 다른 3개 면 지역의 1948년 미곡 정당수확고도 판정위원들의 조사에 따라 각각 1.93톤/정(인제면 가아리), 2.17톤/정(남면 신월리), 2.29톤/정(서화면 심적리)으로 산정돼 검열 판정 결과와 큰 차이를 보였다.[415]

---

415) 이하 1948.9.20, 「북로당 강원도 인제군당상무위원회 회의록 제23호」, 『史料集』 2, 574·579쪽 참조.

1948년경 주로 노동당원들 중에서 선발된 판정위원들은 국가와 지역사회의 대립된 이해관계를 둘러싸고 중립적 판정을 실시했을 가능성이 높다. 그들이 자신들의 이해관계를 포기하면서까지 현물세 부과량을 늘리는 식으로 국가의 이해만을 앞세웠을 가능성은 커 보이지 않는다. 그런 까닭에 인제군 4개 면의 판정위원들이 각각 산정한 정당수확고의 평균치 2.14톤/정 [(2.17+1.93+2.17+2.29)/4]이 1948년 인제군 미곡 정당수확고의 실제 값에 근접했을 것으로 보인다. 따라서 1948년 인제군 미곡 총수확고는 당국이 산정한 4,789톤보다 4,001.8(2.14×1,870)톤에 가까우며 초과 징수량은 약 212.5(1,293 −4,001.8×0.27)톤, 실 현물세징수율은 약 32.3%(1,293/4,001.8)에 달했음을 추정할 수 있다. 그것은 법적 징수율 27%를 5.3% 초과한 규모였다.

요컨대 현물세제는 농민들에게 불리한 반면, 국가와 노동자들의 이해에 유리한 세제였다. 농민들로부터 과중하게 징수된 세곡이 시장가보다 훨씬 낮은 가격으로 노동자들에게 배급되었다. 물론 현물세제로부터 가장 큰 수혜를 누린 쪽은 국가였다. 현물세를 징수한 국가는 시장물가의 등귀에 구애받지 않고 안정적으로 재정을 확보할 수 있었다. 국영공장의 신축·재건과 원료·자재의 구입 등에 투여된 현물세 수입은 북한의 초기 공업 성장에 이바지했다. 결과적으로 북한의 초기 공업 성장이 농업 부문의 희생을 통해 이루어졌음을 엿볼 수 있다.

5) 불만의 억압

법정 세율을 초과한 현물세가 징수되었다는 주장이 그간 여러 학자들의 연구를 통해 제기돼 왔다. 애국미와 성출 등을 합한 현물세 실징수량이 총수확고의 40%에 달했다고 추정한 한 연구는 토지개혁을 통해 기존의 사인지주제가 국가지주제로 전환되었다고 평가했다.[416] 현물세의 질적 가치를 고려할 때 농민들이 실제 납부한 세곡의 가치가 수확고의 50%를 초과할 수 있었다고 주장한 다른 연구는 한국전쟁 전 체제 지지도가 급락한 원인을 바로 농업 현물세제에서 찾았다.[417] 게다가 당시 남한도 북한의 현물세제를 반체제 선전에 이용하고 있었다. 한국전쟁 직전 국방군 비행기가 황해도 해주 일대에 살포한 삐라들 중 하나는 "현물세·애국미·강제노동·강제징병·부역·기부" 등 숱한 부담을 지게에 걸머지고 있는 누더기 차림의 북한 농민을 가엾은 모습으로 묘사했다.[418]

이제 다시 북한 농촌사회 내부의 모습을 살펴볼 차례이다. 사실 수확고와 실제 납부한 현물세율을 가장 정확히 파악한 이들은 농민들 자신이었다. 농민들의 반응은 그들의 여론을 주시하고 있던 지방 당국 정보망에 쉽사리 포착되었다. 물론 과중한 현물세가 부담이 되긴 해도 소작살이를 하던 일제시기에 비해, 토지를 분여받아 자경하고 있는 현재 상황이 더 낫다고 여긴 농민들도 많았다.[419] 그러나 그에 못지않게 많은 이들이 불평불만을 내비쳤다. 김일성종합대학 공학부 학생 김관희는 학과회의 토론 중 현물세율이 사실상

416) 박명림, 『한국전쟁의 발발과 기원』 II, 나남출판, 1996, 215~216쪽.

417) Charles K. Armstrong, *The North Korean Revolution, 1945~1950* (Cornell University Press, 2003), pp. 85~86, 147.

418) 북로당 황해도당 선전선동부장 서필석, 1950.3.16, 「최근에 수집된 군중여론 보고」, 『史料集』 9, 682쪽.

419) U.S. Department of State, *North Korea: A Case Study in the Techniques of Takeover* (Washington, D.C.: U.S. Government Printing Office, 1961), p. 59.

75%에 이른다고 비판했다.[420] 1947년 9월경 현물세가 과중하게 부과되었다고 불평한 농가가 23호인 반면, 단 한 농가도 만족하지 않았다는 점에 격분한 강원도 인제군 남면당 간부들은 아직 농민들이 현물세제의 의의를 깨닫지 못하고 있다고 질타했다.[421] 체제를 반대한 이들은 현물세제를 비난하는 삐라를 살포해, 농민층의 불평불만을 더욱 부추기기까지 했다.

과중한 현물세 부과에 순응하기보다 법정 징수량에 맞게 세액을 낮추려 이의를 제기한 농민들이 적지 않았다. 이를테면 강원도 인제군 지역 농민들은 검열판정을 통해 상향 조정된 세액을 낮추려 당국에 항의하거나, 경찰기구인 내무서를 찾아 과중하게 부과된 현물세량을 바로잡아 달라고 조사를 의뢰했다.[422] 농민들의 불평불만은 이의 제기에 그치지 않고 집단적 시위나 저항 형태로까지 발전했다. 1946년 12월 초 황해도 남천군의 전 지주 인경묵(Ин Кен-мук)은 현물세 납부에 반대하는 농민들의 서명을 모은 뒤, 면인민위원회에 맞서 집단적 시위를 벌이자고 호소했다. 그 무렵 면인민위원회에 들이닥쳐 현물세의 감면을 요구한 같은 지역 농민 8명은 그들의 요구가 받아들여지지 않을 경우, 농민봉기를 일으키겠다고 협박했다. 황해도 신천군 궁흥면 농민들 120여 명은 현물세 감면을 요구하는 서한을 면인민위원장 앞으로 보냈다. 그러나 그들의 요구가 수용되기는커녕 신천군인민위원장이 서한 발송 자체를 문제 삼자 격분한 농민들이 그를 구타했다.[423]

---

420) Романенко, "Доклад о политико-моральном состоянии населения Северной Кореи(북조선 인민의 정치적 정신적 상태에 관한 보고)", 1947, ЦАМОРФ, ф. 172, оп. 614632, д. 23, л. 26.

421) 1947.9.17, 「북로당 강원도 인제군 남면당열성자대회」, 『史料集』 18, 30쪽.

422) 1949.12.10, 「북로당 강원도 인제군당상무위원회 회의록 제71호」, 『史料集』 3, 881~882쪽.

423) Романенко, "Доклад о политико-моральном состоянии населения Северной Кореи(북조선 인민의 정치적 정신적 상태에 관한 보고)", 1947, ЦАМОРФ, ф. 172, оп. 614632, д. 23, лл.

한편 국가의 전위인 노동당원들마저 일반 농민들과 유사한 반응을 보였다는 점이 눈길을 끈다. 현물세 고지서를 받고 억울함을 호소한 어느 농민당원과 "죽어도 납부할 수 없다."라며 강경하게 버틴 한 농민당원의 사례는 현물세제에 대한 불신의 정도가 심각했음을 보여준다.[424] 더 심각한 문제는 대부분이 노동당원들로 구성된 판정위원들의 저항이었다. 그들은 대개 상부의 검열판정에 불만을 품었다. 강원도 인제군 당국의 고백에 따르면 판정위원들이 검열판정 결과에 수긍하지 않는 경향은 일반적 현상이었다. 지방간부들은 검열판정을 실시한 상급 지도원들에게 "공갈 협박한" 판정위원들의 태도가 "당 노선에서 이탈한" 행위라고 강도 높게 비판했다.[425]

농민들의 숱한 불평불만은 지방 당국을 경유하여 중앙간부들에게 전달되었다. 중앙간부들의 반응도 몹시 냉담했다. 이주연은 현물세가 과중하다는 불평에 대해, "게으른 농민들이 쓸데없이 세율을 시비하는 데 불과하며 현물세는 높은 법도 비싼 법도 없다."라고 일축했다.[426] 아울러 그는 "과학적 정신"과 "숫자계산"에 미숙한 이들이 사건을 과장하는 버릇이 있으므로, 특히 재해를 입은 작물의 판정에 주의해야 한다고 덧붙였다. 김책의 입장도 단호했다. 그는 수확고를 정확히 판정해 국가 규정에 따라 공정히 징수해야 한다고 강조하면서도, "만일 우리가 정확하게 수확고를 판정한다면 금년에 우리는 예정량보다 더 많은 곡물을 받게 될 것임에 틀림없다."라는 주관적 견해

16~19.

424) 1948.8.30, 「북로당 강원도 인제군당상무위원회 회의록 제21호」, 『史料集』 2, 503쪽.

425) 1948.12.28, 『제18차 강원도 인제군 북면당위원회 회의록』.

426) 李周淵, 「現物稅徵收事業의 指導經驗」, 『인민』 1948年 9月 號(『史料集』 14, 325~326쪽).

를 덧붙였다.[427] 국가의 입장을 대변한 그는 국가를 의미하는 "우리"라는 표현을 사용함으로써, 국가와 농민들 사이의 긴장관계를 솔직하게 드러내 보였다.

김책과 이주연으로 대표되는 중앙간부들의 단호한 입장은 법정 세율 이상의 현물세가 농민들로부터 징수되고 있었음을 그들이 몰랐을까하는 의구심마저 불러일으킨다. 그러나 그들도 현물세 징수량이 과중했음을 잘 알고 있었다. 법정 세율을 초과한 현물세가 부과되었다는 농민들의 신고를 받은 한 내무원이 농가의 곡식을 조사해 진위를 밝히려 하자, 당국은 그의 행위가 농민들의 부정적 여론을 더욱 부추기고 국가의 위신에 손상을 입힐 수 있다고 비판했다.[428] 이 사례는 현물세율을 정확히 파악하려는 행위마저 억제되었음을 보여준다. 물론 판정결과에 불만을 품은 농민들은 이의를 제기할 수 있었다. 그러나 농민들은 그들의 이의 제기가 받아들여지지 않았을뿐더러 다음 해의 판정에 보복 형태의 불이익을 당할 수 있었기 때문에, 이의 제기 자체가 급감할 수밖에 없었다고 전시 미국무성이 파견한 연구조사단에 실토했다.[429] 과중한 현물세가 부과되더라도, 감량하기보다 초과 부담을 농민들에게 균등히 배분해야 한다는 점이 지방 당국의 최종 입장이었다.

그러나 모든 당국자들이 국가의 이해만을 고집한 것은 아니었다. 현물세 경감은 당국과 지역 농민들 사이의 마찰을 줄이고 세곡 징수를 단시일 내에 완수할 여건을 조성한다는 점에서 지방간부들에게 매력적인 대안이었다. 농

---

427) 金策, 「晩期現物稅 徵收事業과 一九四九年 農産物 增産準備에 對한 黨團體의 課業」, 『근로자』 1948년 10월호, 57쪽.

428) 1949.12.10, 「북로당 강원도 인제군당상무위원회 회의록 제71호」, 『史料集』 3, 881~882쪽.

429) U.S. Department of State, *North Korea: A Case Study in the Techniques of Takeover* (Washington, D.C.: U.S. Government Printing Office, 1961), p. 58.

민들의 입장을 배려한 이들은 대개 인민위원회 간부들이었다. 행정기구인 인민위원회 간부들은 현물세의 공정한 징수를 위임받은 공직자들이었다. 특히 현물세제 실시 이래 징수사업을 담당해온 각 군인민위원회 양정과 소속 간부들은 관할지의 수확고에 대한 대략적 감을 지니고 있었다. 따라서 그들은 상급기관의 예상수확고가 과다하게 책정될 경우, 황해도·강원도인민위원회에 감세청원서를 제출한 송화군·인제군인민위원회처럼 직속 상급기구에 이의를 제기하기도 했다.[430]

아울러 지방인민위원회 간부들이 독자적으로 현물세를 감면한 일도 있었다. 1949년경 판정위원들의 현물세 과다 책정에 반발하여 곡종별로 1.3톤씩 총 13톤을 감면한 인제군 북면 인민위원회간부 심창흠과 판정위원들이 산정한 작물의 정당수확고 3,050두를 1,800두로 줄여 상부에 보고한 인제군인민위원회 농산과 간부 강승권의 행위가 그 전형적 사례였다.[431] 각지 인민위원회 소속 간부들의 그러한 행위는 국가와 농민 중 어느 한 쪽의 입장이 아닌 중립적 입장에서 현물세의 공정한 징수를 추구한 공직자 본연의 자세에 입각한 대응이었다. 그러나 현물세가 과중하게 책정된 판정체계의 구조적 결함에 비추어, 그들의 행위는 결과적으로 농민들의 입장을 대변한 셈이 되었다.

농민들의 입장을 배려한 인민위원회 간부들의 태도는 현물세 징수를 둘러싼 국가간부들의 사업 수행 방식에 균열이 있었음을 드러낸다. 그러면 과중한 현물세를 부과하는 식으로 보다 국가의 이해를 대변한 이들은 누구였

---

430) 북로당 중앙상무위원회 제39차 회의 결정서, 1947.7.11,「조기농업현물세 징수사업에 있어서 황해도 당단체의 협조정형에 대하여」,『史料集』30, 237쪽 ; 1947.9.2,「제11차 강원도 인제군 인민위원회 당조 회의록」.

431) 1949.11.29,「제36차 강원도 인제군 북면당위원회 회의록」; 1949.10.29,「북로당 강원도 인제군당 상무위원회 회의록 제68호」,『史料集』3, 781쪽.

을까? 그들은 바로 당 간부들이었다. 행정기구인 인민위원회 간부들이 상대적으로 현물세의 공정한 징수를 추구한 반면, 국가의 이해관계를 우선시한 노동당 간부들은 다량 징수에 관심을 보였다. 현물세 징수량을 둘러싼 인민위원회와 당 기구의 입장 차이는 간부 개개인의 문제라기보다, 두 기구의 상이한 이해관계를 반영하고 있었다. 곧 인민위원회가 행정적·법적 이해관계를 우선시한 반면, 당 기구는 국가 이해관계의 관철을 중시했다. 인제군인민위원회가 인제군당상무위원회의 과도한 현물세량 책정이 "과학적 근거를 결여한" 판정에서 비롯되었다고 결론내린 까닭은 바로 행정적·법적 가치를 우선시한 공직자 본연의 자세를 등한시할 수 없었기 때문이다.[432] 여전히 자신들의 검열판정 결과가 정확하다는 입장을 고수한 당 기구들은 농민들의 이해를 대변하는 듯한 인민위원회의 태도를 우려했다. 그들은 농민들이 당과 인민위원회를 달리 평가할 수 있다고 보았다.

결국 말단촌락으로부터 중앙 수준에 이르기까지 인민위원회가 주관한 현물세사업에 당 기구의 통제가 적극화되었다. 촌락 당 기구 세포는 판정사업 검열과 납세 태만자 처리에 주목해야 할 책임을 부여받았다. 그에 따라 판정위원들과 인민위원회간부들은 행정 업무에 간섭하려드는 당 기구의 월권행위에 불만을 표출했다.[433] 그러나 당 간부들은 현물세판정사업에 간섭하지 말아야 한다는 그들의 비판을 "반당적 언사"로 간주했다. 각종 당 회의는 "정치적 수준이 낮은 농민들의 뒤꼬리를 따라" 국가의 이해를 등한시한 판정위원들을 비판했으며, 그 당사자로 지목된 이들은 "국가의 입장"에서 판정하지

---

432) 1948.6.28, 『제28차 강원도 인제군 인민위원회당조 회의록』.

433) 1949.10.13, 「북로당 강원도 인제군당상무위원회 회의록 제66호」, 『史料集』 3, 712쪽.

못한 자신들의 과오를 자아비판해야 했다.[434] 그들의 자아비판에 따르면 그 과오란 다름 아닌 국가와 농민 모두에게 손해를 끼치지 않으려 중립적 입장만을 고수했기 때문에 발생한 편향이었다.

사실 지방당 간부들의 현물세 징수사업 간섭은 당 중앙의 지침에 따라 이루어졌다. 현물세량을 경감하려는 각 도인민위원회의 계획을 비판하고 나선 북로당 중앙상무위원회는 그러한 과오가 요직에 있는 이른바 "반동분자들", "불순분자들"의 의도적 방해 활동 탓이라고 진단했다.[435] 그러한 당 중앙의 관점이 인민위원회의 현물세 징수사업에 그대로 반영되었다. 북조선임시인민위원회도 "반동분자들"이 인민위원회에 "잠입해" 징세사업을 고의로 방해하고 있다는 관점을 피력했으며, 현물세 판정·징수를 의식적으로든 "무의식적으로든" 부정확하게 처리한 지방간부들의 과오를 "반동행위"로 간주했다.[436] 과오자와 과오 자체를 각각 정치범과 정치범죄로 규정한 당국의 인식 태도는 간부들이 농민들의 입장을 배려해 공무를 수행하기가 힘들어졌음을 의미한다.

당 조직의 문책제도인 이른바 "책벌"을 이용해 당적을 지닌 인민위원회 간부들을 제재할 수 있었다는 점도 당 기구가 현물세사업에 쉽게 관여할 수 있는 여지를 제공했다. 거의 대다수 인민위원들이 노동당적을 지니고 있었기 때문에 책벌을 이용한 제재는 그들의 순응을 이끌어내는 데 효과적이었다. 당 기구는 현물세를 임의로 감면한 인민위원회 간부는 물론, 판정사업 간

---

434)   1949.8.10, 「북로당 강원도 인제군 서화면당열성자대회 회의록」, 『史料集』 4, 650쪽.

435)   북로당 중앙상무위원회 제39차 회의 결정서, 1947.7.11, 「조기농업현물세 징수사업에 있어서 황해도 당단체의 협조정형에 대하여」, 『史料集』 30, 237·239쪽.

436)   北朝鮮臨時人委 宣傳部, 「現物稅完納 熱誠運動에 對한 宣傳要綱」, 『로동신문』 1946.11.23.

섭행위에 저항한 판정위원들에게 책벌을 부과함으로써 인민위원회 사업에 영향력을 행사할 수 있었다.[437] 당원으로서 인민위원회에 복무한 공직자들은 법령에 따라 공무를 수행하면서도 당의 이해관계를 등한시할 수 없었다. 만일 두 기구의 요구가 상충할 경우, 그들이 권력위계상 우위에 있는 당의 이해관계를 묵과하기란 쉬운 일이 아니었다.

당 기구는 인민위원회 통제 못지않게 일반 농민당원 통제에도 적극성을 보였다. 현물세 고지서를 받고 불만을 표출한 농민당원들에게 책벌이 부과되었다는 점은 당 조직이 농민층의 부정적 여론을 억제하기 위한 기제로 책벌을 이용했음을 보여준다.[438] 그와 관련해 북로당이 추진한 대중정당 정책의 기능을 검토할 필요가 있다. 1948년 말 전체 북로당원 수는 전국 인구 900~1,000만 명의 8~9%를 점한 약 80만 명에 달했다. 5인 가족 기준 전국 180~200만 가호를 상정할 때 2인 이상의 당원을 보유한 가호를 감안하더라도, 서너 가구나 적어도 너덧 가구 당 한 가구는 당원을 보유했다는 결론에 다다를 수 있다. 이 통계는 적어도 전국 인구의 20% 이상이 국가의 전위이며 국가정책에 적극 협력할 준비가 돼 있는 층이었음을 의미한다. 요컨대 대중정당을 지향한 북로당의 광범한 전국 조직은 국가의 과중한 현물세 징수에 불평하는 농민층의 부정적 여론을 해소할 수 있는 완충지의 기능을 담당했다.

한편 기층 농민당원들은 국가정책을 옹호하는 활동에 만족하지 않았다. 김제원으로 대표되는 "농민영웅"들의 헌신성·희생정신·애국심이 쉽게 발현될 수 있었던 요인은 그들이 노동당원이었다는 점을 떠나 설명하기 어렵다.

---

437) 1949.12.27, 「북로당 강원도 인제군당상무위원회 회의록 제73호」, 『史料集』 3, 954쪽.

438) 1949.8.30, 「북로당 강원도 인제군당상무위원회 회의록 제21호」, 『史料集』 3, 503쪽.

토지개혁에 대한 보답의 의미로 기증돼오던 소량의 "감사미(感謝米)"에 착안하여 김일성이 "현물세 초과운동"의 전개를 강조하자,[439] 주저 없이 백미 30가마니를 국가에 헌납한 김제원의 모범행위는 국가의 토지 분여에 보답하려는 마음 외에 그가 노동당원이었기에 가능했다. "농촌당원들이 현물세를 먼저 바쳐 일반농민들의 모범이 되길" 촉구한 북로당 중앙상무위원회의 기대에 부응하여, 농민들이 따라야 할 바를 솔선한 당원들은 누구보다 국가의 이해관계 관철에 적극성을 보였다.[440]

물론 애국미 헌납을 선도해 전국 수많은 농민들의 동참을 이끌어낸 김제원의 행적은 노동당원으로서 "가장 모범적인 행동"의 귀감이 되었다. 그의 공헌은 평범한 농민당원의 모범행위가 전국적 대중운동으로 발전한 이례적 사례였다. 그러나 "농민영웅·노동영웅"의 반열에 오르지 못한 수많은 노동당원들의 알려지지 않은 모범행위들도 전국 어디에서든 쉽게 목격될 수 있었다. 전국 방방곡곡에 걸쳐 당원들이 발휘한 자기희생적 모범행위는 국가 건설을 위한 인적·물적 동원에 일반 대중들의 동참을 이끌어낸 결정적 계기가 되었다.

노동당원들의 적극성·희생정신을 앞세워 건국사업에 전 인민의 동참을 이끌어내는 식의 동원전략은 당국이 농민들의 이기적 대응에 대처했던 전략과 차원을 달리한다. 국가기구들의 운영이 아직 정상궤도에 올라서지 못했을 때, 엄격한 법적 처벌과 인민 개개인의 양심에 호소하는 교화 방식이 당국의

---

439) 김일성, 1946.11.25, 「북조선 민주선거의 총결과 인민위원회의 당면과업」, 『조국의 통일독립과
      민주화를 위하여』 1, 196쪽.

440) 북로당 중앙상무위원회 제7차 회의 결정서, 1946.10.8, 「농업현물세 징수사업에 있어서 황해도
      당단체의 협조정형에 대하여」, 『史料集』 30, 22~23쪽.

인민 동원전략으로 선호된 바 있다. 그러나 북로당의 대중정당체계가 확립됨에 따라 당국의 인민 동원 방식은 당 조직 계통에 의존하는 형태로 선회하기 시작했다. 그것은 모든 당원들에게 엄격한 당 규율을 부과하여 국가의 이해관계를 우선시하는 풍토를 조성하는 한편, 그들의 적극성과 희생정신을 앞세워 민간인들의 애국행위를 이끌어내는 동원 방식이었다.

3부
사회 계급질서의 재편

1장
계급적 가치의 격상

1. 계급투쟁노선

조선 논자들을 통해 "인민=민주주의"나 "신민주주의"로 소개된 전기인민
민주주의론은 해방 직후 북한체제의 성격을 규정한 이론적 배경이 되었다.
그러나 1948년 말부터 『근로자』와 『인민』 등을 통해 보급된 소련과 동유럽
논자들의 인민민주주의론은 기존의 논의에 비해 훨씬 좌편향적 성격을 띠었
다. 인민민주주의론의 성격 변화를 불러온 계기는 1948년 4~5월경에 발생한
이른바 "유고슬라비아사건"이었다. 소련의 간섭에 반발해 독자노선을 추구한
유고슬라비아는 여타 사회주의권 국가들로부터 집중적 비판을 받았다.

1948년 6월경 코민포름이 발표한 [유고슬라비아공산당의 내부사정에 관
한 결의는 부르주아민족주의로 전락한 유고공산당 지도부가 계급투쟁노선
이 아닌 평화적 이행론에 의거해, 자본주의로부터 사회주의에 이르는 길을

모색하고 있다고 비판했다.[1] 약 한 달 뒤 북조선로동당 기관지 『근로자』는 코민포름의 결의문인 「수개 공산당 보도국회의에 관한 콤뮤니케」를 게재해 유고가 보인 그간의 과오를 비판했다. 코민포름회의 출석을 거부한 유고가 사회주의전선의 통일적 공조를 반대해 "민족주의의 길"로 들어섰다는 점이 비판의 골자였다. 유고가 공산당이 아닌 "인민전선"에 의해 영도되고 있다는 점이 그 근거로 제시되었다.[2]

유고슬라비아 내 민족주의 발현에 대한 비판과 관련해, 동유럽권 국가들은 1946년부터 1947년에 걸쳐 정립된 인민민주주의론의 우편향성을 비판하는 논의를 개진했다. 당시 인민민주주의의 프롤레타리아독재성을 부정하고 "제3의 길" 이론을 주장했던 폴란드공산당 서기장 고물카와 루마니아의 파트라시칸 등이 집중적 비판을 받았다.[3] 비판의 주요 내용은 인민민주주의 단계의 계급투쟁을 과소평가한 점, 민족해방의 과제를 계급투쟁보다 우위에 둔 점, 국가소유·협동단체소유·개인소유의 조화로운 발전과 평화적 사회주의 이행을 강조한 점 등에 초점이 맞추어졌다. 인민민주주의의 국유화된 산업 부문을 "국가자본주의"로 규정한 소련 경제학자 바르가(Evgenii Samoilovich Varga)를 비판한 논문은 북한에도 소개되었다.[4] 비판자들은 전기인민민주주의론 정립자들이 강조한 "제3형태"의 권력이 본질적으로 부르주아독재인 자

---

1) 勝部 元, 「인민민주주의 국가론의 발전」, 『반제민족통일전선 연구』, 이성과현실사, 1988, 350~351쪽.

2) 「수개 공산당 보도국회의에 관한 콤뮤니케」, 『근로자』 1948년 7월호(17호), 34쪽.

3) 勝部 元, 「인민민주주의 국가론의 발전」, 『반제민족통일전선 연구』, 이성과현실사, 1988, 347~349쪽.

4) 느. 쁘. 파르베로프, 「인민민주주의 발전에 있어서의 새 모멘트들」, 『인민』 1949년 6월호(『史料集』 38, 410쪽).

본주의권력에 다름 아니라고 보았다. 요컨대 인민민주주의 형태와 소비에트 형태의 차이를 지나치게 강조한 나머지, 양자 간 공통점을 간과한 오류를 범했다는 진단이었다.

인민민주주의가 프롤레타리아독재를 경유하지 않는 사회주의 이행의 길 또는 부르주아민주주의와 사회주의의 혼합 형태라는 견해가 부정되었다는 점은 달리 말해 인민민주주의가 프롤레타리아독재의 기능을 수행했다는 결론이 정립되었음을 의미한다. 스탈린의 언설에 기초한 그 이론적 전환은 1948년 말부터 본격화되었다.[5] 인민민주주의의 프롤레타리아독재 기능에 주목한 논자들은 전복된 착취계급의 저항을 진압하고, 부르주아 지배의 재건을 꾀하려는 모든 세력에 맞선 투쟁수단으로 국가가 유용하다는 점에 논의의 초점을 맞추었다.[6] 더 나아가 인민민주주의국가의 사회변혁은 역사적 조건과 계급적 과제에 비추어 사회주의혁명으로 인식되었다. 이상의 논의들은 소비에트체제와 마찬가지로 인민민주주의체제도 프롤레타리아독재의 한 형태라는 결론을 이끌어냈다.[7] 달리 말해 사회주의에 이르기까지 소련이 걸어온 경로와 다른 "새로운 길" 또는 "제3의 길"은 존재하지 않는다는 진단이었다.

이론적 전환 이후의 후기인민민주주의론은 반자본주의적·반민족주의적 성격을 띠었으며, 자본주의와 민족주의에 대한 반작용으로 계급투쟁을 강조했다. 이제 인민민주주의는 상이한 사회제도들의 안정적 공존 형태가 아니라, 자본주의 요소들을 청산하며 앞으로 다가올 사회주의 경제토대를 강화해

---

5) 勝部 元, 「인민민주주의 국가론의 발전」, 『반제민족통일전선 연구』, 이성과현실사, 1988, 351~352쪽.

6) 느. 팔베룹, 「인민민주주의국가의 사회 및 국가기구」, 『인민』 1949년 3월호(『史料集』 37, 823쪽).

7) 김창수, 「파리꼼무나 七十八주년에 제하여」, 『근로자』 1949년 3월호(제6호), 35~36쪽.

야 할 단계로 인식되었다. 자본주의에 대한 인민민주주의론의 공세는 구체적으로 기업가와 상인층을 포함한 부르주아계급에 겨누어졌다. 그들에 대한 원료·연료의 공급 통제, 고율의 세금부과 등은 동유럽 지역 국가들뿐만 아니라 북한의 현실 경제정책에까지 적용되었다.[8] 아울러 지주층과 함께 농촌의 착취계급으로 규정된 부농층도 인민민주주의국가들의 계급투쟁 대상으로 지목되었다. 계급투쟁 대상의 범주가 자본가층 일반과 부농층에까지 확대되었을 만큼, 이론적 전환 이후의 인민민주주의론은 전기 이론보다 훨씬 급진적 면모를 보였다.

인민민주주의론의 급진화에 따른 계급투쟁론의 부상은 민족주의의 활로에 암울한 전망을 드리웠다. 노동운동 내에 스며든 민족주의 경향이 계급의식을 무디게 한다는 폴란드노동당 총비서 볼레스와프 비에루트(Bolesław Bierut)의 지적은 민족주의가 계급투쟁에 걸림돌이 될 수 있음을 시사한다.[9] 역으로 계급투쟁은 민족주의의 확산을 억제할 수 있는 기제였다. 외부의 적을 설정한 민족주의가 전체계급의 통합을 강조한 반면, 내부의 적을 설정한 계급투쟁은 민족 내의 균열을 일으킬 수 있었기 때문이다. 민족주의의 분출에서 비롯된 유고의 독자노선을 겨냥한 사회주의권의 공동대응이 계급투쟁에 집중된 까닭은 바로 그러한 이유에서였다. 따라서 이론적 전환 이후의 인민민주주의는 민족주의와 양립할 수 없고 국제주의에 충실해야 한다는 원칙

---

8) 서동만은 한국전쟁이 발발할 때까지 전기 이론만이 북한에 적용되었고 후기 이론의 적용은 회피되었다고 지적했다. 그러나 많은 사료들은 1949년경부터 후기 이론도 현실정책에 적용되었음을 보여준다. 徐東晩, 「解放朝鮮における'人民民主主義論'の形成過程 : 1945~50年」, 東京大 國際關係論 修士論文, 1990, 94쪽.

9) 파란노동당 총비서 베루트의, 「통일당의 사상적 기초에 대하여」, 『근로자』 1949년 1월호(제2호), 69~74쪽.

을 견지했다.[10]

1947년경부터 종종 전기 이론을 소개해오던 『근로자』와 『인민』은 1948년 말부터 본격적으로 후기 이론을 소개하기 시작했다. 그 잡지들에 번역되어 게재된 사회주의권 논자들의 글들이 후기 인민민주주의론의 보급에 기여했다.[11] 한편 장하일이 사용한 "신민주주의"라는 용어가 그러했듯, "인민민주주의"는 해방 직후부터 보편적으로 사용된 용어가 아니었다. 1947년경부터 "인민적 민주주의"라는 표현을 사용해오던 『근로자』는 유고의 독자노선을 비판한 코민포름의 결의문을 게재한 1948년 7월호를 통해 최초로 "인민민주주의"라는 용어를 소개했다.[12] 1949년 이후 "인민민주주의"가 보편적 용어로 정착되지만, 1948년 말~1949년 초의 경우 중국혁명 경험이 반영된 용어인 "신민주주의"와 소련·동유럽에서 유입된 "인민민주주의"가 혼용되는 경향을 보였다.

북한체제의 성격을 후기 인민민주주의론의 관점에서 재해석하려는 시도들도 모색되었다. 북한이 인민민주주의국가 수립을 향한 건설 과정에 있다는 『근로자』 1948년 10월호의 한 기사와 북한이 이미 인민민주주의국가의 반열에 올라섰다는 같은 잡지 1949년 3월호의 한 기사가 대표적 사례였다.[13] 인민민주주의론의 구체적 내용은 노동당원들의 학습 대상이었고, 그들은 테스

---

10) 느. 팔베릅, 「인민민주주의국가의 사회 및 국가기구」, 『인민』 1949년 3월호(『史料集』 37, 839쪽).

11) 徐東晩, 「解放朝鮮における'人民民主主義論'の形成過程 : 1945~50年」, 東京大 國際關係論 修士論文, 1990, 93~96쪽.

12) 「수개 공산당 보도국회의에 관한 콤뮤니케」, 『근로자』 1948년 7월호(17호), 34쪽.

13) 北朝鮮勞動黨中央委員會 第三次 會議, 「"朝鮮民主主義人民共和國 最高人民會議 選擧 總和와 黨團體들의 當面課業"에 對한 決定書」, 『근로자』 1948년 10월호(제10호), 41쪽 ; 김창수, 「파리꼼무나 七十八주년에 제하여」, 『근로자』 1949년 3월호(제6호), 36쪽.

트를 통해 학습 여부를 평가받았다. 이를테면 강원도 인제군인민위원회의 한 간부는 인민민주주의와 사회주의의 차이를 묻는 질문에 답하지 못했으며 조선에 계급이 없다고 답변하기까지 했다. 인제군 북면인민위원장은 민주주의 민족통일전선이 민족적 성격을 띠었다고 대답해 비판을 받았다.[14] 위 두 간부들의 답변은 오히려 전기 인민민주주의론의 성격에 가까운 면이 있었다. 이는 재해석된 후기 인민민주주의론이 당원들 사이에 혼동을 일으켰음을 시사한다.

북조선로동당이 사회 전 부문에 걸쳐 리더십을 발휘함에 따라, 그가 추구한 이념과 계급적 가치도 급속히 확산되었다. 북한의 인민국가 건설운동은 북로당의 계급 지향성과 충돌했을 뿐만 아니라, 계급투쟁을 강조한 해외 사조의 영향으로부터 자유롭지 못했다. 더 정확히 말해 계급 간 화해에 부정적 입장을 보인 후기인민민주주의론이 북로당을 통하여 북한사회에 이식됨에 따라 인민국가 건설이 제약을 받았다.

북로당 이론잡지 『근로자』에 소개된 한 외국 논자의 글은 "인민(人民)"이라는 용어의 남용이 불러올 수 있는 위험성을 비판했다. 인민이라는 개념의 계급적 토대를 분석하지 않아, 그들을 "계급적 차이가 없는 통일체"로 오인하는 경향이 있다는 그의 비판은 이른바 사회민주주의자들을 겨냥하고 있었다.[15] 그가 보기에 사회민주주의자들이 주장하듯 인민이 대중의 통일체라면, 그들을 아우르고 있는 국가는 계급을 초월한 기구여야 했다. 국가의 계급 초월 가능성을 부정한 그의 궁극 의도는 "전 인민적 기구"인 국가 내부의 계급

---

14) 1949.10.13, 「북로당 강원도 인제군당상무위원회 회의록 제66호」, 『史料集』 3, 696~697쪽.

15) 쁘. 훼도쎄예브, 「階級과 階級鬪爭에 對한 맑쓰主義理論」, 『근로자』 1948년 9월호(제9호), 34~38쪽.

간 차별과 대립을 강조함에 있었다. 그에게 계급 간 화합과 융화를 상정한 인민국가의 상은 궤변적 허상에 지나지 않았다.

폴란드노동당 총비서 비에루트는 위의 논의를 더 확장해 인민민주주의의 개념에까지 적용했다. 그가 보기에 화합과 융화보다 적대와 갈등이 계급관계의 본질이라면, 인민민주주의를 사회주의 요소와 자본주의 요소가 평화적으로 공존하고 있는 "정적 혼합체"라고 개념화한 기존의 논의는 문제가 있었다.[16] 유물변증사관이야말로 사회발전 역사를 통해, 서로 대립되는 사회제도의 제 요소가 투쟁 없이 공존할 수 없다는 사실을 극명하게 드러내지 않았던가? 따라서 그에게 인민민주주의 단계는 상이한 두 사회제도의 안정적 공존 형태가 아니라, 자본주의 요소들을 청산하며 다가올 사회주의 경제토대를 강화해야 할 단계였다.

비에루트는 인민민주주의국가가 직면할 계급 간 갈등과 투쟁의 책임을 이른바 "착취계급"에 전가했다. 그는 대상인·기업주·부농·투기업자 등 착취계급에 속하는 이들이 자본주의 요소를 일부 허용하는 인민민주주의국가의 경제정책에 만족하지 않고, 자본주의경제의 전면적 복구를 노린다고 경계했다. 따라서 자본주의 요소를 겨냥한 계급투쟁은 인민민주주의 단계의 필연적 과정이라고 전망되었다. 그가 보기에 오히려 계급투쟁의 중지와 계급 간 화해를 꾀하는 이들이야말로 자본주의의 위험성을 묵과하고 있는 의심스런 존재들이었다.

소련과 동유럽권에서 대두한 급진노선은 냉전시대의 개막 이후 사회주의권 국가들의 결속력을 높이기 위한 국제적 처방의 성격을 띠었다. 유고의 독

---

16) 이하 폴란드로동당 총비서 베루트, 「통일당의 사상적 기초에 대하여」, 『근로자』 1949년 1월호(제2호), 68~69쪽 참조.

자노선이 민족주의의 분출에서 비롯되었다고 진단한 소련은 계급투쟁노선의 부과를 통해 그를 억제하려 했다. 곧 유고 민족의 대단결이 사회주의권의 국제적 공조와 연대를 방해한 요인으로 지목됨에 따라, 민족 내부의 갈등과 균열을 촉진할 수 있는 계급투쟁노선이 민족주의의 발현을 억제할 효과적 기제로 주목받았다. 그러한 처방은 유고와 유사한 상황에 직면한 북한에도 적용되었다. 1948년 말 철수를 앞둔 소련군은 북한에 민족주의가 분출해 유고 사태가 재현될지 모른다고 우려했다. 따라서 허가이는 소련군 철수 이후 발현될지 모를 민족주의와 비타협적 투쟁을 전개해야 하며, 인민들에게 국제주의사상을 교육해야 한다고 역설했다.[17] 북한에 보급된 계급투쟁노선은 민족주의를 억제함과 함께, 민간사회의 반소감정을 지주·부농·기업가·상인층에 대한 적개심으로 전환하는 데에도 효과적이었다.

북로당의 공식노선으로 채택된 계급투쟁노선은 북한사회 전반에 이식되어 갔다. 소련계 한인들이 누구보다 열성적으로 급진노선을 보급하며 자신들의 입지를 굳게 다졌다.[18] 러시아어와 조선어를 혼용하고, 소련을 모국으로 생각한 그들은 조선문화를 흡수하여 소련문화에 용해하는 데 관심을 보였다.[19] 그들과 함께 일할 기회가 있었던 한 인사의 증언에 따르면, 소련계 한인 "초청간부"들은 조선민족에 대한 동정심이 부족한 데다 극좌적 과오를

---

17) 許가이,「北朝鮮勞動黨 中央委員會 第三次 會議에서 陳述한 朝鮮民主主義人民共和國 最高人民會議 選擧 總和와 黨團體들의 當面 課業에 對한 報告」,『근로자』1948년 10월호(제20호), 38쪽.

18) 소련계 한인에 대한 최근 연구는 우동현, 2016,「1945~1950년 재북 소련계 조선인의 활동과 성격」, 서울대학교 국사학과 석사학위논문.

19) U.S. Department of State, *North Korea: A Case Study in the Techniques of Takeover* (Washington, D.C.: U.S. Government Printing Office, 1961), p. 110.

범하는 일이 많았다.[20] 역사학에 계급성을 반영해야 한다고 강조한 김일성종합대학 부총장 김승화도 그러한 인물들 가운데 한 명이었다. 이청원의 저서 『조선근대사연구』를 비평한 글에 그의 계급관이 잘 드러나 있다.

김승화는 조선시대 예속 농민과 봉건 통치 세력 간 계급적 대립을 거론하지 않았다는 이유로 이청원의 계급관을 문제 삼았다.[21] "1882년 군인폭동" 곧 "임오군란"을 "빈곤과 억압에서 벗어나려는 군인들과 도시민들의 운동"이라고 기술한 이청원의 해석은 그에게 매우 모호해 보였다. 김승화는 그러한 해석이 임오군란의 표면적 현상만을 드러낼 뿐, "통치계급에 반대한 농민폭동"으로서의 계급투쟁적 성격을 간과했다고 비판했다. 계급투쟁의 관점은 역사학뿐만 아니라 어린이동화에까지 반영되었다. 이제 동화를 읽는 아이들은 욕심쟁이 악인과 가난한 선인의 대립구도가 아닌, "놀고먹는 착취계급"과 열심히 일하는 "근로인민" 간 계급투쟁의 관점에서 그 스토리들을 재해석할 필요가 있었다.[22]

후기인민민주주의론의 급진노선은 북로당의 투쟁방향 설정에 지대한 영향을 끼쳤다. 지주층 척결에 기여한 토지개혁의 완수 이후 급진적 계급정책을 지속해야 할 필요가 있었을까? 이 문제와 관련해 함경남도 홍남시당 소속의 한 강사는 토지개혁이 완료됨에 따라, 계급투쟁은 종결되었다고 강조했다. 그러나 그의 발언은 박헌영의 비판을 받았을 정도로 적잖은 파장을 일으켰다.[23] 북조선인민위원회 간부부가 출판한 『계급사회와 국가』라는 책도 토

20) 김석형 구술, 이향규 녹취·정리, 『나는 조선노동당원이오!』, 선인, 2001, 524쪽.

21) 김승화, 「비평과 서적해제, 이청원 [조선근대사연구]」, 『근로자』 1949년 5월호(제10호), 109~114쪽.

22) 리원우, 「동화는 어떻게 읽을까」, 『소년단』 1950년 5월호, 25~27쪽.

23) 박헌영, 1949.12.17, 「당원들의 사상정치 교양사업 강화와 당단체들의 과업」, 『史料集』 1, 541쪽.

지개혁을 염두에 두었는지, 38선 이북 지역의 "불상용적 모순은 이미 해결되었다."라고 단정했다. 북로당 부위원장 주영하는 바로 그 저서를 비판하며, "당내 우경적 사상의 대표"적 사례라는 혐의를 씌웠다.[24] 그가 보기에 지주층이 척결되었다 해도 계급 분화를 통해 새로운 착취계급이 양산되고 있음은 의심의 여지가 없었다. 그의 메시지는 분명했다. 계급투쟁은 아직 끝나지 않았을뿐더러 더 격렬히 지속될 필요가 있었다.

1949년 11월 19일자 『로동신문』에 실린 「인민민주주의제도는 프롤레타리아독재의 형태이다」라는 제목의 기사는 그간의 급진적 계급투쟁노선을 정당화하는 논의를 담고 있었다. 이 기사에 따르면 "부르주아지 독재에 대립"한 인민민주주의국가는 본질적으로 사회주의국가에 다름 아니었다. 인민민주주의 단계의 "계급적 성격·과업·지향" 등이 사회주의 소비에트국가의 그것과 본질적으로 동일하다고 인식되었기 때문이다. 그로부터 인민민주주의국가와 사회주의 소비에트국가는 프롤레타리아독재 단계에 있는 두 국가 형태라는 논리가 도출되었다. 그 두 국가 형태의 차이는 질적 측면이 아닌, 발전 정도에 있을 뿐이라고 정리되었다. 곧 "계급적 성격·목표·기능"에 비추어 인민민주주의국가는 발전 초기 단계에 있는 사회주의 소비에트국가라는 진단이었다. 이상의 논의에 기초하여 그 기사는 인민민주주의국가가 "노동계급이 선두에 선 근로계급의 국가"이자 "혁명적 프롤레타리아독재의 국가"라고 결론지었다. 자신의 국가 형태를 프롤레타리아독재로 본 북한의 첫 공식입장이었다.

---

24) 주영하, 1948.3.29, 「북조선로동당 제2차 전당대회 회의록」, 『史料集』 1, 402쪽.

2. 북조선로동당 : 대중정당에서 계급정당으로

1947년 초부터 노동자·농민층 인민위원 점유율은 80%를 넘어섰다. 그들을 간부로 발탁하기 위한 의식적 노력이 해방 직후부터 이루어졌다. 다른 계층이 아닌 노동자와 농민 그리고 사무원·지식인층을 일컫는 이른바 "노력인텔리겐챠"를 우선적으로 간부직에 등용해야 할 필요가 있었을까? 법률전문가 김택영에 따르면 "사회의 물질적·문화적 재부를 직접 창조"하고 있는 그들은 인민의 복리 향상에 이바지하며 부강한 국가를 건설하는 주체였다.[25] 따라서 노동자·농민·노력인텔리겐챠로 구성된 "근로자"들은 광범한 계층을 망라한 인민국가의 골간으로 인식되었다.

북조선로동당 규약 제1장 3조는 바로 그들 노동자·농민·노력인텔리겐챠만이 입당자격을 지닌다고 규정했다. 곧 북로당은 인민위원회처럼 소시민층까지 망라한 각계각층 인민의 포괄적 조직이 아니라 "근로자층"만의 조직 구성을 지향했다. 근로자층 위주의 조직인 북로당은 "당대열의 성분은 그 정당의 전투력을 판정하는" 지표일 뿐만 아니라, "당 자체의 운명까지 좌우"할 수 있는 시금석이라는 입장을 밝혔다. 그러나 노동자·농민·노력인텔리겐챠라는 성분상의 자격요건을 갖추었다는 이유만으로 누구든 당원이 될 수 있는 것은 아니었다. 그들 중에서도 "선진분자와 낙오분자들"이 있었기 때문이다. 물론 "선진분자" 곧 당원으로서 기본소양과 자질을 갖춘 이들이 북로당에 필요한 인적 자원들이었다.[26]

---

25) 金澤泳,「朝鮮民主主義人民共和國 憲法 解說 −公民의 基本的 權利 및 義務−」,『人民』 1949年 5月號(『史料集』 38, 230~231쪽).

26) 1950.8,「당 열성자들에게 주는 주간보」,『史料集』 12, 501·546쪽.

당원들에게 요구된 두 가지 자격요건인 계급성분과 기본소양 중 당 건설 초기에 더 중시된 요건은 후자였다. 아무래도 기본소양을 갖춘 "선진분자" 곧 과거에 혁명운동에 참가했거나 고등교육을 받은 식자층 인텔리들이 당내에서 두각을 나타낼 수밖에 없었기 때문이다. 1945년 10월 중순경에 열린 서북 5도당대회에서 인텔리층의 비중이 지나치게 높을 뿐만 아니라, 어느 지역의 경우 노동계급 당원 비율이 2~3%에 불과하다고 지적한 김일성의 비판이 그러한 경향을 반영한다.[27] 두 달 뒤 조선공산당 북조선분국의 당원 성분비가 노동자 30% 농민 34% 인텔리·상업가·기타 성분 36%로 집계되었으나, 그는 여전히 당의 발전이 노동계급 중심이 아닌 인텔리 위주로 이루어지고 있다며 비판의 수위를 높였다.[28]

당 건설 초기에 나타나기 쉬운 인텔리 중심의 발전 경향은 당원 성분 재편사업을 통해 시정되어야 했다. 당원 성분 재편은 노동계급 흡수뿐만 아니라, 비근로자층 척결을 통해 이루어졌다. 이른바 "착취계급"으로 규정된 지주·상인·기업가 출신 당원은 1947년 8월 1일 현재, 전체당원의 0.54%인 3,637명에 달했다.[29] 그들은 대개 북조선공산당과 조선신민당의 합당 전, 두 정당 사이에 경쟁적으로 전개된 "모집식" 입당정책에 편승하여 당적을 획득한 이들이었다. 물론 당시 조선신민당의 과오가 훨씬 심각한 수준이었기 때문

---

27) "Документы характеризующие политические партии и общественные организации Северной Кореи за 1945г(1945년 북조선 내 정당과 사회단체의 특성에 관한 자료)", 1945, ЦАМО, ф. 172, оп. 614630, д. 5, л. 61.

28) 分局 責任秘書 金日成, 1945.12.11, 「北部 朝鮮黨 工作의 錯誤와 缺點에 對하여」, 『史料集』 1, 4쪽.

29) 주영하, 1947.8, 「북조선로동당 당원성원에 관한 1947년 8월 1일 현재 통계에 대하여」, 『史料集』 17, 112쪽.

에, 합당 이후 대부분의 비판이 신민당 출신들에게 집중되는 경향을 보였다. 1946년 10월 12일 북로당은 현재 당적을 보유하고 있는 "신민당 출신 상인·기업가 당원들"을 잘 지도하여 "진정한 당원으로 거듭나도록" 이끌되, 향후 상인·기업가의 입당은 "원칙적으로 허용할 수 없다."라는 입장을 밝혔다.[30]

비근로자층을 겨냥한 청당(淸黨)사업은 조선공산당 북조선분국 결성 직후부터 시작되었다. 1946년 2월 15일에 열린 북조선분국 제4차 확대집행위원회는 당원 심사를 통해, 지주·자본가·대상인·친일파·투기분자 등 "이계급적·적대적 요소"를 척결할 수 있었다고 자평했다. 이 사업을 통해 전체 공산당원 18,238명의 4.9%에 달한 897명이 당적을 박탈당했다.[31] 비근로자층 척결사업은 양당 합당 이후에도 지속되었다. 1946년 말부터 1947년 초에 걸쳐 실시된 유일당증 수여사업이 그것이었다. 성분 심사와 질의 응답식 교양테스트 통과자들에게 유일당증을 수여한 이 전당 차원의 심사사업은 양당 합당 이전 당적을 취득한 비근로자층의 척결을 목표로 전개되었다. 북로당 중앙은 구체적 제명 대상으로 자본가·기업가·상인 등의 "착취계급"과 "토지개혁 시 축출당한 지주 출신들"을 지목했다.[32]

당원 성분 재편의 근본적 해결책은 철저한 심사를 통해 비근로자층의 입당을 미리 봉쇄하는 방법이었다. 1946년 4월경에 하달된 북조선공산당 함경북도 청진시위원회의 지시문은 공산당이 지향한 입당정책을 선명히 드러낸

---

30) 「북조선로동당 당조직 지도사업에 대한 지시서 해설」, 『史料集』 17, 294쪽.

31) "О политическых партиях и общественных организациях(정당과 사회단체에 대하여)", 1946, АВПРФ, л. 6.

32) 북로당 중앙본부 조직부, 1946.11.6, 「유일당증 수여에 관하여」, 『史料集』 1, 180쪽.

다.[33] 이 문건은 "계급성분이 전혀 다른 사람" 곧 자본가·상인·부농층은 "근본적으로 공산당원이 될 수 없다."라는 선언으로부터 시작하고 있다. 더욱이 해방 직후 민족통일전선이 결성된 상황을 이용해 "투기적으로" 입당을 노리는 자들이 많았으므로, 그러한 원칙은 더 철저히 준수될 필요가 있다고 강조되었다. 그러나 청진시위원회는 비근로자층 입당 금지가 절대적 규정은 아니라고 한 발 물러섰다. 그들 중 간혹 진정한 공산주의자가 되겠다는 각오와 함께, 자신의 계급적 이해관계를 포기하고 혁명운동에 참가하길 원하는 이들도 있었기 때문이다. 청진시위원회는 오랫동안 그들의 언행을 살펴본 뒤 당에 받아들일 수 있다는 예외적 처방을 제시했으나, 입당을 원하는 지주와 부농은 대개 "투기적" 성향을 지녔다고 못 박았다. 그들과 함께 유랑자·건달·난봉꾼도 당에 받아들일 수 없는 부류로 지목되었다. 수시로 돌변하는 심리를 지닌 그들은 도저히 믿을 수 없는 "동요분자들"이기 때문이었다.

강원도 인제군의 사례에 비추어볼 때 그러한 입당정책은 철저히 준수된 듯하다. 이를테면 한 잡화상과 여인숙 업주의 입당심사 탈락이 그 전형적 사례였다. 그들의 계급은 당이 요구하는 "기본성분"이 아니라는 사유가 입당 불가 통지에 지적되었다.[34] 평양여자고급중학교의 한 당원 교사는 동료 교사의 입당을 주선하려 심사에 대비한 교육을 실시해왔으나, 그가 과거에 기업주였다는 사실을 알게 되자 미련 없이 교육을 중단했다.[35] 해방 직후 평양시 순영리에 치과를 개업한 의사 계원규도 공산당의 입당 원칙을 간파하고 있

33) 이하 朝鮮共産黨 淸津市委員會, 1946.4.10, 「黨의 生活」, 『史料集』 1, 67~68쪽 참조.

34) 1949.12.27, 「북로당 강원도 인제군당상무위원회 회의록 제73호」, 『史料集』 3, 953쪽.

35) 1948.4.21, 「북로당 평남도 평양시 중구역 평양여자고급중학교세포 북조선로동당 제2차 전당대회 총결 총회」, 『史料集』 26, 135쪽.

었다. 공산당 입당을 갈망해오던 그는 "개업의 생활을 즉각 청산할 수 없었던 탓에 공산당원이 될 자격이 없음"을 자각했다. 자신의 개업의 활동이 이윤추구행위 곧 일종의 "착취행위"임을 잘 알고 있었던 그는 생계 문제를 해결할 다른 방도를 찾지 못해, 병원을 계속 운영하며 조선신민당에 가입했다.[36]

북로당의 당원 성분 재편은 양방향에서 동시에 추진되었다. 불량한 성분을 지닌 당원들을 제명하는 한편, 기본소양을 갖춘 노동계급 위주의 근로자들을 흡수하는 방식이 그것이었다. 북로당 강원도 인제군당의 한 문건은 노동자·고농·빈농 중심의 입당정책을 강조하며, 그들 가운데 특히 주목해야 할 대상으로 "노동 연한이 긴" 생산직 노동자와 농촌에서 오랫동안 고용살이를 해온 농민들을 지목했다.[37] 기본교양을 갖추기만 하면 우수한 성분일수록 입당절차가 까다롭지 않았고 심사에 탈락할 가능성이 낮았다. 북조선공산당 함경북도 청진시위원회는 입당을 신청한 노동자·빈농의 경우 정식 당원 1인, 그 밖의 농민·수공업자·지식인층의 경우 정식 당원 2인의 보증을 요한다고 밝혔다.[38] 근로자층에 편중된 북로당의 당원 성분 구성은 그러한 의식적 입당정책의 산물이었다. 아래의 표는 1947년 4월 1일과 1948년 1월 11일 현재 각각 629,975명과 771,306명의 성원을 보유한 북로당의 당원별 직업 구성을 보여준다.

36) 1948.11.26, 「평양의학대학교 교수 계원규 자서전」.

37) 1949.8.13, 「북로당 강원도 인제군당상무위원회 회의록 제57호」, 『史料集』 3, 494쪽.

38) 朝鮮共産黨 淸津市委員會, 1946.4.10, 「黨의 生活」, 『史料集』 1, 68~69쪽.

[표 III-1-1 : 북조선로동당 전체당원 직업 분류] 단위 : 명(%)

당원 성분		1947년 4월 1일	1948년 1월 11일
노동자		128,086(20.3)	56,097(20.2)
농민	빈농	390,343(62.0)	414,388(53.7)
	중농		64,909(8.4)
	부농		3,620(0.5)
사무원(인텔리)		81,735(13.0)	94,433(12.2)
학생		3,616(0.6)	5,323(0.7)
기업가		800(0.1)	700(0.1)
상인		3,975(0.6)	3,098(0.4)
수공업자		1,728(0.3)	1,788(0.2)
자유직업자		2,889(0.5)	3,112(0.4)
기타		16,803(2.7)	23,838(3.1)
계		629,975(100)	771,306(100)

※참고문헌 : "Об экономическом и политическом положении Северной Кореи(북조선의 정치경제 정세에 대하여)", 1947, ЦАМОРФ, ф. 172, оп. 614631, д. 39, л. 8 ; Управление Советской Гражданской Администрации в Северной Корее(북조선 소련민정국), Указ. соч. С. 78.

위의 표는 학생층을 인텔리층으로 간주할 때 근로자층 곧 노동자·농민·노력인텔리겐챠의 점유율이 95%를 상회함을 보여준다. 인민위원 성분비와 비교해 노동자 출신 당원 비중이 상대적으로 높은 반면, 사무원(인텔리)·기업가·상인 출신 당원의 비중이 낮다는 점도 북로당이 엄격한 계급성분 자격요건을 요구했음을 의미한다. 더욱이 기업가와 상인층 당원의 경우 9개월 사이에 절대 수와 점유율 면에서 감소세를 보이고 있다. 그러면 북로당 간부진의 성분 구성은 어떠했을까? 아래의 표는 1946년 8월 북로당 창당대회에 참여한 간부진, 1948년 현재 중앙위원회 위원진, 1948년 도·시·군·면당위원회 위원진의 성분 구성을 보여준다.

[표 III-1-2 : 북조선로동당 간부급 당원 직업 분류] 단위 : 명(%)

당원 성분		1946년 북로당 창당대회 간부진	1948년 북로당 중앙위원	1948년 북로당 도·시·군·면당 위원
노동자		183(22.8)	14(14.9)	169(13.9)
농민	빈농·중농	157(19.6)	73(77.7)	994(81.9)
	부농		4(4.3)	9(0.7)
사무원(인텔리)		385(48.1)	1(1.1)	18(1.5)
상인		—	1(1.1)	17(1.4)
기타		76(9.5)	1(1.1)	6(0.5)
계		801(100)	94(100)	1,213(100)

※참고문헌 : 박일우, 1946.8.29, 「북조선로동당 창립대회 회의록」, 『史料集』 1, 110쪽 ; Управление Советской Гражданской Администрации в Северной Корее(북조선 소련민정국), Указ. соч. С. 292-293.

북로당 창당대회에 참가한 간부진 가운데 사무원(인텔리) 성분의 점유율이 48.1%에 달한 반면, 농민성분의 비중이 19.6%에 지나지 않았다는 점이 눈길을 끈다. 초창기의 당 간부진은 대개 고등교육을 받은 지식층으로서 일제시기 혁명운동에 참가한 이들을 중심으로 구성되었다. 그들의 상당수가 자본가·지주·부농의 자제들이었다. 그러나 시간이 지날수록 북로당 간부진의 성분 구성도 일반당원들의 경우와 마찬가지로 노동자·빈농성분이 증가한 반면, 사무원·상인·부농성분은 가파른 감소세를 보였다. 중농성분 간부당원을 약 10%라 가정할 때, 위 표는 1948년 현재 북로당 중앙위원과 도·시·군·면당 위원급 간부들 중 노동자·빈농성분이 80% 이상에 달했음을 보여준다. 달리 말해 일반당원 입당심사 못지않게 당 간부 발탁에도 엄격한 계급성분 자격 요건이 요구되었다.

북로당이 근로자층에 계급적 기반을 둔 노동자·빈농 중심의 정당이란 점은 조선민주당과 천도교청우당 소속 당원들에 대한 성분 분류를 통해 명확히 대비될 수 있다. 아래의 표는 1948년 11월 1일 현재 총 184,097명의 당원을 보유한 조선민주당과 1948년 9월 1일 현재 총 289,499명의 당원을 보유한 천도교청우당 소속 당원들의 성분 구성을 보여준다.

[표 Ⅲ-1-3 : 조선민주당원과 천도교청우당원 직업 분류] 단위 : 명(%)

당원 성분	1948.11.1 조선민주당	1948.9.1 천도교청우당
노동자	11,181(6.1)	20,996(7.3)
농민	139,915(76.0)	232,741(80.4)
사무원(인텔리)	13,249(7.2)	9,368(3.2)
상인	12,457(6.8)	8,125(2.8)
기업가	1,545(0.8)	999(0.3)
수공업자	2,840(1.5)	1,861(0.6)
기타	2,910(1.6)	15,409(5.3)
계	184,097(100)	289,499(100)

※참고문헌 : Управление Советской Гражданской Администрации в Северной Корее(북조선 소련민정국), Указ. соч. C. 100.

북로당원 성분 구성과 비교해 노동자·사무원(인텔리) 층의 점유율이 낮은 반면, 상인·기업가·수공업자 층의 점유율이 높음을 볼 수 있다. 농민층 내 세부 성분의 점유율이 제시되지 않았지만, 조선민주당은 본질적으로 부농과 중농에 계급적 기반을 둔 정당이었다.[39] 소부르주아층에 속한 기업가·상인·수공업자의 점유율이 민주당의 경우 9.1%에 달한 반면, 북로당의 경우 1%를 밑돌았다는 점도 양당의 대조적 계급기반을 잘 드러낸다. 조선민주당의 자산층

---

39) "Об экономическом и политическом положении Северной Кореи(북조선의 정치경제 정세에 대하여)", 1947, ЦАМОРФ, ф. 172, оп. 614631, д. 39, л. 9.

편중성은 간부그룹 수준에서 더 두드러졌다. 1947년 4월에 열린 조선민주당 대회의 대표단 344명 가운데 상인·인텔리 등의 소부르주아층이 266명(77.3%)에 달했을 정도였다.[40]

농민층이 80.4%에 달한 천도교청우당의 계급적 기반은 상당부분 북로당과 중첩되었다. 노동자·사무원(인텔리)의 비중이 북로당에 비해 현저히 낮았지만, 청우당도 광범한 빈농층에 기반을 둔 정당이었다. 그러나 북로당과 대립한 청우당은 자산층에 거부감을 보이지 않았다. 1948년 9월 현재 청우당 내 기업가·상인층의 점유율은 전국 기업가·상인 인구의 비중과 비슷한 수준이었다. 심지어 1947년경에 집계된 통계에 따르면 지방당인 평안남도 남포시당 전체당원 647명 가운데 상인층이 196명(30.3%), 평안남도 순천군당 간부 총 47명 가운데 지주 출신이 6명(12.8%)에 달했다.[41]

반체제적·중립적 성향을 지닌 자산층을 체제 내로 견인해야 할 과제는 건국을 앞둔 북한에 매우 중대한 현안이었다. 모스크바삼상회의 결정에 반대한 조만식 세력의 이탈 이후, 두루 신망이 높은 최용건이 조선민주당의 체제 내화 작업을 떠맡았다는 점은 그리 놀라운 일이 아니었다. 조선민주당 당수에 오른 그는 소부르주아층 당원들을 설득해, 그들의 애국적·협력적 태도를 이끌어내고자 했다. 최용건이 보기에 민주당원들이 국가 건설에 이바지할 수 있는 가장 효과적 방법은 "재산의 총동원"이었다.[42] 그는 어느 정당보다 부유층이 많은 민주당원들이 "하루 두 끼를 먹으며 굶어죽지 않는 한", 국가와 당

---

40) 느. 프로첸코, 「北朝鮮의 現情勢」, 『旬刊北朝鮮通信』 一九四七年 九月 下旬號(『史料集』 27, 135쪽).

41) 1947, 「청우당의 일반적 동향」, 『史料集』 1, 274·280~283쪽.

42) 이하 朝鮮民主黨中央本部 決定書, 1946.12.25, 「朝鮮民主黨 第六次 中央委員會 擴大會議에서의 崔庸健同志의 結論」, 『史料集』 8, 3~15쪽 참조.

314 | 북한 체제의 기원 — 인민 위의 계급, 계급 위의 국가

을 위해 "자기 주머니 속의 돈을 내야" 한다고 강조했다. 그를 실천하지 않는 이들은 민주당원의 자격이 없으므로, 당에서 "싹 쓸어내야" 한다는 충고도 잊지 않았다.

그는 민주당원들이 국가 건설에 이바지할 수 있는 다른 방안으로 산업기관 진출을 제안했다. 다른 정당들보다 민주당에 많이 포진해 있는 전문가·기술자·지식층·자본가·상업가들은 산업기관보다 정권기관·보안기관 진출을 선호하는 경향을 보였다. 그는 그러한 직업 선호도가 소시민층 특유의 "자유주의적 경향"을 반영한다고 진단했다. 최용건이 보기에 민주당원들의 산업기관 진출이 절실한 까닭은 산업 부흥의 과제가 절박한 데다, 그에 필요한 전문가·기술자 부족난이 심각한 수준에 달했기 때문이다. 조선민주당에 결집한 자산층이 친체제 성향 인사인 최용건의 당수 취임을 계기로 끊임없이 국가에 대한 협력을 요구받았다면, 북로당은 점점 더 무산계급적 색채가 짙은 정당으로 입지를 굳혀갔다. 1947년 말~1949년 말에 걸친 북로당 강원도 인제군당 소속 당원들의 성분 구성 변화 추이는 무산층 당원들의 점유율 증가 경향과 그에 대비되는 유산층 당원들의 점유율 감소 경향을 뚜렷이 나타낸다.

[표 III-1-4 : 1947~1949년 북로당 강원도 인제군당 당원 성분 구성 변화 추이] 단위 : %

	노동자	빈농	중농	사무원	상인	기타	계
1947년 말 점유율	4.4	77.2	11.3	5	0.24	1.86	100
1948년 말 점유율	4.8	78.3	10	4.8	0.2	1.9	100
1949년 4월 점유율	4.9	78.4	9.8	4.7	0.2	2	100
1949년 10월 점유율	5	80	9	4	0.2	1.8	100

※참고문헌 : 1949.1.11, 「북로당 강원도 인제군당상무위원회 회의록 제34호」, 『史料集』 3, 92~93쪽 ; 1949.4.3, 「북로당 강원도 인제군당상무위원회 회의록 제41호」, 『史料集』 3, 261쪽 ; 1949.11.13, 「북로당 강원도 인제군당상무위원회 회의록 제69호」, 『史料集』 3, 813쪽.
※전쟁 이전 북로당 강원도 인제군당의 전체당원 수는 약 5천 명 선에서 유지되었다.

위 표는 노동자·농민·사무원을 망라한 근로자층 당원 점유율이 98%에 수렴되고 있음을 보여준다. 전국 북로당원 성분비와 비교해 농민층의 비중이 높은 반면, 노동자·사무원층의 비중이 낮은 까닭은 인제군이 산간에 위치한 전형적 농업사회였기 때문이다. 그럼에도 위 표는 지방당 수준에서 발현된 북로당의 계급 지향성을 선명히 드러낸다. 근로자층 가운데 핵심성분에 해당한 노동자·빈농층의 점유율이 꾸준히 증가한 반면, 중농·사무원·상인층의 점유율은 점점 감소하는 경향을 보였다. 무엇보다 결정적으로 1949년 10월 현재 무려 85%에 육박한 노동자·빈농층 점유율이 인제군당의 무산계급적 성격을 뚜렷이 나타낸다.

당원 성분 구성의 계급 지향성은 인제군당 간부진 수준에서 훨씬 두드러졌다. 1948년 2월 현재 노동자 38.9% 빈농 38.9% 사무원 22.2%의 점유율을 보인 간부진 성분 구성은 1949년 9월에 들어 노동자 42.8% 빈농 57.2%로 변화했다.[43] 이 통계는 명확히 한 개인의 계급성분이 그의 간부직 진출을 위한 중요 자격요건이 되었음을 의미한다. 1948년 2월 현재 인제군당의 경우 비근로자층이 배출한 당 간부가 한 명도 없었을뿐더러, 1949년 9월에 접어들면 사무원성분조차 당 간부직에서 배제되었음을 볼 수 있다. 근로자층 중에서도 상층에 속한 노동자와 빈농 사이에 뚜렷한 위계가 형성되었다는 점도 주목할 만하다. 1949년 현재 인제군 전체당원 중 5%에 지나지 않은 노동자층이 간부직의 40% 이상을 점했을 만큼 두각을 나타냈다. 그러한 변화는 인제군에 국한된 현상이 아니었다. 한국전쟁 직전 북로당 면당위원장급 이상 간부들 중 41.8%에 달한 노동자층의 비율은 전쟁이 끝난 후 62.1%로 급등했다.[44]

---

43) 이주철, 『조선로동당 당원조직 연구』, 선인, 2008, 221쪽.

44) 「세포위원장들을 위한 강습제강」, 『史料集』 17, 437쪽.

요컨대 노동계급은 광범한 인민층 위에 발을 딛고 선 근로자층 중에서도 가장 핵심적 지위를 점하고 있었다.

한편 노동당원들은 합법행위 이상의 도덕적 행동을 요구받았다. 말하자면 광범한 인민층에게 허용된 행위의 경계가 국가법령에 근거하고 있었다면, 당원들에게 허용된 행위의 경계는 그보다 차원이 높은 계급적 가치에 근거하고 있었다. 1950년 초 북로당 강원도 연천군당은 그러한 계급적 가치를 강조하며, 이른바 "중간착취" 업종인 상업에 종사하고 있는 당원들에게 직업 전환을 종용했다.[45] 그 결과 식료품상업과 하숙업에 종사하고 있는 두 여성 당원들을 설득할 수 있었으나, 나머지 당원 다섯 명은 "신체가 쇠약해 상업이 아니면 생계를 유지할 수 없다."라는 구실을 내세워 응하지 않았다. 당원 성분을 노동자와 빈농 위주 적어도 근로자층 위주로 유지하려는 의식적 노력이 이루어짐에 따라, 근로자층 당원들은 직업을 바꿔 기업이나 상점 운영에 관여할 수도 없는 형편이었다.

그럼에도 불구하고 노동당원들 일부가 갖가지 "착취행위"에 관여할 수밖에 없었던 구조적 문제가 자리하고 있었다. 북로당 강원도 연천군당이 작성한 군내 고용주 명단 통계는 그와 관련해 중요한 단서를 제공한다. 이 문건에 따르면 1950년 1월 17일 현재 강원도 연천군 내 고용주 총 89명 가운데 조선민주당원이 17명(19.1%), 무소속이 42명(47.2%), 노동당원이 30명(33.7%)에 달했다.[46] 전체 고용주의 84.3%를 점한 75명이 영리목적이나 부족한 가족 노동력

---

45) 북로당 강원도 연천군당부, 1950.4.1, 「당원들의 직업 전환 사업조직 정형에 대하야」, 『史料集』 16, 69쪽.

46) 북로당 강원도 연천군당부, 1950.1.17, 「고용로동자 및 고용주 명단 제출의 건」, 『史料集』 16, 79~83쪽.

을 보충하려 고용자들을 부린 반면, 노동당원 고용주들의 절반에 가까운 14명은 그들의 토지를 대신 경작할 농민들을 고용했다. 그들 대부분이 공직에 복무한 지역 간부들이었기 때문이다. 무소속이나 민주당 소속 고용주들의 경력에서 찾기 힘든 노동당원 공직자들의 소속기관은 대개 면·리인민위원회, 소비조합, 학교 등에 집중되었다.

위 사실이 의미하는 바는 명백했다. 바로 북로당원들이 하층 수준에 이르기까지 국가기관·사회단체의 간부직을 독점했다는 점이다. 1947년 초에 실시된 면·리 인민위원회선거 당선자들 중 북로당원의 점유율은 각각 55.8%(7,503/13,444)와 60%(32,011/53,314)에 달했다.[47] 그러나 북로당은 그에 만족하지 않고 무소속 간부들을 적극 흡수하여 인민위원회와 사회단체 내 당원 간부 비중을 더 높일 수 있었다. 1949년 10월 현재 강원도 인제군 서화면 장승리 인민위원회와 사회단체 간부진의 90%, 1949년 12월 현재 인제군 농민동맹 군·면·리 위원의 89.4%·80%·87.3%가 북로당원으로 구성되었다.[48]

북로당원들의 공직 독점은 양방향에서 동시에 이루어졌다. 국가기관 간부들을 당 조직에 흡수하는 방식과 당원들을 국가기관 간부로 발탁하는 방식이 그것이었다. 국가기관 간부들이 곧 북로당원이었다는 점, 북로당원들의 계급성분이 노동자와 빈농 중심의 근로자층에 집중되었다는 점 등은 바꾸어 말해 근로자층이 아니라면 공직에 진출하기 어려웠음을 의미한다. 요컨대 한 개인의 계급성분은 그의 사회적 지위의 수직이동 여부를 좌우할 수 있는 요건들 가운데 하나였다.

---

47) 주영하, 「면 및 리(동) 인민위원 선거의 총결에 대하여」, 『인민』 1947년 4월호, 32~34쪽.

48) 1949.10.13, 「북로당 강원도 인제군당상무위원회 회의록 제66호」, 『史料集』 3, 719쪽 ; 1949.12.27, 「북로당 강원도 인제군당상무위원회 회의록 제73호」, 『史料集』 3, 923~924쪽.

3. 성분 분류

북한이 해방 직후부터 전체 인민들의 성분을 분류했다는 점은 잘 알려진 사실이다. 국가가 개개인들의 성분을 조사하고 분류한 사회적 범주화의 시도는 어떠한 목표를 겨냥했을까? 흥미로운 사실이지만 해방 직후 "성분"은 일상적으로 사용된 용어가 아니었다. 1948년 2월경 G - 2가 북한의 조선임시헌법초안을 입수했을 때, 그것을 영어로 번역하는 임무를 맡은 요원은 제11조에서 뜻밖의 난관에 부딪혔다. 조선민주주의인민공화국 공민의 평등권을 규정한 이 조항에 "성분"이란 생소한 용어가 등장했기 때문이다.[49] 그는 "조선어로 'Songbun', 그러나 뜻을 알 수 없음 — 역자"라는 짧은 주해를 남긴 뒤 건너뛰어야 했다.

그러나 '계급적 소속집단'을 의미하는 이 용어는 이미 북한 전역에 걸쳐 보편적으로 사용되고 있었다. 1947년 9월경에 작성된 한 문건에 따르면, 성분은 구체적으로 노동자·빈농민(고용농·소작농·소작겸 자작농)·중농민·부농민(자작과 함께 토지 일부를 소작주거나 고용노력을 활용하는 농민)·지주(대토지 소유자 또는 토지 일부를 자작하고 대부분을 소작주는 농민)·기업주(공장주·회계·중역, 기타 기업체의 경영주나 주주)·상인·수공업자(소규모의 산업 가공업자)·사무원(정신노동으로서 고용관계를 맺은 사람)·자유직업인(변호사·개업의·예술가 등 일정한 직업에 종사하며 독립적 지위에 있는 사람) 등으로 분류되었다.[50]

---

49) 제11조) 조선민주주의인민공화국의 일체 공민은 성별·민족별·성분·신앙·기술·재산·지식 정도의 여하를 불문하고, 국가의 정치·경제·사회·문화생활의 모든 부문에서 동등한 권리를 지닌다. ISNK, no.3(1948. 1. 10~1948. 7. 16), p. 107.

50) 北朝鮮人民委員會 司法局, 1947, 「保安例規, 自敍傳 作成 要綱」, 『史料集』 9, 95쪽.

당국이 제 기관에 소속된 성원 개개인들의 전력을 파악하고자 본인에게 작성을 요구한 이력서 양식에서 성분은 두 유형으로 구분돼 있었다. 출신성분과 사회성분이 그것이었다. 가정 출신이나 가정성분 또는 사회 출신으로 일컬어진 '출신성분'은 본인의 출생 당시 부모의 직업을 뜻하는 용어였다. 개개인의 성장환경이 그를 통해 파악될 수 있었다. '사회성분'은 본인의 직업, 그중에서도 가장 오래 몸담아온 직업을 의미했다. 따라서 불변성을 지닌 출신성분과 달리 사회성분은 유동성을 띠었다.

성분이 중요하게 취급된 까닭은 개개인이 자라온 환경이 그의 내면적 성향을 결정한다고 인식되었기 때문이다. 곧 성분 결정론자들의 견해에 따르면, 인간의 자아 형성은 절대적으로 환경요인의 영향을 받았다. 유전학과 다윈의 진화론을 거부하고 라마르크의 학설을 지지한 소련의 사조가 그러한 논리의 정립에 지대한 영향을 끼쳤다. 환경에 적응하면서 획득한 형질이 유전된다는 라마르크의 그릇된 가설은 개인의 본성이 타고난다는 주장을 반박할 수 있었다. 곧 그의 주장은 의식적 훈련·교육을 통해 자아를 단련할 수 있다는 점과 선천적으로 열등한 계급·종족이 존재하지 않는다는 믿음을 논리적으로 뒷받침할 수 있었기 때문에 더 진실되고 진보적인 학설로 받아들여졌다.[51]

현대유전학은 동의하지 않지만, 성분 분류 기획자들은 인간에게 "자연적 천성"이란 무의미한 것이며, 사회환경과 "계급적 소속"에 의해서만 개개인이 의미 있는 존재가 될 수 있다고 보았다. 그에 따라 인간의 악덕한 행위와 범죄도 사회환경과 계급관계가 그들의 관념에 각인되어 발생한 산물로 인식되었다. 곧 출신성분과 과거의 직업 등을 비롯한 개인의 이력은 그의 "사상을

---

51) 리처드 오버리 지음, 조행복 옮김, 『독재자들』, 교양인, 2008, 362~363쪽.

반영하는 거울"이었다. 따라서 북로당 검열위원회 위원장 장순명은 과오를 범한 이들의 이력을 들춰봄으로써, 그의 오류가 어떠한 사상적 근거에서 발생했는지 판정할 수 있다고 강조했다.[52]

사실 범죄가 유해한 환경이 낳은 "사회적 질병"이라는 인식은 1920~1930 년대 소련 범죄학의 일반적 지식이었다.[53] 가정환경·성장환경의 규정력을 강조한 소련의 사조는 해방 후 북한에 유입돼, 노동당원들의 가치관과 세계관에 지대한 영향을 끼쳤다. 어린 딸을 지주 출신 처가에 맡겨 양육해오던 한 노동당원이 동료들의 신랄한 비판에 직면한 사례도 '백지 상태'로 태어난 인간이 환경 요소의 영향을 받아 자아를 형성해간다는 관점을 반영하고 있다.[54] 성분 결정론적 관점은 해방 후 북한사회 일반에까지 널리 확산돼 있었다. 1949년 5월경 평양사범대학 역사과 학부장 이학복은 그간 학생들의 품행을 관찰한 뒤, 그들이 제출한 이력서와 자서전을 참조하여 학생 개개인에 대한 '평정서'를 작성했다. 아래의 평정서는 소시민 가정에서 자란 정준성이란 학생을 평가한 기록이다.

"이 동무는 소시민 가정에서 출생하여 아무런 고생 없이 중학을 졸업하고 본대학에 입학했다. 부친은 사무원으로 또 상업으로 그리 살림에 궁핍한 때는 없었다. 이러한 가정환경에서 이 동무의 소부르주아적 성격이 생

---

52) 장순명, 「당적 처벌에 대하여」, 『근로자』 1949년 5월호(제10호), 16쪽.

53) Sheila Fitzpatric, *Everyday Stalinism: Ordinary Life in Extraordinary Times: Soviet Russia in the 1930s* (New York: Oxford University Press, 1999), p. 75.

54) 1949.7.7, 「제37차 평양여자고급중학교 세포총회 회의록」, 『史料集』 26, 414쪽.

겼으며 자유주의 경향에 흐르게 되었다."[55]

위 평정서를 작성한 학부장의 관점도 학생이 자라온 가정환경이 그의 자아형성에 결정적 영향을 끼쳤음을 드러낸다. 이 경우 학생의 내면적 성향에 관한 핵심정보가 "소시민"이란 출신성분에 함축되어 있다. 다음은 평양교원대학 지리과에 재학 중인 이재복과 이원건이란 학생의 평정서이다. 그들도 소시민가정 출신이었다.

"토지가 있으며 아무런 곤란도 없는 가정에서 자라났다. 부친은 일본에 가서 대학까지 마친 인텔리이며 가정은 호화로웠다. 이 같은 환경에서 자란 본인은 아무런 근심도 없으며 온순하고 단순한 성격의 소유자가 되었다. 현재 아버지(리성희)는 최고재판소 판사로서 평양시 기림리에서 변호사를 하고 있다. 일제시대부터 변호사를 하여 왔다. 귀여운 장녀로 자라났기 때문에 몸을 아끼는 성질을 지니게 되었다고 본다."[56]

"왜정 때 서울에 가서 공부했을 만큼 경제적으로 풍부하며, 현재도 지리과 2학년에서 넉넉한 가정에 속한다. 기업하는 가정에서 자라났기 때문에 고집이 세고 남을 깔보는 성질이 있으며, 자기를 높게 평가하는 기질이 있다. 학교의 민청사업에서도 개인의 이익에 눈을 돌리며 소시민적인 경향

---

55) 평양사범대학 력사과 학부장 리학복, 1949.5.20, 「평양사범대학교 력사과 정준성 평정서」, NARA RG242 SA2007 Item19.

56) 1949.5.12, 「평양교원대학교 지리과 리재복 평정서」, NARA RG242 SA2007 Item20.2.

이 농후하다.[57]

위 평정서들을 작성한 교수도 학생들의 안일성·우월감·이기심 따위가 "소시민"이란 그들의 출신성분에서 비롯되었다고 보았다. 출신성분이 한 개인을 평가하는 척도로 이용되었다면 적잖은 편견을 조장했을 수 있다. 개개인의 인성을 그에 근거해 단정해버리는 식의 평가가 선입견에 다름 아니기 때문이다. 그러한 문제점을 지닌 성분 분류가 해방 후 북한사회에 보편화된 까닭은 무엇일까? 소련의 한 논자는 인민들의 계급을 세분화하는 시도가 선진계급이 주도할 계급투쟁에 유리한 여건을 조성하리라고 내다보았다.[58] 곧 성분 분류는 "계급의 적"이 될 가능성이 높은 이들을 사전에 배제할 수 있는 효과적 방법이었다. 그것이야말로 성분 분류가 요구된 까닭이자 정당화된 근거이기도 했다. 개개인을 대상으로 한 성분 분류는 그 자체에 차별을 전제하고 있었고 오용될 여지도 컸지만, 사회풍조가 계급투쟁의 당위성과 계급적 가치를 강조함에 따라 비판적 문제 제기는 이루어질 수 없었다.

한편 성분 분류는 국가가 전체 인민을 장악하고 관리할 수 있는 효과적 수단이기도 했다. 개개인의 모든 정보가 담긴 이력서와 자서전을 확보한 당국은 그 기록 사항을 확인하는 행위만으로도 그들의 과거 경력을 속속들이 들여다볼 수 있었다. 특히 본인이 작성하여 소속기관에 제출한 자서전은 작성자의 과거 경력뿐만 아니라, 가족·친척 관계 및 사상적 영향을 받은 인맥 관계 등 그와 관련된 모든 핵심정보를 담고 있었다.

---

57) 1949.5.2, 「평양교원대학교 지리과 리원건 평정서」, NARA RG242 SA2007 Item20.2.

58) 쁘. 췌도쎄예브, 「階級과 階級鬪爭에 對한 맑쓰主義 理論」, 『근로자』 1948년 9월호(제9호), 34~38쪽.

당국이 배포한 자서전 작성 요강은 개개인의 과거 경력이 얼마나 구체적으로 기재되어야 했는가를 보여준다.[59] 먼저 자서전은 본인의 출생 이래 가정의 경제 상태와 부모의 직업·사상동향·소속정당 등에 대한 기입으로부터 시작해야 했다. 출신성분과 양육환경이 그를 통해 구체적으로 드러날 수 있었다. 본인의 경력은 8세 이후의 삶이 실질적 의미를 지닌다고 인식되었다. 따라서 여덟 살 때부터 그가 걸어온 삶에 대한 상세한 기록이 요구되었다. 일제시기의 군입대 경력, 친일단체 가담 여부, 해방 후 소속정당과 그 정당에 가입한 동기 그리고 사회성분을 의미하는 직업 활동 따위가 핵심적 기재 사항이었다. 본인의 사상적 측면에 가장 큰 영향을 끼친 친척·친우 등과 그 사연에 관한 기록도 필수적이었다. 친척관계의 경우 친가와 외가 모두 3촌까지의 주소·직업·가정환경·정당 활동 등의 신상정보가 기입되어야 했다. 특히 남한에 거주하고 있는 친척의 존재는 매우 민감한 문제로 취급되었다. 그들의 반체제 활동 가능성 및 작성자가 그들로부터 받을 수 있는 영향 등이 우려되었기 때문이다. 그 밖에 토지개혁에 따른 토지 몰수나 분여 여부도 작성자의 체제 지지 여부를 가늠할 수 있는 중요 척도였다는 점에서 필수적 기재 사항이었다.

실용적 측면에서 자서전과 이력서는 간부 배치에 요긴한 자료로 활용되었다. 그러나 이 자료들의 보다 중대한 의의는 전체 인민 개개인에 대한 국가의 통제를 가능케 했다는 점에 있었다. 한국전쟁 발발 후 북한의 점령통치를 경험한 서울대학 교수 김성칠은 세 번에 걸친 이력서와 자서전 제출을

---

59) 이하 北朝鮮臨時人民委員會 司法局, 1947, 「保安例規, 自敍傳 作成 要綱」, 『史料集』 9, 93~97쪽 참조.

통해, 그것들의 작성이 갈수록 구체화될 수밖에 없음을 깨달았다.[60] 과장 섞인 고백일 테지만, 그에게 이력서 작성 요령을 설명해준 교육성의 한 간부는 "지난 5년 동안 50번도 넘게" 이력서를 썼을 정도라고 털어놓았다. 사실 자서전과 이력서를 관리할 위치에 있는 이들은 작성자 본인의 경력은 물론, 그의 주변 환경까지 속속들이 꿰뚫어볼 수 있었다. 평양교원대학 지리과 학생 한종숙에 대한 아래의 평정서는 그의 은밀한 주변 환경까지 학교 당국에 노출되었음을 보여준다.

> "어머니는 함흥에 있는데 때때로 경성을 왕복한다. 누이는 제정 시 경성에서 고등여학교를 졸업했고, 둘째 아들은 총독부 국제조사과 사무원을 했다. 누이는 제정 시에 의학박사와 결혼했는데, 그는 지금 남조선 국방군의 대좌로 활약한다. 이 자의 아우는 불란서에서 오래 살았고 현재 서울에서 불란서어 통역을 하고 있다. 모친은 토지개혁 시에 5,000평을 몰수당했다. 이러한 환경에 있는 이 학생은 여러 방면으로 항상 주의를 돌려야 할 것이다."[61]

위 평정서의 작성자는 평가 대상 학생은 물론, 사돈집안 자제들의 불순한 경력까지 훤히 간파하고 있었다. 물론 학생 본인의 가정도 체제에 우호적으로 인식되지 않은 데다, 그의 집안이 대단히 위험스러운 집안과 혼인관계를 맺고 있었으므로 그는 교내 요주의 인물로 지목되었다. 개개인의 주변환경뿐만 아니라 인격·개성·의식세계·약점 등 내면적 성향까지 평정서를 통해 철

---

60) 김성칠, 『역사 앞에서』, 창작과비평사, 1993, 126쪽.

61) 1949.5.1, 「평양교원대학교 지리과 한종숙 평정서」, NARA RG242 SA2007 Item18.

저히 해부되었다. 평양교원대학 지리과 학생 김장근을 평가한 아래의 평정서
는 개인의 모든 면이 당국에 노출되었음을 드러낸다.

> "이 동무는 자유노동자의 청부업 가정에서 출생했다. 어렸을 때부터 금
> 일까지 하등의 경제적 고통 없이 자라났다. 소학교 졸업 후 순조롭게 중학
> 교를 졸업했으나 하등의 민족적 감정 없이 자라났다. 이러한 가정의 엄격
> 한 부친 밑에서 자란 이 동무는 이중적 성격의 소유자가 되었고 눈치만 보
> 고 다닌다. 사무능력이 없고 사업에 무관심하며 반 내 가장 낙후한 자의
> 하나이다. 뒤에서 간부들을 중상하고 학교행사와 기타 사업에 잘 뺑소니
> 치며, 자위대에 비열성적이고 숙사생활에 가장 낙후한 자이다. 학생들 간
> 에 위신이 없고 낙후자인 임건순동무와 교제할 뿐 성적도 평균 3.2 정도
> 이다. 교원에 적당하나 좀 약하고 앞으로 노력이 필요하다. 책임적 지위에
> 부적당하며 초급중학교에 적당하다."[62]

아마 위 학생이 삶의 궁극 목표를 사회적 지위의 상승에 두었다면, 그것
은 쉽게 이루어지지 않았을 것이다. 평정서·자서전·이력서가 지닌 함의는 그
것들이 개개인의 모든 면을 철저히 해부했다는 점을 넘어, 그들의 됨됨이·의
식세계·개성 등 내면적 성향까지 파악하고 단정할 수 있는 자료로 이용돼 사
회적 차별의 단초를 제공했다는 점에 있었다. 물론 위의 학생처럼 불량한 성
분에 더하여 평정서의 평가까지 좋지 않았다면, 그것은 한 개인에게 극복하
기 힘든 치명적 약점이 될 수 있었다.

---

62) 1949.5.12, 「평양교원대학교 지리과 김장근 평정서」, NARA RG242 SA2007 Item20.6.

4. 노동자·빈농 간부 양산

해방 직후 고등교육을 받은 식자층 인재를 간부직에 등용하는 경향은 일제시기와 다를 바 없었다. 불리한 출신성분을 지닌 식자층과 부유층의 공직기구·산업기관 진출은 그리 어려운 일이 아니었다. 실제 그들은 공직기구·산업기관에 두루 포진해 있었고 요직의 대부분을 점했다. 식자층과 부유층의 유입이 지속된 까닭은 수적으로 매우 부족한 그들의 지식·기술·실무 경험이 국가 건설에 절실히 요구되었기 때문이다. 1946년 말까지 일본인 고급기술 인력 대다수가 귀국해 인재 부족난이 가중됨에 따라, 조선인 기술자들의 친일 전력과 불리한 출신성분은 관용적 차원에서 묵인되는 경향을 보였다.[63] 그들 기술자들은 대개 고등교육을 받을 수 있었던 부유층 출신이었다. 해방 직후 지주층 자제들이 공직기구나 산업기관에 진출할 수 있었던 까닭도 그들이 고등교육의 수혜를 입었다는 점과 무관치 않았다. 1946년 창립과 함께 2,003명의 학생을 모집한 김일성종합대학 입학생 가운데 지주 출신이 71명, 자본가 출신이 87명에 달했다. 전체 입학생의 약 8%에 달하는 점유율이었다.[64]

일제시기의 기능과 역할을 계승한 기관들은 해방과 함께 새로운 인력을 모집하기보다, 식자층 출신 기존 인력을 재활용했다. 이를테면 해방 직전까지 평양전매국 경리과장을 맡아보던 한 사무원은 해방 후에도 계속 그 직위

---

63) U.S. Department of State, *North Korea: A Case Study in the Techniques of Takeover* (Washington, D.C.: U.S. Government Printing Office, 1961), p. 63.

64) A.기토비차 · B.볼소프 저, 최학송 역, 『1946년 북조선의 가을』, 글누림, 2006, 199~200쪽.

를 유지하다 산업국 간부에 발탁되었다.[65] 인재 부족이 심각한 문제로 부상함에 따라, 해방 직후 식자층 사무원들은 공직기구나 사회단체의 중요 간부직에 쉽게 진출할 수 있었다. 1947년 9월 중순경 제기된 북로당 중앙상무위원회의 비판에 따르면, 강원도 내 시·군인민위원회의 중요 간부인 과장급 이상 간부들의 사회성분 가운데 노동자가 1.3% 빈농이 7%에 지나지 않은 반면 사무원은 76%에 달했다. 강원도 내 각 시·군 사회단체장들의 상황도 다르지 않았다. 민청위원장의 87%, 여맹위원장의 80%가 사무원성분에 속했다.[66]

식자층 선호경향은 북로당도 예외가 아니었다. 지적 교양은 노동당원들이 갖추어야 할 기본소양의 하나였다. 사실 노동자들 사이에 퍼진 "유식하고 말도 잘해야" 당원이 될 수 있다는 통념은 현실과 동떨어진 편견이 아니었다. 1947년 3월경 김용범은 사무원 82명과 노동자 377명으로 구성된 "로동신문사" 종업원들의 입당율이 사무원의 경우 42.7%(35명)에 달한 반면, 노동자의 경우 5.8%(22명)에 지나지 않는다고 비판했다.[67] 당 중앙을 비롯한 상급 당 조직이 노동계급 흡수를 계속 독촉했으나, 그들의 입당은 낮은 지적 수준의 장벽에 가로막히기 일쑤였다. 이를테면 북로당 함경남도 삼수군당은 "가르쳐도 모른다."라는 이유를 내세워, 오랜 경력을 지닌 노동자들의 입당에 무관심한 태도를 보였다.[68] 반면 "당원 성분 개조"에 집착한 북로당 지도부는 그들을 흡수해 지속적으로 교육해야 한다는 입장을 굽히지 않았다. 문맹자의 입당을

---

(65) 北朝鮮人民委員會 人民檢閱局, 1947.5.16, 「要行政處分者 調書」, 『史料集』 25, 81~82쪽.

(66) 북로당 중앙상무위원회 제34차 회의 결정서, 1947.9.16, 「강원도당부 간부정책과 간부양성 정형에 대하여」, 『史料集』 30, 268쪽.

(67) 김용범, 1947.3.12, 「로동신문사 출판경영사업 진행에 관하여」, 『史料集』 17, 38쪽.

(68) 북로당 함남도당위원장 박영, 「중앙위원회 제3차 회의 결정 집행을 위한 함남도 당단체의 투쟁」, 『근로자』 1949년 1월호(제2호), 58쪽.

허용하지 않겠다는 1947년 9월 13일 강원도당의 결정은 당 중앙의 비판에 따라 철회되기까지 했다. 따라서 지적 소양을 갖추지 못한 노동자들, 심지어 문맹 노동자들도 종종 당적을 획득할 수 있었다. 1947년 8월 1일 현재 문맹 당원 수가 전체 북로당원의 14.1%인 94,335명에 달했다.[69]

시간이 지날수록 불리한 성분을 지닌 이들의 입지가 좁아졌음은 여러 차례 살펴보았다. 그 대표적 근거가 사무원 출신 간부진의 점유율 감소 추세였다. 사실 1949년경에 이르면 해방 직후와 달리, 식자층 간부인력 부족난은 꽤 해소된 상황이었다. 노동자·빈농층 위주의 간부양성체계가 정착되었기 때문이다. 이제 과거와 달리 유산층·식자층 및 친일 전력자들에게 그들의 출신성분과 과거 경력은 공직 진출을 가로막을 수 있는 중요 변수가 되었다.

식자층을 대신한 노동자·빈농 출신 등용정책이 적극화되기까지 오랜 시간을 소요하지 않았다. 강원도 내 시·군 인민위원회의 간부들 중 노동자·빈농성분의 점유율이 지나치게 낮은 반면, 사무원성분의 점유율이 너무 높다고 지적한 북로당 중앙상무위원회의 비판은 비교적 이른 시기인 1947년 9월 중순경에 제기되었다.[70] 인재가 부족하다는 구실을 내세워 "성분이 좋지 못한" 유산층·식자층을 발탁하기보다, 빈농층·노동자층 가운데 발전 가능성이 있는 이들을 교육해 등용해야 한다는 입장이 당국이 고수한 간부 선발정책의 골자였다. 1949년 10월 말 조선로동당 중앙조직위원회가 시달한 간부 선발지침은 그보다 더 구체적이었다. "정권기관·사회단체의 지도급 책임간부"에 노

---

69) 북로당 중앙상무위원회 결정서, 1947.8.21, 「북로당 당원 성원에 관한 1947년 8월 1일 현재 통계에 대하야」, 『史料集』 17, 105쪽.

70) 북로당 중앙상무위원회 제34차 회의 결정서, 1947.9.16, 「강원도당부 간부정책과 간부양성 정형에 대하여」, 『史料集』 30, 268쪽.

동자·농민 등의 기본성분을 등용하고, 행정·경리직 간부에 "해방 후 진실로 인민에게 복무해온 사무원성분을 등용"하라는 지침이었다.[71]

사실 노동자·빈농성분 중심의 간부 선발정책은 기존의 계급질서를 전복할 수 있다는 점에서 혁명성을 띠었다. 북로당의 경우 입당·출당을 철저히 관리하는 식으로 당원 성분 구성을 재편해 그러한 구상을 관철할 수 있었다. 그러면 당 조직 외에 인민위원회와 사회단체를 비롯한 여타 공직기구의 계급 구성도 노동자와 빈농 출신 위주로 재편되었을까? 달리 말해 해방 전의 계급질서가 북한체제하에서 새로운 형태로 재편될 수 있었을까? 전문적 지식과 기술을 요하는 부문을 제외하면, "그렇다!"고 답할 수 있는 많은 근거들이 제시될 수 있다.[72]

1949년 6월 30일에 실시된 북조선 도·시·군·구역 인민위원회선거의 당선자 총 5,853명 가운데, 노동자·농민위원이 3,808명(65.06%)에 달했다. 중앙 행정기관 간부진 성분 구성도 노동자·빈농층 중심으로 재편되었다. 이를테면 1949년 7월 1일 현재 재정성 직원 총 176명의 사회성분이 노동자 21명(11.9%), 빈농 93명(52.8%), 부농 30명(17.0%), 사무원 14명(8.0%), 상인·기업가 13명(7.4%), 지주 1명(0.6%), 기타 4명(2.3%) 등의 분포를 보였다.[73] 성분이 좋지 못한 부농·상인·기업가·지주 출신의 점유율이 25%(44명)에 달한 까닭은 전문지식과 실무

---

71) 조선로동당 중앙조직위원회 제9차 회의 결정서, 1949.10.31, 「평남도 당단체의 간부사업 정형에 대하여」, 『史料集』 29, 377쪽.

72) 일제시기 테크노크라트 출신들의 교육기관 잔류에 대해서는 김태윤, 2018, 「해방 직후 북한 과학기술 교육기관 교원의 충원과 구성(1945~1948)」, 『역사와 현실』 제107호.

73) 朝鮮民主主義人民共和國 財政省顧問 ILATOVSKII, 1949.7.14, 「1949年上半期朝鮮民主主義人民共和國財政省の活動の狀態と結果」, 『旧ソ連の北朝鮮經濟資料集 1946~1965年』, 東京: 知泉書館, 2011, 154쪽.

기술을 요하는 기구의 성격상, 고등교육을 받은 식자층의 필요성이 절실했기 때문으로 보인다.

등용 이전인 간부 양성 단계부터 노동자·농민 출신들을 집중적으로 모집했다는 점도 그들의 간부직 점유율 상승에 기여한 요인이었다. 이미 1947년 4월경 제 간부양성학교 내 학생들의 성분에 주목한 북로당 중앙상무위원회는 지나치게 높은 비율의 사무원성분 학생들이 수강하고 있으며, 심지어 지주·부농·상인성분 학생들까지 수강생들 사이에 끼어있다고 비판했다.[74] 이어 "각급 정권기관·경제기관 학교"에 50~70%의 "선진적이고 열성적인" 노동자·농민들을, "각 도당과 사회단체 산하 강습소·학교"에 50% 이상의 "열성적 노동자들"을 선별해 교육하라는 지침을 시달했다. 그러한 지시는 거의 그대로 관철되었다. 이를테면 1947년경 산업국 산하의 지배인양성소가 모집한 6개월 교육 과정의 수강생 74명 가운데, 생산 작업에 종사해온 공장노동자들이 44명(59.5%)에 달했다.[75]

전문성이 요구된 사법 부문에도 노동자·농민 출신 간부 등용이 강조되었다. 1947년 1월 말 북로당 중앙상무위원회는 판결권을 지닌 판사의 50%와 참심원의 90%를 생산노동자층·농민층 중에서 선발하고, 법조인 양성기관인 북조선법률학원의 수강생 성분비를 "생산노동자성분 50% 농민성분 30%"에 맞추라고 지시했다.[76] 1948년 3월 말 북로당 제2차 전당대회에서 그 지시의 집

---

74) 북로당 중앙상무위원회 제30차 회의 결정서, 1947.4.8, 「간부양성제도에 대하여」, 『史料集』 30, 179~180쪽.

75) "Об экономическом и политическом положении Северной Кореи(북조선의 정치경제 정세에 대하여)", 1947, ЦАМОРФ, ф. 172, оп. 614631, д. 39, л. 65.

76) 북로당 중앙상무위원회 제21차 회의 결정서, 1947.1.28, 「판사 및 참심원 선거에 관하여」, 『史料集』 30, 118쪽.

행경과를 발표한 최용달의 보고는 사법 부문 간부들의 성분 구성에 현저한 변화가 나타났음을 보여준다. 그는 전국 재판소 판사들의 성분 구성이 1946년 12월 현재 총 154명 중 노동자 7.6% 농민 3.5% 사무원 77.3%에서, 1947년 12월 현재 총 191명 중 노동자 26% 농민 50% 사무원 19%로 역전되었다고 보고했다.[77] 만 1년 사이에 노동자·농민성분 비율이 급등한 반면, 사무원성분 비율이 급락했음을 볼 수 있다. 아래의 표는 1947년 초~1949년 8월에 걸친 전국 재판소 판사들의 성분 구성 변화 추이를 더 구체적으로 드러낸다.

[표 III-1-5 : 1947년 1월~1949년 8월 전국 재판소 판사 성분 구성 변화 추이] 단위 : %

	노동자	빈농	중농	사무원	기타	계
1947년 초 판사 성분	2.5	19.5	19.5	24.5	34	100
1948년 말 판사 성분	44.5	16.7	0	38.4	0.4	100
1949년 8월 판사 성분	56	27.2	1.4	13.8	1.6	100

※참고문헌 : Управление Советской Гражданской Администрации в Северной Корее(북조선 소련민정국), Указ. соч. C. 278-279 ; 「조국과 인민을 위하여 민주사법에 헌신 복무」, 『로동신문』 1949.8.19.

1947년 초 22%에 지나지 않았던 노동자·빈농성분의 판사직 점유율이 1949년 8월 현재 83.2%로 급등했다. 반면 중농·사무원성분 판사들은 뚜렷한 감소세를 보였다. 전국 재판소 판사직을 거의 장악하다시피 한 1949년 8월의 노동자·빈농성분 점유율은 여느 공직기구의 그것을 상회하는 수준이었다. 이 통계는 "재판기구가 인민민주주의제도를 수호하기 위한 프롤레타리아독재 기능을 수행한 기관"이 되었다고 자평한 북한의 공식견해가 근거 없는 속

---

77) 崔容達, 1948.3, 「北朝鮮勞動黨 第二次 全黨大會 會議錄」, 『史料集』 1, 394쪽.

단이 아니었음을 보여준다.[78] 아래의 표는 2년간에 걸친 전국 재판소 판사들의 학력 수준 변화 추이를 드러내고 있다.

[표 Ⅲ-1-6 : 1947년 초~1948년 말 전국 재판소 판사 학력 수준] 단위 : %

	고등교육	고등교육 중퇴	중등교육	초등교육	계
1947년 초	24.1	42	30	3.9	100
1948년 말	6.5	4.9	30.6	58	100

※참고문헌 : Управление Советской Гражданской Администрации в Северной Корее(북조선 소련민정국), Указ. соч. C. 278-279.

　　동일 그룹을 대상으로 한 [표 Ⅲ-1-5]와 [표 Ⅲ-1-6]의 통계 비교는 계급성분과 학력 간 상관관계를 뚜렷이 나타낸다. 노동자·빈농성분이 22%인 1947년 초 판사그룹의 고등교육 중퇴 이상 자가 66.1%를 점한 반면, 노동자·빈농성분이 61.2%에 육박한 1948년 말 판사그룹의 고등교육 중퇴 이상 자는 11.4%에 지나지 않았다. 한편 법률학원생들의 성분 구성에도 큰 변화가 따랐다. 1947년 초 노동자·농민성분의 점유율이 각각 12%·11%에 지나지 않았던 그들의 성분 구성은 1947년 말에 들어 51%·34%에 이를 만큼 현격한 변화를 보였다.[79]

　　북한의 계급질서 재편은 간부층에 국한된 현상이 아니었다. 토지개혁을 비롯한 제 개혁조치들이 의도했듯, 그것은 전사회적 변혁운동의 핵심적 귀결이었다. 특히 해방 전후 학생층의 출신성분 구성 변화는 사회저변에 이르기

---

78)　金圭昇, 『朝鮮民主主義人民共和國の刑事法制』, 社會評論社, 1988, 48쪽.

79)　崔容達, 1948.3, 「北朝鮮勞動黨 第二次 全黨大會 會議錄」, 『史料集』 1, 394쪽.

까지 철저한 계급질서의 재편이 이루어졌음을 드러낸다. 해방 전 평양고등
보통학교의 경우 전교생 971명 가운데 상인 출신이 47% 지주·자본가 출신이
9%를 점한 반면, 노동자·빈농 출신은 한 명도 없었을 만큼 고등교육기관 진
학과 경제력은 밀접한 상관성을 보였다. 평양서문고등녀학교의 사정도 별반
다르지 않아, 전체학생 647명 중 노동자 출신이 1명 빈농 출신이 2명에 지나
지 않았다. 유산층 자제 편중성은 고등교육기관일수록 그리고 명문학교일수
록 두드러졌다. 이를테면 전체학생 313명 중 62%의 일본인과 38%의 조선인
으로 구성된 평양의학전문이 그 대표적 사례에 속했다. 이 학교의 조선인학
생 119명 가운데 39.6%가 지주·자본가 출신, 12.2%가 상인 출신, 29.3%가 "일
제에 복무한 사무원의 자제들"이었던 반면 노동자·빈농 출신은 한 명도 없었
다.[80]

  그러나 부유층 중심의 학생 성분 구성은 해방과 함께 변화의 조짐을 보
였다. 1946년 11월 현재 평안북도 선천군 내 고등교육기관인 선천중학교·선
천여자중학교·선천공업학교·선천상업학교·선천사범전문학교 등 총 5개 학
교 전체학생 2,475명의 성분 구성이 노동자 출신 304명(12.3%), 빈농 출신 364
명(14.7%), 중농 출신 602명(24.3%), 부농 출신 70명(2.8%), 사무원 출신 246명(9.9%),
상인 출신 621명(25.1%), 기업가 출신 63명(2.5%), 지주 출신 210명(8.5%) 등으로
해방 전의 유산층 자제 편중성을 적잖이 극복했다.[81] 게다가 유산층의 월남
경향성과 체제의 급진적 계급정책에 따라, 학생층의 성분 구성 변화는 시간

80) 남일, 「인민교육 발전과 전반적 의무교육 실시를 위한 준비사업에 대하여」, 『근로자』 1949년 1월
     호(제2호), 13~14쪽 ; 「朝鮮의 獨立과 民主化를 爲하여 偉大한 蘇聯軍이 朝鮮人民에게 준 經
     濟文化上 援助」, 『인민』 1948년 11월호(『史料集』 37, 121쪽).

81) 1946.11.20, 「宣川郡 學校 關係 調査綴」, 『史料集』 10, 199~200쪽.

이 지날수록 뚜렷해졌다. 1948년 현재 전국 초급중학교와 고급중학교 전체 학생들 중 노동자·빈농·사무원 출신의 점유율이 각각 12.7%·46.4%·9.1%와 10.7%·41.4%·13%에 달했다.

북한 지역 전체 정규학교 학생들의 출신성분 통계도 해방 후 계급질서의 재편양상을 뚜렷이 드러낸다. 교육성 부상 남일에 따르면 1949년 초 전체학생들의 출신성분 구성은 노동자 259,037명(15%), 빈농 933,878명(53%), 중농 240,409명(14%), 사무원 140,779명(8.2%), 부농 23,724명(1.4%), 전지주 6,703명(0.4%), 상인 72,262명(4.4%), 수공업자 8,888명(0.5%), 기업가 7,453명(0.5%), 자유직업자 19,361명(1.1%), 기타 25,067명(1.5%) 등의 분포를 보였다.[82] 노동자·빈농·중농·사무원 등 기본성분을 지닌 학생들이 전체 학생 인구의 90.2%에 육박했음을 볼 수 있다.

1946년 12월 5일, 황해도 신막군에서 반체제성을 띤 두 장의 삐라가 발견되었다. "피착취자들"과 협력해 조선의 기존 질서를 뒤바꾸려는 북조선임시인민위원회의 정책에 반대하며, 그를 타도하자는 선동적 내용을 담은 삐라였다.[83] 유산층으로 보이는 그 삐라의 살포자가 우려했던 점이 바로 새로운 체제가 단행할 기존 계급질서의 해체였다. 결과적으로 그의 우려 섞인 예측이 적중한 셈이었다. 이제 노동자·빈농층이 일제시기 기득권층보다 유리한 위치에 설 수 있었다. 1949년 10월 말 조선로동당 중앙조직위원회는 노동자·빈농성분 위주의 간부 선발 정책이 불러온 문제점을 비판하고 나섰다. 간부 발

---

82) 남일, 「인민교육 발전과 전반적 의무교육 실시를 위한 준비사업에 대하여」, 『근로자』 1949년 1월 호(제2호), 13~14쪽.

83) Романенко, "Доклад о политико-моральном состоянии населения Северной Кореи(북조선 인민의 정치적 정신적 상태에 관한 보고)", 1947, ЦАМОРФ, ф. 172, оп. 614632, д. 23, л. 20.

탁의 기준이 당사자의 "사업능력"이 아닌 "계급성분"에 맞춰져 있었기 때문이다.[84] 그러한 사실들은 북한이 기존의 사회적 차별구조를 시정하는 데 만족하지 않고, 새로운 계급질서의 확립을 모색했음을 보여준다. 곧 그것은 기존 계급질서의 전복을 통해 역사적으로 가장 억압받아온 노동자와 빈농층에게 권력을 부여하고, 그들을 새로운 계급구조의 상층에 배치하려는 시도였다.[85]

북한은 그간 억압을 받아온 하층민들이 진정한 권력자가 되었음을 보여주는 상징적 조치들을 통해 새 체제의 정당성을 과시할 수 있었다. 농업이나 노동에만 종사해온 전업 농민·노동자들이 최고주권기관이자 입법기구인 북조선인민회의·조선최고인민회의에 진출할 수 있었다는 점이 그 대표적 사례였다. 572명의 조선최고인민회의 대의원들 중 전업노동자가 35명(6.12%), 전업농민이 92명(16.08%)에 달했다.[86] 전업노동자들 가운데 한 명인 성흥광산 여성 착암수 최숙량은 1948년에 인민회의상과 인민위원회상을 받은 모범노동자로, 최고인민회의 대의원에 이어 노동당 중앙위원에 선출되었다.[87]

여섯 살 이후 가족들과 평양 보통강 다리 밑 움막에서 거주한 여성 최월성은 4년간 일본인 가정에서 종살이를 하다, 열세 살 때 한 농가의 민며느리로 들어갔다. 해방 후 적극적으로 활동하며 국가 건설운동에 헌신한 그녀는

84) 조선로동당 중앙조직위원회 제9차 회의 결정서, 1949.10.31, 「평남도 당단체의 간부사업 정형에 대하여」, 『史料集』 29, 375~377쪽.

85) Charles K. Armstrong, *The North Korean Revolution, 1945~1950* (Ithaca: Cornell University Press, 2003), pp. 72~73.

86) ISNK, no.4(1948.7.17~1948.11.26), p. 214.

87) 「남녀평등권법령 실시 후 3년간」, 『조선녀성』 1949년 7월호, 36~37쪽.

북조선인민회의 대의원에 이어 최고인민회의 대의원에 발탁되었다.[88] 1948년 4월경 북조선인민회의원을 방문해 노동자·농민 출신 대의원들과 마주친 남한『독립신보』기자 서광제는 "저런 사람들이 어떻게 헌법을 알고 또 어떻게 국가의 중대한 헌법을 토의할 수 있을까?"라며 의아해했다.[89]

1947년 11월 19일, 북조선인민회의 제3차 회의에 참석한 여성의원 박천일은 헌법 초안 준비 상황을 설명한 최용달의 보고를 듣고 토론에 나섰다. 그녀는 "왜정시대 같으면 농촌에서 농사짓는 무식한 여성이 이 같은 단상에 오르는 일은 꿈도 꾸지 못할 일"이라며 감격해마지 않았다. "조선민족의 손으로 법률을 만든다."라는 사실을 처음 알았을 뿐만 아니라, 헌법의 근본 의의도 모른다고 밝힌 그녀는 "다만 아는 것이라고는 30년간 농촌에서 살아오는 동안 주재소 순사를 보면 부들부들 떨면서 그놈들의 큰소리에 하지도 않은 잘못을 저질렀다고 한 일, 악독한 지주영감들의 종살이를 하던 소름끼치는 옛 생각"뿐이라고 회고하며 자신과 민족의 급변한 처지를 드러내 보였다.[90]

전업 농민·노동자들의 인민회의·최고인민회의 진출이 체제의 정당성을 과시할 수 있는 효과적 선전수단이었다는 점에 지나친 의미를 부여할 경우, 북한의 계급질서 재편이 형식적 변화에 지나지 않았다는 속단을 낳을 수 있다. 그러나 자작농가에서 태어나 20세에 출가한 조경녀라는 여성의 흥미로운 에피소드는 북한의 계급질서 재편이 본질적일 뿐만 아니라 전면적인 변화였

88) 리석, 「농촌 녀성 대의원 최월성녀사를 찾아서」, 『조선녀성』 1949년 9월호, 63~65쪽.

89) 徐光霽, 『北朝鮮紀行』, 青年社, 1948, 143쪽.

90) 北朝鮮人民會議院, 1947.11.19, 『北朝鮮人民會議 第三次 會議』, 朝鮮人民出版社, 1948, 133~134쪽.

음을 예리하게 드러낸다.[91] 일제시기 면서기의 아내였던 그녀는 우월감에 사로잡혀 빈농민들을 얕잡아보는 버릇이 있었다. 사건은 그녀가 목도리를 분실하면서 시작되었다. 빈농민인 이웃집 부인이 의심을 사 큰 싸움으로 번졌지만 목도리의 행방은 묘연했다. 분을 삭이지 못한 그녀는 "세월을 잘못 만나 저런 것들에게 모욕을 당했다."라는 의미심장한 고백을 남겼다. 이 여인의 진솔하고도 함축적인 고백은 하층 민간사회에 이르기까지 기존 계급질서가 철저히 해체되었음을 드러낸다. 사실 친일 전력을 지닌 "사무원"의 아내인 그녀는 운 좋게 노동당원이 될 수 있었으나 당 조직의 두둔을 얻는 데 성공하지 못했다. 왜냐하면 그녀는 당원이 결코 입에 올려선 안 될 빈농민을 멸시하는 언사를 사용했기 때문이다.

1947년 5월경 김철은 "착취계급과 피착취계급"이 사라졌음은 물론, "우월적 특권계급"도 "북조선"에 존재하지 않는다고 선언했다.[92] 사실 그의 주장은 절반의 진실에 가까웠다. 논의의 여지가 있는 '국가의 착취계급화' 문제를 제외하더라도, 기존의 특권층을 대체한 새로운 특권층이 등장했기 때문이다. 노동자·고농·빈농이 바로 그들이었다. 1947년 한 해 황해제철소에서만 152명의 노동자들이 각급 국가기관 간부직에 발탁되었고, 화부(火夫)로 있던 한 노동자는 "북조선인민위원회 모국(某局)의 부장직"에 등용되었다.[93]

비전향장기수 김석형도 그들의 달라진 위상을 보여주는 몇 가지 사례들을 소개했다. 5년 동안 이필규 집안의 머슴으로 일해온 안희구가 함경남도

---

91) 이하 1948.10.31, 「북로당 강원도 인제군당상무위원회 회의록 제26호」, 『史料集』 2, 644쪽 참조.

92) 金哲, 「北朝鮮人民會議는 朝鮮 實情에 가장 適切한 進步的 民主主義 最高人民政權形態」, 『人民』 1947年 5月號(『史料集』 13, 459쪽).

93) 溫樂中, 『北朝鮮紀行』, 朝鮮中央日報出版部, 1948, 76쪽.

함주군 정치보위부 정보부장에 발탁된 사례가 그중 하나였다. 해방 후 갓 문맹을 깨우친 그는 여전히 상관의 지시를 받아 적을 수 없었다. 노동자 출신 고위간부였던 함경남도 경비대장은 자신을 비판하는 이들을 향해, "차돌 같은 굳은살이 배긴 손바닥"을 펴 보임으로써 비판을 무마할 수 있었다. 그는 "본궁 카바이트공장에서 10년간 하적원으로 일했"다는 경력소개도 잊지 않았다.[94]

노동자·고농·빈농층은 해방 후 재편된 계급구조의 상층에 편제되었다. 이 특권층을 포함한 중상층이 이른바 "기본성분"으로 분류되었다. 그들은 국가에 우호적인 계급으로 받아들여질 수 있는 집단이었다. 노동자·고농·빈농·사무원·중농성분이 그에 속했다. 그 뒤를 이어 소시민층과 이전 지주층이 차례로 계급위계구조의 하층에 편제되었다. 따라서 해방 후 북한의 계급구조는 노동자·고농 / 빈농 / 사무원·중농 / 수공업자 / 기업가·상인·부농 / 지주의 순으로 위계화되는 경향을 보였다.[95] 1949년 말 현재 전체 인구에서 각 계급성분이 점한 비율은 노동자층 19%, 농민층 69.3%, 사무원층 7%, 수공업자층 1.1%, 기업가층 0.1%, 상인층 1.7%, 기타 1.8% 등의 분포를 보였다.[96]

농민층 내 빈농·중농·부농 성분의 점유율도 추산될 수 있다. 1949년 현재 북한 정규학교 전체학생들 가운데 빈농 출신이 53%, 중농 출신이 14%, 부농 출신이 1.4%를 점했음을 감안할 때, 전체 농민 인구 중 빈농성분이 77.5%

---

94) 이필규는 조선민주주의인민공화국 내무성 부상을 역임했다. 김석형 구술, 이향규 녹취·정리, 『나는 조선노동당원이오!』, 선인, 2001, 282·284쪽.

95) 대개 자신과 가족의 노동력을 활용해 제품을 생산한 수공업자층은 마르크스주의적 관점에서 기업가층보다 덜 착취적인 계급으로 인식되었다.

96) 조선민주주의인민공화국 국가계획위원회 중앙통계국, 『1946~1960 조선민주주의인민공화국 인민경제 발전 통계집』, 국립출판사, 1961, 19쪽.

(53/68.4), 중농성분이 20.5%(14/68.4), 부농성분이 2%(1.4/68.4)에 달했음을 추정할 수 있다.[97] 그러면 전체 인구 가운데 계급적으로 안정한 성분과 불안정한 성분의 점유율은 어느 정도였을까? 노동자·고농·빈농을 제외하면 어떠한 성분도 안정적이지 않은 계급적 지위를 지니고 있었음을 살펴본 바 있다. 1949년 현재 전체 인구 중 극소수의 고농층 비율을 무시하고 노동자가 19% 빈농이 53%를 점했다는 위 통계에 비추어, 계급적 안정층이 72% 불안정층이 28%에 달했다는 결론에 다다를 수 있다. 달리 말해 북한주민 10명 중 약 3명은 계급성분 탓에 불이익을 받을 수 있는 이들이었다.

---

97) 전체학생 대부분이 인민학교 학생인 데다 학령 아동의 인민학교 입학이 의무적이었다는 점에서, 이 통계는 전체 인구 대비 각 출신성분의 비중을 가늠하는 데 도움이 될 수 있다. 남일, 「인민교육발전과 전반적 의무교육 실시를 위한 준비사업에 대하여」, 『근로자』 1949년 1월호(제2호), 13~14쪽.

계급위계구조의 형성

1. 애국적 노동계급 출현

마르크스 – 레닌주의자들은 부르주아지를 반대하는 모든 계급 가운데 프롤레타리아트만이 끝까지 혁명적 계급으로 남을 수 있다고 전망했다. 생산수단을 소유하지 않은 그들이야말로 사적 소유의 유혹을 뿌리치고, 오직 "사회주의적 개조"를 향한 투쟁에 매진할 수 있는 계급으로 인식되었다. 따라서 사회주의혁명을 비롯한 향후 혁명의 주도권은 프롤레타리아트에게 있으며, 18~19세기의 서유럽 제 혁명을 지도한 부르주아지는 영도적 위치에서 밀려나리라 예측되었다.[98] 그러한 전망은 민주주의혁명에도 부합되었다. 사실 전제국가와 봉건제도 하의 노동계급은 부르주아계급 못지않게 박해를 받았다. 더욱이 노동계급이 봉건제도의 전면적 척결을 지지한 반면, 부르주아지는 노동계급과 갈등상황에 직면할 때 오히려 군주제나 상비군 등의 봉건잔재와

---

98) 이하 김철우, 「맑쓰주의 당의 정치적 준비」, 『근로자』 1949년 1월호(제1호), 121쪽 참조.

결탁하는 경향을 보였다. 곧 봉건제의 척결을 모색한 부르주아민주주의혁명은 부르주아지보다 프롤레타리아트에게 더 큰 수혜를 가져다줄 수 있었다. 따라서 노동계급은 "민주주의를 지향하는 가장 철저한 투사"일 뿐만 아니라, 봉건사회와 사회주의를 잇는 가교인 민주주의공화국 건설에 누구보다 헌신성을 보일 수밖에 없다고 진단되었다.

사회주의혁명만이 아닌 민주주의혁명에도 노동계급의 지도적 역할이 전망되고 해방 직후 조선의 혁명 단계가 자산계급성 민주주의 단계로 설정됨에 따라, 그들의 위상이 신장될 수 있는 유리한 여건이 조성되었다. 조선공산당 진남포시위원회는 그러한 진단에 근거하여 일제에 맞서 치열하게 투쟁해온 노동계급이야말로 "조선의 진정한 애국자"일 뿐만 아니라, 새 "조선 건국의 지도자"이며 전 조선 인민의 이익을 대표하는 "신민주주의 국가정권의 조직자"라고 평가했다.[99] 더 나아가 진남포시위원회는 노동계급이 자신의 위상에 걸맞게 다른 계급의 모범이 되어야 한다고 역설했다. 그 모범이란 다름 아닌 "산업 부흥의 핵심체" 역할을 통해 국가 건설에 이바지하는 태도였다. 진남포시위원회는 노동계급이 산업 부흥 과제의 핵심역할을 떠맡으려면 노동자 각자가 "노동영웅"이 되어야 한다고 결론지었다. 그것은 과거에 비해 2~3배 이상 노동 능률을 끌어올릴 뿐만 아니라, 필요하다면 노동시간도 연장할 수 있는 헌신적이며 희생적인 노동자를 의미했다.

노동자들에게 부과된 그러한 역할은 생산력 향상을 통해 산업화의 과제를 성취하려 한 북한의 열망을 잘 반영하고 있다. 그러나 북한은 산업화 과정에 있었던 대부분의 국가들과 달리 극심한 노동력 부족난을 겪었다. 1948년 1월 1일 현재 부양가족을 포함한 북한의 노동 인구는 전체 인구의 19.35%

---

99) 朝鮮共産黨 鎭南浦市委員會 宣傳部, 1946.2, 「上春宣傳要綱」, 『史料集』 1, 39쪽.

인 1,789,191명에 달했다.[100] 부양가족을 제외한 총노동자 수 515,299명 가운데 국영기업·소비조합기업 노동자 수가 251,766명, 민간기업 노동자 수가 68,822명, 계절노동자 수가 194,711명으로 집계되었다. 일시적으로 고용된 계절노동자의 비중이 전체노동자의 37.8%에 달했다는 점은 북한의 노동력 부족난이 매우 심각한 수준이었음을 드러낸다. 해방 후 일본인 노동자·기술자들의 귀국과 남한 출신 징용 노동자들의 귀향, 지속적 월남민 유출, 인민군 모집사업 등에 더하여 토지개혁에 따른 이농 인구의 감소 등이 만성적 노동력 부족을 유발한 원인이었다.[101]

그러한 상황이 노동계급의 헌신적 역할 이상의 조치, 곧 적극적 노동력 모집정책을 요구했다. 노동력 모집은 법령의 지원 아래 추진되었다. 이를테면 노동자와 사무원의 부양가족 중 가사에 종사하는 여성과 불구자·학생을 제외하고, 직장생활을 하지 않는 14~60세의 성인 남녀에게 배급을 금한다는 규정이 포고되었다.[102] 심지어 학교를 졸업한 이가 이유 없이 취업을 거부할 경우, 2년 이하의 징역형이나 1년 이하의 교화노동형을 선고받을 수 있었다.[103] 그러한 제 조치에 힘입어 북한의 전체 실업자 수는 1947년 4월부터 1948년 1월에 이르기까지 39,424명에서 4,331명으로 급감했다.[104] 1948년 4월경 북한 지역을 여행한 『독립신보(獨立新報)』 기자 서광제에게, 집에서 놀고

---

100) Управление Советской Гражданской Администрации в Северной Корее(북조선 소련민정국), Указ. соч. С. 58-59.

101) 서동만, 『북조선 사회주의체제 성립사 1945~1961』, 선인, 2005, 284쪽.

102) 北朝鮮臨時人民委員會 糧政部 布告 第二號, 1946.10.19, 「等級別 傳票制 食糧配給制度 實施에 關한 件」, 『史料集』 5, 352쪽.

103) 1950.3, 「朝鮮民主主義人民共和國 刑法」, 『史料集』 20, 199·222쪽.

104) 1948.2.22, 『레베제프 비망록』(『부산일보』 1995.2.24).

있거나 거리를 배회하는 젊은이들이 눈에 띄지 않았던 까닭도 그러한 이유에서였다.[105]

북한의 노동력 부족난은 수형자들을 생산노동에 투입한 형벌정책에도 반영되었다. 경미한 범죄에 선고된 교화노동형은 수형자들에게 노동할 수 있는 환경을 제공한 뒤, 국가가 그들의 보수 가운데 약 25%를 징수한 형벌이었다. 교화노동형이 아닌 다른 형을 선고받은 수감자들도 대부분 생산노동에 투입되었다. 1946년 11월 현재 북한 지역 총 10개소의 교화소 재소자 6천 명이 노동을 통해 벌어들인 "작업 생산액"은 약 6천만 원에 달했다.[106]

G-2가 입수한 북조선인민위원회 내무국장 박일우의 지시문도 북한의 노동력 부족사태가 심각한 상황에 직면했음을 드러낸다. 내무국장 박일우, 산업국장 이문환, 사법국장 최용달의 명의로 각 도 내무부장들에게 하달된 그 지시문은 광공업 부문에 대한 노동력 지원을 요청한 극비문건이었다.[107] 그에 따르면 막대한 지하자원이 매장된 광산들과 200개소 이상의 공장들이 노동력 부족 탓에 가동을 멈춘 상태였다. 따라서 지시문은 노동력 확충에 필요한 몇 가지의 적극적 처방을 제시했다. 북한 노동자들의 소련령 캄차카반도 파견을 중단할 것, 북한 지역민들의 월남을 제지할 것, 민간기업 노동자들의 광업 부문 진출을 유도할 것, 정치범들을 제외한 소년원 수용자들을 광업 노동자로 활용할 것, 요시찰인들의 광업 부문 활용방법을 고안할 것 등이 그 구체적 처방이었다.

노동력 확충과 노동여건의 조성을 통한 생산성 향상은 산업 부문의 궁극

105) 徐光霽, 『北朝鮮紀行』, 靑年社, 1948, 22쪽.

106) 監察部 敎化課, 1946.11.12, 「北朝鮮敎化所長 第一次 會議 決定書」, 『史料集』 9, 277쪽.

107) ISNK, no.4(1948.7.17~1948.11.26), pp. 402~403.

목표였다. 그러나 그를 방해한 관념적 요인이 있었다. 과거로부터 이어져온 부정적 노동관이 그것이었다. 전통적으로 근대 이전의 육체노동 종사자들은 사회적 천대를 받았다. 일제시기의 성실하고 근면한 노동자들도 차가운 사회적 시선을 받기 일쑤였다. 그들의 노동이 결과적으로 일제의 부흥에 기여한다는 인식을 낳았기 때문이다.

관념의 개혁 곧 부정적 노동관을 일소한 뒤, 그 공백을 새로운 노동관으로 메워야 할 과제가 제기되었다. 논자들은 노동직이 왜 영예로운 직종인가를 논증하는 작업에 착수했다. 먼저 해방 후의 노동은 일제가 아닌 조선의 부흥에 이바지한다는 점에서 의미를 부여받을 수 있었다. 인민의 생활 향상을 촉진하는 노동이 국가적 재부 창출의 원천이라는 점에서 그의 "신성성"을 발견한 논자도 있었다.[108] 따라서 노동은 고상한 행위였고 근면한 노동자는 존경을 받아 마땅했다. 더 나아가 공민들의 사회적 지위도 그들이 사회에 공헌한 기능과 노력에 따라 규정될 필요가 있었다. 곧 "인민의 영웅이며 도덕의 실천자이자 최고의 인격자"는 바로 "위대한 민주건설의 건물에 신성한 노동의 토대를 제공하는" 이들이었다.

새로운 노동관은 공산당의 노동관에 부합했다. 조선공산당 청진시위원회는 노동이 "노동계급의 본색"이므로, 노동계급의 전위인 공산당은 잠시라도 노동을 잊어선 안 된다고 강조했다.[109] 그러나 노동에 종사하던 이가 공산당원이 된 뒤 "갑자기 게을러져 놀고먹는" 현상이 속출하자, 청진시위원회는 그러한 태도가 "대단히 옳지 못한 사상"의 발로라고 비판했다. 노동은 당원들의 삶 자체로 간주되었을 뿐만 아니라, 당원들이 기본소양을 체득할 수 있

---

108)   金福萬, 1947.1.10, 「民主主義的 公民道德에 對하여」, 『史料集』 12, 135~136쪽.

109)   朝鮮共産黨 淸津市委員會, 1946.4.10, 「黨의 生活」, 『史料集』 1, 72쪽.

는 교육의 한 수단으로 인식되었다. 그들의 "사상 개조"와 "군중작풍 습득"이 노동을 통해 이루어질 수 있다고 진단되었다.[110]

노동을 통해 인간을 개조할 수 있다는 관점은 1930년대 소련에서 유행했다. "육신을 지치게 하고 영혼을 파괴하는 잡역"일 뿐인 구체제의 노동과 달리, 목적의식을 지닌 소비에트체제의 집단적 노동은 삶을 충만하게 할 뿐만 아니라 인간 개조에 기여할 수 있는 기제로 주목받았다. 새로운 노동관의 보급과 함께 집단노동을 경험한 범죄자들과 소년수들이 바람직한 인간으로 거듭나는 기적적 체험에 관한 미담들이 소련 전역에 유포되었다.[111]

한편 북한에서도 새로운 노동관의 보급을 모색한 조치들이 취해졌다. 조선민주주의인민공화국 헌법 제30조는 "공민은 노력(勞力)하여야 한다. 노력(勞力)은 조선인민의 영예이다."라는 규정을 명문화하여 노동관의 쇄신을 모색했다.[112] 특히 자라나는 어린이들에게 새로운 노동관을 주입해야 할 과제가 그들의 어머니들에게 부과되었다. 여성잡지의 한 기사는 독자들에게 다음과 같이 권고한다. "우리는 로동이란 말을 아주 고상한 의미에서 해득할 줄 알아야 한다. 일제시대의 로동은 그야말로 강압적인 고역이었다. 또한 우리들과 아무 관계없는 강제로동이었다. 이제 우리는 아동들에게 이런 잔재가 박히지 않도록 가르칠 의무가 있다. 로동은 사회에 유익을 가져다준다. 근로의 애착심을 아동들에게 배양해야 한다."[113]

---

110) 1946.4, 「北朝鮮共産黨 中央委員會 第二次 各 道 宣傳部長會議 決定書」, 『史料集』 1, 96쪽.

111) Sheila Fitzpatric, *Everyday Stalinism: Ordinary Life in Extraordinary Times: Soviet Russia in the 1930s* (New York: Oxford University Press, 1999), pp. 75~76.

112) 北朝鮮人民會議院, 1948.4.28, 「北朝鮮人民會議 特別會議 會議錄」, 『史料集』 8, 245쪽.

113) 송창일, 「여름방학 동안에 어머니들은 어떻게 어린이들을 지도할 것인가?」, 『조선녀성』 1949년

노동의 가치를 고양하기에 힘쓴 각종 출판물은 육체노동이 영예로운 직무가 되었음을 강조했다. 북한의 한 잡지에 소개된 어느 소련 작가의 소설 『맹세』라는 작품은 노동이 생계수단만이 아닌 "창조적 영감의 원천"일 수 있음을 드러낸다.[114] 이 소설의 주인공인 노동자 샤로노브는 자신이 공작기계로 다듬은 물건들에 단순한 금속 이상의 의미를 부여했다. 왜냐하면 그것들은 "잠이 오지 않는 밤의 탐구"가 빚어낸 "그의 사랑"이 깃든 창작물이었기 때문이다. 그에게 노동은 "고상한 향락"에 다름 아니었다.

산업화를 향한 생산성 향상의 과제는 노동관의 혁신 이상의 조치를 요구했다. 급속한 산업화를 실현해 선진 자본주의국가들을 추월하려 한 사회주의권 국가들의 노동조직은 국가화될 수밖에 없는 구조적 상황에 직면했다. 곧 그 국가들의 노동조직은 노동자들의 계급적 이해관계 관철에 헌신하기보다, 노동 동원의 기제와 노동 통제의 수단이 되어갔다. 루돌프 바로(Rudolf Bahro)는 소련형 경제모델을 추구한 국가들이 대개 노동계급이 아닌 착취계급의 역할을 대신했다고 보았다.[115] 그는 그러한 기획이 "순종적 노동계급"의 인위적 창출을 통해 실현될 수 있었다고 진단했다.

자본주의와 제국주의하에서 투쟁의 상징으로 확고한 위상을 굳혀온 노동계급을 국가의 의도에 따라 제어하지 못할 경우, 생산성 향상 과제가 난관에 직면할 수 있다는 전망이 그러한 기획 추진의 동인으로 작용했다. 달리 말해 "순종적 노동계급" 창출시도가 성과를 거두지 못하면, 생산노동은 잦은 파업

7월호, 78쪽.

114) 프. 쥬드니코브, 「부르주아도덕과 사회주의도덕」, 『인민』 1949년 9월호(『史料集』 38, 740쪽).

115) Charles K. Armstrong, *The North Korean Revolution, 1945~1950* (Ithaca: Cornell University Press, 2003), p. 137.

이나 태업 등의 방해에 직면할 수 있었다. 해방 직후 평안남도 사동(寺洞)의 한 공장에서 일어난 동맹파업이 그 전형적 사례에 속했다. 공산당원들의 지도 아래 임금 인상을 요구하며 촉발된 노동자들의 동맹파업은 지배인과 기사들을 구타하는 행위로까지 발전했다.[116] 물가폭등 문제를 한 마디도 거론하지 않았지만, 김일성은 일제시기보다 임금이 올랐는데도 그러한 사태가 발생했다며 유감의 뜻을 표했다.

북한 최고의 지성 오기섭이 그와 관련해 솔직한 입장을 밝혔다. 그는 자신을 궁지에 빠뜨릴 한 논문을 통해 노동자들이 생활 빈곤과 식량 부족에 시달리고 있는 이상, 기업주 측과 노동자 측 사이의 분쟁은 필연적이라고 전망했다. 그가 보기에 노동법령 발포와 중요산업국유화 등 몇몇 의미 있는 개혁 조치가 이루어졌다 해도, "자본과 노동 간 계급적 이해관계의 대립"마저 해소된 것은 아니었다. 그러한 계급적 이해관계의 대립이 남아 있다면, 노동계급의 권익 보호에 필요한 파업이나 태업 등의 투쟁수단도 여전히 유효할 수 있었다. 오기섭은 더 나아가 그러한 관점을 국유화된 기업에까지 확대 적용했다. 국영기업의 소유주가 국가라는 점의 논리적 귀결은 노동계급과 국가 간의 이해관계 대립을 의미했고, 따라서 국가를 상대로 한 노동계급의 사보타주도 정당하다는 결론이 도출될 수 있었다. 그는 대립하고 있는 양자 사이에서 노동조합인 직업동맹은 마땅히 노동계급의 이해관계 수호에 복무해야 한다고 결론지었다.[117]

---

116) 朝共 北朝鮮分局 責任秘書 金日成, 1945.12.10, 「北部 朝鮮黨 工作의 錯誤와 缺點에 대하야」, 『史料集』 1, 6쪽.

117) 이하 북로당 중앙상무위원회 제28차 회의 결정서, 1947.3.19, 「"북조선 인민정권 하의 북조선직업동맹"이라는 제목하에서 오기섭동무가 범한 엄중한 정치적 오류에 관하여」, 『史料集』 30, 158~161쪽 참조.

국가와 노동계급, 국가와 직업동맹 간의 대립을 상정한 그의 견해는 큰 파장을 일으켰다. "인민정권하에서 노동계급의 이해는 국가의 이해와 완전히 일치"한다는 관점이 국가의 공식입장이었기 때문이다.[118] 따라서 노동자들의 계급적 이해관계는 그들의 애국행위를 통해 관철될 수 있다고 인식되었다. 생산성 향상이 국가뿐만 아니라 그들의 이익에도 이바지한다면, 그들은 필연적으로 노동규율의 자각적 실천자들이어야 했다. 결국 노동계급과 국가 간의 대립을 상정한 오기섭의 견해는 노동자들의 각성된 의식과 애국심을 무시한 그릇된 주장이라는 비판에 직면했다. 부르주아정권 하의 노동계급이 국가를 상대로 일으키는 파업은 얼마든 정당하지만, 노동계급과 국가 간 이해관계의 대립이 완전히 해소된 "인민정권"하에서 파업은 있을 수 없다는 논리가 국가 측 입장의 골자였다. 대담하게 소신을 내비친 탓에 오기섭은 북로당 중앙상무위원직에서 해임되었다.

물론 노동계급과 국가의 이해관계가 완벽히 일치한다는 발상은 노동자들 스스로의 자각을 통해 도출된 결론이 아니었다. 어느 면에서 그들은 스스로를 만들어나간 계급이 아니라, 만들어지고 있었던 수동적 계급이었다. 한 연구가 적절히 비유했듯, 국가는 노동계급 내에 "상상의 계급공동체"를 창출하려 시도했다.[119] 노동자들은 교양과 규율의 습득에 필요한 학습·집회·회의·담화 등의 기제와 표어·포스터·노래·문학 등의 매체를 통해 그들 자신의 계급적 정체성을 주입받았다. 여전히 부단한 연대투쟁과 계급적 각성을 통해

---

118) 石一, 「勞動規律에 對하여」, 『인민』 1948년 7월호(『史料集』 14, 77쪽).

119) Charles K. Armstrong, *The North Korean Revolution, 1945~1950* (Ithaca: Cornell University Press, 2003), pp. 91~92 ; 그와 동일한 관점에서 북한의 노동조직·노동운동을 바라본 연구는 조수룡, 2010.9, 「1945~1950년 북한의 사회주의적 노동관과 직업동맹의 노동통제」, 『역사와 현실』 제77호.

독자적 계급으로서의 위상을 스스로 정립해나갈 필요가 있었던 그들은 이미 각성한 계급적 정체성의 체현자들로 간주되었다. 뿐만 아니라 다른 부문 운동에 비해 상대적으로 뒤처졌던 일제시기 노동운동의 성과도 과대 포장되는 경향을 보였다. 이를테면 노동계급은 종종 일제시기 항일투쟁의 지도 세력으로 묘사되곤 했다.[120]

해방 직후 평안남도 사동(寺洞)의 한 공장에서 동맹파업이 발생했을 때, 김일성이 표명한 입장은 이미 만들어진 계급이라기보다 미숙하게나마 형성 중에 있었던 계급을 향한 설득의 성격을 띠고 있었다. 국가의 입장을 대변한 그는 아주 솔직하게 국내 경제 사정에 비추어 임금을 올릴 만한 여건이 못 될뿐더러, 노동자들의 생활 형편만을 고려해 그들의 요구를 수용하긴 무리라고 선을 그었다.[121] 물론 그는 임금 상승 여부가 그들의 증산에 달린 이상, 노동에 더욱 박차를 가하라는 당부도 잊지 않았다. 어느 사회에서나 친숙한 이 설득의 논리는 노동자들의 인내와 희생을 강조할 뿐, 국가와 노동계급의 이해관계가 동일하다는 식의 관점을 내비치고 있지 않다. 곧 그 시점은 국가가 만들어낸 노동계급의 새로운 정체성이 아직 수면 위로 떠오르지 않은 시기였다.

그러나 김일성이 노동자들에게 양해를 구한 시점으로부터 보름쯤 지난 1945년 12월 26일, 공산당기관지 『정로(正路)』는 「근로정신의 혁명」이란 의미심장한 제목의 기사를 통해 파업관의 재정립을 강조하고 나섰다. 노동조합 지도자들의 자기비판을 요구하며 논의를 시작한 그 기사는 파업과 태업은

---

120) 北朝鮮 三·一運動記念 準備委員會, 1947.2, 「朝鮮民族의 偉大한 三·一運動에 關한 報告 要綱」, 『史料集』 25, 252쪽.

121) 朝共 北朝鮮分局 責任秘書 金日成, 1945.12.10, 「北部 朝鮮黨 工作의 錯誤와 缺點에 대하야」, 『史料集』 1, 6쪽.

노동운동의 목적이 아닌 수단이므로, 비건설적 생산목적을 지닌 "악덕 자본
가들에 대항하는 수단"으로서만 의의를 지닌다고 역설했다.[122]

그러면 해방 후 북한의 산업 생산은 어떠한 목표를 지향했을까? 공산당의
주장에 따르면 "인민주권" 확립에 이바지해오고 있는 해방 후의 생산은 과거
의 그것과 근본적으로 달랐다. 따라서 "노동규율을 파괴"할 수 있는 파업을
통해 현 단계의 건설적 생산을 가로막는 행위는 "생디칼리즘적 과오"에 다
를 바 없다는 결론이 도출되었다. 『정로』가 파업관의 재정립을 발표한 당일
에 개최된 조선공산당 평안남도 제1차 대표대회는 노동자들의 공장관리권을
용인해온 기존 노선이 이른바 "조합주의"에 지나지 않았으며, 그러한 과오가
산업 발전을 가로막을 수 있는 노동의 위축을 조장했다고 자아비판했다.[123]
노동자들의 공장관리운동을 둘러싼 조선공산당 평안남도당의 입장 전환은
소련의 개입에 따라 이루어졌다. 1945년 10월경 북조선 5도 인민위원회 연합
회의에 참가한 소련군 제25군 사령관 치스쨔꼬프는 노동자들의 공장관리 참
여에 반대한다는 입장을 밝혔다.[124] 노동자들의 새로운 정체성 창출이 국가
관의 변화가 불러온 노동운동관의 수정을 통해 이루어졌음을 엿볼 수 있다.

사실 노동자들은 국가가 만들어낸 새로운 정체성을 부여받은 순간까지,
계급적 자각과 연대의식의 강화에 미숙함을 드러냈다. 조선의 노동계급은 선
진국의 노동계급처럼 "풍부한 반란 경험"이나 "장구한 정치운동의 전통"은
물론, 그것들에 수반되기 마련인 "높은 문화 수준"도 소유하고 있지 못했다.
따라서 계급의식을 충분히 연마하지 못한 그들은 "혁명운동의 선두에 선" 경

---

122) 「勤勞精神의 革命」, 『正路』 1945.12.26.

123) 1945.12.26, 「朝鮮共産黨 平南道 第一次 代表大會」, 『朝鮮共産黨文件資料集』, 63·67쪽.

124) 吳泳鎭, 『하나의 証言 －作家의 手記－』, 國民思想指導院, 1952, 135쪽.

험이 없었으므로, "혁명적 인텔리"의 지도에 기대지 않을 수 없었다.[125] 곧 조선의 산업 프롤레타리아트는 매우 허약했을 뿐만 아니라, 그들의 계급의식도 충분히 고양되지 못한 상태에 있었다.

이러한 상황에서 그들에게 새로운 정체성이 부여되었다. "주관적 의식"이 "객관적 여건"을 앞서나간 셈이었다. 정치교재는 일제시기를 조선 노동자들이 계급적으로 각성한 시기라 해석하는 한편, 그들이 본받고 따라야 할 노동계급 문화를 광범히 보급했다. 그러한 의미에서 북한의 노동계급은 그들 스스로 독자적 계급을 창출하기에 앞서 인위적으로 만들어진 계급이었다. 새로이 창출된 노동계급은 그들만의 조직적 행동에 제약을 받았고, 노동계급의 이름으로 권력을 행사한 노동당에게 '계급적 언어'와 '혁명적 언어'를 빼앗기기까지 했다.[126]

새로이 창안된 "상상의 계급공동체"는 노동규율의 자각적 실천자들로 상정되었다. 노동규율은 노동자들이 준수해야 할 행동수칙으로서 노동환경 조성에 필요한 규범이었다. 물론 노동규율 확립의 궁극 목표는 생산성 향상에 있었다. 그것을 철저히 준수하며 생산노동에 헌신하는 노동자야말로 국가가 만들어낸 모범노동자상에 부합했다. 생산성 향상에 박차를 가하려 국가가 노동 부문에 적용한 기제들인 윤리, 물질적·정치적 인센티브, 강제와 처벌 가운데 노동규율은 윤리의 범주에 가까웠다.

해방 후 북한이 공민들에게 요구한 윤리는 공산당원 윤리의 범주에서 크게 벗어나지 않았다. 그것은 절제와 겸손을 미덕으로 보며, 사생활을 사회와

---

125) 勞動部長 吳琪燮, 「朝鮮 現段階의 階級 分析」, 『人民』 1946.11(『史料集』 13, 104~107쪽).

126) 차문석, 『반노동의 유토피아』, 박종철출판사, 2001, 135~136쪽.

무관한 당사자의 개인 문제로 간주하지 않는 태도였다.[127] 따라서 "개인 향락" 위주의 "방탕한" 사생활은 사회적 지탄의 대상이 되었다. 대표적으로 지목된 두 가지 일탈행위는 지나친 음주와 무절제한 성생활이었다. 그 두 행위는 프롤레타리아트의 "원기를 소모해버리는" "마취행위"로서, 노동에 투입해야 할 그들의 에너지를 불필요한 곳에 쏟아붓는 낭비에 다름 아니라고 인식되었다. 무절제한 성생활에 따른 불이익은 도덕적 차원의 비난에 그치지 않고, 노동정책과 관련된 사회보험법에도 적용되었다. 질병에 걸리거나 부상을 당한 노동자와 그의 가족은 사회보험 혜택을 통해 치료비 대부분을 지원받을 수 있었으나, 성병에 걸린 이들의 치료비는 사회보험 적용 대상에서 제외되었다.[128]

지나친 음주와 성적 무절제가 노동자들 사이에 경계된 까닭은 그 두 행위가 그들의 노동을 방해할 수 있었기 때문이다. 노동자들에게 부과된 노동규율도 노동 방해요인들을 제거하는 과제에 중점을 두었다. 노동자들이 준수해야 할 [기업소·사무소 내부 정리규칙]에 따르면 그들은 정시에 일을 시작하고, 타인과 잡담하지 말고, 작업장 안을 어슬렁거리며 다른 이들의 작업을 방해하지 말고, 국가재산을 애호하고, 원료·연료·전력 등을 절약하고, 안전규칙·위생규칙을 지키고, 작업장의 청결을 유지하고, 직장 비밀을 엄수하고, 일주일 중 일요일을 제외한 하루 규정 노동시간(8시간)을 전면적으로 노동에 투여해야 했다.[129]

---

127) 이하 金福萬, 1947.1.10, 「民主主義的 公民道德에 對하여」, 『史料集』 12, 136~137쪽 참조.

128) 北朝鮮臨時人民委員會 決定 第135號, 1947.12.19, 「社會保險法」, 『史料集』 5, 717~718쪽.

129) 이하 勞動局 規則 第八號, 1947.8.20, 「企業所·事務所 內部 整理規則」, 『史料集』 5, 736~738쪽 참조.

작업시간 중 노동자·사무원을 호출하거나, 회의를 열거나, 임금을 지불하기 위해 노동을 중단시키는 행위는 엄격히 금지되었다. 게다가 작업에 착수할 때까지 취기가 가시지 않을 우려가 있었으므로, 노동시간 외의 음주행위도 제지되었다. 노동자들은 외출할 때 호찰(號札)을 받아 나가야 하고 작업장에 복귀하면 출근 통계판에 그것을 걸어두어야 했기 때문에, 그들의 출근·결근·지각·조퇴상황이 쉽게 파악될 수 있었다. 위의 노동규율을 위반한 이들은 처벌을 받았다. 북로당의 책벌과 동일한 주의·경고·엄중경고 등의 문책, 직위강등·임금삭감·해고 등의 처벌이 공장 측과 직업동맹의 협의 아래 부과되었다. 공장 물품의 절도나 고의적 불량품 제조행위는 변상을 넘어, 재판에까지 회부될 수 있는 중대 범죄행위로 규정되었다.

산업 부흥의 주력임에도 강도 높은 규율에 속박된 노동계급은 다른 여느 계급보다 큰 보상을 받았다. 허가이가 지적했듯 국가 각 부문의 핵심적 지위를 점하고 있는 노동계급은 그들의 지위에 걸맞는 처우를 받을 필요가 있었다.[130] 그러나 1946년경만 해도 노동자·사무원들의 생활수준은 매우 열악한 상태에 머물러 있었다. 평안남도의 한 탄광노동자는 폭등한 생활필수품 가격에 비해 임금 수준이 너무 낮아, 한 달 중 절반가량을 근근이 살아갈 수밖에 없었다고 고백했다. 쌀 한 말 값에 지나지 않은 월급 800원으로 9명의 가족을 부양한 평남 대동군인민위원회의 한 사무원은 아내의 옷을 팔아 생계를 이어갈 수밖에 없었다며 참담한 심경을 내비쳤다.[131]

---

130) 許가이, 「朝鮮民主主義人民共和國 最高人民會議 選擧 總和와 黨團體들의 當面課業에 對한 報告」, 『근로자』 1948년 10월호(제10호), 33쪽.

131) Романенко, "Доклад о политико-моральном состоянии населения Северной Кореи(북조선 인민의 정치적 정신적 상태에 관한 보고)", 1947, ЦАМОРФ, ф. 172, оп. 614632, д. 23, лл. 15~16.

노동자 처우 개선정책은 1947년경부터 본격적으로 추진되었다. 이를테면 노동자들과 사무원들은 직장 내에 설치된 매점에서 시장가보다 싼 값에 양곡을 구입할 수 있었다.[132] 국가가 인민들에게 제공한 물질적 혜택은 계급에 따라 차등적으로 수혜되는 경향을 보였다. 그 가운데 가장 큰 특권을 누린 이들이 바로 노동자층이었다. 평양 라디오방송은 화폐교환사업을 기념해 1947년 12월 28일부터 3일간 열릴 평양시 농민시장에서, 물품을 우선적으로 구입할 수 있는 권리를 노동자들에게 부여한다고 공지했다. 그 방송은 북조선인민위원회 상업국이 방출할 품목인 면옷·고무신·고등어·성냥·탈곡기·선풍기·시계·전구·등유·양말·수건·담배·우산·작업복·어린이모자·실크·공책·물통·쌀 씻는 기계 등을 나열한 뒤, 첫날은 노동자들만이 일반 대중은 그 다음 날부터 구입할 수 있다고 보도했다.[133] 물질적 혜택의 계급별 차등 부여는 배급 부문에서 두드러졌다. 수송 문제를 비롯한 어떤 돌발 사태로 생활필수품 배급이 지연될 경우, 배급 우선순위는 계급기준에 따라 결정되었다. 당국이 설정한 배급 대상자 순위는 제1위가 노동자, 제2위가 "교육문화인·보건일꾼·도시사무원", 제3위가 "농촌사무원·대학생·전문학교학생"이었다.[134]

그러한 차등화는 노동계급 내부의 세부 층위에까지 적용되었다. 이를테면 탄광노동처럼 위험한 분야에 종사한 중노동자들의 배급량은 경노동자들의 그것을 초과했다. 중노동자들에게 제공된 1인 1일 식량 배급량이 5홉(750g)에 달했던 반면, 경노동자와 사무원이 받은 배급량은 각각 4홉(600g)과 3홉 5

132) 북로당 중앙상무위원회 제22차 회의 결정서, 1947.2.7, 「소비조합에서의 량곡 소매에 대하여」, 『史料集』 30, 122쪽.

133) ISNK, no.2(1947.4.1~1948.1.9), p. 566.

134) 金策, 1949.2.25, 「勞動者·事務員 生活必需品 配給規程」, 『史料集』 8, 561쪽.

작(525g)에 지나지 않았다.[135] 노동자들은 어느 계급에 비해 배급 면에서 우월한 대우를 받았을 뿐만 아니라, 표준작업량 이상의 실적을 달성할 경우 성과에 비례한 인센티브를 받았다. 도급제·배급제·상금제 등의 급여체계는 기본적으로 노동실적에 따라 보상액을 책정한 인센티브의 성격을 띠었다.

정치지도자들의 적극적 논의와 함께 확산된 도급임금제는 물질적 인센티브의 대표적 유형이었다. 도급제 도입에 관한 논의는 기존의 "평균주의적 임금정책"이 기술향상과 증산의욕 고취에 부정적 영향을 끼칠 뿐만 아니라, 노동자들의 빈번한 이직을 조장하고 있다는 비판에서 출발했다. 노동의 양과 질을 무시한 임금정책이 숙련노동자들의 유동을 부채질하는 데다, 비숙련노동자들의 기술향상 욕구를 억제하고 있다는 진단이었다.[136] 최창익을 비롯한 북로당 이론가들은 "평균주의적 임금정책의 모순"과 그 대안인 도급제의 경제학적 의의를 규명함으로써, 산업경제 발전에 인센티브가 기여할 수 있음을 논증하고자 했다.

해방 직후 혁명적 상황을 맞은 북한의 공장과 기업들은 숙련·미숙련 노동에 관계없이 일괄적으로 "평균주의적 임금정책"을 적용했다. 그에 대해 김두봉은 노동자들의 경제적 이해관계를 반영하지 못한 "임금 평균제"가 생산돌격운동의 확산을 가로막았다고 진단했다.[137] 최창익도 기술의 발전과 생산력 향상을 방해할 수 있는 노임 평균주의의 문제점에 대해 신랄한 비판을 퍼부었다. 그는 임금이 노동이 아닌 수요에 따라 지불되고 있는 경향을 지적하

---

135) 北朝鮮臨時人民委員會 糧政部 布告 第二號, 1946.10.19,「等級別 傳票制 食糧配給制度 實施에 關한 件」,『史料集』5, 351쪽.

136) 民生,「경제건설 지도사업에서의 몇 가지 문제」,『근로자』 1947년 7월호, 16쪽.

137) 김두봉,「북조선 민주선거의 총결과 로동당의 당면과업」,『근로자』 1946년 11월호, 53쪽.

며, 기술노동·숙련노동·미숙련노동을 "합리적으로 차별"하는 임금제도의 확립이 절실하다고 강조했다. "평균주의의 역이용"을 경계한 최창익은 "사회주의하에서는 물론 계급이 소멸된 뒤에도 노동의 정도에 따라 임금을 차별적으로 지불해야 하며, 공산주의사회가 도래한 뒤에야 그러한 차별이 극복될 수 있다."라는 스탈린의 견해를 인용해 자신의 주장을 뒷받침했다.[138]

1947년 인민경제계획 실시 후 증산운동의 확산을 자극할 경제적 인센티브가 장려됨에 따라, 임금정책도 노동의 양과 질에 따른 지불 방식으로 선회하는 경향을 보였다. 소련에서 도입된 물질적 인센티브의 광범한 제공은 노동자층의 생활수준 향상에 이바지한 반면, 그들의 계급적 응집과 연대의식의 강화에 부정적 영향을 끼쳤다. 높은 보상체계가 노동자들이 생산노동 외의 문제에 관심을 돌릴 수 있는 여건을 허락하지 않았기 때문이다.

노동자들 간의 경쟁심 조장을 통한 생산성 향상은 국가가 고수한 노동정책의 핵심을 이루었다. 다음에 보이는 어느 맞벌이 노동자 부부의 대화는 국가가 노동경쟁의 기제를 가정에까지 끌어들이려 했음을 드러낸다. "김확실동무는 정색하고 자기 남편에게 말을 건넸다. '지금까지의 월간 생산량보다 10%를 더 높여, 이번 12월 중엔 190%로 당신의 최고 생산량인 188%를 초과하기로 결심했어요.' '어, 그거 참 좋은 결심이오. 그럼 난 195%로 호응하겠소. 어때?' '욕심쟁이!' 그들 사이에 맹렬한 개인 경쟁이 거듭되는 가운데 서로 존경하고 결혼까지 하게 되었을 때, 김확실동무는 결혼생활에 들어간다는 이유로 고귀한 로동생활을 버리려 하지 않았다. 오히려 새 살림에서 오는 한없는 환희를 증산을 통해 더 연장했던 것이다."[139] 이 기사는 개인주의를 조장할

---

138) 최창익, 「건국사상운동을 재음미하면서」, 『근로자』 1947년 1·2월호, 49-50쪽.

139) 「새로운 가정, 로동녀성 김확실동무의 가정」, 『조선녀성』 1949년 12월호, 55-56쪽.

수 있는 '경쟁'이 사회 각 부문에 침투해 생산성 향상을 독려했음을 보여준다.

물질적 인센티브와 함께 정치적 인센티브도 수여되었다. 신기술을 창안하거나 계획량 이상의 성과를 달성한 모범노동자들은 국가로부터 표창을 받았다. 1947년 한 해에 걸쳐 표창을 받은 모범노동자 수가 7,481명에 달했다.[140] 그들 가운데 "노동영웅"의 반열에 오른 이들은 국가기구의 요직에까지 진출할 수 있었다. 1948년 3월 말 북로당 제2차 전당대회에서 중앙위원에 선출된 함경남도 고원기관구 기관사 이중근과 평안남도 사동탄광 노동자 김고망, 당 중앙위원 후보에 발탁된 평안남도 신창탄광 노동자 박원술 등이 대표적 "노동영웅"들이었다.

그들 노동영웅들이야말로 국가가 상정한 "상상의 계급공동체"의 자격요건을 갖춘 이상적 성원들이었다. 그러나 모든 노동자들이 그러한 자질을 소유한 것은 아니었다. 사실 국가가 창안해낸 노동계급의 정체성과 실제 노동자들의 의식구조 사이엔 상당한 괴리가 있었다. 전통적 노동관을 척결하려한 국가의 구상과 달리, 기술과 노동직에 대한 사회적 거부감은 쉽게 사라지지 않았다. 1946년 8월 말 주영하는 김일성종합대학 이공과의 입학 지원율이 일대일에도 못 미치며, 철도공학부의 경우 지원자 수가 모집 정원을 한참 밑돌 정도라고 개탄했다.[141] 그는 동료 당원들을 향해 그들의 자제들에게 기술을 배워보라고 권유한 적이 있었는지 묻기까지 했다. 고단한 노동직보다 사무직을 선호하는 경향도 여전했다. 이직할 수 있는 기회가 주어진다면 노동자들은 기꺼이 사무직을 선택했다.

---

140) 北朝鮮人民會議院, 1948.2.6, 『北朝鮮人民會議 第四次 會議 會議錄』, 朝鮮人民出版社, 1948, 97쪽.

141) 朱寧河, 1946.8.29, 「北朝鮮勞動黨 創立大會 會議錄」, 『史料集』 1, 139쪽.

위의 사례들은 기술과 노동에 대한 전통적 관점에 뚜렷한 변화가 없었음을 보여준다. 그러면 그보다 더 본질적 문제인 노동자층 자체의 의식구조는 어떠했을까? 달리 말해 그들 자신과 국가의 이해관계를 동일시하여 노동에 헌신해야 한다는 자각이 노동자들 사이에서 싹텄을까? 오기섭이 파업을 예측했을 때 그는 객관적 여건과 노동자들의 주관적 의식 두 요인을 모두 고려했다. 곧 노동자들의 식량 부족과 빈곤한 생활상 등 객관적 여건에 더하여, "자본과 노동 간 계급적 이해관계의 대립"을 자각한 그들의 주관적 의식이 필연적으로 파업을 촉발하리란 진단이었다.[142]

사실 노동자들의 애국심은 오기섭에게 중요한 문제가 아니었다. 국영기업을 노동과 대립할 수 있는 자본 측으로 상정한 그는 오히려 애국심보다 계급적 이해관계를 중시했다. 반면 "인민 주권기구"를 자임한 국가는 자신과 노동 사이에 계급적 이해관계의 대립은 있을 수 없다고 보았고, 따라서 노동자들의 계급적 각성과 애국심을 동의어로 간주했다. 국가의 논리대로라면 노동에만 전념하는 애국적 노동자상이 곧 계급적으로 각성한 노동자들을 의미했고, 더 나아가 바로 그들이 북한 전체 노동계급을 표상해야 했다. 그러나 노동자들의 태도와 대응은 국가의 기대에 미치지 못했다. "날삯꾼이 해를 쳐다보듯"어서 빨리 작업시간이 끝나길 고대하는 습성과 어떻게 하면 "노동을 적게 하고 임금을 더 많이 받을 수 있을까"하는 그릇된 노동 관념이 아직도 그들 사이에 남아 있었다.[143]

---

142) 북로당 중앙상무위원회 제28차 회의 결정서, 1947. 3. 19, 「"북조선 인민정권 하의 북조선직업동맹"이라는 제목하에서 오기섭동무가 범한 엄중한 정치적 오류에 관하여」, 『史料集』 30, 158~161쪽.

143) 金福萬, 1947. 1. 10, 「民主主義的 公民道德에 對하여」, 『史料集』 12, 135~136쪽.

캄차카반도나 사할린 등 소련령에 파견된 조선인 노동자들이 전시 북한에 부친 편지들은 그들에게 과연 애국심이 존재했는지 의구심마저 불러일으킨다. 편지의 내용에 비추어볼 때 소련에 파견된 조선인 노동자들과 유학생들은 완전히 이질적인 공동체였다. 유학생들의 편지는 대개 전쟁 중인 국가의 안위를 걱정하며 참전도 불사하겠다는 비장한 결의를 내비치고 있었다.[144] 부모와 가족의 안부를 묻는 짤막한 인사 외에 사적 내용은 거의 없었고, 전쟁에 관한 정치적 내용이 압도적 비중을 점했다. 가족과 개인 신상 등의 사적 영역은 완전히 정치에 매몰돼 있었다.

그러나 놀랍게도 노동자들이 보낸 편지들 가운데 전쟁 중인 조국을 염려한 것은 단 한 장도 없었다. 맞춤법에 서툴렀던 그들은 정치 문제를 배제한 채, 자신들의 사생활과 사적 감정을 진술하게 드러냈다. "부모가 말리는 것을 우겨가지고" 낯선 소련 땅에 온 한 노동자는 그들의 말을 듣지 않아 "이 모양 이 꼴이 되었"다며, "누구한테 애원할 길 없는" 자신의 비참한 신세를 한탄했다. 3년이란 긴 세월을 캄차카반도에서 "눈물과 설움으로" 보내고 있는 임병욱(Лим Бен-ук)이란 이름을 지닌 20세 남짓의 이 여성노동자는 왜 "여식일망정 남과 같이 교육시켜주지 않았"냐며 부모를 원망하기까지 했다.

소련에 파견된 노동자들과 유학생들의 편지로 미루어볼 때, 국가가 상정한 "상상의 계급공동체"는 노동자층이 아닌 학생층 사이에서 발아의 조짐을 보이고 있었다. 아무래도 학생층은 체제의 정치교육에 가장 정면으로, 가장 많은 시간 노출될 수밖에 없었던 존재들이었다.

---

144) 이하 모스크바 수력대학 기숙사 엄명섭 외, 1950, 「재쏘련 교포 서신류」, 『史料集』 25, 455-521쪽 참조.

2. 농민계급의 위계화

1) 마르크스주의적 농민관의 형성

1948년 1월 1일 현재 북한 지역 농민 수는 총 3,555,624명으로 집계되었다. 부양가족까지 포함한 농업 인구 비중은 전체 인구의 71.14%(6,578,439/9,246,876)에 달했다.[145] 농업 인구 점유율이 남한보다 낮았지만 북한도 농업국가의 범주에 속했음을 알 수 있다. 따라서 인민국가 건설을 지향한 좌익계 정치인들은 농민층이 지닌 영향력을 무시할 수 없었다. 농업 인구의 쟁취를 둘러싼 정치적 경쟁은 농민층 일반을 긍정적으로 바라보는 관점의 태동에 기여했다. 최창익은 부르주아민주주의혁명의 "제1선에서 가장 용감하게 싸우고 직접 피를 흘린" 이들은 부르주아지가 아닌 농민들이었다고 평가했다.[146] 3·1운동 시기 각 계층의 활약을 재평가한 논자들도 시위운동이 전국적으로 확산될 수 있었던 동력을 농민들에게서 찾고자 했다. 그들은 3·1운동에 참가한 인원의 절반 이상을 점했다.

그러나 농민층에 대한 마르크스주의자들의 관점은 결코 우호적이지 않았다.[147] 마르크스주의자들이 보기에 "수 세기 동안 조그만 땅뙈기에 얽매

---

145) Управление Советской Гражданской Администрации в Северной Корее(북조선 소련민정국), Указ. соч. C. 59.

146) 崔昌益, 「人民은 歷史의 基本 推進力」, 『근로자』 1947년 9월호(『史料集』 43, 501쪽).

147) 마르크스주의적 농민관은 현대 학자들의 비판에 직면하고 있다. 이를테면 중국·러시아·프랑스의 혁명을 통해 농민들의 결정적 역할을 확인한 무어(Barrington Moore)는 근대 농민이야말로 혁명의 추진 세력이자 적극적 주체였다고 평가했다. 한편 샤닌(Teodor Shanin)은 시대와 장소를 가로질러 같은 의미가 부여될 수 있는 농민은 존재한 적이 없다고 보았다. 그에게 농민층은 매우 이질적인 존재였다. 박명림, 『한국전쟁의 발발과 기원』 II, 나남출판, 1996, 207~208쪽.

어 개인노동을 지속해온" 그들은 "절대로 굴복시킬 수 없는 개인주의자들이
자 소자산 소유자들"이었다.[148] 따라서 "소부르주아적 근성에 젖어 있는" 그
들의 의식은 전혀 개선될 여지가 없다고 전망되었다. 마르크스주의자들은 세
계적 차원의 혁명역사도 농민들의 역할이 그리 영예롭지 못했음을 보여 왔
다고 지적했다. 부르주아지나 프롤레타리아트가 선두에 서서 혁명을 이끈 반
면, 농민층은 영도 세력에 봉사해온 지식층과 함께 보조적 역할만을 담당했
기 때문이다. 곧 서유럽의 부르주아혁명과 러시아의 프롤레타리아혁명이 일
어났을 때, 농민층은 부르주아지와 프롤레타리아트의 "후비대"에 지나지 않
았다고 진단되었다. 농민층이 혁명에 추진력을 제공하지 못하는 역사의 한
객체였다고 인식한 마르크스는 그들이 스스로를 대표하지 못하고 누군가에
의해 대표되어야 할 계층이라고 평가했다.[149] 더구나 마르크스주의자들이 보
기에 그들은 시종일관 혁명성을 유지한 프롤레타리아트와 달리, 신뢰하기 힘
들 만큼 동요를 보인 계층이었다. 그러한 의미에서 농민층은 소부르주아층과
동일시되기도 했고, 그들의 편협한 이해관계를 포기하지 않는 한 프롤레타리
아트처럼 혁명성을 고수할 수 없다고 전망되었다.[150]

　　마르크스주의의 부정적 농민관은 북한의 간부 선발정책에까지 반영되었
다. 당국은 농촌 문제만을 중시하여 국영기업·국영농장의 관리를 등한시한
간부들의 과오가 "농민사상 잔재"에서 비롯되었다고 보았다.[151] 물론 "농민사

---

148) 엠. 엠. 로젠딸리, 「쏘련에 있어서의 社會主義 勝利와 새로운 쏘베트적 人間의 形成」, 『인민』
　　1948년 11월호(『史料集』 37, 278·281~282쪽).

149) 황수민 지음, 양영균 옮김, 『린마을이야기』, 이산출판사, 2003, 40쪽.

150) 쁘. 훼도쎄예브, 「階級과 階級鬪爭에 對한 맑쓰主義理論」, 『근로자』 1948년 9월호(제9호), 34
　　쪽.

151) 조선로동당 중앙정치위원회 제152차 회의 결정서, 1953.6.4, 「병기생산 기업소들과 기본 건설공

상"이란 표현은 농민층에 대한 마르크스주의자들의 오랜 불신을 함축한 용어였다. 그러한 진단은 간부진 대부분이 농민 출신이란 점에서 중요한 문제였고, 아울러 간부선발정책의 변화가 뒤따를 수 있음을 예고했다. 개인소유의 제약과 국가소유·협동단체소유의 성장을 모색한 국가의 지향이 무엇보다 "농민사상"에 물들지 않은 노동자 출신 간부의 발탁을 통해 실현될 수 있다고 전망되었기 때문이다.

흥미롭게도 농민층 내 세부 층위를 바라보는 혁명가들의 시각은 마르크스주의의 일률적 농민관과 동일하지 않았다. 곧 빈농과 중농과 부농은 같은 계급으로 간주되지 않았다. 레닌의 표현을 빌면 빈농은 프롤레타리아트의 동맹자였고 중농은 동료로서 관용될 수 있는 계급인 반면, 부농은 적이자 위협적인 존재였다.[152] 그의 관점은 소련을 비롯한 사회주의권 국가들의 현실정치에 반영되었다. 중국 푸젠성(福建省) 샤먼시(廈門市)에 인접한 린(林)마을의 한 당 간부는 혁명 이후 중농과 부농을 구분하는 선이 "전혀 다른 두 세계를 가르는 경계"였다고 회고했다.[153] "농토를 소작인에게 임대하거나 약간의 노동자를 고용한 농민층"으로 규정된 중국의 부농은 지주에 비해 덜하다 해도 가난한 이들을 착취했다는 혐의를 받았다. 따라서 그들은 대중 집회가 열릴 때마다 지주·범죄자·반혁명분자·국민당 관리 출신들과 함께 군중들의 언어적·신체적 폭력에 시달려야 했다. 반면 착취행위에 연루되지 않은 중농들은 그러한 대중적 공격을 모면할 수 있었다.

사들에서의 생산계획 실행정형과 당단체들의 사업개선에 관하여」, 『史料集』 29, 262~263·265쪽.

152) Alec Nove, *An Economic History of the U.S.S.R.* (Harmondsworth: Penguin Books, 1972), pp. 106~109.

153) 황수민 지음, 양영균 옮김, 『린마을이야기』, 이산출판사, 2003, 97~98쪽.

그러면 북한은 농민층 내 세부 각 층인 빈농·중농·부농 등을 어떻게 바라보았을까? 북한의 농민관은 토지개혁을 전후한 시기의 논의를 통해 구체화되었다. 촌락 정권기관인 인민위원회와 농민조합 구성원에 어떠한 성분을 받아들일지가 논의의 골자였다. 먼저 1946년 3월 6일 조선공산당 평안남도 제3차 확대집행위원회는 토지개혁의 실시와 병행하여, 농민조합인 농민위원회에서 지주와 부농을 척결해야 한다고 강조했다.[154] 반면 촌락 정권기구에 등용해야 할 성분으로 고농과 빈농을 지목했다.

김일성은 과거에 지주와 부농이 농민조합의 혁명적 역할을 억압했다고 지적하며, 조선공산당 평안남도당의 입장에 적극 동조했다.[155] 그는 그들을 몰아내는 한편 토지개혁 중에 역량을 인정받은 고농과 빈농을 끌어들여 농민조합을 혁명적으로 개조해야 한다고 역설했다. 각 면·리의 "인민정권을 지주와 부농의 손아귀에서 탈취"해 빈농과 고농 중심으로 재편했다는 토지개혁 직후 그의 발언에 비추어, 촌락 정권기구의 성분 재편은 적잖은 성과를 거둔 듯하다. 농민층 내 각 성분에 대한 중앙의 차별적 관점은 지방 수준에까지 반영되었다. 1948년 12월경 북로당 강원도 인제군당상무위원회는 각 면·리 농민동맹 간부직에 지주 출신과 부농의 발탁을 막아야만 하부조직의 견실화를 꾀할 수 있다고 강조했다.[156]

위의 논의는 북한도 소련·중국과 마찬가지로 지주와 부농을 배척한 반면, 고농·빈농 중심의 농촌 권력구조 확립을 모색했음을 보여준다. 그러나

---

154) 1946.3.6, 「朝鮮共産黨 平南道 第三次 擴大委員會 決定書」, 『朝鮮共産黨文件資料集』, 190쪽.

155) 金日成, 1946.4.10, 「'土地改革' 事業의 總結과 今後 課業」, 『史料集』 1, 48·56-57쪽.

156) 1948.12.12, 「북로당 강원도 인제군당상무위원회 회의록 제31호」, 『史料集』 3, 31쪽.

매우 의문시되는 점은 중앙의 지도층이 포섭과 배제의 경계에 위치한 중농 성분을 거의 언급하지 않았다는 사실이다. 중농의 지위는 그들이 어떠한 경제적 상태에 있었고 사회적으로 어떠한 처우를 받았는지 종합적으로 검토해야 명확히 규명될 수 있다. 그러나 그보다 먼저 해결해야 할 과제는 빈농·중농·부농을 가르는 객관적 척도를 찾아내는 일이다. 소련의 경험은 이 문제가 당국자들에게 심각한 고민을 안겼음을 보여주었다. 소련의 많은 농민들은 반(半)프롤레타리아적이면서도 반(半)부르주아적인 이중적 속성을 지니고 있었다. 이를테면 중농층의 경우 세대 구성원들 중 일부가 빈농처럼 고용돼 일했는가 하면, 부농처럼 고용농민을 활용한 농가도 있었다.[157]

농민층 성분 분류가 난해한 문제였음은 북한에서도 마찬가지였다. 1947년 초 북조선인민위원회 기획부장 정진태(鄭鎭泰)는 농가가 소유한 노동력과 생산수단을 과학적으로 평가해, 농민성분을 정확히 규정할 수 있는 객관적 척도를 마련해야 한다고 제안했다. 그는 아직 그러한 척도가 마련되지 않아, 보고자 측이 자의적으로 빈농·중농·부농을 규정해 집계하는 일이 허다하다고 보았다. 이를테면 토지개혁 이전의 자작, 자작 겸 소작, 소작 등의 분류 방식을 그대로 옮겨놓은 사례들이 있었고 토지 소유면적의 과다를 어림해 성분을 분류한 사례도 있었다. 정진태는 그러한 식의 통계 집계가 무의미하다고 비판했다.[158]

1947년경에 배포된 자서전 작성 요강도 농민층 내 각 성분을 명확히 분류할 수 있는 객관적 기준을 제시하지 못했다. 빈농은 소작농과 소작 겸 자작

---

157) Alec Nove, *An Economic History of the U.S.S.R.* (Harmondsworth: Penguin Books, 1972), pp. 106~109.

158) 鄭鎭泰, 「調査統計事業과 民主建設」, 『人民』 1947年 新年號(『史料集』 13, 198쪽).

농 및 고용농, 부농은 자작농으로서 토지 일부를 소작주거나 고용노력을 활용하는 농민, 지주는 토지 일부를 자작하고 토지 대부분을 소작주는 농민을 가리킨다고 규정되었다.[159] 그러나 토지를 전혀 소유하지 못한 농민이라 해도 중농 이상에 속하는 대토지 소작농이 있었는가 하면, 자작농이라 해도 빈농에 속하는 소토지 소유농이 있었다는 점에서 앞의 분류 방식은 정확성을 결여했다. 한편 가지무라 히데키(梶村秀樹)에 따르면 빈농은 자가의 농업생산만으로 연간 식량을 자급할 수 없는 이른바 절량농가(絶糧農家), 중농은 겨우 자급할 수 있는 농가, 부농은 자급은 물론 타인의 노력을 "착취"할 수 있는 농가를 의미했다.[160] 이 규정에 따를 때 해방 직전 빈농은 70% 이상, 중농은 약 20%, 부농은 약 5%, 지주는 3~4%를 점했다.

물론 그러한 분류 방식에도 모호한 면이 없지 않았으나, 1947년경에 실시된 강원도 인제군의 농민성분 조사사업에서 그와 유사한 기준이 채택되었다. 인제군의 농민성분 분류 방식에 따르면 빈농은 풍흉 여하에 관계없이 식량이 부족한 농호, 중농은 풍년에 자급자족할 수 있지만 흉년에 식량이 부족한 농호, 부농은 풍흉에 관계없이 자급자족이 가능함은 물론 식량이 남아 팔 수도 있고 "빚놀이도 할 수 있는" 농호, 고농은 토지개혁 시기에 토지를 분배받고도 자립 생계를 영위하지 못해 다른 농가에 의탁하여 농사짓는 농호로 규정되었다. 그러나 그러한 성분 분류 방식이 지닌 한계를 간파하고 있었던 인제군 당국은 경지면적과 지질관계, 농기구 소유관계, 착취관계, 농산자금 관계, 부업과 기타 수입관계, 생활 정도 등을 종합적으로 고려해 정확히 조사

159) 北朝鮮臨時人民委員會 司法局, 1947, 「保安例規, 自敍傳 作成要綱」, 『史料集』 9, 95쪽.

160) 梶村秀樹, 1966.4, 「北朝鮮における農業協同化運動(1953~58年)についての一考察」, 『朝鮮學報』 第39·40合併特輯號, 302~303쪽.

하라는 지시를 덧붙였다. 지시가 하달된 시점으로부터 약 3개월 뒤에 집계된 조사결과에 따르면, 1947년 7월 현재 전체 인제군민들 중 고농 인구가 0.28%, 빈농 인구가 80.19%, 중농 인구가 19.21%, 부농 인구가 0.33%에 달했다.[161]

사실 식량의 자급자족 여부에 따른 농민성분 분류가 정확하고 공정한 측정수단을 통해 뒷받침될 수 있다면, 가장 설득력 있는 분류 방식임에 틀림없다. 그러나 문제는 농민성분을 분류할 수 있는 객관적·과학적 척도를 얼마든 정의할 수 있다 해도, 그것을 측정할 수 있는 수단을 고안해내기가 쉽지 않다는 점에 있었다. 더욱이 사회적 지위의 이동성을 좌우할 만큼 성분이 개개인의 자아실현에 중대한 의미를 점해감에 따라, 그것은 누구라도 인정할 수 있는 공정한 측정기준을 가져야 했다. 농촌사회에서 그러한 요건을 충족시킬 수 있는 측정 방식은 당연히 경작지 면적에 따른 분류였다. 경작지 면적 기준은 토지 비옥도 곧 토질별 수확량의 차이를 반영할 수 없는 결점을 지녔음에도 불구하고, 누구나 수긍할 수 있는 공정한 기준이었다. 따라서 농민층 성분 분류는 시간이 지날수록 토지면적 기준에 의존하는 경향을 보였다.

토지개혁이 조선의 실정에 비추어 5~6인 1가족이 안정된 생활을 영위할 수 있는 전반적 2정보 이상 소유농 창출 목표를 실현하지 못함에 따라, 농민층 성분 구성에 뚜렷한 변화는 일어나지 않았다. 빈농 인구가 80.19%에 달한 1947년 중순경 강원도 인제군의 농민층 성분조사 결과는 이례적 현상이 아니었다. 실제 많은 빈농들이 토지개혁 이후에도 식량 사정이 나아지지 않았다며 불만을 표출했다.[162] 해방 후 농민 인구가 북한 전체 인구의 70%를 상회하

---

161) 북로당 강원도 인제군당위원장 김병홍, 1947.7.21, 「농민성분 분석 조사에 관한 건」.

162) Игнатьев, "Экономическое и политическое положение провинций Северной Корей(북조선 지방의 경제적 정치적 상황)", 1947, ЦАМОРФ, ф. 172, оп. 614632, д. 14, л. 29.

고, 농민 인구 중 빈농 인구가 적어도 70%에 달했다는 점은 빈농층이 전 인구의 절반에 육박했음을 의미한다.

2) 고농, 빈농, 중농, 부농

빈농층이 농민 인구의 대부분을 점한 반면, 그들과 유사한 지위를 지닌 고농층의 비율은 매우 낮았다. 토지개혁의 수혜를 입은 고농 가호는 전체 농가의 1~2%에 불과한 17,137호로 집계되었다.[163] 토지개혁법령 해설은 5정보 이하의 토지를 소유한 지주가 고농을 들여 경작한 토지는 몰수 대상에 해당하지 않는다고 규정했다.[164] 당대 농촌 현실에 비추어 농업노동자 고용은 불가피한 면이 있었기 때문에, 그들의 합법적 지위는 토지개혁 이후에도 유지될 수 있었다. 토지개혁이 마무리된 뒤에도 빈곤한 생활을 극복하기 힘들었던 극빈층은 소작제마저 철폐됨에 따라 타농가에 고용되어 생계를 유지해야 했다. 1948년 7월 현재 북한 지역의 고농은 10,137명으로 집계되었다. 전체 농민 인구의 약 0.3%(10,137/3,555,624)에 해당하는 비율이었다. 당국은 그들 가운데 상당수가 토지개혁 실시 후 남한과 만주에서 유입된 이들이라고 진단했다.[165]

---

163) Игнатьев, "О социальности, экономическом и политическом положении Северной Кореи(북조선의 사회·경제·정치적 정세에 관하여)", 1947, ЦАМО, ф. 172, оп. 614632, д. 8, л. 10.

164) 1947.7.20, 「北朝鮮 土地改革의 歷史的 意義와 그 첫 成果」, 『史料集』 7, 400쪽.

165) Управление Советской Гражданской Администрации в Северной Корее(북조선 소련민정국), Указ. соч. С. 122.

고농층과 빈농층은 토지개혁 이후 여러 유형의 혜택을 누렸다. 그들은 토지를 분여받았을 뿐만 아니라, 도주하거나 축출된 고용주·지주의 가옥과 재산을 차지할 수 있는 우선권을 부여받았다. 강원도 인제군 한 농가에서 주인 3대에 걸쳐 머슴으로 일해 온 어느 농민의 횡재가 그 전형적 사례에 속했다. 수십 년 동안 고용살이를 해온 그는 주인집 가족들이 월남한 뒤 그들 가옥의 소유권을 차지할 수 있었다. 한 촌락간부가 가옥 소유권을 다른 이에게 넘기려 했으나, 당 조직이 개입해 그 고농의 소유권을 재확정했다. 고농의 이해관계를 배려하지 않는 촌락간부들의 태도는 "반계급적" 행위라는 비판을 받았다.[166]

고농층의 지위 향상에 주목한 조선로동당은 1950년 3월 11일, 그들과 고용주 간 관계에 노동법령을 적용하라는 지시를 내렸다.[167] 그 지시에 따라 1~3개월 이상 고용된 농업노동자들은 고용주와 노동계약을 체결해, 적당한 임금을 받고 사회보험제의 혜택까지 누렸다. 직업동맹에 가입할 수 있다는 점도 그들의 지위가 공장노동자들과 다르지 않았음을 보여준다. 그러한 조치에 힘입어 고농계급은 계급구조의 최상층에 위치한 노동계급과 어깨를 나란히 할 수 있었다.

빈농은 북한 전체 인구의 절반에 육박했을 만큼 가장 큰 비중을 점한 계급이었다. 그러나 대다수 빈농들의 경제 상태는 해방 전에 비해 크게 나아지지 않았다. 그들은 토지개혁을 통해 충분한 토지를 분여받지 못했을뿐더러, 법정 징수량 이상의 현물세와 각종 잡세를 부담해야 했다. 게다가 토지개혁

---

166) 1949.7.15, 「북로당 강원도 인제군 남면당 열성자대회 회의록」, 『史料集』 4, 558쪽.

167) 조선로동당 중앙 조직위원회 제26차 회의 결정서, 1950.3.11, 「로동법령을 농촌 고용자들에게 적용시킴에 대하여」, 『史料集』 29, 444~445쪽.

이후 자영농이 된 기존의 빈농들은 비료·농곡·농우 부족에 시달리기 일쑤였다. 강원도 인제군 당국이 1947년 12월경 군민들의 식량사정을 조사한 결과에 따르면, 1948년 1월부터 5월에 이르기까지 속출할 절량 인구가 전체 군민 33,902명의 59.1%인 20,023명으로 집계되었다.[168] 곧 토지개혁 이후에도 대다수 인제군민들은 여전히 빈농 수준에 머물러 있었다. 전전 시기 월남자들의 남하 동기 가운데 빈농층의 생활난 타개가 가장 큰 비중을 점했다는 점도 토지개혁을 통한 농민들의 안정된 생활기반 창출이 성공적이지 못했음을 드러낸다.[169]

빈농층의 경제적 지위에 뚜렷한 변화는 없었으나, 그들의 사회적 지위는 눈에 띌 만큼 상승했다. 북로당에 입당청원서를 제출한 부농과 지주 출신이 계급성분의 벽을 극복하기 어려웠던 반면, 고농과 빈농은 뚜렷한 결격사유가 없는 한 쉽게 입당심사를 통과할 수 있었다. 그들에 대한 체제의 우호적 관점은 개개인 평정서에까지 반영되었다. 평양교원대학 지리과의 빈농 출신 학생 한중호를 평가한 아래의 평정서가 그러한 관점을 잘 드러낸다. 이 나무랄 데 없는 학생의 평정서는 그의 출신성분에 대한 비장한 찬사에서 출발하고 있다.

"이 동무는 빈농의 가정에서 출생했다. 많은 가족이 있는 가운데 경제적 면에 있어서 대단히 쓰라린 생활을 해왔으며, 어렸을 때부터 쓰라린 고통을 많이 받아 왔다. 중학교에도 외숙의 집에서 학비를 충당해 주었기 때문

---

168) 1948.2.17, 「북로당 강원도 인제군당상무위원회 회의록 제2호」, 『史料集』 2, 19~20쪽.

169) 김재웅, 2016.6, 「북한의 38선 월경 통제와 월남 월북의 양상」, 『한국민족운동사연구』 87, 205~206쪽.

에 다닐 수 있었으며, 가정이 곤란하기에 동생은 진학도 하지 못했다. 입학금의 곤란을 느껴 유일한 재산인 소를 300원에 팔아 150원의 입학금을 겨우 지불한 사실도 있다. 뿐만 아니라 학생 시기에도 학비 관계로 상당한 곤란을 겪어 왔다. 해방 후 토지개혁의 혜택으로 토지를 분여받았으며, 부친은 농민동맹위원장 숙부는 세포위원장으로 활약하고 있다. 해방 후 본인은 민청사업에 자기의 열성을 다했다. 현재 조선 근로인민의 이익을 대표하는 로동당에 입당수속 중이다. 정치교양 면에 있어서도 신간서적과 신문 등을 통해 일상적으로 노력하고 있으며, 동지들을 옳게 비판할 줄 알고 비판받을 줄 아는 조직성이 강한 동무이다. 자기 책임 맡은 분야의 능수이고 성적도 학급 중 우등생이며 꾸준한 노력가이다. 이상에 비추어 이 동무는 앞으로 많은 발전을 하리라 확신한다."[170]

위 학생은 좋은 출신성분, 흠잡을 데 없는 가정환경, 우수한 성적, 정치적 열성, 꾸준한 노력, 올바른 처신 등 훌륭한 자질을 두루 갖춘 학생이었다. 극빈한 가정에서 성장한 그는 좋은 학벌을 갖춘 데다, 곧 노동당 입당이 확실시되었다. 따라서 해방 후 촌락 간부직에 등용된 그의 아버지와 숙부처럼 어렵지 않게 사회적 지위의 상승을 실현했을 가능성이 높다. 그에게 빈농이란 출신성분은 그가 지닌 다른 장점과 역량을 더욱 돋보이게 한 배경이었다.

고농·빈농과 부농·지주의 사이에 자리한 중농은 포섭층과 배제층의 경계에 위치했다는 점에서 지위가 불안한 계급이었다. 레닌과 같은 혁명가들이 동료로서 포용할 수 있다고 평가한 그들은 북한의 지도층 사이에서 거의 회자되지 않았다. 곧 북한 당국은 중농층에 매우 신중한 접근 태도를 보였다.

---

170) 1949.5.2, 「평양교원대학교 지리과 한증호 평정서」, NARA RG242 SA2007 Item20.2.

자급자족이 겨우 가능한 농민층으로 정의된 그들은 시간이 지남에 따라, 비교적 안정된 생활을 영위할 수 있는 '경작지 2정보 이상 소유농'에 해당하는 층으로 범주화되었다. 평안남도 양덕군 화촌면의 경우 1951년 9월 현재, 경작지 2정보 이상을 소유한 중농이 전체농가 720호의 27.8%인 200호에 달했다.[171]

1947년경 강원도 인제군 내 농민 인구 31,290명 중 중농 인구가 6,011명(19.21%)에 달했다는 통계와[172] 1946년경 북한 전체 농업 인구 중 중농 인구 비율이 20.73%에 달했다는 한 연구의 지적 등에 비추어볼 때, 토지개혁 후 그들의 점유율은 약 20% 선에서 수렴된 듯하다.[173] 중농층에 대한 정치인들의 관점은 거의 드러나지 않지만, 대학 당국의 중농관을 엿볼 수 있는 학생 평정서가 유용한 대체 자료로 활용될 수 있다. 다음 평정서의 평가 대상자들은 둘 다 중농 출신성분을 지닌 대학생들이다. 그러나 그들은 성별을 비롯해 여러모로 대조적인 인성의 소유자들이었다.

"최찬홍(평양사범대학 력사과), 가정 출신 중농(해방 전 토지 9,000평 소유, 몰수 8,000평). 이 동무는 지주의 자녀로 소학교에서 중학교까지 아무런 고통과 곤란 없이 공부했고 졸업하자 곧 본 대학에 입학했다. 중학교 졸업 시에는 교육국장상을 탔다. 그러나 본 대학에서 공부하게 됨에 따라 특히 2학년 때 1개월 병으로 인해 놀고 온 뒤 사업에서 제외되어 금일에 이른다. 사상

---

171) 駐DPRKソ連大使館員 A. Shemjakin, 「1951年9月17日~19日平安南道諸郡への出張について」, 『旧ソ連の北朝鮮經濟資料集 1946~1965年』, 東京 : 知泉書館, 2011, 272·275쪽.

172) 북로당 강원도 인제군당위원장 김병홍, 1947.7.21, 「농민성분 분석 조사에 관한 건」.

173) Charles K. Armstrong, *The North Korean Revolution, 1945~1950* (Ithaca: Cornell University Press, 2003), pp. 109~110.

정치면에서도 둥실둥실하며 하루하루를 보내는 데 취미를 보낼 뿐, 모든 문제를 계급적 이해관계에서 생각하는 점이 희박하다. 그러나 맡은 일은 충실히 하며 비판과 교양을 솔직히 받아들이는 여학생으로 발전성과 창발성에 있어서도 장래성이 크다. 중학교에서 사업했기 때문에 대중의 관심을 잘 끌며 음악을 좋아하던 관계는 본대학 음악반원으로서 오늘에 이른다. 지주의 자녀로서 진보적인 여성이며 포용력이 풍부하므로, 지도와 자체 교양에 힘쓴다면 우리 교육계 여교원으로서 정당하다고 인정한다."[174]

"이인섭(평양교원대학 지리과), 가정 출신 중농. 이 동무의 가정은 중농이다. 출생 당시 토지 경작관계는 자작 겸 소작을 주고 있었다. 이 동무의 성격은 경우만 챙기고 조직에 있어서도 자기의 경우만 돌보며 사무능력은 없다. 일체 사업을 회피하며 경우만 보고 다닌다. 정치교양사업을 등한시하며, 1948년 4월 12일 당증을 분실해 당에서 엄중경고 처분을 받았다. 원칙 문제를 가지고 책임 추궁하면 '다 알았으니 그만 하자'고 책임자를 보고 말하고 있다. 1학년 때에는 평양 출신 학생들과 그룹적 행동을 취해 반 사업에 많은 지장을 주었고, 상급 지시에 무관심하며 자존심이 세서 복종하지 아니한다. 집행력이 약하고 의지가 약하다. 타협주의 사업 작풍이 강하며 원칙 문제의 올바른 취급을 싫어한다. 학생들 간에 인기도 없다. 맏형은 토지개혁 시 토지를 몰수당했으나, 평수는 자서전에도 없고 알 수 없다. 의지가 맞지 아니하여 아버지·형과 다투고 방학 때에도 집에 가지 않는다. 가족은 아버지, 어머니, 형, 형의 처, 조카 등 아홉이며 농사하고 있

174) 평양사범대학 력사과 학부장 리학복, 1949.5.20, 「평양사범대학교 력사과 최찬홍 평정서」, NARA RG242 SA2007 Item19.

다. 교원이 적당하나 약하고 앞으로 책임적 지위에도 약하다. ※안일성과
경우 차리기에 유명하다."[175]

위 두 학생의 평정서에 비추어볼 때 중농층에 대한 대학 당국의 관점은
그리 우호적이지 않았다. 여학생 최찬홍의 평정서를 작성한 평양사대 역사과
학부장은 출신성분이 중농인 그녀를 아예 지주 출신으로 규정하기까지 했다.
해방 전 중농 수준인 3정보의 토지를 소유한 그녀의 집안은 토지개혁을 통해
임대해오던 소작지 8,000평을 몰수당했다. 토지 5정보 소유 기준에 관계없이
경작지 임대자들을 지주로 간주한 당국의 급진적 계급관이 이 사례에 잘 드
러나 있다. 따라서 학부장은 이 여학생이 "지주의 자녀"로서 "아무런 고통과
곤란 없이" 공부해온 사실에 유감을 숨기지 못했다. 그가 보기에 그녀가 정
치사상성의 발전과 계급 문제에 별 관심을 보이지 않은 까닭도 그리 영예롭
지 못한 그녀의 출신성분 때문이었다.

남학생 이인섭도 일부 경작지를 자작하고 나머지 경작지를 임대한 중농
가에서 태어났다. 여학생 최찬홍과 동일한 잣대를 적용하면, 그도 "지주 출
신"에 해당할 수 있었다. 이 학생은 어떠한 장점도 지니지 못한 학생이었다.
"경우만 보고 다니"고, 정치교양을 등한시하고, 타인의 비판을 수용해 반성하
지 않고, 파벌을 만드는 경향이 있고, 집행력과 의지가 약하고, 타협하는 기
질이 농후하고, 학생들 사이에 인기도 없고, 가족들 간의 관계도 원만하지 못
했다. 더구나 그는 노동당원으로서 "눈동자"처럼 간수해야 할 당증을 분실했
을 뿐만 아니라, 토지개혁 기간에 그의 가족이 몰수당한 토지면적을 자서전
에 기입하지 않았다. 평정서 작성자의 관점에 따르면, 그것은 국가를 기만한

---

175) 1949, 「평양교원대학교 지리과 리린섭 평정서」, NARA RG242 SA2007 Item18.

행위에 다름 아니었다.

　그러나 중농성분의 벽은 부농성분·지주성분의 벽에 비해 높지 않았다. 여학생 최찬홍의 경우 중농가정에서 출생한 데다 정치사상의식·계급의식이 부족하다고 평가된 반면, 다른 측면의 장점으로 출신성분의 약점을 극복할 수 있는 가능성을 보여주었다. 이를테면 그녀는 맡은 일에 충실하고, 타인의 비판을 수용할 줄 알고, 포용력이 풍부하고, 인기가 있고, "발전성과 장래성이 큰" 학생이었다. 비록 "지주의 자녀"라는 꼬리표를 붙이긴 했으나, 평정서 작성자는 그녀가 "진보적 여성"으로서 "우리 교육계 여교원으로 정당하다."라는 결론을 내렸다. 반면 남학생 이인섭의 경우 성분 외적인 불량한 기질이 되레 출신성분의 벽을 더 높이 끌어올린 사례에 속했다. 그는 도무지 구제받기 힘든 학생이었다. 평정서 작성자는 그가 "교원에 적당하나" 미흡하고, 책임적 지위 곧 간부직에도 부적합하다는 입장을 덧붙였다. 만족하지 않았는지 그는 "※안일성과 경우 차리기에 유명하다."라고 낙인찍으며 그 학생에 대한 평가를 마무리했다.

　이인섭의 경우가 그러했듯 노동당원들에게 중농성분은 커다란 약점이었다. 과오를 범한 중농 출신 당원에 대한 동료들의 비판은 거의 반사적으로 그가 지닌 출신성분의 약점을 겨냥했다. 이를테면 강원도 인제군의 한 당원은 그가 "중농성분이기 때문에 허다한 오류를 범했다."라고 비판받았다. 같은 지역에 거주한 그의 동료도 "일제 잔재를 청산하지 못하고" 있는 원인이 그가 지닌 중농성분에 있다는 비난을 들어야 했다.[176]

　중농 출신 일반인들도 그들이 지닌 계급성분의 한계를 자각하고 있었다. 평양사범대학 화학과에 재학 중인 윤시종은 자신의 희망이 출신성분 탓에

---

176)　1949.4.28, 『제24차 북로당 강원도 인제군 북면당위원회 회의록』.

좌절되었음을 다음과 같이 자서전에 기록했다. "나는 선전간사로서 일을 맡아보다 쏘련에 유학하려고 열심히 공부했다. 그러나 나의 출신성분은 중농이다. 실제에 있어서 그 무엇을 고의로 착취하려 한 것이 아니로되, 우리 조상은 대대로 양반가문을 자랑했기 때문에 나는 쏘련에 갈 자격이 못 됨을 느꼈다."[177] 쏘련유학의 좌절이 집안 배경에서 비롯되었음을 간파한 이 학생은 출신성분의 영향력을 너무도 당연하게 받아들였다.

중농층은 특히 계급투쟁이 격화될 때 그들의 불안한 지위를 우려하는 심리 상태를 드러냈다. 1948년경 강원도 인제군 각지에서 불로지주들이 축출되자, 한 중농 출신 여성당원은 자신도 축출될지 모른다는 불안감에 못 이겨 가족들을 이끌고 월남했다.[178] 중농성분을 지닌 촌락간부들의 지위도 불안하기는 마찬가지였다. 북로당 강원도 인제군 남면당위원과 면내 한 리의 인민위원장을 겸임하고 있었던 촌락 고위간부 김흥복은 해방 전 자경과 임대를 병행한 전력을 지닌 중농규모의 토지소유자였다.[179] 그는 일제시기부터 가까이 지내오던 지주들이 축출되는 상황을 지켜보며, 자신이 지닌 계급성분의 약점에 불안을 느끼기 시작했다. 마침내 자신도 축출로부터 안전하지 못하다는 결론에 다다른 그는 계급투쟁의 실권자인 촌락 당 조직의 지도자 곧 세포위원장을 떠보기로 마음먹었다. 그가 촌락에서 축출되어야 할 자가 아직도 남아 있냐고 묻자, 세포위원장은 "그렇다."라고 대답했다. 축출되지 않으려면 자신이 먼저 선수를 쳐야 한다고 생각한 그는 "세포위원장이 공작해 나

177) 1949.4.21, 「평양사범대학교 화학과 윤시종 자서전」, NARA RG242 SA2007 Item20.1.

178) 1949.4.3, 「북로당 강원도 인제군당상무위원회 회의록 제41호」, 『史料集』 3, 224쪽.

179) 이하 1948.11.25, 「북로당 강원도 인제군 남면당 제19차 위원회의」, 『史料集』 18, 156~157쪽 참조.

를 축출하려 한다."라는 풍문을 온 촌락에 퍼뜨렸다. 만에 하나 세포위원장
이 그런 마음을 품고 있다면, 그의 생각을 돌리려는 의도에서였다. 이 사례는
한 촌락간부의 지나친 불안감에서 비롯된 사건이었지만, 중농성분을 지닌 이
들의 입지가 안정적이지 않았음을 생생히 드러낸다. 이상의 사례들이 보여
주듯 중농층에 대한 부정적 관점의 형성은 그들의 "착취"전력과 무관치 않았
다. 2~5정보의 경작지를 보유한 중농층 상당수는 과거에 자경과 소작지 임대
를 병행한 전력을 지니고 있었다.

　토지개혁을 통해 지주계급이 소멸된 뒤에도 마르크스주의적 관점의 "계
급적 착취"는 사라지지 않았다. 농촌 소자산층인 부농이 합법적으로 그들의
물적 기반을 보존할 수 있었기 때문이다. 곧 부농은 여전히 합법적 영역에
속한 농업노동자 고용과 대금업·임대업 등을 통해 자산을 축적할 수 있었다.
북로당 강원도 인제군당이 농민성분 조사에 앞서 배포한 문건에 따르면, 부
농은 "풍흉 여하를 막론하고 식량이 남아돌아 팔 수도 있고 빚놀이도 할 수
있는 농호"를 의미했다.[180] 이 개념 규정은 대금업에 종사하는 경향이 있는
그들의 "물적 착취성"을 반영하고 있다.

　그러나 당대의 일반적인 부농 개념은 타인의 "노동력 착취"에 초점이 맞
추어졌다. 곧 자작에 기초해 경작하되 토지 일부를 소작인에게 임대하거나
고농을 들여 경작하는 농민이 부농으로 규정되었다.[181] 토지개혁을 통해 소
작제가 철폐됨에 따라, 부농의 존재양태는 농업노동자를 고용한 경작 방식이
주류를 이루었다. 더 구체적으로 그것은 고농을 들여 경작하는 경향이 있었
던 경작지 5정보 이상 소유농을 의미했다. 강원도 인제군의 한 농민은 고농

180)　북로당 강원도 인제군당위원장 김병홍, 1947.4.12, 「농민성분 분석 조사에 관한 건」.

181)　北朝鮮臨時人民委員會 司法局, 1947, 「保安例規, 自敍傳 作成要綱」, 『史料集』 9, 95쪽.

에 의존한 경작을 통해 자산을 축적하여 5정보 이상의 토지를 보유할 수 있었다.[182] 인제군 지역의 다른 농민들은 수십 두의 소를 빈농들에게 임대하여 "고율의 세"를 받았다. 그들이 소를 1년간 대여하고 거둬들인 임대료는 마리당 백미 수 두 내지 10두에 달하는 고액이었다.[183] 농업노동자 고용과 축우 임대가 인제군 부농들의 자산 축적수단이었음을 볼 수 있다.

한편 개인소유제가 정착되기 전 타농가에 대한 무상 노력 지원과 축우의 무상 임대가 농촌사회 곳곳에서 물의를 빚었다. 인민경제계획의 기한 전 완수에 집착한 촌락간부들이 그러한 방식의 해결책에 의존했기 때문이다. 그러나 무상 노력 지원과 축우의 무상 임대는 농민들 사이에 의존 심리를 조장하여, 그들이 노동을 꺼리고 소 사육을 기피하는 폐단을 낳았다. 곧 인력과 축우의 무상 지원은 생산성 향상에 이롭지 못한 방식이었다.[184] 개인소유제 원칙의 준수 달리 말해 사유제의 확립을 통해 농민들의 근로욕 감소와 소 사육 기피 경향을 시정할 수 있다고 본 국가는 타농가에 대한 무상 노력 지원과 축우의 무상 임대에 즉각 제동을 걸었다. 농업노동자 고용과 축우의 유상 대여가 활성화될 수 있는 여건이 조성된 셈이었다. 게다가 경작지 5정보 이상을 소유한 농민들의 사유권도 조선민주주의인민공화국 헌법을 통해 보호받았다. 그들로부터 토지를 몰수하는 행위가 정치적으로 옳지 않다고 본 김두봉은 5정보 이상 소유농이 생산성 향상에 이바지하는 면이 있음을 인정했다.[185]

---

182) 1948.6.14, 「북로당 강원도 인제군 남면당위원회 회의록 제10호」, 『史料集』 18, 104쪽.

183) 1950.3.16, 「북로당 강원도 인제군당부 결정서 상 제85호」, 『史料集』 15, 213·216쪽.

184) 김재웅, 2011.3, 「북한의 사유제 정착과정과 민간산업정책」, 『한국사연구』 152, 185~186쪽.

185) 北朝鮮人民會議院, 1948.4.28, 「北朝鮮人民會議 特別會議 會議錄」, 『史料集』 8, 235~236·

농업 부문의 개인소유제 확립은 부농층 형성에 유리한 여건을 조성했다. 그러나 농업생산성 향상과 부농층의 성장이 불가분의 관계에 있다는 점은 북한체제에 심각한 고민을 안겼다. 1948년 3월 말 북로당 제2차 전당대회의 토론자로 나선 방승직은 부농층의 증가에 경계심을 드러냈다. 그는 여유 곡물을 많이 소유한 평야지대의 농민들이 노동을 기피하고 "남의 노력을 사서" 농사짓고 있을 뿐만 아니라, 돈을 은행에 저금하기는커녕 고리대금업에 종사하는 경향이 있다고 비판했다.[186]

토지개혁 직후 10,782호에 달했던 경작지 5정보 이상 소유농이 약 2년 뒤인 1948년 2월 현재 11,435호(5-7정보 소유농 10,247호, 7정보 이상 소유농 1,188호)로 증가한 점도 부농층의 성장추세를 나타낸다. 그 원인을 토지 매매에서 찾은 소련 군사령부 정치사령관 레베제프는 법령을 통해 그를 금지해야 할 필요가 있다고 보았다.[187] 1948년 9월 말 북로당 중앙위원회도 부농의 증가와 그에 따른 폐해를 비판하고 나섰다. 농업노동자를 고용한 농가 수가 증가하고 있음을 우려한 북로당 중앙위원회는 그들의 사회적 지위 개선을 통한 해결을 모색했다.[188]

부농층의 자산 축적이 합법화됨에 따라 "착취행위"의 억제를 모색한 당국의 개입은 제한적일 수밖에 없었다. 고리대행위의 경우 "금전 기타 물건을 대여하여 법정 최고 이율을 초과한 이자나 보수를 받은 자는 3년 이하의 징

294쪽.

186) 방승직, 1948.3, 「北朝鮮勞動黨 第2次 全黨大會 會議錄」, 『史料集』 1, 406쪽.

187) 1948.2.12, 『레베제프 비망록』(『부산일보』 1995.2.24).

188) 북로당 중앙위원회 제3차 회의 결정서, 1948.9.25, 「만기작물 현물세 징수와 1949년도 농작물 증산에 있어서 당단체의 과업에 대하여」, 『史料集』 29, 73쪽.

역에 처하"고, 직업적으로 그 죄를 범한 자는 5년 이하의 징역에 처한다는 규제안이 마련되었다.[189] 그러나 대표적 "착취행위"로 지목된 농업노동자 고용은 불법행위에 속하지 않았다. 1949년 1월 말 북로당 함경남도당위원장 박영은 고용농민과 고용주인 부농 양측에 대한 설득을 통해 이 문제를 해결할 필요가 있다고 보았다. 곧 지속적 교양사업을 실시하여 고용농민들의 "계급적 각성"을 이끌어내 그들이 노동자로 전업하도록 독려하는 한편, 고용주들을 설득하여 농업노동자에 의존한 경작이 아닌 그들 자신과 가족들의 자경을 유도해야 한다는 구상이었다.[190]

사실 이 구상은 박영의 제안 이전부터 주목받았으며, 그와 동일한 해법이 북로당의 계급정책으로 구사돼 왔다. 이를테면 1948년 말 강원도 인제군 당국은 "양반화 된" 일부 부농들이 "고용농민들을 착취"하자, 그들을 노동자로 전환하는 식의 해결책을 모색했다.[191] 고농층의 직업 전환은 해방 후 북한이 직면한 노동력 부족난의 해소에 도움이 될 수 있는 유용한 방안이었다. 그러나 보다 역점이 두어진 조치는 고농이 존재하는 현실을 인정하는 선에서 그들의 지위를 개선하려는 시도였다.

한편 1949년 말 조선로동당은 합법적 상황을 이용해 "경제적으로 소생"하고 있는 부농층이 농민들을 착취할 뿐만 아니라, 당국의 농촌사업에 비협조적 태도를 보이고 있다고 비판했다.[192] 그들은 국가가 부과한 의무노력동원

---

189) 「朝鮮民主主義人民共和國 刑法」, 『史料集』 20, 220쪽.

190) 박영, 「중앙위원회 제3차 회의 결정 집행을 위한 함남도 당단체의 투쟁」, 『근로자』 1949년 1월호 (제2호), 56~57쪽.

191) 1948.12.12, 「북로당 강원도 인제군당상무위원회 회의록 제31호」, 『史料集』 3, 36쪽.

192) 조선로동당 중앙 조직위원회 제8차 회의 결정서, 1949.10.20, 「농촌경리 발전을 위한 황해도 당단체의 사업정형에 대하여」, 『史料集』 29, 361~362쪽.

을 회피하기 일쑤였고, 농업현물세를 적게 납부하고자 수확고를 낮춰 신고하기까지 했다. 황해도 서흥군의 경우 토지가 부농들에게 집중되는 경향이 있었던 반면, 지역 관개수리공사 비용을 분담하지 못한 빈농들은 촌락 간부들에게 토지를 몰수당했다. 1949년경 당국의 면화 수매사업이 부농들의 방해에 직면한 사건도 9차례나 있었다.[193] 불량품이 납부되었을 뿐만 아니라 부농들의 선동으로 수매인 11명이 폭행을 당했다. 결국 면화 수매사업은 중단되었고 수입을 통한 조달방침이 결정되었다.

국가의 관점에서 재구성된 위의 사례들은 국가와 부농 간의 갈등이 고조됨과 함께, 부농층이 상당한 압박에 직면했음을 암시한다. 부농층을 제재할 법적 근거가 없다면, 계급투쟁에 의존하는 방식이 한 대안일 수 있었다. 그들의 성장을 우려한 북로당 강원도 인제군당은 수시로 농촌사회의 계급투쟁을 강조했다.[194] 지주층이 소멸함에 따라 농촌사회의 실질적 "착취계급"은 이제 부농층만이 남은 셈이었다. 따라서 그들은 계급적으로 매우 불안정한 상태에 놓이게 되었다. 평양교원대학 지리과 학생 변석해를 평가한 학교 당국의 평정서는 부농계급에 대한 불신이 극에 달했음을 드러낸다. 그는 출신성분이 좋지 못한 데다, 행실 면에서도 본받을 점이 전혀 없는 학생이었다.

"변석해(평양교원대학 지리과), 가정 출신 부농, 사회성분 학생. 부친은 면장을 했고 일제의 주구였다. 18,000평의 토지를 소유해 조모가 농사지으며 나머지는 소작을 주었다. 풍족한 생활에서 중학교 때부터 기독교를 믿

---

193) 商業專門官 Neumeikov, 「1949年上半期北朝鮮の小賣取引と地方産業の結果」, 『旧ソ連の北朝鮮經濟資料集 1946~1965年』, 東京 : 知泉書館, 2011, 172쪽.

194) 1949.10.13, 「북로당 강원도 인제군당상무위원회 회의록 제66호」, 『史料集』 3, 726쪽.

었고 현재까지 믿고 있다. 성격이 여성적이고 모든 사업에 참가하지 않으며 사상 수준은 가장 낙후하다. 어느 교회에 어느 목사가 있다는 등, 어느 목사는 자기 자본을 내서라도 사회사업에 희생한다는 등 하고 말한다. 최남선이를 조선역사의 공로자라 하며 이광수 작품을 존경하는 가장 낙후한 학생이다. 결석이 많은 대표적 학생이고, 2학년 2학기에는 수업시간 도중에 뺑소니치는 일이 많았다. 부친은 청우당원이며 본적지에서 과수원을 경영한다. 토지개혁 시 토지 10,000평을 몰수당했다. 교원이 적당하나 미약하며 책임적 지위에는 타당치 않다. 교수실습 행정에서도 정치교양 면에 대한 취급이 적다. 참으로 이 방면에 많은 노력이 필요하다."[195]

그의 가정은 18,000평 곧 6정보의 경작지를 소유한 지주층에 속했다. 그럼에도 그의 출신성분이 부농으로 분류된 까닭은 소작을 주어 몰수당한 토지 10,000평을 제외한 나머지 8,000평이 자작지였기 때문이다. 그는 당국이 보기에 매우 좋지 못한 가정환경에서 성장했다. 그의 아버지는 해방 전 면장 전력을 지닌 "일제의 주구"였을 뿐만 아니라, 현재 북로당과 갈등관계에 있는 천도교청우당원으로 활동하고 있었다. 평정서의 작성자는 그러한 가정환경과 유족한 생활이 그를 기독교도의 길로 이끌었다고 보았다. 물론 그가 대표적 친일파 문인인 최남선과 이광수를 높이 평가한 태도는 부친의 전력을 떠나 설명되기 어려웠다. 사실 목사들과 친일파 문인들을 향한 그의 존경심은 자칫 반체제사상의 표현에 해당할 수 있었다. 그토록 사상 수준이 뒤떨어진 그는 학교사업에 거의 참가하지 않을 뿐만 아니라, 수업시간에 "뺑소니"치는 일도 잦은 요주의 학생이었다. 불량한 행실과 불성실성은 그 학생이 장

---

195)   1949, 「평양교원대학교 지리과 변석해 평정서」, NARA RG242 SA2007 Item18.

차 극복해야 할 출신성분의 벽을 더 높이 끌어올릴 것임이 틀림없었다. 평정서의 작성자도 체념한 듯 "많은 노력이 필요하다."라고 결론지었다.

계급적으로 불리한 위치에 있었던 부농층은 그들의 이해관계를 대변한 조선민주당을 중심으로 결집하는 경향을 보였다. 종종 국가의 정책에 비협조적 태도를 보인 그들은 지방 수준에서 북로당과 사사건건 충돌했다. 지주층과 마찬가지로 체제에 적대감을 지닌 상당수의 부농이 월남대열에 동참했다. 그들 중 체제에 대한 반감을 삭이지 못한 이들은 전시 유엔군을 따라 북상해 잔인한 보복행위를 일삼았다. 황해도 송화군 자양면에 거주하다 월남한 어느 부농 출신 두 형제의 대응이 그 전형적 사례에 속했다. 그들은 남한 측 무장대에 가입해 "많은 애국자들과 유아들을 학살"했다는 혐의를 받았다. 보복은 악순환으로 이어졌다. 조선인민군이 황해도 지역을 탈환하자 당국은 즉각 그 "악질분자 가족"을 잡아들이라고 지시했다.[196]

3. 중간층

해방 직후에도 중간층 지지기반 확보는 정치 활동의 성패를 좌우할 수 있는 중요 과제로 인식되었다. 좌익 진영 역사학자 이청원은 이 문제를 예리하게 통찰하고 있었다. 그는 프롤레타리아트의 역량이 양적·질적으로 미약한 조선의 현실에 비추어, "소부르주아층" 획득이야말로 정치 활동의 중대한 목표라고 강조했다.[197] 그가 보기에 "금일의 정치"란 "중간계급 획득"을 둘러싼

---

196) 목감면분주소, 1951.7.8, 「정보관계 서류집」, 『史料集』 16, 603쪽.

197) 李淸源, 「파시즘이 亂舞하는 南朝鮮」, 『史料集』 12, 121쪽.

"혁명과 반혁명" 또는 "진보와 반동" 간의 경쟁에 다름 아니었다. 그러한 경쟁이 중간층에 대한 신중한 접근을 요구했다.

중간층 지지기반 확보는 특히 북한 지역 수도인 평양에서 중대한 과제로 부상했다. 해방 직후 인텔리층 주도의 진보적 운동이 활발히 전개된 서울 등 대도시들의 상황과 달리, 평양 지역 인텔리운동은 침체를 면치 못했다.[198] 오기섭이 보기에 그 책임은 일정부분 좌익 진영에 있었다. 평양 지역 인텔리들을 불신하고 의심한 공산주의자들의 "극좌적" 경향이 그들의 활동을 "마비 상태"로 내몰았기 때문이다. 따라서 해방 직후 평양 인텔리층의 과도기적 불안과 동요는 쉽게 가라앉지 않았고, 오히려 우익계에 역이용될 소지마저 있다고 진단되었다.

이청원의 통찰이 적중했듯 평양은 인텔리층·학생층·소시민층 등 이른바 중간층 획득을 둘러싼 공산당과 민주당 간의 격전장이었다. 양측의 경쟁은 점차 좌익 진영에 불리한 방향으로 전개되었다. 그와 관련해 오기섭은 "사리사욕적 기회주의"에 빠지기 쉬운 소시민층 특유의 결함을 우려했다. 자산층의 경제적 기반을 침해할 수 있는 각종 개혁조치들에 대한 그들의 태도가 우호적이지만은 않았기 때문이다.

소시민층의 사익 추구 경향에 더하여, 민족주의와 기독교가 "기형적"으로 발달한 관서 평양 지역의 특수성이 그들의 "혁명의식" 함양을 방해했다. 무엇보다 저명한 민족주의운동가들이 속출함에 따라, 공산주의자들이 지지한 진보적·과학적 신사조들이 주목받지 못하는 경향을 보였다. 곧 대부분이 민

---

198) 이하 吳琪燮, 「인테리에 對한 提案」, 『正路』 1946.1.29 ; 吳琪燮 講演, 1946.1, 「三國外相會議 朝鮮問題 決定과 朝鮮共産黨의 態度」, 『史料集』 31, 116~117쪽 ; 1945.12.26, 「朝鮮共産黨 平南道 第一次 代表大會 報告演說」, 『朝鮮共産黨文件資料集』, 한림대, 1993, 64쪽 참조.

족자본가나 지주층 출신이었던 그들은 중소상공업이 발달한 평양에 "민족개
량주의" 사조를 유포하며 중간층에 강력한 영향력을 행사했다. 오기섭은 민
족주의자들의 경제적·사상적 기반인 산업·토지 자본과 민족개량주의뿐만 아
니라, 그들의 공고한 종교적 기반인 기독교가 평양 지역에 끼친 영향에도 주
목했다. 그가 보기에 "기독교사상에 물든" 소시민층이 좌익 진영 쪽으로 기
울 가능성은 거의 없었다. 그들은 민족주의운동가들의 정치·경제·사상·종교
적 이해관계를 대변한 조선민주당과 행동상 보조를 맞추는 경향을 보였다.

1) 인텔리

중간층에 속한 지식인들은 매우 흥미로운 계급이었다. 1948년 1월 1일 현
재 40,937명, 부양가족까지 포함한 인구가 북한 전체 인구의 약 1.24%(114,894
명)에 달한 인텔리층은 노동자·농민·사무원층과 함께 근로자층으로 규정되
었을 뿐만 아니라 종종 소시민층으로도 분류되었다.[199] 달리 말해 그들은 이
중의 계급적 소속을 지닌 집단이었다. 바로 그 점 곧 근로자층과 소시민층의
경계에 위치한다는 점에서 그들의 입지는 안정적이지 않았다.

북한뿐만 아니라 다른 사회주의권 국가들의 지식인 문제도 매우 민감하
게 다루어졌고 파시즘도 그 점에서 예외는 아니었다. 이성의 활용을 통한 진
리 탐구를 배척한 파시즘은 지식인들을 경멸의 눈으로 바라보았다. 사실 파
시즘에게 교리의 진리성 여부는 그다지 중요한 문제가 아니었다.[200] 의지가

---

199) Управление Советской Гражданской Администрации в Северной Корее(북조선 소련민정
    국), Указ. соч. С. 59.

200) 마크 네오클레우스 지음, 정준영 옮김, 『파시즘』, 이후, 2002, 50-51쪽.

가장 강렬하게 표출된 신념, 곧 대중을 가장 잘 결집할 가능성이 있는 신념
이야말로 파시즘이 지향한 최고의 가치였다. 따라서 이론과 행동을 분리할
뿐만 아니라 실천을 기피하고 이론에만 몰두하는 경향이 있는 지식인들은
매우 부정적으로 인식되었다.

　지식인층을 부정적으로 바라보는 사회주의권 국가들의 관점도 파시즘에
못지않았다. 실천의 중요성을 강조한 마오쩌둥(毛澤東)은 파시즘과 유사한 이
유로 지식인층에 대한 거부감을 드러냈다. 실천을 통해서만 진정한 지식을
얻을 수 있다고 본 그에게 역설적으로 지식인들은 가장 지식이 없는 층에 속
했다.[201] 부정적 지식인관을 고수한 마오쩌둥은 노동자·농민층이 지닌 장점
과 그들의 결점을 곧잘 비교했다. 그는 "계급투쟁의 풍랑 속에서" 노동자·농
민층이 꿋꿋하고 선명한 태도를 보인 반면, 지식인층은 크게 동요하며 모호
한 태도를 보였다고 지적했다. 그에게 지식인은 사회의 독립적 역량이나 거
대한 생산력으로 고려된 적이 없었을뿐더러, "다른 계급의 몸통에 붙어 있는
터럭"에 지나지 않았다. 따라서 마오쩌둥 집권기의 그들은 실권을 부여받기
는커녕, "하찮은 문서 업무"에만 매달리며 온갖 박해에 시달려야 했다.

　사실 지식인층이 지도적 위상을 지닌 다른 계급에 봉사하는 속성을 지녔
다는 마오쩌둥의 관점은 그만의 독창적 시각이 아니었다. 마루야마 마사오
(丸山眞男)는 전근대 시기의 지식인층이 지닌 한계를 "정통적 세계 해석의 보
급자"라는 그들의 종속적 지위에서 찾았다.[202] 그에 따르면 "근대 지식인"은
그러한 종속적 지위로부터 해방돼, "사상의 자유시장"에서 벌어지는 경쟁에

---

201)　리저허우(李澤厚)·류짜이푸(劉再復) 저, 김태성 역, 『고별혁명』, 북로드, 2003, 214~215·220·
　　　243·314쪽.

202)　마루야마 마사오 저, 김석근 역, 『〈문명론의 개략〉을 읽는다』, 문학동네, 2007, 49쪽.

참여함으로써 탄생할 수 있었다. 그러면 근대 지식인의 탄생 이후 등장한 마르크스 – 레닌주의의 해석자 사회주의 지식인은 어떻게 평가될 수 있을까? 마루야마 마사오는 마르크스 – 레닌주의가 체제의 정통적 세계관이 된 사회주의하에서, 지식인들의 지위와 역할은 오히려 "정통적 세계 해석의 보급자"인 전근대 지식인들의 그것에 가까워졌다고 결론지었다. 마르크스 – 레닌주의의 해설과 보급이 그들의 주요 임무였기 때문이다.

그러나 자유주의적 속성을 지닌 지식인들에게 그들의 권위를 경시하고 개성을 무시한 사회주의식 통제는 우호적으로 받아들여지지 않았다. 사실 사회주의체제와 지식인들 간의 불화는 혁명가들이 지향한 행동양식이 지식인들의 본질적 속성과 상충했기 때문에 격화되는 경향을 보였다. 일반적으로 지식인들은 사익과 명예에 집착하고, 고된 노동을 기피하며, 쉽사리 사사로운 원망에 얽매이고, 사소한 일에 긴 시간을 허비하는 이들이었다.[203] 무엇보다 사태의 득실에 집착하고 냉담한 관찰자를 자처하며 현실투쟁에 뛰어들길 주저하는 그들의 방관자적 속성이 혁명가들의 가치관과 양립할 수 없는 행동양식이었다.

뿐만 아니라 지식에 대한 그들의 강렬한 호기심이 다양한 해외 사조의 유입을 자극했다는 점도 문제의 소지가 있었다. 소련이 지식인들에게 비판적 입장을 보인 이유들 가운데 하나가 바로 그들을 통한 "서유럽 부르주아문화"의 유입이었다.[204] 모든 "외국풍"을 동경하는 "병에 걸린" 그들 인텔리들은

---

203) 리저허우(李澤厚)·류짜이푸(劉再復) 저, 김태성 역, 『고별혁명』, 북로드, 2003, 214~215·220·314쪽.

204) 그. 말렌꼬브, 「蘇聯共産黨 '볼쉐위끼' 中央委員會의 活動에 對한 通信的 報告」, 『근로자』 1948년 2월호(제2호), 35~36쪽.

체제의 지식·정보·사상 통제에 걸림돌이 되고 있다고 진단되었다. 마루야마 마사오의 논의에 비추어볼 때, 사회주의 지식인들의 그러한 성향은 "정통적 세계 해석의 보급자"라는 역할에 역행하는 속성이었다. 그들을 통한 해외사조의 유입은 마르크스 – 레닌주의 도그마에서 벗어난 사상·지식의 확산을 꾀할 수 있었다.

북로당이 간부들에 대한 재교육을 강조한 까닭도 그들의 다방면에 걸친 지식 추구 활동과 무관치 않았다. 북로당은 당내 여러 간부들과 이론가들이 "과거에 옳지 못하게 번역·저술된 서적"을 통해 사회과학을 연구한 결과, "무정부주의자·기회주의자·개량주의자들의 사상적 영향"을 받았으며, 그러한 사상 잔재를 청산하지 못해 부정확한 이론을 보급하기까지 했다고 비판했다.[205] 결국 북한의 지식인층도 체제가 요구하는 가치관·세계관의 보급자 역할을 떠맡아야 했음을 볼 수 있다.

이상의 논의는 파시즘과 사회주의체제가 지식인들에게 보인 거부감이 그들의 보편적 속성과 밀접한 관련이 있음을 드러낸다. 물론 북한의 지식인관도 그러한 세계사적 추세에서 크게 벗어나지 않았다. 그러나 조선의 지식인들이 걸어온 자취와 해방 후 북한사회가 직면한 식자층 인재 부족난은 그들을 바라보는 시각을 한층 복잡하게 뒤트는 결과를 불러왔다. 곧 지식인층에 대한 북한의 인식은 부정적 관점 일변도로 흐르지 않았다. 조선역사의 특수성과 현실정치의 규정력 등이 새로운 지식인관의 태동에 영향을 끼친 요인들이었다. 해방 직후 부정적 지식인관이 만연한 까닭은 다른 어떤 요인들보다 그들의 일제시기 전력과 밀접한 관련이 있었다. 한 논자는 공산주의자들이 "피를 흘리며" 해방투쟁에 헌신할 때, "고급행정관·판검사·변호사가 된"

---

205) 진반수, 「당간부들의 사상이론적 수준을 제고하자」, 『근로자』 1949년 3월호(제6호), 10쪽.

조선의 지식층은 사익에만 집착하여 일제에 협력했다고 혹평했다.[206]

그러나 지식인층에 대한 좌익 진영의 부정적 관점은 그대로 굳어지기보다, 긍정적 관점을 향해 선회하는 경향을 보였다. 김일성은 일제에 봉사해온 "과학자·기술자·의사·문학가·예술가·교원" 등의 지식층 대부분이 해방 후 "인민의 이익을 위해" 복무하는 "민주주의적 지식인들"로 거듭났다고 강조했다.[207] 그는 1946년 11월 3일에 실시될 북조선 도·시·군 인민위원회선거의 입후보자들 가운데 지식인층이 큰 비중을 점하고 있는 현상을 긍정적으로 바라보며, 지난 1년간 "조선 부흥사업에 열성적으로 참가"해온 그들의 노고를 치하하기까지 했다. 그간 일제에 복무해온 인텔리들이 이제 근로자와 인민의 이익을 대변하고 있다고 본 다른 논자도 그러한 변화를 통해 근로인민과 지식인층 사이의 통일전선 여건이 조성되었다고 역설했다.[208] 우호적 인텔리관은 "진보적 인텔리와 근로인민의 굳건한 동맹"이라는 슬로건을 통해 확산되었다.

몇몇 핵심 간부들은 긍정적 인텔리관을 피력하는 데 그치지 않고, 인텔리층의 보호막을 자처했다. 이를테면 주영하는 "친일적 민족반역자" 규정에 "기계적 해석"을 금하자고 제안함으로써, 인텔리층이 직면할 수 있는 친일혐의 공세에 제동을 걸고자 했다.[209] 인텔리층이 건국사업에 적극 참여하길 기대한 오기섭도 그들을 부정적으로 바라본 공산주의자들의 "옳지 못한" 태도

---

206) 朴壽煥, 1947.4.24, 「所謂 "精版社 僞幣事件"의 解剖」, 『史料集』 8, 182쪽.

207) 金日成, 「北朝鮮勞動黨 創立大會 總結에 關한 報告」, 『근로자』 創刊號(『史料集』 42, 57쪽).

208) 英煥, 「勞動黨의 創立과 當面한 諸課業에 對하여」, 『근로자』 創刊號(『史料集』 42, 65쪽).

209) 朱寧河, 「選擧運動의 意義와 黨의 當面課業」, 『근로자』 創刊號(『史料集』 42, 77쪽).

를 시정할 필요가 있다고 보았다.[210] 그는 인텔리층의 지식을 최대한 활용하려면, "건국을 위한 목적의식적 상호협력"이 그들과의 관계설정에 기초가 되어야 한다고 결론지었다. 오기섭이 누구보다 지식인층 재평가에 앞장선 까닭은 바로 그 자신이 인텔리 출신 혁명가였기 때문이다. 사실 그는 현학적 기질을 지닌 데다 지식인 특유의 강한 자존심을 소유한 인물이었다. 그의 그러한 개성이 타인의 호감을 사긴 쉽지 않았지만, 그가 당대 북한을 대표하는 최고의 지성이자 뛰어난 웅변가였다는 점은 누구도 부인할 수 없었다.

물론 오기섭도 인텔리층의 친일 전력 자체를 부정하지는 않았다. 그러나 그들의 대변자를 자처한 그는 너무도 쉽게 재단되는 경향이 있는 그들의 전력에 관한 오해를 바로잡을 필요가 있다고 보았다. 그는 먼저 조선의 지식인들이 친일의 길로 전락한 원인을 규명하고자 했다. 그가 보기에 일제시기 지식층도 다른 여느 조선인들처럼 당국의 극심한 차별 속에서 운신의 폭을 넓히기 어려웠다. 그들은 원하는 직업을 얻지 못해 방황하거나, 법학·정치학을 전공한 뒤 회사원·은행원 또는 통치기구의 관리가 되어 "불가피하게" 일제 기관에 복무하는 "매국노의 길"에 들어서야 했다.[211] 오기섭은 그러한 현실이 "조선 인텔리의 비운이자 불행"이었다는 압축적 평가를 통해, 그들의 과오가 자의적 선택이 아닌 생계 문제 해결의 방편이었다는 입장을 내비쳤다.

그러나 오기섭은 그에 만족하지 않고 한 걸음 더 나아갔다. 많은 논자들이 인텔리층 대부분을 친일 전력자로 간주한 반면, 그는 그러한 자들은 소수에 지나지 않았다고 선을 그었다. 학교와 직장에서 민족적 차별을 받은 데다 징용·징병을 강요당한 인텔리층도 일제에 호감을 가졌을 리 없었기 때문이

---

210) 吳琪燮, 「인테리에 對한 提案」, 『正路』 1946.1.29.

211) 勞動部長 吳琪燮, 「朝鮮 現段階의 階級 分析」, 『人民』 創刊號(『史料集』 13, 104~107쪽).

다.[212] 더욱 자신감을 얻은 오기섭은 노동계급의 역량이 미숙했던 일제시기에 과연 누가 혁명운동을 주도했는지 반문했다. 그것은 누구보다 먼저 국제사조를 흡수한 "혁명적 지식층"이었다.[213] 뿐만 아니라 그는 농민운동·노동운동·반제반전운동·공산당 조직운동에서도 예외 없이 혁명적 인텔리층이 선두에 서 있었다고 못 박았다. 그는 "조선사회운동사"를 조금이라도 아는 이라면, 누구도 그 사실을 부정할 수 없다고 단언했다.

좌익 진영이 내비친 우호적 지식인관은 친일 전력을 지닌 그들에게 수여된 일종의 면죄부였다. 지식층에게 관용이 베풀어진 까닭은 무엇보다 새로운 국가 건설에 그들의 역량을 동원할 필요가 있었기 때문이다. 오기섭이 지적했듯 그들은 교육사업, 행정사업, 산업부흥과 신경제 건설, 문학·이학·농학 등 해외 학문 수입, 문화사업, 보건사업 등의 모든 방면에 걸쳐 실무지식과 기술을 통해 새 조선 건설에 이바지해야 했다.[214] 그러나 해방 후 북한 지역 지식층의 수준은 양적으로나 질적으로 매우 빈약했다. 게다가 대다수의 일본인 기술자·전문가들이 귀국함에 따라, 중요 산업기관의 복구와 운영은 심각한 난관에 봉착하지 않을 수 없었다.

1948년 4월에 열린 남북연석회의 취재임무를 띠고 북한을 방문한 남한 신문기자단이 김일성에게 "민주개혁" 시기의 가장 큰 애로가 무엇이었냐고 물었을 때 그는 서슴지 않고 간부의 부족이라 대답했다.[215] 바로 이 점이 북

---

212) 吳琪燮, 「인테리에 對한 提案」, 『正路』 1946.1.29.

213) 勞動部長 吳琪燮, 「朝鮮 現段階의 階級 分析」, 『人民』 創刊號(『史料集』 13, 104~107쪽).

214) 吳琪燮, 「인테리에 對한 提案」, 『正路』 1946.1.29.

215) 김일성, 1948.4.29, 「남조선 신문기자단과의 담화」, 『김일성선집』 2, 조선로동당출판사, 1953, 155쪽.

한 지도층의 인텔리관을 근본적으로 뒤바꾼 요인이었다. 그와 관련해 친일파의 개념과 범주가 유연한 형태로 정립돼, 많은 생계형 부역자들이 구제되었음을 살펴본 바 있다. 이주연도 해방 후 지식인들이 자유롭게 사색하고 연구하며 취직할 수 있는 여건이 조성된 원인을 건국사업의 수요에 비해 턱없이 부족한 그들의 희소성에서 찾았다.[216] 그는 일제시기에 "양심과 이성이 허락하지 않는 행동을 하며 호구(糊口)하던 자들에게 자유의 천지가 열렸다."라고 냉소하기까지 했다.

인텔리관의 전환을 촉발한 다른 요인은 북조선공산당과 조선신민당의 합당이었다. 조선신민당이 인텔리층에 계급적 기반을 둔 정당이었기 때문에, 합당은 그들이 북조선로동당의 한 축이 되었음을 의미했다. 한 논자는 "노동자·농민·노력인텔리"의 동맹인 북조선로동당이 "통일전선적 조직체"가 아님을 강조하며 세 계층 간 공통성을 그 근거로 들었다.[217] 이제 그들을 겨냥한 비판은 결과적으로 북로당 자체에 부담을 안길 수 있었다. 사회전반에 걸쳐 지도적 위상을 확립하려 한 북로당의 구상과 부정적 지식인관이 양립할 수 없었던 까닭은 그러한 이유에서였다.

한편 북로당 내 인텔리관의 전환에도 불구하고, 노동당원들의 부정적 인텔리관은 쉽게 일소되지 않았다. 그도 그럴 것이 대개 고등교육을 받은 인텔리들은 좋지 못한 출신성분을 지닌 유산층 자제일 가능성이 높았다. 이를테면 인텔리층으로 분류될 수 있는 평양여자고급중학교세포의 교사들 28명 가운데, 정치적으로 안정적인 노동자·빈농 출신의 점유율은 28.6%(8/28)에 지나

---

216) 李周淵, 「北朝鮮 人民들의 自由」, 『人民』 創刊號(『史料集』 13, 60쪽).

217) 學民, 「民主主義民族統一戰線과 勞動黨」, 『근로자』 1947년 1·2월호(『史料集』 42, 256쪽).

지 않았다.[218] 반면 계급적 불안정층인 지주(3명), 부농(4명), 상인(3명), 중농(8명), 사무원(2명) 등의 점유율은 71.4%(20/28)에 달했다. 당원 구성에 비추어 이 학교의 세포가 소부르주아적 인텔리조직의 성격을 띰에 따라, 당원들 사이의 비판도 그들이 지닌 이른바 "인텔리근성"에 집중되는 경향을 보였다. 한 당원 교사는 동료들의 결점을 비판하며, '당에 대해 솔직하지 못한 태도' '자신의 과오를 드러내길 꺼려하는 태도' '자신의 과오를 합리화하는 태도' '교원 특유의 우월감과 고집' '자신의 위신에 집착하는 태도' '힘든 일을 기피하는 태도' 등을 인텔리근성의 구체적 특성으로 들었다.

지나치게 언설이 뛰어난 이들도 "인텔리겐챠"라는 인신공격성 비판을 받을 수 있었다. 1946년 8월경 강원도 인제군 북면에서 공산당과 신민당 간 면당 수준의 합당회의가 시작되었을 때, 공산당 대표는 신민당 대표의 유창한 말솜씨를 당해낼 재간이 없었다. 화가 치민 그는 "얼마나 배웠는지 모르지만 인텔리겐챠 냄새가 폴폴 난다."라는 독설로 신민당 대표의 발언을 도중에 끊어버렸다.[219] 발끈한 신민당 대표가 대꾸했다. "인텔리겐챠라니, 너무 과격하지 않소?" 그들의 설전은 인텔리겐챠라는 용어에 경멸의 의미가 함축돼 있었음을 드러낸다.

2) 사무원

중간층 가운데 인텔리와 가장 유사한 성격을 지닌 계급은 사무원이었다.

---

218) 평양여자고급중학교 세포위원회, 1948.12.11, 「제20차 정기세포회의 회의록」, 『史料集』 26, 251 쪽.

219) 1946.8.12, 『제1차 북로당 강원도 인제군 북면당위원회 회의록』.

1948년 1월 1일 현재 북한의 사무원 수는 128,546명, 그들의 부양가족까지 포함한 사무원 인구는 전체 인구의 4.7%인 437,773명에 달했다.[220] 일반적으로 사무직 종사자를 일컫는 사무원은 인텔리 수준까지는 아니라 해도 어느 정도의 교육 배경을 지닌 식자층에 속했다. 1947년경에 발간된 "자서전 작성 요강"에 따르면, 사무원은 "일반사무원·교원·기술자·기자 등 정신노동으로서 고용관계를 맺은 사람"을 가리킨다고 규정되었다.[221] 사실 이 개념에 제시된 사무원의 범주는 인텔리층과 중첩될 만큼 포괄성을 띠었다. 사무원과 인텔리는 각각 독자적 성분으로 분류되는 경우가 많았으나, "사무원성분"이라는 항목 아래 인텔리성분까지 포괄한 경우도 있었다. 사무원층은 인텔리층뿐만 아니라 노동자층과도 친화성을 지닌 계급이었다. 노동자들과 같은 직장에 근무한 그들도 직업동맹에 가입해 활동했기 때문이다.

그토록 모호한 성격을 지닌 사무원성분을 별도로 마련한 까닭은 어디에 있을까? 특히 동일 범주화될 수 있는 인텔리층에서 굳이 그들을 분리해낸 이유는 무엇일까? 사무원 출신들을 겨냥한 비판의 내용은 이 문제의 해결에 결정적 단서를 제공한다. 평소 자신의 지적 우월감을 과시하곤 했던 평양여자고급중학교의 한 교사는 세포회의 도중 동료 교사들로부터 신랄한 비판을 받았다. 그는 뒤이은 자아비판을 통해 사회과학적 지식을 과시하고 다닌 동기가 머릿속에 남아 있는 제국주의 잔재를 아직 청산하지 못한 탓이라고 진단했다.[222] 그리고 "일제에 복무한 통치계급의 가정에서 태어났다는" 점이 자

---

220) Управление Советской Гражданской Администрации в Северной Корее(북조선 소련민정국), Указ. соч. С. 59.

221) 北朝鮮臨時人民委員會 司法局, 1947,「保安例規, 自敍傳 作成要綱」,『史料集』9, 95쪽.

222) 평양여자고급중학교세포, 1948.4.21,「북조선로동당 제2차 전당대회 총결 총회」,『史料集』26, 135~137쪽.

신의 출신성분인 "사무원의 기초를 닦았다."라고 고백함으로써, 부친의 일제시기 공직 전력과 사무원성분 간의 밀접한 관련성을 드러내 보였다. 강원도 인제군 북면인민위원장도 "과거의 사무원근성"을 청산하지 못했다는 이유로 비판을 받았다.[223] 일제시기 교직에 근무한 그는 해방과 함께 인민위원회 간부로 발탁된 경력을 지니고 있었다.

위의 사례들은 사무직 종사자들을 일컫는 사무원이 일제시기 공직 전력을 지닌 이들을 가리키고 있음을 보여준다. 화이트칼라 본래의 의미에서 이탈한 "사무원"의 개념화에 결정적 영향을 끼친 인물은 김일성이었다. 그는 일제의 기관에 복무한 전력이 친일파 판정의 척도가 되어서는 안 된다고 역설했다. 생계 문제를 해결하려 공직에 진출한 이들도 많았기 때문이다. 그들을 가리켜 "사무원"이라 지칭한 김일성은 소극적 역할을 수행한 "단순한 사무원쯤은 주구로 규정하기 어렵다."라고 평가했다.[224] 일제시기 공직자층 구제를 주장한 김일성의 제안이 사무원성분의 태동에 중요한 영향을 끼쳤음을 볼 수 있다. 물론 북한이 인텔리층과 마찬가지로 일제시기 공직자층을 구제한 까닭은 건국사업에 동원할 식자층 인재의 부족 때문이었다. 바로 그러한 조선역사의 특수성이 사무원이라는 이색 성분의 태동에 기여했다.

그러나 용어 자체에 일제에 협력했다는 의미를 함축하고 있었던 사무원은 긍정적 계급으로 인식되지 않았다. 이를테면 해방 후 보안원 모집사업을 담당한 함경북도의 한 간부는 사무원층이 대거 유입된 점에 불만을 드러냈

223) 1949.9.13, 「북로당 강원도 인제군당상무위원회 회의록 제61호」, 『史料集』 3, 613쪽.

224) 朝鮮共産黨 淸津市委員會, 1946.3.15, 「金日成將軍 述 ; 民族 大同團結에 對하야」, 『史料集』 25, 14~15쪽.

다.[225] 보안 업무의 허다한 과오가 보안원들의 "성분 불순"에서 비롯되었다고 진단한 그는 곧 "숙청"사업에 돌입했다. 사무원 출신 보안원 배제는 경찰기구가 주력한 일제 잔재 척결운동의 일환이었다. 사무원층은 부정적으로 인식되었을 뿐만 아니라 처우 면의 차별까지 받았다. 그들에게 지급된 배급량은 동일 직장의 노동자들이 받은 양보다 적었다. 그들의 배급등급은 중노동자와 경노동자에 뒤진 3급으로 책정되었으며, 일괄 배급이 이루어지기 힘든 비상사태의 경우 그들의 배급 순위는 노동자층에 밀렸다.[226]

사무원층의 입지가 안정적이지 못했음은 그들의 공직기구 진출이 갈수록 제한되었다는 점을 통해 확인된다. 1946년 11월에 실시된 도·시·군 인민위원회선거의 총당선자 3,459명 가운데 사무원층의 점유율이 30.5% (1,056명)에 달한 반면, 1949년 6월에 실시된 같은 선거의 당선자들 중 그들의 점유율은 16.1% (943명/5,853명)에 지나지 않았다.[227] 불과 2~3년 사이 사무원층 인민위원 비율이 절반 가까이 하락한 셈이었다. 1946년 11월 선거를 통해 사무원들이 대거 인민위원으로 발탁되었다는 점은 해방 직후 북한이 식자층 인재 부족난에 시달렸음을 반영한다. 그러나 노동자·빈농 중심의 간부 선발정책이 적극화됨에 따라, 사무원층의 입지는 갈수록 위축돼 갔다. 1949년 5월경 평양교원대학 지리과의 한 학생을 평가한 다음 평정서는 사무원 출신에 대한 부정적 관점을 잘 보여준다.

"한종숙(남자, 21세, 평양교원대학 지리과 졸업), 가정 출신 사무원, 사회성분

---

225) 1946.7,「第二回 各 道 保安部長 會議錄」,『史料集』9, 239쪽.
226) 糧政部 布告 第五號, 1947.1.6,「食糧配給條例」,『史料集』5, 366쪽.
227) 「解放 後 四年間의 國內外 重要日誌」,『史料集』7, 821쪽.

사무원. 부친은 친일 관리였다. 경성 서대문형무소, 전주형무소, 대전형무소, 함흥형무소의 간수장이었다. 또한 5,000평의 토지를 갖고 있는 소지주였다. 그의 부친은 8.15와 동시에 투옥되어 옥사했다. 그는 이런 환경에서 공부하며 자랐다. 고집스런 성격, 소부르주아적 의식 등은 그 노골적인 표현이다. 회의 시 취급된 문제들에 대하여 자기에 대한 지적이 있으면, 항상 불평을 품으며 때때로 옳지 못한 발언(제정 때에는 안 그랬지 하는 등)을 한다. 본인의 가정 출신에서 오는 영향으로 항상 자기 출신을 숨기려 하고 원칙적인 문제를 포착하지 못한다. 때때로 남조선을 동경하는 듯한 말을 한다. 학교사업에 방관적이며 학생들과 같이 놀기를 즐기지 않는다. 학업의 경우 대단히 모범적이라 할 만큼 열성적이나 그 성과는 그리 크지 못하다. 고급중학 교원으로 적당치 않으며 간부 교원으로는 상당한 고려를 요한다."[228]

일제시기 관리를 역임한 부친의 전력에 따라, 그의 출신성분은 사무원으로 분류되었다. 형무소 간수장이 직책 성격상 독립운동가들을 탄압했다는 혐의를 받았기 때문에 그의 부친은 해방과 함께 투옥되었다. 평정서 작성자는 학생의 고집스런 성격과 소부르주아적 의식 등이 그가 성장한 사무원 가정환경에서 형성되었다고 보았다. 불명예스런 성장 배경을 지닌 그는 의식적으로 자신의 출신성분을 감추곤 했다. 부친의 치명적 전력에 더하여 일제를 옹호하고 남한을 동경하는 듯한 언행 그리고 타인의 비판에 불만을 품는 태도 등은 그가 극복해야 할 계급의 벽을 더 높이 끌어올릴 터였다. 그의 교원 임용에 반대한 평정서 작성자의 견해는 학업에 모범적이고 열성적인 그가 순

---

228) 1949.5.1, 「평양교원대학교 지리과 한종숙 평정서」, NARA RG242 SA2007 Item18.

탄치 않은 삶과 조우할 것임을 암시한다.

사회의 부정적 시선에 직면한 사무원 출신들은 위축된 심리 상태를 드러 냈다. 일제시기부터 교직에 복무해온 해주여자고급중학교 교장 김정배(41)는 그러한 심리를 다음과 같이 자서전에 고백했다. "1946년 5월 공산당에 정식 입당했다. 그러나 나의 과거 환경과 경력에 비추어볼 때 선진적인 일꾼들의 영향을 많이 받았음에도 불구하고, 의식적이든 무의식적이든 10년이란 장구 한 기간 동안 일제의 노예교육에 충실히 복무했다는 사실은 나의 과거 사상 과 행동을 과학적으로 평정하여 주는 동시, 인민들 앞에 속죄할 변명조차 할 수 없으며 여기에 대한 양심의 가책은 일상 나의 두뇌에서 사라지지 않을 것 이다."[229] 그의 고백은 일제시기 10년간의 교직생활이 양심상 도저히 용납될 수 없는 과오였음을 드러낸다.

사무원성분에 대한 사회의 부정적 시선을 떠나, 사무직은 고단한 노동직 에 비해 여전히 선호된 직종이었다. 사무직 선호현상은 육체노동을 천시하고 식자층을 우대해온 전통적 관념이 아직 근절되지 않았음을 보여준다. 강원도 원산시 철도건축부의 한 노동자가 "불명예스러운" 사무직으로 전직하자, 그 의 동료 당원들이 격렬하게 비판한 일이 있었다. 그 비판은 그가 육체노동을 영예로 여기지 않고 지위에만 집착한 데다, 생산노동자를 무식자로 보는 관 념을 떨쳐내지 못했다는 점에 집중되었다.[230] 곧 전통적 노동관과 지식인관 은 노동자들 사이에서도 깊이 뿌리박혀 있었다.

상급당의 입당 사업 독촉에 시달려온 강원도 인제군당 간부들은 군내 직 업별 입당자 통계를 훑어본 뒤 깊은 근심에 빠졌다. 그 통계는 생산직장의

---

229) 1949, 「해주녀자고급중학교 교장 김정배 자서전」, NARA RG242 SA2007 Item20.4.

230) 1950.1.7, 「북로당 강원도 원산시 철도건축구 세포총회 회의록 38호」, 『史料集』 16, 48쪽.

입당자격 소유자들 가운데 사무원의 80% 노동자의 18.4%, 생산직장 외의 입당자격 소유자들 가운데 사무원의 95.8% 빈농의 46.9% 고농의 30%가 당원으로 흡수되었음을 보이고 있었다.[231] 아무래도 무식자들은 교양테스트 위주의 입당심사를 통과할 가능성이 낮았다. 당원들에게 요구된 지적 소양면에서 사무원과 노동자는 현격한 수준 차이를 드러냈다. 그러한 사례들은 노동자 중심의 계급정책이 식자층을 우대해온 전통적 관념이나 식자층이 요구될 수밖에 없는 현실성과 충돌했음을 보여준다.

3) 소시민

도시에 거주한 "소시민"은 어느 정도 생활에 여유가 있는 경제력 소유자들을 의미했다. 이 모호한 개념에 걸맞게 그들은 거의 대부분의 중간층을 포괄할 만큼 폭넓게 범주화된 그룹이었다. 상점 주인이나 자영업자는 물론 종교인·문학가·예술인·인텔리·사무원 등까지 소시민층 범주에 포함될 수 있었다. 그러나 소시민층에 대한 사회적 시선은 우호적이지 않았다. 사실 소시민층의 일반적 속성을 일컫는 용어인 "소시민적 근성"은 "인텔리 근성"이란 용어보다 더 부정적인 뉘앙스를 지니고 있었다. 한 소련 논자는 자신의 이익에만 사람의 시야를 붙들어 매는 가장 "유해한 독"이라고 소시민적 근성을 정의했다.[232] 그는 소시민들에게 이념은 어떠한 "지적 버러지"에 지나지 않으

---

231) 1949.1.11, 「북로당 강원도 인제군당상무위원회 회의록 제34호」, 『史料集』 3, 93쪽.

232) 엠. 엠. 로젠딸리, 「쏘련에 있어서의 社會主義 勝利와 새로운 쏘베트적 人間의 形成」, 『인민』 1948년 11월호(『史料集』 37, 287쪽).

며, "인류"와 "인민"에 관련된 막중한 사안도 그들에게는 하찮은 문제일 뿐이라고 보았다. 1948년경 북한을 방문한 『독립신보』의 기자 서광제는 그의 일행이 며칠간 묵은 평양 어느 여관집 주인의 일상으로부터 북한 지역 소시민층의 생활상을 엿볼 수 있었다.

> "우리가 묵고 있는 여관집 주인은 40세가 약간 넘은 전형적인 재래종 평양인이다. 그는 북조선 정책에 대하여 반대의사를 표하지 않으나 호의는 갖고 있지 않았다. 그는 여관업을 하기 때문에 걸인들이 없어진 것과 불량배들이 없어진 것 그리고 일제시기와 같이 경찰들이 와서 돈과 술을 빼앗아 먹는 일이 없어진 것에 대해서는 극구 찬송이나, 자기는 소시민 상인이니까 배급을 안 주는 것에 대해서는 크나큰 불평을 했다. 그는 동무란 말을 절대로 쓰지 않으며 재래식 생활을 견지해나가는 사람이었다. 식모는 물론이요, 계집애와 사내 심부름꾼까지 두고 온종일 빙빙 놀고 자시는 분인데 배급을 못 탄다고 불평하는 그 사람의 식탁은 일반 근로인민층보다 기름졌다. 30세가 넘은 그의 아내는 비대한 몸둥이에 비단옷을 감고 외출이 잦은 것을 보아 그들의 생활은 절대로 군색하지 않으며 불평을 말할 처지도 못 되는데, 적극 협력하지 않는 태도를 보이는 것은 이러한 사람들은 어느 시대 어느 곳에나 있다는 것을 다시 알았을 뿐이다."[233]

서광제에 따르면 여관집 주인이 체제에 호의를 갖고 있지 않았던 까닭은 그가 배급의 대상에서 제외되었기 때문이다. 사적 이해관계가 소시민층의 행동방향을 결정하는 준거로 보였기 때문에, 그들은 누구보다 기회주의적이며

---

233) 徐光霽, 『北朝鮮紀行』, 靑年社, 1948, 84~85쪽.

동요하기 쉬운 집단으로 인식되었다. 따라서 좌익 진영이 보기에 그들은 혁명의 완수에 걸림돌이 될 수 있는 계급이었다. 그들 자신의 이익을 수호하려는 노력에 "기사적(騎士的)" 태도를 보이는 반면, 건국에 기여할 이타적 헌신이 요구될 때 "비겁한 범부(凡夫)"로 돌변하는 경향이 있다는 오기섭의 소시민관은 바로 그러한 인식에 근거하고 있었다.[234] 그가 예측한 대로 소시민층은 그들의 이해관계에 직간접적 영향을 끼칠 수 있는 각종 개혁조치들에 거부반응을 보였다.

1946년 3월 중순경 함경남도 함흥시에서 일어난 토지개혁 반대시위의 참여자들은 학생층에 국한되지 않았다. 북조선임시인민위원회의 정책을 반대한 소시민층이 측면에서 시위를 지원했다.[235] 그들은 토지개혁을 통해 직접적으로 이해를 침해당하지 않았으나, 향후 자신들을 겨냥할지 모를 모종의 개혁에 불안을 느꼈다. 황해도 수안군의 한 간부가 토지개혁에 대한 소시민층의 여론을 수합해 올린 보고서도 그들의 불안한 심리를 드러낸다. 그 보고서에 따르면 그들은 "대국(大局)을 관찰하는 안식(眼識)에 어둡고 소아(小我)를 지탱하고 있는 봉건적 사상"을 떨쳐버림에 미련이 남아, 외부에 솔직한 의사를 드러내지 못한 채 내심으로만 토지개혁을 비난하며 혐오했다.[236]

토지개혁 시기 소시민층의 대응은 좌익 진영 인사들에게 그들이 견지해온 마르크스주의적 소시민관이 그르지 않았음을 보여주었다. 민족주의 세력·기독교 세력과 친밀성을 지닌 북한 지역 소시민층의 보수적 성향과 그들

---

234) 吳琪燮 講演, 1946.1, 「三國外相會議 朝鮮問題 決定과 朝鮮共産黨의 態度」, 『史料集』 31, 116~117쪽.

235) 磯谷季次, 『朝鮮終戰記』, 東京 : 未來社, 1980, 173~174쪽.

236) 黃海道 管內 裁判所·檢察所, 1946.4, 「情勢報告」, 『史料集』 9, 205~206쪽.

의 해방 전 친일 전력도 부정적 소시민관의 공고화에 일조한 역사적 요인이었다. 아래에 인용된 세 학생들의 평정서는 소시민층에 대한 대학 당국의 인식이 얼마나 부정적이었는가를 잘 드러낸다.

"정준성(남자, 평양사범대학 력사과), 가정 출신 소시민, 사회성분 학생. 이 동무는 소시민 가정에서 출생하여 아무런 고생 없이 중학을 졸업하고 본 대학에 입학했다. 부친은 사무원으로 또 상업으로 그리 살림에 궁핍한 때는 없었다. 이러한 가정환경에서 이 동무의 소부르주아적 성격이 생겼으며 자유주의경향에 흐르게 되었다. 성질이 쾌활하고 이해력이 풍부하며 연극에 소질이 있다. 정치사상방면에서 확고한 계급성이 희박하고 모든 것을 둥글둥글하게 해결하려고 한다. 성적은 낙후한 편이며, 낙후한 학생들의 인기가 좋다. 상당한 교양이 필요하다."[237]

"임건순(남자, 평양교원대학 지리과), 가정 출신 소시민, 사회성분 학생. 이 동무의 아버지는 정미소를 경영해 상당한 재산을 모았다. 그는 해방 전까지 많은 돈을 모았고, 해방 후 그 돈을 가지고 남조선에 장사하러 갔다가 손해를 보았다. 지금 강서에서 정미 제분기업을 경영하며 상당히 부유한 생활을 하고 있다. 이러한 환경에서 자라난 이 동무는 그 성격에 있어서 자기 마음대로 하며 조직에 대한 복종성이 전혀 없고 조직규율을 잘 지키지 않으며 자유주의 잔재가 있다. 3학년 2학기에 무단 무계출 결석과 무계출 조회가 약 1개월가량인 점이 이를 증명한다. 자기의 사업 작품을 하나

---

237) 평양사범대학교 력사과 학부장 리학복, 1949.5.20, 「평양사범대학교 력사과 정준성 평정서」, NARA RG242 SA2007 Item19.

도 반성하지 않는다. 학생 규율을 위반해 민청에서 최고 경고처분을 당하고도 잘 깨닫지 못하고 있다. 이번에 자기의 자서전에도 그러한 처벌내용을 기입하지 않았다. 학생 관계에 있어서 가장 낙후한 한 사람이며, 사상에 있어서도 계급적 입장에 서지 못하고 있다. 부친은 민주당원이다. 교원에 적당하나 매우 미약하며 초급중학교에 적당하다."[238]

"리원건(남자, 평양교원대학 지리과), 가정 출신 소시민, 사회성분 학생. 농촌에서 나와 상업을 하는 가정에서 자랐으며, 현재는 구장동에서 하나 밖에 없는 간장공장을 경영하고 있고 가족은 비교적 많다. 왜정 때 서울에 가서 공부했을 만큼 경제적으로 풍부하며 현재도 지리과 2학년에서 넉넉한 가정에 속한다. 기업하는 가정에서 자랐기 때문에 고집이 세고 남을 깔보는 성질이 있으며 자기를 높게 평가하는 기질이 있다. 학교 민청사업에서도 개인의 이익에 많이 눈을 돌리며 소시민적인 성향이 농후하다. 사업은 꼼꼼히 하며 결혼까지 하여 침착한 성격의 소유자이다. 부친은 기독교를 믿는다. 부친과 모친은 종교적 신앙에 대하여 이따금씩 다투는 경향이 있다. 본인은 정밀한 성격으로서 앞으로 발전할 가능성이 있다. 신간 서적을 잘 구입하여 자체 교양에 힘쓴다. 교원으로서 자기의 성과를 보장하리라 믿는다."[239]

소시민 출신성분을 지닌 위 세 학생의 평정서는 일정한 순서와 형식에 따라 기술되고 있다. 평가 대상 학생이 유복한 가정에서 태어났다는 점, 유복한

238) 1949.5.12, 「평양교원대학교 지리과 임건순 평정서」, NARA RG242 SA2007 Item20.2.

239) 1949.5.2, 「평양교원대학교 지리과 리원건 평정서」, NARA RG242 SA2007 Item20.2.

가정환경이 학생의 자아 형성에 부정적 영향을 끼쳤다는 점, 가정환경의 영향을 받아 형성된 이른바 "소시민적 근성"의 구체적 징후들, 학생의 향후 진로에 영향을 끼칠 수 있는 결론적 평가 등이 그것이다. 상업·정미제분업·간장공장을 경영한 부유층 가정의 자제들인 세 학생은 대부분의 학생들과 달리 "아무런 고생 없이" 학업에 매진할 수 있었다. 대학 당국이 보기에 학생들의 "소부르주아적 성격"과 조직에 복종하지 않으며 조직규율을 지키지 않는 "자유주의적 경향"은 그러한 가정환경의 산물이었다. 심지어 간장공장 업주의 자제가 고집이 세고 남을 깔보며 자신을 높이 평가하는 기질을 지니게 된 까닭도 그가 기업을 운영하는 가정에서 성장했기 때문이라고 진단되었다. 소시민 가정환경이 학생들에게 끼친 부정적 영향은 그뿐이 아니었다. 계급의식이 부족해 "모든 것을 둥글둥글하게" 처리하는 태도, 과오를 반성하지 않는 태도, 과거의 부정한 전력을 자서전에 기입하지 않는 기만적 태도, "자기 마음대로" 조직생활을 하며 "개인의 이익에 눈을 돌리는" 태도 등도 부유한 가정환경이 빚어낸 산물로 간주되었다.

소시민 출신 학생들에 대한 평가는 그러한 비판적 진단에 그치지 않았다. 평정서의 작성자들은 결론적 평가를 통해 향후 학생들이 도달할 수 있는 사회적 지위에까지 영향력을 행사하고자 했다. 위 세 학생들 중 교직에 적당하다는 긍정적 평가를 받은 학생은 평양교대의 이원건뿐이었다. 그는 비록 소시민 출신이지만 침착한 성격의 소유자로서 "사업을 꼼꼼히 하며" 신간 서적을 구입해 정치교양에 힘쓰고 있는 학생이었다. 그의 사례는 분명 한 개인의 계급적 한계가 꾸준한 노력과 우수한 성적을 통해 어느 정도 극복될 수 있음을 보여준다. 반면 평양사대 정준성과 평양교대 임건순의 경우 출신성분은 물론 성적과 태도마저 좋지 않았기 때문에 쉽게 배제될 수 있는 이들이었다. 그러면 어느 정도 실력을 갖춘 평양교대의 이원건은 출신성분에서 자유로울 수 있었을까? 아마 그러지 못했을 것이다. 그가 교직에 임용되었다 해도 실력가들이 즐비한 교원그룹의 다음 단계 간부 발탁은 우수한 성분을 지닌 이들에게 더 많은 기회를 부여할 것이기 때문이다.

당국의 부정적 평가를 우려해 출신성분 은폐를 시도한 학생들도 있었다. 자신이 사무원 가정에서 출생했다고 이력서에 기입한 평양교원대학 노어과의 용연권이 그 전형적 학생이었다. 그러나 그의 평정서를 작성한 학과장은 "신의주 개인기업소 주인의 아들로 태어나 대단히 풍요로운 가정"에서 자란 그가 소시민 계급에 해당한 자신의 출신성분을 속이고 있다며 불쾌감을 드러냈다.[240] 게다가 그 학생은 부친이 민주당원이며 모친이 기독교도란 사실을 자서전에 기입하지도 않았다. 학과장은 "이 학생은 출신성분으로 보아 앞으로 근무지가 부친과 멀리 떨어진 곳에 있어야 발전이 빠르리라 본다."라고 전망하며 평정을 마무리했다.

부정적 소시민관은 학원만이 아닌 사회저변에까지 만연해 있었다. 소시민 출신들은 극복하기 힘든 계급적 약점 앞에 위축되는 모습을 보였다. 경성제대 법문학부를 졸업한 뒤 1946년 9월경 38선 이북 지역 강원도 재판소 판사에 등용된 젊은이 박상진도 자신의 계급적 결점에 자괴감을 느꼈다.[241] 그는 자서전에 자신과 부친을 마치 죄인처럼 기술했다. "소·중·대학을 나올 때까지 중학교원 생활을 하는 반동의 가정에서 소부르주아적 자유주의 분위기를 호흡했다."라는 자아비판적 고백이 그것이었다. 그러나 그는 실제 투쟁에 직접 참가한 일은 없다 해도, 중학교 3학년 때부터 "맑스주의를 신봉"하며 "항상 진보적 입장에 서려 노력해 왔다."라는 변론도 잊지 않았다.

240) 1949.5.15, 「평양교원대학교 노어과 용연권 평정서」, NARA RG242 SA2007 Item20.4.

241) 강원도 검찰소세포, 1947.1.13, 「직원명부 제출에 관한 건」, 『史料集』 18, 502쪽.

3장
차별의 제도화

1. 계급지위의 상속

한국전쟁 발발 직전 남한 비행기가 황해도 해주 일대에 살포한 삐라들은
북한 당국의 계급 차별을 체제 비판의 한 소재로 활용했다. "김일성 쏘련 괴
뢰집단을 무찌르고 우리 백의민족의 조국, 자유 평화의 나라, 대한민국 남부
지역으로 넘어오라! 출신계급과 가정성분이 나쁘다하여 숙청하는 그런 쏘련
식 살인정책은 절대로 없다."라는 글귀가 삐라에 적혀 있었다.[242]

북한 당국도 굳이 제 계급에게 부여된 권리와 기회가 평등하다고 주장하
면서까지 그러한 반체제선전을 반박하지 않았다. 조선민주주의인민공화국
헌법 제정 과정은 북한지도층이 계급 차별정책의 실시를 염두에 두고 있었
음을 은밀한 방식으로 드러낸다. 선거권을 규정한 헌법 제12조가 성별·민족

---

242) 북로당 황해도당부 선전선동부장 서필석, 1949.6.21, 「최근에 수집된 군중여론 보고」, 『史料集』
9, 700쪽.

별·"성분"·거주 기간·재산·지식 정도에 관계없는 20세 이상 모든 공민의 동등권을 명시한 반면, 공민의 정치·경제·사회·문화적 권리를 규정한 헌법 제11조는 성분을 제외한 성별·민족별·신앙·기술·재산·지식 정도에 관계없는 평등을 명시하고 있었다.[243] 헌법 제11조에서 "성분"이 제외된 원인은 법률전문가들의 부주의가 아닌, 그들의 의도적 합의에 있었던 듯하다. 미군 첩보기구 G-2가 입수해 번역한 1948년 2월 7일판 헌법초안은 제11조에 "성분"이란 용어를 포함하고 있었다.[244] 그러한 정황은 조선임시헌법 제정위원회의 논의 과정에서 그것이 의도적으로 삭제되었음을 암시한다.

한편 경기도 부천군 소사읍 일대를 중심으로 활동했던 좌익운동가 이동규(李東珪)는 북한에 정착한 1947년 초, 그리운 옛 동지들을 회상한 수기『떠오르는 얼굴』을 발표했다. 그는 동지들의 열정적 연설에 제각기 다른 반응을 보이던 각 계층 청중들을 다음과 같이 묘사했다.

"농민들은 그들의 입에서 흘러나오는 말에 귀를 기울였고, 공장의 노동자들은 그들이 주장하는 말에 고개를 끄덕거렸다. 시민들은 의아도 하고 찬성도 하고 욕도 했다. 조(趙)라는 목사와 김(金)이라는 의사와 이(李)라는 장사꾼과 최(崔)라는 부자와 그 외 이전 관리 부스러기 또 일본사람의 세력에 붙어살던 무지무지한 가두의 청년 몇몇만은 이 얼굴들을 미워하고 겁냈다. 그들은 이들이 나타나 뿌리고 간 씨를 뽑아버리고, 갈고 간 밭을

---

243) 조선민주주의인민공화국 최고인민회의 상임위원회,『조선민주주의인민공화국 법령 및 최고인민회의 상임위원회 정령집』1, 국립종합인쇄소, 1954, 17쪽.

244) ISNK, no.3(1948.1.10~1948.7.16), p. 107.

짓밟아버리기에 정신이 없었다."[245]

이동규의 기억에 남아 있는 각계각층 청중들의 반응이 사실에 근거했는지, 아니면 그의 관념에 따라 재구성되었는지 확인할 길은 없다. 그러나 그의 묘사가 북한에 형성되고 있었던 계급구조를 정확히 반영한다는 점이 눈길을 끈다. 운동가들의 입장에 동조한 노동자들, 동조할 준비가 된 농민들, 동요하는 모습을 보인 시민들, 반발하는 소부르주아지와 친일파 등의 반응이 각 계급의 이해관계를 규격화된 형태로 드러내고 있다. 사실 각 계급에 대한 이동규의 차별적 시선은 당원이라면 누구나 갖추어야 할 정당한 계급관으로 인식되었다. 노동당 세포회의 도중 출신성분이 좋지 않은 당원들을 경계해야 한다는 비판이 종종 제기된 까닭도 그러한 인식의 반영에 다름 아니었다.

누구보다 불리한 성분을 지닌 이들 자신이 국가와 사회의 차별적 시선을 잘 감지하고 있었다. 특히 "요식업자·상인·소시민·기업가·문화인·종교인들"을 대상으로 실시된 정기 특별강연은 국가가 성분 불량자들을 어떻게 분류하고 그들에게 무엇을 요구하는지 스스로 성찰할 수 있는 기회를 제공했다.[246] 조선민주당 당수 최용건이 자산층 당원들에게 건국을 위하여 재력을 총동원하라고 강조했듯, 그들은 자산의 기부를 통한 애국의 실천을 끊임없이 독촉받았고 향후 불이익을 피하려면 그에 순응해야 했다.

불리한 성분을 지닌 이들이 직면한 가장 큰 차별은 사회적 지위 상승의 제약이었다. 특히 그들은 노동당 입당심사에 탈락하는 일이 허다했고, 운 좋게 통과했다 한들 관용될 수 있는 사소한 과오만으로도 당적을 박탈당하기

---

245) 李東珪, 「떠오르는 얼굴 – 素砂의 동무들을 생각함 –」, 『人民』創刊號(『史料集』 13, 139쪽).

246) 1948.8.30, 「북로당 강원도 인제군당상무위원회 회의록 제21호」, 『史料集』 2, 542쪽.

일쑤였다. 북로당 강원도 인제군당 조직부장이자 인제군당 상무위원을 지낸 김순길은 지방당 권력의 핵심에서 점차 주변으로 밀려난 인물이었다. 수차례의 부정행위에 연루된 전력이 그의 직위 강등을 유발한 요인이었다. 그러나 김순길은 일제시기 공직기관에 복무한 전력 탓에 사무원성분을 부여받아, 군당 조직부장직에서 해임되었다고 하소연했다.[247] 직위 강등의 원인을 성분에 전가한 그의 태도가 자신이 저지른 부정행위를 은폐하고 청자들의 동정을 얻으려는 전략에서 비롯되었다면, 그의 호소는 설득력 있는 개연성에 의존해야 한다. 여기서 그 개연성은 사회적 지위의 등락과 성분 간의 상관관계가 매우 밀접해, 그의 직위 강등이 당대인들에게 하등 이상할 것이 없다고 받아들여진 사회적 통념에 기초하고 있었다.

불리한 성분을 지닌 이들의 사회적 지위 상승을 제약한 다른 요인은 교육적 차별이었다. 물론 고등교육기관일수록 그들의 접근이 더 어려웠다. 이미 1947년 중순경부터 대학교·전문학교·중등학교의 신입생을 "근로성분" 위주로 선발하라는 북로당 중앙상무위원회의 지시가 각 도당·민주청년동맹·교육국에 하달되었다.[248] 각 도당과 민청에까지 지시가 내려간 까닭은 고등교육기관의 학생 선발이 그 기구들의 추천을 통해 이루어졌기 때문이다. 따라서 출신성분이 불량하거나 남한에 친척을 둔 이들은 이미 추천 단계에서 걸러질 수 있었다.[249] 장학생 선발도 학생들의 출신성분에 좌우되었다. 1948년경 노동자와 빈농 출신 학생들이 무상교육을 받을 수 있었던 반면, 출신성분

247) 1949.6.22~23, 「북로당 강원도 인제군당 열성자대회 회의록」, 『史料集』 4, 531쪽.

248) 북로당 중앙상무위원회 제37차 회의 결정서, 1947.6.11, 「학교 내 민청사업 강화에 대하여」, 『史料集』 30, 222쪽.

249) U.S. Department of State, North Korea: A Case Study in the Techniques of Takeover (Washington, D.C.: U.S. Government Printing Office, 1961), p. 64.

이 좋지 못한 대학생들은 매달 수업료 300원과 500원에 달하는 식비·숙박비를 부담해야 했다.[250]

사회적 이동성을 제약할 만큼 북한의 계급구조가 경직된 체계였다면, "성분의 의식적 개조"를 통한 계급 초월은 실현 불가능한 과제였을까? 흥미롭게도 자신이 공산주의자이기도 했던 후지타 쇼조(藤田省三)는 그것이 현실적으로 가능하다고 보았다. 이를 "마르크스주의 계급이론이 지닌 역설적 계급 초월의 가능성" 또는 "목적의식적 계급 이동의 가능성"이라고 표현한 그는 소부르주아에 속한 지식인이 다른 계급인 프롤레타리아에 자신을 귀속시킬 수 있는 길이 열려 있다고 확신했다.[251] 곧 출신이 부르주아라 해도 프롤레타리아가 될 수 있다는 의미였다. 후지타 쇼조는 부단한 이론적 학습을 통한 새로운 계급의식의 습득과 습득한 의식을 육체에 각인하는 "의식의 육체화" 과정을 통해 계급 초월이 가능하다고 보았다. 그에게 그것은 마르크스주의에 내재된 "인간적 성장의 길"을 의미했다. 따라서 소부르주아 지식인들의 전향에 나타난 사상적 동요는 학습을 통해 습득한 그들의 새로운 계급의식이 완전히 몸에 배어 있지 않았음을 의미하는 징후로 이해되었다.

사실 인간개조의 관념은 소련의 혁명에서 중요한 위치를 점하고 있었다. "인종적·민족적 특성이 지배적이라는 이유로 그것을 변혁하는 데 수 천 년이 걸린다는 관점을 받아들인다면, 우리의 모든 과업은 허사로 끝날 것이다!"라고 강조한 부하린(Николай Иванович Бухарин)의 지적은 혁명이 인간개조를 수반하리란 관점을 반영하고 있다.[252] 그러한 관점을 수용한 북조선공산당도

---

250) ISNK, no.3(1948.1.10~1948.7.16), p. 17.

251) 후지타 쇼조 지음, 최종길 옮김, 『전향의 사상사적 연구』, 논형, 2007, 175~176쪽.

252) Sheila Fitzpatric, *Everyday Stalinism: Ordinary Life in Extraordinary Times: Soviet Russia in the 1930s*

당원들에게 끊임없는 수양을 강조했다. 현장노동이 수양의 한 방법으로 활용되었다. 북조선공산당이 당 학교 학생들에게 매주말 공장·직장·광산·농촌·어장 등의 현장노동에 참가하라고 독려한 까닭은 노동을 통한 사상개조가 가능하다고 보았기 때문이다.[253]

계급 초월이 가능하다는 관점은 일반 노동당원들에게도 수용되었다. 이를테면 북로당 평양여자고급중학교 세포회의에 참가한 어느 상급당 지도원은 타인이나 자신의 과오를 비판한 당원들이 그 과오의 원인을 출신성분에 전가하자, "성분 운운하는" 당원들의 언사는 옳지 못하며 문제는 어디까지나 그들의 "교양"에 달려 있다고 질책했다.[254] 그는 "지주성분·자본가성분이라는 이유로 조국을 위해 일하지 말라는 법은 없다."라고 덧붙였다.

그러나 계급을 초월할 수 있다는 관점은 당원이 갖추어야 할 기본소양을 연마하는 데 요구된 신념의 차원에서 강조되었다. 게다가 불리한 성분을 지닌 이들에게 끊임없는 수양이 요구되었지만, 수양의 결과 그들이 계급을 초월했다는 사실은 입증되기 어려웠다. 설령 그것을 이루어낸 사람이 있다 해도 그의 자서전과 이력서상의 출신성분이 바뀌는 것은 아니었다. 한 번 등록된 출신성분은 당사자가 죽을 때까지 따라붙을 '숙명적 꼬리표'였다. 계급을 초월할 수 있다는 낙관적 전망은 거대한 계급의 장벽 앞에 좌절한 수많은 이들의 사연에 비하면 너무도 희미한 빛에 지나지 않았다.

사실 계급을 초월할 수 있다는 관점보다 더 우세했던 관점은 계급의 규정

(New York: Oxford University Press, 1999), pp. 75~76.

253) 1946.4, 「北朝鮮共産黨 中央委員會 第二次 各 道 宣傳部長會議 決定書」, 『史料集』 1, 96쪽.

254) 평양여자고급중학교 세포위원회, 1948.12.11, 「제20차 정기 세포회의 회의록」, 『史料集』 26, 264~265쪽.

력이 절대적이라는 점이었다. 따라서 한 개인의 성품과 행실이 그가 지닌 출신성분의 산물이라는 인식은 너무도 당연하게 받아들여졌다. 최고 권력기구인 북로당 중앙상무위원회가 개개인들이 범한 과오의 원인을 그들의 성분에 전가하는 태도를 보이자, 하부의 모든 기구들이 그 관점을 수용하지 않을 수 없었다. 성분을 중시한 북로당 중앙상무위원회의 관점은 1946년 말 김일성종합대학에서 발생한 일련의 반체제사건들을 수습하는 과정 중에 드러났다. 소련에 반대하는 선동, 모스크바삼상회의 결정 반대, 현물세제 비판, 삐라 살포 행위 등이 학생들이 일으킨 반체제사건들의 구체적 내용이었다.[255] 북한 지역 최고 명문대학에 그토록 불미스런 사건이 발생하자 즉각 개입에 나선 북로당 중앙상무위원회는 학생들 개개인의 출신성분과 그들의 사상적 동향을 제때에 검열하지 않아 사태가 악화되었다고 진단했다. 특히 유복한 가정 출신이 많은 의학부와 공학부 학생들의 가담 경향이 두드러졌기 때문에, 불온한 사상의식과 출신성분 간의 연관성이 의심을 받았다.

과오의 발생 원인이 성분에 있다는 관점이 굳어짐에 따라, 과오를 범한 이들 가운데 불리한 성분을 지닌 이들은 자신의 성분을 스스로 비판하는 태도가 곤경을 면할 수 있는 최선의 대응임을 간파했다. 평양여자고급중학교 세포회의 도중 당원 교사들이 보인 대응 가운데, 사무원의 가정에서 성장했기 때문에 사상의식적으로 뒤떨어진 교원이 되었다는 자아비판, 지주의 아들로서 한가한 생활을 해왔기 때문에 세포사업을 제대로 지도하지 못했다는 세포위원장의 자아비판 등이 그 구체적 사례에 속했다. 심지어 자신이 상인 성분을 지녔기 때문에 담당 학생들의 38%가 기하학시험에 낙제했다는 한 교

---

255) 북로당 중앙상무위원회 제20차 회의 결정서, 1947.1.8,「김일성종합대학 내 당단체들의 사업검열 총화에 관하여」,『史料集』30, 101~102·104쪽.

사의 자아비판도 있었다.[256] 과오와 전혀 무관해 보이는 자신의 성분을 해부하는 행위가 자아비판의 한 형식으로 정착돼 갔음을 볼 수 있다.

사실 기회가 있을 때마다 자신의 불량한 성분을 자아비판한 당원들의 태도는 지나친 과민반응이 아니었다. 과오를 범한 당원들에 대한 책벌이 성분에 따라 차별적으로 부과되었을 만큼, 불량한 성분은 일종의 '타고난 죄'처럼 다루어졌다. 물론 성분이 좋지 않을수록 과중한 책벌을 받았다. 이를테면 지역사회의 노력동원에 불참한 데다, 세포회의에 결석하는 일이 잦았던 어느 여성당원은 당적을 박탈당했다.[257] 관행에 비추어 관용될 수 있는 과오를 범한 그녀는 5정보 이상의 경작지를 보유한 부농의 아내였다는 이유로 북로당 규약상 최고 책벌을 받았다. 다양한 성분을 지닌 이들이 연루된 강원도 인제군 비밀결사 사건은 그보다 더 흥미로운 사례를 보여준다. "민족자결동지회"로 불린 반소적 성향을 지녔을 법한 이 단체에 연루된 이들 중 두 명의 노동당원이 포함돼 있었다. 그들의 과오는 동일했으나 인제군당은 지주 출신자에게 출당처분을, 빈농 출신자에게 엄중경고 처분을 내렸다.[258]

개인의 역량이나 노력을 통해서도 계급적 장벽을 극복하기 힘들다면, 불리한 성분을 지닌 이들은 그것을 은폐하거나 적극적으로 드러내놓고 반성하는 태도를 보일 수밖에 없다. 간부들과 학생층이 당국에 제출한 이력서는 그들이 출신성분의 기입에 앞서 얼마나 많은 고민을 거듭했는지 그 흔적들을 보여준다. 이를테면 상인의 아들로 태어난 강원도 평강여자중학교 교사 최성

---

256) 북로당 평남도 평양시 중구역 평양여자고급중학교세포, 1948.4.21, 「북조선로동당 제2차 전당대회 총결 총회」, 『史料集』 26, 135~138·259쪽.

257) 1948.6.14, 「북로당 강원도 인제군 남면당위원회 회의록 제10호」, 『史料集』 18, 105쪽.

258) 1949.8.25, 「북로당 강원도 인제군당상무위원회 회의록 제58호」, 『史料集』 3, 539쪽.

배는 처음에 출신성분을 사무원으로 기재했으나, 고민 끝에 두 줄을 긋고 소시민으로 정정했다.[259]

사실 성분 은폐는 발각될 경우 더 큰 불이익을 당할 수 있다는 점에서 위험부담을 지닌 선택지였다. 평양교원대학 화학과 학생 길성혁은 그의 가정이 토지개혁 시기에 2,000평의 경작지를 분여받아 3,000평을 자경하고 있는 빈농가라고 이력서에 기입했다. 그러나 화학과 학과장은 그가 허위로 작성한 기록에 속지 않았다. 다음은 그의 평정서의 일부이다. "이 학생의 가정은 해방 후 자성군에서 지주 이주로 인해 현재 자강도 강계군에 와 있으며 가정적으로 낙후한 편이다. 이 사실은 자강도에 집이 있고 현재 화학과 2학년생인 유강동무가 잘 알고 있다. 이주당한 뒤 강계에서 상업(상점)을 하고 있음이 판명되었다. 그러나 이 동무는 그에 대하여 은폐하려 하며 그 사실을 친근한 동무들에게조차 알리지 않았다."[260] 축출된 지주의 아들 길성혁은 자신의 출신성분을 숨기려 했으나, 오히려 그러한 기만행위가 평정서의 영구 기록으로 남는 불운을 자초했다.

보다 적극적인 대응으로 기록상의 성분을 변경해 자신의 운명까지 바꾸려 한 이들도 있었다. 이를테면 자신의 사회성분이 노동자라고 주장한 강원도 인제군당의 한 간부는 그것이 사무원으로 잘못 등록되었다며 변경해달라고 로비를 시도했다.[261] 계속된 직위 강등이 불리한 성분 탓이라고 생각한 그는 성분 변경을 통해 더 이상의 강등을 막을 수 있다고 확신했다. 북로당 자강도 만포군당 소속의 한 당원은 지난날 반체제행위에 가담한 전력을 지니

259) 1949.11.1, 「강원도 평강여자중학교 교원 최성배 이력서」, NARA RG242 SA2011 Box7 Item23.

260) 1949.5.8, 「평양교원대학교 화학과 길성혁 평정서」, NARA RG242 SA2007 Item20.7.

261) 1949.6.22~23, 「북로당 강원도 인제군당 열성자대회 회의록」, 『史料集』 4, 531쪽.

고 있었다. 그러나 그는 마음을 바꿔 체제에 열성적으로 협력한 결과, 중학교 교사로 배치된데 이어 만포군당의 기밀 업무를 도와달라는 요청을 받을 만큼 당 조직의 신뢰를 얻는 데 성공했다. 당원들의 개인정보에 관련된 모든 문서를 관리하는 부서인 유일당증과에 출입하게 되자, 그는 자신의 과거경력이 기록된 문건을 찾아 없애버렸다. 사회적 지위의 상승을 방해할 수 있는 자신의 전력을 미궁에 빠뜨리려는 의도에서였다.[262]

당원들의 그러한 대응은 성분과 과거경력이 사회적 지위의 등락에 큰 영향을 끼친 요인이었음을 드러낸다. 인간개조를 통한 계급 초월의 가능성이 열려 있었다 해도, 한 번 등록된 출신성분은 영구히 변경될 수 없었다. 소련의 경우와 마찬가지로 출신성분의 오점과 정치범죄의 전력은 교화의 대상에 포함될 수 있는 권리조차 박탈당했다.[263] 불리한 성분을 지닌 이들의 사회적 지위 상승에 한계가 있었다는 점, 차등화된 여러 층위의 계급이 "출신성분"이란 이름으로 대물림되었다는 점 등은 북한의 계급질서가 차별을 재생산한 체계였음을 드러낸다. 해방 후 실시된 성분 분류사업은 현재까지 영향력을 발휘하고 있다. 오늘날 북한 주민들은 출생 당시 부모의 직업 곧 자신들의 출신성분에 따라서가 아닌, 해방 직후 분류된 그들 조상의 성분에 따라 포섭되거나 차별받고 있다.

지금까지의 논의는 북한 지역에 수립된 국가가 어떤 성격을 지닌 체제였는가에 대한 단서를 제공한다. 해방 직후 인민국가 수립을 지향한 북한은 노

---

262) 조선로동당 중앙조직위원회 제3차 회의 결정서, 1949.7.21, 「당 문건(당증 및 비밀문건) 취급과 당내 경각성 제고에 대한 자강도 당단체의 사업정형에 대하여」, 『史料集』 29, 310쪽.

263) Sheila Fitzpatric, *Everyday Stalinism: Ordinary Life in Extraordinary Times: Soviet Russia in the 1930s* (New York: Oxford University Press, 1999), p. 79.

동자·농민·사무원 중심의 근로자층은 물론, 기업가·상인·수공업자 등 소시민층에 이르기까지 광범한 인민층의 이해를 대변한 인민위원회 형태의 정부를 건설한 바 있다. 그러나 차별을 재생산한 계급구조에 비추어볼 때 북한에 건설된 국가는 인민국가의 형식을 갖추고 있었음에도 불구하고, 사실상 계급국가의 형태로 경도되었음을 볼 수 있다.

2. 법 위의 국가

"자산계급성 민주주의"를 지향한 해방 직후의 북한은 자본주의적 사유제에 관대한 입장을 보였다. 사유제와 민주주의이념을 반영한 각종 규정들이 조선민주주의인민공화국 헌법과 여러 하위 법령들의 체계를 구성하는 요소들이 되었다. 그러나 법령화된 자산계급성 민주주의 단계의 모든 규정들이 북로당의 계급적 가치에 부합했던 것은 아니었다. 계급적 이해관계와 법적·행정적 이해관계는 여러 면에서 충돌했다. 두 가치체계의 충돌이 모순적 상황을 촉발함에 따라, 계급적 이해관계를 옹호해야 했던 노동당원들은 종종 딜레마에 빠졌다. 국가의 법령에 저촉되지 않는다 해도, 계급적 관점에 비추어 부정적으로 인식된 행위들이 적지 않았기 때문이다.

이를테면 농업노동자 고용이 그 대표적 사례에 속했다. 토지개혁법령을 통해 합법화된 농업노동자 고용이 계급적 "착취행위"였다는 점은 의심의 여지가 없었다. 그러한 인식에 따라 1년에 쌀 5두를 지불한다는 조건으로 고용자를 부린 강원도 인제군의 한 노동당원은 "착취계급"이 되었다는 비판을 받았다.[264] 토지 매매행위도 비슷한 유형에 속했다. 토지개혁 시기에 분여받지 않은 토지의 거래는 위법행위에 속하지 않았으나, 그러한 거래에 연루된 당원들은 "토지개혁의 역사적 의의를 망각"했다는 이유로 책벌을 받았다.[265] 명백한 합법행위임에도 계급적 가치에 역행한 행위라면, 당 조직의 비판과 제재를 피할 수 없었다.

법적 이해관계와 계급적 이해관계는 특히 사익 추구 활동 면에서 충돌하기 쉬웠다. "자산계급성 민주주의" 단계의 법령이 중소규모 기업가·상인층의 이윤추구 활동을 허용했으나, 북로당의 계급적 관점에 비추어 그들의 직업 활동은 착취행위라는 혐의를 받았다. 따라서 기업가·상인층 당원들은 영업을 중단하거나 직종을 바꾸라는 당 조직의 잦은 압력에 시달려야 했다. 기업 경영을 구상하고 있었던 강원도 인제군의 한 농민당원은 그의 "착취계급화"를 우려한 동료 당원들로부터 격렬할 제지를 받았다.[266]

법적 이해관계와 계급적 이해관계의 충돌은 개인 차원을 넘어 기관과 기관 사이의 충돌을 불러오기도 했다. 이를테면 축출된 지주들이 검찰소가 발행한 몰수품 반환통지서를 가지고 귀향했을 때, 그들은 십중팔구 당 조직의 반대에 부딪혀 뜻을 이루지 못했다. 그러한 현상은 당 조직의 계급적 이해관계와 검찰소·인민위원회의 법적·행정적 이해관계가 빚은 마찰이 행정 업무를 담당한 인민위원회 간부들을 딜레마에 빠뜨릴 수 있었음을 의미한다.

강원도 인제군 검찰소의 지시에 따라 축출된 지주에게 몰수품을 돌려준

---

264) 1948.10.2, 「북로당 강원도 인제군당상무위원회 회의록 제24호」, 『史料集』 2, 594~595쪽.

265) 1950.3.27, 「북로당 강원도 인제군당부 결정서 상 제86호」, 『史料集』 15, 220쪽.

266) 1950.1.10, 「북로당 강원도 인제군당부 결정서 상 제74호」, 『史料集』 15, 137쪽.

한 촌락 인민위원장의 결정이 그 전형적 사례에 속했다.[267] 상부의 지시를 이행한 그는 법적·행정적 소임에 충실했으나, 계급적 가치를 배려하지 않은 탓에 당 조직으로부터 출당처분을 받았다. 만일 그가 축출된 지주에게 몰수품을 돌려주지 않았다면, 법적 이해관계가 손상되었을망정 출당과 파면만은 피할 수 있었다. 계급적 이해관계가 법적·행정적 이해관계보다 우위에 놓인 사회구조가 창출된 탓이었다. 노동당이 행정기구인 인민위원회보다 권력위계 면에서 상위에 있었기 때문에, 법적·행정적 가치는 계급적 이해관계를 보호한다는 명분에 희생되기 쉬웠다. 곧 법 자체의 권위는 견고한 지반에 뿌리내리지 못했다.

1946년 말 평안북도 용천군 양광면 농민들이 당국에 제출한 진정서가 처리된 방식도 계급적 이해관계를 우선시한 북로당 중앙의 관점을 여과 없이 보여준다. 그 진정서는 촌락간부들의 부정이 빚은 토지개혁사업의 과오를 바로잡아 달라는 탄원의 성격을 띠었다. 사건을 담당한 평안북도 검찰소·재판소에 농민들과 동향 출신인 지주들의 자제들이 예심원과 판사로 재직 중이었고, 그들과 함께 일한 검사가 현지조사에 착수했다. 그 검사는 토지개혁법령에 따라 촌락 간부들의 과오를 바로잡는 한편, 타 지역으로 축출된 한 지주의 귀환을 허용했다. 법적으로 축출 대상에 해당하지 않은 지주였기 때문이다. 그러나 법령에 근거한 그의 결정은 당 중앙의 개입과 함께 번복되었다. 그가 축출된 지주의 귀환을 허용한 데다 지주 출신 사법간부들과 함께 일하고 있다는 점이 빌미가 되었다. 지주 출신 간부들과 공모했다는 혐의를 받은 그는 결국 검사직에서 파면되었다. 자신의 행위가 법적으로 정당했다고 북로당 중앙에 진정서를 제출한 그는 "지주의 앞잡이 반동분자"라는 비판 외

---

267) 1949.1.11, 「북로당 강원도 인제군당상무위원회 회의록 제34호」, 『史料集』 3, 83쪽.

에 어떠한 긍정적 답변도 들을 수 없었다.[268]

법이 계급적 이해에 구속된 폐단은 지난날 소련의 경험에서 목격될 수 있다. 1935년경 검찰총장 안드레이 비신스키(Андрей Вышинский)는 "법의 형식적 명령과 프롤레타리아혁명의 명령이 충돌"할 때, "법의 명령이 당의 명령에 따름으로써 문제가 해결"될 수 있다는 입장을 밝혔다.[269] 소련에서도 혁명과 계급의 이해가 법의 이해보다 우위에 있었음을 볼 수 있다. 게다가 비신스키에게 법은 국가의 위해로부터 개인을 보호하기 위한 수단이라기보다, 국가를 위협하는 사회의 적들에 맞서 싸우기 위한 수단이었다. 곧 부르주아국가의 법이 국가권력의 제한을 통해 개인의 권리를 보호하는 데 역점을 두었다면, 소련의 법은 반혁명분자와 범죄자 등 정치적·사회적으로 일탈한 개개인들로부터 국가를 보호하는 데 역점을 두었다. 따라서 소련의 법은 국가보위의 문제가 개재될 때 개인의 권리를 침해할 소지가 있었다. 스탈린의 일국사회주의론이 국가보위의 과제에 절대적 가치를 부여한 탓이었다.

1948년 2월경에 발표된 조선민주주의인민공화국 임시헌법 초안과 1936년경 공포된 "스탈린 헌법"을 비교한 G-2는 46개 조항에서 유사성이 발견된다는 결론을 내렸다.[270] 북한 법의 입안에 소련 법전이 참고됨에 따라, 개인지위의 불안정성을 반영하고 있는 소련 법의 기본원리들이 북한에 도입되었다. 먼저 범죄의 개념에 수정이 따랐다. 국가가 제정한 법률을 위반한 행위라고 본 부르주아국가의 규정과 달리, 북한은 "조선민주주의인민공화국과 그

---

268) 북로당 중앙상무위원회 제10차 회의 결정서, 1946.11.14, 「평북 룡천군 양광면 충열동 3구 룡덕동 송정동 지방 농민의 진정에 대한 조사보고에 관하여」, 『史料集』 30, 39·41쪽.

269) 리처드 오버리 지음, 조행복 옮김, 『독재자들』, 교양인, 2008, 429·435쪽.

270) ISNK, no.3(1948.1.10~1948.7.16), pp. 118~119.

의 법률질서를 침해하는 사회적 위험행위"라고 범죄의 개념을 정의했다.[271] 그러한 범죄 개념은 미리 법률에 범죄로 규정되지 않은 행위는 형사책임의 대상이 아니라는 부르주아국가 법의 기본원리인 이른바 '죄형법정주의'가 북한의 법에 적용되지 않았음을 의미했다. 곧 조선민주주의인민공화국 형법 제9조는 "범죄적 행위로서 그에 직접 해당하는 규정이 본 법에 없는 것에 대해서는 본 법 중 그 중요성과 종류에 있어서 가장 비슷한 죄에 관한 조항에 준거하여 그 책임의 기초와 범위 및 형벌을 정한다."라고 규정했다.[272]

죄형법정주의를 적용하지 않은 위 조항은 국가에 대한 위해요인을 손쉽게 제거할 수 있는 반면, 국가권력의 침해로부터 개인을 보호할 법적 안전장치를 결여하고 있다. 법이 정의 그 자체의 수호가 아닌 국가공동체 보호에 봉사하는 수단의 지위를 획득함에 따라, 법률개념의 정교한 해석은 부차적 중요성을 지닌 문제로 전락했다. 북한의 한 법률전문가는 판결권을 지닌 두 명의 참심원을 인민대중 속에서 발탁해 재판에 투입하는 이유가 상임재판관이 법률개념에만 근거해 "편중적" 판결을 내릴 수 있는 "폐해"를 견제할 수 있기 때문이라고 설명했다.[273] 법령의 정교한 해석과 피의자들의 법적 기본권 보호가 재판의 가장 중요한 목표는 아니라는 의미였다.

1947년경 30대 초반의 목사 조봉환이 받은 재판은 북한의 법이 개인의 인권보다 국가 보위의 과제를 우선시했음을 드러낸다. 황해도 평산군 어느 학

---

271) 차순봉, 「조선형법의 법원 및 해석에 관한 몇 가지 문제」, 『사법』 1949년 4호, 12쪽.

272) 조선민주주의인민공화국 최고인민회의 상임위원회, 『조선민주주의인민공화국 법령 및 최고인민회의 상임위원회 정령집』 1, 국립종합인쇄소, 1954, 59쪽.

273) 梁台元, 「民主主義와 人民裁判」, 『인민』 1947년 1월호(『史料集』 13, 211쪽).

교 교실에 촌락민들을 모아놓고 실시한 그의 설교가 문제의 발단이었다.[274] 종종 신앙 문제에서 이탈한 그의 설교는 교묘한 "반체제 선전" 곧 체제 비판으로 이어졌다. 그의 죄가 반체제행위에 해당했다는 점은 공정한 재판을 기대하기 어려웠음을 예고했다. 게다가 그는 노동당과 대립한 조선민주당원이란 약점까지 안고 있었다.

재판 도중 설교에 참석한 조선민주당 소속의 한 증인이 신문을 받으면서 매우 당혹스런 사실이 밝혀졌다. 며칠 전 보안원에게 예심을 받은 그 증인은 미리 작성된 신문조서에 도장을 찍으라는 강요를 받았다고 고백했다. 그 조서는 그가 목격하지 않은 내용까지 담고 있었다. 그 자체만으로도 조선민주주의인민공화국 형사소송법 위반에 해당했다. 형사소송법 제250조 1항의 "불완전 또는 부적당한 심리"에 해당한 그 재판은 파기되어야 마땅했다.[275] 그 밖의 여러 문제가 재판 도중 속속 드러났음에도 불구하고 이의를 제기한 이는 아무도 없었다. 심지어 조봉환 목사의 변호사는 그러한 부정행위가 드러났을 때, 화제를 아예 다른 곳으로 돌리기까지 했다. 이 사례는 국가 보위를 위협할 수 있는 반체제 혐의자를 대상으로 한 재판에서, 법률의 정교한 해석과 적용은 그다지 중요한 문제가 아니었음을 드러낸다.

법이 국가의 안전에 봉사하는 수단의 지위를 부여받음에 따라, 동일한 범죄에 언도된 형량도 범죄자나 범죄행위의 사회적 위험도에 근거하여 신축적으로 부과되었다. 달리 말해 모든 공민은 법 앞에 평등하지 않았다. 체제의

---

274) 이하 황해도 평산군 인민재판소, 1947, 「牧師 趙鳳煥 反動宣傳事件 第一審 訴訟記錄」, 『史料集』 20, 537쪽 참조.

275) 조선민주주의인민공화국 최고인민회의 상임위원회, 『조선민주주의인민공화국 법령 및 최고인민회의 상임위원회 정령집』 1, 국립종합인쇄소, 1954, 205쪽.

전복을 노린 반혁명분자들과 계급의 적들에게 들이대어진 법의 잣대는 일반 범죄자들에게 적용된 잣대보다 가혹했다. 반동분자들과 불량한 성분을 지닌 이들이 혹독한 처벌을 받은 반면, 프롤레타리아들은 상대적으로 관용을 얻었다.[276] 황해도 해주의 한 월경 안내업자에게 같은 범죄를 저지른 다른 이들보다 과중한 형량을 선고한 재판이 그 전형적 사례에 속했다. 재판관에 따르면 "축출된 불로지주로서 반성 없이 수차례에 걸쳐 월경을 안내한" 그의 "가증스런" 행위는 중형을 선고받아 마땅했다.[277]

해방 후 판사직에 복무하다 월남한 어느 법률가는 "진리가 시간과 상황에 따라 변할 수 있다는 북한식 논리"를 이해할 수 없었다.[278] 그가 보기에 북한의 사법체계와 법률은 정의 그 자체를 위해 존재한다기보다, 사회주의의 발전 곧 혁명의 발전에 대비하기 위한 수단이었다. 북한 법의 성격을 설명하고자 도축범죄를 예로 든 그는 겨울에 도축한 농부보다 봄에 도축한 농부에게 더 무거운 형량이 언도되었다고 강조했다. 춘경을 방해할 수 있는 봄철의 도축범죄는 증산은 물론 국가 경제의 발전에까지 악영향을 끼칠 수 있다고 진단되었기 때문이다. 조선민주주의인민공화국 형법 제46조가 지적하듯, 양형은 "당해 장소와 시간 밑에서 그 범죄가 얼마만큼 사회적으로 위험한 것이었는가를 고려해" 결정되어야 했다.[279]

이상의 논의는 북한의 법도 국가권력으로부터 개인을 보호하는 기능보

---

276) Sheila Fitzpatric, *Everyday Stalinism: Ordinary Life in Extraordinary Times: Soviet Russia in the 1930s* (New York: Oxford University Press, 1999), p. 117.

277) 해주시 인민재판소, 1948.12.21, 「판결등본집」, 『史料集』 9, 615~616쪽.

278) ISNK, no.3(1948.1.10~1948.7.16), pp. 544~545.

279) 조선민주주의인민공화국 최고인민회의 상임위원회, 『조선민주주의인민공화국 법령 및 최고인민회의 상임위원회 정령집』 1, 국립종합인쇄소, 1954, 70쪽.

다, 일탈한 개인들로부터 국가를 보호하는 기능에 역점을 두었음을 보여준다. 혁명적·계급적·당적 이해관계가 법적·행정적 이해관계보다 우위에 있었기 때문에, 사법 부문의 독립성은 제대로 보장되지 않았고 당 조직의 개입에 취약성을 드러냈다. 1948년 6월까지 평양 인민교화소에 투옥되었던 일본인 小野澤龍雄은 일제시기 평안북도 신의주법원 예심판사의 전력을 지닌 인물이었다. 그는 "재직 기간 중 조선인 사상가와 혁명가를 탄압한 일제 관리" 곧 "전직자" 혐의로 기소되었지만, 뚜렷한 범행증거가 발견되지 않아 집행유예를 선고받았다. 그러나 평양에서 파견된 한 고위 당 간부가 그 판결에 반발하고 나섰다. 그는 집행유예를 선고한 재판관을 친일파로 간주해 파면하는 한편, 다시 그 일본인 판사를 체포하라고 지시했다.[280]

사법 부문이 노동당의 개입에 무력했을 뿐만 아니라, 재판 자체도 당의 영향력에서 자유롭지 못했다. '국가의 이해관계' '혁명의 이해관계' '당의 이해관계' '계급의 이해관계' 앞에서, 법은 그 고유 영역인 해석의 자유를 양보해야 했다. 국가의 이해관계는 법과 재판의 힘을 빌어 어렵지 않게 관철될 수 있었다.

3. 계급투쟁의 비생산성

리저허우(李澤厚)와 류짜이푸(劉再復)는 계급투쟁을 부정적으로 바라본 중국의 대표적 반체제 지식인들이었다. 그들에 따르면 계급투쟁론은 변증유물론에 근거한 투쟁철학과 계급론이 결합해 형성된 관념이었다. 모순과 투쟁을

---

280) 森田芳夫, 『朝鮮終戰の記錄』, 東京 : 巖南堂書店, 1964, 864쪽.

절대화하고 대립 상태 하의 평형과 조화 가능성을 부정한 투쟁철학이 계급론과 결합할 때, 각 계급 간의 조화와 협력도 거부될 수밖에 없다는 점이 계급투쟁론의 논리적 귀결이었다. 계급 간의 조화와 화해를 지향한 제2인터내셔널의 기치에 공감한 그들은 계급투쟁과 프롤레타리아독재를 통해 계급모순을 해결하려 한 제3인터내셔널의 처방에 반대하는 입장을 보였다. 계급투쟁에 의존한 해결책이 그리 현명한 방법은 아니었음은 백여 년에 걸친 세계사와 중국의 역사가 명백히 입증해왔다고 진단되었기 때문이다.[281]

계급투쟁의 격랑 속에서 살아온 중국의 한 촌락간부는 굳이 이론적 지식에 의존하지 않고도, 자신의 경험에 비추어 계급투쟁의 문제점을 간파할 수 있었다. 그에게 불량한 계급이 감내해야 했던 사회적 차별과 언어·신체적 학대는 매우 부당해 보였다. 일상생활에서조차 극복하기 힘든 장애에 부딪히곤 했던 그들은 원한에 사무쳐 사회 활동에 참여하길 거부했다. 반면 소작인이나 부랑자처럼 우대받은 계급은 농촌의 실권자가 돼 권력을 남용했다. 그가 보기에 서로 간의 증오를 조장한 계급 차별은 막대한 사회적 손실을 불러왔다. 따라서 1978년 중국공산당이 계급 구분을 폐지한 조치는 "당이 중국 인민에게 베푼 가장 중요한 공헌"이라는 찬사를 받았다. 그 촌락간부는 마을의 호구대장에서 계급지위 항목이 없어지고 계급에 근거한 개인 평가가 중단됨에 따라, 지나간 세월의 모든 반목이 사라졌다고 기뻐했다.[282]

해방 후 북한의 계급투쟁도 전 세계적 차원의 사회주의운동이 낳은 한 지류였음을 감안하면, 그것이 평온하게 전개되었을 가능성은 적어 보인다. 불량한 성분을 지닌 이들이 감내해야 했던 사회적 차별과 막대한 규모에 달한

---

281) 리저허우(李澤厚)·류짜이푸(劉再復) 저, 김태성 역, 『고별혁명』, 북로드, 2003, 310~311쪽.

282) 이하 황수민 저 / 양영균 역, 『린마을이야기』, 이산출판사, 2003, 101·255~256쪽 참조.

월남민 유출은 북한의 계급투쟁이 38선 이북 지역민들 사이에 적잖은 반목을 낳았음을 말해준다. 한국전쟁의 경험에 비추어 북한의 계급투쟁이 과격했다고 평가한 한 연구는 당시 사적 적대감과 보복심이 계급투쟁이란 이름 아래 국가권력의 통제를 받지 않고 "원시적으로 분출"되었다는 진단을 내놓았다.[283] 사실 북한의 계급투쟁이 격렬했다는 논점에 반대하지 않더라도, 사적 보복심을 그 동인으로 지목한 추정 내지 선험적 결론은 실증되기 어렵다. 물론 그러한 사례가 전혀 없었던 것은 아니다. 토지개혁 기간 중 평남 대동군 지역 농민들이 지주가 소유한 닭·개 등의 가축을 잡아먹고 의복·가구류를 빼앗아간 행위가 법령을 무시한 복수심의 표출에 다름 아니라고 비판받았다.[284] 그러나 이를 제외하면 보복행위와 계급투쟁이 결합한 사례는 거의 목격되지 않는다.

계급투쟁으로 포장된 평남 대동군 지역 농민들의 불법적 보복행위가 비판을 받았듯, 당국은 사회적 물의를 일으킬 수 있는 투쟁 방식을 철저히 경계했다. 국가의 후원 아래 전개된 계급투쟁이 자칫 대중들로부터 외면받을 소지가 있었기 때문이다. 강원도 인제군 당국이 계급투쟁의 한 방편으로 폭력행위를 남용한 촌락간부들을 비판하고 나선 까닭도 그러한 이유에서였다. 심지어 어떤 지역의 민청원들은 "반동분자"로 지목된 이를 구타하던 중, 그의 아들에게까지 폭행에 가담하도록 강요한 일이 있었다.[285] 마지못해 동료들의 강요에 따라야 했던 그 청년은 아버지의 머리에 마대부터 씌워야 했다.

283) 김동춘, 『전쟁과 사회』, 돌베개, 2000, 165쪽.

284) 朝共 北朝鮮分局 責任秘書 金日成, 「土地改革事業의 總結과 今後 課業에 對한 報告」, 『正路』 1946.4.20.

285) 1949.9.2, 「북로당 강원도 인제군당상무위원회 회의록 제59호」, 『史料集』 3, 545쪽 ; 북로당 중앙 상무위원회 제22차 회의 결정서, 1947.2.7, 「청년사업 강화에 대하여」, 『史料集』 30, 124쪽.

최고 권력기구인 북로당 중앙상무위원회마저 비판에 나섰을 정도로, 그러한 투쟁 방식은 민간사회에 큰 파장을 불러올 수 있었다.

따라서 투쟁의 지침이라 할 만한 지시들이 반복적으로 하달되었다. 투쟁 대상자의 "죄악"을 낱낱이 폭로하는 식의 "정치적 투쟁"을 권장한 그 지시들은 구타행위를 금하는 한편, 폭로와 비판에 이은 고립을 투쟁의 모범 형태로 제시했다. 축출을 남용한 촌락 당 간부들의 월권행위도 규제 대상이었다. 불로지주들에 대한 투쟁 방식인 축출은 토지개혁 이후 반체제 혐의자들에게까지 폭넓게 적용되고 있었다. 강원도 인제군 당국은 반체제 비밀결사 사건에 연루된 이들 네 명뿐만 아니라, 그들의 가족들까지 축출한 촌락간부들의 조치가 "관료주의적 월권행위"에 다름 아니라고 비판했다.[286]

해방 후 계급투쟁의 상징적 조치가 된 축출은 당국이 우려할 만큼 남발된 측면이 있었다. 그것은 대상자들에게 감당하기 힘들 정도의 공포심을 자극했다. 특히 특정 대상자를 지목하지 않은 채, 곧 몇 명의 축출자들이 나올 예정이라는 식의 풍설은 촌락사회를 긴장 상태로 몰아넣었다. 정치적으로 신뢰받은 고농·빈농층을 제외하고, 경작지를 임대한 전력을 지닌 이라면 누구든 안심할 처지가 못 되었다. 인제군 한 촌락의 세포위원장이 불로지주를 축출하며, 아직 축출되어야 할 자들이 더 남아 있다는 말을 흘렸을 때 촌락민들은 심각한 혼란 상태에 빠져들었다. 불안감을 가라앉히지 못한 이들 가운데 파종 시기를 놓친 이들도 있었다.[287]

계급투쟁의 대상으로 지목돼 거주지에서 축출될 수 있다는 불안감은 경작지 임대 전력을 지닌 이들에게 만연한 공통의 심리 상태였다. 물론 그들의

---

286) 1950.1.13, 「북로당 강원도 인제군당부 결정서 상 제75호」, 『史料集』 15, 141쪽.

287) 1949.1.5, 「제22차 북로당 강원도 인제군 남면당위원회 회의록」.

불안한 심리를 악용한 이들도 있었다. 강원도 인제군의 노동당원 박연옥은 내무기구의 간부들과 쉽게 접촉할 수 있는 지역 민방위조직 자위대의 간부로 재직 중이었다. 그는 이웃에 살고 있는 한 농민이 곧 재산을 몰수당하고 축출될 것이라는 거짓 정보를 흘렸다. 그 후 박연옥은 불안에 떨고 있는 그를 찾아가 자신이 직접 경찰간부들과 접촉해 해결해주겠다며, 교제비를 요구해 600원을 가로챘다.[288] 이 사례는 축출의 공포에 사로잡힌 성분 불량자들이 그들의 불안한 심리를 악용한 사기사건에 쉽게 말려들었음을 보여준다.

계급투쟁의 대상으로 전락하기 쉬운 성분 불량자들이 축출의 공포를 떨쳐내기 힘들었던 반면, 계급투쟁을 주도한 촌락간부들은 마음먹기에 따라 얼마든 권력을 남용할 수 있었다. 인제군 서화면 장승리인민위원장은 지역민들이 자신의 부정행위를 비판하자, "내 말을 듣지 않으면 이곳에서 6차 7차까지 축출하겠다."라고 위협하며 군중들의 반발을 억누르려 했다.[289] 대부분의 촌락사업이 노동당·인민위원회·사회단체 간부들의 역할분담을 통한 협업 형태로 이루어짐에 따라, 인민위원회·사회단체 간부들도 당원으로서 계급투쟁에 간여할 수 있었다. 그러나 축출하겠다고 위협하며 권력을 남용한 이들은 대개 계급투쟁의 주도권과 축출 결정권을 지닌 세포위원장들이었다. 인제군의 한 촌락 인민위원장이 군중들을 향해 "세포위원장의 당 방망이만 무섭고 인민위원회 사업은 무섭지 않느냐?"고 호통 친 까닭은 그러한 이유에서였다.[290] 그의 불만은 계급적 가치가 중시된 사회에서 촌락의 두 핵심간부인 세포위원장과 인민위원장 사이의 역관계가 어떻게 형성되었는가를 뚜렷이 드러낸

---

288) 1949.6.22~23, 「북로당 강원도 인제군당 열성자대회 회의록」, 『史料集』 4, 517~518쪽.

289) 1949.4.20, 「북로당 강원도 인제군당상무위원회 회의록 제42호」, 『史料集』 3, 277쪽.

290) 1949.1.11, 「북로당 강원도 인제군당상무위원회 회의록 제34호」, 『史料集』 3, 83쪽.

다. 토지개혁과 함께 시작된 축출은 시간이 지남에 따라 계급투쟁의 상징적 수단으로 정착돼 갔다. 축출의 공포가 농촌사회에 만연했다는 점은 북한의 계급투쟁이 과열된 양상을 띠었음을 드러낸다.

계급투쟁을 조장하고 계급적 가치를 우선시한 풍토는 고급 인적 자원 확보에도 부정적 영향을 끼쳤다. 쉽게 예측할 수 있듯 사업 역량보다 성분에 좌우된 간부발탁이 우려할 만한 문제를 일으켰다. 1949년 10월 말 조선로동당 중앙조직위원회는 "생산노동자들을 등용한 뒤 일을 잘못한다고 이리저리 옮기거나 함부로 책벌을 주는" 경향이 있다고 비판했다. 노동자를 등용해 2년 동안 방치한 뒤 무능하다는 이유로 낮은 직위에 앉힌 북로당 평안남도 강동군당의 과오가 그 전형적 사례로 지적되었다.[291] 역량이 부족한 이들을 등용하는 폐단이 속출했으나, 간부 선발정책의 기본골격은 그대로 유지되었다. 발탁한 간부들을 꾸준히 교육하라는 지시가 반복되었을 뿐, "근로성분"을 선발하라는 원칙은 변함이 없었다. 성분에 근거한 등용의 비효율성은 지방 수준에까지 연장되었다. 강원도 인제군 당국은 "근로성분" 위주로 발탁된 "무능한" 소비조합상점 경리원들이 많은 과오를 저지르고 있다고 비판하며, 그러한 실태를 일종의 "좌경적" 과오로 간주했다.[292] 반면 성분이 좋지 않다는 이유로 유능한 간부들이 해직된 경우도 있었다. 특정 계급 배제정책은 북한 사회 발전에 필요한 고급 인적 자원의 손실로 이어졌다.[293]

노동자·빈농성분 중심의 간부 발탁은 정치 부문에서도 비생산적이었다.

291) 조선로동당 중앙조직위원회 제9차 회의 결정서, 1949.10.31, 「평남도 당단체의 간부사업 정형에 대하여」, 『史料集』 29, 375~377쪽.

292) 1949.6.22~23, 「북로당 강원도 인제군당 열성자대회 회의록」, 『史料集』 4, 526쪽.

293) 이주철, 『조선로동당 당원조직 연구』, 선인, 2008, 152쪽.

주권기구이자 입법기구인 북조선인민회의는 "인민주권"의 상징성을 고려하여, 교육 수준이 낮은 전업 노동자·농민들을 대의원에 발탁했다. 그들의 일부가 현물세법 개정이나 헌법 제정 등의 사안을 다룬 전문가들의 보고를 경청한 뒤 토론에 나섰다. 그러나 그들의 발언 내용은 대개 토론 주제에서 이탈하는 경향을 보였다.[294] 전문적 식견이 없었던 그들에게 법령 입안에 관한 건설적 제안과 비판을 기대하기란 애초부터 무리였다. 북조선인민회의 단상에 오른 그들은 감격에 잠겨 국가에 대한 감사와 지도자에 대한 찬사에 토론 시간 대부분을 할애했다. 그러한 태도는 정치지도부가 기획한 안을 수정 없이 만장일치로 승인하는 이른바 "거수기"의 역할에 다름 아니었다.

정치·경제기구의 간부들이 점차 노동자·빈농 출신들로 교체됨에 따라, 불량한 성분을 지닌 간부들은 종종 하급자들의 냉담한 시선이나 비협조적 태도와 맞닥뜨렸다. 특히 이 문제가 성분이 좋지 못한 지배인이 관리직을 맡고 있는 공장에서 불거질 때, 생산성 향상의 과제에 걸림돌이 될 수 있었다. 조선로동당 중앙조직위원회는 지배인들의 출신성분에 선입견을 지닌 이들이 대수롭지 않은 일들을 구실 삼아, 그들의 위신을 훼손하며 그들과 종업원들 사이에 이간질을 일삼는 경향이 있다고 비판했다.[295] 불리한 성분을 지닌 인텔리·기술자 등의 고학력자들이 점점 간부직에 등용되기 어려워졌을뿐더러, 설령 등용된다 해도 기관이나 직장 내에서 안정적 입지를 구축하기 힘들었음을 볼 수 있다. 부유한 가정에서 태어나 고등교육을 받은 그들은 불리한

---

294) 北朝鮮人民會議院, 1947.5.15, 『北朝鮮人民會議 第二次 會議 會議錄』, 民主朝鮮出版社, 1947, 23~24쪽.

295) 조선로동당 중앙조직위원회 제5차 회의 결정서, 1949.9.2, 「황해제철소 생산계획 실행을 위한 송림시 당단체의 사업정형에 대하여」, 『史料集』 29, 320~321쪽.

출신성분과 친일 전력 탓에 체제가 우호적으로 받아들이기 힘든 계층이었다. 그 두 가지 약점은 그들의 월남을 촉진하는 요인으로 작용했고, 그럴수록 북한의 고급인재 부족난은 심각한 상황으로 빠져들었다.[296]

---

296) U.S. Department of State, *North Korea: A Case Study in the Techniques of Takeover* (Washington, D.C.: U.S. Government Printing Office, 1961), p. 61.

4부
문화의 변혁과 전통사회 해체

1장
노동당문화의 대중화

1. 노동당 규율

1946년 초 조선공산당 평안남도당 산하의 한 세포에서 신입당원 입당식
이 열렸다. 의장의 개회 선포와 함께 시작된 그 입당식은 매우 엄숙하게 거
행되었다. 마르크스와 레닌과 여러 "사난(死難) 동지들"을 추모해 3분간이나
실시된 묵념도 숙연한 분위기를 조성하는 데 한몫했다. 의장이 신입당원을
소개하자 그는 공산당에 입당한 동기를 설명한 뒤, 당원으로서 적극 투쟁하
겠다는 각오를 밝혔다. 이어 당원 동지들의 훈사가 있었고 자유로운 형식의
담화가 오가며 엄숙했던 분위기가 누그러질 수 있었다.[1]

그로부터 몇 달 뒤 이번에는 조선공산당 함경북도 청진시당 산하의 한 세
포가 입당식을 거행했다. 세포회의를 겸해 열린 이 입당식은 격식에 얽매이
지 않았다. 그러나 다음 아홉 항에 걸친 신입당원의 맹세는 절도 있고 박력

---

1) 平南道黨 宣傳部, 1946.1.23, 「細胞工作要綱」, 『史料集』 1, 20쪽.

있게 선언되었다. "①나는 끝까지 무산계급의 이익을 위하여 싸울 것이다. ②나는 당면과제인 조선의 완전 독립과 해방을 위해 철저히 싸울 것이다. ③ 나는 다른 무엇보다 당의 이익을 높이 받들 것이다. ④나는 당의 규율을 지 킬 것이다. ⑤나는 어떠한 곤란도 겁내지 않고 당을 위하여 분투할 것이다. ⑥나는 당원으로서 군중들의 모범이 될 것이다. ⑦나는 무슨 일이 있어도 당 의 비밀을 지킬 것이다. ⑧당에 대한 나의 믿음은 절대 변치 않을 것이다. ⑨ 나는 어떠한 일에도 굴하지 않으며, 결코 당을 배반하지 않을 것이다." 신입 당원의 맹세가 끝나자 세포위원장은 공산당원이 지켜야 할 규율과 의무를 설명해주었다.[2]

신입당원 맹세에 반영된 당의 규율 가운데 가장 중요한 덕목은 당과 노 동계급과 조선민족의 이익을 위해 개인의 이익을 희생하는 태도였다. 따라 서 당원은 당의 결정에 복종하며 절대로 당의 비밀을 누설하지 말아야 했다. 『당의 생활』이란 제목을 달고 있는 청진시당의 당원교본은 만약 당원이 "당 의 비밀을 지키지 못하면 처벌을 받거나 심할 경우 당에서 쫓겨날" 것이라고 경고하고 있다. 유능한 공산당원이 되려면 마르크스-레닌주의를 철저히 연 구하고 늘 정치시사를 학습해야 한다는 지침도 첨부되었지만, 앞의 항목보다 비중 있게 취급되지 않았다. 산골 오지에 위치한 강원도 인제군당은 문맹 당 원들을 배려해, 당의 규율을 압축한 "7조목"을 만들어 모든 당원들이 외우도 록 지시했다. "①능동성 ②상부 명령에 절대 복종 ③당의 비밀 준수 ④당비 와 의연금 납부 ⑤세포 활동 ⑥대중조직 활동 ⑦이론의 무장" 등이 그것이었 다.[3]

---

2)　朝鮮共産黨 淸津市委員會, 1946.4.10, 「黨의 生活」, 『史料集』 1, 69~71쪽.

3)　1946.11.30, 「북로당 강원도 인제군 인제면당부 확대집행위원회 회록」, 『史料集』 15, 455쪽.

노동당 규율과 함께 공산당원이 되려는 이들이 체득해야 할 소양은 "공산주의자의 도덕"이었다. 함경북도 청진시당의 당원교본 『당의 생활』은 개인의 이익을 당과 계급과 민족에 바치려면, "공(公)을 위하여 사(私)를 포기"하는 자세가 필요하다고 역설했다.[4] 반면 자신의 이익에만 집착해 사적 친분관계·감정관계·지방관념에 따라 일을 처리하는 태도는 "공산당원으로서 가장 더러운 행습"에 지나지 않다고 비판했다. 정당하지 못한 남녀관계도 당원들이 경계해야 할 대상이었다. 당원들에게 그것은 "지주계급처럼 음탕하고 몰염치할 뿐만 아니라, 여성해방이란 이름으로 포장된 추악한 행동"에 다름 아니었다. 공산주의자들이 갖추어야 할 그 밖의 소양으로 "볼셰비키의 절개"가 있었다. 이 덕목은 적에게 잡혔을 때 그들의 악독한 고문에 굴하지 않고 죽을 때까지 당의 비밀과 절개를 지킬 수 있는 소양을 의미했다. 당원교본은 그와 관련해 "위대한 혁명의 절개는 모든 혁명가들의 영원한 모범이나, 우리의 혁명역사를 더럽힌 전향자는 다시 우리 당에 발을 들여놓지 못할 것"이라고 못 박았다.

엄격한 책벌이 당 규율을 위반하거나 품위를 지키지 못한 당원들에게 부과되었다. 세포회의 도중 토론 한 마디 없이 "돌부처" 같은 태도를 보이는 당원들이나 욕설을 일삼는 당원들은 징계수위가 가장 낮은 주의나 견책을 받았다.[5] 늙고 병든 남편을 쫓아낸 한 여성당원의 반인륜적 행위는 책벌 가운데 징계수위가 두 번째로 높은 "엄중경고"의 부과 대상이었다.[6] 38선을 넘어

---

4) 朝鮮共産黨 淸津市委員會, 1946.4.10, 「黨의 生活」, 『史料集』 1, 72쪽.

5) 북로당 평남 평양시 중구역당 평양여자고급중학교세포, 1948.12.30, 「제21차 총회 회의록」, 『史料集』 26, 276쪽 ; 1949.7.16, 「북로당 강원도 인제군 서화면당 열성자대회 회의록」, 『史料集』 4, 635·637쪽.

6) 1948.5.10, 「북로당 강원도 인제군당상무위원회 회의록 제10호」, 『史料集』 2, 216-217쪽.

가 남한 경찰에게 당의 기밀을 폭로하고 간부들의 이름까지 적어준 한 당원은 최고 책벌에 해당한 "출당" 처분을 받았다.[7]

당원들의 올바르지 못한 처신과 불건전한 행위를 규제한 당 규율은 공산당과 군중들 사이의 관계 개선에 기여했다. 당원은 군중의 모범이 되어야 하며 군중 앞에서 위신을 지켜야한다는 행동지침이 강조되었다. 반면 당원에 걸맞지 않는 언사, 타인을 헐뜯는 태도, 군중들과 몰려다니며 가볍게 처신하는 태도, 말과 행동이 일치하지 않는 태도, 군중들에게 의혹 받을 만한 행동을 일삼는 태도, 술에 취해 주정하는 태도 등은 그들의 경계 대상이었다. 그러한 과오를 범한 당원들에게 주의나 견책 등의 책벌이 부과되었다.

수많은 당원들이 올바르지 못한 처신으로 책벌을 받았다는 점은 공산당과 군중들 간의 관계가 원만하지만은 않았음을 의미한다. 함경북도 청진시당은 당원들이 많은 문제를 일으키는 이유가 당이 지닌 권력과 무관치 않다고 보았다.[8] 혁명을 위하여 입당하기보다, 순수하지 못한 동기 곧 "한 자리 해먹으려거나 돈을 벌려는" 투기적 의도 아래 입당한 이들이 있었던 까닭도 그 때문이었다. 당시 어린이들 사이에 "권세 쓰는 공산당 / 매 잘 맞는 민주당 / 말 잘하는 청우당"이라는 노래가 유행했다는 점은 공산당의 이미지가 대중들에게 어떻게 와닿았는가를 상징적으로 보여준다.[9] 입당테스트를 통과해 당적을 획득한 이들이 우월의식에 젖는 일은 일반적 현상이었다. 공산당기관지 『정로』는 당원이라는 이유만으로 우월감을 느끼며 "명령주의"에 의존하는 태도가 군중들의 불만을 높일 뿐만 아니라 당의 위신을 떨어뜨리고 있다고 진

---

7) 1949.9.12, 『제30차 북로당 강원도 인제군 남면당위원회 회의록』.

8) 朝鮮共産黨 淸津市委員會, 1946.4.10, 「黨의 生活」, 『史料集』 1, 68쪽.

9) 김석형 구술, 이향규 녹취·정리, 『나는 조선노동당원이오!』, 선인, 2001, 143쪽.

단했다.[10]

당과 군중 사이의 관계 개선은 다소 포괄적인 의미로 사용된 관료주의의 척결을 통해 이루어질 수 있다고 진단되었다. "착취계급의 지배욕구"를 드러내는 관념 형태이자 "인민의 이익에 반하는" 작풍이라고 관료주의를 정의한 최창익은 식민 지배를 공고화하려는 일제의 의도 아래 뿌리내린 그것이 조선인민의 악습으로 고착되었다고 보았다.[11] 현학적 기질이 있는 그의 견해보다 김일성의 관료주의관은 더 구체적이고 직접적이었다. 북로당 창당대회와 제2차 전당대회의 기조연설을 통해 그 문제를 거론했을 정도로, 김일성은 당내에 만연한 관료주의 척결에 큰 관심을 보였다. 그에 따르면 관료주의는 군중을 조직하며 인도하지 않고 그들이 "모른다거나 뒤떨어졌다."라고 욕설하는 태도, "군중 속에서 함께 호흡하며 그들과 한 덩어리가 될 대신 그들에게 호령하고 위협하는" 태도 등을 의미했다.[12] 그러한 김일성의 개념규정은 관료주의가 군중사회의 구체적 실정에서 벗어난 간부들의 형식적 사업 방식과 관련이 있음을 드러낸다.

북조선인민위원회 사무장 한병옥이 간부들에게 명령만 하지 말고, 직접 하부 현장에 내려가 군중들의 실정을 살피라고 강조한 까닭은 그러한 이유에서였다.[13] 많은 간부들이 "사무실에 책상을 지키고 앉아 명령이나 내리며 공문을 발송하고 도장 찍는 일을 일삼고" 있다고 지적한 그는 그런 까닭에

10) 「平南道黨 第一次 代表大會 決定書」, 『正路』 1946.1.8.

11) 崔昌益, 「建國思想運動을 再吟味하면서」, 『근로자』 1947년 1·2월호(『史料集』 42, 273쪽).

12) 金日成, 「創立 一週年을 맞이하는 北朝鮮勞動黨」, 『근로자』 1947년 8월호(『史料集』 43, 389쪽) ; 김일성, 「북조선로동당 제2차 전당대회에서 진술한 당중앙위원회 사업결산보고」, 『근로자』 1948년 4월호(14호), 37쪽.

13) 韓炳玉, 「事務 簡素化를 爲한 몇 가지 問題」, 『인민』 1948년 9월호(『史料集』 14, 286·288쪽).

문서가 점점 복잡해지는 데다, 하부 일꾼들이 현지조건에 맞지 않는 지시를 수행하느라 귀중한 시간과 노력을 허비하고 있다고 진단했다.

직접 현장에 내려가 군중들과 함께 하고 그들에게 모범을 보여야 했던 당원들이 엄격한 규율을 준수하며 상부가 할당해주는 과제를 완수하기란 쉬운 일이 아니었다. 당원들은 공민들에게 의무화된 국가의 법이나 사회윤리보다 더 많은 제약이 따르는 당 규율의 준수를 요구받았다. 범죄를 저질러 유죄가 확정된 당원들에게 가차 없이 출당책벌이 내리고, 범죄에 속하지 않는 그들의 잡다한 과오들마저 여러 등급으로 나뉜 책벌의 대상이 되었음은 일반 대중들보다 그들에게 더 많은 행동의 제약이 따랐음을 의미한다.

그에 더하여 당원들은 때론 인간의 본능마저 극복해야 했다. 강원도 인제군의 한 당원이 화로에 당증을 태워 경고책벌을 받은 일이 있었다.[14] 당증의 분실이나 손상은 당연히 책벌 대상이었지만, 문제는 그의 과오가 장티푸스에 따른 정신의 마비 상태에서 이루어졌다는 점에 있었다. 이 사례는 통제력을 상실한 육신의 과오조차 당원들에게 면책 대상이 아닐 수 있었음을 보여준다. 병에 걸려 결근한 한 당원 교사도 노동당의 관용을 얻지 못했다. 그가 속한 세포의 위원장은 상부에 올린 보고서에 그의 결근 사유를 "고의 결근"이라 기재했다.[15] 당원이라면 어떠한 병도 극복해야 한다는 점이 그 세포위원장의 지론이었다.

사실 공산당은 나약한 인간에 지나지 않았던 당원들에게 너무나 많은 소양을 요구했다. 적극성·헌신성·낙관성·용감성·인내성·모범성·희생성·복종

---

14) 1949.8.25, 「북로당 강원도 인제군당상무위원회 회의록 제58호」, 『史料集』 3, 541쪽.

15) 북로당 평남 평양시 중구역당 평양여자고급중학교세포, 1948.12.11, 「제20차 정기총회 회의록」, 『史料集』 26, 263·265쪽.

성 등 그들이 갖추어야 할 모든 덕목은 타고난 천성을 극복해야 체득할 수 있는 것들이었다. 게다가 적잖은 과업들이 당원 개개인에게 할당되었다. 무슨 일이 있어도 상부의 명령에 복종해야 하는 당원들은 규율을 준수하며 맡겨진 임무를 완수해야 할 뿐, 자신의 과오나 임무 불이행의 이유를 해명할 기회조차 제공받지 못했다.

평양여자고급중학교의 한 당원 교사가 그 점에 불만을 터뜨렸다. 학습테스트에 올바로 답변하지 못한 두 동료 당원이 세포위원장에게 비판받자, 그는 그들이 수행하고 있는 과중한 업무들을 나열한 뒤 과연 그들에게 학습할 시간이 있었겠느냐고 반문했다.[16] 세포위원장에 대한 그의 항의는 당원도 인간인 이상 전지전능하지 않다는 메시지를 함축하고 있었다. 한 연구는 해방 이래 고도로 압밀된 5년간의 혁명 이후 북한의 열정이 갑자기 식었다고 논평했다.[17] 이 논평의 맥락은 혹독한 규율과 과중한 업무에 시달린 당원들에게 너무도 일찍 찾아온 피로감과 무관치 않아 보인다.

당원 수가 급증하고 당원들이 사회전반에 막대한 영향력을 행사함에 따라, 일반 대중사회와 구별되는 당원사회의 독특한 문화가 형성되기 시작했다. 그것은 당원들만의 언어를 통해 표출되기도 했고 당원들에게 일상화된 비판행위를 통해 드러나기도 했다. 물론 당원공동체 문화는 자신이 당원임을 과시하려 더 당원다운 언어·행위를 구사하는 데 집착한 이들로부터 쉽게 발현되는 경향을 보였다. 그들은 마르크스 – 레닌주의의 고전인 조선어판 『공

---

16) 북로당 평남 평양시 중구역당 평양여자고급중학교세포, 1948.12.11, 「제20차 정기총회 회의록」, 『史料集』 26, 263쪽.

17) Charles K. Armstrong, *The North Korean Revolution, 1945~1950* (Ithaca: Cornell University Press, 2003), p. 188.

산당 선언』『볼세비키 공산당사』『레닌선집』등의 유명한 구절이나 표현을 인용하는 데 적극성을 보였다. 베스트셀러가 된 어느 고전의 한 구절이 미숙하고 부자연스럽게 번역되었더라도, 그것은 금세 당원사회의 일상 언어로 통용됨은 물론 많은 매체를 통해 재생산되고 대중화되었다. 보고문을 준비하는 당 간부들이 "고상한 이론적 문구"를 찾아 당 이론잡지『근로자』나『로동신문』을 뒤적이며 "2~3일씩 허비하고", 내용은 텅 빈 반면 "국제·국내 정세만이 길게 나열된 보고를 장시간 낭독"해 회의의 성과를 떨어뜨리는 경향도 그러한 문화가 남긴 부정적 유산에 속했다.[18]

비판행위가 미덕으로 간주되고 타인의 과오를 폭로하는 행위가 더 이상 소인다운 짓으로 치부되지 않음에 따라, 타인의 결점이나 과오를 목격한 당원들은 즉시 수첩을 꺼내 그 내용을 기입했다.[19] 그들은 당원으로서 마땅히 세포회의에 폭로해야 할 비판의 자료를 확보한 셈이었다. "당성"이란 용어를 남발하는 간부들 중에도 그들의 당원다움을 과시하려는 이들이 적지 않았다. 당 간부 교육에 활용된 한 강습교재는 "작은 일이든 큰 일이든" 당원들이 무슨 잘못이라도 저지르면, 다짜고짜 "당성이 없다고 윽박지르는 경향"이 있음을 비판했다.[20]

당원공동체 문화가 형식주의적 경향을 보이자, 과시욕을 지닌 당원들에 대한 비판이 전개되었다. 북로당 이론잡지『근로자』는 그러한 문화에 탐닉해 "화려한 문구"를 남발하며 당 사업에 소홀한 당원들을 "불순분자"라 지칭했다. 그들은 "규율을 열렬히 지키는 체하며 정치적 수난(授亂)을 일삼을 뿐 산

---

18) 「세포위원장들을 위한 강습제강」, 『史料集』 17, 322쪽.

19) 김열, 「당사업 지도방법에 대한 몇 가지 문제」, 『근로자』 1949년 1월호(23호), 19쪽.

20) 「세포위원장들을 위한 강습제강」, 『史料集』 17, 387쪽.

활동을 적게 하는" 자들이자, 어려운 난관을 극복하려 노력하는 대신 극복이 불가능한 이유부터 변명하는 자들이라고 규정되었다.[21] 『근로자』는 "불순분자들"이 극복하지 못한 난관을 열성적 당원들이 해결할 때, 비로소 그들의 정체가 대중 앞에 폭로될 수 있다고 보았다.

당원 공동체 문화는 곧 북한사회 전반에 보급되었다. 그것이 가능했던 까닭은 거의 모든 성인들이 당이 장악·지도한 사회단체에 가입해 활동했기 때문이다. 그러나 조선공산당 북조선분국 시기는 물론 북로당 창당 초기만 하더라도 당 조직의 일사불란한 활동을 찾기란 쉬운 일이 아니었다. 1945년 12월 말 조선공산당 평안남도당은 산하의 군당들 가운데 일부가 지시를 받고도 실행에 옮기지 않을뿐더러, 실행 여부조차 보고하지 않았다고 비판했다. 평안남도당은 하급당이 상급당의 지시에 절대 복종하지 않는 한, 유일체계를 갖춘 "전투적 당"이 확립될 수 없다고 강조했다.[22]

그러나 당의 지시에 소극적으로 대응하는 당원들의 비규율적 행위는 1947년 초까지도 지속되었다. 이를테면 가마니·새끼 등의 고공품 제조임무를 지시한 강원도 인제군 남면당은 가마니 제작틀과 짚이 없어 실행이 불가능하다는 하급당의 변명을 들었다.[23] 심지어 상급당의 결정에 이견을 제기한 당원들도 있었다. 강원도 인제군의 한 당원은 상급당이 각 세포의 간부들을 독자적으로 결정하자, 일반당원들의 의견을 수렴하는 절차가 배제되었다며

---

21) 민생,「북조선노동당 사업조직과 실천에 대하여」,『근로자』 1947년 1·2월호(『史料集』 42, 228~229쪽).

22) 朝鮮共産黨 平安南道委員會, 1945.12.26,「朝鮮共産黨 平南道 第一次 代表大會 報告 演說」,『朝鮮共産黨文件資料集』, 69쪽.

23) 1947.1.14,『북로당 강원도 인제군 남면당 제2차 세포책임자 정기회의록』.

불만을 드러냈다. 그는 "상급당을 의심했다."라는 비판을 받았다.[24]

상하급당 간 지시체계 확립이 시급한 과제로 부상하자, 상급당의 지시를 이행하지 않거나 변명을 일삼는 당원들에게 엄격한 비판과 책벌이 부과되었다. 1946년 10월경 평안남도 양덕군당위원장 이원경에 대한 북로당 중앙상무위원회의 비판이 그 전형적 사례에 속했다. 북로당 중앙상무위원회의 비판에 따르면 그는 "내용이 없는 빈 통계숫자로 상급당을 속이는 무성의한 보고"를 한 데 이어, 지역 경제가 뒤떨어져 당 경비가 부족하고 당원들이 추수에 바빠 당 사업을 소홀히 했다는 변명을 늘어놓았다.[25]

북로당 창립 직후의 초창기 회의록도 당원들의 소양이 부족했을 뿐만 아니라, 당 규율이 제대로 준수되지 않았음을 보여준다. 1946년 11월경 북로당 강원도 인제군 서화면당위원장은 세포회의가 "장난"처럼 진행되고 있는 데다, 회의 중에 전혀 긴장감을 찾아볼 수 없다고 성토했다.[26] 그로부터 3개월 뒤 다시 당원들을 소집해 회의를 연 그는 기본소양을 갖추지 못한 그들의 수준에 거의 변화가 없음을 감지했다. 그는 상호비판·자아비판의 미숙, 책임회피와 변명, 보고 방식의 미숙, 보고의 허위성, 구체적 통계를 수반하지 않은 보고, 긴장감이 없는 회의, 구체성을 결여한 회의록 작성 등의 숱한 문제점들을 그 근거로 들었다.[27] 이어 그는 그러한 과오를 저지른 당원들에게 끊임없이 자아비판을 요구했다. "동무의 자아비판은 옳지 않다!", "동무는 바쁘다고 변명만 한다. 좀 더 엄격히 자아비판하라!", "솔직한 자아비판을 요구한

---

24) 1947.2.16, 「북로당 강원도 인제군 서화면당 열성자대회 회의록」, 『史料集』 4, 603쪽.

25) 1946.10.14, 「북조선로동당 제8차 중앙상무위원회 결정서 제1」, 『史料集』 17, 74쪽.

26) 1946.11.19, 「북로당 강원도 인제군 서화면당 열성자대회 회의록」, 『史料集』 4, 587~588쪽.

27) 1947.2.16, 「북로당 강원도 인제군 서화면당 열성자대회 회의록」, 『史料集』 4, 598~599쪽.

다!" 따위의 질책에, 당원들은 "사업상 태만했다는 점을 솔직히 고백하며 앞으로 절대 그런 일이 없도록 하겠다!"거나 "이 자리에서 목이 떨어져도 유구무언이다!"라는 식으로 대답했다.

이상의 내용은 북로당 창당 초기의 회의가 당원 교육에 큰 비중을 두었음을 보여준다. "열성당원" 양성의 관건이 비판과 자아비판의 활성화에 달렸으며, 회의 자체가 당원의 소양을 교육하는 장이 되어야 한다고 강조한 박창옥의 견해가 그를 뒷받침한다.[28] 사실 당원들 사이의 열띤 비판이 일상화되기 전, 끊임없이 비판을 독촉한 의장의 행위는 당원의 소양과 행동양식을 일깨우려는 일종의 훈육에 다름 아니었다. 상호비판과 자아비판이 활성화되자 긴장감 있는 회의 분위기가 조성되었고, 그럴수록 당원들도 규율을 준수해야 한다는 의무감을 자각했다.

2. 사회단체 : 문화 전달의 가교

정기적·지속적 당 회의가 추구한 정예당원 양성 과제는 북로당의 다른 과제인 대중정당화정책과 충돌했다. 1949년경 전체 북로당원 수는 약 90만 명, 전체 인구 중 북로당원 점유율은 약 10%에 달했다. 5인 1가족을 상정할 때 2가구 당 한 명꼴로 당원을 보유했음을 알 수 있다. 현실적으로 복수의 당원을 보유한 가정이 적지 않았음을 감안하면, 당원 보유 가정은 어림잡아 너덧 가구 당 한 가구 정도였을 것으로 추정된다. 물론 막대한 규모의 당원 양산은 자질을 갖추지 못한 많은 이들이 입당하는 결과를 불러왔다.

---

28) 朴昌玉, 「北朝鮮勞動黨 規約 解釋」, 『근로자』 1947년 3월호(『史料集』 42, 415쪽).

대중정당화정책의 한계는 이미 북로당 창당 시점에 예견되었다. 김일성은 "전 근로대중을 포용할 수 있는" 대중적 노동당의 창립이 당의 통일과 "철의 규율" 확립에 걸림돌이 되어서는 안 된다고 강조했다.[29] 김두봉도 북로당의 대중정당화에 따른 광범한 군중들의 입당에 대비하여, 교양사업에 주력할 필요가 있다고 보았다. 북로당 창당대회에 평안북도당 대표로 참석한 박병서는 대중정당이 되었다는 이유로 당의 규율이 느슨해지리라 기대한 이들을 향해, 북로당은 결코 "두부모나 호박과 같은 조직체"가 되어서는 안 된다고 역설했다. 그러나 1949년 현재 약 90만 명에 달한 막대한 규모의 당원들을 모두 정예멤버로 양성하기란 쉬운 일이 아니었다. 강원도 인제군당의 한 간부는 "첩질하는" 당원, 무당굿을 구경하는 당원, 미신을 신봉하는 당원, 투전에 빠진 당원, 고용자를 부려 착취를 일삼는 당원 등 소양을 갖추지 못한 당원들이 도처에 널렸다고 개탄했다.[30]

기본소양을 결여한 당원들은 인제군만이 아닌 전국 각지에서 목격되었다. 북로당 검열위원회 위원장 장순명의 보고에 따르면, 1947년 한 해 동안 범죄를 저질러 유죄선고를 받은 노동당원이 4,135명에 달했다.[31] 1947년 현재 전 당원 수가 약 70만 명임을 감안하면 0.6%에 이르는 규모, 곧 당원 1,000명당 범죄자가 약 6명에 달했음을 볼 수 있다. 1947년 4월부터 10월까지 7개월간의 전국 범죄통계를 분석한 북조선인민위원회 내무국도 유사한 진단을 내놓았다. 그 기간에 걸친 북로당원 범죄자 2,571명은 같은 기간 전국 총범죄자

29) 1946.6, 「北朝鮮勞動黨 創立大會 會議錄」, 『史料集』 1, 117·127·129~130쪽.

30) 1949, 「북로당 강원도 인제군 서화면당 열성자대회 회의록」, 『史料集』 4, 665쪽.

31) 장순명, 1948.3, 「北朝鮮勞動黨 第二次 全黨大會 會議錄」, 『史料集』 1, 412쪽.

수 16,654명의 15.44%를 점했다.[32] 조선민주당 출신 범죄자 1,218명과 천도교 청우당 출신 범죄자 974명을 상회한 북로당원 범죄자 수는 전체당원 수의 약 0.37%(2,571/700,000)에 달했다. 북한 전체 인구 중 범죄자 비율 0.25%를 초과한 규모였다.

노동당원들의 범죄 가담률이 일반인들보다 높았음을 보여주는 위 통계는 북로당의 대중정당화에 따라, 소양과 자질을 갖추지 못한 많은 이들이 당적을 획득했음을 보여준다. 곧 그것은 소수정예 당원 양성이 아닌 다수정예 당원 양성을 모색한 북로당 대중정당화정책의 필연적 부작용이었다. 그러나 기본소양을 갖추지 못한 당원들은 1949년 현재 약 90만 명에 달한 전체당원 수에 비하면 극소수에 지나지 않았다. 사실 북로당의 다수정예화를 지향한 지도부의 구상은 상당한 결실을 이끌어냈다. 당이 추구한 가치를 일반사회에 보급하는 과제와 당원 동원을 통한 당 정책 실현 과제가 착착 관철되었다는 점이 그를 뒷받침한다.

북로당은 발족과 동시에 자신의 강령·규약을 일반 대중들에게 해설하기 시작했다. 대중들이 북로당의 가치체계와 당원공동체 문화를 접촉한 공간은 사회단체였다. 성별·연령·직업 등에 따라 조직된 사회단체는 대상자들의 가입을 의무화했기 때문에, 북한 지역의 거의 모든 성인들을 흡수할 수 있었다.[33] 따라서 전체 인민을 대상으로 한 국가이데올로기 교육은 물론, 그들의 노력과 재능을 국가사업에 동원하는 일이 가능해졌다. 게다가 노동당원들이

---

32) 北朝鮮人民委員會 內務局 保安處 監察部, 1947.12,「第二回 各 道 및 特別市 鐵道·水上 監察課長 會議錄」,『史料集』9, 282~284쪽.

33) 학교와 농촌·공장의 어린이들도 소년단에 가입해 조직생활을 영위했다. U.S. Department of State, *North Korea: A Case Study in the Techniques of Takeover* (Washington, D.C.: U.S. Government Printing Office, 1961), p. 50.

사회단체 간부직을 독점함에 따라 당의 지도를 받게 된 사회단체는 당원공 동체 문화를 일반 대중들에게 보급할 수 있었다. 사회전반에 확산된 노동당 문화는 국가에 대한 일반 대중들의 복종적 자세를 요구했다. 아울러 당원들 의 사적 영역이 당의 통제 아래 구속되었듯, 일반 대중들의 사적 영역은 사 회단체의 통제 아래 놓이기 시작했다. 지식층 청년들의 "자유주의적 경향"과 "개인주의적 사업 방식"을 비판한 평안북도 선천군 민청의 결의안은 당이 추 구한 가치가 사회단체에 이식되었음을 보여준다.[34]

당이 추구한 가치뿐만 아니라 당원들이 준수해야 할 규율도 사회단체에 이식되어 일반 대중들의 행위를 규제하는 기제로 정착돼 갔다. 개개인의 결 점과 과오의 시정에 요구된 비판행위는 농맹·민청·직맹·여맹 등 모든 사회 단체뿐만 아니라 정규학교의 학생사회에까지 도입되었다. 일탈행위를 저지 른 당원들에게 당의 책벌이 부과되었듯, 그와 동일한 효력을 지닌 책벌이 과 오를 범한 사회단체 군중들에게 부과되었다. 술에 취해 반체제성 언사를 내 뱉은 한 농민은 그가 소속된 농민동맹으로부터 경고책벌을 받았다.[35] 북로당 제2차 전당대회의 토론자로 나선 방승직은 사회단체 내 당 규율 이식 과제와 관련해, 농맹이 당 조직의 지시에 복종하지 않는다는 점을 문제 삼았다. 그는 농맹 중앙의 지시가 당의 정책에 근거하고 있는 이상, 하급 농맹들이 그를 철저히 준수해야 한다고 강조했다.[36]

아직 성인이 되지 못한 학생들도 학교생활을 통해 노동당문화에 적응해 야 했다. 민청이 담당한 학교사업은 학생 규율의 확립에 중점을 두었다. 학

---

34) 1947.2.1,「宣川郡 民靑 第49次 常務委員會 會議錄」,『史料集』11, 701쪽.

35) 1948.12.16,「북로당 강원도 인제군 농민동맹당조 제35차 회의록」,『史料集』4, 364쪽.

36) 1948.3,「北朝鮮勞動黨 第二次 全黨大會 會議錄」,『史料集』1, 405~406쪽.

생들이 지켜야 할 규율의 내용은 지각과 결석의 근절, 집회의 참가와 정숙 유지, 단정한 복장 착용, 저녁 8시 이후 외출 자제, 휴일 외의 영화관 출입 금지 등 대개 학생의 본분에 관련된 사안들이었다.[37] 당·사회단체와 마찬가지로 그러한 규율의 기저에 놓인 핵심적 가치는 자유주의적 태도의 근절이었다. 자유의 가치가 위축되고 있다는 많은 학생들의 비판적 발언은 그러한 규율문화에 대한 반감을 드러낸다.

사회단체와 학교 등 일반 대중사회에 노동당 규율을 이식한 이들은 열성적 당원들이었다. 강원도 인제군당 선전부 강사로 근무하다 어느 학교에 파견된 한 당원은 "사상통일", "교직원 통일" 등 당원사회에서나 어울릴 법한 슬로건을 강요해 물의를 빚었다.[38] 대중사회에 뿌리내린 노동당문화는 해방 후 규격화된 형태의 국가문화를 양산한 틀을 제공했다. 한 연구는 공산당 집권 이후 광활한 중국에 지리적·사회적 경계를 넘어 획일적 국가문화가 창출될 수 있었던 원인을 촌락에 설치된 정치기구, 간부들이 사용한 일상용어 등에서 찾았다.[39] 북한 지역 내 획일적 국가문화 형성도 그와 비슷한 원인을 지니고 있지만, 더 정확히 말해 규격화된 규율·행동양식·언어·가치체계 등을 포함한 노동당문화가 사회단체와 학교를 통해 대중사회에 보급됨으로써 이루어졌다.

일반 대중들은 주로 사회단체의 회의와 간부들이 주도한 군중집회를 통해 당원공동체 문화를 접했다. 회의와 집회는 국가가 지향한 이념과 가치를

---

37) 북로당 평남 평양시 중구역 평양여자고급중학교세포, 1948.4.21, 「북조선로동당 제2차 전당대회 총결 평양여자고급중학교 세포총회 보고서」, 『史料集』 26, 144쪽.

38) 1949.7.29~30, 「북로당 강원도 인제군당상무위원회 회의록 제55호」, 『史料集』 3, 428쪽.

39) 황수민 저, 양영균 역, 『린마을이야기』, 이산출판사, 2003, 38~39쪽.

대중들에게 교육하고, 그들이 당원들의 언어·복장·행동양식 등을 익힐 수 있는 기회를 제공했다. 곧 북한사회 곳곳에서 빈번히 열린 회의와 집회는 체제 협력적 인간형 양성에 유용한 수단으로 활용되었다. 1949년경 북한체제를 반대해 월남한 한 남성은 그곳에서 회의가 너무 자주 열렸을 뿐만 아니라, 늘 참여를 강요당했다고 불평했다.[40] 북한 지역민들이 "날마다 모임으로 세월을 보낸다."라는 월남자들의 이야기가 어느 정도 과장되었거니 생각한 서울대학교 교수 김성칠은 전시 북한의 점령통치를 경험하며 그것이 "빈말이 아님"을 실감했다.[41]

그러면 노동당문화와 규율을 일반 대중들에게 보급한 사회단체의 조직생활에서 단절된 사적 공간은 어떤 형태로 존재했을까? 그와 관련해 미국무성 연구조사단은 습관적으로 규율을 위반해 사회단체로부터 제명처분을 당한 이들은 사회적으로 배제될 수밖에 없다는 결론을 내렸다.[42] 물론 한 개인의 조직생활 이탈에 따른 사회적 배제의 가장 큰 불이익은 사회적 지위의 수직이동 기회 박탈이었다. 이를테면 입당청원서를 제출한 강원도 인제군의 한 청년은 민청에 가입하지 않았다는 이유로 입당 불허 통보를 받았다.[43] 사회단체의 조직생활에서 배제되거나 그를 경험하지 못한 이들에게 입당이 허용되지 않았다는 점은 그들이 사회적 지위 상승의 중요 관문을 넘어설 수 없었음을 의미했다.

---

40) 1949.6.8, 「북로당 강원도 인제군당상무위원회 회의록 제48호」, 『史料集』 3, 378쪽.

41) 김성칠, 『역사 앞에서』, 창작과비평사, 1993, 106쪽.

42) U.S. Department of State, North Korea: A Case Study in the Techniques of Takeover (Washington, D.C.: U.S. Government Printing Office, 1961), p. 51.

43) 1949.10.29, 「북로당 강원도 인제군당상무위원회 회의록 제68호」, 『史料集』 3, 781쪽.

3. 폭로

단체주의에 기초한 노동당문화는 조선인들이 전통적 생활습관과 사고방식에서 벗어나 공동생활의 윤리를 받아들이길 요구했다. 이 새로운 문화가 북한 지역민들에게 끼친 가장 중대한 영향은 전통적 인간관계의 해체였다. 개개인들의 오류를 적발하고 시정하는 데 도움이 된 각종 기제들이 전통적 인간관계를 해체하고 새로운 인간관계를 창출하기 위한 수단으로 이용되었다. 이 낯선 기제들은 과오·결함·부정·부패 따위의 사회악을 사후에 점진적으로 시정해가는 통상적 오류 정정체계가 아닌, 그것들을 발생 단계부터 철저히 제거하기 위한 오류 근절체계의 성격을 띠었다. 따라서 가능한 빨리 개개인들의 오류를 적발해내는 일이 중시되었고, 폭로·비판·검열 등의 기제들이 그 수단으로 활용되었다.

즉각적 오류 근절의 이점을 간파하고 있었던 문학인 박팔양은 다음과 같이 말했다. "만일 오류를 그것이 자라기 전에 발견한다면 퇴치하기 쉽다. 오류는 언제든지 사소한 데서부터 시작된다. 그러나 그 오류를 제때에 적발하지 못하면 심중한 오류로 변한다."[44] 그는 자신의 논지를 보강하고자 "어떤 사람이든지 조그만 상처를 입을 수 있다. 그러나 그 상처가 곪기 시작하면 치명적 상처로 변한다."라는 레닌의 유명한 비유를 인용했다. 오류를 발생 즉시 적발하고 퇴치해야 한다는 결론을 다시 한 번 강조한 박팔양은 사업 수행 중 누군가의 과오나 결점이 드러날 때, 즉시 "지적하고 주의를 주는 태도"를 당원들에게 교육해야 한다고 당부했다.

조선민주주의인민공화국 재정성 고문으로 활동한 한 소련인 전문가는 즉

---

44) 박팔양, 「결점에 대하여 무자비하며 당적 요구를 강화하자」, 『근로자』 1948년 3월호(13호), 18쪽.

각적 오류 근절의 중요성과 관련해 다음과 같이 말했다. "조선인 간부들은 비판과 자아비판이 부족하다. 그들은 사업상의 과오를 은폐할 뿐만 아니라 과소평가하는 경향이 있다. 그러한 태도는 국가기관에 위험하다."[45] 그의 진단은 과오의 즉각적 적발과 시정이 국가기구의 안전에 이롭다는 관점을 반영하고 있다. 따라서 이제 누군가의 과오나 결점을 지적하는 태도는 궁극적으로 국가 공동체를 사회악으로부터 보호하는 행위라는 의미를 부여받았다.

타인의 결함을 지적하고 주의를 주는 태도는 원만한 인간관계의 유지에 방해가 될 수 있다. 그러나 이제 누군가의 과오를 발견하고도 묵인하는 태도는 일탈에 공모하는 행위로 비칠 수 있었다. 과오는 발견 즉시 지적되어야 했다. 북로당 이론잡지 『근로자』는 오류를 겨냥한 즉각적 비판이 이루어지지 않으면, 그것은 점점 더 시정하기 힘들어질 뿐만 아니라 당노선에서 탈선하는 결과를 낳을 수 있다고 경고했다.[46] 과오를 겨냥한 비판의 신속성 못지않게 중요한 행동양식은 과오자의 면전에서 직접 지적하는 태도였다. 이 불편한 행동양식은 노동당문화의 확산과 함께 대중들의 삶 속에 파고들었다.

북로당 이론잡지 『근로자』는 폭로와 비판을 권장하는 새로운 문화의 보급에 앞장섰다. 「정치적 경각성을 높이자!」라는 제목을 단 기사는 "인민들 사이의 무관심성"과 "멍하고 있는 자"뿐만 아니라 "사람 좋은 자"까지도 적의 이용 대상이 될 수 있다고 경고했다.[47] 따라서 그 기사는 자기 주위에 "조그만 부주의와 안일과 무관심과 불필요한 언사가 없는지" 항상 주의하고, "끊

---

45) 朝鮮民主主義人民共和國 財政省顧問 ILATOVSKII, 1949.7.14, 「1949年 上半期 朝鮮民主主義人民共和國 財政省の活動の狀態と結果」, 『旧ソ連の北朝鮮經濟資料集 1946~1965年』, 東京 : 知泉書館, 2011, 154~155쪽.

46) 「政治思想水準の提高와 黨事業」, 『근로자』 1947년 1·2월호(『史料集』 42, 222쪽).

47) 「정치적 경각성을 높이자!」, 『근로자』 1949년 6월호(33호), 6~7쪽.

임없는 폭로"를 멈추지 말아야 한다고 강조하며 글을 맺었다. 이제 폭로를 기피하는 태도는 비판의 대상이 되었다. "잘못된 일을 본체만체하고 자기 신변만 주의하는 은신분자의 경향"이나 "친척관계·동향관계·친구관계 따위에 얽매어 그들의 과오를 묵과하는 경향"은 자유주의에 다름 아니라는 비판을 받았다.[48]

폭로를 권장한 이 낯선 문화가 쉽게 수용된 것은 아니었다. 이를테면 평양여자고급중학교세포는 당원들이 자신들의 결점을 자진해 폭로하지 않는 데다, 동료들의 과오를 눈감아주는 경향이 있다고 질책했다.[49] 한 강습교재는 당원들의 그러한 태도가 "남의 잘못을 보고도 점잖게 함구무언하는 사람이 인격자이며 포용력 있는 군자"라는 전통적 관념의 영향과 무관치 않다고 진단했다.[50] 과묵한 "군자형"의 당원들을 바라보는 관점에 변화가 따랐음은 물론이었다. 세포회의를 통해 여러 차례 지적받았으나 여전히 비판 활동을 기피하고 있는 한 당원은 타인들에게 좋은 평판만을 얻으려 애쓰는 "기회주의자"라고 비판받았다.[51] "군자"다운 품성을 지닌 평양여자고급중학교의 세포위원장도 그간 당원들의 사소한 과오를 아량으로 눈감아준 행위가 더 이상 미덕이 될 수 없음을 깨달아야 했다. "인간성과 동정과 개인사정에 끌려" 타인의 과오를 묵인하고 "남에게 싫은 소리를 하지 않으려 하며", "남의 감정을 상하지 않게 하려는" 그의 태도는 "타협적이고 융화주의적인 부르주아 사상

---

48) 「세포위원장들을 위한 강습제강」, 『史料集』 17, 380~381쪽.

49) 북로당 평남 평양시 중구역 평양 제1여자중학교세포, 1948.1.10, 「제6차 정기세포총회」, 『史料集』 26, 112쪽.

50) 「세포위원장들을 위한 강습제강」, 『史料集』 17, 389~390쪽.

51) 1947.4.17, 『제25차 북로당 강원도 인제군 북면당위원회 회의록』.

의식"의 발로라고 진단되었다.[52]

학업 태만자와 학교규율 위반자를 벽보에 폭로해 그들의 "나쁜 습관을 고쳐주어야 한다."라고 지적한 어린이잡지의 한 기사도 냉정한 폭로를 권장했다. 그 기사는 친구들의 잘못을 폭로해 사이가 나빠지지 않을까 우려하는 소년소녀 간부들에게, 그러한 우려는 과오자들을 진정으로 사랑하지 않기 때문에 발생한다고 용기를 북돋아주었다.[53] 이상의 사례들은 폭로문화의 정착이 전통적 인간관의 척결과 전통적 인간관계의 해체를 통해 실현될 수 있는 과제임을 보여준다.

폭로의 문화는 어린아이의 고자질에서나 볼 수 있는 시시콜콜한 비판을 권장했다. 그러한 행위가 개개인들의 사소한 과오까지 시정할 수 있는 효과적 기제로 인식됨에 따라, 더 이상 소인다운 짓으로 치부되지 않았다. 평양여자고급중학교의 어느 교사는 한 동료가 교사들 가운데 제일 지각을 많이 하고, 임무를 제때 완수하지 못할뿐더러 바쁘다는 변명이나 둘러대고, 잘난 체하고, 타인의 비판을 감정적으로 받아들이고, 교장을 뒤에서 험담한다며 자질구레한 일들까지 세포회의에 폭로했다.[54]

폭로를 권장하는 분위기는 더 나아가 과오자들의 실명을 지적하는 풍조를 낳았다. 문맹퇴치운동 진행 상황을 검열한 강원도 인제군인민위원회는 한글학교 결석생들 가운데 "특히 나오지 않는 윤정희를 비롯하여" 촌락민들

---

52) 북로당 평남 평양시 중구역 평양여자고급중학교세포, 1948.4.21, 「북조선로동당 제2차 전당대회 총결 평양여자고급중학교 세포총회 보고서」, 『史料集』 26, 143·147쪽.

53) 정용화, 「소년단 벽보를 이렇게 만들자」, 『소년단』 1949년 11월호, 3쪽.

54) 북로당 평남 평양시 중구역 평양여자고급중학교세포, 1948.4.21, 「북조선로동당 제2차 전당대회 총결 평양여자고급중학교 세포총회 보고서」, 『史料集』 26, 146~147쪽.

의 실명을 결정서에 죄다 나열했다.[55] 공직기구의 공문도 지시 사항의 그릇된 실례를 소개할 때면, 어김없이 과오자의 직장·직위·실명을 병기했다. 말단 촌락민이든 고위간부든 가릴 것 없이 그들의 실명과 과오의 내용을 폭로하는 풍조는 개개인들의 사적 영역을 침해하고 협소화하는 결과를 불러왔다. 그러한 문화는 어느 누구의 과오나 일탈이든 결국 드러나기 마련이므로, 사생활에 주의해야 한다는 메시지를 함축하고 있었다.

폭로, 과오자의 실명 거론, 면전에서 직접 비판하는 행위 등은 동양인들의 전통적 행동양식에 부합하지 않았다. 새로운 행동양식은 익명의 공간을 잠식할 뿐만 아니라, 일탈을 범한 자가 그렇지 않은 이들보다 훨씬 주목받는 환경을 조성했다. 물론 일탈자·과오자들은 주위의 시선이 자신들에게 집중되고 있음을 간파하고 있었다. 아래의 경찰문건은 요시찰인에 대한 감시의 목적이 그가 일상적으로 감시당하고 있음을 깨닫도록 하는 데 있다는 점을 잘 보여준다.

"요는 불량청소년으로 하여금 범죄에 눈을 돌릴 기회를 주지 말아야 하는 동시, 요시찰인으로 하여금 자기는 항상 감시에 놓여 있다는 것을 알게 하여야 한다. 자기가 현재 감시의 대상이며 주목 중인 줄 알면서 위험을 무릅쓰고 범죄에 착수하는 자는 없으며, 죄를 지으면 백발백중 붙잡힌다는 예상하에 범죄에 착수하는 자도 없을 것이다. 범죄는 다 남 모르게 은밀히 붙잡히지 않으리라는 예상 밑에 행하는 것이다. 따라서 요시찰인들에 대해서는 우리 감찰진은 항상 주야를 가리지 않고 너희들의 일거수일투족까지 통찰하고 있으며, 만일 너희들이 죄를 범하는 그 시간에는 벌써 싸늘한

---

55) 1949.1.25, 「1948年度 麟蹄郡 人民委員會 事業 總和에 對한 決定書」, 『史料集』 18, 238쪽.

인간지옥 철창의 운명을 면치 못하리라는 기술적 암시와 억압이 절대 필요하다. 이 기술이 효과를 내려면 감찰원의 수사기술이 능하여야 할 뿐만 아니라, 비상한 인내력과 노력이 필요하다 …… 지문용구, 계량기, 현미경, 확대경, 해부용구, 화학분석용구, 감정·감식 용구 등을 구비하여 놓고 범죄자들에게 우리들은 이만큼 전쟁준비가 되어 있다. 너희들이 만일 도전해 온다면 체포와 교화소의 운명을 면치 못할 것이라는 수사적 효과를 눈에 보여주고 위풍당당한 위신과 실력을 논시하여 범죄자로 하여금 범죄 면에 가까이 하지 못하게 해야 한다. 범죄자는 항상 감찰원의 수사능력을 타진하고 있다는 것을 알아야 한다."[56]

스포트라이트를 받고 있는 무대 위의 배우처럼 타인들의 시선과 비판에 노출된 일탈자·과오자들은 이 낯선 문화가 그들의 사적 공간을 침해할 뿐만 아니라 체면까지 깎아내렸음을 절감했다. 사회주의권 국가들의 일탈자·과오자 교화가 그들의 수치심을 자극하는 방식을 통해 이루어졌다는 점은 잘 알려진 사실이다. 베이징대학 교수 지셴린(季羨林)은 문화혁명 시기 따귀를 맞으며 허리를 굽힌 채 경멸을 당해야 했던 중국 지식인들의 체면 실추는 그들에게 죽음보다 더 큰 아픔이었다고 회고했다.[57] 그는 "면목 없습니다.", "제 얼굴을 봐 주세요." 등의 표현에 담긴 의미인 "체면(面子)"이 서구어로 번역하기 힘든 중국만의 독특한 문화적 산물이라고 보았다. 지식인들에게 목숨보다 소중했던 체면이 혁명을 통해 여지없이 실추되었음은 동일 문화권에 자리한

56) 北朝鮮人民委員會 內務局 保安處 監察部, 1947, 「搜査敎材 第一號~第四號」, 『史料集』 9, 822·825쪽.

57) 지셴린(季羨林) 저, 이정선·김승룡 역, 『우붕잡억』, 미다스북스, 2004, 129·328–331쪽.

북한의 혁명에서도 마찬가지였다.

북한은 체면 손상과 수치심 유발을 낙오자들의 분발을 재촉하기 위한 수단으로 활용했다. 문맹자가 있는 가정에 문맹자 문패를 달도록 지시한 조치와 게으른 농민들의 부진한 영농실적을 벽보와 게시판에 폭로한 조치 등이 그 전형적 사례였다. 당국은 낙오자들의 수치심을 자극할 수 있는 그러한 조치가 그들을 정상인 대열로 끌어올리는 데 기여하리란 낙관적 기대를 품었다. 물론 그 기대에 부응한 이들의 사례는 국가의 방식이 옳았음을 입증하는 모범 사례로 선전되었다. 이를테면 "문맹자 □□□"라는 문패와 함께 그녀 남편의 직명·성명까지 나붙은 강원도 인제군 어느 가정의 경우, "남부끄럽다."라고 느낀 시부모가 며느리의 한글학교 출석을 독촉해 좋은 결실을 이끌어낼 수 있었다.[58] 춘기 파종사업에 가장 부진한 실적을 보인 한 농민은 자신을 두꺼비로 묘사해 야유한 벽보를 보고 부끄러움을 느꼈다. 분을 삭이지 못한 그는 곧 분발해 우수한 실적으로 파종을 마쳤다.[59]

인간의 우열이 선천적으로 타고난다는 파시즘의 주장과 달리, 스탈린주의는 "백지 상태"로 태어난 인간이 환경의 영향 아래 자아를 형성해간다는 관점을 고수했다. 낙오자의 발생을 후천적 현상으로 이해한 스탈린주의는 그들이 환경의 영향을 받아 뒤처지게 되었다면, 새로운 환경의 조성을 통해 얼마든 그들의 갱생을 이끌어낼 수 있다고 보았다. 폭로를 통한 수치심 유발과 체면 손상이 낙오자들의 갱생에 필요한 스탈린주의식 처방이었다. 반면 파시즘은 낙오자의 발생이 선천적 현상이며 그들의 갱생은 불가능하다고 보았다.

---

58) 1948.2.17, 「북로당 강원도 인제군당상무위원회 회의록 제2호」, 『史料集』 2, 22쪽.

59) 1951, 「민주선전실 사업에서 얻은 몇 가지 경험」, 『史料集』 11, 191쪽.

그러한 관점의 고수가 결국 계획적 살인정책에 일조하는 결과를 낳았다.[60]

한편 권력으로부터 멀리 떨어진 사람일수록 더 조명받고 개인화되는 근대 권력체계의 속성에 주목한 푸코의 논의는 북한사회의 개개인이 처한 상황에 더할 나위 없이 잘 적용될 수 있다.[61] 정상인보다 비정상인이 더 조명받고 개인화되는 원리가 그를 통해 제시되었듯, 북한사회의 과오자·일탈자·낙오자들도 폭로를 통해 익명의 공간에서 끌려나와 그들의 모든 과오와 결점을 드러내야 했다. 그러나 그들과 달리 정상인 대열에 올라서기 힘든 이들은 사실상 포기되고 방치되는 경향을 보였다. 육체적·지적 능력을 상실한 노인들과 정신병자, 불구자, 심각한 질환을 지닌 환자 등이 그들이었다.

정신병자들에게 선거권이 부여되지 않았다는 점은 잘 알려진 사실이다. 게다가 당 생활을 지속하기 힘든 정신병자와 맹인 당원들은 "당원으로서 가치가 없다."라는 이유로 출당처분을 받았다.[62] 그들과 함께 간질환자나 아편 중독자처럼 회복 가능성이 희박한 질환을 지닌 이들은 당적을 취득할 수 없었다.[63] 다시 정상인이 되기 힘든 그들은 방치되었고, 체제가 요구한 가치체계·행동양식·규율의 주입 대상에서 제외되었다. 체제의 동원뿐만 아니라 교육의 대상에서 제외된 그들은 과오자·일탈자·낙오자들과 달리, 상대적으로 체제의 시선에서 비켜난 익명의 공간에 잔류할 수 있었다.

한편 타인의 과오를 폭로하는 데 걸림돌이 된 요인은 사적 정실관계였다.

---

60) 마크 네오클레우스 지음, 정준영 옮김, 『파시즘』, 이후, 2002, 192쪽.

61) Michel Foucault, Discipline and Punish: The Birth of the Prison, trans. Alan Sheridan(New York: Random House, 1977), p. 193.

62) 1948.5.9, 「제7차 북로당 강원도 인제군 남면당위원회 회의록」, 『史料集』 18, 91~92쪽.

63) 1948.10.21, 「북로당 강원도 인제군당상무위원회 회의록 제25호」, 『史料集』 2, 618쪽.

정실관계가 타인의 결점과 오류를 묵인하는 태도를 조장할 수 있다고 본 박팔양은 누구에게나 원칙을 지키는 태도가 필요하다고 역설했다. 곧 사적 인간관계는 공적 관계로 대체될 필요가 있었다. 기존 인간관계에서 중시돼온 인정·인간미·우정 등의 덕목은 더 이상 권장되어야 할 가치로 받아들여지지 않았다.

　북로당 강원도 인제군당도 촌락세포들 내의 친목적 분위기를 몹시 우려했다. 인제군당은 폭로와 비판을 전혀 찾아볼 수 없는 한 세포를 조사한 결과, 당원들 사이에 "동무"가 아닌 "형남", "아우" 따위의 호칭이 오가며 화기애애한 분위기가 조성돼 있었음을 간파했다.[64] 씨족촌락을 형성하는 경향이 있는 조선의 전통적 취락구조에 비추어, 그러한 현상은 어느 특정 지역만의 문제가 아니었다. 인제군 당국은 커다란 세를 형성하고 있는 관내 "심씨" 일족이 아직도 "씨족관념"에 매몰돼, "봉건적 양반행세"를 지속하며 전통적 질서를 고수하고 있음을 우려했다.[65] 사실 친족 일파로 구성된 촌락세포의 경우 당원들 간 항렬에 따른 위계질서가 확고했기 때문에, 그 관계를 해체하지 않는 한 정상적 당 생활은 이루어지기 힘들었다.

　북로당은 친척관계를 중시한 "친족관념"이 "봉건잔재"에 다름 아니라고 보았다. 친척들을 감싸는 태도가 그들의 과오와 결점의 폭로를 가로막는 더 큰 오류를 낳을 수 있다고 진단되었다. 친척관계를 부정적으로 바라보는 관점은 가족관계에까지 적용되었다. 북로당은 "가족관념"도 가족 일원의 일탈을 묵인하는 과오를 낳을 수 있다고 우려했다. 삼촌의 월남과 처남의 월남을 당국에 신고하지 않아, 과중한 책벌을 받은 두 당원의 방관적 태도가 그러한

---

(64)　1949.8.13, 「북로당 강원도 인제군당상무위원회 회의록 제57호」, 『史料集』 3, 464쪽.

(65)　1948.2.29, 「북로당 강원도 인제군당상무위원회 회의록 제3호」, 『史料集』 2, 50쪽.

과오에 속했다.[66] 주민들의 월남을 묵인한 대가로 뇌물을 받아온 한 자위대 간부는 물론, 그 과오를 폭로하지 않은 그의 아내까지 노동당적을 박탈당한 사례도 있었다.[67]

위의 사례들은 폭로의 문화가 전통적 인간관계의 해체에 이어 보편적 인간관계의 수정까지 요구했음을 보여준다. 사실 가족의 일탈에 대해 폭로와 고발을 권장한 소련·북한 등 사회주의권 국가들의 가치체계는 반공주의자들이 그들의 "비도덕성"을 비난할 때마다 첫 손에 꼽는 소재의 하나이다. 그러한 행동양식이 과오와 일탈을 발생 즉시 바로잡으려 한 폭로문화의 산물이었다는 점은 거의 알려지지 않았다.

몇 년 전 장발퇴치 캠페인을 보도한 북한 뉴스가 남한 방송에 공개된 적이 있다. 북한 전역에 전파를 탔을 그 뉴스는 행인들 가운데 장발자들을 적발하여, 그들의 얼굴은 물론 실명과 주소까지 폭로해 공개 망신을 주었다. 수치심 유발을 통해 개개인의 과오와 결점을 시정하려한 폭로의 문화가 오늘날까지 북한사회에서 명맥을 유지하고 있음을 볼 수 있다. 북한의 폭로문화가 국가공동체 보호의 가치를 절대시한 기반 위에서 탄생했기 때문에, 개인의 결점과 과오의 노출을 방해할 사생활 은폐행위는 미덕이 될 수 없었다. 그것은 가능한 노출되어야 했다. 폭로를 통해 사회악의 발생을 근원적으로 봉쇄할 수 있다는 발상 자체가 은밀한 사적 공간과 익명의 공간을 중시하는 사회문화적 가치와 거리가 있었다.

---

66) 1948.4.6, 「북로당 강원도 인제군당상무위원회 회의록 제7호」, 『史料集』 2, 174~175쪽.

67) 1949.1.5, 『제22차 북로당 강원도 인제군 남면당위원회 회의록』.

4. 비판과 자아비판

폭로문화는 노동당원들의 비판 활동을 독려했다. 비판은 폭로의 대표적 수단이었다. 1930년대 소련의 대중들은 비판을 통해 척결하려 한 개개인들의 결점을 "내면의 적"이나 "영혼 어딘가에 도사리고 있는 파괴의 작은 핵심" 등으로 간주했다.[68] 인간이 지닌 내면의 결점을 척결할 수 있는 기제로 주목된 비판은 당원 개개인의 발전은 물론, 당 사업의 발전에도 도움이 될 수 있다고 인식되었다. 비판을 통해 사업 과정에서 드러난 오류의 원인을 규명할 수 있다면, 그의 시정을 넘어 재발을 방지하는 효과까지 얻을 수 있다고 진단되었기 때문이다.

한편 비판을 꺼리는 조선인들의 태도에 기가 질린 한 소련인 관찰자는 다음과 같이 논평했다. "행정기구의 조선인 간부들은 극히 병적으로 비판을 기피한다. 그들은 비판·자아비판이 무엇이며 그것이 왜 유용한가를 이해하지 못하고 있다. 그들은 비판을 꺼릴 뿐만 아니라 내부의 문제를 외부에 드러내지 않는다는 원칙 아래 일을 처리한다. 그런 까닭에 결함이 명확하게 드러나지 않는다. 그들은 결함의 존재를 객관적·외부적 요인 탓으로 돌리려 하며 적당히 얼버무리고 있다."[69] 그 소련인 관찰자는 업무상의 과오를 은폐하려는 조선인들의 완고한 기질 탓에, 조선민주주의인민공화국 각 성의 업무가 전혀 개선되지 않고 있다고 진단했다. 그가 보기에 이 문제의 해결책은 개개

---

(68) Sheila Fitzpatric, *Everyday Stalinism: Ordinary Life in Extraordinary Times: Soviet Russia in the 1930s* (New York: Oxford University Press, 1999), p. 194.

(69) 朝鮮民主主義人民共和國 財政省顧問 ILATOVSKII, 1949.7.14, 「1949年 上半期 朝鮮民主主義人民共和國 財政省の活動の狀態と結果」, 『旧ソ連の北朝鮮經濟資料集 1946~1965年』, 東京 : 知泉書館, 2011, 158·164쪽.

인들의 오류가 국가를 위협할 치명적 오류로 발전하기 전에, 성 직원들 사이의 격렬한 비판·자아비판을 전개하는 일뿐이었다.

비판은 북한에 유입된 대표적 소련문화였다. 일상적 비판이 인민들의 성 취욕을 침식하고 소련에 관한 부정적 인상을 외부에 심어줄 수 있다는 고리끼(Максим Горький)의 주장에 맞서, 스탈린은 비판만이 관료들의 전횡·과 오·무능력을 통제할 수 있는 수단이라고 반박했다.[70] 북한에 유입된 비판은 먼저 노동당원들의 훈육수단으로 활용되었다. 곧 그것은 노동당원들이 규율과 기본소양을 갖춘 정예멤버로 성장하기까지 일상적으로 실천해야 할 수양의 수단이었다.

북로당 이론잡지 『근로자』는 당원 개개인이 자기비판을 통해 자신의 결점과 과오를 "용감하게 공개하고" 동지의 "무자비한" 비판을 수용함으로써 발전성 있는 당원이 될 수 있다고 강조했다.[71] 반면 타인의 처지를 의식해 비판을 삼가는 태도는 "진정한 동지애"가 아니며, 더 나아가 동지의 타락에 공모하는 일탈을 불러올 수 있다고 진단되었다. 『근로자』는 더 강경한 어조로 비판이 당원 개개인에게 국한된 문제라기보다 당 전체의 사활이 걸린 문제라고 강조하며, 당원과 그것의 관계를 "생물체와 공기의 관계"에 비유했다.[72] 또한 당원들이 비판과 자아비판을 활성화하지 않으면, 당이 관료주의와 부패의 늪에 빠져 쇠락할 수밖에 없다는 충고도 잊지 않았다.

비판이 당 회의의 중요 수순으로 정착됨에 따라, 비판의 규칙이라 할 만

---

70) Sheila Fitzpatric, *Everyday Stalinism: Ordinary Life in Extraordinary Times: Soviet Russia in the 1930s* (New York: Oxford University Press, 1999), pp. 165~166.

71) 「北朝鮮勞動黨의 組織的 基本原則」, 『근로자』 1946년 11월호(『史料集』 42, 127쪽).

72) 민생, 「북조선로동당 사업조직과 실천에 대하여」, 『근로자』 1947년 1·2월호(『史料集』 42, 228~229쪽).

한 일종의 가이드라인이 제시되었다. 비판의 목표가 당원들의 오류와 결점의 시정에 있었기 때문에 "비판을 위한 비판"은 제지되어야 했다.[73] "사적 입장이 아닌 공적 입장에서 객관적으로 냉정히" 과오와 결점을 드러내고 그 근원을 철저히 해부한 뒤, 시정할 수 있는 방법까지 제안해야 비로소 비판의 소임이 완수될 수 있었다. 반면 공적 입장을 망각한 감정적 비판이나 사익을 의도한 비판은 제지되어야 했다. 『근로자』는 그러한 태도가 오류의 원인을 개인혐의로 몰아 당원동지들을 중상하고 그들 사이에 충돌을 일으키는 결과를 불러올 수 있다고 경고했다. 타인의 비판에 변명하는 태도도 용납되지 않았다. 그러한 행위는 변명자 자신이 당원의 소양을 갖추지 못했음을 드러내는 증거로 비칠 수 있었다.

한편 간부급 당원들과 일반 당원들 사이의 위계질서는 활발한 비판을 제약할 수 있는 요인이었다. 당원들의 권리를 명시한 북로당 규약은 "당 회의에서 근거와 이유가 있는 한" 어떠한 당원이라도 비판할 수 있다고 규정함으로써 상급자에 대한 비판의 부담을 제거하고자 했다.[74] 상급자 비판을 독려한 당 중앙의 방침에 고무된 강원도 인제군의 한 세포위원장은 촌락에 내려와 하부세포를 지도한 적이 없었던 면당위원장을 신랄하게 비판했다.[75] 그처럼 용기 있는 비판이 이루어진 예가 있었던 반면, 상급자 비판을 제약한 여러 요인들이 있었다. 권위와 체면의 실추를 우려해 자아비판을 꺼린 간부들이 있었던 데다, 하급자의 비판에 보복으로 맞선 상급자의 감정적 대응도 비일비재했다. 이를테면 함경남도 영흥군 내무서의 한 고위간부는 당 회의 중

---

73) 平南道黨 宣傳部, 1946.1.23,「細胞工作要綱」,『史料集』1, 23쪽.

74) 「북조선로동당 규약」,『근로자』1948년 4월호(14호), 58쪽.

75) 1947.3.14,『북로당 강원도 인제군 남면당부 제7차 세포위원장 회의록』.

자신의 관료주의적 태도를 비판한 하급간부를 소환해 욕설을 퍼붓기까지 했다.[76]

그 밖에도 비판을 제약한 많은 요인들이 있었다. 자신에 대한 비판이 언제 누구로부터 시작될지 예측할 수 없는 긴장된 분위기는 당원들 사이에 적잖은 불안감을 조성했다. 스탈린은 그러한 불안 심리에 사로잡힌 불평불만자들을 "에나멜 칠한 공산주의자들"이라고 조소했다. 그는 그들이 "어떻게 좀 안심하고 살 수 없을까?", "제길! 또 그 망할 놈의 자기비판일세. 우리의 결점을 끄집어내는 것이겠지?"라고 투덜댄다고 비판했다.[77] 비판행위가 개개인들의 불안 심리를 자극했다는 점은 그것이 원활한 인간관계의 유지에 도움이 된 기제가 아니었음을 의미한다. 뿐만 아니라 그것은 오랜 문명화의 과정 속에서 형성돼온 인간 고유의 행동양식에 부합하지 않았다. 비판행위는 그 대상자는 물론 실행자까지 불편을 감수해야 할 부담스런 행위였다. 인간적 소원을 우려해 비판을 기피한 이들이 적지 않았던 까닭은 그러한 이유에서였다. 더 구체적으로 말해 동료의 과오를 목격한 당원들은 보복을 우려하거나 "인정 때문에" 비판을 망설이는 일이 허다했다.[78] 물론 과오를 범하거나 결점을 지닌 당원들도 섣불리 타인을 비판할 수 없었다.

비판의 부담을 감당하기 힘들었던 당원들은 그의 형식화를 통해 일종의 타협적 분위기를 조성하려 노력했다. 그도 그럴 것이 어느 학교세포의 당원 교사들에게 개인 당 10분의 비판 시간이 할당되었다는 점은 견디기 힘든 긴

---

76) 「북조선로동당 당조직 지도사업에 대한 지시서 해설」, 『史料集』 17, 286~288쪽 ; 「세포위원장들을 위한 강습제강」, 『史料集』 17, 390~392쪽.

77) 「세포위원장들을 위한 강습제강」, 『史料集』 17, 389~390쪽.

78) 북로당 중앙상무위원회 제14차 회의 결정서, 1946.12.3, 「사상의식 개혁을 위한 투쟁전개에 관하여」, 『史料集』 30, 60쪽.

장 상태와 공포분위기가 단 한 차례의 회의에서도 얼마나 오래 지속되었는가를 말해준다.[79] 따라서 당원들 사이에 비판이 격화되는 상황을 미리 차단하려 이른바 '요령식 비판'을 일삼는 이들이 많았다. 그것은 암묵적 타협에 기초한 형식적 비판을 의미했다. 이를테면 자신에게 미칠 영향을 고려해 타인을 심하게 비판하지 않는 경향, 이미 폭로된 과오만을 자아비판하고 다른 과오들을 은폐하는 경향, 자신의 과오와 타인의 과오를 저울질하고 눈치를 살피며 비판의 수위를 조절하는 경향, 과오를 범한 당원들 사이에 "동정적 비판"을 전개하는 경향 등이 그 대표적 사례들이었다. "몇 식구 되지 않는 우리 세포 내에서 그리 심하게 비판할 필요가 있는가?"라며, "가족적 분위기"를 조성하는 식으로 당원들 간에 암묵적 타협관계를 형성한 세포도 있었다.[80]

비판의 문제점은 그러한 형식화의 경향에 국한되지 않았다. 그것은 인간적 품성을 갖추지 못한 이들에 의해 타인을 중상하고 모욕하는 수단으로 악용될 수 있었다. 사실 비판은 인간이 지닌 결함과 과오를 시정하기 위한 수단으로서 인간의 행동양식에 적합한 기제가 아니었다. 곧 정도를 넘어선 과격한 비판이 인간의 감정을 건드리지 않고 본연의 목표를 수행하기란 쉬운 일이 아니었다. 비판을 당한 이들은 격분을 가라앉히지 못하고 비판자에게 항변하기 일쑤였다. 당 간부 교육용 강습교재는 일부 당원들이 동료들의 비판에 맞서 "과학적 근거를 내놓으라고" 대들거나, "재판정의 판결처럼 세세한 부분까지 시비를 걸며 따지는 경향"이 있다고 지적했다.[81]

---

79) 북로당 평남 평양시 중구역 평양여자고급중학교세포, 1948.4.21, 「북조선로동당 제2차 전당대회 총결 총회」, 『史料集』 26, 135쪽.

80) 「세포위원장들을 위한 강습제강」, 『史料集』 17, 390~392쪽.

81) 「세포위원장들을 위한 강습제강」, 『史料集』 17, 390~392쪽.

비판자에 대한 적대감 표출과 보복적 역비판은 드문 현상이 아니었다. 평양여자고급중학교의 세포회의록은 과열된 비판이 감정적 말싸움으로 발전한 사례들을 허다하게 보여준다. 1949년 7월경 그 학교의 세포위원장은 당원들 간 비판행위가 "감정적이고 반항적으로" 이루어지고 있기 때문에, 당원 교육에 전혀 도움이 안 될 정도라고 개탄했다. 세포위원장의 견해에 동조한 어느 당원도 그들의 비판이 "고성을 동반한 감정적 토론"에 다를 바 없다고 거들기까지 했다.[82]

그 세포의 한 여성교사가 평소 동료들과 심한 언쟁을 벌이곤 했던 한 남성교사의 올바르지 못한 처신을 비판한 일이 있었다. 감정을 절제하지 못한 그는 그녀가 "출가해 어린애까지 낳은" 사실이 있다고 세포회의에 폭로했다.[83] 출산 경험이 있는 이혼여성을 부정적으로 바라보는 사회적 시선은 남녀평등권법령 발포 이후에도 크게 나아지지 않았던 듯하다. 그로부터 한 달쯤 뒤에 열린 그 학교의 세포회의는 그의 대응 방식이 비판을 "보복적 인신공격" 수단으로 이용한 전형적 사례라고 규정했다. 이상의 사례들은 비판행위가 당원들이 지닌 결점과 과오의 시정에 기여하기보다, 그들 간의 반목을 조장하는 등 적잖은 부작용을 낳았음을 드러낸다.

조선민주주의인민공화국 재정성 고문이었던 한 소련인 관찰자는 조선인들이 비판을 기피한 원인을 그들의 민족적 기질 속에서 찾고자 했다. 그는 대화 도중 비판조의 어투에 "병적으로 반응하는" 조선인들의 태도가 자존심

---

82) 북로당 평남 평양시 중구역당 평양여자고급중학교세포, 1949.7.7, 「제37차 세포회의 회의록」, 『史料集』 26, 418~419쪽.

83) 북로당 평남 평양시 중구역당 평양여자고급중학교세포, 1949.7.7, 「제37차 세포회의 회의록」, 『史料集』 26, 424쪽.

이 센 데다 성미까지 급한 그들의 "민족적 특징"을 반영한다고 진단했다.[84]
그는 비판이 아직 북한 공직사회 전반에 뿌리내리지 못했음을 아쉬워했다.
비판이 당원공동체의 보편적 행동양식이 되었다 해도, 조선인들의 전통적·
민족적 정서에 부합한 기제가 아니었음은 분명해 보인다.

---

84) 朝鮮民主主義人民共和國 財政省顧問 ILATOVSKII, 1949.7.14, 「1949年 上半期 朝鮮民主主義
人民共和國 財政省の活動の狀態と結果」, 『旧ソ連の北朝鮮經濟資料集 1946~1965年』, 東
京 : 知泉書館, 2011, 154~155쪽.

2장
사회주의문화

1. 식민지문화 청산

　새로운 문화는 일제 식민지문화를 척결한 기반 위에서 건립되어야 했다. 일제 잔재는 인적 측면을 비롯해 물질적·제도적·사상적·문화적 측면 등의 광범한 영역에 걸쳐 지우기 힘든 영향을 남겼다. 해방 후 일제 식민지 잔재는 사회 곳곳에서 목격되었다. 북한 지역에 주둔한 한 소련병사는 조선인들의 유산을 보고 싶었으나, 그것이 쉬운 일이 아님을 간파했다. 그의 인상적 수기는 다음과 같이 개탄하고 있다.

　　"우리들은 함흥에 도착하기 직전, 도민들을 위하여 신문을 발행하자는 계획을 세웠다. 그러나 인쇄소에는 조선 문자로 된 활자가 없었다. 일본인들이 이미 10년 전에 그것을 없애버렸다. 학교에서 조선어의 사용은 금지되었다. 조선어로 된 책이 없고 조선인 교사도 부족했다. 전부가 침략당하고 온갖 것이 일본화한 것이다. 책방은 일본인 덕망가의 생활을 다룬 교훈

소설로 홍수가 났다. 유명한 옛 조선 문인들의 저서를 찾으려 노력했으나 허사였다."[85]

조선 고유의 유산이 소실됨에 따라 새로이 건립되고 있었던 문화는 상당 기간 일제 잔재와 공존해야 했다. 해방과 함께 조선인들은 태극기를 찾았으나 그것은 쉽게 눈에 띄지 않았다. 할 수 없이 그들은 일장기의 붉은 원 절반을 청색으로 덧칠해 메우고 네 귀퉁이에 괘를 그려 넣어 태극기를 만들었다.[86] 일제 잔재 척결을 중요 과제로 내세운 북로당은 하부조직이 일제가 남긴 물자를 재활용하는 행위에 제동을 걸지 않았다. 용지 부족에 시달린 강원도 인제군당의 중요 문서에 "금융조합용(金融組合用)", "육군(陸軍)" 따위의 직인이 찍혀 있었다. 일제시기에 만들어진 기차표가 여전히 통용되고 있음을 문제 삼은 이는 소련인 쉬띄꼬프였다.[87] 그는 새로운 표의 재료가 될 특수용지의 조달방법을 고민했다.

반일의 기치를 내걸고 발족한 새 체제의 공공기관들에도 눈에 띌 만한 변화는 일어나지 않았다. 기관명만 바뀌었을 뿐 기존 기구들의 조직·기능·인력은 그대로 계승되었다. 일제시기의 수리조합은 관개관리소로 전환되어 국가의 관리 아래 놓였고, 1943년경부터 전쟁미 징발에 관여해 오던 식량영단은 식량관리국이란 간판을 걸고 성출미의 입고·출고·배급 등을 담당했다.[88] 해

---

85) 「北朝鮮에 進駐한 한 붉은 兵士의 印象 手記」, 『史料集』 12, 219~220쪽.

86) 森田芳夫, 『朝鮮終戰の記錄』, 東京 : 嚴南堂書店, 1964, 77쪽.

87) 전현수 편저, 『쉬띄꼬프일기(1946~1948)』, 국사편찬위원회, 2004, 30쪽.

88) 北朝鮮臨時人民委員會決定 第七五號, 1946.9.9, 「北朝鮮臨時人民委員會 灌漑施設 國家 經營 決定書」, 『史料集』 5, 278쪽 ; 北朝鮮臨時人民委員會決定 第十八號, 1946.5.25, 「北朝鮮臨時人民委員會의 食糧管理局 閉鎖에 關한 決定書」, 『史料集』 5, 317쪽.

방 후 각급 인민위원회도 세무행정의 혼란에 따른 세입 감소를 우려해 일제시기의 세무기구를 그대로 유지했다.[89] 1946년 4월에 설립된 북조선농민은행은 금융조합의 자산과 업무를 물려받았다. [북조선농민은행 설립에 관한 법령] 제5조에 따르면 북한 지역 금융조합연합회의 각 도지부는 자신이 소유한 모든 건물·비품·현금 등의 자산을 농민은행에 출자해야 했다.[90] 뿐만 아니라 기존 직원들도 간판만 바뀐 각 기관에 그대로 채용되었다.

일제시기의 법령도 해방과 함께 즉각 폐기되지 않았다. 1945년 11월 16일에 발포된 [북조선 사법국 포고 제2호]에 따르면, "1945년 8월 15일 조선에서 효력을 상실한 법령 중 성질상 조선 신국가 건설 및 조선 고유의 민정(民情)과 조례에 부합하지 않은 법령을 제외한 나머지 법령은 신법령을 발포할 때까지 효력을 유지"할 수 있었다.[91] 최용달은 그 시기를 "과도적이나마 수치스러운 기간"이었다고 평했다.[92] 해방이 된 뒤에도 일제시기의 법령에 의존하지 않을 수 없는 현실은 지위 고하를 막론한 모든 조선인들에게 큰 불만을 안겼다. 1947년 11월경 북조선인민회의 대의원 김동명은 "불과 2~3개월 전까지도" 법정에서 일제시기의 법률을 공공연하게 인용한 판사들이 있었을 정도라고 개탄했다.[93]

---

89) 北朝鮮臨時人民委員會決定 第五六號, 1946.8.2,「稅務署 閉鎖에 關한 決定書」,『史料集』5, 409쪽.

90) 北朝鮮臨時人民委員會 布告 第三號,「北朝鮮農民銀行 設立에 關한 法令」,『正路』 1946.4.17.

91) 北朝鮮司法局布告 第二號, 1945.11.16,「北朝鮮에 施行할 法令에 關한 件」,『史料集』5, 744 쪽.

92) 司法局長 崔容達,「司法機構의 確立을 爲하여」,『인민』 創刊號(『史料集』13, 37쪽).

93) 北朝鮮人民會議院, 1947.11.19,『北朝鮮人民會議 第三次 會議 會議錄』, 朝鮮人民出版社, 144쪽.

그러나 현실적으로 일제시기의 법률을 재활용할 수밖에 없는 여건은 그러한 불만들을 쉽게 불식시킬 수 있었다. 최용달은 "법령을 제정하는 사업은 일조일석에 완수될 수 없다."라고 단호히 선을 그었다.[94] 황해도의 사법기관 간부들도 "한 국가의 법률 제정은 장구한 시일을 요할 뿐 아니라 국가의 반석을 세울 가장 중대한 사업이므로, 새 법률이 제정될 때까지 기존 법률을 삭제·보충하여 활용"해야 한다는 입장을 고수했다.[95] 일제시기의 법을 인용한 판사들을 비판한 인민회의 대의원 김동명도 "그 당시 우리의 법률을 가지기에 시일의 여유가 없었고, 특히 민법의 경우 법규범이 전무한 형편"이었다며 현실여건이 지닌 한계를 받아들였다.

북한이 단행한 개혁조치가 일제의 유제에 의존한 경우도 있었다. 토지개혁이 시작된 다음 날 조선공산당 평안남도당은 몰수와 분배사업의 편의를 도모하려면, 먼저 "일제시기의 토지대장을 압수"해야 한다고 각 군당부에 지시했다.[96] 토지개혁의 거시적 방향 설정이 1941~1942년경에 실시된 토지센서스에 근거해 이루어졌다는 점도 인상적이었다.[97] 사실 토지의 몰수규모와 분배규모를 확정하려면, 토지 소유구조를 정확히 파악할 수 있는 최신 자료의 활용이 불가피했다. 그러한 실상은 해방 후 북한의 공직자들이 일제시기의 행정 처리 방식을 연구했다는 점이 놀랄만한 일은 아니었음을 보여준다. 한 간부의 경우 민적(民籍) 사무에 관한 지식을 얻고자 "왜정시대에 적용하던 조

---

94) 司法局長 崔容達, 「司法機構의 確立을 爲하여」, 『인민』 創刊號(『史料集』 13, 37쪽).

95) 黃海道 管內 裁判所·檢察所, 1946, 「情勢報告」, 『史料集』 9, 120쪽.

96) 1946.3.6, 「朝鮮共産黨 平南道 第三次 擴大委員會 決定書」, 『朝鮮共産黨文件資料集』, 190쪽.

97) Мерецков и Штыков, "Докладываю предложения о земельной реформе в Северной корее(북조선의 토지개혁에 대한 제안 보고)", 1946.3.23, ЦАМОРФ, ф. 25а, оп. 166654, д. 1, лл. 1~3.

선호적령(朝鮮戶籍令)을 탐독"하고, 국세조사에 관한 지식을 얻고자 "왜정시대의 간이 국세조사법규를 탐독"했다.[98]

새로운 체제가 발족한 해방 후에도 일제 식민지 잔재가 사회 곳곳에서 목격되었음을 살펴보았다. 일제 잔재 척결이 해방 직후 북한의 핵심과제로 떠오른 까닭은 그의 성공이 새로이 수립될 국가에 정통성의 기반을 제공할 수 있었기 때문이다. 새 국가는 일제가 남긴 모든 물질적·제도적·사상적·문화적 잔재를 청산해야 할 뿐만 아니라, 그의 모든 가치체계와 세계관을 부정하는 기반 위에서 건립되어야 했다. 따라서 북한은 사회문화 전 영역에 걸친 일제 잔재 척결에 적극성을 보였다.

일본인 피난민들은 해방과 함께 조선인 가옥들의 문패가 한글로 바뀐 사실에 당혹감을 감추지 못했다. 그들은 조선인들의 그러한 대응이 반일감정의 표출에 다름 아니라고 보았다.[99] 이제 조선인들의 일본식 복장 착용도 안전하지 않았다. 해방 직후 몸빼를 입은 여인과 전투모를 쓴 남성이 거리에서 봉변당하거나 핀잔받는 광경이 종종 목격되었다. 평양여자고급중학교의 한 교사는 어째서 "왜화(倭靴)"를 신고 다니냐는 동료 교사의 비판에 맞서, 일본 신발이 아니라고 해명하느라 진땀을 빼야 했다.[100]

복장뿐만 아니라 일본식 어법과 용어 사용도 허용되지 않았다. 1945년 10월경 해방 후 감격적 개교식을 맞은 평양 서문고등여학교 학생들은 단상에 오른 교장의 조선어 사용에 웃음을 참지 못했다. 학교에서 처음 듣는 조선어

---

98) 江原道 鐵原人民敎化所, 1946, 「敎化事業 經過報告」, 『史料集』 9, 325쪽.

99) 鎌田正二, 『北鮮の日本人苦難記 －日窒興南工場の最後－』, 東京 : 時事通信社, 1970, 336쪽.

100) 북로당 평양여자고급중학교 세포, 1949.7.7, 「제37차 세포총회 회의록」, 『史料集』 26, 423쪽.

가 생소하게 와닿았기 때문이었다.[101] 평양방송국의 일본어방송은 1945년 8월 27일부터 중단되었고, 8월 29일 관서인민신문으로 개명된 평양매일신보는 최종판을 한글로 발행했다. 1946년 4월경 북조선공산당 선전간부들은 "논고(論告) 따위의 케케묵은 문구"에서 볼 수 있듯, 한글로 발행되고 있는 당기관지에 아직까지 "왜놈 냄새"가 배어 있다고 성토했다.[102]

1945년 11월 1일 황해도 겸이포시가 송림시로 개명된데 이어, 겸이포제철소가 황해제철소로 개명되었다. 겸이포라는 지명이 러일전쟁 기간 동안 그곳에서 활약한 일본군 장교의 이름 도변겸이(渡辺兼二)에서 유래했기 때문이다.[103] 일본식 어법과 용어 사용에 익숙해 있던 학자들도 비판을 피하기 어려웠다. 저명한 역사가 이청원은 대일본 무역을 대일 수출입이 아닌 "이출입(移出入)"으로 표기해, 일제의 용어를 사용했다는 비판을 받았다.[104] "면장", "구장" 등의 용어 사용 습관을 버리지 못한 강원도 인제군의 한 간부도 동료 당원들의 빈축을 샀다.[105] 이제 면인민위원장·리인민위원장이 올바른 표현이었기 때문이다.

대중들의 의식과 사고에 영향을 끼칠 수 있는 일문 서적도 일제 잔재의 범주에 포함되었다. 1946년 4월경 향후의 출판사업 방향을 논의한 북조선공산당 선전부장회의는 서울에서 발행된 출판물과 함께, 각종 일문 번역서들을

---

101) 평양교대 수물과 장문옥, 1949.4.24, 「자서전」, NARA RG242 SA2007 Item19.2.

102) 1946.4, 「北朝鮮共産黨 中央委員會 第二次 各 道 宣傳部長會議 決定書」, 『史料集』 1, 99쪽.

103) 森田芳夫, 『朝鮮終戰の記錄』, 東京 : 巖南堂書店, 1964, 478쪽.

104) 김승화, 「비평과 서적 해제, 이청원 "조선근대사연구"」, 『근로자』 1949년 5월호(제10호), 112쪽.

105) 1949.7.15, 「북로당 강원도 인제군 남면당 열성자대회 회의록」, 『史料集』 4, 564쪽.

중앙 수준의 검열 대상으로 지정했다.[106] 일제시기에 배포돼 학교 도서실이나 공공도서관에 비치된 일문 서적들은 모두 폐기되어야 했다. 평양·함흥·진남포·선천 등의 대도시 공공도서관에 남아 있던 일제시기 서적들은 1948년 이전 도서관 신설사업과 함께 폐기되었다.[107] 1948년 중순경 강원도 인제군 당국이 추진한 "불량도서 회수사업"도 일문 서적의 처분을 모색한 조치였다. 한 인민학교가 『황국신민정책론』이란 책을 아직까지 보유하고 있다는 사실이 이 사업을 통해 적발되었다.[108]

일문 서적 회수사업은 법률적 지원 아래 추진되었다. 1949년 1월 14일 내각 서적출판지도국은 [일본 서적 및 출판물 단속에 관한 규정]을 포고하였다. 이 규정이 명시한 일문 서적·출판물 단속의 목적은 "일제 식민지 노예사상 잔재의 근절", "민족적 적개심의 제고", "민족문화의 건전한 발전" 등에 있었다.[109] 규정에 따라 사전류를 제외한 모든 일문 서적·출판물의 판매가 금지되었고, 해방 이전부터 일문 출판물을 소장한 기관과 개인은 내각 서적출판지도국의 검열을 받아야 했다. 마르크스–레닌주의 서적이나 과학기술서 등 요긴한 일문 서적에도 검열이 요구되었다. 그것들의 공공기관 비치와 판매는 당국의 인가를 통해 제한적으로 허용되었다.

한편 일문 서적이 학생들 사이에 은밀히 나돌았다는 점은 회수사업과 법적 단속에 한계가 있었음을 드러낸다. 특히 인기가 있었던 장르는 소설이었

---

106) 1946.4, 「北朝鮮共産黨 中央委員會 第二次 各 道 宣傳部長會議 決定書」, 『史料集』 1, 97쪽.

107) 「博物館 圖書館 및 古蹟保存事業의 槪觀」, 『旬刊北朝鮮通信』 一九四七年 九月 上旬號 (『史料集』 27, 104~105쪽).

108) 1948.7.15, 「북로당 강원도 인제군당상무위원회 회의록 제17호」, 『史料集』 2, 404쪽.

109) 內閣 書籍出版指導局 規則 第1號, 1949.1.14, 「日本書籍 및 出版物 團束에 關한 規定」, 『史料集』 21, 279~280쪽.

다. 1948년 중순경 평양여자고급중학교의 한 학생이 일문 소설을 읽다 발각
된데 이어, 1949년 초에도 이 학교의 학생들이 일문 연애소설에 탐닉하고 있
다는 정보가 교사들의 귀에 들어갔다.[110] 그 무렵 학생들이 『두 번째 입맞춤
(だいにのせっぷん)』 같은 "퇴폐적" 일문 연애소설에 몰입하고 있다는 민청 중
앙상무위원회의 지적에 비추어, 일문 소설의 밀독은 소수 학생들만의 일탈이
아니었던 듯하다.[111]

민청이 문제 삼은 "퇴폐적" 연애소설은 그뿐만이 아니었다. 박계주의 『순
애보』, 이광수의 『그 여자의 일생』과 『사랑』 등이 애독되고 있는 경향도 학생
들의 "방탕한 생활"을 엿볼 수 있는 일면이라고 진단되었다. 그 작품들의 경
우 테마 자체부터 문제의 소지를 지닌 데다, 친일적 문인들이 저술했다는 점
에서 더더욱 용인될 수 없었다. 평양교원대학 국문과의 한 교수는 "민족반역
자"로 지목된 이광수의 『무정』을 수업교재로 활용해 북로당 중앙상무위원회
의 비판을 받았고, 심지어 한 청년은 그의 소설 『흙』을 읽은 혐의로 구금되었
다.[112]

북로당 중앙상무위원회는 일본풍 가요의 유행도 묵과하지 않았다. 강원
도 철원방송국이 일본풍 가요를 내보내자, 당 중앙은 "퇴폐적이고 반민주적
인" 일본풍 가요는 반드시 척결되어야 할 일제 잔재라고 비판했다.[113] 그러나

---

110) 북로당 평양여자고급중학교 세포, 1948.5.17, 「제7차 총회」, 『史料集』 26, 156쪽 ; 북로당 평양여
    자고급중학교 세포, 1949.2.27, 「제25차 세포회의」, 『史料集』 26, 315쪽.
111) 북조선 민청중앙상무위원회 제8차 회의 결정서, 1949.2.28, 「평남도 민청단체의 학생사업 지도정
    형에 대하여」, 『史料集』 25, 128쪽.
112) 북로당 중앙상무위원회 제52차 회의 결정서, 1948.1.5, 「평양교원대학 내 당단체의 사업 협조정
    형에 대하여」, 『史料集』 30, 329·331쪽 ; 1949.5.12, 「송림공업전문학교 교원 韓善ㅡ 자서전」.
113) 북로당 중앙상무위원회 제49차 회의 결정서, 1947.11.21, 「철원군 당단체의 군중 선전선동사업과

일본 가요는 쉽게 사라지지 않았다. 중학교 학생들이 교실에서, 교정에서, 거리에서 태연하게 일본 창가를 홍얼거리는 일이 비일비재했다. 내각 서적출판지도국이 포고한 [일본 서적 및 출판물 단속에 관한 규정]은 일문 서적과 더불어 해방 전에 출판된 일본 가요집·미술집·레코드 등의 사용을 금함으로써 일제가 남긴 문화적 잔재의 철저한 청산을 모색했다.[114]

복장·언어·서적·가요 등에 스며 있는 물질·문화적 잔재를 일소하는 일보다 더 중대한 과제가 남아 있었다. 그것은 바로 일제의 통치 기간 동안 본인들도 모르는 사이에 개개인들이 체득한 생활습성과 그들에게 주입된 의식 관념을 척결하는 일이었다. 한 소련인 관찰자는 "독립가(獨立歌)"를 부르기에 앞서 주위를 두리번거리는 조선인들의 "기이한" 습성에서 그 징후를 포착했다.[115] 일제시기 수리조합에서 근무한 비전향장기수 김석형은 그것을 "왜놈들과 책상을 맞대고 무릎을 맞대고" 지내는 동안 부지불식간에 주입된 "찌꺼기"라고 표현했다.[116] 그는 해방 후에도 여전히 자신의 생활습성을 통해 나타나는 "찌꺼기들"을 제거하려 치열한 내면적 투쟁을 벌였다. 그의 그러한 태도는 북한이 일제의 정치경제적 예속에서 완전히 해방되었음에도 불구하고, 정신 영역은 그렇지 않다는 진단에서 비롯되었다. 정신 영역의 투쟁이야말로 북한이 추구한 일제 잔재 척결운동의 완결편이었다.

많은 논자들은 구체적 실례를 거론하며 조선인들의 부정적 습성이 일제

군중 문화사업 진행 정형에 대하여」,『史料集』30, 321쪽.

114) 內閣 書籍出版指導局 規則 第1號, 1949.1.14,「日本書籍 및 出版物 團束에 關한 規定」,『史料集』21, 279~280쪽.

115) 「北朝鮮에 進駐한 한 붉은 兵士의 印象 手記」,『史料集』12, 219~220쪽.

116) 김석형 구술, 이향규 녹취·정리,『나는 조선노동당원이오!』, 선인, 2001, 452~453쪽.

식민통치의 산물임을 입증하고자 했다. 명석한 이론가 최창익도 그 가운데
한 명이었다. 그는 "반일혁명투사 출신"인 현재의 유력 간부들이 신경질적이
고 편협한 관념에 젖어 있는 원인을 "부득이 지하실 속에 숨어 수공업적 잠
행투쟁"을 벌여야 했던 일제시기 반일운동의 환경 속에서 찾았다.[117] 해방 전
곡상으로 생계 활동을 시작한 비전향장기수 김석형에게 뇌물 상납은 명백한
"일제의 찌꺼기"였다. 그는 쌀가마니 보관 공간 확보, 검사시 등외 판정 모면,
신속한 현금 조달 등을 위하여 한 해에 세 차례씩이나 일본인 창고장·검사
원·은행장에게 뇌물을 바쳐야 했다고 털어놓았다.[118]

일제 잔재가 조선민주당에까지 부정적 영향을 끼치고 있음을 우려한 최
용건은 당원들이 뒤에서 남을 비하하고 헐뜯는 태도를 집중적으로 비판했다.
그는 불평불만을 지닌 당원들이 정당하게 기관을 통해 이의를 제기하기보다,
두세 사람이 모이면 남을 중상하기에 여념이 없다고 질책했다.[119] 그가 보기
에 당원들의 그러한 태도는 조선인들이 공개적으로 당당하게 발언하지 못하
고 "뒤에서 시비하며 남을 해치"기에 급급했던 일제시기 습성의 연장이었다.

논자들이 더 주목한 것은 일제시기에 저항적 기능을 발휘했음에도 불구
하고, 해방 후까지 이어져 악습화된 조선인들의 생활습성이었다. 이를테면
최창익은 굶주림과 헐벗음을 면하려 일본인들을 속여야 했던 조선인들의 생
활 방식을 그 대표적 예로 들었다. 그에 따르면 극도의 생활난에 빠져 어쩔
수 없이 그러한 대응을 보인 조선인들의 태도는 "소극적 반일사상의 한 표

---

117) 崔昌益, 「人民檢閱局의 創設과 그 事業」, 『인민』 1947년 5월호(『史料集』 13, 493~495쪽).

118) 김석형 구술, 이항규 녹취·정리, 『나는 조선노동당원이오』, 선인, 2001, 87~89쪽.

119) 朝鮮民主黨中央本部 決定書, 1946.12.25, 「朝鮮民主黨 第六次 中央委員會 擴大會議에서
의 崔庸健同志의 決論」, 『史料集』 8, 12쪽.

현"에 가까웠다.[120] 그는 "왜놈들을 속일 수 있다면 속여서라도 우리의 피를 뽑아 축적한 재물을 도로 빼앗는 일이 조선인들의 생활 방식상 부득이한 대응이었다."라고 회고했다. 그러나 그가 보이에 그러한 습성이 해방 후까지 이어지고 있다는 점은 심각한 문제였다. 일제시기의 생활 방식에서 비롯된 물자 애호정신의 부족과 국가재산의 횡령·낭비 등이 건국사업에 부정적 영향을 끼치고 있다고 진단되었기 때문이다.

일제시기에 조선인 노동자들이 "관리자들의 눈을 속여 생산품에 손을 대거나 생산기계를 파손했다면, 그것은 범죄가 아니라 일제에 반대한" 행위였다고 평가한 논자도 있었다. 그러나 해방 후 국유화된 산업기관에서까지 동일한 대응을 보이고 있는 노동자들의 태도는 이제 건국을 방해하는 일탈행위로 규정되었다.[121] 일제시기 생산량에 미치지 못한 실적을 보이고 있는 각 공장·광산·기업소 내 노동자들의 태만도 동일한 관점에서 접근되었다. 해방 전 그러한 태도는 소극적 저항의 한 표현일 수 있었다. 그러나 새로운 국가의 건설과 "노동의 성격 변화"에 관계없이 지속되고 있는 노동자들의 태만은 과거의 생활 방식을 되풀이하는 악습에 지나지 않다고 진단되었다.[122]

북한의 일제 잔재 척결운동은 인민 개개인의 생활습성과 의식관념에 남아 있는 일제의 영향을 청산하기 위한 전 인민적 운동이었다. 이 운동은 개인 차원을 넘어 공공기관에 이르기까지 철저하게 전개되었다. 특히 여느 기관보다 일제의 영향을 많이 받았다고 인식된 경찰 부문이 그 주요 대상이었다. 경찰기구 내 "왜색" 척결 과제는 보안원을 바라보는 민간의 시각이 해방

---

120) 崔昌益,「人民檢閱局의 創設과 그 事業」,『인민』 1947년 5월호(『史料集』 13, 493~495쪽).

121) 民生,「經濟建設 指導事業에서의 몇 가지 問題」,『근로자』 1947년 7월호(『史料集』 43, 207쪽).

122) 「勤勞精神의 革命」,『正路』 1945.12.26.

전과 크게 다르지 않았다는 점에서 시급성을 띠었다. 1946년 4월경 황해도 사리원시의 보안원들은 "왜정시대 이상의 가찰(苛察)을 일삼고 있다."라는 대중들의 악평을 받았다.[123] 친일파·지주·소시민 출신들로 구성된 보안원들이 "일제시기 경관들보다 더 심하다."라는 비난이 난무했던 강원도와 친일파·일제주구들이 보안원에 발탁돼 "인민들의 원성"을 사고 있었던 평안남도의 사례도 보안원들에 대한 부정적 평판이 만연해 있었음을 보여준다.[124]

해방 후 소련의 경찰제도가 도입되기 전 조선인 보안원들은 일제시기의 경험을 참고해 업무를 수행했다. 따라서 일제시기의 사업관행들이 해방 후까지 지속되는 경향을 보였다. 고압적 태도와 거만한 언어·행동으로 양민들을 아랫사람 취급하듯 대하는 태도, 권력을 남용해 사리사복을 채우는 경향, 개인감정으로 죄과를 날조하는 행위 등이 전국 도처의 내무기구에 잔존해 있었다. 가장 심각한 문제는 일제 경찰의 상징인 구타와 고문이 지속되었다는 점이다. "낡은 일제식 권세로 공민들의 권리를 무시하며 욕설과 구타" 등을 되풀이하고 있는 내무기구와 검찰기구의 관행을 일소하라는 당 중앙의 지시는 1949년 10월경까지 하달되었다.[125]

일찍이 1946년 중순경 각 도 보안부장회의를 참관한 소련군장교 자구루진 대좌가 당장 척결하라고 지시한 일제시기의 사업 방식이 바로 보안원들의 구타·고문·욕설 등에 집중되었다.[126] 1946년 말 쉬띄꼬프가 비판했듯 보

---

123) 黃海道 管內 裁判所·檢察所, 1946, 「情勢報告」, 『史料集』 9, 196쪽.

124) 北朝鮮臨時人民委員會 保安局 監察部, 1946, 「第一回 各 道 保安部 監察課長 會議錄」, 『史料集』 9, 269~270쪽.

125) 조선로동당 중앙조직위원회 제8차 회의 결정서, 1949.10.20, 「내무·검찰·사법기관 내 당원들의 역할 제고를 위한 평남도 당단체의 지도사업 정형에 대하여」, 『史料集』 29, 356쪽.

126) 1946.7, 「第二回 各 道 保安部長 會議錄」, 『史料集』 9, 253쪽.

안기구 내 일제 잔재가 척결되지 않은 한 원인은 보안원들이 일제시기의 교재로 교육받았다는 점에 있었다.[127] 강원도 인제군 내무서가 일제 경찰이 사용하던 규정·제강·법률·전집 등을 모두 회수하라고 관할 분주소에 지시한 시점은 1950년 1월경이었다.[128] 부분적 과오가 남아 있었지만 경찰기구 내 일제 잔재는 서서히 자취를 감추어 갔다. 수갑을 채운 용의자를 대로에서 끌고 다니는 행위와 심문 도중 피의자를 고문하고 조롱하는 행위도 금지되었다.[129]

보안기구 내 일제 잔재 청산운동의 핵심 과제는 친일파와 일제시기 경찰 출신자 축출이었다. 이 사업은 1945년 말부터 전국적으로 추진되었다. 1945년 12월 말까지 보안원 검열사업을 통해 총 3,800명이 축출되었다.[130] 전체 보안원 수의 약 41.5%에 달하는 규모였다. 보안기구의 자체 심사, 소련군의 검사공작원 파견, 인민위원회의 심사 등을 통해 숙청 대상자들이 선별되었다. 1947년에도 전국에 걸쳐 일제시기의 경찰직 종사자 557명이 추가로 파면되었다.[131]

일제시기 경찰이 체제 초기부터 보안 계통 진출 자격을 박탈당했다고 평가한 미국은 그와 관련해 북한이 두 가지 의도를 염두에 두고 있었다고 보았

---

127) 전현수 편저, 『쉬띄꼬프일기(1946~1948)』, 국사편찬위원회, 2004, 30쪽.

128) 인제군 내무서장 김두표, 1950.1.12, 「일제가 사용하던 경찰문건 회수에 대하여」, 『史料集』 18, 283~284쪽.

129) Управление Советской Гражданской Администрации в Северной Кореe(북조선 소련민정국), Указ. соч. С. 254.

130) Управление Советской Гражданской Администрации в Северной Кореe(북조선 소련민정국), Указ. соч. С. 250.

131) 전현수, 2002.11, 「해방 직후 북한의 과거청산(1945~1948)」, 『대구사학』 제69집, 49쪽.

다. 민심을 달래려는 전략과 충성이 의심스러운 이들을 배제하려는 전략이
그것이었다.[132] 그러나 북한이 주목했던 체제 정통성 확보 차원의 구상은 미
국의 시야에서 벗어나 있었다. 부분적 과오마저 완전히 시정된 것은 아니었
지만, 북한이 보안기구의 개혁에 괄목한 만한 성과를 이루어냈음은 의심의
여지가 없었다. 군중들을 향해 자아비판을 하고 있는 한 내무원을 바라보며,
"왜놈 순사와는 천양지차"라고 평가한 어느 광부의 찬사는 과장된 빈말이 아
니었다.[133]

2. 과학적 세계관과 프롤레타리아문화

일제 식민지문화의 청산과 함께 노동당문화와 새로운 가치관·세계관이
보급되었다. 사회주의권 국가들로부터 유입된 새로운 문화와 가치체계는 공
산주의운동의 유산인 프롤레타리아문화, 스탈린 통치기의 소련에서 발아하
고 성숙한 문화, 근대 합리주의의 유산이라 할 만한 문화 등이 뒤섞인 형태
의 것들이었다. 근대가 낳은 결실의 상징으로 인식되었을 뿐만 아니라, 마르
크스주의적 유물론의 해석에 기여한 과학적 세계관이 그 한 자리를 점하고
있었다.[134]

132) U.S. Department of State, *North Korea: A Case Study in the Techniques of Takeover* (Washington, D.C.: U.S. Government Printing Office, 1961), p. 87.

133) 李哲, 「人民에게 服務하는 北朝鮮 保安員」, 『旬刊北朝鮮通信』 一九四七年 十二月 中旬 號(『史料集』 27, 293쪽).

134) 북한의 과학지식 보급정책에 대한 최근 연구는 이세영, 2016.3, 「1945~1950년 북한의 과학기술과 근로인민 형성에 대한 인식」, 『東方學志』 제174집, 17~18쪽.

그간 원인을 알 수 없었던 수많은 자연현상들의 인과관계를 밝혀낸 과학은 인간의 무지에서 비롯된 갖가지 해악과 맞서 싸울 수 있는 투쟁수단이었다. "귀신이나 바람"이 옮긴다고 생각되었던 전염병은 과학의 발전에 힘입어 비로소 특정 병원균을 통해 확산된다는 사실이 밝혀졌다.[135] 과학은 전염병의 원인을 밝히는 데 그치지 않고 효과적 예방책까지 제시했다. 병원균을 매개하는 모기의 박멸방법이 매체에 가장 자주 소개된 전염병 예방책이었다. 이를테면 고여 있는 얕은 물에 모기유충이 잘 서식하고 모기의 활동성이 낮보다 밤에 강하므로, 사용하지 않는 용기를 보관할 때 빗물이 고이지 않도록 거꾸로 세워두고 뇌염이 유행할 때 야간집회를 삼가야 한다는 처방이 제시되었다.

과학은 인과관계의 해명을 통해 현실의 불리한 환경을 극복할 수 있는 해결책까지 제시했다. 예컨대 긴 가뭄에 시달린 과거의 농민들은 많은 돈을 들여 기우제를 지냈다. 반면 강우의 원리를 이해하게 된 현대의 농민들은 비가 내리길 기원하기보다, 수로를 건설해 "자연을 정복"함으로써 가뭄을 극복하는 방법이 최선의 대응임을 간파할 수 있었다.[136] 그간 맹목적으로 자연에 순응해 왔던 이들이 과학지식을 습득해, 그를 실생활에 적용하여 식량을 증산하거나 생활수준을 높일 수 있는 길이 열렸다. 곧 과학은 인적·물적 자원의 낭비를 막을 뿐만 아니라, 생산성을 높일 수 있는 기제로 인식되었다. 과학에 대한 당대인들의 기대는 그를 통해 자연을 정복하고 인위적으로 제어할 수

---

135) 이하 1951, 「하기 방역사업을 어떻게 할 것인가」, 『史料集』 11, 179~180·184~186쪽 참조 ; 해방 직후 북한의 전염병 창궐과 위생방역제도의 확립을 다룬 최근의 연구는 김진혁, 2014, 「북한의 위생방역제도 구축과 '인민' 의식의 형성(1945~1950)」, 『한국사연구』 167호.

136) 김보옥, 「과학은 우리 생활을 향상시킨다」, 『조선녀성』 1950년 6월호, 37쪽.

있다는 확신으로 발전했다. 거대한 공장의 굴뚝에서 솟아올라 하늘을 뒤덮은 검은 연기를 담은 화보와 십여 개의 화학제품을 첨가했다는 소주 광고는 과학에 대한 당대인들의 기대가 어떠했는가를 상징적으로 드러낸다.

한편 과학의 위상이 눈에 띄게 격상했음에도 불구하고, 대중들의 의식관념은 그에 부응하지 못했다. "정신작용이란 특수한 유기물의 특수한 기능 외에 아무 것도 아니"라고 단정한 마르크스주의 이론가 장하일은 신을 믿지 않는 이들조차 다급한 일을 당하면, 무의식적으로 "하나님"을 외치고 불우한 팔자를 탄식해 "관상쟁이"와 "복술쟁이"를 찾는다고 냉소했다.[137] 위급하고 불운한 처지에 놓인 이들과 근대교육의 수혜를 입지 못한 이들에게 과학적 세계관은 설득력 있게 와닿지 않았다. 일본뇌염에 걸려 "말을 못하고 경련이 일어나 사지가 꼬이게" 된 환자를 두고, "귀신이 들렸다."라는 무당의 해석은 다급한 가족들에게 훨씬 설득력 있게 들릴 수 있었다.

노동당원들과 촌락간부들 중에도 미신을 떨쳐내지 못한 이들이 종종 목격되었다. 강원도 인제군당은 사주를 본 당원과 병에 걸린 가족을 위해 복술인을 데려와 경을 읽힌 촌락간부가 있었다고 지적했다.[138] 심지어 자신의 전염병 치료를 무당굿에 의존한 데다, 농민들로부터 곡식을 걷어 서낭당제사를 지낸 세포위원장도 있었다. 과학적 세계관과 충돌한 미신은 식량난을 조장함과 함께, 군중들의 노력을 비생산적 부문에 소모할 수 있는 해악이라 인식되었다. 따라서 1946년 11월 11일 북조선임시인민위원회 양정부는 "지신제·산

---

137) 장하일, 「맑스주의 유물론에 대하여」, 『근로자』 1948년 3월호(13호), 33쪽.
138) 1949, 「북로당 강원도 인제군 서화면당 열성자대회 회의록」, 『史料集』 4, 622쪽 ; 1949.12.27, 「북로당 강원도 인제군당상무위원회 회의록 제73호」, 『史料集』 3, 926쪽.

제·거리제·칠성제" 등의 미신행위에 식량을 허비하지 말라고 지시했다.[139]

체제에 무익하다고 진단된 미신은 철저한 근절 대상이었다. 1948년 4월경 북한을 방문한 『조선중앙일보』 기자 온낙중은 평양 모란봉공원에서 사주와 관상을 보던 노인을 나무란 어느 청년 내무원의 태도에 깊은 인상을 받았다. "한 번 망국노가 돼봤으면 알 일이지, 또 이런 나라 망치는 일을 한단 말이오? 당신 한 사람의 조그만 행동에도 국가와 민족의 흥망이 관계돼 있소!"라고 먼저 노인을 꾸짖은 그는 손님을 향해서도 "남의 돈을 옭아먹으려 거짓말하는 사람인줄 알면서 거기에 속아 넘어간단 말이오?"라고 질책했다.[140]

과학은 미신에 맞설 수 있는 투쟁수단이자, 종교에 맞설 수 있는 투쟁수단이었다. 조선민주주의인민공화국 헌법 제14조가 종교의식 거행의 자유를 비롯한 신앙의 자유를 인정했음에도 불구하고, 종교적 세계관은 체제에 우호적으로 받아들여지지 않았다. 현실의 불행과 고난을 감내할 힘을 주는 종교의 낙관적 내세관은 피착취계급의 저항의식과 혁명정신을 "마취"해, 계급투쟁을 방해할 수 있다고 진단되었다. 따라서 종교의 자유를 명시한 헌법 제14조를 해설한 김택영은 종교를 믿지 않을 자유도 그에 포함된다는 조건을 달았다.[141] 더 나아가 그는 자연현상과 인류사회의 현상을 과학에 기초하여 선전할 수 있는 공민의 권리를 역설했다. 그의 의도는 명백했다. 그것은 과학이 종교의 허구성을 낱낱이 폭로할 자유도 허용해야 한다는 점이었다. 평안북도 선천군 지역 간부들이 고민한 문제가 바로 김택영의 제안을 실천함으

---

139) 北朝鮮臨時人民委員會 糧政部 布告 第四號, 1946.11.11, 「食糧의 消費節約 團束에 對한 布告」, 『史料集』 5, 354쪽.

140) 溫樂中, 『北朝鮮紀行』, 朝鮮中央日報出版部, 1948, 87~88쪽.

141) 김택영, 「朝鮮民主主義人民共和國 憲法解說(四)」, 『인민』 1949년 1월호(『史料集』 37, 485~486쪽).

로써 해결될 수 있었다. 그들은 "하나님이 모든 사물을 만들고 사람까지 만들었다."라는 관할 지역 교회들의 설교가 비과학적 정신을 주입해 아동들의 의식을 "마비시킬" 뿐만 아니라, 그들의 "계급적 정신"을 허물고 있다고 보았다.[142]

　미신과 종교에 맞선 투쟁수단인 과학은 정치적 목표의 관철에 이용되기도 했다. 태극기 폐지가 그 대표적 예에 속했다. 태극기 폐지에 반대한 인사들 중 황해도 해주시인민위원장이자 북조선인민회의 대의원인 정재용이 인상적인 반론을 펼쳤다.[143] 무소속의 목사이기도 했던 그는 태극기가 "왜적의 혹정" 아래에서 "우리 인민의 희망의 표징"이었다고 말문을 열었다. 그는 해방 직후 가가호호마다 태극기가 내걸리고 중요한 건물과 식전에도 소련기와 함께 그것이 나부끼던 사실을 지적했다. 뿐만 아니라 "인민군대의 모장(帽章)과 보안대의 모장을 비롯해 소중한 곳에는 어디든 태극을 사용"한 바 있다. 더 나아가 그는 "남조선 인민들"도 한 결 같이 태극기를 사랑한다고 강조했다. 곧 그에게 태극기는 "남북조선 인민들"이 그것을 중심으로 굳게 단결할 수 있는 통일의 상징이었다. 그러나 조선임시헌법제정위원회 측은 국기 교체의 당위성을 강조하며, 그 근거를 과학적 세계관 속에서 찾고자 했다. 김두봉에 따르면 음양설을 반영하고 있는 주역의 괘와 태극을 조합해 만든 태극기의 비과학성은 새 국가의 민주주의적 성격에 부합하지 않았다.

　과학적 세계관의 보급과 함께 반부르주아적 성격을 띤 프롤레타리아문화가 유행하기 시작했다. 그것은 시각적으로 인지되기 쉬운 복장문화에서 두드러졌다. 변화한 복장문화는 전시 북한이 점령한 남한사회에도 보급되었다.

---

142)　1946.11,「宣川郡 學校 關係 調査綴」,『史料集』10, 302~303쪽.

143)　이하 1948.4.28,「北朝鮮人民會議 特別會議 會議錄」,『史料集』8, 239쪽 참조.

어느 날 문득 자신의 신사복과 중절모가 "허름한 노동복 쓰봉에 샤쓰 바람"
인 서울 사람들의 복장과 어울리지 않음을 눈치 챈 김성칠은 "세상 사람들이
모두 짜고 나왔"을지 모른다는 혼란에 사로잡혔다.[144] 다음 날 "노타이에 쓰
봉만 입고" 거리에 나선 그는 "200원 짜리 보릿짚 모자"를 사서 쓰고 새로운
문화에 동참했다. 사실 검소한 복장문화는 북한만이 아닌 좌파가 점령한 지
역에서 흔히 볼 수 있는 유행양식이었다. 이미 1930년대 스페인내전 중 의용
군이 장악한 지역을 취재한 외국인 기자들은 그곳에서 중간계층의 재킷·칼
라·넥타이가 사라진 점에 흥미를 보였다.[145]

평양라디오방송으로부터 북한 관련 정보를 수집해오던 G-2는 1948년 1
월경 실시된 김일성의 연설을 통해, 북한의 새로운 복장문화가 검소한 생활
의 반영일 뿐만 아니라 민족의식의 고취에 힘입어 확산되고 있음을 간파했
다. 김일성은 낭비와 허례허식을 비판한 뒤 다음과 같이 말했다. "어떤 인민
학교 학생들은 양복을 입고 고무신을 신지 않으면 학교에 갈 수 없다고 합니
다. 대체 우리의 전통 무명옷과 짚신이 어째서 문제입니까?"[146]

그의 연설은 학생들의 복장문화에 큰 영향을 끼쳤다. 평양여자고급중학
교의 경우 1948년 10월 말 현재 전교생 중 두 명이 견양말을 신고 있었을 뿐,
535명의 학생이 무명옷을 입고 있었고 833명의 학생이 무명양말을 신고 있었
다. 가죽구두와 가죽가방은 이미 학교에서 사라졌다. 교사들의 양복 착용도
금기시되었다. 만주 지역에서 시찰 온 손님에게 "더러운 감"을 주지 않으려
양복을 입고 온 그 학교의 한 교사는 되레 동료교사들로부터 비판을 받았다.

---

144) 김성칠, 『역사 앞에서』, 창작과비평사, 1993, 74·76~77쪽.

145) 앤터니 비버 지음, 김원중 옮김, 『스페인내전』, 교양인, 2009, 197쪽.

146) ISNK, no.3(1948.1.10~1948.7.16), p. 47.

"검소화운동"이란 이름으로 전개된 학내 캠페인이 복장문화의 변화만을 불러온 것은 아니었다. 1948년 10월 말 현재 평양여자고급중학교세포는 부유한 학생들이 사용하던 미국제 만년필과 컴퍼스가 사라지고, 교내의 빵장사가 자취를 감추었다는 점에도 고무적인 반응을 보였다. 이제 그들에게 남은 과제는 학생들이 교내에서 몰래 간식을 즐기는 행위를 제지하는 일뿐이었다.[147]

복장문화의 변화는 학교에 국한된 현상이 아니었다. 1948년 4월경에 방북한 남한 기자들도 북한의 복장문화에 깊은 인상을 받았다. 평양시내 전차 안과 길가를 유심히 둘러본 『조선중앙일보』 기자 온낙중은 "유행에 맞춰 맵시 있게 차린 멋쟁이 남자"와 "눈썹을 그리고 입술에 빨간 것을 칠한 여인"을 한 명도 찾을 수 없었다.[148] 표현만 달리했을 뿐 『독립신보』의 기자 서광제가 목격한 상황도 비슷했다. "대낮에 양복이나 번즈레하게 입고 거리를 빙빙 도는 자"와 "쥐 잡아먹은 고양이 주둥아리를 한 여자"가 한 명도 눈에 띄지 않았음은 그에게도 마찬가지였다.[149]

이상의 사실들은 김성칠에게 당혹감을 안긴 전시 서울시내 복장문화의 변화가 북한 문화의 이식에서 비롯되었음을 드러낸다. 깨끗한 옷과 양복이 부르주아계급을 표상하고 더럽고 허름한 차림이 프롤레타리아계급을 표상한다는 사회적 공감대가 형성됨에 따라, 계급적 가치를 반영한 복장문화는 단순한 유행현상만으로 간주되지 않았다. 사회 이목을 무시할 수 없었던 김성칠이 재빨리 프롤레타리아 복장문화에 동참했듯, 그것은 어느 정도 강제력을

---

147) 북로당 평남 평양시 중구역당 평양여자고급중학교세포, 1948.12.1, 「제19차 정기총회 회의록」, 『史料集』 26, 241·245쪽.

148) 溫樂中, 『北朝鮮紀行』, 朝鮮中央日報出版部, 1948, 6쪽.

149) 徐光霽, 『北朝鮮紀行』, 靑年社, 1948, 38쪽.

지닌 기제였다.

새로운 문화현상은 복장만이 아닌 언어를 통해서도 발현되었다. 당원들 사이의 평등관계를 반영한 호칭인 "동무"라는 용어가 대중화되었다. 복장문화와 함께 남한사회에 이식된 북한의 언어문화도 많은 이들에게 거부감을 불러일으켰다. 사실 남한정부·일본제국주의·미국·친일파·지주 등의 적대 세력에 대한 북한의 공식 언어는 매우 자극적이고 선동적인 면모를 보였다. 1946년 5월 1일 노동절 기념행사에 노동자대표로 참석해 축사를 낭독한 황세권(黃世權)은 "우리는 그 밉살스러운 친일파와 민족반역자들의 골통을 치는 마음으로 힘 있게 증산의 망치를 칩시다! 조선의 민주주의적 완전독립을 방해하는 반동분자들의 오장을 갈라내는 마음으로 논밭을 깊이 갑시다!"라고 호소한 바 있다.[150] 이 절묘한 비유는 적대 세력에 대한 증오심이 체제 건설의 동력으로 이용되었음을 보여준다. 그것이 바로 북한체제가 자극적·선동적 언어를 사용하여, 일반 대중들 사이에 적대 세력에 대한 증오심을 일상적으로 부추긴 이유였다.

3. 소련문화 : 환영과 거부의 불협화음

전시 북한이 남한사회에 이식한 문화들 중 지도자를 찬미하는 풍조는 많은 지식인들 사이에 거부감을 일으켰다. 이미 전쟁 전 김성칠은 『민성(民聲)』에 실린 북한 특집기사들 중 "북조선 문화인 좌담회" 편을 읽고 그 전조를 감

---

150) 黃世權, 「勞動者代表 祝辭」, 『正路』 1946.5.2.

지했다.[151] 이기영·한설야·이태준 같은 대문인들이 "영명한 지도자 김일성장군"이란 칭호를 남발하며, "사회현상의 우순풍조"조차 그의 덕택인 듯 설명했기 때문이다. 전쟁이 발발하고 북한이 서울을 점령했을 때, 그는 자신의 일상이 그 문화에 포위되었음을 실감했다. 대중화된 "김일성장군의 노래"와 김일성·스탈린의 대형 초상화를 떠메고 행진하는 시위광경이 그 대표적 예에 속했다.

그에게 더 큰 거부감을 일으킨 "색다른 풍습"은 "김장군의 연설이라도 있으면, 그 내용을 한 자도 빠뜨리지 않고 5호 활자로 박아 신문의 전후 면에 다른 기사는 하나도 없이 몰밀어 싣는" 경향이었다. 물론 다음 날 신문은 그의 연설을 받들어 각계각층이 화답하는 기사들로 "도배"되었다. 지식인 김성칠에게 다양한 정보의 자유로운 유통이 차단된 언론정책은 몹시 불만스러웠다. 게다가 이 낯선 문화는 그에 동참하지 않는 이들을 심리적으로 압박할 수 있는 기제를 지니고 있었다. 김성칠은 친구 집에 놀러간 어린 맏이가 김일성과 스탈린의 초상화를 보고 신기해했다는 이웃의 이야기에 불안감을 느꼈다. 그의 가족이 집집마다 그들의 초상화를 부착해야 하는 새로운 문화에 동참하지 않았음이 탄로 났기 때문이었다.

김일성을 찬양하는 문화는 1946년 3월에 실시된 토지개혁과 함께 모습을 드러냈다. 북조선임시인민위원회 선전국장이 작성한 토지개혁 선전지침에 따르면, 토지개혁이 "임시인민위원회 위원장 김일성장군의 지도 아래 실시"된 이상 그가 "조선 민주혁명의 영도자"라는 점은 의심의 여지가 없었다.[152] 영화 『내고향』의 마지막 장면들 중 옥단 역을 맡은 문예봉이 주인공 관필에

---

151) 이하 김성칠, 『역사 앞에서』, 창작과비평사, 1993, 92·147·173·212쪽 참조.

152) 許貞淑, 1946.3.13, 「北朝鮮 土地改革에 對한 解釋」, 『史料集』 7, 352쪽.

게 "김일성장군께서 우리 농민들에게 토지를 나누어 주셨어요."라고 말한 대목은 한 농민에게 깊은 인상을 남겼다. 이 영화를 보며 "토지개혁 당시의 기쁨이 낱낱이 떠올랐다."라고 감상평을 밝힌 그는 자신이 소유하게 된 토지를 투쟁의 결실이라기보다, "위대한 지도자"의 하사품으로 인식하고 있었다.[153] 토지개혁 직후 북조선공산당 선전선동부장 김창만은 당기관지의 편집 방식 등 다양한 선전수단을 통해, 그가 진정한 조선민족의 지도자라는 이미지 창출 작업에 앞장섰다. 그는 『평북신보』에 실린 안중근 관련 기사와 사진이 대서특필된 반면, 김일성의 사진과 기사는 한쪽 구석에 조그맣게 실렸다며 문제를 제기했다.[154]

대형 김일성초상화가 각종 대회와 집회의 전면에 장식되었고, "김일성장군 만세!"를 외치는 함성이 대회의 폐막을 알렸다. 각종 회의의 토론자들도 기조연설 내용에 관련된 토론보다 김일성의 업적 찬사에 더 많은 시간을 할애했다. 1947년 2월 21일에 열린 북조선인민회의 제1차 회의의 토론자로 나선 대의원들 대부분이 정해진 발언시간을 지도자 찬사에 소모하자, 의장 김두봉이 개입해 토론주제에 충실하라고 주의를 주기까지 했다.[155] 지도자는 김일성 한 명뿐이어야 했다. 북조선공산당과 조선신민당의 합당 직후 김두봉에게 돌아간 북조선로동당 위원장직은 일종의 명예직에 지나지 않았다. 강원도 인제군 지역 노동당원들은 그가 당위원장이 되었다는 이유로 "김두봉 만

---

153)   평양특별시 송신리 농민 한계환, 「예술영화 [내고향]을 보고서」, 『映畵藝術』 1949 NO.3, 31쪽.

154)   宣傳部長 金昌滿, 1946.4, 「北朝鮮共産黨 中央委員會 第二次 各 道 宣傳部長會議 總結 報告 要旨」, 『史料集』 1, 89쪽.

155)   北朝鮮人民會議 常任議員會, 1947.2.21, 『北朝鮮人民會議 第一次 會議 會議錄』, 勞動新聞社, 1947, 19쪽.

세!'를 외쳐서는 안 된다는 주의를 단단히 받았다.[156] 김일성을 찬양하는 문화가 우상화의 성격을 띠었음은 명백했다. 20원에 구입할 수 있는 그의 초상화를 화재에서 구해낸 이들의 미담이 선전되었을 정도였다.[157]

한 연구가 김일성 우상화정책을 "일상화된 스탈린주의"의 관점에서 바라보았듯, 해방 후 북한과 전시 남한사회에 보급된 문화들은 대부분 소련의 경험에 연원을 두고 있었다.[158] 북한에 주둔한 소련군인들, 그들과 함께 들어온 소련계 한인들과 소련시민들, 소련에 유학한 조선 학생들 등이 소련문화의 도입에 중요한 역할을 수행했다. 아울러 조쏘문화협회의 활동을 통해 그의 대중적 보급이 가속화되었다.[159] 이제 사회주의혁명 기념일과 레닌·스탈린 등 소련 유명인사들의 탄생일은 전국적 차원의 성대한 행사를 통해 경축되었다. 대중화된 러시아어 교육, 가요에 스며든 소련풍 멜로디, 석탄 소독액으로 하얗게 칠한 가로수 등은 소련문화가 북한사회 도처에 침투했음을 드러낸 상징적 단면들이었다.[160] 누구보다 북한 지도부와 노동당원들이 소련문화의 수용에 적극성을 보였다. 체제의 발전방향을 막연하고 모호하게 구상할 수밖에 없었던 그들은 그간 소련이 개척해온 경험에서 선명한 비전을 확인할 수 있었다.[161]

---

156) 1946.8.12, 『북로당 강원도 인제군 북면 확대집행위원회 제1차 회의록』.

157) 司法局長 崔容達, 1947, 「北朝鮮 面 및 里(洞) 人民委員會 委員選擧에 關한 總結」, 『史料集』 11, 669쪽.

158) 김동춘, 『전쟁과 사회』, 돌베개, 2000, 146쪽.

159) 류기현, 2017, 「쏘련을 향하여 배우라 ─ 1945~1948년 朝蘇文化協會의 조직과 활동─」, 『대동문화연구』 제98집, 110~111쪽.

160) 와다 하루키(和田春樹) 지음, 서동만·남기정 옮김, 『북조선』, 돌베개, 2002, 135~136쪽.

161) 소련의 문화적 영향과 신생 국가의 민족주의 지향성 간 갈등에서 북한문화의 정체성을 찾은 연

해방 직후 공산당원들을 교육할 변변한 강연교재조차 갖추지 못한 북한은 소련 서적 번역물에 의존한 해결책을 찾았다. 1948년 말 현재까지 조쏘문화협회 배포망을 통해 보급된 소련 서적 번역물이 약 320만 부에 달했다.[162] 조선 문제와 "민주개혁"의 성과를 다룬 국내 저작들은 상대적으로 늦게 발간되었을 뿐만 아니라 소련 서적 번역물의 양보다 훨씬 적었다. 번역서로 교육받고 그것을 연구한 노동당원들은 그들에게 고전이 된 작품들의 서툰 번역체까지 그대로 받아들여 소화했다. 한글 전용정책에 따라 갈수록 다듬어지고 간결해지기는커녕, 어려운 "한자어 투성이 신조어"와 상투적이고 어색한 표현을 남발한 북한의 언어문화는 모스크바에서 간행된 조선어판 마르크스 - 레닌주의 서적들의 영향을 받아 형성되었다. 곧 그러한 문화의 형성은 세련미를 갖춘 현대 조선어를 오랫동안 접하지 못한 "모스크바 토박이" 소련계 한인들의 고전물 번역사업과 "모스크바의 문화를 직수입하고 신성시한" 노동당원들의 태도가 맞물린 결과였다.[163]

소련의 문화와 경험을 자신이 지향해야 할 이상의 표본으로 설정한 북한은 그에 대한 비판행위조차 허용하지 않았다. 이를테면 교사들 앞에서 "붉은 군대"를 비난한 평안북도 용강군 옥도인민학교 교장 노동섭은 보안기관에 검거되었다. 이 사건을 보도한 공산당 기관지 『정로』는 "그러한 분자들을 단연코 숙청"해야 한다고 논평했다.[164] 또한 소련인 여성 간호사 앞에서 불만의

구는 허은, 2011.5, 「냉전시대 남북 분단국가의 문화 정체성 모색과 '냉전 민족주의'」, 『한국사학보』 제43호.

162) 조쏘문화협회 중앙본부, 1948, 「1948년도 사업 총결 보고서」, 『史料集』 25, 205쪽.

163) 김성칠, 『역사 앞에서』, 창작과비평사, 1993, 202~203쪽.

164) 「反動的 敎育者가 統一戰線을 破壞」, 『正路』 1946.1.18.

표시로 침을 뱉은 해주시 적십자병원의 한 조선인 직원은 "우리의 해방자인 쏘련 여성을 모욕했다."라는 이유로 거금 6천 원의 벌금형을 선고받았다.[165] 그처럼 심심찮게 일어난 민간의 반소행위들은 보도 금지 항목에 포함되어 언론에 공개되지 않았다. 억울하게 파면된 홍남부두사업소 소장의 사연은 소련에 대한 정당한 문제 제기마저 쉽지 않았음을 보여준다. 헤드라이트가 끼워지지 않은 채 소련에서 수입된 자동차들이 물의를 빚자, 소련에 책임을 전가하는 한편 자신과 무관한 일이라고 항변한 그는 정치범죄에 해당한 "반쏘" 혐의를 받았다.[166] 직위 파면에 이어 징역 3년형이 그에게 언도되었다.

흥미롭게도 북한 지도층의 우호적 소련관은 민간사회에 그대로 수용되지 않았다. 1949년 중순경 소련인 상업고문 네우메이꼬프(Neumeikov)는 소련군에 우호적인 조선인들조차 그들의 철수에 환호를 숨기지 않았다며 아쉬움을 토로했다.[167] 다양한 스펙트럼에 걸쳐 있었던 조선인들의 소련관과 소련군인관이 점차 우호적 방향으로 선회했음은 분명했다. 그러나 해방 직후 소련군인들의 일탈상을 직접 목격한 조선인들은 그들로부터 좋은 인상을 받지 못했다. 1946년 말 군용열차에서 내린 소련군인들이 민가를 약탈하고 심지어 살인까지 저질렀다는 보고를 받은 쉬띄꼬프는 "제25군 명령서"를 포고해 그들의 일탈행위를 제지하고자 했다.[168]

조선인들의 반소관은 다양한 형태로 표출되었다. 1947년 4월경 황해도 남

---

165) 해주시인민재판소, 1948.12.3, 「판결등본집」, 『史料集』 9, 607~608쪽.

166) 김석형 구술, 이항규 녹취·정리, 『나는 조선노동당원이오!』, 선인, 2001, 247~248쪽.

167) 商業專門官 Neumeikov, 「1949年 上半期 北朝鮮の小賣取引と地方産業の結果」, 『旧ソ連の北朝鮮經濟資料集 1946~1965年』, 東京 : 知泉書館, 2011, 171쪽.

168) 전현수 편저, 『쉬띄꼬프일기(1946~1948)』, 국사편찬위원회, 2004, 61~62·68쪽.

천군에서 검거된 다섯 명의 조직은 『최근 소련정세(Современное положение в СССР)』라는 소련을 비방하는 책자를 소지했다는 혐의를 받았다.[169] 보다 적극성을 띤 반공적 비밀결사들은 소련군을 겨냥한 무력대응을 구상하기까지 했다. 1946년 5월경 황해도 신천군에서 조직된 16명의 비밀결사 "극동(Крайний Восток)"은 무장투쟁을 통한 소련군 축출을 모의했다. 이 조직은 김구를 지지한다는 입장을 밝혔다. 1947년 1월 7일 평안남도에서 적발된 8인의 비밀결사 "유일당(Единая Партия)"은 "갖가지 방법으로 소련군을 괴롭혀 그들의 조속한 철수를 유도"한다는 방침을 세웠다.[170]

한편 반소관을 지닌 북한의 지식층에게 무엇보다 불만이었던 점은 소련군의 조선 물자 징발과 반출이었다. 소련군이 조선의 지하자원을 본국으로 반출하고 있다는 김일성종합대학 교통학부 교수 김봉근(Ким Бон-гын)의 비판, 북한의 양곡이 남포항을 통해 소련으로 반출되고 있다는 같은 대학 공학부 학생 김관희(Ким Гван-хи)의 비판 등이 그 구체적 사례에 속했다.[171] 해방 직후 극심한 식량난을 겪은 북한 지역민들에게 소련군의 양곡 징발은 식량 부족사태의 원인을 그들에게 전가할 수 있는 효과적 비판소재였다. 그들의 강압적 양곡 징발에 반발한 지주와 부농들이 반동 세력으로 몰려 처벌되었다는 점은 소련을 겨냥한 비판적 풍설이 어느 정도 사실에 부합했음을 드

---

169) Игнатьев, "О социальном, экономическом и политическом положении Северной Кореи(북조선의 사회·경제·정치 정세에 대하여)", 1947, ЦАМОРФ, ф. 172, оп. 614632, д. 8, л. 31.

170) Романенко, "Доклад о политико-моральном состоянии населения Северной Кореи(북조선 인민의 정치적 정신적 상태에 관한 보고)", 1947, ЦАМОРФ, ф. 172, оп. 614632, д. 23, лл. 35~37.

171) Романенко, "Доклад о политико-моральном состоянии населения Северной Кореи(북조선 인민의 정치적 정신적 상태에 관한 보고)", 1947, ЦАМОРФ, ф. 172, оп. 614632, д. 23, лл. 26~27.

러낸다.[172] 1947년 4월경 강원도 철원군 지역에 유포된 삐라들은 소련의 양곡 징발·반출을 비판함과 함께, 식량난을 해결할 수 없는 북한의 지도자들이 아닌 김구와 이승만에게 희망을 걸어야 한다는 반체제적 메시지를 담고 있었다.[173]

소련에 대한 북한 정치인들의 추종적 태도도 지식인층과 민간사회에 부정적 여론을 조장했다. 1947년경 김일성종합대학 화학과 교수 이문해(Ли Мун-хай)는 "조선인들이 어째서 소련군대에 굽신거리는"지 이해할 수 없었다. 반소적 발언으로 물의를 빚어 교화소에 수감된 그는 교수직에서 파면되었다.[174] "김구·이승만의 노선이나 북조선의 노선이나 마찬가지"라고 주장하며, 타국에 의존하는 이들을 "매국노"라 몰아붙인 같은 대학 문학부 학생들도 소련을 향한 조선인 지도자들의 추종적 태도에 불만을 나타냈다.[175] 북한 지도자들의 외세 의존적 태도는 반체제성 삐라에 흔히 다루어진 비판소재였다. "이승만이 미국의 앞잡이"이듯 "김일성은 소련의 앞잡이"라고 냉소한 삐라가 그 전형적 예에 속했다. 쉬띠꼬프에 따르면 김일성은 그러한 내용의 삐라에 매우 불편한 심기를 내비쳤다.[176]

민간사회의 반소관은 불만 표출을 넘어 저항 형태의 대응을 낳기도 했다.

---

172) 전현수, 2002, 「해방 직후 북한의 토지개혁」, 『大邱史學』 제68집, 93~94쪽.

173) Игнатьев, "О социальном, экономическом и политическом положении Северной Кореи(북조선의 사회·경제·정치 정세에 대하여)", 1947, ЦАМОРФ, ф. 172, оп. 614632, д. 8, л. 29.

174) Романенко, "Доклад о политико-моральном состоянии населения Северной Кореи(북조선 인민의 정치적 정신적 상태에 관한 보고)", 1947, ЦАМОРФ, ф. 172, оп. 614632, д. 23, л. 27 ; 北朝鮮人民委員會 敎育局 敎幹部 第26號, 1947, 『金日成大學 發令件』.

175) 북로당 중앙상무위원회 제20차 회의 결정서, 1947.1.8, 「김일성종합대학 내 당단체들의 사업검열 총화에 관하여」, 『史料集』 30, 101쪽.

176) 전현수 편저, 『쉬띠꼬프일기(1946~1948)』, 국사편찬위원회, 2004, 61쪽.

1946년 10월 사회주의혁명 기념식이 열리던 중, 스탈린을 찬양하는 감사메시지에 분개한 김일성종합대학 학생 김상종은 격한 고함을 지르며 메시지 낭독을 중단하라고 외쳤다.[177] 1947년 6월 9일 한 조선인 어린이가 평양시내를 가로지르던 소련군 화물자동차에 치어 숨졌을 때에도 분노한 군중들의 반소 감정이 폭발했다. 이 사건의 조사임무를 띠고 현장에 도착한 소련군장교 쿡스(Кукс)와 한 사병이 군중들로부터 "무자비한" 폭행을 당했다.[178]

반소관이 만연한 현실에 맞서 소련과 소련군에 대한 긍정적 이미지를 창출하려는 시도들이 이루어졌다. 1946년 초 조선공산당 북조선분국은 "해방자인 붉은 군대에 대한 조선민족의 충성운동"을 일으키기로 결의했다.[179] 시·소설을 비롯한 각종 문학작품들은 소련군인들의 친근하고 자애로운 이미지를 창출할 수 있는 효과적 수단이었다. 이미 철수한 소련군을 그리워한 어느 중학생의 다음 시는 당국의 그러한 의도에 잘 들어맞았다. "쏘련군대 아저씨 떠나가실 때 / 어서 커서 잘 배워 쏘련에 오라고 / 우뚝 솟은 해방탑 잔디밭에서 / 나와 같이 사진을 찍었답니다 // 아빠하고 해방탑 놀러갈 때면 / 사진 찍던 그때가 그리웁고요 / 해방된 지 네 번째 맞는 오늘은 / 떠나가신 쏘련군 더 그리워요."[180]

문학작품의 보급과 별도로, 1948년 한 해 동안 소련문화와 관련된 강연

177) Романенко, "Доклад о политико-моральном состоянии населения Северной Кореи(북조선 인민의 정치적 정신적 상태에 관한 보고)", 1947, ЦАМОРФ, ф. 172, оп. 614632, д. 23, л. 26.

178) Игнатьев, "О социальном, экономическом и политическом положении Северной Кореи(북조선의 사회·경제·정치 정세에 대하여)", 1947, ЦАМОРФ, ф. 172, оп. 614632, д. 8, л. 29.

179) 朝鮮共産黨 北朝鮮分局 第四次 執行委員會, 「三·一 紀念에 對한 決定書」, 『正路』 1946. 2. 18.

180) 평양 2중 2학년 리건진, 「쏘련군대 그리워요」, 『소년단』 1949년 10월호, 42쪽.

회·강좌·좌담회·영화감상회·연극공연·음악회 등의 행사가 60,090여 회에 걸쳐 개최되었다. 그를 참관한 군중 수만 해도 무려 1,600만여 명에 달했다.[181] 다양한 방식의 선전을 통한 긍정적 소련관 창출 시도는 적잖은 성과를 거둔 듯하다. 이를테면 조쏘문화협회가 주최한 소련사진 전람회에 참석한 강원도 인제군민들은 "쏘련에 한 번 가보면 죽어도 한이 없겠다."라고 감탄하기까지 했다.[182]

소련군의 일탈행위와 그들에 대한 군중들의 비방행위 등 소련의 이미지에 손상을 입힐 수 있는 사건들은 언론 보도 대상에서 제외되었다. 심지어 소련이나 소련군을 겨냥한 비방·적대행위는 과중한 형량을 언도받을 수 있는 정치범죄인 "반쏘" 혐의의 적용 대상이었다. 그러한 조치들에 더하여 소련군 내부의 정화 노력이 우호적 소련관의 확산에 일조했다. 군인들 다수가 기본소양을 갖춘 이들로 대체되었을 뿐만 아니라, 군내 기강 확립 차원에서 일탈자들에 대한 엄격한 처벌이 단행되었다. 이를테면 1947년 초 북한주민 살인·강도 혐의로 기소된 한 소련군 장교의 재심 요청은 받아들여지지 않았다.[183]

그러나 1948년 말 소련군 철수가 완료된 뒤에도 조선인들의 반소감정 표출은 중단되지 않았다. 그와 관련해 "반동분자들"의 활동을 경계하라고 지적한 한 소련인 고문의 대응은 현실을 제대로 직시하지 못한 진단이었다. 이를테면 소련인들에게 물품 판매를 거부한 상인들의 태도는 "반동분자들"의 활동이라기보다, 민간사회의 반소감정 표출에 가까웠다. 소련군 철수 후 민간

---

181) 김재호, 1949.5, 「朝蘇文化協會 第三次 大會」, 『史料集』 28, 412쪽.

182) 1949.12.10, 「북로당 강원도 인제군당상무위원회 회의록 제71호」, 『史料集』 3, 894쪽.

183) 전현수 편저, 『쉬띄꼬프일기(1946~1948)』, 국사편찬위원회, 2004, 72쪽.

의 반소감정은 다양한 형태로 표출되었다. 홀로 산책하고 있는 소련인에 대한 조선인들의 기습적 폭행사건들이 잇따랐고, 소련군인들과 친밀한 관계를 유지해온 조선인들 중 보복을 당하지 않을까 우려한 이들도 있었다.[184] 반소 감정이 쉽게 가라앉지 않았을 만큼, 민간사회에 잠재한 조선인들의 민족주의 정서는 상당히 견고한 지반에 뿌리내리고 있었다.

4. 정치교육의 일상화

해방이 불러온 북한사회의 문화적 변화는 일상화된 정치교육에서 절정에 달했다. 온갖 매체에 정치시사 위주의 기사들이 넘쳐났고, 그 중심에 마르크스 – 레닌주의가 있었다. 북로당이 대중정당을 표방했음에도 불구하고, 북조선공산당 시기의 당 지도이론이었던 마르크스 – 레닌주의의 지위에는 변함이 없었다. 김일성은 공산주의자가 노동당원이 되었다는 이유로 마르크스 – 레닌주의를 경시해서는 안 된다고 강조했다.[185] 박헌영에게 그것은 모든 간부들이 갖추어야 할 기본소양이었다. 그는 "선진이론인 마르크스 – 레닌주의에 어두운" 간부들은 "상업·관리·경제계획 실행에 미숙할 뿐만 아니라, 법률을 잘 이해하지 못해 공정한 재판을 할 수 없는 우둔한 기계적 인물 또는 무식한 관료주의자가 될 수밖에 없다."라고 결론지었다.[186]

184) 商業專門官 Neumeikov, 「1949年 上半期 北朝鮮の小賣取引と地方産業の結果」, 『旧ソ連の北朝鮮經濟資料集 1946~1965年』, 東京 : 知泉書館, 2011, 171쪽.

185) 김일성, 1946.6, 「北朝鮮勞動黨 創立大會 會議錄」, 『史料集』 1, 144쪽.

186) 박헌영, 1949.12.17, 「당원들의 사상정치 교양사업 강화와 당단체들의 과업」, 『史料集』 1, 543~544쪽.

정치교육은 일찍부터 정규학교의 교육 과정에 도입되었다. 1946년 4월경에 열린 북조선 교원직업동맹 결성대회는 모스크바삼상회의의 결정을 지지하며, 그 내용과 정신을 교육 부문에 보급하기로 결정했다.[187] 북조선인민위원회 교육국장 한설야는 일제시기의 "파쇼교육"과 해방 후의 "민주교육"을 가르는 차이를 정치교육의 실시 여부에서 찾고자 했으며, 학생들의 "반동적 일탈"과 "자유주의"가 그를 통해 척결될 수 있다고 보았다. 이어 그는 정치교육을 회피하고 미술교육에 치중한 어느 학교 교장을 비판했다.[188] 정치와 대중들의 일상생활이 분리되지 말아야 한다고 강조한 공산당은 다음과 같은 교육관을 밝혔다. "교육과 정치의 분리는 민중과 정치를 분리하려는 야비한 수단이자 정권에 대한 은연한 반대운동이다. 그러므로 일상 민주주의 정치의식을 넣어주며 정치와 교육을 항상 연결시켜야 한다."[189]

초급·고급중학교를 졸업한 뒤 전문학교나 대학에 진학한 학생들은 더 강도 높은 정치교육을 받았다. G-2에게 북한 관련 정보를 제공한 한 학생은 김일성종합대학 화학과의 주 당 수업시간이 화학 4, 러시아어 4, 영어 2, 수학 6, 자연과학 4, 광물학 2, 지리학 2, 공산주의역사 4, 군사훈련 2, 체육 2시간이었다고 밝혔다.[190] 그는 "북조선 민주주의"에 관한 별도의 정치교육 시간이 편성돼, 대학생들이 전공과목을 충분히 소화할 수 없었다고 강조했다. 전시 유엔군의 반격을 틈타 북한 지역에 진입한 미국무성 연구조사단은 기술

---

187) 北朝鮮人民敎員職業同盟 結成大會,「植民地的 敎育을 淸算 人民의 敎育으로 새 出發」, 『正路』 1946.4.10.

188) 韓雪野,「一九四七年度 人民敎育文化 發展計劃 實踐에 關하여」, 『인민』 1947년 5월호(『史料集』 13, 473~474쪽).

189) 社說,「敎育活動의 當面課業」, 『正路』 1946.3.15.

190) ISNK, no.3(1948.1.10~1948.7.16), p. 17.

학교에서조차 정치교육이 주 당 10시간씩 이루어졌음을 확인했다.[191] 학생들이 교육 과정을 이수하기 위해 갖추어야 할 요건들 중 하나인 마르크스-레닌주의 소양은 시험을 통해 평가되었다. 평양교원대학 화학과 학과장은 지도학생인 지은숙이 아직 『쏘련공산당역사』를 스스로 학습해 이해하는 단계에 이르지 못했다고 지적하며, 그녀의 빈약한 교양 수준에 불만을 내비쳤다.[192]

높은 정치교육 비중에 따른 전공 수업시간 단축과 학생들의 전공학습 부족은 생산력 향상에 부정적 영향을 끼칠 수 있었다. 과도한 정치교육에 대한 비판은 체제 초기인 1947년 4월경부터 제기되었다. 국영지배인학교와 소비조합간부학교를 비롯한 단기 간부양성학교의 전문 과목 수업 비중을 70~80% 이상으로 편성하되, 정치 과목의 수업 비중을 20~30% 이하로 낮춰야 한다는 북로당 중앙상무위원회의 지시가 지나친 정치교육 편중성에 제동을 건 조치였다. 그러나 "민주개혁"의 제 법령과 북조선인민위원회의 중요 결정·문헌에 대한 학습은 여전히 강조되었다.[193]

학원 내 강도 높은 정치교육의 실시에도 불구하고, 학생들의 일탈은 끊이지 않았다. 이를테면 체제를 비난하는 내용의 삐라를 살포한 학생들, 반체제 성향의 비밀조직에 가담한 학생들, 미첩보기구에 포섭돼 스파이로 활동한 학생들 등이 목격되었다. 평양여자고급중학교의 교사들은 몇몇 학생들이 제출한 정치과목 답안지를 보고 개탄을 금치 못했다. 마르크스·엥겔스를 동일인으로 착각해 마르크스가 성이고 엥겔스가 이름이라고 적은 학생이 있었는가

---

191) U.S. Department of State, *North Korea: A Case Study in the Techniques of Takeover* (Washington, D.C.: U.S. Government Printing Office, 1961), p. 64.

192) 1949, 「평양교원대학교 화학과 지은숙 평정서」, NARA RG242 SA2007 Item20.7.

193) 북로당 중앙상무위원회 제30차 회의 결정서, 1947.4.8, 「간부양성제도에 대하여」, 『史料集』 30, 180쪽.

하면, 조선민주주의인민공화국과 외교관계를 체결한 국가가 미국이라고 쓴 학생도 있었다.[194] 그러나 전시에 미국무성 연구조사단이 북한 인민 각계각층을 대상으로 실시한 여론조사는 학생층의 체제 지지도가 노동자·농민 등의 다른 계층보다 월등히 높았음을 보여주었다.[195] 요컨대 가장 집중적으로 정치교육을 받은 학생층은 체제의 든든한 버팀목이 되어갔을 뿐만 아니라 향후 체제의 안정화에 이바지했다.

전 인민을 한 명도 빠짐없이 정치의 장에 끌어들여야 한다는 장종식의 주장은 정치교육의 대상이 노동당원들과 학생층에 국한되지 않았음을 드러낸다.[196] 겨울철 농한기는 농민들이 국내외 정세를 비롯한 각종 시사교육을 받을 수 있는 적기로 활용되었다. 대규모 군중들이 동원되는 각종 선거·기념일·집회 등도 그들의 정치적 무관심을 일소할 교육의 장이 되었다. 사회 전 영역의 정치화 조짐은 해방 2주년을 기념해 열린 "북조선 예술축전"을 통해 극명히 드러났다. 이 축전은 정치적 메시지를 담지 않은 작품은 더 이상 최고의 작품이 될 수 없음을 일깨워주었다. 김일성의 항일무장투쟁을 찬미한 조기천의 『백두산』이 장편시 부문 1등에, 농민영웅 김제원의 "애국미 헌납"을 극화한 한태천(韓泰泉)의 『애국자 김제원』이 희곡 부문 1등에 당선되었다. 미술 부문 수상작의 면면은 북한예술의 암울한 미래를 예고하기에 충분했다. 김주경의 『김일성장군 전적』과 문석오의 『스탈린대원수 초상』이 유화 부문

---

194) 북로당 평남 평양시 중구역당 평양여자고급중학교세포, 1948.12.11, 「제20차 정기총회 회의록」, 『史料集』 26, 257쪽.

195) Charles K. Armstrong, *The North Korean Revolution, 1945~1950* (Ithaca: Cornell University Press, 2003), pp. 188~189.

196) 敎育局長 張鐘植, 「北朝鮮 敎育의 當面課題」, 『인민』 1946년 11월호(『史料集』 13, 21쪽).

y

498 | 북한 체제의 기원 ─ 인민 위의 계급, 계급 위의 국가

공동 1등에 선정되었다.[197]

아동작품에서도 정치적 메시지는 빠질 수 없는 평가 요소였다. 강계여자중학교 학생 송옥녀의 동시 "강남제비"는 완벽에 가까운 리듬감과 문답식 표현이 돋보이는 작품이었다. "강남 갔던 제비야 돌아왔구나 / 바다 건너 산 넘어 날아왔구나 / 새로 지은 우리 집 좋아 왔구나 // 멀고 먼 강남서 돌아올 때에 / 우리나라 남반부 들러왔느냐 / 리승만이 망하는 꼴 보고왔느냐 // 지지배배 노래로 대답합니다 / 유격대들 이기는 것 보고왔대요 / 북반부가 그리워 살러왔대요."[198] 북한 땅을 동경해 날아온 강남제비의 선택과 그의 남한 관찰상에 담긴 메시지가 이 시의 우수작 당선에 기여한 결정적 요소였다.

소련에 유학 중인 어느 학생이 지은 다음 시는 한 눈에 보아도 정치적 내용이 아닌 자신의 내밀한 감정을 드러내고 있다. "가슴에 손을 얹고 / 살그머니 눈을 감으면 / 어느새 그대는 내 앞에 나타나 / 깊은 잠속에서도 / 나는 그대를 잊지 않았고 / 그대도 나를 버리지 않았다 // 꿈, 꿈, 꿈일지라도 / 그대는 내 마음속에 / 꽃봉오리처럼 아름답게 피어올라 / 젊은 내 심장을 격분시키노니 / 오 내 사랑이여 / 영원한 나의 애인이여 // 그대의 반가운 소식을 들을 때 / 삼천리여 나의 조국이여 / 나는 하늘만큼 기뻐하노라 / 그 긴 겨울밤이 물러가고 / 새벽의 고요한 짬에도 / 너는 내 눈 앞에 어른거린다."[199] 이 시는 꿈속에서조차 젊은 작자의 심장을 뛰게 하는 무언가를 향한 그리움과 갈망을 표현하고 있다. 잘 드러나지 않던 그의 갈구 대상은 긴 겨울밤이 물러간 새벽녘 고요한 짬에 어른거리듯 나타난다. 자유롭고 내밀해야 할 그의

---

197) 1947.10, 「解放 二週年 記念 藝術祝典 總和」, 『史料集』 27, 148~154쪽.

198) 송옥녀, 「강남제비」, 『소년단』 1950년 5월호, 24쪽.

199) 1949.12, 「崔昌益 關係文件」, 『史料集』 10, 152~153쪽.

감성세계의 중심에 자리를 틀어잡고 있었던 것은 다름 아닌 "조국"이었다.

한편 정치의식을 결여한 이들은 혹독한 비판을 받았다. 박헌영은 정치이론이 자신에게 필요한 기술지식과 무관하다고 말한 함경북도 길주군 펄프공장 지배인의 태도에 분개했다.[200] 강원도 인제군 내무서장은 게시판의 표어를 교체했다는 이유로, "사상적 근거를 재검토"할 필요가 있다는 강도 높은 비판을 받았다.[201] 정치적 표어를 떼어낸 자리에 내무서가 새로 올린 게시물은 "자나 깨나 불조심!"이란 내용을 담고 있었다.

선전사업에 복무한 간부들의 과실은 자칫 범죄에 해당할 수 있었다. 라디오방송을 통해 이승만을 칭송한 어느 아나운서와 김일성의 라디오 방송연설을 두 번씩이나 가로막은 한 방송 간부의 일탈이 그 대표적 예에 속했다.[202] 파면된 그들은 재판에 회부되었다. 1947년경에 해직된 평양라디오방송국 감독은 정치 문제에 무관심했다는 혐의를 받았다. 그는 어린이 방송물에 정치성을 반영하지 않은 데다, 찬송가풍의 음악을 배경음으로 사용해 물의를 빚었다. 결정적으로 그가 소련방송마저 제한하자 발끈한 소련인 고문이 그에게 "반쏘 혐의"를 씌웠다.[203] 이 사건에 주목한 북로당은 "방송이 노동계급의 이해에 관심을 두기보다 다른 계급의 향락에 봉사했다."라는 논평을 내보냈다. 소련군 민정기구의 사업보고에 따르면 1948년 현재 북한 라디오방송의 정치

200) 박헌영, 1949.12.17, 「당원들의 사상정치 교양사업 강화와 당단체들의 과업」, 『史料集』 1, 543~544쪽.

201) 1949.10.10, 「북로당 강원도 인제군당상무위원회 회의록 제64호」, 『史料集』 3, 671~672쪽.

202) Управление Советской Гражданской Администрации в Северной Корее(북조선 소련민정국), Указ. соч. С. 211.

203) U.S. Department of State, North Korea: A Case Study in the Techniques of Takeover (Washington, D.C.: U.S. Government Printing Office, 1961), p. 93.

프로그램 비중은 약 65%에 달했다.[204] 나머지는 매일 30분씩 편성된 어린이 방송, 농업전문가들의 강연, 지구·생명의 기원을 다룬 대중과학 강연 등에 할애되었다.

한편 정치교육은 인민들이 일상적으로 접하는 다양한 선전수단들을 통해서도 이루어졌다. 표어·포스터·벽보 등을 비롯한 선전문이 그 구체적 수단이었다. 시각적 이미지를 활용한 이 선전수단들은 해방 직후부터 북한 지역 풍경을 새로운 모습으로 바꾸어놓기 시작했다. 1946년 10월경 북한의 황해도 지역을 가로질러 옹진반도까지 여행할 기회를 잡은 미국인 저널리스트 마크 게인(Mark Gain)은 해주 시내를 "간판장이의 천국"이라 묘사했다.[205] 그는 모든 건물·담벽·가로등을 장식하고 있는 각종 간판, 망치와 낫이 그려진 깃발, 짧은 표어, 김일성초상화, 포스터 등등이 도시 전체에 축제 분위기를 자아냈다고 기록했다.

『김일성장군 개선기』를 저술하며 적극적 활동을 벌이다 뒷날 체제를 등진 기자 한재덕은 1946년 11월 초 북조선 도·시·군 인민위원회선거 준비사업을 취재하던 중 깊은 감격에 빠졌다. 거리를 한 바퀴 도는 동안 그는 인민들이 직접 만든 포스터와 선전문이 기둥·담벽·등불 등을 "조그만 빈틈도 없이" 뒤덮고 있는 광경을 목격했다.[206] 문득 그는 "해설문의 바다"이자 "표어의 삼림"에 둘러싸인 자신을 발견했다. 그가 보기에 선전사업이 이토록 철저히 이루어진다면, 대중들의 교육과 훈련도 문제될 게 없었다. 그러나 그로부터 4

---

204) Управление Советской Гражданской Администрации в Северной Корее(북조선 소련민정국), Указ. соч. С.214~217.

205) 마크 게인 지음, 까치 편집부 옮김, 『해방과 미군정 1946.10~11』, 까치, 1986, 57쪽.

206) 韓載德, 「金日成將軍을 받들어 三登에 人民의 名節」, 『勞動新聞』 1946.11.5.

년 뒤 유엔군이 북한 지역을 점령했을 때, 미국무성 연구조사단은 많은 주민들과 인터뷰하며 시각적 선전물에 대한 그들의 솔직한 생각을 들을 수 있었다. 한재덕에겐 실망스러웠을지 몰라도, 많은 이들이 솜씨 없이 만들어진 선전물들에 별 관심을 보이지 않았다고 대답했다.[207]

207) U.S. Department of State, *North Korea: A Case Study in the Techniques of Takeover* (Washington, D.C.: U.S. Government Printing Office, 1961), p. 96.

국가공동체문화

1. 단체주의와 조직생활

국가의 가치를 강조하는 반면 개인의 희생을 미덕으로 보는 사회에서 개
인주의가 공고한 입지를 다지기란 쉬운 일이 아니었다. 중국의 최근 역사는
마르크스주의적 세계관의 수용 이후 개인주의가 어떠한 운명을 맞았는지 상
징적으로 보여주었다. 1919년 5·4신문화운동 시기 중국의 계몽운동가들은 유
가적 집단관계에서 개인을 분리해내고 개인을 중시하는 운동을 전개했다.[208]
그러나 곧 마르크스주의가 다른 경쟁적 사조들을 몰아내고 독점적 지위를
구축해 갔다. 프랑스의 개인주의로부터 독일의 집체주의에 이르는 긴 사상적
전환 과정이 중국의 경우 고작 수년 만에 완결됨에 따라, 성숙의 기회를 가
지지 못한 개인주의는 출구조차 확보할 수 없었다. 인민공화국체제가 발족한

---

208) 이하 리저허우(李澤厚)·류짜이푸(劉再復) 저, 김태성 역, 『고별혁명』, 북로드, 2003, 285~296쪽
참조.

1949년 이후 친척이나 친구 등의 사적 관계는 억압되었고, 개개인 모두가 동일한 조직단위에 속한 평등한 성원 곧 동지가 되었다.

한편 단체주의를 해방 후 북한체제의 이상적 사조로 바라본 역사가 이청원은 개인주의를 그 대척점에 놓인 안티테제로 설정했다.[209] 개인주의가 서구에서 싹트고 성숙한 사조였다는 점은 그의 안중에 없었다. 그가 보기에 단체주의가 부상하기 전 조선사회는 개인주의에 매몰되어 있었다. 그러나 현대의 학자들은 마르크스주의가 유입되기 전, 동양에서 지배적 위상을 점했던 유교적 인간관이 오히려 마르크스주의적 인간관과 유사하다는 점에 주목하고 있다.[210] 그들은 통치자·사회·부모·남편 등 집단관계에 종속된 전통적 개인을 비독립적이고 의존적인 존재로 바라보았으며, 따라서 그러한 인간관이 인간을 "사회관계의 총화"로 보는 마르크스주의적 관점과 유사한 면이 있다고 지적했다.

전통적 세계가 단체주의에 기초했음을 포착하지 못한 이청원은 오히려 개인주의가 "봉건적" 농촌사회의 산물이라고 폄하했다.[211] 그는 고립적 자연경제하에서 서로 떨어져 생활한 조선시대 농민들이 사회와 격리돼, 마치 "골뱅이처럼 독선적인 세계"에 갇혀 있었다고 보았다. "공동의 이해관계가 없는 조건"을 연장해온 사회환경이 진보를 두려워하는 농민들의 개인주의적 생활태도를 조장했다는 진단이었다. 그는 조선인들이 일제의 침략에 맞서 "공동일치한 투쟁"을 전개하지 못한 과오를 그러한 개인주의적 습성에 전가했다.

---

209) 李清源, 「建國思想總動員運動의 社會的 根據」, 『인민』 1947년 1월호(『史料集』 13, 177~178쪽).

210) 리저허우(李澤厚)·류짜이푸(劉再復) 저, 김태성 역, 『고별혁명』, 북로드, 2003, 285쪽.

211) 이하 李清源, 「建國思想總動員運動의 社會的 根據」, 『인민』 1947년 1월호(『史料集』 13, 177~178쪽) 참조.

뿐만 아니라 8·15해방이 민족적 단결투쟁을 통해 이루어지지 못했다는 점에 비추어, 조선인들의 개인주의가 아직 척결되지 않았다고 진단했다. 단체생활의 관념과 공동생활의 도덕을 결여한 데다 "남이야 어찌 됐든 나 혼자만 잘 살면 그만이라는 개인주의"는 그에게 의식성과 계획성을 결여한 "하루살이의 방종"에 지나지 않았다. 이청원은 집단관계로부터 개인의 해방이란 관점에서 개인주의에 접근하기보다, 집단관계에 방해가 되는 독선이자 아집이란 관점에서 그것을 바라보았다.

이청원이 개인주의의 부정적 측면을 비판했다면, 김일성종합대학 부총장 태성수는 단체주의의 긍정적 측면을 적극 옹호했다. 인간의 삶에 단체주의가 필요하다는 점은 태성수에게 너무도 자명해 보였다. 이를테면 분업화된 산업공정의 어느 한 부분에서 작업 속도가 지체되면, 전체생산이 그 영향을 받지 않을 수 없다. 따라서 생산 활동에 참가한 모든 이들의 노동·행동·기술이 단체주의에 의거하지 않는 한, 완전한 생산능률의 발휘가 어렵다고 진단되었다.[212] 생산이 아닌 사회 활동의 경우에도 동일한 논리가 적용될 수 있었다. 곧 개인의 목표·과업·사상 등이 그가 속한 사회의 이해와 일치하지 않으면, 사회 전체의 이익이 보장되기 힘들다고 강조되었다.

태성수는 단체주의가 주민들의 공동생활에 필요한 일상의 협력과 다른 개념이라고 보았다. 이를테면 도둑을 발견한 행인들이 서로 협력하는 태도는 "자연발생적으로 공동생활의 필요"에 따라 발현되는 "비조직적 군중성"의 반영일 뿐, 의식적·계획적·조직적 요소를 갖춘 대응이 아니었다. 그는 단체주의가 일정한 목표를 지향하는 한 공동체 성원들의 조직적·계획적 행동을 전

---

212) 이하 太成洙, 「勤勞大衆의 民主主義的 敎養에 關한 諸問題」, 『근로자』 1948년 9월호(19호), 75~77쪽 참조.

제로 한다고 보았다. 공장 내 단체노동은 단체주의의 개념을 명쾌하게 예시할 수 있는 소재였다.

단체주의를 강조한 사회풍토는 개인의 이해관계를 앞세우는 태도에 거부감을 보였다. 전체의 이익이 먼저 보장되어야 개인의 이익도 보호받을 수 있다는 논리가 통용되었지만, 태성수는 보다 직설적으로 "개인의 이익이 전체의 이익에 종속"되어야 한다고 역설했다.[213] 이미 1946년 12월 6일부터 전개된 전 인민적 대중운동인 건국사상총동원운동이 "개인보다 공공생활과 전체이익을 존중하는 새로운 국민도덕"의 확립을 모색했다. 이제 개인의 주체적 가치를 강조하는 태도와 적극적으로 개성을 표출하는 행위는 사회와 국가의 발전에 이롭지 않다고 인식되었다. 대규모 집단시위는 사회 전체의 통일과 단결에 개개인들의 개성이 매몰된 단면을 드러내는 북한의 상징적 문화였다. 무려 40일 전부터 해방 5주년 기념 가두시위 연습에 참가하라고 독촉받은 지식인 김성칠은 그러한 문화에 거부감을 드러냈다.[214]

단체주의에 기초한 조직생활이 효과적 성과를 가져다줄 수 있다는 인식이 공고화됨에 따라, 조직생활에 필요한 윤리의식의 함양이 강조되었다. 공동체윤리의 대중적 보급을 강조한 시발점은 건국사상총동원운동이었다. 이청원은 이 운동이 "엄격한 규율"에 기초해야 한다고 보았다.[215] 그는 구체적으로 "출퇴근 시간을 엄수할 것", "무단외출을 엄금할 것", "하부는 상부의 지시와 명령에 절대 복종할 것" 등을 지적하며, 그러한 "규율이 조직생활을 계

213) 太成洙, 「勤勞大衆의 民主主義的 敎養에 關한 諸問題」, 『근로자』 1948년 9월호(19호), 61·70쪽.

214) 김성칠, 『역사 앞에서』, 창작과비평사, 1993, 87쪽.

215) 李淸源, 「建國思想總動員運動의 社會的 根據」, 『인민』 1947년 1월호(『史料集』 13, 180쪽).

획적으로 운영할 수 있는" 기본조건이라고 강조했다.

그러나 해방 후 북한 지역을 처음으로 자치하기 시작한 대중들은 철저한 시간관념을 결여했던 듯하다. 1947년 2월 현재 강원도 인제군 북면 지역 인민위원회 간부들 총 16명 가운데 오전 9시 출근시간을 지킨 이는 4명(25%)에 지나지 않았다.[216] 심지어 북면 민청과 여맹의 간부들 중 9시 전에 출근한 이는 한 명도 없었다. 김일성은 빈번히 발생한 기차 충돌사고와 기차의 연착, 비료·곡물 운반의 지체 등이 규율 없는 행동의 소산이라고 비판했다.[217] 그는 태만에서 비롯된 각종 사고를 반체제행위의 관점에서 바라보는 한편, 규율을 지키지 않는 이들에게 법적 처벌을 부과해야 한다는 입장을 내비쳤다.

규율을 강조한 공동체의 조직생활은 사생활과 사적 공간의 독립성을 존중하지 않았다. 당규약에 당원들의 사생활을 규정한 항목이 없다고 운을 뗀 북로당 검열위원회 위원장 장순명은 당원들에게 사생활은 있을 수 없으며, 그들의 가정생활도 사적 영역에 속하지 않는다는 입장을 밝혔다.[218] 그가 보기에 당원들이 자주 술을 마시는 행위, 사치와 안일에 탐닉하는 행위, 뇌물을 받는 행위 등은 결코 당이 묵과할 수 있는 사적 성질의 문제가 아니었다. 장순명은 당원들이 "군중의 모범"이자 "인민의 지도자"가 되려면 "당 생활의 도덕"을 준수해야 하며, 그렇지 않으면 처벌이 불가피하다고 강조했다.

사생활 제한 논리는 노동당원들만이 아닌 일반 대중들에게도 적용되었

---

216) 1947.2.9, 『제15차 북로당 강원도 인제군 북면당위원회 회의록』.

217) 北朝鮮臨時人民委員會 決定 第一一九號, 1946.11.26, 「北朝鮮臨時人民委員會 第三次 擴大委員會의 金日成委員長의 '北朝鮮 民主選擧의 總結과 人民委員會의 當面課業'에 對한 決定書」, 『史料集』 5, 78~79쪽.

218) 북로당 검열위원회 위원장 장순명, 「당적 처벌에 대하여」, 『근로자』 1949년 5월호(32호), 14~15쪽.

다. 한 논자는 "공민들"의 사생활이 사회와 무관한 개인 문제로 치부되어서는 안 된다고 지적했다.[219] "개인향락 위주의 절제 없는 사생활"을 민주주의 도덕에 반하는 태도라 규정한 그는 무엇보다 자제·겸손·규율성 등이 개인생활에 요구된다고 보았다. 심지어 그는 가정 문제와 부부 문제도 사적 영역의 문제로 간주하지 않았다. 새로운 세대의 양육과 교육을 담당할 가정이야말로 사회 발전에 결정적 영향을 끼칠 수 있는 공간이기 때문이었다. 따라서 그는 장래 사회 발전을 좌우할 가정을 "우리 사회의 기초세포"라 규정했다.

단체주의를 중시한 공동체의 조직생활에 사생활이 긍정적으로 인식되지 않았듯, 그 기저에 놓인 자유주의도 공동의 목표 달성을 방해하는 부정적 가치로 인식되었다. 1947년 8월경 김일성은 자유주의가 "조직이 내린 결정과 지시에 복종하지 않고 자기 마음대로 하며, 회의할 때에는 찬성하다가도 그 자리를 떠나면 달리 행동하는 태도"를 일컫는다고 지적했다.[220] 그가 보기에 당원이 당의 지시에 복종하지 않고 개인이 조직의 결정에 따르지 않는 "자유주의적 경향"은 당과 조직의 단합을 방해할 수 있는 유해한 태도였다. 사실 김일성의 자유주의관은 해방 직후의 조직 활동 중에 그가 경험한 역경을 반영하고 있었고, 북로당 제2차 전당대회를 통해 그 경위가 밝혀질 수 있었다.

북로당 제2차 전당대회를 주도한 김일성은 오기섭을 직접 거명하며 지난날 그가 일으킨 자유주의적 과오를 맹렬히 비판했다. 그들의 갈등은 기존의 공산청년동맹을 그대로 유지할 경우 많은 청년들이 다른 성향의 정당과 종교단체로 이탈할 우려가 있는 이상, 공청을 민청으로 개편해 공산당이 광범

---

219) 이하 金福萬, 1947.1.10, 「민주주의적 공민도덕에 대하여」, 『史料集』 12, 136~137쪽 참조.

220) 金日成, 「創立 一週年을 맞이하는 北朝鮮勞動黨」, 『근로자』 1947년 8월호(『史料集』 43, 389~390쪽).

한 청년층을 "쟁취"해야 한다는 결정에서 비롯되었다.[221] 회의에 참가한 오기섭은 여러 차례 지속된 김일성의 설득에 그 결정을 받아들였으나, 황해도 해주시에 내려가 연설하던 중 전혀 다른 입장을 내비쳤다. "면대해서는 반대하지 못하고 돌아앉아 수군거리며 반대하는 행위", "양으로 받들고 음으로 반대하는 행위" 등을 "양봉음위"라 일컬은 김일성은 "오기섭동무가 이 작란을 많이 했다!"라고 비판했다. 이 중대한 회의를 통해 이루어진 공개비판은 당 간부용 강습교재에도 반영되었다. 그 교재는 자유주의가 자신의 의견을 정당하게 당 조직에 건의하거나 회의 중에 제기하지 않고, "뒤에 앉아 횡설수설하는 태도"를 일컫는다고 규정했다.[222]

북로당 중앙의 부정적 자유주의관은 하급당에 이식되었을 뿐만 아니라, 일반당원들의 독단적 활동을 제지하고 처벌하는 근거로 활용되었다. 이를테면 당 조직에 연락하지 않고 여행을 떠나거나, 직장을 옮기거나, 무단결근을 일삼는 당원들에게 과중한 책벌이 부과되었다.[223] 동료들의 자유주의적 행동을 우려한 평안북도 도당학교의 연안 출신 학생들은 중국공산당의 정풍운동을 도입하여 그를 제지하고자 했다. 자유주의적 과오를 저지른 이들이 며칠 동안 지속된 동료 당원들의 혹독한 비판과 심문을 견뎌내기란 쉬운 일이 아니었다. 결국 그들은 자신들이 지닌 결점과 과거에 범한 과오들을 모조리 실토했다.[224]

노동당 문화와 가치체계가 대중화됨에 따라 부정적 자유주의관도 민간사

---

221) 金日成, 1948.3.29, 「北朝鮮勞動黨 第2次 全黨大會 會議錄」, 『史料集』 1, 416~417쪽.

222) 「세포위원장들을 위한 강습제강」, 『史料集』 17, 380~381쪽.

223) 1948.8.30, 「북로당 강원도 인제군당상무위원회 회의록 제21호」, 『史料集』 2, 544쪽.

224) 김석형 구술, 이항규 녹취·정리, 『나는 조선노동당원이오!』, 선인, 2001, 189~190쪽.

회에 보급되었다. 1946년 9월경 김일성종합대학 공학부 교수로 초빙된 남한의 지주 출신 기계전문가 배준호를 평가한 평정서에, 그의 자유분방한 태도를 우려스럽게 바라보는 관점이 잘 드러나 있다. 대학 당국은 "자유주의적이다. 이것은 아직 그가 조직생활을 하지 못한 관계라고 본다."라는 진단을 내렸다.[225]

자유주의에 대한 비판은 국가의 정책 관철에 유용한 수단으로 이용되었다. 국가는 자신의 정책에 협력하지 않는 이들의 태도를 "자유주의적"이라고 비판함으로써 그들의 행위를 통제할 수 있었다. 1945년 말 당국의 양곡수매사업이 대중적 반발에 직면하자, 공산당 기관지 『정로』는 민간의 비협조적 태도를 "무원칙적·무비판적·무정부적 개인주의의 산물"이라 몰아붙였다.[226] 그러한 민간의 대응이 사회 전체의 이익을 무시한 개인의 "무원칙한 자유"에 기초하고 있다는 진단이었다. 『정로』는 국가의 이해관계를 무시한 부정적 자유가 "진정한 자유"를 구속한다고 강조했으나 그 구체적 의미를 밝히지는 않았다. 오히려 "장구한 억압이 불러온 무의식적 자유", "질서 교란의 자유", "무위도식의 자유", "국민의 의무를 몰각한 자유", "무정부주의적 자유" 등의 표현을 남발하며, 자유의 의미에 부정적 이미지를 덧씌우는 식으로 대응했다.

북한이 자유를 구속하고 있다는 비판은 해방 직후부터 체제 내 지식층의 목소리를 통해 표출되었다. 1946년 말 김일성종합대학 공학부 학생 김관희는 교내 토론회에서 대담하게도 "북조선에는 자유가 없다!"고 성토했다. 같은 대학 의학부 학생 도창원도 "자유"라는 제목의 체제 비판적 토론을 감행해 물

---

225) 1949, 「평양공업대학교 전기공학부 교원 배준호 평정서」, NARA RG242 SA2007 Item18.1.

226) 「참된 自由를 認識하고 國民的 義務를 다하자」, 『正路』 1945.12.14.

의를 빚었다.[227] 최고 권력기구 북로당 중앙상무위원회가 거명했을 만큼, 그 두 학생의 태도는 큰 사회적 파문을 일으켰다. 자유가 제약되고 있다는 사실을 지적한 행위 자체가 제지되었다는 점은 자유주의의 입지가 얼마나 위축되었는가를 단적으로 드러낸다.

자유주의와 개인주의 못지않게 분파주의도 단체생활과 공동의 목표 달성을 방해하는 요인으로 지목되었다. 조선공산당 평안남도당의 선언에 따르면 "공산당은 모든 분파성과 권력의 분립을 절대 배격하는 의지의 통일체"였다.[228] 사실 해방 직후부터 분파주의가 배격될 수밖에 없었던 몇 가지 중대한 이유가 있었다. 북한 지역 공산주의자들은 일제시기 조선공산주의운동의 파벌화가 불러온 막대한 손실, 해방 직후 남한의 조선공산당 중앙과 "대회파" 간에 불거진 첨예한 갈등을 생생히 목도한 바 있다. 그러나 그보다 더 큰 위기의식을 불러온 사태는 남한의 당 중앙을 추종하며 조선공산당 북조선분국 설립에 비협조적 태도를 보인 함경남도 공산주의자그룹의 대응이었다. 1946년 2월 15일에 열린 조선공산당 북조선분국 제4차 확대집행위원회는 그 대상을 구체적으로 지목하지 않은 채, "당내 사상투쟁의 총화력을 반분파투쟁에 집중"해 "분파쟁이들"의 모든 과오를 폭로해야 한다고 역설했다.[229]

마침내 1948년 3월 말에 열린 북로당 제2차 전당대회를 통해 당내 분파행위의 전모가 드러났다. 김일성은 동향 출신·친척·동창생·과거 동료·감옥 동

---

227) 북로당 중앙상무위원회 제20차 회의 결정서, 1947.1.8, 「김일성종합대학 내 당단체들의 사업검열 총화에 관하여」, 『史料集』 30, 101쪽.

228) 朝鮮共産黨 平安南道委員會, 1945.12.26, 「朝鮮共産黨 平南道 第一次 代表大會 報告演說」, 『朝鮮共産黨文件資料集』, 69쪽.

229) 朝共北朝鮮分局 中央 第四次 擴大執行委員會 決定, 1946.2.15, 「'目前 黨內 情勢와 當面 課業'에 關한 決定書」, 『史料集』 1, 32쪽.

지들끼리 "몰려다니며 수군거리는" 행위, "집에 청해다 놓고 술잔이나 대접하는" 행위 등의 "수공업적 파벌 조직 방식"을 통해 분파행위가 조장되고 있다고 비판했다.[230] 그러한 "소소한 작란"을 일삼았다고 지목된 이는 다름 아닌 함경남도 공산주의자그룹의 대표격 인물인 오기섭이었다. 김일성은 "우리는 이미 당 학교를 조직해 몇 천 명씩이나 간부를 양성해내는 데 그런 식으로 1년에 얼마나 파벌을 조직하겠습니까?"라고 냉소적 비판을 퍼부었다. 오기섭에게 큰 수모를 안긴 그 공개비판은 당원 대중들의 요란스런 환호와 갈채를 이끌어냈다. 소련에서 귀국할 때 많은 심복들을 이끌고 온 그의 행위를 "오패부·장작림" 등 중국 군벌들의 행태에 비유한 김일성은 분파주의의 근원이 개인 영웅 심리에 있다고 일침을 놓았다.

지난날 같은 그룹에 속했던 이라면 변절한 자들까지도 추천과 등용을 마다하지 않는 태도를 종파주의라 규정한 당 간부용 강습교재는 그러한 태도가 비행자들의 과오를 은폐할 뿐만 아니라, 당 간부들을 이간질하는 폐해를 낳을 수 있다고 우려했다. 북로당 내 분파의 조직을 엄금한 당 중앙의 지침은 지방당 수준에서도 철저하게 관철되었다. 친한 당원들끼리 친목도모 형태의 계를 만드는 행위조차 분파행위로 간주되었다. 1948년 5월경 북로당 강원도 인제군당은 음주모임 형태의 계를 만들어 친분을 다져오고 있던 네 개의 당원 모임을 해체했다.[231]

단체주의에 근거한 공동생활은 개인주의·자유주의·분파주의 등 공동체의 단합을 방해할 수 있는 행동 성향의 척결을 요구한 반면, 단체 활동을 통

---

230) 金日成, 1948.3.29, 「北朝鮮勞動黨 第2次 全黨大會 會議錄」, 『史料集』 1, 416~417쪽.

231) 1949.7.16, 「북로당 강원도 인제군 서화면당 열성자대회 회의록」, 『史料集』 4, 628쪽 ; 1948.5.10, 「북로당 강원도 인제군당상무위원회 회의록 제10호」, 『史料集』 2, 220·222~223쪽.

해 사업성과를 극대화할 수 있는 기제들의 활용을 모색했다. 그 대표적 기제의 하나가 계획경제였다. 전체적 계획에 따른 경제운영을 모색한 계획경제는 생산·유통·소비 등의 경제 활동을 구상하고 계획하는 일이 경제행위 주체의 소관이 아닌 국가의 소관임을 표방했다. 따라서 경제행위 주체들의 활동은 국가가 설정한 생산·유통 등의 계획목표를 완수하는 수동적 역할에 국한되었다.

전시 북한의 점령 정책을 통해 계획경제를 경험한 김성칠은 그것이 상식을 벗어난 경제운영 방식이라고 생각했다. 그는 당국이 무·배추의 파종 지시서를 하달하자, 자신의 땅이 무·배추의 적지가 아닐뿐더러 파종의 적기가 지났다고 항변했다. 그러나 그는 "국가의 계획이 개인 사정에 따라 변경될 수 없다."라는 답변을 들었다. 국가가 전체적 계획에 기초하여 모든 작물의 지역별·개인별 파종면적을 할당한 이상, 개인 사정을 들어 그를 이행하지 않으면 "계획경제의 파탄" 더 나아가 "국가경제의 파탄"이 불가피하다는 이유에서였다.[232] 당국자와의 마찰을 꺼린 그는 결국 국가가 지시한 파종 방침에 순응했다.

북한에 도입된 소련식 계획경제는 국가 발전의 필수조건으로 인식되었기 때문에, 일찍부터 공고한 위상을 점할 수 있었다. 어린이를 포함한 전체 인민은 계획의 수행과 그들의 일상생활을 동일시하는 법을 배워야 했고, 계획이 그들에게 무엇을 의미하는지 깨달아야 했다.[233] 일상생활의 계획화란 일상생활의 수량화를 의미했다. 북조선인민위원회 기획부장 정진태에 따르면, 숫자에 기초하지 않은 규정·결정이 공언이듯 숫자에 근거하지 않은 계획은 "공중

---

232) 김성칠, 『역사 앞에서』, 창작과비평사, 1993, 180-181·196쪽.

233) ISNK, no.2(1947.4.1~1948.1.9), p. 280.

4부 문화의 변혁과 전통사회 해체 | 513

누각"에 불과했다.[234] 그는 "민주개혁"의 성과가 아무리 위대해도 수량화되지 않으면 입증될 수 없다고 보았다. 따라서 숫자는 계획과 분리될 수 없는 요소였고, 일상생활의 목표도 그것을 통해 표현될 필요가 있었다. 해방 직후부터 맹렬히 전개된 북한의 문맹퇴치운동에 산수교육이 포함된 까닭은 그러한 이유에서였다.

문학예술총동맹 소속 작가들의 계획 수립 과정은 숫자와 결합한 계획이 여러 분야에 융통성 없이 적용되었음을 보여준다. 매해마다 작업계획서를 요구받은 작가들은 그 해에 착수할 단편소설·장편소설·희곡·시·평론 등의 작품별 개수와 각 작품의 테마를 상술해 제출했다.[235] 황해도 재령군의 "농민영웅" 김제원에게 생산경쟁운동을 제의한 평안북도 용천군 지역 농민 최재린은 모범적 영농계획서를 발표해 다시 한 번 주목을 받았다. 토지개혁기에 분여받은 8,700평의 논에서 1946년과 1947년에 각각 벼 196가마니와 278가마니를 수확한 데 이어, 1948년 350가마니의 수확을 계획하고 있다는 의심스런 통계를 제시한 그는 가족별 책임제에 기초한 치밀한 영농계획을 세웠다. 그 계획에 따르면 토지 8,700평의 경작에 소요될 1년간의 총노력 수가 연인원 1,317명으로 산정되었고, 총지휘는 최재린 본인이 농사책임은 장남이 축산책임은 아내가 부엌살림과 부업책임은 며느리가 맡았다.[236]

국가계획위원회가 작성해 내려 보낸 초안이 하부 생산기관의 토의를 거쳐 재조정되는 계획 수립의 메커니즘하에서, 때론 비현실적인 국가의 계획

---

234) 鄭鎭泰, 「調査統計事業과 民主建設」, 『인민』 1947년 1월호(『史料集』 13, 194~195·201쪽).

235) U.S. Department of State, *North Korea: A Case Study in the Techniques of Takeover* (Washington, D.C.: U.S. Government Printing Office, 1961), p. 93.

236) 1948.3, 「北朝鮮 模範農民들의 今年度 營農計劃」, 『史料集』 27, 426쪽.

초안이 하부의 이의 없이 그대로 통과되기 일쑤였다. 이의 제기가 곧 국가의 오류에 대한 비판을 의미했기 때문에, 국가계획위원회의 초안이 수정 없이 계획목표로 설정되는 경향을 보였다. 사실 이의 제기는 국가의 무오류성을 표방한 새로운 국가관에 부합하지 않는 태도였다. 확정된 계획목표가 지역별·공장별 더 나아가 개인별로 할당되면, 전시 김성칠의 경험이 보여주듯 그것을 거부하기란 쉬운 일이 아니었다. 1948년경 산업상 김책은 면화 재배가 부적당한 지대인 황해도 곡산군과 수안군에까지 파종이 이루어졌다며, 무분별하게 계획을 밀어붙인 지방간부들의 태도를 비판했다.[237]

김성칠이 당국으로부터 하달된 파종 지시문에 항의하기 다섯 달 전인 1950년 3월경, 조선로동당 중앙조직위원회는 "도 단위로부터 리 단위에 이르기까지 기계적으로 매작물별 파종면적을 할당"하는 지방 당국의 사업 방식을 시정하라고 지시했다.[238] "적지적작 원칙"을 무시하고 "농토와 농민들의 실정에 부합하지 않은" 파종계획을 할당하는 경향이 오히려 증산을 가로막았기 때문이다. 북한 지역의 경험을 통해 문제점이 드러났음에도 불구하고, 계획목표를 그대로 부과하는 사업 방식이 전시에 이르기까지 지속되었다는 점은 국가주의·단체주의와 결합한 계획경제의 위상이 얼마나 공고하게 확립되었는가를 보여주고 있다.

---

237) 金策,「晩期現物稅 徵收事業과 一九四九年度 農産物 增産準備에 對한 黨團體의 課業」, 『근로자』 1948년 10월호(20호), 48·52쪽.

238) 조선로동당 중앙조직위원회 제28차 회의 결정서, 1950.3.24,「황해도 당단체의 춘기파종 준비사업 협조정형에 대하여」, 『史料集』 29, 455·457쪽.

2. 평등사회와 청년간부들

단체주의를 지향한 노동당문화는 구성원들 간의 평등관계를 요구했다. 그것은 연령과 신분에 따른 상하의 위계질서 속에서 살아온 조선인들에게 행동양식과 인간관계의 변화가 따를 수 있음을 예고했다. 1948년 4월경 남북협상 취재의 임무를 띠고 북행길에 오른 『독립신보』의 기자 서광제는 보안원들이 자신을 향해 "동무!"라고 부르는 소리를 들었을 때, 비로소 38선을 넘어 "딴 세상"에 와 있음을 실감했다.[239] 서광제는 자신이 좌익 성향의 신문기자임을 알게 되자 "동무!"라고 부르며 친절하게 담배까지 나눠준 어느 보안원의 태도를 통해, 그 호칭이 동일 공동체 성원을 일컫는 친근감의 표현이라 생각했다.

더 정확히 말해 "동무"라는 용어는 동일 공동체 내 전체 구성원들 사이의 평등관계를 함축한 상호 간 호칭이었다. 북로당 제2차 전당대회에서 자신보다 아홉 살이 많은 "오기섭동무"를 향해 신랄한 비판을 퍼부은 김일성의 태도는 혁명 선배에 대한 무례라기보다 동료당원에 대한 엄중한 충고로 받아들여졌다.[240] "너는 대체 몇 살인데 당원이냐?"며 나이 어린 청년당원을 조소한 어느 고참 당원은 "시대에 어그러진 언사"를 사용했다는 이유로 비판을 받았다.[241]

동무라는 호칭은 원래 공산당원들 사이에서만 통용되었다. 극작가 오영

---

239) 徐光霽, 『北朝鮮紀行』, 靑年社, 1948, 9·12쪽.

240) 金日成, 1948.3.29, 「北朝鮮勞動黨 第2次 全黨大會 會議錄」, 『史料集』 1, 416~417쪽.

241) 북로당 평남 평양시 중구역 평양여자고급중학교세포, 1948.2.3, 「제1차 정기세포회의」, 『史料集』 26, 117쪽.

진의 회고에 따르면 첫 만남 이후 김일성이 그를 부를 때 사용한 호칭은 동무가 아니었다. 그들 사이에 전혀 "당적 연고"가 없었기 때문이다.[242] 당원들 사이에 동무가 아닌 다른 호칭의 사용은 그들의 당 생활을 방해할 수 있다는 점에서 우려되었다. 북로당 강원도 인제군당은 일부 세포의 당원들이 "김형", "최형" 등의 호칭을 사용하거나, "이 사람, 자네, 저 사람, 왜 그러나?" 등의 언사를 쓰며 친목을 도모하는 경향이 있다고 강도 높게 비판했다.[243] 그러한 친목적 분위기는 당원들 간의 비판을 방해할 뿐만 아니라, 분파행위를 조장할 소지가 있다고 진단되었다.

당원 상호 간의 호칭인 동무가 대중사회의 개개인을 지칭하는 일상용어가 되기까지는 오랜 시간이 걸리지 않았다. 바로 이 점이야말로 노동당문화가 일반 대중들의 삶 속에 파고든 대표적 사례였다. 1950년 1월경 평안남도 안주군 정치부위부는 의심스러워 보이는 한 무리의 청년들을 검문했다. 한 간부가 그들을 심문하자 일행 중 해명에 나선 청년이 동료들을 지칭할 때마다 "군"이라는 호칭을 사용했다.[244] 바로 그 순간 정치보위부 간부는 그들이 남한에서 올라온 월북자들임을 확신했다. "이북사람"이라면 "동무"라고 불렀어야 마땅했기 때문이다. 그 간부의 인식은 이제 동무라는 호칭을 사용하지 않는 태도가 비상식적 행위가 되었음을 보여준다.

해방 후 당원들 간 평등관계의 보급을 꾀한 노동당문화가 대중화되었다는 점은 노인층의 지위에 변화가 따를 수 있음을 예고했다. 기존의 전통적 관념과 사고방식에 결박된 그들은 급작스런 변화의 시대에 적응할 수 있는

---

242) 吳泳鎭, 『하나의 証言』, 國民思想指導院, 1952, 165쪽.

243) 1949.1.28, 「북로당 강원도 인제군당상무위원회 회의록 제35호」, 『史料集』 3, 137쪽.

244) 안주군 정치보위부, 1950.1.18, 「심사관계서류」, 『史料集』 9, 779쪽.

유연성이 부족했다. 노인층 의식구조의 개혁을 거치지 않은 혁명은 어려움을 겪을 가능성이 커보였다. 이를테면 혁명이 여성들을 바깥으로 끌어내길 요구한 반면, 딸과 며느리의 바깥 활동을 반긴 노인은 거의 없었다. 여성들의 적극적 사회 활동이 노인들의 각성에 달려 있음을 인식한 북한 당국은 해방 직후부터 잦은 경로회를 열어 남녀평등권법과 문맹퇴치의 의의를 해설하는 작업에 착수했다.[245]

노인층의 전통적 권위에 손상을 입힌 주요인은 변혁된 사회에 대한 그들의 적응력 부족이었다. 그들은 새로운 가치체계와 행동양식의 체득에 한계를 드러냈을 뿐만 아니라, 급변하는 시대의 다양한 정보들을 습득할 역량을 소유하지 못했다. 1946년 말 인민위원회선거 선전사업에 착수한 평안북도 선천군 학생들은 특히 노인들을 대상으로 한 해설에 어려움을 겪었다. 음력에 익숙한 그들은 양력으로 확정된 선거일을 가늠하지 못할뿐더러, 선거의 의의와 절차를 잘 이해하지 못했다. 학생들은 할 수 없이 "백색상자에 투표지를 넣어달라는 부탁"과 함께 자리를 떠야 했다.[246] 강원도 인제군 농민동맹위원장 이종명도 농민들의 교양사업이 부진한 이유가 바로 "늙은이들" 때문이라고 개탄했다. 학습 이해력이 낮은 데다 많은 과오를 범하는 층도 그들에 집중되었기 때문이다.[247]

노인층이 변혁된 사회에 잘 적응하지 못했다는 점은 북로당 출당자 연령 분석을 통해 확인된다. 이를테면 강원도 인제군당원들 가운데 월남·행방불명·규율위반·법령위반 등을 통해 출당된 이들은 상대적으로 청년층보다 장

---

245) 海燕, 「農村政治 – 文化事業에 對하여」, 『근로자』 1947년 6월호(『史料集』 43, 64쪽).

246) 1946.12, 「宣川郡 學校 關係調査綴」, 『史料集』 10, 217쪽.

247) 1949.10.4, 「북로당 강원도 인제군 농민동맹당조 제53차 회의록」, 『史料集』 4, 435쪽.

노년층이 많았다. 1948년부터 1949년까지 만 2년에 걸친 전체 입당자들 중 30세 이하 청년 비율이 70.9%를 점한 반면, 같은 시기 전체 출당자들 중 30세 미만 당원 비율은 45.6%에 지나지 않았다.[248] 북로당 이론잡지 『근로자』는 그러한 현상에 대해 "새로운 제도에 맞춰 자신을 변혁하지 못하고 예전처럼 낡은 대로 남아 있는 늙은이들이 많다. 그들이 민주주의개혁에 활발히 따라가기 힘든 것은 명백한 일"이라고 논평했다.[249]

변혁의 시대에 보조를 맞추기 힘들었던 노인층은 점차 사회 주변으로 밀려났다. 면·리 인민위원회선거를 앞둔 1947년 초 북로당 강원도 인제군당은 투표소에 오기 힘든 노인들을 아예 유권자명부에서 제외하라는 지시를 내렸다.[250] 그들로부터 선거권을 박탈하는 편이 투표율을 끌어올리는 데 유리했기 때문이다. 당 조직이 보기에도 노인 당원들은 매우 무능한 존재들이었다. 당원다운 활동성을 발휘할 수 없었던 그들은 적극적 당 생활을 독려받기보다 방치되는 경우가 많았다. 강원도 인제군당 산하의 한 세포는 70세 가까이 된 두 당원이 당 생활에 소극성을 보이자, "행방불명"이라는 허위 혐의를 씌워 당적을 박탈하기까지 했다.[251] 뿐만 아니라 노인들은 규율과 기본소양을 갖춘 당원으로 성장하기까지 많은 시간을 소요했기 때문에 입당 대상에서 기피되는 경향을 보였다.

급변의 시대에 두각을 나타낸 이들은 청장년층이었다. 1948년 4월경 북

248) 김재웅, 2007.8, 「북한의 38선 접경지역 정책과 접경사회의 형성」, 『한국사학보』 제28호, 166~167쪽.

249) 海燕, 「農村政治 - 文化事業에 對하여」, 『근로자』 1947년 6월호(『史料集』 43, 64쪽).

250) 1947.2.16, 「북로당 강원도 인제군 서화면당 열성자대회 회의록」, 『史料集』 4, 602쪽.

251) 1949.4.3, 「북로당 강원도 인제군당상무위원회 회의록 제41호」, 『史料集』 3, 243쪽.

한을 방문한 『조선중앙일보』 기자 온낙중은 북한 간부들의 연령대가 매우 낮다는 점에 주목했다. 그가 마주친 평양거리의 제복 입은 간부들은 대개 20세 안팎의 청년들이었다.[252] 심지어 지도자급 고위간부들도 50세 이하의 인사들이 주로 목격되었다. 군·면당위원장, 군·면인민위원장, 내무서장·분주소장 등에 20대의 젊은이들이 포진해 있는 광경은 전시 북한이 점령한 남한 지역 주민들에게도 깊은 인상을 남겼다.

어느 분야를 막론하고 청년층의 간부직 진출은 일반적 현상이었다. 해방 후 첫 선거인 1946년 11월 3일의 북조선 도·시·군 인민위원회선거를 통해 인민위원이 된 26세 이하의 청년 수가 590명에 달했다.[253] 전체 도·시·군 인민위원 3,459명의 약 17%에 달하는 점유율이었다. 1947년 현재 면·리 인민위원까지 더한 전체 청년위원 점유율은 그보다 훨씬 높았다. 전국 인민위원 70,444명 가운데 26세 이하 청년들의 비중이 약 41.9%(29,500명)에 달했다.[254] 조선민주주의인민공화국 재정성 간부직원 총 176명의 연령분포는 청장년층의 공직 간부 독점현상을 더 구체적으로 드러낸다. 1949년 7월 현재 26세 미만 간부가 64명(36.4%), 26~34세의 간부가 86명(48.9%), 35~44세의 간부가 24명(13.6%), 45세 이상의 간부가 2명(1.1%)을 점했다.[255] 비교적 젊은 층에 속한 34세

---

252) 溫樂中, 『北朝鮮紀行』, 朝鮮中央日報出版部, 1948, 9쪽.

253) 김욱진, 1947.2, 「北朝鮮 道·市·郡 人民委員會大會 會議錄」, 『史料集』 8, 35쪽.

254) 김욱진, 1947, 「北朝鮮民戰 傘下 各 政黨·社會團體 熱誠者大會에 있어서의 各 政黨·社會團體 代表들의 討論」, 『史料集』 7, 135쪽 ; 北朝鮮人民會院, 1947.11.19, 「北朝鮮人民會議 第三次 會議 會議錄」, 朝鮮人民出版社, 1948, 113쪽.

255) 朝鮮民主主義人民共和國 財政省顧問 ILATOVSKII, 1949.7.14, 「1949年 上半期 朝鮮民主主義人民共和國 財政省の活動の狀態と結果」, 『旧ソ連の北朝鮮經濟資料集 1946~1965年』, 東京 : 知泉書館, 2011, 154쪽.

이하의 간부직원이 85.2%에 달했음을 볼 수 있다.

청년들의 활동은 인민위원회를 비롯한 행정기구보다 당 기구에서 두드러졌다. 1947년 2월 현재 전체 노동당원들 중 26세 이하 민청원들의 점유율이 50%에 육박한다고 지적한 북로당 중앙상무위원회는 당원들의 평균연령을 높일 필요가 있다고 강조했다.[256] 장노년층 당원 부족이 연장자들을 대상으로 한 사업에 지장을 준 데다, 당 사업이 그들의 풍부한 경험을 필요로 했기 때문이다. 강원도 인제군당의 당원 연령분포는 그러한 당 중앙의 정책이 결실을 이끌어냈음을 보여준다. 1947년 말 45.1%에 달한 26세 이하 청년당원들의 비중이 1949년 1월 현재 33.7%로 감소했다.[257] 아래의 표는 1948년 6월 현재 약 5천 명에 달한 강원도 인제군당원들의 연령분포를 드러낸다.

[표 VI-3-1 : 1948년 6월 현재 북로당 강원도 인제군당 당원 연령분포]

당원 연령	~26세	27~30세	31~40세	41세~	계
당원 비율	36.6%	16.4%	32.6%	14.4%	100%

※참고문헌 : 1948.6.4, 「북로당 강원도 인제군당상무위원회 회의록 제13호」, 『史料集』 2, 296~297쪽 ; 1948.6.30, 「북로당 강원도 인제군당상무위원회 회의록 제15호」, 『史料集』 2, 332쪽.

26세 이하 민청원이 전 당원의 36.6%, 청년당원의 범주에 속한 30세 이하 당원 비중이 53%에 달하고 있다. 위 표는 14.4%를 점한 41세 이상 당원들의 구체적 연령분포를 드러내지 않지만, 노인층 당원들이 소수그룹으로 밀려났

---

256) 북로당 중앙상무위원회 제24차 회의 결정서, 1947.2.22, 「유일당증 수여사업 완필에 관하여」, 『史料集』 30, 129쪽.

257) 1949.1.11, 「북로당 강원도 인제군당상무위원회 회의록 제34호」, 『史料集』 3, 93쪽.

음을 보여준다. 사실 청년당원 편중현상은 근본적으로 시정되기 힘든 구조적 문제에 결박돼 있었다. 당 중앙이 장노년층의 입당을 독촉했음에도 불구하고, 월남과 규율위반 등을 통해 제명된 이들도 그들에 집중되었기 때문이다.

청년당원 편중현상을 심화한 결정적 요인은 노동당이 입당 대상으로 그들을 선호했다는 점에 있었다. 노인층이 기본소양을 갖춘 당원으로 성장하기까지 오랜 시간을 소요함에 따라, 당 사업의 조속한 발전에 집착한 간부들은 그들보다 청년층에 주목했다. 당규약이 만 20세 이상의 성인들에게 입당자격을 부여했기 때문에, 18~19세의 청년들을 모아 미리부터 입당심사 대비 교육을 실시하는 풍조가 나타났다. 1949년 말 현재 인제군 전체당원 5,317명 중 30세 이하 청년당원이 2,988명(56.2%)에 달했다는 점은 청년당원 편중현상이 근본적으로 시정되기 힘든 문제였음을 드러낸다.[258]

1947년 중순경 북로당 이론잡지 『근로자』는 노인층과 청년층의 뒤바뀐 위상을 합리화하며 다음과 같이 논평했다. "노인들이 민주주의개혁에 활발히 따라 나가기 힘든 것은 명백한 일이다. 그러나 우리 청년들은 그렇지 않다. 우리들은 낡은 여습에서 쉽게 벗어나며 누구보다도 쉽게 민주주의 진리를 체득할 수 있다."[259] 당 간부용 강습교재는 혁명을 지향하는 마르크스 – 레닌주의가 '새로움' '젊음' '활력' 등과 친화력을 지닌다고 강조했다. "우리 당 사업은 혁명사업이며 따라서 항상 낡은 것과 쇠퇴해가는 것을 타파하고 새것에 의존하여 그를 발전시켜야 한다. 때문에 새것을 발견하고 그를 적극적으로 이용함은 당 사업을 발전시키는 동력이 된다."[260]

---

258) 김재웅, 2007.8, 「북한의 38선 접경지역 정책과 접경사회의 형성」, 『한국사학보』 제28호, 167쪽.

259) 海燕, 「農村政治 – 文化事業에 對하여」, 『근로자』 1947년 6월호(『史料集』 43, 64쪽).

260) 「세포위원장들을 위한 강습제강」, 『史料集』 17, 490쪽.

청년들은 지적·육체적 한계에 직면한 노인들과 달리, 기본소양을 갖춘 당원으로 성장하기까지 오랜 시간을 소요하지 않았다. 그들은 혁명과 변혁된 사회에 쉽게 적응할 수 있는 유연성을 지녔을 뿐만 아니라, 고된 시련에 맞설 수 있는 육체적·정신적 힘을 소유했다. 따라서 자신이 지도하는 세포의 조속한 발전을 원한 간부들은 신입당원으로 청년층을 선호했다. 더욱이 상급당이 계속해서 당원 수 증대를 독촉함에 따라, 마땅한 입당 대상자를 물색하고 있었던 세포는 20세를 갓 넘겨 입당자격을 취득한 청년층에 주목하지 않을 수 없었다. 청년층 당원의 부상과 노인층 당원의 위축은 지도층 수준에서도 예외가 아니었다. 아래의 표는 연령 확인이 가능한 강원도 인제군 지도급 간부들의 연령분포를 보여준다.

[표 VI-3-2 : 1948~1949년 강원도 인제군 지도급 간부진 연령분포] 단위 : 명(%)

	20~29세	30~39세	40~49세	50세~	계	평균연령
군당 최고 간부진	11(44)	11(44)	3(12)	—	25(100)	31.6
세포위원장	36(42.9)	38(45.2)	9(10.7)	1(1.2)	84(100)	31.4
인민위원장	1(20)	2(40)	2(40)	—	5(100)	36.8
학교장	5(100)	—	—	—	5(100)	24.4
계	53(44.5)	51(42.9)	14(11.8)	1(0.8)	119(100)	31.4

※참고문헌 : 북로당 강원도 인제군당 제2차 대표회, 1948.1,『道黨代表者 名簿』;『史料集』2, 342 · 354 · 621쪽 ;『史料集』3, 83 · 129 · 165 · 202 · 272 · 274 · 286 · 333 · 382 · 383 · 571 · 572 · 575 · 578 · 604 · 634 · 661 · 812 · 877 · 959 · 960쪽 ;『史料集』15, 171 · 267 · 275 · 294 · 300 · 339쪽.

　인제군 지도급 간부들 119명 가운데 30세 미만 청년층 비율이 44.5%(53명)를 점하고 있다. 통계에 포함된 전체간부 119명의 평균연령이 31.4세에 지나지 않았다는 점이 지도층 간부그룹의 연소화를 상징적으로 드러낸다. 학교장들의 평균연령(24.4세)이 가장 낮았던 까닭은 인재 부족에 직면한 북한이 급속히 신설중인 제 학교들의 교장직에 식자층 청년들을 대거 발탁했기 때문이다. 반면 인민위원장들의 평균연령(36.8세)이 상대적으로 많았던 까닭은 일제 시기부터 구장 등의 공직경력을 통해 실무 역량을 쌓아온 이들을 적극적으로 발탁했기 때문으로 보인다.

1948년 초 강원도당 대표자대회에 참가한 인제군 최고위 간부그룹 25인의 평균연령은 31.6세였다. 그들의 88%(22명)가 20대와 30대에 속했다. 20대와 30대의 점유율이 88.1%, 평균연령이 31.4세에 달한 인제군 세포위원장들의 면면도 청년당원들의 약진이 당 지도부 수준까지 반영되고 있음을 드러낸다. 위 통계의 전체간부 119명 중 87.4%를 점한 104명이 20대와 30대에 속했다는 점은 혁명을 통해 전통적 연장자 중심 사회가 해체되고 청년층이 새로운 지도층으로 부상했음을 의미한다.

새로운 사회분위기를 반영하듯 예법에도 조정이 따랐다. 이제 청년 당원들은 "할아버지뻘 되는 고령의 동지와도 간단하게 악수 하나로서 인사"를 나눌 수 있게 되었다.[261] 연령 차이를 초월한 동등한 인격 대 인격의 관계가 창출된 셈이었다. 청년층 간부들이 새로운 체제에 활력을 불어넣었음은 분명해 보인다. 그러나 해방 후 북한 지역에 남아 재건을 지원한 일본인 기술자들은 공장과 광산의 핵심간부로 등용된 30세 이하 조선인 간부들을 불안한 시선으로 바라보았다. 일본인들이 보기에 그들은 자신들로부터 무언가를 배우려는 겸허한 자세를 결여하고 있었다. 게다가 과오를 저지른 일꾼들을 질책할 때에도 감정을 절제하며 요령 있게 성내는 기지를 발휘하지 못했다.[262]

---

261) 김선녀, 「녀성과 례의」, 『조선녀성』 1950년 2월호, 55쪽.

262) 森田芳夫, 『朝鮮終戰の記錄』, 東京 : 巖南堂書店, 1964, 808쪽.

3. 새로운 국가관 : 보위해야 할 절대 가치

해방 후 북한의 정치교육은 대중들 사이에 "모든 착취와 억압으로부터 해방된 국가"가 건립되었다는 믿음을 유포하는 데 중점을 두었다. 새로운 국가가 토지개혁, 노동법령 발포, 남녀평등권법령 발포, 중요산업국유화 등 일련의 개혁을 통해 역사적으로 억압받고 소외돼온 층의 이해를 대변하고 있다는 점이 "해방된 국가"의 실현을 천명할 수 있는 근거로 제시되었다. 그러한 국가관을 강조한 북한은 반체제 저항행위는 물론, 국가에 대한 비판이나 불평불만조차 허용하지 않았다.

1949년 초 북한의 언론정책을 소개한 소련법학사 출신 김택영은 언론의 자유에서 제외해야 할 단 하나의 예외조항을 들었다. 그것은 바로 국가를 비판하는 행위였다.[263] 그는 언론의 자유를 비롯한 인민들의 권리가 그에 대한 제재 없이 보장될 수 없다고 보았다. 이어 김택영은 주택 불가침과 신서의 비밀 보장을 규정한 헌법 제21조를 통해 공민 개개인의 권리가 보호받고 있다는 점도 체제 우월성의 한 근거라 주장했다. 그러나 이 조항에도 하나의 예외가 있었다. 국가의 안전을 위협하는 자들의 주택은 수색할 수 있다는 점, 국가의 이해를 침해한 범죄자들의 체포에 필요하다면 개인 신서가 공개될 수 있다는 점이 그것이었다.[264] 이 사례들은 오직 국가만이 인민의 권리를 보호하기 위한 모든 법적 안전장치들을 해제할 수 있었음을 보여준다. 요컨대 북한의 법은 국가권력의 제한을 통해 개인의 권리를 보호하는 데 중점을 두

---

263) 김택영, 「朝鮮民主主義人民共和國 憲法解說(四)」, 『인민』 1949년 1월호(『史料集』 37, 484쪽).
264) 김택영, 「朝鮮民主主義人民共和國 憲法解說(六)」, 『인민』 1949년 3월호(『史料集』 37, 778~779쪽).

기보다, 국가권력에 대한 제한을 해제함으로써 국가의 안전을 위협할 수 있는 개개인들의 일탈을 방지하는 데 역점을 두었다.

오기섭 필화사건은 "해방된 국가"가 비판의 대상이 될 수 없음을 상징적으로 보여준 사건이었다. 1947년 3월 19일 북로당 중앙상무위원회는 『로동신문』에 실린 그의 논문 「북조선 인민정권 하의 북조선직업동맹」이 국가와 직업동맹 간의 대립, 더 나아가 국가와 노동계급 간의 대립을 조장했다며 신랄한 비판을 퍼부었다.[265] 비판자들은 향후 노동자들과 국영기업 간 마찰이 불가피하다는 오기섭의 전망을 그들의 "해방적 각성"과 애국심을 무시한 단견으로 간주했다. 노동자들과 "해방된 국가" 간의 이해관계 대립이 이미 해소되었기 때문에, 그들은 애국적 태도로 국영기업에 복무해야 한다는 논리가 국가 측 입장의 골자였다. 반면 국유화된 기업과 노동계급 더 나아가 국가와 노동계급 간 이해관계의 대립을 상정한 오기섭은 여전히 파업이나 사보타주가 필요하다는 입장을 내비쳤다. 비판자들이 보기에 그러한 대립과 파업·사보타주는 남한을 비롯한 부르주아국가에나 남아 있어야 할 "유물"이었다. 따라서 그의 견해를 인정할 경우 북한이 "해방된 국가"라는 전제는 성립될 수 없었다.

오기섭은 위 글의 책임을 물어 1947년 초 최고 권력기구인 북로당 중앙상무위원회 상무위원직에서 해임되었다. "해방된 국가"의 관념은 전시 북한이 점령한 남한사회에까지 이식되었다. 북한 지역에서 파견된 한 간부가 남한 노동자들을 상대로 "민주개혁"과 노동법령의 의의를 교육했을 때, 그들은

---

265) 이하 북로당 중앙상무위원회 제28차 회의 결정서, 1947.3.19, 「"북조선 인민정권 하의 북조선직업동맹"이라는 제목하에서 오기섭동무가 범한 엄중한 정치적 오류에 관하여」, 『史料集』 30, 158-161쪽 참조.

"새로운 국가의 주인공으로서 책임감을 느끼며 각종 사보타주의 습성을 청산하기로 결의"했다.[266]

1947년 2월 21일에 열린 북조선인민회의 제1차 회의에서도 오기섭 필화사건과 유사한 성격의 사건이 발생했다. 그 사건의 주인공은 천도교청우당 소속 인민회의 대의원 김윤걸(金允杰)이었다. 그는 아부성 의도가 짙은 "장군은 났으나 용마는 없다."라는 속담을 인용하며, 국가가 발포한 법령들이 그간 제대로 실행되지 못했다고 지적했다.[267] 토지개혁의 부분적 과오를 그 근거로 제시한 그는 "조선에 위대한 영도자 김일성장군은 났으나, 장군이 의도한대로 실행하는 자가 과연 몇 사람인지 의심스럽다."라는 입장을 덧붙였다. 국가를 겨냥한 비판이라기보다 국가정책 시행상의 문제점을 지적한 발언이었지만 회의장은 일대 소란에 휩싸였다. 곳곳에서 발언권을 요구하며 반발한 대의원들은 그의 실언에서 국가가 주도한 토지개혁이 성공하지 못했다는 인상을 받았고 바로 그 점을 집요하게 공격했다.

다행히 이 사건은 대의원들의 반발을 억누르며 사태의 확산을 막으려 안간힘을 쓴 의장 김두봉의 노력과 김윤걸 본인의 발언 취소에 따라 무마되었다. 이강국은 "전 조선인민의 절대적 지지 아래 실시된 제 민주개혁이 위대한 성과를 쟁취한 사실"에서 알 수 있듯, 김일성은 명실상부하게 "용마를 지닌 장군"이 되었다고 주장하며 김윤걸의 실언이 지닌 문제점을 바로잡았다. 일종의 해프닝으로 끝났지만 "해방된 국가"는 오류조차 범할 수 없다는 무거운 메시지를 일깨워준 사건이었다.

---

266) 1950.8, 「전국직업동맹 전국평의회 문건」, 『史料集』 10, 436·471·503쪽.

267) 北朝鮮人民會議 常任議員會, 1947.2.21, 『北朝鮮人民會議 第一次 會議 會議錄』, 勞動新聞社, 1947, 21~22·30쪽.

새로운 국가관을 반영한 형법은 국가보위의 과제에 중점을 두었다. 국가의 안전을 위협하는 행위와 국가의 정치·경제적 이해에 손상을 입힐 수 있는 행위 등이 정치범죄로 규정되었다.[268] 사상범죄·스파이행위·사보타주·반역·반체제단체 조직행위 등이 대표적 정치범죄에 속했다. 더 구체적으로 정치범죄는 스파이행위·테러·방화 등을 포함한 반체제 활동, 친일행위를 포함한 민족반역 활동, 삐라 유포를 포함한 반체제선전행위, 시설파괴행위 등으로 범주화되었다. 의도성을 지닌 반국가행위는 물론, 의도성 없이 실행된 반국가행위와 개인 횡령사건도 손실의 규모가 크다면 정치범죄에 해당할 수 있었다. 정치범죄를 담당한 쪽은 소련군사령부 산하의 정보담당부서였다. 아래의 표는 1947~1948년에 걸쳐 발생한 북한 지역 정치범죄의 유형별 사건 수와 그에 연루된 인원수를 보여준다.

[표 VI-3-3 : 1947~1948년에 발생한 정치범죄의 유형별 사건 수와 연루 인원 쉬]

정치범죄 유형	1947년		1948년	
	사건 수(건)	연루 인원(명)	사건 수(건)	연루 인원(명)
스파이행위	226	336	56	65
민족반역행위	476	891	32	41
테러행위	147	564	104	461
방화행위	19	38	35	96
파괴 활동	58	10	16	31
반체제선동	290	520	331	835
기타	5,571	10,479	374	543
합계	6,787	12,838	948	2,072

※참고문헌 : Управление Советской Гражданской Администрации в Северной Корее(북조선 소련민정국), Указ. соч. C. 251-253.

---

268) U.S. Department of State, *North Korea: A Case Study in the Techniques of Takeover* (Washington, D.C.: U.S. Government Printing Office, 1961), p. 88.

위의 표는 반체제성 정치범죄의 무게중심이 스파이행위·테러행위·파괴활동 등에서 삐라 유포와 같은 반체제 선동과 방화행위 등으로 이동했음을 보여준다. 후자는 상대적으로 주모자들의 체포 위험부담이 적은 행위들이었다. 북한이 가장 우려한 정치범죄는 스파이행위와 테러행위였다. 그에 대비해 해방 직후부터 북한이 전개한 "반간첩투쟁"의 대상은 38선을 넘어와 활동하는 남한 극우 세력과 미첩보기구가 파견한 스파이들에 집중되었다. 대북테러행위들 가운데 가장 널리 알려진 사건들은 대부분 1946년경에 발생했다. 1946년 3·1절 기념식장 폭탄 투척사건, 강량욱·최용건 주택 습격사건, 공산당 평양시당 본부와 평양시 보안서 수류탄 투척사건 등이 그 대표적 사례였다.[269] 고위간부들의 목숨을 노린 테러사건들이 횡행하자, 당국은 중앙간부들의 사택 주위에 경호원들을 배치하고 면당위원장급 이상의 간부들에게 호신용 권총을 지급했다.

남한 무장조직의 월북 테러는 1946년 이후에도 지속되었다. 1947년 9~10월에 걸쳐 집계된 통계에 따르면, 38선을 넘은 남한의 군인·경찰·극우 세력이 북한 지역에서 자행한 살인·강도·방화 건수가 총 53건에 달했다.[270] 남한측이 벌인 월북 테러사건이 횡행했다는 점과 함께, 1947년경 발생한 전체 정치범죄의 27%와 25%가 각각 황해도와 평안북도에 집중되었다는 점은 반체제행위와 국경 지역 간의 밀접한 상관관계를 보여준다.[271] 반체제사건의 국

269) Романенко, "О политическом положении в СевернойKopee(북조선의 정치정세에 대하여)", 1946.4.15, АВПРФ, л. 3.

270) 北朝鮮人民會議院, 1947.11.19, 『北朝鮮人民會議 第三次 會議 會議錄』, 朝鮮人民出版社, 1948, 136쪽.

271) Управление Советской Гражданской Администрации в Северной Kopee(북조선 소련민정국), Указ. соч. С. 252.

경 지역 편중성은 소련군사령부와 북한 당국에게 국경 지역 특히 38선 접경지대가 '반혁명의 유입통로'라는 관점을 심어주었다. 38선을 남한의 극우 세력과 테러리스트들이 침입하는 통로로 바라본 관점의 형성이 남북한의 이질화를 가속화한 38선 봉쇄정책에 추진력을 제공했다.[272]

테러리스트들의 유입 외에 미첩보기구의 스파이 파견도 북한 측의 38선 봉쇄를 촉진했다. 소련군 민정기구가 집계한 통계에 따르면 1946년부터 1948년까지 북파된 스파이들 중 체포된 이들의 수가 각각 1,927명·336명·65명에 달했다.[273] 휴전 전후 시기인 1953년 한 해 동안 적발된 미국·남한 측 첩보원 수는 3,500명 선까지 치솟았다.[274] 전쟁 이전 스파이들의 정보 수집 대상은 지역별 소련군 배치현황과 규모, 산업시설 가동상황과 생산고 등에 집중되었다. 북한의 고위 간부들이나 그들과 가까이 있는 사람들 사이에 스파이가 잠입한 증거들도 발견된다. 고위 간부들만이 열람할 수 있었던 자료인 내무국장 박일우의 극비 지시문건, 조선민주주의인민공화국 내각의 예상 명단 등이 G-2에 입수되었을 정도였다.[275]

미첩보기구에 포섭된 스파이들은 대개 38선 이북 지역의 지리와 물정에 밝은 북한 출신 조선인들이었다. 단기교육을 이수한 그들은 서약서를 쓴 뒤 북파되었다. 적잖이 지급된 활동비는 그들의 배신욕구를 억누를 수 있는 물질적 유인이었다. 남한에 여행 온 많은 북한 주민들이 미첩보기구에 포섭되

272) 전현수 편저, 『쉬띄꼬프일기(1946~1948)』, 국사편찬위원회, 2004, 186쪽.

273) Управление Советской Гражданской Администрации в Северной Корее(북조선 소련민정국), Указ. соч. С. 251~253.

274) N. Solodovnik, 1954.7.26, 「朝鮮民主主義人民共和國の再建期間におけるいくつかの困難について」, 『旧ソ連の北朝鮮經濟資料集 1946~1965年』, 東京 : 知泉書館, 2011, 343쪽.

275) ISNK, no.3(1948.1.10~1948.7.16), p. 118 ; ISNK, no.4(1948.7.17~1948.11.26), pp. 402~403.

었기 때문에, 여행 목적의 월남도 허용되지 않았다. 어느 개인의 남한 여행 전력은 의혹의 대상이었을 뿐만 아니라, 향후 그의 노동당 입당이나 사회적 지위 상승에 걸림돌이 될 수 있었다. "보안기관이 서울에 다녀온 이들을 잡아간다."라는 소문이 나돌았으며, 서울에 관련된 이야기는 함부로 발설하기 힘든 은밀한 사적 공간의 화제가 되어 갔다.[276] 물론 남북한 민간인들 간의 교류도 허용되지 않았다. 남한의 친척들이나 하인들이 찾아와 묵고 가는 일은 신고의 대상이었고, 남한의 친척과 왕래하는 행위는 노동당원들에게 책벌 사유가 되었다. 심지어 1947년 3월 7일에 포고된 내무국 규칙에 따르면, 북한의 공민들조차 외지에서 숙박하려는 이들은 관할 보안기구의 승인을 얻어야 했다.[277]

남한이 일으킨 반북행위의 심각성은 엄격한 법적 대응책 마련을 요구했다. 1950년경에 포고된 조선민주주의인민공화국 형법은 반국가적 의도를 지닌 정치범죄가 가중처벌 사유에 해당한다고 명시했다. 형법 해설에 따르면 반국가적 행위란 정부의 전복·문란·약화를 획책하거나 국가의 안전과 인민 정권의 정치경제적 토대를 침해하는 행위를 의미했다. "무장폭동·테러행위·해독사업·후방파괴·반동태업·민족반역·반동선전선동·변절·간첩·불신고범·전쟁야기행위" 등이 그 구체적 범주에 속했다.[278] 한편 해독사업·반동태업 등과 같은 정치범죄의 모호한 범주는 개인권을 침해할 소지가 있었다. 특히

---

276) 黃海道 平山郡人民裁判所, 1947, 「牧師 趙鳳煥 反動宣傳事件 刑事 第一審 訴訟記錄」, 『史料集』 20, 505쪽.

277) 北朝鮮人民委員會 內務局 規則 第一號, 1947.3.7, 「北朝委決 第57號에 依한 公民證 交付 事務規則」, 『史料集』 5, 834쪽.

278) 1950.3, 「朝鮮民主主義人民共和國 刑法」, 『史料集』 20, 202쪽 ; 정치보위국 심사부, 1949.10, 「형법제강」, 『史料集』 20, 448~449쪽.

"국가기관의 활동을 약화할 목적 아래 자기에게 맡겨진 직무를 고의로 이행하지 않거나 조잡하게 이행한 자의 경우 5년 이상의 징역에 처한다."라는 반동태업죄는 자의적으로 해석되기 쉬웠다.

반국가적 의도를 지닌 범죄와 함께 집단이나 작당(作黨)을 통한 범죄도 가중처벌 사유에 해당되었다.[279] 대중적 소동을 일으켜 공무집행을 방해하는 행위, 강도단·밀수단 등의 범죄가 그 구체적 예에 속했다. 반국가적 목표와 집단적 군중운동이 결합한 범죄가 발생하면, 그 주모자들은 법정 최고형인 전 재산 몰수와 사형까지 언도받을 수 있었다. 국가정책을 비판하는 시위가 일찍부터 자취를 감출 수밖에 없었던 여건이 조성되었음을 볼 수 있다.

국가정책에 대한 비판 자체가 반체제행위 곧 정치범죄로 규정됨에 따라, 저항의 공간은 현저히 위축되었다. 소련군 민정사령관 로마넨꼬의 진단에 따르면, 반체제 세력의 활동은 주로 비판을 통한 국가 권위의 훼손에 집중되었다.[280] 그는 인민위원회가 추진한 몇몇 무리한 정책들이 그들에게 좋은 빌미를 제공했다고 보았다. 이를테면 농민들의 반발을 불러온 양곡수매사업과 농업현물세제가 그 전형적 예에 속했다. 따라서 그가 보기에 그 두 사업에 반대해 시위를 벌인 농민들의 대응도 반체제 활동의 범주에 포함될 수 있었다. 국가를 비판하는 반체제 세력에게 북한의 경제난이 좋은 빌미가 되고 있는 이상, 그에 편승하는 모든 행위가 결국 그들을 옹호하는 활동으로 간주되었기 때문이다. 조선인 어린이가 소련군 자동차에 치어 숨진 광경을 목격한 성난 군중들의 소련군 폭행사건에도 동일한 논리가 적용되었다. 소련군 당국은

---

279) 정치보위국 심사부, 1949.10, 「형법제강」, 『史料集』 20, 442·449쪽.

280) Романенко, "Доклад о политико-моральном состоянии населения Северной Кореи(북조선 인민의 정치적 정신적 상태에 관한 보고)", 1947, ЦАМОРФ, ф. 172, оп. 614632, д. 23, л. 19.

그 폭행사건을 "반동 세력이 불행한 사건을 구실로" 일으킨 군중 선동행위라고 규정했다.[281] 요컨대 국가 보위의 과제가 절대적 가치를 부여받음에 따라, 국가나 그 정책에 반대하는 모든 시도가 반체제행위로 규정돼 갔다.

확장된 반국가 세력의 범주는 국가의 경계 밖에 있는 잠재적 적들까지 망라했다. 1948년 말 평양라디오방송을 도청하던 G – 2는 조선민주주의인민공화국 내각이 공민증 발급사업에 착수했다는 정보를 입수했다.[282] 북한을 이탈한 모든 개인을 기록에서 말소하는 일이 그 사업의 주요 목표라는 방송의 내용은 너무도 명백한 메시지를 함축하고 있었다. 이제 더 이상 월남자들은 조선민주주의인민공화국 공민이 아닌 잠재적 적에 지나지 않다는 의미였다. 그들의 언어 속에서도 월남자들은 체제를 배반하고 달아난 "도주자"로 지칭되었다.

국가의 안전을 위협할 수 있다고 의심받은 이들은 국경 안에서도 얼마든 목격될 수 있었다. 공민들 중 과거경력을 확인하기 힘든 이들 곧 해방 이전 전력이 의심스러운 이들과 과거 만주 지역에 체류한 이들 중 보증인을 통해 당시의 결백을 입증할 수 없었던 이들이 그 부류에 포함되었다. 그들은 노동당 입당심사를 통과할 수 없었다. 이상의 사례들은 국가의 안전에 부정적 영향을 끼칠 수 있는 이들이 사회적 이동성의 제약을 통해 체제 질서에서 배제되었음을 의미한다.

---

281) Игнатьев, "О социальном, экономическом и политическом положении Северной Кореи(북조선의 사회, 경제, 정치 정세에 대하여)", 1947, ЦАМОРФ, ф. 172, оп. 614632, д. 8, л. 29.

282) ISNK, no.4(1948.7.17~1948.11.26), p. 104.

4. 전쟁과 반체제 세력의 노출

　자유주의를 제약하고 노동당 규율을 부과한 북한의 통치 방식은 대중들 사이에 거부감을 불러일으켰다. 전시 북한의 남한 점령정책에 대한 민간의 대응은 대중적 반감이 어떠한 형태로 표출되었는지 잘 드러낸다. 자유주의적 지식인 김성칠은 북한의 점령통치가 실시된 두세 달 동안 "빨갱이"라는 용어의 어감에 큰 변화가 있었음을 감지했다.[283] 그는 그것이 귀에 거슬리기는커녕 "날로 부패해가는 대한민국을 바로잡고 우리 민족에게 새 희망을 던져줄 그 무엇이 아닐까"하고 은근한 기대를 품었지만, 북한의 점령통치를 경험하며 그러한 기대를 단호히 접어버렸다. 경북 안동농업학교 교장은 인민군이 후퇴하자, 거금을 들여 교사의 붉은 기와지붕을 뜯어 고치기까지 했다.

　김성칠이 보기에 조선민주주의인민공화국을 외면하고 그에 비협조적 태도를 보인 민간의 대응은 부분적 현상이 아니었다. "인민공화국 정치가 철두철미하게 인심을 잃자", "대한민국을 뼈저리게 그리워하는" 대중들의 반응이 곳곳에서 목격되었다. "시민들의 머리 위로 폭탄을 퍼부음에 다름 아닌" 미 공군의 서울 폭격에 적개심을 품기는커녕, 오히려 희망을 품는 듯한 항간의 심리 상태가 만연했다. 인민군 후퇴 이후 신병교육대에 자원한 청년 수가 급증한 현상도 북한의 점령정책이 불러온 대중적 반감과 무관치 않았다. 김성칠은 "인민공화국이 남한 주민들을 그렇게 못살게 굴지 않았던들, 그들은 대한민국이 이끄는 대로 그처럼 쉽게 휘둘리지는 않았을 것"이라고 논평했다.

　사실 남한 대중들이 북한의 점령정책에 보인 거부반응은 그들이 급진적이고 생소한 문화에 적응하는 일이 쉽지 않았음을 드러낸다. 전전 시기 북

---

283)　이하 김성칠, 『역사 앞에서』, 창작과비평사, 1993, 108·176·209·252·278·309쪽 참조.

한 지역에 형성된 문화의 경우 5년이란 상대적으로 긴 시간에 걸쳐 상대적으로 서서히 사회저변에 뿌리내린 반면, 남한사회가 맞닥뜨린 북한 문화는 전시 특수상황에서 2~3개월이란 짧은 기간에 이식된 것이었다. 남한 지역민들이 체감한 문화적 충격이 북한 지역민들이 경험한 충격보다 훨씬 컸음은 의심의 여지가 없다.

문화적 요인만이 아닌 다른 여러 요인들 탓에, 많은 인민들이 북한체제로부터 등을 돌렸다. 특히 해방 직후의 심각한 경제난이 숱한 불평불만자들과 체제 이탈자들을 낳았다. 토지개혁이 완수된 뒤에도 식량사정이 나아지지 않았을뿐더러, 정부조차 원조해주지 않는다고 성토한 빈농들이 많았다.[284] 1947년 2월 12일 황해도 신천군민 30여 명은 당국이 식량난과 취업난을 해결해주지 않으면, 면·리 인민위원회선거를 보이콧하겠다고 협박했다.[285] 불평불만의 표출을 넘어 경제난을 직접 해결하고자 월남을 단행한 이들도 부지기수였다.

전쟁 기간 동안 북한 지역에 들어가 주민들을 상대로 인터뷰와 여론조사를 실시한 미국무성 연구조사단은 북한체제가 인민들로부터 폭넓은 지지를 받지 못했음을 확인했다. 유엔군의 점령 기간 중 강원도 원산시와 함경남도 흥남시에서 실시된 여론조사에 따르면 각 계층별 체제 지지도가 노동자 50%, 농민 30%, 학생 70%로 집계되었다.[286] 체제를 지지한 피난민들의 입장이 반

---

284) Игнатьев, "Экономическое и политическое положение провинций Северной Корей(북조선 지방의 경제적 정치적 상황)", 1947, ЦАМОРФ, ф. 172, оп. 614632, д. 14, л. 29.

285) Романенко, "Об итогах выборов в сельские и волостные народные комитеты Северной Кореи(북조선 면·리 인민위원회 선거 총결에 관하여)", 1947, АВПРФ, л. 29.

286) Charles K. Armstrong, The North Korean Revolution, 1945~1950 (Ithaca: Cornell University Press, 2003), pp. 188~189.

영되지 않았지만 농민층이 북한 인구의 약 70%를 점했음을 감안할 때, 이 통계는 체제가 인민들로부터 폭넓은 지지를 이끌어내지 못했음을 드러낸다. 미국무성 연구조사단은 다른 정황증거들을 통해서도 그러한 결론을 재확인할 수 있었다. 첫째 북한 인구의 상당부분이 월남한 점, 둘째 체제가 갈수록 강도 높은 통제기제에 의존한 점, 셋째 광범한 농민층이 현 생활수준에 만족하지 않은 점, 넷째 체제가 군사적 역전 상태에 직면했을 때 다급히 징집된 군인들로부터 충성을 얻지 못한 점, 다섯째 유엔군의 북한 지역 점령에 맞서 적극적 저항이 이루어지지 않은 점 등이 그 주요 근거들이었다.[287]

심지어 체제가 공직자들의 지지마저 상실했음을 암시하는 내부문건들도 있다. 이를테면 1951년 4월경 황해도 남연백군 인민위원회가 조사한 기존 간부들의 복귀실태는 많은 공직자들이 전쟁 상황을 틈타 체제로부터 이탈했을 가능성을 보여준다. 군내 해월·해룡·용도면의 경우 기존 간부들이 전혀 복귀하지 않고 있었으며, 호동면의 경우 면인민위원장만이 돌아와 업무를 재개하고 있었다. 군내 전체학교의 교원 120여 명 가운데 현직에 복귀한 이는 3~4명에 지나지 않았다.[288] 사실 관료층의 월남은 전전 시기부터 지속된 현상이었다. 조선은행 조사부의 월남 인구 직업별 통계에 따르면, 1947년 5~12월에 걸쳐 월남한 북한 관료들이 같은 기간 전체 월남자 수의 0.8%인 1,012명에 달했다.[289]

노동당원들의 전시 이반도 드물지 않았다. 평안남도 순천군 당원 약

---

287) U.S. Department of State, *North Korea: A Case Study in the Techniques of Takeover* (Washington, D.C.: U.S. Government Printing Office, 1961), p. 8.

288) 남연백군 인민위원회, 1951.4.1, 「남연백군 인민위원회 상무위원회 결정 제1호」, 『史料集』 19, 463쪽.

289) 김재웅, 2016.6, 「북한의 38선 월경 통제와 월남 월북의 양상」, 『한국민족운동사연구』 87, 201쪽.

12,000명 중 8%에 달한 900여 명이 반역이나 치안대에 가담한 전력 탓에 출당처분을 받았다.[290] 노동당원이자 면인민위원회 지도원을 맡아보던 황해도 장연군의 한 간부는 인민군이 후퇴하자 치안대 대장이 되었다. 심지어 치안대의 노동당원 색출에 협력한 동료 당원들도 있었다.[291]

많은 인민들 사이에 불만이 잠재해 있다는 관측은 전쟁 이전부터 제기되었다. 남한 언론과 인사들은 바로 그 점에 근거하여 북한 지역에 폭동이 일어나리라 전망했다. 1947년 9월경 미 대통령 특사 웨드마이어에게 보내는 편지에서 자신을 조선건민회위원장(朝鮮健民會委員長)이라고 밝힌 한 인사는 "좌익폭동"과 "우익혁명폭동"이 각각 남북한에서 발생하리라 내다보았다.[292] 그는 자신의 전망이 미소 양군 모두가 조선의 실정에 적합하지 않고 조선인민의 의사를 무시한 정치를 고수하고 있다는 점에 근거한다고 밝혔다.

1948년 말경 북한에서 "대규모 폭동"이 일어났다는 남한 우익계 신문들의 보도는 평양라디오방송이 즉각 진화에 나섰을 만큼 큰 파장을 몰고 왔다.[293] 폭동이 한창 진행 중인 가운데 북한주민 수 천 명이 사망했다는 그 선동적 기사들은 남한 극우 세력의 기대를 반영할 뿐 사실과 거리가 멀었다. 여러 경로를 통해 북한 관련 정보를 수집해온 G-2는 북한 지역민들 사이에 상당한 불평불만이 잠재한다는 점을 간파하고 있었지만, 그러한 상황이 폭동을 촉발하리라 전망하지는 않았다. 1948년 8월경 G-2는 냉철한 분석에 입각해

---

290) 駐DPRKソ連大使館員 A. Shemjakin, 「1951年9月17日~19日平安南道諸郡への出張について」, 『旧ソ連の北朝鮮經濟資料集 1946~1965年』, 東京 : 知泉書館, 2011, 275쪽.

291) 장연군 내무서장 남상호, 1951.8.31, 「인권유린 방지에 대하여」, 『史料集』 16, 405·426쪽.

292) 朝鮮健民會委員長, 1947.9.1, 「웨드마이어將軍 貴下」, 『史料集』 10, 177쪽.

293) ISNK, no.4(1948.7.17~1948.11.26), p. 544.

북한 지역민들의 공개적 저항은 남북 간 이데올로기의 갈등이 무력충돌 곧 전쟁의 형태로 발전하지 않는 한 기대하기 힘들다고 결론지었다.[294]

G-2의 냉철한 예측은 전쟁의 발발과 함께 실현의 조짐을 보였다. 전쟁 이전 언행에 주의하던 민간인들이 노골적으로 반체제성 언사를 쏟아내기 시작했다. 강원도 철원군의 한 통심원이 수집한 총 87건의 정치적 언사 가운데, 11.5%에 달한 10건이 반체제성 언사에 속했다.[295] 그것은 전쟁 이전인 1949년 7월과 10월경 남한 국방군 비행기가 황해도 해주시에 삐라를 살포했을 때, 반체제성 언사를 단 한 건도 발설하지 않은 해주 시민들의 대응과 선명히 대비되는 태도였다. 남한 비행기의 위력을 두려워하거나 전쟁의 발발을 우려하는 동요의 목소리가 몇 차례 있었을 뿐, 부주의하게 반체제성 언사를 내뱉은 이는 한 명도 없었다.[296]

그러나 전쟁이 일어난 직후인 1950년 8월경 강원도 철원군의 한 통심원이 수집한 민간사회의 반체제성 언사들은 다음과 같은 높은 수위의 반감을 드러냈다. "김일성은 소련으로 도망가고 대한민국 이승만이 승리할 것이다!", "소련처럼 거지같은 나라가 어떻게 승리하겠는가?", "공화국 북반부는 소련의 예속 국가이다. 이번 전쟁에 인민군대가 승리하면, 공산주의가 되기 때문에 인민들이 살 수 없다!", "북반부 내무원들이 미국 항공기의 폭탄에 맞아 죽는 꼴을 봤으면 내 속이 시원하겠다!" 이 발언의 화자들은 대개 믿을 만한 지인들에게 솔직한 감정을 표출했으나, 그들 사이에 끼어 있던 통심원의 밀

---

294) ISNK, no.4(1948.7.17~1948.11.26), p. 104.

295) 이하 철원군 내무서장 전회림, 1950.8.26, 「8·15해방 5주년 기념 특별 경비투쟁에 대하여」, 『史料集』 16, 114~115쪽 참조.

296) 북로당 황해도당 선전선동부장 서필석, 1949, 「최근에 수집된 군중여론 보고」, 『史料集』 9, 676~680쪽.

고나 청자들의 신중치 못한 발설행위를 통해 적발되었다.

전쟁 이후 북한 지역민들의 저항은 언어적 차원에 그치지 않는다. 인민군 모집사업을 거부한 청년들의 도피 행각은 그들의 저항의식이 직접적 행동을 통해 표출되었음을 보여준다.[297] 1950년 9월 1일 강원도 철원군에서 적발된 13명의 청년 무리들이 그 전형적 예에 속했다. 인민군 모집사업을 피해 달아난 그들은 산악지대에 모여 공동생활을 했다.[298] 체제를 반대하거나 불평불만을 품고 있던 이들이 유엔군의 반격 이전부터 반항심을 드러냈다는 점은 전쟁의 발발 자체가 체제 내 저항운동의 도화선이 되었음을 의미한다. 물론 유엔군의 북한 지역 점령은 그간 숨죽여 지내오던 반체제자들과 불평불만자들이 자신들의 정치적 성향을 공개적으로 표출하는 계기가 되었다.

이웃 주민들의 일탈행위를 당국에 밀고해오던 통심원들은 유엔군이 북한 지역을 점령하자마자 즉각적 보복 대상이 되었다. 반면 밀고당한 적이 있는 이들은 "세월이 뒤집히기만을" 벼르며 공개적 반발을 자제해왔으나, 유엔군이 진주한 이후 적극적 보복에 나섰다.[299] 물론 주요 보복 대상은 노동당원들이었다. 강제적으로 인민군대에 징집된 한 청년은 돌아오자마자, 이웃의 노동당원 가족을 살해하며 보복행위에 가담했다.[300] 당국으로부터 불이익을 당한 이들 외에 반체제 성향을 지닌 이들과 여러 유형의 불평불만자들이 치안대 활동에 가담해 노동당원들과 지역 간부들을 살해했다. 그러한 점들이 시

---

297) 서홍석, 2017.6, 「조선인민군 충원정책의 변화와 정체성 형성(1948~1950)」, 『역사와 현실』 제104호, 389쪽.

298) 철원군 내무서장 전회림, 1950.9.7, 「상부지시문 집행할데 대한 지시」, 『史料集』 16, 141~143쪽.

299) 牧甘面 堂崖里 문광수, 1951.7.11, 「윤필환이 학살당한 내용」, 『史料集』 16, 599~600쪽.

300) 牧甘面 堂崖里 문광수, 1951.7.11, 「장연군 목감면 분소장 귀하」, 『史料集』 16, 601쪽.

사하는 중요한 사실은 유엔군 점령 상황하에서 체제를 반대한 북한주민들의 정치적 성향이 선명하게 드러났다는 점이다.

다시 전세가 바뀌어 조선인민군이 북한 지역을 탈환했을 때, 반체제행위에 가담하며 정치적 정체성을 드러낸 이들의 선택지는 넓지 않았다. 유엔군과 국방군을 따라 월남하지 못한 많은 이들이 산간지대로 들어가 빨치산 활동을 전개했다. 남한의 진공 당시 북진해 후퇴하지 못하고 함경남도 북청군 일대에 고립되어 유격 활동을 하던 20여 명의 "여한단", 조선노동당에서 제명된 전직 내무간부가 20여 명의 사냥꾼들을 규합해 조직한 "함남유격대" 등 여러 유형의 빨치산이 있었다.[301] 그 가운데 가장 큰 비중을 점한 유형은 치안대 활동에 가담하다 유엔군 후퇴 이후 고립된 이들이 주축을 이룬 결사들이었다.

도내 각지의 빨치산 소탕작전을 지휘한 황해도 내무부장이 하부기구에 내려 보낸 각종 지시들은 "비적"이라 불린 그들이 대개 치안대 출신이었음을 드러낸다.[302] 북한 전 인구 중 치안대 가담자들의 비율을 밝히기란 쉬운 일이 아니다. 다만 조선로동당 평안남도 양덕군 화촌면당위원장은 전시 그의 관할 지역 내에서 치안대에 가담한 가구가 약 20호에 달했다고 진술했다. 화촌면 총가호 수가 720호였음에 비추어, 그 지역의 2.8%에 달하는 가구가 치안

---

301) 김석형 구술, 이향규 녹취·정리, 『나는 조선노동당원이오!』, 선인, 2001, 324~325·369쪽.

302) 그들은 대개 전투가 아닌 정보원의 침투를 통해 소탕되었다. 이를테면 1951년 4월 초 황해도 황주군 삼전면 용전리 뒷산에 "비적들"이 출몰한다는 정보를 입수한 도 내무부는 치안대 완장을 소지한 정보원을 당지에 보냈다. 그는 "비적들"에게 체포되었으나 몸수색 중 발견된 완장 덕에 그들의 신뢰를 얻을 수 있었다. 다음 날 그는 담배를 사오겠다는 기지를 발휘하여 하산에 성공했다. 곧 그가 이끌고 온 인민군들이 전원 6명의 "비적들"을 모두 체포했다. 황해도 내무부장 최상울, 1951.5.31, 「비적 수색사업 강화에 대하여」, 『史料集』 16, 324~325쪽.

대 활동에 연루되었음을 볼 수 있다.[303]

　1951년 2월 28일, 황해도 장연군 목감면 분주소장은 그간 토벌한 관내 "비적" 성원들 190명의 신상정보를 통계화하여 상부에 보고했다.[304] 그 보고에 따르면 치안대에 가담했던 이들이 전체성원의 64.7%인 123명에 달했다. "비적" 성원들은 직업별로 농민 172명(90.5%), 노동자 3명(1.6%), 사무원 10명(5.3%), 학생 5명(2.6%) 등의 분포를 보였고 연령별로 18~25세 70명(36.8%), 25~40세 109명(57.4%), 40~50세 11명(5.8%) 등의 분포를 보였다. 그들 대부분이 농민들이었다는 점은 특히 농민층 사이에서 체제에 대한 불만이 팽배해 있었음을 드러낸다.

　1951년 3월 29일, 황해도 장연군 목감면 분주소는 관내에서 사로잡은 25세의 "비적" 함치남으로부터 아직 투항하지 않은 그의 동료 36명의 신상정보를 입수했다. 그들은 모두 황해도 장연군 지역 주민들이었다. G - 2가 예측한 대로 남북 간 이념적 갈등이 무력 충돌로 발전하자, 그간 불평불만을 억눌러온 북한 지역민들의 공개적 저항이 현실화된 셈이었다. 그들 36명의 "비적들"도 소수의 교사들을 제외하면 농민들의 비중이 압도적이었다. 그들의 평균연령은 약 24세였다.[305]

　1951년 초 황해도의 한 면단위에서 체포되거나 신상이 확인된 "비적" 수가 그 정도에 달했다면, 전국적으로 상당한 규모의 "비적들"이 활동했음을 추정할 수 있다. "비적" 토벌작전의 지역 간 연계를 강조한 내무성 부상 이필

---

303)　駐DPRK ソ連大使館員 A. Shemjakin, 「1951年 9月 17日~19日 平安南道諸郡への出張について」, 『旧ソ連の北朝鮮經濟資料集 1946~1965年』, 東京 : 知泉書館, 2011, 272쪽.

304)　목감면 분주소장 정국진, 1951.2.28, 「비적 토벌정형 보고에 대하여」, 『史料集』 16, 585쪽.

305)　목감면 분주소장, 1951.3.29, 「비적 명단 작성 보고의 건」, 『史料集』 16, 230~231쪽.

규는 각 군을 가로지르며 활동 반경을 넓혀간 "비적들"의 움직임이 함경남도와 평안남도뿐만 아니라 평안북도와 황해도에서도 목격된다고 지적했다.[306] 그의 진술은 "비적" 출몰이 전국적 현상이었음을 의미했다. 중국 인민지원군의 참전에 힘입어 조선인민군이 북한 지역을 탈환한 뒤, 산간지대에 들어가 저항운동을 전개한 "비적들"은 대개 치안대에 가담한 전력을 지닌 북한 주민들이었다. 체제에 대한 반감을 억눌러온 그들은 전쟁 발발 후 유엔군의 점령 통치가 시작되자, 자신들의 정치색을 선명히 드러낸 탓에 복구된 체제와 융화할 수 없었던 이들이었다.

그러면 유엔군 점령하에서 반체제적 정치 성향을 드러낸 이들 중 소극적 부역자들은 어떻게 처리되었을까? 물론 무장 저항 활동에 연루된 "비적" 성원들은 법적 처벌의 대상이었다. 그러나 전시 적극적 반체제 활동이 아닌 소극적 부역행위에 연루된 이들은 "군중심판"을 통해 처리되었다. 군중들이 직접 처벌의 수위를 결정한 군중심판회는 심판 대상자들의 일탈 정도를 고려해 혐의가 무거운 자들을 재판에 회부한 반면, 혐의가 가벼운 자들에게 이른바 "두문벌"이라 불린 사회적 제재를 부과했다. 치안대 활동에 관여했더라도 경리 업무를 담당하며 노동당원 학살에 가담하지 않은 이들처럼 비교적 혐의가 가벼운 이들이 두문벌의 적용 대상이었다.[307]

군중심판회가 심판 대상자에게 두문벌을 결정하면, 그 결정서를 전달받은 관할 지역 분주소가 그의 상의(上衣) 가슴부위와 그의 집 대문에 "두문(杜

---

306) 내무상대리 부상 리필규, 1951.7.12, 「수색토벌사업에 있어서 인접 관할군 또는 도와의 연계를 긴밀히 취할 데 관하여」, 『史料集』 16, 387쪽.

307) 조선민주주의인민공화국 내각 지시 657호, 1951.3.24, 「군중심판회에 관한 규정 시행요강에 관하여」, 『史料集』 24, 67·75쪽.

門"이라 적힌 붉은 표식을 부착했다.[308] 두문표식이 대문에까지 부착되었다
는 점은 전시 과오에 대해 당사자만이 아닌 그의 가족들까지 연대책임을 져
야 했음을 의미한다. 두문벌 대상자들은 일상적 감시를 받았을 뿐만 아니라
이웃들로부터 고립되었다. 두문이란 용어 자체가 외출 금지를 의미했지만,
그들은 허락을 받고 밖에 나가 농사를 지을 수 있었다. 벌금이나 형기 따위
의 법적 제재는 없었고, 다만 외출할 때 "두문"이라 적힌 붉은 표식을 웃옷의
가슴부위에 달아야 했다. 그들은 외부의 시선에 쉽게 인지되었고, 붉은 표식
이 드러내는 부정한 전력 탓에 조소와 비난을 당했다.

더 이상의 일탈을 단념하도록 그들에게 심리적 압박을 가한 사회적 시선
이 국가 보위의 기제로 활용되었음을 볼 수 있다. 더욱이 붉은 표식을 이용
한 두문벌은 선명한 시각적 인지효과까지 발휘했다. 당대인들 다수가 백의를
입었기 때문에 그들은 어디에서나 쉽게 눈에 띌 수 있었다. 두문벌은 일탈
자들을 사회로부터 격리하는 데 효과적이었음에도 불구하고 오래 가지 않아
폐지되었다. 그것은 체제의 잠재적 적들을 손쉽게 판별할 수 있는 기제였으
나 종종 모순적 상황을 촉발했다. 치안대에 가담해 두문벌을 받은 이들의 가
족이나 친척들 중 조선인민군의 모범군인이 되어 훈장을 받은 이들도 있었
기 때문이다. 곧 '적(敵)'을 드러내려 고안된 두문 표식은 되레 '아(我)'를 가리
키는 모순을 낳을 수도 있었다.[309]

역설적이게도 북한에 막대한 피해를 입힌 전쟁은 체제의 안정화에 이바
지했다. 전쟁은 그간 잠복해 있던 반체제자들과 불평불만자들이 폭발할 수
있는 도화선이 되었다. 체제에 대한 불평불만을 억눌러온 그들은 유엔군의

---

308) 남연인위 제22호, 1951.5.4, 「군중심판에 관한 규정 시행요강」, 『史料集』 19, 525쪽.

309) 김석형 구술, 이향규 녹취·정리, 『나는 조선노동당원이오!』, 선인, 2001, 350~351쪽.

점령통치가 시작되자, 보복과 학살행위에 가담하며 자신들의 정치색을 뚜렷이 드러냈다. 따라서 조선인민군이 다시 북한 지역을 탈환했을 때, 반체제행위에 가담한 이들을 식별하기란 어려운 일이 아니었다. 군중심판회에 참가한 인민들은 그들이 훤히 꿰뚫고 있었던 이웃들의 이반행위를 낱낱이 폭로했다.

　정보기구 고위간부를 지낸 비전향장기수 김석형은 전시 후퇴와 진격을 반복하는 과정을 통해, 인민들 사이에 그어진 "적과 아"의 계선 곧 그들의 친체제 성향과 반체제 성향이 뚜렷해졌음을 실감했다.[310] 전쟁 이전 그에게 인민들의 정치 성향은 매우 모호해 보였다. 그러나 피난지에서 돌아왔을 때 "적과 아"의 계선은 선명히 드러나 있었다. 따라서 전시 이반자들의 법적 처리도 쉽게 해결될 수 있었다. 잠재적 적들이 표면 위로 드러났다는 점과 함께, 전쟁이 체제 안정화에 기여한 다른 요인은 기존 지지층의 친체제성이 이전보다 더 확고해졌다는 점이다. 유엔군의 점령정책을 경험하고 치안대의 학살행위를 목격한 그들은 반국가행위를 경계하게 되었을 뿐만 아니라, 더욱더 체제의 이념과 논리에 동화되어 갔다.

---

310) 김석형 구술, 이향규 녹취·정리, 『나는 조선노동당원이오!』, 선인, 2001, 358·389쪽.

맺음말

    해방 직후 북한 좌익 진영 인사들은 인민국가 건설을 지향했다. 소련과 동유럽권으로부터 유입된 인민민주주의론이 인민국가 건설의 이론적 토대를 제공했다. 인민민주주의론은 프롤레타리아독재를 경유하지 않고 사회주의에 이를 수 있다는 "제3형태"의 정권 수립 노선이었다. 인민민주주의론을 수용한 북한의 좌익계 인사들은 계급적 이해관계보다 전 민족적 이해관계를 우선시해야 한다는 온건한 입장을 표명했다. 인민국가의 기저이념인 인민민주주의는 인민 개개인의 직접적 참여 아래 이루어진 선거·재판·회의·집회 등을 통해 실천되었고, 국가의 목표 달성 여부가 바로 그들 자신의 책임에 달려 있다는 의미를 부여했다.

    북한의 인민국가 건설운동은 전국 각지에서 조직된 인민위원회 활동을 통해 구체화되었다. 광범한 대중들의 정치 참여를 구현한 인민위원회는 노동자·농민뿐만 아니라, 자산층의 이해까지 배려했을 만큼 유연한 성격을 띠었다. 곧 그것은 노동자·농민층의 계급적 이해를 중심으로 전 민족적 이해를 관철한다는 방향성을 제시했다. 공산당의 간부직 독점을 제지한 인민위원회의 통일전선적 운영은 계급연합 정권의 탄생으로 이어졌다. 그러나 인민국가의 계급연합적 성격을 유지했던 상층 도·시·군 인민위원회와 달리, 기층 면·리 인민위원회는 시간이 지날수록 노동자·농민층이 독점한 무산계급 중심의 기구가 되어 갔다.

북한의 인민국가 건설운동은 대중적 인민의식 창출운동을 통해 뒷받침되었다. 광범한 인민들의 정치 참여와 사회경제개혁 등의 혁신적 성과에도 불구하고, 그를 공고화할 인민들의 의식 수준은 여전히 정체 상태에 머물러 있다고 진단되었다. 1946년 12월 6일부터 시작된 건국사상총동원운동은 일제가 남긴 사상의식 잔재의 척결과 새로운 민족의식 고취를 통한 전체 인민들의 사상의식 개혁을 모색했다. 건국사상총동원운동은 사상운동 차원에 국한되지 않고 국가 건설의 물적 토대를 구축하기 위한 실천운동으로 발전했다. 따라서 새로운 인민의식 창출에 기여한 이 운동은 전체 인민을 실천적 국가 건설운동에 동원하는 성과를 이끌어냈다.

북한의 인민국가 지향성은 이념의 논리에 결박되지 않은 현실 문제의 해결 방식들을 통해 구체화되었다. 식자층 인재 등용정책과 민간상공업 지원정책은 북한이 해방 직후의 난관들을 이념의 논리가 아닌 현실논리에 따라 풀어나갔음을 보여준 대표적 사례였다. 고급 인재의 부족에 따른 식자층 등용정책은 그들 상당수가 친일행위에 연루되었다는 점에서 민감한 문제였다. 곧 북한의 간부 등용정책은 국가 건설에 활용할 식자층 인재의 부족 현실과 친일파 척결 과제 사이의 선택을 둘러싼 갈등을 촉발했다. 결국 새 국가의 건설에 친일 혐의가 경미한 기존 전문가그룹과 공직자층의 역량을 동원해야 한다는 요구가 거세짐에 따라, 일제에 복무한 대다수 공직자들이 재등용될 수 있었다. 그들의 재등용은 유연한 형태로 정립된 친일파 개념과 범주의 규정을 통해 이루어졌다.

해방 후 정치경제적 난관에 대처한 북한의 현실적 접근 태도는 반일감정이 만연한 사회분위기 속에서도 일제 유제에 대한 탄력적 관점이 통용될 수 있는 기반을 제공했다. 그러나 1947년 말부터 친일 행위자 재등용을 둘러싼 정치지도부 내의 갈등이 수면 위로 떠오르기 시작했다. 친일전력을 지니지 않은 노동자·빈농계급의 등용을 선호한 노동당 지도부와 기존 전문가그룹의 등용을 지지한 북조선인민위원회 사법국장 최용달 간의 갈등이 그것이었다. 결국 노동자·빈농계급의 이해를 옹호한 노동당 지도부의 입장이 관철됨에 따라, "일제시기 판사나 검사로 복무한 자는 판사 또는 검사에 발탁될 수 없다."라는 규정이 1948년 헌법에 명문화되었다. 친일 행위자들에 대한 유연한 관점은 계급적 급진화의 흐름을 따라 점점 배타적 관점을 향해 기울어 갔다.

북한의 인민국가 건설운동은 민족자본가층의 활동을 지원한 경제정책에도 반영되었다. 해방 직후 공장 가동 중단과 남북 경제관계의 단절에 따른 생필품 부족사태는 물가의 폭등을 불러왔다. 소련 측으로부터 중요 산업시설들을 인수한 북한 당국은 중공업과 대기업 운영에 주력하며, 생필품 제조분야의 경공업을 민간공업 부문에 위임했다. 귀국한 일본인 기술진·경영진의 공백을 메운 조선인 민간기업가들은 생필품 부족난을 해결할 수 있는 현실적 대안이었다. 민간기업의 현실적 필요성이 제기됨에 따라 사유재산권 보호를 모색한 각종 법령과 제도적 기제들이 정비되었고, 민간소유 부문은 국가소유 부문과 경쟁하며 입지를 다져나갔다. 민간경제의 성장을 이끈 사유제의 정착은 마르크스주의의 부정적 사유관에 결박되지 않고 현실논리에 따라 당면한 경제 문제의 해결을 모색한 북한의 유연성을 잘 드러낸다.

1948년 조선민주주의인민공화국 헌법은 생산수단의 소유 형태로서 국가소유·협동단체소유와 함께 개인소유 부문이 공존함을 명시했다. 그 가운데 국가소유와 협동단체소유에 중추적 위상이 부여되었고, 자본주의와 친화성을 지닌 개인소유는 보조적 위상을 부여받았다. 개인소유의 허용한도는 중소상공업에 맞추어졌다. 당국이 상한으로 설정한 중소기업의 규모는 노동자 수 50인을 고용한 업체였다. 사유재산권 보호정책은 민간기업의 발전과 자본가층의 성장에 유리한 여건을 조성했다.

국유기업 방매를 통해 급성장한 민간공업은 1947년 생활필수품 총생산액의 80% 이상에 달하는 생산목표를 할당받았다. 1948년 현재 전체 노동 인구의 21.47%를 점한 민간기업 노동자 규모와 1949년 현재 국영업소 수의 48배를 초과한 개인업소 111,338개소는 전전 시기의 민간경제가 활발히 운영되었음을 보여준다. 1948년 현재 약 5,300여 개소에 이른 민간기업들의 공업 부문 총생산액과 점유율은 각각 24억 원과 12.1%에 달했다. 민간공업의 발전에 따라 소득 수준이 매우 높은 자산가들도 등장했다.

개인소유 부문의 발전은 국가소유 부문의 지속적 확대를 모색해온 북한 당국의 구상에 걸림돌이 되었다. 상업·지방산업·수산업 부문의 경우 민간 부문이 국영 부문을 압도했을 정도였다. 국영상공업과 경쟁할 수 있는 지위에까지 오른 민간상공업의 발전은 어느 정도 선에서 제약될 필요가 있었다. 마침내 1948년 3월 말에 열린 북조선로동당 제2차 전당대회에서 민간상공업 부문을 겨냥한 공세가 시작되었다. 대부의 제한, 임금 상한의 설정, 원료·연료 공급의 감축 등이 공세의 수단으로 활용되었다. 1949년 1월부터 5월까지 절정에 달한 민간상공업 통제정책은 상공업자들에 대한 은행 대부를 중단하고 철도교통 이용을 금지하는 조치로까지 발전했다. 그러나 1949년 6월 말 조국통일민주주의전선의 결성과 함께 자산층의 이해관계를 배려한 민간상공업 지원정책이 재천명됨에 따라 그것은 다시 성장 국면을 맞았다.

국가경제와 민간경제 간 경쟁은 상업 부문에까지 연장되었다. 그러나 국가가 민간상업을 통제할 수 있다는 전망은 민간공업 통제와 다른 차원의 문제였다. 상인층은 국가가 단행한 상품의 공급·유통 통제에 대응해 다양한 활로를 모색할 수 있었다. 당국의 지원 아래 이루어진 소비조합운동은 소비자들에게 공산품·농산물·식료품 등을 저렴한 가격에 판매하여 물가 안정을 꾀하려는 목표를 지향했다. 물론 이 과제는 민간상업과의 경쟁을 통해 이루어져야 했다. 1947년 민간상업 판매고는 상업 부문 총판매고의 84.5%에 달했을 만큼 압도적 점유율을 보였다. 그러나 성인들의 소비조합 의무가입을 강행한 국가정책에 힘입어 급성장한 소비조합상업·국영상업은 1949년경 민간상업 소매상품 유통고를 추월할 수 있었다.

민간상업에 대한 국가의 공세는 상인들의 물자 구입원 통제에 집중되었다. 그 구체적 방법은 국영공장 생산품의 시장 유출을 막는 한편, 수매사업을 적극화하는 식으로 이루어졌다. 그러나 제품의 국정가격이 시장가격보다 훨씬 낮게 책정됨에 따라, 민간상인 물자 구입원 통제는 계획대로 추진되지 않았다. 국영기업 생산품은 물론 장물과 밀조품마저 시장으로 흘러들었다. 38선 월경밀무역도 당국에 심각한 고민을 안겼다. 그것은 국내 부족물자의 조달에 기여한 반면, 국가의 유통경로 장악을 방해할 수 있는 문제를 지니고 있었다. 상인층이 주도한 38선 월경밀무역은 민간경제의 완전 장악을 모색한 국가의 경제구상이 한계에 직면할 수밖에 없음을 보여준 대표적 사례였다.

해방 후 북한의 반제반봉건투쟁은 친일파와 지주층을 투쟁의 대상으로 설정했다. 그러나 반제투쟁과 반봉건투쟁은 대조적 발전양상을 보였다. 식자층 인재 부족에 따라 대다수의 일제시기 공직자들과 전문가집단이 재등용된 반면, 지주계급으로 규정된 이들은 토지개혁의 급진화와 함께 계급투쟁의 대상으로 전락했다. 토지개혁을 통해 청산된 지주계급은 기득권층의 지위에서 밀려나 새로운 계급구조의 최하층에 편제되었다. 1946년 3월부터 단행된 토지개혁이 지주소작제의 철폐를 이끌어냈음에도 불구하고, 지주 출신들에 대한 차별과 적대행위는 중단되지 않았다. 토지 몰수에 반대한 지주층의 저항이 적극화되지 못한 까닭은 토지개혁이 국가권력의 후원 아래 단행되었기 때문이다.

지주층을 겨냥한 계급투쟁은 오히려 토지개혁 이후에 더 격화되는 양상을 보였다. 그들은 1948년경까지 지속된 축출사업을 통해 기존 거주지로부터 추방되었고, 공민으로서 누릴 수 있는 법적 기본권조차 보호받지 못했다. 심지어 그들의 가족과 친척들도 차별의 대상으로 전락했다. 지주층에 막대한 타격을 입힌 토지개혁은 농민층의 대다수를 점한 빈농층에게 큰 혜택을 가져다주었다. 그러나 국가 재정 확충에 기여한 농업현물세제의 실시는 토지개혁을 통해 신장된 농민층의 지위를 원 상태로 되돌리는 결과를 낳았다. 국가가 법정규정량 이상의 현물세를 징수함에 따라 농민들의 경제적 형편은 토지개혁 이전에 비해 크게 나아지지 않았다. 농업현물세제의 실시는 북한체제가 광범한 농민층으로부터 지지를 상실한 주원인이었다.

해방 직후 북한의 인민국가 건설운동은 1946~1947년경 소련과 동유럽권에서 유연한 형태로 정립된 인민민주주의론의 영향을 받았다. 그러나 유고 사태를 계기로 재정립된 새로운 형태의 인민민주주의론은 사회주의권 내 계급연합적 지향을 억제한 반면 계급투쟁을 역설했다. 인민민주주의론의 재해석을 거쳐 강조된 계급투쟁노선은 사회주의권 국가들 내 민족주의의 분출을 억누르려는 국제적 처방의 성격을 띠었다. 유고의 민족주의적 독자노선이 소련을 중심으로 한 범사회주의권 국가들의 단결에 부정적 영향을 끼쳤기 때문이다. 해외로부터 유입된 급진적 계급투쟁노선을 국내에 보급한 조직은 북조선로동당이었다. 당원 성분 재편을 통해 계급적 이해관계의 관철을 모색한 북로당은 노동자·빈농층 중심의 계급정당으로 입지를 굳혀갔다.

북한의 급진적 계급정책은 인민 개개인들을 출신성분 곧 양육된 가정환경에 따라 분류하고, 그들에게 차등적 계급지위를 부여하려는 시도로 구체화되었다. 개개인들이 양육된 가정환경이 그들의 자아형성에 영향을 끼친다는 관점은 출신성분이 개개인의 인성과 개성 등 내면적 성향까지 결정함을 전제하고 있었다. 그러한 관점은 개개인들을 계급적 소속에 근거해 평가하는 분위기를 조장함으로써 사회적 차별의 단초를 제공할 수 있었다. 불리한 계급에 속한 이들의 입지가 점점 좁아지고 있었음은 그들의 공직 간부 점유율 감소에서 두드러졌다. 반면 노동자·빈농계급은 당 조직과 행정·입법·사법 기구의 간부 점유율 면에서 어느 계급보다 우위에 설 수 있었다. 역사적으로 가장 억압받아온 그들은 새로운 계급구조의 상층에 배치되었다. 해방 후 북한의 계급질서는 노동자·고농 / 빈농 / 사무원·중농 / 수공업자 / 기업가·상인·부농 / 지주의 순으로 위계화되는 경향을 보였다.

노동계급은 새로운 계급구조의 최상층에 편제되었다. 생산성 향상이 산업 부문의 최우선 과제로 설정됨에 따라 육체노동을 천시해온 전통적 노동관을 척결하고 새로운 노동관을 보급해야 할 과제가 제기되었다. 더 나아가 국가는 새로운 계급정체성을 지닌 생산 지향적 노동계급의 인위적 창출을 모색했다. 그러한 시도는 온갖 착취로부터 해방된 국가의 건설을 통해, 노동계급과 국가 간 이해관계의 대립이 완전히 해소되었다는 논리에 근거하고 있었다. 국가는 부단한 연대투쟁과 계급적 자각을 통해 자신의 위상을 스스로 정립해나갈 필요가 있었던 노동계급에게 '계급의식의 구현자들'이라는 새로운 정체성을 부여했다. 이미 계급의식을 체득했다고 상정된 노동계급은 생산성 향상을 위해 준수해야 할 노동규율을 교육받았다. 그러한 의미에서 북한의 노동계급은 그들 스스로 독자적 계급을 창출해내기에 앞서 인위적으로 만들어진 계급이었다.

농민층의 소부르주아적 성향을 일률적으로 비판한 마르크스주의와 달리,

현실사회주의국가들은 농민층 내 세부 각 층을 상이한 계급으로 바라보았다. 그러나 소련의 선례가 입증했듯 농민층 성분 분류는 계급 경계를 명확히 가를 수 있는 수월한 작업이 아니었다. 많은 개개인들은 이중의 계급적 소속을 지니고 있었다. 사실 지주와 부농의 경계, 부농과 중농의 경계, 중농과 빈농의 경계를 명확히 가를 수 있는 기준은 존재하지 않았다. "경작지를 임대하는 대토지 소유자"라는 지주층의 명확한 개념도 자경과 임대를 병행하는 경향이 있는 소부르주아 농민층의 현실적 존재양태 앞에 쉽게 허물어졌다. 농민층 내 각 계급을 포섭하고 배제하는 기준이 고농·빈농·중농·부농·지주 등의 착취성 여부에 기초함에 따라, 성분 분류의 모호성은 민감한 문제로 부각될 수밖에 없었다.

사실 농민계급을 분류할 수 있는 객관적 척도를 얼마든 정의할 수 있다 해도, 그것을 측정할 수 있는 수단을 고안해내기란 쉬운 일이 아니었다. 결국 농민층 성분 분류는 시간이 지날수록 토지면적 기준에 의존하는 경향을 보였다. 그 기준은 토질별 수확량 차이를 반영하기 힘든 결점을 지녔음에도 불구하고, 누구에게나 공인될 수 있는 객관적 기준이었다. 고농·빈농성분이 계급구조의 상층에, 부농성분이 계급구조의 하층에 편제되었다. 고농·빈농과 부농·지주 사이에 자리한 중농은 포섭층과 배제층의 경계에 위치했다는 점에서 사회적 지위가 불안한 계급이었다. 2~5정보의 경작지를 보유한 중농층 가운데 소작지 임대 전력을 지닌 이들은 지주 혐의를 받을 수 있었다.

해방 직후 중간층 획득을 둘러싼 정치적 경쟁이 격화됨에 따라, 인텔리층에 대한 신중한 접근이 요구되었다. 새로이 형성된 계급구조의 중간층에 위치한 그들은 새 국가의 건설에 투입되어야 할 식자층 인재들이었다. 그러나 그들은 일제에 협력한 전력을 지녔다는 점에서 이중적 성격을 지닌 계급이기도 했다. 결국 친일전력을 지닌 지식층의 역량을 국가 건설에 동원하고자 그들의 구제를 공식화한 결정이 채택되었다. 이 결정과 함께 그간 인텔리들을 부정적으로 바라본 시각도 긍정적 관점을 향해 선회하기 시작했다. 해방 전 공직에 복무한 사무원층도 식자층 인재의 부족에 따라 재등용될 수 있는 여건이 조성되었다. 그러나 노동자·빈농계급에 비해 안정적 입지를 구축하지 못한 그들의 공직기구 접근성은 갈수록 제한돼 갔다.

새로운 계급구조의 형성에 따라 불리한 성분을 지닌 이들은 각종 차별을 받았다. 그들이 받은 가장 혹독한 차별은 사회적 지위 상승의 제약이었다. 노동당 입당, 공직 진출, 고등교육기관 진학 제한 등이 그 구체적 예에 속했다. 교육과 수양을 통한 계급 초월의 가능성이 인정되었음에도 불구하고, 계급적 지위는 사실상 고정적 성격을 띠었다. 출신성분의 오점과 정치범죄의 전력은 교화의 대상에 포함될 수도 없었다. 따라서 불리한 계급에 속한 이들은 적극적으로 자신의 출신성분을 드러내놓고 자아비판하거나 가급적 은폐하는 식의 극단적 태도를 보였다.

계급적 가치를 중시하는 풍조는 계급적 이해관계와 법적·행정적 이해관계 사이의 마찰을 불러왔다. 계급적 이해를 대변한 노동당이 권력 위계 면에서 인민위원회보다 우위에 있었기 때문에, 법적·행정적 권위는 견고한 지반에 뿌리내리지 못했다. 게다가 법이 정의 그 자체의 수호가 아닌 국가공동체 보호에 봉사하는 수단으로 활용됨에 따라, 법률개념의 정교한 해석은 부차적 중요성을 지닌 문제로 전락했다. 혁명적·계급적·당적 이해관계가 법적 이해관계보다 우위에 위치한 체제에서, 사법 부문의 독립성은 보장되기 어려웠고 노동당의 개입에 취약성을 드러냈다.

새로운 사회구조의 창출은 새로운 문화의 태동을 불러왔다. 일반 대중사회의 문화와 다른 새로운 문화의 발생지는 당원공동체였다. 당 회의를 통해 엄격한 규율을 체득한 노동당원들은 그들의 가치체계와 행동양식을 대중사회에 보급했다. 북한 지역 내 거의 모든 주민들을 망라한 사회단체가 당원공동체 문화를 일반 대중들에게 전달하는 역할을 맡았다. 노동당이 추구한 가치와 이념뿐만 아니라 당원들이 준수해야 할 규율도 사회단체에 이식돼, 일반 대중들의 행위를 규제하는 기제로 정착돼 갔다. 사회단체에 가입하지 않은 이들에게 노동당 입당이 허용되지 않았다는 점은 새로운 문화를 체득하지 않은 이들이 사회적 지위 상승의 기회를 포착하기 어려웠음을 의미한다.

폭로와 비판은 대중사회에 보급된 대표적 노동당문화였다. 이 기제들은 개개인들의 과오와 결점을 적발·퇴치해, 공동체를 위협할 수 있는 요인들을 미리 제거하는 데 활용되었다. 곧 폭로와 비판은 드러난 사회악과 부조리를 점진적으로 시정해가는 통상적 오류 정정 방식과 달리, 일탈의 발생 자체를 근원적으로 봉쇄하려는 이상적 목표를 추구했다. 타인에 대한 직설적 비판과 실명 거론 등의 행동양식이 폭로·비판문화의 일환으로 권장되었다. 타인의 과오나 결점을 그의 면전에서 직접 비판하길 독려한 새로운 문화는 타인의 과오에 관대한 태도를 보이거나 상대방의 감정을 배려하여 귀에 거슬리는 말을 하지 않는 행위가 더 이상 미덕이 될 수 없음을 의미했다. 대중들의 삶 속에 파고든 폭로와 비판은 기존의 전통적 행동양식은 물론, 문명화의 과정을 통해 이어져온 인간의 보편적 행동양식에도 부합하지 않았다. 이 기제들은 사적 관계를 중시한 전통적 인간관계의 해체와 함께, 가족관·친척관 등 보편적 인간관계의 수정을 요구했다.

폭로와 비판 외에 프롤레타리아 계급문화라 일컬어질 수 있는 새로운 복장·언어문화도 노동당 내에서 태동했다. 사회주의운동의 보편적 유산에 속한 이 문화를 공유하는 행위는 일반 대중들에게 그들의 정체성을 일깨워줄 뿐만 아니라, 소속감을 확인하고 결속력을 다질 수 있는 기회를 제공했다. 그러나 노동당이 대중사회에 보급한 가치체계와 행동양식은 민간사회에 우호적으로 받아들여지지 않았다. 일종의 "모범문화"에 해당한 노동당문화는 대중화 단계에 이르기까지 민간의 수용과 적응을 둘러싸고 적잖은 불평불만을 낳았다.

북한주민들은 성분에 따라 분류되고 관리되었을 뿐만 아니라, 다시 해체돼 원자화된 개인으로서 국가라는 공동체와 대면해 새로운 관계를 정립해 갔다. 이제 모든 개인은 사회단체에서 조직생활을 영위해야 했고, 국가가 부과한 공동체의 윤리·가치·규율에 적응해야 했다. 공동체의 집단 활동이 개인 활동보다 더 큰 성과를 이끌어낼 수 있다는 단체주의가 그 기저에 놓인 핵심 원리였다. 단체주의는 개인주의·자유주의·분파주의 등 공동체의 분업과 단결을 방해할 수 있는 행동 성향의 척결을 요구한 반면, 계획경제와 같이 집단 활동을 통해 사업의 성과를 극대화할 수 있는 기제들에 큰 의미를 부여했다.

전체 인민은 국가의 목표 달성에 기여할 체제 협력적 인간형으로 거듭나길 요구받았다. 당 조직에 대한 당원의 관계가 국가에 대한 인민의 관계로 연장되었음을 볼 수 있다. 국가의 가치를 절대시한 새로운 국가관의 등장에 따라, 국가의 이해관계 관철이 다른 어떤 과제보다 우선시되었다. 국가가 어느 누구의 비판 대상도 될 수 없음을 강조한 "해방된 국가" 이데올로기는 무엇보다 국가 보위의 과제를 중시했다. 따라서 북한의 법은 국가권력의 제한을 통해 개인의 권리를 보호하기보다, 국가의 안전을 위협할 수 있는 개개인들의 일탈을 막는 데 역점을 두었다. 이 과정에서 국가권력은 어떠한 제한도 받지 않았다. 국가의 정책에 반대하거나 저항하는 모든 행위가 정치범죄의 범주에 망라돼 갔다. 게다가 국가 보위에 부정적 영향을 끼칠 수 있는 이들은 사회적 지위의 이동성 제약을 통해 체제의 정상적 질서로부터 배제되었다.

한편 한국전쟁의 발발은 그간 잠복해 있던 반체제자들과 불평불만자들의 적대감이 폭발하는 계기가 되었다. 북한체제에 대한 불평불만을 억눌러온 그들은 유엔군의 점령통치가 시작되자, 보복과 학살행위에 가담하며 자신들의 정치색을 뚜렷이 드러냈다. 그들의 전시 이반행위는 중국인민지원군의 북한 지역 탈환 이후 군중심판회에 참집한 이웃들의 폭로를 통해 속속들이 공개되었다. 그러한 폭로는 그간 정치색이 모호했던 주민들의 친체제 성향과 반체제 성향을 명확히 식별할 수 있는 기회를 제공했다. 요컨대 실제적·잠재적 적들의 표면화를 촉발한 전쟁은 체제 안정화의 여건을 조성한 역설적 결과를 낳았다.

저자 후기

    지금으로부터 약 20년 전 지하철 안에서의 충동적 결심이 내 삶을 송두리째 바꾸어버렸다. 역사를 공부해야겠다는 그때의 무모한 결심이 없었다면, 아마 난 엔지니어가 되어 지금과 전혀 다른 삶을 살고 있을 것이다. 공대 졸업을 앞둔 학기에 한 교수님께서 이런 말씀을 하신 적이 있다. "배고픈 학자들이 왜 배가 고픈지 그 이유를 궁리하는 학문이 자연과학입니다. 반면 공학은 배가 고프면 언제라도 돈을 벌어 밥을 먹을 수 있는 학문입니다." 그 교수님의 관점에서 보면 난 최악의 선택을 한 셈이었다. 가난했던 옛 시절 가난했던 사람들의 자취를 더듬는 역사학은 그마저도 나의 배고픔이 아닌 남의 배고픔에 왈가왈부해야 하는 학문이기 때문이다.

    다른 어떤 학문보다도 빈궁한 학문인 역사학은 포커에 비유될 수 있다. 역사학 연구자들도 마지막 히든카드에 자신의 모든 것을 걸어야 하는 운명을 지녔기 때문이다. 나의 도박은 여전히 진행 중이지만, 난 그래도 꽤 괜찮은 선택을 한 듯싶다. 비록 삶은 풍족하지 못하나, 내가 즐길 수 있는 일을 업으로 삼았다는 점에서 그렇다. 아득한 어린 시절 초가집 사랑방에 기거하시던 할아버지께서 나에게 무엇을 할 때 가장 행복하냐고 물으신 적이 있다. 나는 단지 할아버지를 기쁘게 해드리려는 의도에서 공부할 때라고 대답했다. 당혹스럽게도 그때 내뱉은 말이 내 운명의 족쇄가 되고 말았다.

사실을 말하자면 역사학도로서의 새 출발은 내 인생의 도피처에 다름 아니었다. 심리적으로 매우 힘든 시기를 보내고 있었던 내게 취직은 도저히 불가능한 일이었다. 공대와 전혀 분위기가 다른 문과대학의 대학원에 들어와 한국사학을 전공하기 시작했을 때, 아무런 준비도 되어 있지 않았던 나는 모든 것을 혼자 해결해야 했다. 현대사 전공을 선택하게 된 까닭도 뚜렷한 목표의식이 있어서라기보다, 단지 한문에 대한 소양이 부족했기 때문이었다. 한글을 한자로 변환해주는 컴퓨터 자판 F9의 놀라운 기능을 알게 된 때도 1999년 대학원 첫 학기 무렵이었다. 누구의 도움도 없이 석사학위논문 주제를 정하기 위해 무작정 읽기 시작한 책이 『해방 전후사의 인식』 시리즈 6권이었다. 이 책들을 모조리 읽으며 한국현대사의 좌익운동을 공부해보기로 마음먹었고, 차츰차츰 관심사가 북한역사 쪽으로 옮겨가기 시작했다.

돌이켜보면 석사학위 과정을 시작한 이래 약 10년간이 지금까지의 내 삶에서 가장 힘든 나날이었다. 지독한 대인기피증에 시달리던 나는 대학원을 도피처로 삼는 한편, 또 다른 보호막으로 소설가가 되겠다는 야심을 남몰래 간직하고 있었다. 비록 몇 년간의 습작은 처절한 실패로 끝났지만, 돌이켜보면 그 시간들은 결코 헛된 시간이 아니었다. 현대 역사학이 추구하는 치밀한 스토리 구성을, 나는 소설을 습작하며 학습하고 있었던 셈이다. 논리적으로 스토리를 엮어야 하는 역사학은 과거에 존재한 사실들만을 재료로 활용해야 하는 룰을 지닌다는 점에서 소설과 근본적으로 다르다. 좌절 속에서 소설가의 꿈을 접어야 했던 나는 점점 역사학에 매료돼 갔다. 사실 역사의 세계와 진리의 세계는 소설이 근거하는 허구의 세계보다 훨씬 놀랍고도 역동적이며 화려한 장관을 펼쳐 보인다.

영화에서 편집의 역할이 그러하듯 과거에 존재한 사실을 어떻게 재구성하느냐에 따라, 과거는 밋밋하게 재현될 수도 흥미롭게 재현될 수도 있다. 동일한 사건일지라도 재단하는 역사가의 손길에 따라, 그것은 언제나 새로운 모습으로 재탄생한다. 대중들은 역사적 사실 자체에 관심을 보이기도 하지만, 이야기꾼인 역사가들이 들려주는 사소한 사건들에 더 귀를 기울이기도 한다. 바로 이 점이 북한 연구자인 내가 의기소침하지 않는 이유이다. 북한의 역사는 오랜 세월 이어져온 우리의 역사에서 지극히 미미한 편린일 수 있다. 그러나 우리 북한 연구자들이 어느 지역 어느 시기의 역사 못지않게 북한역사에 생명력을 불어넣는다면, 일반 대중들의 관심이 커지게 되고 그만큼 북한역사의 대중화도 빨리 이루어질 것이다.

역사가는 곧잘 요리사에 비유되곤 한다. 요리사에게 재료의 비중이 절대적이듯, 사료가 부족하다면 역사가도 속수무책일 수밖에 없다. 내가 막 석사과정을 시작했을 때만 해도 북한 자료의 입수는 여간 힘든 일이 아니었다. 그러나 김대중·노무현 대통령 재임 기간 중 이루어진 자료의 개방과 함께 파도처럼 밀려든 방대한 북한 자료는 오히려 많은 연구자들에게 압도감을 주기 충분했다. 북한 연구자들에게는 정말 황홀하고도 행복한 시기였다. 귀중한 자료를 손에 넣고 전율을 느낀 때가 한두 번이 아니었다. 그로부터 암울한 10년이 지나간 현재, 문재인 정부하의 남북 화해 분위기 속에서 다시 북한에 대한 대중적 관심이 증대하고 있고 북한학계에 긍정적 반향을 일으키고 있다. 비교적 좋은 여건 속에서 북한연구를 시작한 데다 이 책까지 낼 수 있게 되었다는 점에서 나는 정말 운이 좋은 편에 속했다.

오늘날 북한의 모습은 많은 이들의 안타까움을 자아낸다. 정치적 경직성, 심각한 경제난, 다양성을 결여한 획일적 사회·문화 등은 우리가 일상적으로 접하는 북한의 현실이다. 그와 함께 체제 유지의 수단을 핵개발에서 찾고 있을 만큼 협소한 선택지는 북한이 과연 어떠한 체제이고 그 기원이 어디에서 비롯되었을까에 대한 궁금증을 불러일으킨다. 이 연구는 바로 그러한 의문을 해소하기 위한 시도의 일환이다. 오늘날 북한이 이렇게 된 원인을 찾을 수 있다면, 북한의 문제점을 치유할 근본적 처방도 밝힐 수 있지 않을까? 북한의 정치·경제·사회·문화적 기원을 추적하고 있는 이 연구가 본연의 목표를 달성했는지는 독자들의 평가를 통해 판명될 수 있을 것이다. 많은 아쉬움이 남는 글이지만, 그간 저자를 짓눌러온 무거운 부담 하나를 털어내게 되어 후련하다는 느낌이 앞선다.

이 책은 공동연구의 산물이다. 저자의 박사학위논문에 기초한 이 책은 많은 분들의 세심한 도움을 받아 완성되었다. 먼저 지도교수님인 정태헌 선생님은 학위논문 심사 과정에서 논문을 꼼꼼히 검토하시며 좋지 않은 문장까지 교정해주시는 열정을 보이셨다. 아직까지도 부족한 제자의 뒤를 돌봐주시며 걱정해주시는 선생님께 진심 어린 감사를 드린다. 연세대학교 김성보 선생님은 부족한 학위논문이 제법 모양새를 갖춘 글이 될 수 있도록 틀을 잡아주셨다. 구성상의 보완과 유용한 자료의 소개 등 선생님의 꼼꼼한 검토와 조언이 학위논문 작성에 큰 도움이 되었다. 학위논문 심사에 참여하신 기광서 선생님과 허은 선생님도 유용한 코멘트를 통해 이 연구의 완성도를 높이는 데 도움을 주셨다. 전공은 다르지만 늘 따뜻하게 격려해주시는 고려대학교 은사님들인 이진한, 강제훈, 송양섭, 권내현 선생님께도 감사의 인사를 드린다. 아울러 고려대학교 대학원 한국사학과 선후배님들의 응원도 큰 힘이 되었음을 밝히고 싶다.

북한 역사학을 함께 개척하고 있는 공동운명체인 한국역사연구회 산하 북한반 소속 연구자들은 이 연구에 필요한 자료와 정보를 아낌없이 제공해 주었다. 그리고 이 책이 나올 수 있도록 마지막 교열에 정성을 쏟은 북한반의 김진혁, 김태윤, 류기현, 문미라, 서홍석, 이주호, 이준희 등 후배 연구자들에게 감사의 인사를 전한다. 학문 외부의 영역에서 나와 다른 길을 걷고 있는 친구들에게도 큰 빚을 지고 있다. 20대의 추억과 1990년대의 문화를 함께 나눈 이수진, 김윤배의 진심어린 격려와 지원은 지쳐 있던 내게 언제나 큰 힘이 되었다.

가족들에 대한 애틋한 감정이 생길 때마다 나도 어쩔 수 없이 나이가 들었다는 생각이 든다. 나의 든든한 지원군이었고 앞으로도 든든한 버팀목이 되어줄 가족들의 믿음이 없었다면 나의 도전은 불가능했을지 모른다. 부모님, 누님들, 동생, 조카들은 나이가 들수록 보고 싶고 그리워지는 이들이다. 비교적 경제적 어려움이 없는 가정에서 태어나 아낌없는 지원을 받았다는 점에서 나는 운이 좋은 편에 속했다. 지금도 마찬가지지만 당신의 모든 것을 뒤에 제쳐두고 아들만을 위해 살아오신 어머니께 이 책을 바친다. 그러나 만약 다음 세상이 있다면 결코 당신의 모든 것을 자식에게 걸어서는 안 된다는 말씀을 꼭 드리고 싶다. 너무도 늦게 만났지만 내가 꿈을 이룰 수 있도록 여러모로 불편을 감내하고 있는 아내에게도 고맙다는 말을 전한다. 이젠 우리 가족들도 내가 무슨 공부를 하고 있는지 알 수 있게 되어 뿌듯하다.

궁핍한 여건 속에서 착수된 연구였지만, 여러 기관들의 지원을 받아 큰 어려움 없이 수행될 수 있었다. 연구비를 지원해준 한국연구재단, 국사편찬위원회, 동북아역사재단 등에게 감사의 인사를 드린다. 더불어 방대한 자료를 아낌없이 제공해준 국립중앙도서관, 국사편찬위원회, 통일부 북한자료센터 등에도 큰 빚을 지고 있다. 이 기관들의 자료 개방이 없었다면 이 연구는 착수조차 어려웠을 것이다. 마지막으로 이 글의 가능성을 눈여겨봐주신 역사비평사의 조원식 선생님, 그리고 이 책이 읽힐 수 있게끔 도움을 주신 정순구 대표님, 정윤경 선생님께도 감사의 인사를 드린다.

유리창 밖 봄비 소리 들리는

고려대학교 대학원도서관에서

2018년 6월 5일

김재웅

부록

참고문헌

1. 자료

1) 북한 공간 자료

신문 : 『강원로동신문』 / 『로동신문』 / 『정로』 / 『조선신문』 / 『平壤民報』

잡지 : 『근로자』 / 『당 열성자들에게 주는 주간보』 / 『文明商業과 消費組合』 / 『사법』 / 『産業』 / 『宣傳員手冊』 / 『소년단』 / 『소비조합』 / 『旬刊北朝鮮通信』 / 『旬刊通信』 / 『延邊文化』 / 『映畵藝術』 / 『인민』 / 『재정금융』 / 『조선녀성』

김일성, 『김일성선집』 2, 조선로동당출판사, 1953.

김일성, 『조국의 통일독립과 민주화를 위하여』 1, 국립인민출판사, 1949.

北朝鮮人民會議院, 『北朝鮮人民會議 第一次 會議 會議錄』, 民主朝鮮出版社, 1947.

北朝鮮人民會議院, 『北朝鮮人民會議 第二次 會議 會議錄』, 民主朝鮮出版社, 1947.

北朝鮮人民會議院, 『北朝鮮人民會議 第三次 會議 會議錄』, 朝鮮人民出版社, 1947.

北朝鮮人民會議院, 『北朝鮮人民會議 第四次 會議 會議錄』, 朝鮮人民出版社, 1948.

조선민주주의인민공화국 최고인민회의 상임위원회, 『조선민주주의인민공화국 법령 및 최고인민회의 상임위원회 정령집』 1, 국립종합인쇄소, 1954.

조선민주주의인민공화국 국가계획위원회 중앙통계국, 『1946~1960 조선민주주의인민공화국 인민경제 발전 통계집』, 평양 : 국립출판사, 1961.

朝鮮中央通信社,『朝鮮中央年鑑』, 1949.

2) 남한 편집물

국사편찬위원회,『北韓關係史料集』1~42.

國土統一院,『蘇聯과 北韓과의 關係(Отношения Советского Союза с
　　　　Народной Кореей) - 1945~1980 - 』, 웃고문화사, 1987.

김석형 구술, 이향규 녹취·정리,『나는 조선노동당원이오!』, 선인, 2001.

김성칠,『역사 앞에서』, 창작과비평사, 1993.

마크 게인 지음, 까치편집부 옮김,『해방과 미군정』, 까치, 1986.

朴東哲,『農民讀本(土地改革)』, 新興出版社, 1948.

徐光霽,『北朝鮮紀行』, 靑年社, 1948.

吳泳鎭,『하나의 証言』, 國民思想指導院, 1952.

溫樂中,『北朝鮮紀行』, 朝鮮中央日報出版部, 1948.

전현수 편저,『쉬띄꼬프일기(1946~1948)』, 국사편찬위원회, 2004.

朝鮮銀行調査部,『朝鮮經濟年報』, 1948.

중앙일보 특별취재반,『秘錄 조선민주주의인민공화국 (하)』, 중앙일보사, 1993.

한림대 아시아문화연구소,『朝鮮共産黨文件資料集 1945~46』, 한림대출판부, 1993.

한림대 아시아문화연구소,『1946·1947·1948年度 北韓經濟統計資料集』, 한림대출판부,
　　　　1994.

A.기토비차 · B.볼소프 저, 최학송 역,『1946년 북조선의 가을』, 글누림, 2006.

3) 미군 노획 자료

북로당 강원도 인제군 남면당위원회, 1946~1949,『남면당위원회 회의록』.

북로당 강원도 인제군 남면당위원회, 1947,『세포위원장 회의록』.

북로당 강원도 인제군 남면당위원회, 1947,『세포책임자 정기회의록』.

북로당 강원도 인제군 북면당위원회, 1946~1949,『북면당위원회 회의록』.

북로당 강원도 인제군당, 1947~1948,『인민위원회 당조 회의록』.

북로당 강원도 인제군당부, 1948.8.27, 「8.25 최고인민회의 대의원선거 불찬성자 조사보고」, 『1948년 8월 25일 선거사업 통계철』.

북로당 강원도 인제군당 제2차 대표회, 1948.1, 『道黨代表者 名簿』.

조선민주주의인민공화국 최고재판소, 『판정례집』 제1호, 사법성 사법출판부, 1950.

1948, 「평양공업대학 교원 김윤제 자서전」, NARA RG242 SA2007 Item18.3.

1948.10, 「평양공업대학 교원 리력서, 평가서」, NARA RG242 SA2007 Item18.1.

1948.10, 「평양공업대학 교원 리문환 평정서」, NARA RG242 SA2007 Item18.1.

1948, 「평양공업대학 운수공학부 교원 리근수 자서전」, NARA RG242 SA2007 Item18.2.

1949, 「평양공업대학 전기공학부 교원 배준호 평정서」, NARA RG242 SA2007 Item18.1.

1949.5.15, 「평양교원대학 로어과 김명준 평정서」, NARA RG242 SA2007 Item20.5.

1949.5.15, 「평양교원대학 로어과 용연권 평정서」, NARA RG242 SA2007 Item20.4.

1949.5.1, 「평양교원대학 지리과 간부리력서」, NARA RG242 SA2007 Item18.

1949.5.2, 「평양교원대학 지리과 간부리력서」, NARA RG242 SA2007 Item20.2.

1949.5.12, 「평양교원대학 지리과 김장근 평정서」, NARA RG242 SA2007 Item20.6.

1949, 「평양교원대학 지리과 리린섭 평정서」, NARA RG242 SA2007 Item18.

1949.5.2, 「평양교원대학 지리과 리원건 평정서」, NARA RG242 SA2007 Item20.2.

1949.5.12, 「평양교원대학 지리과 리재복 평정서」, NARA RG242 SA2007 Item20.2.

1949, 「평양교원대학 지리과 변석해 평정서」, NARA RG242 SA2007 Item18.

1949.5.12, 「평양교원대학 지리과 임건순 평정서」, NARA RG242 SA2007 Item20.2.

1949.5.1, 「평양교원대학 지리과 한종숙 평정서」, NARA RG242 SA2007 Item18.

1949.5.2, 「평양교원대학 지리과 한증호 평정서」, NARA RG242 SA2007 Item20.2.

1949.5.8, 「평양교원대학 화학과 길성혁 평정서」, NARA RG242 SA2007 Item20.7.

1949, 「평양교원대학 화학과 지은숙 평정서」, NARA RG242 SA2007 Item20.7.

1949.4.21, 「평양사범대학 화학과 윤시종 자서전」, NARA RG242 SA2007 Item20.1.

1949, 「해주녀자고급중학교 교장 김정배 자서전」, NARA RG242 SA2007 Item20.4.

평양교원대학 수물과 장문옥, 1949.4.24, 「자서전」, NARA RG242 SA2007 Item19.2.

평양사범대학 력사과 학부장 리학복, 1949.5.20, 「평양사범대학 력사과 정준성 평정서」, NARA RG242 SA2007 Item19.

평양사범대학 력사과 학부장 리학복, 1949.5.20, 「평양사범대학 력사과 최찬홍 평정서」,
　　　NARA RG242 SA2007 Item19.

홍남비료공장 생산계획과장 로태석, 1948.11.29, 「홍남공업대학 교원 자서전」, NARA
　　　RG242 SA2007 Item18.

4) 미국 자료

Institute of Asian Culture Studies Hallym University, *HQ, USAFIK Intelligence Summary
　　　Northern Korea 1*(1945.12.1~1947.3.31), Chunchon: Institute of Asian Culture Studies,
　　　1989.

Institute of Asian Culture Studies Hallym University, *HQ, USAFIK Intelligence Summary
　　　Northern Korea 2*(1947.4.1~1948.1.9), Chunchon: Institute of Asian Culture Studies,
　　　1989.

Institute of Asian Culture Studies Hallym University, *HQ, USAFIK Intelligence Summary
　　　Northern Korea 3*(1948.1.10~1948.7.16), Chunchon: Institute of Asian Culture Studies,
　　　1989.

Institute of Asian Culture Studies Hallym University, *HQ, USAFIK Intelligence Summary
　　　Northern Korea 4*(1948.7.17~1948.11.26), Chunchon: Institute of Asian Culture Studies,
　　　1989.

U.S. Department of State, *North Korea: A Case Study in the Techniques of Takeover*,
　　　Washington, D.C.: U.S. Government Printing Office, 1961.

5) 일본 자료

鎌田正二, 『北鮮の日本人苦難記 −日窒興南工場の最後−』, 東京 : 時事通信社,
　　　1970.

磯谷季次, 『朝鮮終戰記』, 東京 : 未來社, 1980.

木村光彦 編譯, 『旧ソ連の北朝鮮經濟資料集 1946~1965』, 東京 : 知泉書館, 2011.

森田芳夫, 『朝鮮終戰の記錄』, 東京 : 嚴南堂書店, 1964.

6) 러시아 자료

"Документы характеризующие политические партии и общественные организации Северной Кореи за 1945г(1945년 북조선 내 정당과 사회단체의 특성에 관한 자료)", 1945, ЦАМО, ф. 172, оп. 614630, д. 5.

Игнатьев, "О социальности, экономическом и политическом положении Северной Кореи(북조선의 사회·경제·정치적 정세에 관하여)", 1947, ЦАМО, ф. 172, оп. 614632, д. 8.

Игнатьев, "Экономическое и политическое положение провинций Северной Корей(북조선 지방의 경제적 정치적 상황)", 1947, ЦАМОРФ, ф. 172, оп. 614632, д. 14.

Мерецков·Штыков, "Докладываю предложения о земельной реформе в Северной корее(북조선 토지개혁에 대한 제안 보고)", 1946.3.23, ЦАМОРФ, ф. 25а, оп. 166654, д. 1.

"Об экономическом и политическом положении Северной Кореи(북조선의 정치경제 정세에 대하여)", 1947, ЦАМОРФ, ф. 172, оп. 614631, д. 39.

"О политических партиях и общественных организациях(정당과 사회단체에 대하여)", 1946, АВПРФ.

Романенко, "Доклад о политико-моральном состоянии населения Северной Кореи(북조선 인민의 정치적 정신적 상태에 관한 보고)", 1947, ЦАМОРФ, ф. 172, оп. 614632, д. 23.

Романенко, "Об итогах выборов в сельские и волостные народные комитеты Северной Кореи(북조선 면·리 인민위원회 선거 총결에 관하여)", 1947, АВПРФ.

Романенко, "О политическом положении в СевернойКорее(북조선의 정치정세에 대하여)", 1946.4.15, АВПРФ.

"С материалами здравоохранения и потребительской Кооперции за 1946г(1946년 보건과 소비조합 자료)", 1946, ЦАМОРФ, ф. 172, оп. 614631, д. 35.

Управление Советской Гражданской Администрации в Северной Kopee(북조선 소련민정국), "Доклад об итогах работы Управления Советской Гражданской Администрации в Северной Kopee за три года(август 1945 г. - ноябрь 1948 г. Том 1. Поическая часть)(『북조선 소련민정국 3년간 사업 총괄 보고, 1945.8~1948.11. 제1권 정치편』)", 1948.12, ф. 0480, оп. 4, п. 14, д. 47.

Чистяков, "Докладываю о ходе земельной реформы в Северной kopee(북조선 토지개혁의 경과에 대한 보고)", 1946.3.19, ЦАМОРФ, ф. 25а, оп. 166654, д. 1.

"Экономическое и политическое положение провинций Северной Kopeй(북조선 지방의 경제적 정치적 상황)", 1947, ЦАМОРФ, ф. 172, о п. 614632, д. 14.

2. 연구 논저

1) 남한 단행본

계선림(季羨林) 저, 이정선·김승룡 역, 『우붕잡억』, 미다스북스, 2004.

기무라 미쓰히코 지음, 김현숙 옮김, 『북한의 경제』, 혜안, 2001.

김광운, 『북한 정치사 연구』 I, 선인, 2003.

김남식외 저, 『解放前後史의 認識』 5, 한길사, 1989.

김동춘, 『전쟁과 사회』, 돌베개, 2000.

김성보, 『남북한 경제구조의 기원과 전개』, 역사비평사, 2000.

김연철, 『북한의 산업화와 경제정책』, 역사비평사, 2001.

김영미, 『동원과 저항』, 푸른역사, 2009.

金昌順, 『北韓十五年史』, 知文閣, 1961.

김태우, 『폭격(미공군의 공중폭격 기록으로 읽는 한국전쟁)』, 창비, 2013.

다카시 후지타니 지음, 한석정 옮김, 『화려한 군주』, 이산, 2003.

라나지트 구하 지음, 김택현 옮김, 『서발턴과 봉기』, 박종철출판사, 2008.

리저허우(李澤厚)·류짜이푸(劉再復) 저, 김태성 역, 『고별혁명』, 북로드, 2003.

리처드 오버리 지음, 조행복 옮김, 『독재자들』, 교양인, 2008.

마루야마 마사오 저, 김석근 역, 『〈문명론의 개략〉을 읽는다』, 문학동네, 2007.

마르크스·엥겔스 지음, 남상일 옮김, 『공산당선언』, 백산서당, 1989.

마크 네오클레우스 지음, 정준영 옮김, 『파시즘』, 이후, 2002.

박명림, 『한국전쟁의 발발과 기원』 II, 나남출판, 1996.

박소영, 『개성 각쟁이의 사회주의 적응사』, 선인, 2012.

브루노 쇼, 『중국혁명과 모택동사상』 I, 석탑, 1986.

서대숙, 『현대북한의 지도자 : 김일성과 김정일』, 을유문화사, 2000.

서동만, 『북조선 사회주의체제 성립사 1945~1961』, 선인, 2005.

소볼레프, 콘스탄티노프 외 지음, 김영철 편역, 『반제민족통일전선 연구』, 이성과현실사,
        1988.

안드레이 란코프 저, 김광린 역, 『소련의 자료로 본 북한 현대정치사』, 오름, 1995.

알렉 노브 지음, 김남섭 옮김, 『소련경제사』, 창작과비평사, 1998.

앤터니 비버 지음, 김원중 옮김, 『스페인내전』, 교양인, 2009.

엘마 알트파터 지음, 염정용 옮김, 『자본주의의 종말』, 동녘, 2007.

와다 하루키(和田春樹) 지음, 서동만 옮김, 『한국전쟁』, 창작과비평사, 1999.

와다 하루키(和田春樹) 지음, 서동만·남기정 옮김, 『북조선』, 돌베개, 2002.

이소가야 스에지 저, 김계일 옮김, 『우리 청춘의 조선』, 사계절, 1988.

이신철, 『북한 민족주의운동 연구』, 역사비평사, 2008.

이정식 지음, 김성환 옮김, 『조선노동당 약사』, 이론과 실천, 1986.

이종석, 『조선로동당연구』, 역사비평사, 1995.

이주상, 『대중노선』, 사계절, 1989.

이주철, 『조선로동당 당원조직 연구』, 선인, 2008.

임경석, 『이정 박헌영 일대기』, 역사비평사, 2004.

정병준, 『한국전쟁 : 38선 충돌과 전쟁의 형성』, 돌베개, 2006.

정용욱, 『해방 전후 미국의 대한정책』, 서울대학교출판문화원, 2003.

정창현, 『인물로 본 북한현대사』, 선인, 2011.

정태헌, 『일제의 경제정책과 조선사회』, 역사비평사, 1996.

정태헌, 『한국의 식민지적 근대 성찰』, 선인, 2007.

존 다우어 지음, 최은석 옮김, 『패배를 껴안고』, 민음사, 2009.

존 몰리뉴 지음, 최일붕 옮김, 『사회주의란 무엇인가』, 책갈피, 2005.

차문석, 『반노동의 유토피아』, 박종철출판사, 2001.

친후이(秦暉)·쑤원(蘇文) 지음, 유용태 옮김, 『전원시와 광시곡』, 이산, 2000.

커즈밍 저, 문명기 역, 『식민지시대 대만은 발전했는가』, 일조각, 2008.

허은, 『미국의 헤게모니와 한국 민족주의』, 고려대학교민족문화연구원, 2008.

황수민 지음, 양영균 옮김, 『린마을이야기』, 이산출판사, 2003.

후지타 쇼조 지음, 최종길 옮김, 『전향의 사상사적 연구』, 논형, 2007.

EJ 홉스봄 지음, 강명세 옮김, 『1780년 이후의 민족과 민족주의』, 창작과비평사, 1994.

2) 북한 단행본

김영희, 『개인상공업의 사회주의적 개조경험』, 평양 : 사회과학출판사, 1987.

김영희, 『세금문제 해결경험』, 평양 : 사회과학출판사, 1988.

리정수, 『상업독본』, 평양 : 조선로동당출판사, 1959.

사회과학원 력사연구소, 『조선전사』 23, 평양 : 과학, 백과사전 출판사, 1981.

사회과학원 력사연구소, 『조선전사』 24, 평양 : 과학, 백과사전 출판사, 1981.

3) 남한 논문

기광서, 「소련의 대한반도 북한정책 관련기구 및 인물 분석 : 해방~1948.12」, 『현대북한
　　연구』 창간호, 1998.

기광서, 「해방 후 북한 중앙정권기관의 형성과 변화, 1945~1948년」, 『평화연구』 제10권 2
　　호, 2011.

김광운, 「해방 직후 북한에서의 통일전선」, 『한국사학보』 제11호, 2001.

김무용, 「해방 후 조선공산당의 노선과 국가 건설운동」, 高麗大學校 史學科 博士學位
　　論文, 2005.

金甫瑛,「解放 後 南北韓 交易에 關한 研究」, 高麗大學校 經濟學科 博士學位論文, 1995.

김선호,「조선인민군연구 －창설과정과 통일전선－」, 경희대학교 사학과 박사학위논문, 2016.

김선호,「1945~1946년 북한의 부르주아민주주의혁명과 혁명동력의 설정·배제」,『한국민족운동사연구』92, 2017.

김성보,「북한의 민족주의세력과 민족통일전선운동 : 조선민주당을 중심으로」,『역사비평』제16호, 1992.

김성보,「北韓의 土地改革(1946年)과 農村 階層 構成 變化 : 결정과정과 지역 사례」,『동방학지』제87집, 1995.

김성보,「지방사례를 통해 본 해방 후 북한사회의 갈등과 변동 : 平安北道 宣川郡」,『동방학지』제125집, 2004.

김성보,「남북국가 수립기 인민과 국민 개념의 분화」,『한국사연구』제144호, 2009.

김재웅,「북한 건국사상총동원운동의 전개와 성격」,『역사와 현실』제56호, 2005.

김재웅,「북한의 38선 접경지역 정책과 접경사회의 형성」,『한국사학보』제28호, 2007.

김재웅,「한 공산주의자의 기록을 통해 본 한국전쟁 발발 전후의 북한」,『한국사연구』제141호, 2008.

김재웅,「북한의 농업현물세 징수체계를 둘러싼 국가와 농민의 갈등」,『역사와 현실』제75호, 2010.

김재웅,「북한의 민간상업 통제정책과 상인층의 대응(1945~1950)」,『한국근현대사연구』제55집, 2010.

김재웅,「북한의 사유제 정착과정과 민간산업정책」,『한국사연구』제152호, 2011.

김재웅,「북한의 계급정책과 계급위계구조의 형성(1945~1950)」,『역사와 현실』제85호, 2012.

김재웅,「해방 후 북한의 친일파와 일제유산 척결」,『한국근현대사연구』제66집, 2013.

김재웅,「'여성'·'어린이'·'섹스'를 통해 본 해방 후 북한의 가족문화」,『한국근현대사연구』제71집, 2014.

김재웅,「해방된 자아에서 동원의 대상으로 －북한 여성정책의 굴절(1945~1950)－」,『한

국사연구』 제170호, 2015.

김재웅, 「미국의 대북 첩보활동과 소련의 38선 봉쇄 - 남북 분단체제 형성을 촉진한 1946년 미소 갈등 - 」, 『역사비평』 113, 2015.

김재웅, 「북한의 38선 월경 통제와 월남 월북의 양상」, 『한국민족운동사연구』 87, 2016.

김재웅, 「북한의 민간자원 동원정책과 일상적 동원체제의 형성(1945~1950)」, 『한국사연구』 제175호, 2016.

김진혁, 「북한의 위생방역제도 구축과 '인민'의식의 형성(1945~1950)」, 『한국사연구』 제167호, 2014.

김태윤, 「해방 직후 북한 과학기술 교육기관 교원의 충원과 구성(1945~1948)」, 『역사와 현실』 제107호, 2018.

류기현, 「쏘련을 향하여 배우라 - 1945~1948년 朝蘇文化協會의 조직과 활동 - 」, 『대동문화연구』 제98집, 2017.

문미라, 「≪延邊民報≫를 통해 본 해방 직후 延邊人民民主大同盟의 성립과 활동」, 『한국근현대사연구』 제69집, 2014.

박창희, 「정전 후 북한 노동자 조직의 성격 변화 : 1953~1958년을 중심으로」, 『사림』 제34호, 2009.

서동만, 「북한 체제와 민족주의」, 『역사문제연구』 제4호, 2000.

서홍석, 「조선인민군 충원정책의 변화와 정체성 형성(1948~1950)」, 『역사와 현실』 제104호, 2017.

신용옥, 「大韓民國 憲法上 經濟秩序의 起源과 展開(1945~54年) : 헌법 제·개정 과정과 국가자본 운영을 중심으로」, 高麗大學校 史學科 博士學位論文, 2007.

예대열, 「해방 이후 북한의 노동조합 성격논쟁과 노동정책 특질」, 『역사와 현실』 제70호, 2008.

우동현, 「1945~1950년 재북 소련계 조선인의 활동과 성격」, 서울대학교 국사학과 석사학위논문, 2016.

이세영, 「1945~1950년 북한의 과학기술과 근로인민 형성에 대한 인식」, 『東方學志』 제174집, 2016.

이주철, 「북한 토지개혁의 추진주체 : 소련주도설에 대한 비판」, 『한국사학보』 제1호,

1996.

이주호, 「1945~1948년 북한 소비조합 정책의 전개」, 『역사와 현실』 제96호, 2015.

이주환, 「1945~1949년 북한에서의 문맹퇴치운동 연구」, 『한국독립운동사연구』 제25집, 2005.

이준희, 「1950년대 '신해방지구' 개성의 농업협동화 ─ 10월 농업협동조합을 중심으로 ─」, 『역사문제연구』 37, 2017.

전현수, 「1947년 12월 북한의 화폐개혁」, 『역사와 현실』 제19호, 1996.

전현수, 「산업의 국유화와 인민경제의 계획화 : 공업을 중심으로」, 『현대북한연구』 제2권 1호, 1999.

전현수, 「해방 직후 북한의 과거청산(1945~1948)」, 『대구사학』 제69집, 2002.

정진아, 「북한이 수용한 '사회주의 쏘련'의 이미지」, 『통일문제연구』 제22권 2호, 2010.

정태헌, 「해방 전후 경제계획론의 수렴과 전쟁 후 남북에서의 적대적 분화」, 『한국사학보』 제17호, 2004.

조수룡, 「1945~1950년 북한의 사회주의적 노동관과 직업동맹의 노동통제」, 『역사와 현실』 제77호, 2010.

허은, 「냉전시대 남북 분단국가의 문화정체성 모색과 '냉전 민족주의'」, 『한국사학보』 제43호, 2011.

4) 미국·일본·러시아 단행본·논문

Armstrong, Charles K. *The North Korean Revolution, 1945 – 1950*. Ithaca: Cornell University Press, 2003.

Fitzpatric, Sheila. *Everyday Stalinism: Ordinary Life in Extraordinary Times: Soviet Russia in the 1930s*. New York: Oxford University Press, 1999.

Foucault, Michel. *Discipline and Punish: The Birth of the Prison*. trans. Alan Sheridan. New York: Random House, 1977.

Nove, Alec. *An Economic History of the U.S.S.R.*. Harmondsworth: Penguin Books, 1972.

Ree, Erik van. *Socialism in One Zone*. Oxford, Eng.: Berg Publishers Ltd, 1989.

Szymanski, Albert. *Class Structure : A Critical Perspective*. New York: Praeger, 1983.

金圭昇,『朝鮮民主主義人民共和國の刑事法制』, 社會評論社, 1988.

梶村秀樹, 1966.4,「北朝鮮における農業協同化運動(1953－58年)についての一考察」,『朝鮮學報』第39·40合併特輯號.

徐東晩,「解放朝鮮における'人民民主主義論'の形成過程：1945~50年」, 東京大 國際關係論 修士論文, 1990.

Ки Кван Со(기광서). Формирование политической системы в Северной Корее и роль СССР(1945-1947 гг.)(북한 정치체제의 형성과 소련의 역할). Диссертация на соискание ученой степени кандидата исторических наук Российской Академии Наука Института Востоковедении, 1997.

Чжон Хюн Су(전현수). Социально-Экономические преобразования в Северной Корее в первые годы после освобождения(1945-1948 гг.)(해방 직후 북한의 사회경제 개혁). Диссертация на соискание ученой степени кандидата исторических наук Московского Государственного Университета, 1997.

찾아보기

| 기타 |

38선 봉쇄정책 530
38선 월경밀무역 14, 19, 166, 172, 173,
    199, 203, 206~208, 210, 211, 213, 549
G-2 14, 39, 176, 208, 245, 246, 278, 319,
    344, 407, 419, 483, 496, 530, 533, 537,
    538, 541

| 가 |

강량욱 529
개인무역 186, 205
개인소유 26, 124~134, 137, 138, 141, 174,
    297, 363, 378, 379, 547, 548
개인소유제 원칙 136~139, 378
개인주의 130, 357, 362, 445, 503, 504,
    505, 510~512, 555
건국사상총동원운동 54~62, 64, 65, 506,
    546, 572
검열판정 274, 275, 279~281, 283, 286,
    287, 290
계급국가 416
계급연합 9, 48, 51, 54, 546, 550
계급위계구조 7, 339, 341, 572

계급정당 306, 550
계급투쟁노선 9, 10, 296, 303, 305, 550
계획경제 129, 137, 154~156, 158, 513,
    515, 555
고리끼 459
공산청년동맹 508
공장관리운동 351
과학적 세계관 478, 480, 482
관료주의 56, 58, 59, 192, 426, 436, 459,
    461, 495
교화노동형 343, 344
국가계획위원회 339, 514, 515, 564
국가소유 126~129, 142, 151, 174, 297,
    363, 547, 548
국가주의 12, 515
국영상업 151, 175, 182, 184~186, 189,
    549
국제주의 299, 303
군중심판 542~544, 556
기본성분 309, 330, 335, 339
김고망 358
김광진 124, 125
김구 47, 86, 231, 239, 491, 492
김동명 467, 468
김두봉 55, 85, 98, 109, 356, 378, 443,
    482, 487, 527
김상옥 106, 107, 109
김석형 18, 19, 90, 207~209, 229, 241,
    250, 304, 338, 339, 435, 473, 474, 490,
    509, 540, 543, 544, 565
김선 148
김성칠 18, 19, 324, 325, 447, 483~486,
    489, 506, 513, 515, 534, 565

김승화 304, 470

김용범 328

김윤걸 236, 527

김일성 29~31, 34, 43, 44, 46, 48, 54~56, 58, 59, 62, 64, 67, 73, 76, 96, 99, 100, 107, 108, 125, 128, 137, 150, 179, 223, 224, 226, 227, 230, 272~273, 293, 307, 348, 350, 364, 389, 391, 395, 406, 436, 443, 483, 486~488, 492, 495, 498, 500, 501, 505, 507~509, 511, 512, 516, 517, 527, 538, 564, 570

김일성종합대학 236, 271, 285, 304, 327, 358, 412, 491~493, 496, 505, 510, 511

김정일 92, 138, 216, 570

김제원 271~273, 292, 293, 498, 514

김주경 498

김창만 39, 59, 60, 487

김책 179, 275, 280, 287, 288, 515

김철 64, 338

김택영 126, 128, 134, 306, 481, 525

| 나 |

남녀평등권법령 110, 252, 336, 463, 525

남일 334, 335, 340

노동계급 27, 39, 75, 305, 307, 310, 317, 328, 341~343, 345, 347~352, 354, 355, 358, 359, 369, 391, 433, 500, 526, 551

노동규율 349, 351~354, 551

노동당문화 432, 445~449, 478, 516, 517, 554, 555

노동법령 158, 252, 348, 369, 525, 526

노동영웅 293, 342, 358

농민영웅 271~273, 292, 293, 498, 514

농업현물세 157, 185, 190, 199, 252, 253, 255, 258, 259, 261, 263, 266, 267, 269, 271, 277, 285, 289, 291, 293, 381, 532, 550, 572

| 다 |

단체주의 448, 503~506, 508, 512, 515, 516, 555

도급제 356

두문벌 542, 543

| 라 |

라마르크 320

레닌 105, 341, 363, 371, 387, 388, 432, 433, 438, 439, 448, 471, 488, 489, 495, 497, 522

레베제프 343, 379

로마넨꼬 532

| 마 |

마오쩌둥 58, 59, 63, 386

마크 게인 501, 565

면·리(동) 인민위원회선거 53, 84, 243, 249

무상 노력동원 138, 139

문맹퇴치운동 60, 61, 451, 514, 574

문예봉 486

문태화 279

물질적 인센티브 356~358

미국무성 연구조사단 15, 156, 157, 162, 185, 281, 447, 496, 498, 502, 535, 536

민간기업가 116, 123, 140, 142, 148, 157, 158, 547

민간상업 145, 150, 165, 175, 177~180, 182, 184~186, 188, 190, 199, 548, 549, 572

민간상점 166, 180, 181, 183, 184, 188, 195~197

민족반역자 33, 67, 68, 72~74, 76~80, 83~87, 90, 93, 94, 99, 100, 121, 131, 132, 144, 219, 220, 389, 472, 485

민족부르주아지 32, 71, 74, 85~87

민주개혁 6, 49, 57, 58, 61, 252, 272, 391, 489, 497, 514, 526, 527

민주기지론 49, 223

| 바 |

박계주 472

박동철 25~27, 41, 217~219, 233

박병서 443

박영 328, 380

박원술 358

박윤길 107

박일우 115, 312, 344, 530

박창옥 442

박천일 337

박팔양 448, 456

박헌영 32, 68, 69, 71~73, 76, 91, 304, 495, 500, 570

반간첩투쟁 529

반제반봉건혁명 66, 67

방승직 379, 445

복장문화 482~485

부농성분 312, 340, 375, 552

북로당 제2차 전당대회 107, 108, 115, 150~152, 155, 159, 331, 358, 379, 445, 508, 511, 516

북조선 5도 인민위원회 연합회의 48, 351

북조선공산당 39, 66, 307, 308, 310, 392, 410, 411, 470, 487, 495

북조선농민동맹 28

북조선농민은행 467

북조선 도·시·군 인민위원회대회 125, 132, 133

북조선 도·시·군 인민위원회선거 38, 80, 99, 389, 501, 520

북조선로동당 4, 9, 13, 14, 40, 45, 115, 128, 137, 150, 151, 154, 201, 297, 301, 305~309, 311, 312, 392, 394, 413, 436, 441, 446, 451, 459~462, 487, 548, 550

북조선민주주의민족통일전선 90, 91

북조선민주청년동맹 4

북조선인민위원회 13, 28, 49, 50, 61, 62, 101, 115, 130, 132, 134, 150, 151, 154, 170, 176, 179, 271, 304, 338, 344, 355, 365, 436, 443, 496, 497, 513, 547

북조선인민회의 5, 36, 37, 39, 40, 50, 104, 106~109, 133, 135, 137, 336, 337, 429, 467, 482, 487, 527

북조선임시인민위원회 46, 48, 49, 54, 55, 60, 67, 68, 92, 93, 96, 103, 122, 124, 127, 141, 191, 192, 200, 204, 223, 226, 228, 230, 241, 257, 265, 279, 291, 335, 401, 480, 486

북조선중앙은행 156, 163
북조선최고재판소 97, 105, 106
분파주의 56, 511, 512, 555
불로지주 234~236, 244, 245, 250, 376,
　　422, 426
비신스키 419
비판과 자아비판 60, 442, 449, 458, 459

| 사 |

사무원성분 102, 316, 328~332, 394, 395,
　　398, 409
사유재산제 112, 127
사회성분 320, 324, 328, 330, 381, 396,
　　402, 403, 414
사회주의문화 465
산업경제협의회 116, 141
상업조합령 186
생산돌격운동 64, 356
생산합작사 126, 128, 155, 188
서광제 18, 40, 41, 180, 337, 343, 400,
　　484, 516
서북 5도당대회 29, 31~33, 76, 123, 130,
　　307
성분 분류 313, 319, 320, 323, 365~367,
　　415, 552
성출 47, 226, 231, 240, 284, 466
세외 부담금 138, 139
소거리 137, 138
소련계 한인 303, 488, 489
소련문화 303, 459, 485, 488, 493
소비조합 126, 128, 146, 153, 155, 164,
　　168, 173~178, 182~184, 186~199, 202,

318, 343, 355, 497, 549, 564, 568, 574
소비조합상점 165, 179, 180, 183, 184,
　　187, 194, 196, 198, 200, 428
소시민적 근성 399, 404
소시민층 26, 27, 46, 51, 53, 73, 99, 208,
　　239, 306, 315, 339, 384, 385, 399~402,
　　416
송봉욱 255
수매사업 113, 120, 185, 187, 190, 191,
　　194, 199, 201, 202, 229, 271, 381, 510,
　　532, 549
수산합작사 152
쉬띠꼬프 18, 51, 131, 256, 466, 476, 477,
　　490, 492, 494, 530, 565
스탈린 10, 39, 298, 357, 419, 454, 459,
　　461, 478, 486, 488, 493, 498
스탈린주의 9, 10, 12, 454, 488
스파이행위 528, 529
식자층 인재 부족 6, 102, 388, 396, 549
신민주주의 27, 28, 31, 296, 300, 342

| 아 |

안함광 165, 174
안희구 338
애국미헌납운동 65, 271
양곡수매사업 113, 120, 185, 229, 271,
　　510, 532
언어문화 485, 489, 554
연안계 34, 58, 59, 60, 62
오기섭 32, 33, 35, 40, 47, 68, 69, 74, 75,
　　85, 98, 117, 125, 220, 348, 349, 359,
　　384, 385, 389, 390, 391, 401, 508, 509,

512, 516, 526, 527

온낙중 18, 481, 484, 520

요이주자 90, 234, 236

월경상인 203, 206, 209

월경 안내 209, 210, 422

유고사태 303, 550

유일당중 수여사업 243, 308, 521

윤세평 28, 29

이강국 527

이광수 382, 472

이기영 486

이돈화 113, 114, 118

이동건 105

이동규 407, 408

이동판매사업 188, 189, 202

이력서 320, 321, 323~326, 405, 411, 413, 414

이문환 48, 96, 101, 102, 125, 344

이병제 143

이보부 271

이소가야 스에지 89, 228, 570

이순근 124, 150, 151

이승만 231, 492, 500, 538

이영 30, 32

이영권 148

이주연 256, 287, 288, 392

이중근 358

이청원 95, 304, 383, 384, 470, 504~506

이태준 486

이필규 338, 339

인민경제계획 61, 62, 64, 125, 143, 151, 154, 159~161, 357, 378

인민국가 6, 8, 9, 24, 28, 29, 35, 38~42, 50, 54, 66, 87, 233, 301, 302, 306, 361, 415, 416, 545~547, 550

인민민주주의 9, 24~28, 41, 50, 127, 181, 296~302, 304, 305, 332, 545, 550

인텔리근성 393

인텔리층 36, 37, 52, 99, 307, 311, 384, 385, 389~392, 394, 395, 552

임시헌법 초안 419

입수계산 253, 274

| 자 |

자산계급성 민주주의 34, 67, 114, 116, 342, 416, 417

자서전 44, 88, 92, 97, 236, 237, 246~248, 310, 321, 323~326, 365, 373, 374, 376, 394, 398, 403~405, 411, 470, 472, 566, 567

자유주의 25, 31, 32, 130, 154, 315, 322, 387, 402, 404, 405, 445, 446, 450, 496, 508~512, 534, 555

장순명 321, 443, 507

장시우 150, 151, 154, 175~177, 179, 180, 201, 205

장종식 498

장하일 27, 28, 300, 480

전기인민민주주의론 296, 297

전직자 75, 85, 88, 90, 101, 423

정당수확고 254, 257, 282~284, 289

정재용 482

정준택 48, 152, 160, 180, 205

정진태 105, 365, 513

정치범죄 291, 415, 490, 494, 528, 529,

531, 532, 553, 555

정치적 인센티브 352, 358

정희영 72

제2차 토지개혁 14, 245, 246

조국통일민주주의전선 162, 548

조기천 498

조능준 148, 162

조만식 47, 70, 86, 314

조선공산당 북조선분국 13, 45, 113, 121,
    307, 308, 440, 493, 511

조선민주당 32, 33, 46, 47, 90, 135, 243,
    313~315, 317, 383, 385, 408, 421, 444,
    474, 572

조선민주주의인민공화국 13, 39, 50, 51,
    87, 106, 109, 133~136, 151, 152, 159,
    200, 207, 215, 263, 265, 266, 277, 319,
    339, 407, 419, 420~422, 448, 458, 463,
    498, 520, 530, 531, 533, 534, 542,
    564~6

조선민주주의인민공화국 헌법 38, 109,
    126, 128, 346, 378, 406, 416, 481, 547

조선신민당 34, 45, 68, 307, 310, 392, 487

조선최고인민회의 36, 37, 336

조쏘문화협회 488, 489, 494

주영하 63, 133, 234, 243, 305, 307, 318,
    358, 389

중간층 72, 208, 383~385, 393, 399, 552

중농성분 312, 339, 340, 365, 375~ 377

중요산업국유화 92, 121, 122, 129, 142,
    182, 199, 252, 348, 525

증산경쟁운동 65

지주소작제 117, 118, 214, 216~220, 222,
    230, 233, 242, 549

직업동맹 158, 348, 349, 354, 359, 369,
    394, 496, 526, 527, 574

| 차 |

참심원 93, 331, 420

채규형 50

책벌 102, 103, 248, 291, 292, 354, 413,
    417, 428, 434, 435, 437, 441, 445, 456,
    509, 531

천도교청우당 90, 107, 114, 236, 243, 313,
    314, 382, 444, 527

최남선 382

최봉수 279

최숙량 336

최용건 314, 315, 408, 474, 529

최용달 69, 80~83, 100, 103, 104, 106~109,
    125, 130, 132~134, 215, 332, 337, 344,
    467, 468, 547

최월성 336, 337

최윤옥 105

최익한 30, 32

최재린 514

최창익 41, 56, 59, 62, 63, 123, 356, 357,
    361, 436, 474

축출 45, 98, 222, 233~237, 244~251, 308,
    369, 376, 377, 414, 417, 418, 422,
    426~428, 477, 491, 550

출신성분 101, 320, 322~324, 327, 329,
    335, 340, 370~372, 374~376, 381~383,
    392, 395, 397, 403~405, 408, 409,
    411~415, 429, 430, 550, 551, 553

치스쨔꼬프 351

치안대 537, 539, 540~544
친일파 6, 28, 29, 33, 34, 46, 66~85, 87~95, 98~105, 107, 109, 115, 121, 126, 140, 143, 220, 233, 239, 308, 382, 392, 395, 408, 423, 476, 477, 485, 546, 549, 572

| 카 |

코민포름 296, 297, 300

| 타 |

태극기 폐지 482
태성수 505, 506
토지개혁 14, 27, 29, 30, 35, 49, 67, 68, 77, 78, 80, 92, 101, 116~118, 121, 124, 133, 136, 207, 214~217, 219~247, 250, 252, 269, 271, 285, 293, 304, 305, 308, 324, 325, 333, 343, 364~374, 377, 379, 382, 401, 414, 416~418, 425, 426, 428, 468, 486, 487, 492, 514, 525, 527, 535, 549, 550, 569, 573
토지개혁법령 77, 78, 219, 222, 223, 227, 228, 231, 234, 236, 241, 245, 246, 368, 416, 418
토지등급별 판정 257, 258, 277
토지소유구조 133, 215, 217, 221, 237

| 파 |

평균주의적 임금정책 356
평남인민정치위원회 33, 46

평뜨기(평예) 253, 257, 258, 274~277, 279
평정서 18, 101, 102, 245, 321~323, 325, 326, 370~375, 381~383, 396, 397, 402~405, 414, 497, 510, 566, 567
폭로 88, 426, 435, 439, 440, 448~452, 454~458, 462, 463, 481, 511, 544, 554, 556
표도엽 215
품앗이 137, 138
프롤레타리아독재 10, 25~27, 297, 298, 305, 332, 424, 545
프롤레타리아문화 478, 482

| 하 |

한동찬 48
한병옥 436
한설야 61, 486, 496
한재덕 501, 502
한태천 498
행정 10국 48
허가이 50, 107, 108, 115, 137, 138, 303, 354
허정숙 49, 67, 116, 118, 127
현물세완납경쟁운동 262~264
현물세판정위원회 258
현창형 49
현칠종 28, 88, 117
협동단체소유 126~128, 174, 297, 363, 547
협동조합운동 182
화폐개혁 17, 144, 167, 168, 177, 184, 203, 204, 210, 574
화폐교환사업 38, 159, 166, 176, 177, 184,

210, 355
황세권 485
후기인민민주주의론 298, 301, 304
흥남인민공장 170, 201